KB128405

다시 읽고 싶은

한국행정학
좋은 논문
12선

박순애 · 최태현 편

김병준 · 김헌민 · 김현구
김호정 · 박재완 · 박천오
백완기 · 이달곤 · 이은국
이종범 · 정정길 · 하연섭

박영사

머리말

 본서는 국내 행정학의 다양한 영역에서 각 분야의 이론적 기초를 닦았거나 해당 영역의 연구에서 선구적 역할을 한 고전적 논문들 가운데 오늘날의 시점에서 행정학도들에게 새롭게 소개되는 것이 바람직하다고 생각되는 논문들을 함께 모으고 이에 대한 현재적 관점에서의 토론을 제시하여 과거와 현재의 학문적 대화를 이어나가고자 하는 취지에서 기획되었습니다.

 한국행정학보와 한국정책학회보가 사회과학 분야에서 한국연구재단 우수등재학술지로 선정되는 등 한국 행정학은 국내에서 뛰어난 학문적 성과를 올리고 있을 뿐 아니라, 전세계적으로도 적지 않은 행정학자들이 사회과학분야의 각종 학술상을 수상하는 등 국내외적으로 선도적인 학문의 위치를 점하고 있습니다. 그러나 이러한 성과는 뿌리없이 이루어진 것이 아닙니다. 새로운 학문으로서, 그리고 때로는 정체성에 대한 고민을 겪어온 학문으로서 행정학을 여러 분야에서 정초시키고자 노력하였던 전 세대의 학자들이 있었기에 가능하였습니다. 그러나 오늘날의 연구 활동은 다소 최근의 논의에 집중하거나 혹은 외국의 문헌에 의존하는 경향이 없지 않습니다. 이런 점에서 잘 알려졌지만 잘 읽히지 않거나 숨겨진 논문들을 재발굴하여 고전으로 엮어내는 작업은 의미가 있다고 하겠습니다. 이런 취지로 이미 2014년과 2016년에 두 권의 책이 나왔으며 이제 이 책이 발간되었습니다.

 한국 행정학의 역사와 깊이, 그리고 폭을 고려할 때 전편에는 채 담아내지 못한 중요한 학문적 성과가 아직도 많이 남아있습니다. 이 책의 제1편은 기존에 담지 않았던 한국 행정이론의 발전에 기여한 연구들을 중심으로 하고, 제2편은 전통적인 조직, 관료제, 예산 이론, 그리고 도시 및 지방행정 연구에 기여한 논문들을 중심으로 엮었습니다. 특히 이 책에서는 독창적인 이론틀을 제시한 연구들과 더불어 경험적

연구들 가운데서도 이론적, 방법론적 기여도가 큰 논문들을 선정하고
자 하였습니다. 좋은 글들은 많으나 모든 연구를 다 수록하는 데는 한
계가 있어 이 책에서는 우선 12편의 논문들을 수록하였습니다.

우선 "한국행정학의 학문성 정립문제: 과학주의의 입장에서"라는
제목의 논문은 이 책의 시작을 열기에 최적의 논문입니다. 저자인 백
완기 교수는 행정학이 문제 해결을 위한 기술로만 이해되어서는 안 되
며 탄탄한 이론에 기반한 과학성을 갖출 필요성을 강조하였습니다. 공
공조직으로 연구 영역을 확정하고, 주요 개념을 정립하고, 연구방법을
다원화하는 가운데 행태론적 접근방법을 통해 계량적 접근을 강화하
고, 가치의 문제를 배제하지 않으며, 우리나라의 행정 현상을 설명할
수 있는 이론의 토착화를 통해 한국 행정학의 과학적 위상을 구축하
고자 제언하였습니다. 박종민 교수의 토론대로 한국 행정학은 이 논문
의 일부 제언을 그동안 어느 정도 현실화하는 데 성공했다고 볼 수 있
겠습니다. 그러나 여전히 행정학은 시대의 흐름에 따라 가치와 사실의
구분 문제와 씨름하고 있고, 한국의 경험에 기반하여 일반화를 지향하
는 이론적 시도가 부족하다는 점에서 이 논문은 여전히 의의가 있다
고 할 수 있습니다. 이 논문에서 제기한 행정학의 학문성 정립문제는
언제 다시 상기해도 늘 도전적인 우리의 과제입니다.

이러한 가운데 독특한 이론적 체계를 정립하고자 했던 의미있는 연
구들을 발견할 수 있습니다. "행정과 정책연구를 위한 시차적 접근"에
서 정정길 교수는 변수들 간의 인과관계의 작동이 시간의 흐름에 따
라 변화될 가능성에 주목하여 시차이론을 제시하였습니다. 토론자인
이시원 교수의 언급대로 우리나라에서 행정개혁이 실패하는 현상을
설명하고자 하는 동기에서 구성된 이론이지만, 처음 발표된 이후 50여
편의 관련 연구가 이루어진 바와 같이 이론 자체의 정교화, 행정학 이
외의 영역으로 확장 등이 이루어진, 행정학 분야의 눈에 띄는 업적이
라 할 수 있습니다. 시차는 요인변수들이 작동을 시작하는 시점(변화시
작)과 지속하는 시간(변화지속)으로 구분되며, 동일한 인과관계(예를 들
어 민주적 리더십의 도입과 조직 생산성)라도 시간에 따라 그 관계에 대

한 과학적 판단이 달라질 수 있음을 제시합니다. 정정길 교수가 서언에서 밝히는 바와 같이, "바람직한 사회현상을 발생시키기 위해서 추진하는 모든 인위적 노력은 보편적인 법칙과 시차적 요소를 충분히 고려하는 전략으로서만 성과를 얻을 수 있다"는 메시지는 정책 및 행정개혁 현상을 이해하는 데에 큰 함의를 던져줍니다. 이 장은 저자인 정정길 교수가 시차에 관한 기존의 두 논문을 결합하여 새로 구성할 만큼 의욕이 담긴 장입니다. 노학자의 이러한 열정은 후학들에게 잔잔한 자극과 감동을 줍니다.

행정학 연구자들 사이에 회자되는 또 다른 독창적인 이론적 금자탑은 바로 딜레마 이론입니다. "불확실성, 모호성과 딜레마 상황하에서 절차적 합리성의 탐색"이라는 제목의 논문에서 이종범 교수는 불확실한 상황, 모호한 상황, 그리고 딜레마 상황을 개념적으로 구분하고, 특히 딜레마 상황에서 의사결정을 하기 위한 방편으로 절차적 합리성에 입각한 제도들을 논의하고 있습니다. 딜레마 이론의 전개에서 이 논문의 의의는 딜레마 이론이 가진 "의사결정을 불가능하게 하는 정의"의 한계를 극복하고 실천적 제도들과 다섯 가지 운영 원칙을 제시함으로써 딜레마 이론의 확장을 시도한 가교적 논문이라는 점입니다(보다 본격적으로 딜레마 이론을 다룬 논문들은 3장 서문에 소개되어 있습니다). 이 장의 의미 중 하나는 원저자와 토론자 간의 보이지 않는 대화입니다. 딜레마 이론이 발표된 이후 여러 연구가 있었지만 아직 전기를 이룰 정도의 획기적 도약이 없었다는 이종범 교수의 아쉬움은 소영진 교수의 토론문에 나타난 탈딜레마 개념 및 절차적 합리성에 대한 논의를 통해 그 해소의 실마리를 찾을 수 있을 것으로 보입니다. 숙의민주주의가 세를 얻음에 따라 절차적 합리성이 강조되어가는 오늘날 딜레마 이론의 관점에서 절차적 합리성의 문제를 이해하는 이 논문은 깊이 음미할 가치가 있습니다.

"정책집행연구의 비판적 고찰"이라는 제목이 붙은 김병준 교수의 1984년 논문은 정책집행을 둘러싼 당시 미국의 주류 접근에 대해 종합적이고 비판적으로 검토함과 아울러 정책집행론의 실천적 의의를 강조한 '결기' 넘치는 논문입니다. 이 논문의 의미는 토론자인 김용철 교수가 잘 정리해 주었습니다. 정책집행 연구를 '처녀지'라고 부른 Wildavsky의 주장을 반박하면서 정책집행연구의 나아갈 길과 행정학의 실천성을 강조한 것입니다. 그런데 이 머리말에서 주목하고 싶은 것은 바로 저자의 색다른 서문입니다. 이 논문이 탄생하기까지의 일화들을 재미있게 소개한 저자의 서문은 단순히 논문의 내용만이 아니라 행정학의 역할에 대한 고민, 주류 학문에 대한 젊은 학자의 도전, 이러한 도전에 대한 학문공동체 구성원들의 반응, 그리고 한 편의 좋은 논문이 가져올 수 있는 개인적 결과 등이 생생하게 담겨 있어서 후학들에게 큰 도움이 될 것으로 생각됩니다. 오늘날 양적 성과를 강조하는 학문 분위기에서 혁신적인 연구를 수행하기 어렵다고 하지만 용기와 열정이 담긴 한 논문이 어떤 의미와 파급효과를 가질 수 있는지를 돌아보게 만듭니다.

　"정부업무 기관평가의 이론적 논고"는 여러 가지 측면에서 이론 중심의 제1편과 문제 중심의 제2편을 이어주는 논문입니다. 논문의 저자인 김현구 교수의 열정적 서문에서 읽어낼 수 있듯이 이 논문에는 '응용학문으로서 (분석적 평가에 초점을 둔) 정책평가론의 사회적 부적실성,' '우리 정부가 자체적으로 개발한 한국 특유의 평가 패러다임으로서 기관평가(제도적 평가),' 그리고 '정책평가론의 한국화' 등 평가를 둘러싼 엄중한 이론적·실천적 고민들이 한데 모여 녹아있습니다. 기관평가라는 우리 특유의 실천으로부터 분석적 평가에서 제도적 평가로의 이론적 확장 작업과 행정이론의 한국화라는 우리 행정학의 근본적 고민까지 자연스럽게 연결시켜 풀어낸 저자의 혜안에서 많은 것을 배울 수 있습니다. 비록 논란은 있지만 이러한 기관평가를 통해 한국 행정이 한걸음 발전했다고 보는 것이 무리는 아닐 것입니다. 토론자인 성시경 교수가 강조하듯이 기관평가가 뿌리내리기 시작하고 이 논문이 발표된 2000년대 초 이후 지난 십수 년 간 우리나라 공공부문 기관평가 제도의 급격한 발전을 생각해 볼 때, 이 논문은 이른 시기에 기관평가와 정책평가론의 한국화라는 두 개의 깃발을 함께 들어올린 의미있는 연구라고 하겠습니다.

　제2편에서 김호정 교수의 "행정조직문화와 조직효과성"의 제하 논문은 하나의 영역을 새로이 열어젖힌 경험적 연구의 모범을 보여줍니다. 저자와 토론자인 이환범 교수가 공히 평가하듯이 이 논문은 사회문화 혹은 행정문화의 수준에서 공무원들의 가치관에 접근하던 기존연구의 흐름에서 경쟁가치모형에 기반한 조직문화 개념을 도입하고 조직효과성과의 관계를 분석한, 당시로서는 혁신적인 논문이었습니다. 한국연구재단 인용횟수 집계가 적용된 한국행정학보 논문들 가운데 피인용횟수가 가장 많은 경험적 연구논문이라는 점이 이를 반영합니다. 그러나 저자도 강조하듯이 행정조직문화와 조직효과성의 관계에 대한 연구는 아직 갈 길이 멉니다. 조직문화변동의 전략, 변혁적 리더십, 조직문화의 충돌 진단과 해결, 조직문화 비교연구, 공공성 및 공익 등 각각의 개념과 조직문화의 연계 등에 대한 지속적인 연구가 필요함을 저자는 서문에서 역설하고 있습니다.

　박재완 교수의 "현업공무원의 부패의사결정모형"은 두 가지 측면에서 한국 행정학 연구의 이정표라 할 수 있겠습니다. 하나는 서문에서 저자도 강조하듯이 행정학 연구에서 드물게 수리모형을 활용한 연구라는 점입니다. 대부분의 연구가 통계 기법을 활용한 귀납적인 연구인 상황에서는 저자의 말대로 "연역과 추상화에 수반하는 고통을 포기한 채 귀납과 구체화에만 의존한다면 행정학의 과학성을 끌어올리는 데에는 한계가 있을 것"이라는 점에서 이 논문은 오늘날에 다시 되살려 읽을 가치가 있습니다. 논문을 보면 발견할 수 있듯이 이러한 연역 모형의 장점은 여러 가지 반부패정책들이 내부적 논리 모순이 있을 수 있음을 밝힐 수 있다는 점입니다. 안타까운 점은 이러한 노력의 맥이 잘 이어지지는 않았다는 점입니다. 특히 토론자인 공병천 교수가 지적하는 바와 같이 이러한 수학 모형은 패러미터들의 변화에 따른 민감도 분석이 중요하고, 실제 데이터와의 부합 검증도 필요하다는 점에서 수학 모형의 확장만이 아니라 경험적 연구도 반드시 필요합니다. 행정학의 학문성 제고를 위한 수학적 접근에 대한 저자의 요청은 후학들에게 많은 도전을 안겨주고 있습니다.

　박천오 교수의 논문 "한국 공무원의 책임확장: 법적·계층적 책임에서 윤리적·개인적 책임으로"는 한국 관료제 아래에서 일하는 공직자들의 책임성 확보라는 뿌리깊은 주제를 다루고 있는 논쟁적이고 도전적인 논문입니다. 이 책이 발간되는 2018년의 우리 사회는 소위 '영혼 없는 공무원,' '청탁금지법'과 같은 개념들이 보여주는 것처럼 공직자들의 윤리 문제를 매우 민감하게 바라보고 있습니다. 공무원의 부패 혹은 책임에 대해 공직자들 스스로가 바라보는 수준과 국민들이 바라보는 수준의 큰 차이는 바로 이 논문이 주장하는 법적 계층적 책임과 윤리적·개인적 책임의 차이라고 할 수 있겠습니다. 토론에서 이창길 교수는 공직자들에게 윤리적 개인적 책임을 묻는 것의 학문적, 실천적 어려움에 대해 잘 설명하고 있습니다. 저자와 토론자 공히 강조하듯이 공직자의 책임성 확보 문제는 끊임없는 토론으로 이어질 주제이며, 이 논문은 시간적 의미의 고전은 아니나 이러한 영원한 갈등을 다루는 연구들의 중간기착지와 같은 역할을 해주고 있습니다.

　이은국 교수의 "한국 정부예산 팽창 원인에 관한 연구: 세입과 세출의 인과분석을 중심으로" 역시 행정학 연구에서 그랜저 인과관계라는 색다른 방법을 택하여 정부예산의 팽창이라는 고전적인 주제를 다룬 논문입니다. 26년 전 발표된 이 논문은 세입과 세출 간에 어떤 유형의 인과관계가 존재한다고 볼 수 있는지에 대하여 토론자인 노승용 교수의 지적처럼 윌다브스키의 문화이론에 기반하여 일방향적 인과관계가 아니라 쌍방적, 동시적 인과관계가 존재할 수 있다는 가정하에 이를 그랜저 인과성 검정방법 등 정교한 기법을 적용한 시계열 분석을 하였다는 점에서 선구적이었다고 평가할 수 있습니다. 이후 정부예산에 관련된 연구의 분석기법은 점점 세련되어져 왔다는 점에서 이 논문의 영향을 발견할 수 있지만, 이후 26년의 시계열 자료가 축적되었음에도 불구하고 후속 연구가 이루어지지 않고 있는 점은 저자도, 토론자도 공히 아쉬워하는 부분입니다. 더욱이 복지에 대한 수요가 증가하면서 세수 확보에 대한 관심이 어느 때보다 증대된 오늘날 이 논문은 다시

금 되새겨볼 의미가 있다 하겠습니다.

하연섭 교수의 "재정건전화의 정치경제: 비교제도분석"은 박천오 교수의 논문처럼 상대적으로 최근에 발표된 논문이지만 토론자인 유승원 교수의 언급처럼 제도주의와 재정 연구 분야에서 저자의 오랜 학문적 역량이 축적된 역작입니다. 이 논문의 의의에 대해서는 토론자의 평가를 잠시 직접 인용하는 것이 좋겠습니다: "저자는 본 논문에서 왜 똑같은 예산제도라 하더라도 어떤 나라는 성공하고 다른 나라는 실패하는지를 분석한다. … 재정건전성을 도구로 하여 특히 예산제도와 정치 및 행정 제도와의 정합성을 제도적인 관점에서 연구하였다. … 현재 한국 재무행정 분야에서 이슈화되고 있는 다양한 예산제도(top-down, paygo 등)에 대한 기본적인 이해와 함께 재정선진국에서 운용되고 있는 제도까지 접할 수 있다." 저자는 비교제도분석과 재정이라는 본인의 두 강점을 결합하여 향후 제도분석을 통해 한국 행정을 연구하고자 하는 후학들에게 주제와 방법론 모두에 걸쳐서 하나의 전범을 제시했다고 하겠습니다.

이달곤 교수의 논문 "행정관리의 중점 이동: 간접관리" 역시 선견적 성격을 지니고 있는 논문입니다. 1988년 발표된 이 논문은 막 헌법이 개정되고 지방자치가 다시금 실시되기 직전 행정의 미래에 대해 다소 혼란스러웠던 상황에서 지금으로 보자면 지난 30여 년 간 진행되어온 거대한 거버넌스 개혁의 흐름을 예상하고, 그것의 필요성을 강조하고, 어떤 수단을 통해 이를 구현할 것인지를 세세하게 제시하였던 하나의 청사진과 같습니다. 이런 거대한 실천적 작업을 위해 저자가 어떻게 전략적으로 글을 구성했는지는 서문에 잘 나타나 있습니다. 김태영 교수의 토론은 이 논문을 전후한 정부간 관리에 대한 연구의 흐름, 이 논문의 공헌, 그리고 향후 연구 주제까지 폭넓게 다루고 있어 이 논문의 가치에 대한 친절한 안내를 제공하고 있습니다. 특히 개헌 논의가 진행 중인 현재의 상황에서 오늘날의 행정학자들이 담당해야 할 역할이 무엇인지에 대해 생각해 볼 수 있는 지적 자극을 준다는 점에서도 큰 의미가 있습니다.

김헌민 교수의 논문 "도시재개발이 저소득층의 주거입지에 미치는 영향: 접근성에 대한 형평성을 중심으로"는 서구의 도시구조 분석이론으로서 지대론을 비판하고 우리나라 저소득층 도시거주 양상을 실증적으로 분석하여 형평성이라는 가치를 내세운 점에서 도전적인 논문입니다. 더욱이 저자와 토론자인 전희정 교수 모두 지적하듯이 오늘날에 비로소 정책적 주목을 받기 시작하는 도시 저소득층의 접근성 문제 및 일방적인 재개발사업보다 도시를 보존하고 재생하는 관점을 이미 20여 년 전에 실증분석을 통해 제시했던 논문이라는 점에서 이 연구의 고전적 가치가 발견됩니다. 이러한 특징들은 이 논문을 마치 냉철한 선견자의 글처럼 보이게 하고 있습니다. 도시는 행정학의 연구주제들 가운데서도 일반 시민들의 피부에 가장 가깝게 와닿는 분야입니다. 특히 주거입지의 문제는 행정학이 시민들의 삶을 개선하는 데 직접적인 영향을 미칠 수 있는 부분 중 하나입니다. 이 논문을 읽다보면 마음이 따뜻해지는 것을 느낄 수 있습니다. 글의 주제와, 분석력과, 형평을 강조하는 결론의 힘이라 할 수 있겠습니다.

이 책에는 누구나 공부 중 읽어보았을 유명한 논문도 있고, 오늘날과 같이 자료가 풍부하거나 엄밀한 방법론과 통계패키지가 범용화되지 않았던 시기에 쓰여진 개척자적 논문도 있고, 중요한 이론적·방법론적 기여를 하였으나 아쉽게도 그 의의에 비해 상대적으로 덜 읽혀온 논문도 있고, 시간적 의미로 고전은 아닐 수 있으나 오랜 시간 쌓아온 학문적 업적을 종합한 최근 역작도 있습니다. 분명한 것은 이 책에 실린 논문 하나하나는 오늘날 그 의미를 되새길 만한 가치가 있다는 것입니다. 꼼꼼히 읽는 독자라면 적지 않은 시간이 흐른 논문들로부터 받는 신선한 지적 자극과 열정에 들뜰 것이라 확신합니다. 이러한 도서 발간 사업을 통해 이 논문들이 후학들에 의해 재발견되고 재해석되면서 우리나라 행정학 연구의 지평을 보다 넓혀갈 수 있기를 기원합니다. 덧붙여 우리나라 행정학은 이 책에 실린 12편을 넘어 훨씬 많은 연구들로부터 빚지고 있음을 굳이 언급하지 않을 수 없습니다. 편집자로서 행정학 선배 학자분들의 성과를 재발견해가는 여정은 참으로 행복하고 가슴떨리는 시간이었습니다.

본 편이 나오기까지 성원과 조언을 아끼지 않으신 행정학계의 여러 교수님들께 감사를 드립니다. 선정되신 이후 기꺼이 귀중한 원고와 서문을 보내주신 저자 교수님들, 그리고 각 논문의 현대적 의의를 꼼꼼히 토론해주신 토론자 분들께도 감사를 드립니다. 책의 발간을 위해 관심과 땀을 쏟아주신 박영사 조성호 이사님, 원고의 수집과 편집 등을 위해 많은 수고를 아끼지 않은 서울대학교 행정대학원 김다솔 조교, 부성필 조교와 이혜연 조교에게도 감사를 드립니다.

2018년 11월 관악산 자락에서
공공성과관리연구센터
박순애 · 최태현

목 차

한국행정학의 학문성 정립문제: 과학주의의 입장에서

한국행정학의 학문성 정립문제:
과학주의의 입장에서[*]

백완기(고려대학교 행정학과 명예교수)

∽ 프롤로그 ∽

한국행정학의 출발점은 한국근대화의 도구적 역할에 그 목표를 두고 있었다. 도구적 역할에 초점을 맞추다 보니 한국행정학은 처음부터 처방 위주의 기술성을 지니게 되었다. 이러다 보니 학문성과 이론성 및 과학성은 뒤로 처지게 되었다. 여기서 행정학은 '내용이 없는 학문' '이론이 빈약한 학문' '매뉴얼적 성격을 띤 학문'으로 취급받게 되었다.

학문으로서의 행정학의 위상을 높이고 당당한 사회과학의 일환으로 자리 잡으려면 우선 행정학의 학문성과 이론성을 격상시키는 것이 급선무라고 생각되었다. 이론성을 높이는 첩경은 우선 과학주의 입장에서 행정현상을 분석하고 설명하는 것이다. 처방 위주의 기술 중심의 행정학은 결국 처방능력도 상실하게 되어 학문으로서의 존재가치 마저 상실하게 된다. 처방능력도 탄탄한 이론적 토대 위에서 가능하다는 것이다. 따라서 실천성과 처방능력을 키우기 위해서도 이론성을 먼저 높여야 한다.

그러면 여기서 이야기하는 과학주의의 입장을 잠깐 살펴보기로 한다. 여기서 이야기하는 과학화는 사이몬식 논리실증주의에 입각해서 행정학의 순수이론을 정립하자는 것도 아니고 과학적 이론을 수립하는 방법론을 내세우는 것도 아니다.

첫째, 연구영역의 확정문제이다. 여기서 이야기하는 연구영역은 연구의

---

[*] 이 논문은 1978년 『한국정치학회보』, 제12집, pp. 73-91에 게재된 글을 수정·보완한 것이다.

locus 문제이다. 이것은 행정학의 정체성(identity)과도 연결된다. 행정학은 출발부터 종합과학적인 성격을 띠고 있어 그 정체성의 발견이 문제되었다. 정치과정의 최종단계로 이해하면 정치학과 직결되어 있고, 관리현상으로 파악하면 경영학과 직결되어 있고, 조직현상으로 파악하면 사회학과 직결되어 있다. 여기서는 문제를 단순화시키기 위해서 공적조직(public organization)의 운영을 연구영역으로 정할 것을 주장한다. 공적 조직은 국가로부터 지방의 기초 자치단체 및 기타 공공기관에 이른다.

둘째, 적절한 개념의 개발이다. 연구를 위해서 자료를 수집하였을 때 이것을 분석하고 설명하고 유형화할 수 있는 개념을 개발해야 한다. 이때 설명은 선택적 설명이지 전체적 설명은 아니다. 과학적 설명은 어디까지나 선택적이고 한정적 설명이지 전체적이고 포괄적 설명은 아니다. 이러한 개념은 조작화(operationalization)될 수 있어야 한다. 부연해서 이야기하면 한국의 행정현상을 유형적으로 설명할 수 있는 개념이나 모델을 개발하는 것이다.

셋째, 접근방법의 다원화이다. 과학은 어떤 현상을 설명하는데 유일한 방법이 있다고 생각하지 않는다. 하나의 접근방법이 연구주제의 모든 현상을 설명할 수 없기 때문에 접근방법의 다원화는 불가피하다. 접근방법의 다원화 속에서 연구내용의 보다 정확한 이해와 해석이 가능해진다. 동일한 현상이라도 여러 가지 시각에서 접근할 때 보다 정확하게 이해된다는 것이다. 본 논문에서는 과학성을 높이기 위해서 행태론적 접근방법을 권장한다. 행태론적 접근방법은 관료들의 의식구조, 행동양식, 사고방식, 가치관, 선호성 등에 연구의 초점을 두기 때문에 행정의 동적 현상을 파악하는데 가장 빠르다. 행태론적 접근방법은 조직이나 집단연구에도 적극적이다. 집단규범이나 조직정신이 조직구성원의 행동양식에 결정적으로 영향을 끼치기 때문에 조직이나 집단연구에도 소홀히 하지 않는다. 특히나 행태론적 접근방법은 연구의 단위가 주로 개인이나 그들의 활동이기 때문에 데이터의 수량화와 수학적 또는 통계적인 처리가 요구된다. 이러한 계량적인 접근은 학문의 과학성을 높이는데 기여하고 있는 것이 사실이다.

넷째, 모든 이론은 논박의 가능성을 열어 놓아야 하고 '거짓말이 될 수 있는 가능성'(falsifiability)을 지녀야 한다. 과학은 절대성이나 교조성을 용납하지 않는다. 공산주의 사회에서 공산주의는 교리나 도그마이지 과학적 이론이 될 수 없다.

다섯째, 과학적 설명은 하나의 주제를 다룰 때에도 그 설명은 한계성을 띤다. 어떤 문제를 연구의 대상으로 삼았을 때에 그 문제에 대한 전체적인 모습을 다 설명하려고 할 때에 이것은 과학이 아니라 역사적인 서술에 지나지 않는다.

여섯째 과학적 설명은 가치문제를 배제하지 않는다. 흔히 과학적 설명하면 가치중립적인 것으로 인식되고 있다. 가치의 판단에는 두 가지가 있는데 하나는 도구적 판단이고 다른 하나는 범주적 판단이다. 도구적 판단의 경우는 선정된 행동에 비교될 수 있는 대안의 존재를 전제로 한다. 예컨대 권위주의적 리더십과 민주적 리더십의 우열성을 다룰 때에 과학은 검증이나 실험을 통해서 해답을 줄 수 있다. 범주적 판단은 최종상태나 궁극의 목표와 관계될 때이다. 예컨대 불치의 병으로 고통을 당하고 있는 환자를 안락사시키는 것이 옳으냐 그르냐의 경우이다. 과학은 이 경우 검증할 수도 없고 확인할 길도 없다. 그러나 과학은 범주적 문제를 다루는 데에 있어서도 다음의 단계를 통해서 공헌할 수 있다.

첫 번째 단계는 최종의 가치문제를 판단하는데 필요한 사실적 정보(factual information)를 제공한다.

두 번째 단계는 가치에 영향을 줄 수 있는 요소들을 객관적으로 연구함으로써 가치의 문제들을 해명하기도 하고 시야를 넓혀주기도 한다.

세 번째 단계는 과학적 이론은 개방성을 띠고 있어 다른 이론과 비교됨으로써 문제를 보다 근원적으로 다가가게 한다. 한 가지 더 부연하면 과학에서 다룰 수 없는 가치는 모든 사람들에게 받아들여 질 수 있는 행위규범이라는 것이다. 예컨대 '살인은 악이다'라는 범주적 가치다. 한마디로 요약해서 범주적 가치는 과학에서 중요한 데이터나 사실 또는 주어진 조건으로 받아들이자는 것이다. 행정학에서 추구하는 가치는 범주적 가치보다 공익이나 사회적 형평 등 도구적 가치들이다.

일곱째, 토착화의 문제이다. 여기서 대두되는 토착화 문제는 외국에서 도입한 이론이 한국 행정을 제대로 설명하지 못한 데서 나온다. 이 무렵의 한국의 행정학은 미국이론의 도입과 소개에 치중되어 있었기 때문에 여기에 대한 성찰적 자세에서 토착화 문제가 대두된다. 그런데 여기서 주의할 것은 토착화라고 하니까 무조건 외국이론에 대한 거부반응으로 이해되어서는 안 된다는 것이다. 흔히 토착화 하면 그 나라의 고유한 현상만을 찾아내어 이것에만 집착하려는 태도로 인식되기 쉽다. 여기서의 토착화는 외국이론을 적극적으로 받아들여 변증법적 지양과정을 밟아야 한다는 것이다. 그리고 이론적으로도 토착화는 외국이론의 존재를 전제로 한다. 애초부터 '우리의 것'만 찾을 때에는 토착화라는 개념은 성립하지 않는다. 여기서 이야기하는 토착화란 외부로부터 들어 온 이론과 기존의 우리 행정상황이 상호작용하면서 일어나는 변질과정이라고 할 수 있다.

여덟째, 오리지널한 성격을 띤 연구서가 많이 출간되어 창조성을 띤 연구력이 축적되어야 한다. 지금 우리학계는 교과서류의 간행물은 많아도 도전적이고 창조적인 내용이 담긴 연구서가 희귀하다. 한국 행정학의 학문성을 높이기 위해서 창조성과 도전성을 띤 연구서의 지속적인 출간은 절박한 과제라고 할 수 있다. 연구의 초점도 효율성 중심의 미시적 이론보다 공공성, 공익, 사회적 형평, 합리성, 공존적 상생, 약자를 위한 행정, 시장과의 관계, 행정의 자율성, 행정의 존재이유 등 가치문제를 중심으로 하는 거시이론으로의 방향전환도 생각해볼 일이다.

Ⅰ. 서 론

1955년을 기점으로 해서 후진국 또는 발전도상국에 도입된 새로운 행정학이란 기본적으로 도구중심적(tool oriented) 또는 구조중심적(structure oriented)성격을 띤 행정학이었다고 볼 수 있다. 즉 후진국을 근대화시키는 도구로써 행정학의 사명이 있었던 것이다. 이러한 상황 속에서의 행정학이란 과학성이나 학문성보다는 처방위주의 기술성(art)이 더욱 강조되었던 것이다. 이러한 행정학이 과연 후진국 근대화에 얼마나 공헌을 했느냐의 문제를 여기서 따질 생각은 없으나 많은 비교행정학자들은 부정적인 면에서 평가하고 있다. 예컨데 Fred W. Riggs는 도입된 행정학과 토착적인 행정현상과의 갈등을 형식주의(formalism)로 설명하였고[1] William J. Siffin은 도입된 행

---

1) Fred W. Riggs. *Administration in Developing Countries*: The Theory of Prtsmatic–Society,

정기술이 후진국 근대화에 제대로의 구실을 다하지 못하였는데 그 기본적 이유는 본래 미국의 행정학이란 체제유지적 도구(system-maintenance oriented tools)로서의 성격을 강하게 띠고 있어 이러한 보수적 성격을 띤 도구가 후진국의 동적인 발전문제를 다루는데는 애초부터 한계가 있었다는 것이다.[2]

필자는 여기서 미국행정학의 공과를 따질 생각은 없다. 한 가지 명백하게 지적하고 싶은 것은 행정학의 기술적 측면이 지나치게 강조되어 과학성이 무시되었다는 것이다. 이러한 경향은 약간의 변화는 있었지만 아직도 우리행정학의 주류를 이루고 있다는 것을 부인할 수 없다.[3] 분명히 행정학은 과학성(science)과 기술성(art)을 동시에 갖추고 있다고 학자들에 의해서 지적되고 있다. 그러나 근대화의 도구로서 들어온 행정학은 처음부터 실천적 기술성을 전면적으로 내세워 행정학하면 합리적 구조나 처방적 기술을 뜻하는 것으로 생각되었다. 이러한 행정학의 「이미지」는 아직도 우리 마음 속에 도사리고 있다고 볼 수 있다. 이와 같이 실천위주의 기술성과 처방성을 내세웠던 행정학은 실제에 있어서 처방능력을 제대로 발휘하지도 못했을뿐만 아니라 학문으로서의 행정학(public administration as discipline)의 위치마저 격하시켰다고 볼 수 있다. 이러한 상황하에서 「내용이 없는 학문」「이론이 빈약한 학문」「매뉴얼적 성격을 띤 학문」으로 취급받을 수밖에 없었던 것이다. 어느 학문이나 실천성 기술성 처방성을 지나치게 강조하다보면 과학성과 이론성이 빈약해지고 과학성과 이론성이 빈약해지면 결국 실천성과 처방성마저 발휘하지 못하는 체신없는 학문으로서 떨어지기 쉽다. 오늘날 우리나라의 행정학이 이러한 입장에 처해 있지나 않은지 심히 걱정된다고 하지 않을 수 없다. 혹자는 지나치게 이론중심화된 학문은 현실설명의 능력이 없다고 비판하고 있다. 이러한 비판의 타당성여부를 떠나서 설사 이러한 비판이 옳다고 가정하자. 이러한 경우는 이론의 풍요한 터전 속에서 학자들이 발붙일 곳이라도 있다는 것을 알아야 한다. 그러나 과학성을 무시한 실천위주의 학문이 실천성마저 발휘못할 때에는 학자들이 발붙일 곳마저 없다는 것을 알아야 한다.

이러한 관점에서 행정현상의 보다 정확한 설명과 학문으로서의 행정학의 위신을

(Boston: Houghton Mifflin, 1946).

2) William J. Siffin, "Two Decades of Public Administration in Developing Countries," *Public Administration Review,* Jan/Feb. 1976, pp. 61-70.

3) 우리나라에서 출간된 행정학교과서의 대부분이 Gulick 및 Urwick의 원리식 행정학을 벗어나지못하고 있다. 물론 개중에는 새로운 이론들을 「모자이크식」으로 합쳐 설명하고 있는 교과서도 있으나 크게 보아서 구색을 벗어나지 못하고 있다. 약간의 예외로서 인정할 수 있는 것은 조직이론에 관한 교과서나 논문들은 외국이론의 소개이기는 하지만 체계성 위주의 내용으로 담겨져 있다.

높이고 「내용이 담긴 학문」으로 탈바꿈하며 타학문으로부터의 경멸을[4] 벗어나고 실
천적 가치를 보다 정확하게 발휘하기 위해서라도 행정학의 과학화가 시급히 요청된
다고 볼 수 있다. 또 이러한 과학화의 필요성은 직접간접으로 많은 국내학자들에 의
해서도 지적되고 있다.[5]

Ⅱ. 과학화의 성격

과학화의 성격을 논하기 전에 학문의 실천성과 이론성(科學性)에 대해서 잠깐 살
펴보기로 한다. 어느 학문이나 일반적으로 실천성과 이론성을 다같이 갖추고 있다.
실천성에 역점을 둘 것이냐 아니면 과학성이나 이론성에 역점을 둘 것이냐는 학자에
따라 다르다. 초기의 행정학이 기술이나 원리의 발견에 치중하다 보니 다분히 실천성
위주의 학문이었다는 것을 부인할 수 없다. 따라서 F. Morstein Marx나 Wallace S.
Sayre 같은 사람은 행정학이 순수한 과학성을 지니면 지닐수록 사회적 타당성(social
relevance)은 없다고 지적하고 있다.[6] 이런가 하면 Herbert A. Simon 이나 Martin
Landau같은 학자는 행정학의 과학성을 강조하고 있다.[7] Simon은 행정현상을 의사
결정과정(decision-making process)으로 파악하면서 그의 연구의 초점을 행태의 설명
에 두고 있다. 이러한 입장에서 그는 행정학의 과학으로서의 가능성과 바람직성
(desirability)을 내세우고 있다. Landau는 실천위주의 학문은 상식적 세계에서 타당성
과 의미성만을 추구하고 그때 그때의 즉각적인 문제해결에 대한 처방만을 일삼기 때
문에 자연히 연구결과는 단편적(fragmented)인 현상을 면키 어려워 학문으로서의 동

---

4) Dwight Waldo는 미국의 경우 정치학자들이 한때 행정학을 경멸하고 적대시하였다고 지적하
   고 있다. D. Waldo, "Scope of the Theory of Public Administration," in James C. Charles worth
   (ed.) *Theory and Practice of Public Administration: Scops, Objectives and Methods*, The
   Amreican Academy of Political and Social Sciences, 1968, p. 8.
5) 서원우, "행정법학에서 본 행정학" 한국행정학보, 제10호, 1976, 한국행정학회, p. 108. 김운태,
   "한국에 있어서 행정학의 발달과 서울대학교 행정대학원의 기여" 서울대학교 개교 30주년기
   념 행정학 세미나, 서울대학교 행정대학원, 1976, p. 17; 박동서 한국행정론, 법문사, 1978. p.
   84.; 이종범, "행정학의 토착화에 관한 논거" 한국행정학보, 제10호, 1978, pp. 204-218; Sintaek
   Kang, "A Prologue to a Survey of the Study of Public Administratior in Korea," 행정논총, 8권
   1호, 1970, pp. 199-211.
6) F.M. Marx "A Closer View of Organizatron," *Public Administration Review*, Vol. 8 (Winter,
   1948) p. 65; Wallace S. Sayre, "Trends of a Decades in Administrative Value," *Public Admin
   istration Review*, Vol. 11 (Winter, 1951) p. 5.
7) Herbert A. Simon, *Administrative Behavior*, Second Edition, Free Press, 1968; Martin Landau,
   Political Theory and Political Science, The Macmillan Company, 1972, Ch. 7.

질적 결합력(coherence)을 갖추기가 어렵다고 주장하고 있다.[8]

학문의 실천성과 과학성을 논할 때 어디서 어디까지가 실천성이고 어디서 어디까지가 과학성인가를 명확히 구별하기란 대단히 어렵다. 양자를 구별하는 평범한 기준으로 실천성은 "how"를 중심으로 실용성(practicality), 처방성(prescription), 명령성(imperative), 기술성(technicality)을 강조할 때 과학성은 "why"를 중심으로 설명성(explanation), 인과성(causality), 객관성(objectivity), 유형성(pattern)을 강조한다는 것이다. 여하간 학문에 있어서 과학성과 실천성은 완전히 상호분리될 수 없으면서도 양자는 각각 어느 정도의 독자성(autonomy)을 가지고 있는 것도 사실이다.

역사적으로 볼 때 실천적 필요성(practical needs)은 과학적 연구(scientific inquiry)를 촉진시켰다. 그러나 과학적 연구가 시작되어 어느 궤도에 오르면 실천적 목표는 뒤로 물러나게 된다. 즉 과학적 연구가 확장되면 될수록 그는 자신의 논리(logic), 방법론(methodology), 타당성의 기준(stardards of relevance)을 발전시킨다.[9]

우리는 이와같이 과학성이 확장된다고 해서 현실문제에 대한 해답이 멀어진다고 볼 수는 없다. 현실의 문제를 즉각적으로 해결하기 위해서 현실세계에 밀착되어 있다고 해서 그 문제를 쉽게 풀어내는 것은 아니다. 오히려 현실의 문제해결과 직결된 것 같지 않은 과학적 연구가 현실문제를 해결하는데 엄청난 결과를 끼치고 있다는 것을 역사는 수없이 보여주고 있다. 현실의 즉각적인 문제해결에 실용성이나 타당성이 없다고 해서 과학적 이론이 격하되어서는 안 된다.

그리고 실천성과 응용성을 띤 부문도 논리적으로 과학적 이론을 전제로 하고 있다. 처방은 현실의 정확한 설명이나 진단을 토대로 해야지 여타의 그 어느 것에서도 근거를 구할 수 없다. 현실에 대한 정확한 설명이 없이 내리는 처방적 이론은 피상성, 공허성 및 불모성을 띠기 마련이다.

Robert Michels은 사회과학의 사명을 다음과 같이 지적하고 있다.

> "과학의 기본목적은 어떤 system을 창조하는 것이 아니라 그것을 보다 정확하게 이해하는 것이다. 사회과학의 목적은 어떤 해결방안을 발견하고 재발견하는데 있는 것이 아니다. 왜냐하면 개인생활이나 집단생활의 수많은 문제들이란 해결될 수도 없고 또 그것은 미해결의 상태로 남아 있어야 하기 때문이다. 그에 대한 반작용적 세력과 사회생활의 얽히고 설킨 뒤틀

---

8) *Ibid*, pp. 204−205.
9) Felix Kaufman, Methodelogy of the Social Sciences, Oxford University Press, 1944, ch. 9.

림의 이유 또는 반대이유를 냉정하게 파헤치는데 주목적을 두어야 할 것
이다. 정확한 진단이란 가능한 prognosis로 가는데 있어서 논리적이고도
불가피한 사전단계이다."10)

그러면 본주제로 돌아가서 과학화의 성격에 대해서 논하여 보기로 한다. 여기
서 이야기하는 과학화는 Simon식의 논리실증주의에 입각해서 행정의 순수이론을
개발하자는 것도 아니고11) 과학적 이론을 수립하는 방법론을 설명하자는 것도 아
니다. 흔히 과학적 이론하면 가설을 세우고 그것을 검증해서 나타나는 이론을 이야
기하지만 이것이 과학의 전체는 아니다. 특히 사회과학은 인간의 의도된 행위(human
action intended)를 대상으로 하기 때문에 그들의 설명에 대한 실증적 증거(empirical
evidence)를 제시하기란 대단히 어렵다. 따라서 사회과학은 자연과학에서처럼 법칙
(law)이나 일반화(generalization)를 전제로 하는 법칙적 설명(nomological explanation)
이나 공리식 연역적 방법(axiomatic deductive method)을 강요하지는 않는다.12) 여기서
명백히 하여둘 것은 어느 학문이나 절차적 성격을 띤 과학적 방법(scientific method)을
사용하지 않았다고 해서 과학성(scientific status)이 배제되지는 않는다는 것이다.13)

학문에 있어서의 과학성은 다음과 같은 몇 가지 점을 내포하고 있다고 볼 수
있다.

첫째, 우리가 설명하고자 하는 문제(problem)의 확정이다. 이것은 바로 연구의
대상문제이다. 여기에 바로 뒤따르는 문제가 의문의 대상이 되는 문제를 설명하기 위
해서는 어떠한 데이터가 필요하느냐의 문제이다. 즉 알고자 하는 문제의 확정과 이것
을 설명하는데 필요한 데이터의 범위결정은 과학의 출발점이다. 데이터의 범위는 문
제의 성격에 따라 macroscopic하기도 하고 microscopic하기도 하다.

둘째, 위에서 말한 데이터를 기술(describe)하고 분류할 수 있는 개념의 개발이다.
개념은 현실을 유형화하지만 현실을 구석구석까지 드러내지는 못한다. 과학적 이론의

---

10) Robert Michels, Political Parties, 1911. Trans. Eden and Codar Paul, Dover, 1959, p. viii.
11) Simon은 가치와 사실을 구별하고 행정학연구에서 가치를 배재함으로서 행정학도 자연과학처
    럼 연구되어야 한다고 강조하고 있다.
12) Donald Moon, "The Logic of Political Inquiry: A Synthesis of Opposed Perspectives." in F. I.
    Greenstein and N. W. Polsby (eds.) Political Science Scope and Theory, Addison Wesley
    Publishing Company, 1975, pp. 130−155.
13) Robert T. Golembiewski, "Toward the Administrative Sciences: Methodological Directions for
    Public Administration," International Review of Administrative Science Vol. 30, No. 2,1964, p.
    115.

기본목적은 현실에서 특정의 문제를 설명하는데 중요하다고 생각되는 특유한 측면 (particular aspects)을 찾아내는 것이다. 오히려 현실을 구석구석까지 파헤치는 것은 문학이나 역사가 더욱 잘한다고 볼 수 있다. 따라서 과학적 설명은 언제나 현실에 대한 선택적(selective) 설명이지 전체적(exhaustive) 설명은 아니다.[14]

이러한 개념은 조작화(operationalization)될 수 있어야 한다. 이러한 개념이 어느 정도로 적절하게 조작화될 수 있느냐에 따라 이론의 과학성의 강약이 결정된다고 볼 수 있다.[15]

그런데 데이터를 분류할 수 있는 개념이 정립되었다고 과학적 이론이 성립하는 것은 아니다. 물론 어떤 개념은 그 자체가 상당히 만족스러운 예측(prediction)과 설명을 주고 있기도 하지만 여기서 강조하는 것은 개념의 단순한 나열이 과학은 아니라는 것이다. 다시 말해서 이러한 개념들은 상호연결속에서 논리적으로 조직화되어야 한다는 것이다. 이러한 상황속에서 어떤 개념은 원인의 현상을 반영하고 어떤 개념은 결과의 현상을 반영하며 또 어떤 개념들은 다른 개념에 대한 정반대의 뜻이나 Continuum 선상의 정도를 나타내기도 한다. 여하간 개념들이 상호연관속에서 조직화될 때 이론은 논리의 구조성을 갖추게 된다고 볼 수 있다.

사회과학에서 가장 문제가 되는 것의 하나가 적절한 개념의 발굴 정립 문제라고 할 수 있다. 특히나 행정학의 경우는 이 문제가 더욱 심각성을 띠고 있다고 지적되고 있다. 즉 행정현상을 유형적으로 분류할 수 있는 적절한 개념이 부족하다느니[16] 또는 지금까지 행정학에서 사용하고 있던 개념들이 명확성이 없거나 논리적 일관성이 없었다느니[17] 또는 많은 개념들이 사회학의 functional approach나 타학문에서 무질서하게 차용되어와 개념의 혼돈상태를 빚고 있다는 것이다.[18]

셋째, 과학은 어떠한 현상을 설명하는데에 있어서 유일한 방법이나 기준이 있다고 생각하지 않는다. 일반적으로 과학적 설명에는 Bacon의 귀납적 방법, Descartes

---

14) Neil J. Smelser and R. Stephen Warner, *Sociological Theory: Historical and Formal* General Learning Press, 1976, p. 151.

15) *Ibid*, p. 152; George C. Homans, Social Behavior: *Its Elementary Forms*, Routledge & Kegan Paul, 1961, pp. 10–11.

16) Martin Landau, *op. cit.*, pp. 179.

17) Lynton K. Caldwell, "Methodology in the Theory of Public Adminrstration," in J. C. Charlesworth (ed.): *op. cit.*, p. 218.

18) T. R. Laporte, "The Recovery of Relevance in the Study of Public Orgarization," in Frank Marini (ed.) *Toward a New Public Administration*: The Minnowbrook Perspective, Chandler Publishing Company, 1972, pp. 17–19; Philip S. Kronenberg, aThe Scientific and Moral Authority of Empirical Theory of Public Administration," in F. Marini, *op. cit.*, pp. 205–206.

의 연역적 방법, Cohen and Nagel의 가설검증법(hypothesis－testing method)[19]을 들 수 있다. 어떠한 방법을 쓰느냐는 연구대상인 문제의 상황이나 연구자의 세계관 여하에 따라 결정된다고 볼 수 있다. 여기서 명백한 것은 위에 든 세 가지 방법들은 형식상으로는 구별되나 실제상에 있어서는 서로 얽혀 있다는 것이다. 예를 들면 연역적인 방법에 있어서 연구의 출발점이 되는 전제조건이나 파라메타도 경험적인 현실세계에서 안출(derive)되는 경우가 많다고 볼 수 있다.

여하간 어떠한 방법을 쓰던 연구자가 선정한 입장이나 기준에 대해서 과학은 시비를 논하지 않고 타당성도 따지지 않는다. 이것은 과학자의 세계관에 속하는 문제로서 하나의 사실로 받아들여야 한다. 과학이 따지는 것은 과학자가 취한 입장이나 기준에서 세상현상을 얼마만큼 논리성있게 설명하느냐이다.

흔히들 과학적 설명의 정수는 연역적 설명이라고 한다. 즉 논리전개의 일관성이나 정결성으로 보아 과학적 설명의 최종단계가 연역적으로 형성된 이론(deductively－formulated theory)이라는 것이다.

그런데 일반적으로 행정현상은 경험의 세계이어서 그런지 행정이론을 연역적 방법을 취하는 것을 좋아하지 않은 것 같다. 그런데 여기서 명기할 것은 사회과학에서의 연역적 방법은 자연과학식의 공리식 명제(axiomatic proposition) ─ 예컨데 두 평행선은 영원히 만나지 않는다 ─ 에 설명의 출발점을 삼을 필요도 없고 또 삼을 수도 없다는 것이다. 사회과학에서 연역적 방법을 쓸 때 나타나는 명제란 어디까지나 가정적 명제(assumptive proposition)라는 것이다. 이때의 명제란 인간의 성격이나 제도의 융통성에 관한 근원적 가정(root assumption)을 말한다. 예컨데 Douglas McGregor의 인간해석에 관한 X－Y이론은 훌륭한 가정적 명제라고 할 수 있다.[20]

S.K. Bailey는 지적하기를 행정이론은 일반적으로 가정적 명제를 세우는 것을 좋아하지도 않으며 또 행정이론가 자신들도 가정적 명제를 소유하지도 않고 있으며 또 소유하고 있다 할지라도 그것을 다듬고 발전시켜보려고 하지도 않는다는 것이다.[21] 그러나 행정학에서 assumptive theory가 활발하지 않다는 것은 사실이지만 희귀할 정도는 아닌 것 같다. 예컨데 「인간은 자리(自利)적 동물이다」라는 가정적 명제하에서 조직이론을 전개한 Anthony Downs의 Inside Bureaucracy(1966), Gordon

---

19) Morrios Chen and Ernest Nagel, *An Introduction to Logic and Scientific Method*, Harcourt, Brace, 1934, pp. 199－201.
20) Douglas McGregor, The Human Side of Enterprise, McGraw－Hill, 1960.
21) Stephen K. Bailey, "Objective of the Theory of Public Administration," in Charlesworth, *op. cit.*, p. 135.

Tullock의 The Politics of Bureaucracy(1965), 및 N. Olson의 The Logic of Collective Action(1969) 등은 assumptive theory의 훌륭한 본보기라고 할 수 있다.

여하간 행정학에서 assumptive theory의 개발이 촉구되며 이러한 이론이 활발할 때 행정학의 학간성과 과학성은 올라간다고 볼 수 있다.

넷째, 과학적 이론은 「거짓말이 될 수 있는 가능성」(falsifiability)을 내포하고 있어야 한다.[22] 어떠한 이론이나 「거짓말이 될 수 있는 가능성」이 없으면 이것은 이미 과학이 아니고 교리나 도그마에 불과하다. 자유주의사회에서 공산주의는 과학이 될 수 있지만 공산주의사회에서는 과학이 될 수 없다. 왜냐하면 공산주의는 자유주의사회에서는 「거짓말이 될 수 있는 가능성」이 있지만 공산주의사회에서는 이러한 가능성이 없기 때문이다. 공산주의사회에서 공산주의는 교리와 도그마이지 과학은 아니다. 과학에서의 「거짓말이 될 수 있는 가능성」은 과학의 개방성(openness)과 통한다. 즉 어떤 이론이나 반증될 수 있고 반박될 수 있으며 허위라고 지적될 수 있어야 한다는 것이다. 만일에 어떤 이론이 절대성을 내세웠을 때에는 그 이론은 이미 과학성을 잃은 것이다.

다섯째, 과학적 설명은 언제나 한정성을 띤다는 것이다. 즉 과학적 설명은 전체성을 띨 수 없다는 것이다. 어떤 문제를 연구의 대상으로 삼았을 때에 그 문제에 대한 전체적인 모습을 다 서술하려고 할 때 이것은 과학이 아니라 역사적인 서술에 불과하다. 예컨데 「인간은 선하다」 아니면 「인간은 악하다」의 입장은 과학이 성립할 수 있는 assumption이 될 수 있지만 「인간은 선하기도 하고 악하기도 하다」라는 입장은 과학적 입장은 되지 못한다. 학자의 주관적인 입장이 취해졌을 때 그 입장에 합치되는 사실들이나 데이터만을 취하고 이와 배치되는 요소들은 배제시키면서 이론을 전개할 때 과학적 이론이 성립한다고 볼 수 있다. 전체의 현상중에서 유형화된 특정현상을 다룬다고 해서 이론의 객관성이 없어지는 것은 아니다.[23] 하나의 입장에서 설명하지 못한 현상들은 다른 입장에서 설명하면 이것 역시 과학적 이론이다.

과학적 설명은 또 시간적인 면에서도 한정성을 띠고 있기도 하다. Max Weber는 지적하기를 현재 성취된 과학적 업적은 10년, 20년, 50년 후에는 고물로 되어 가는데 이것이 과학의 숙명이요 과학적 업적자체를 의미하는 것이라는 것이다. 과학에 종사하는 사람들은 이러한 사실에 복종해야 한다는 것이다.[24]

---

22) Karl R. Popper, *The Logic of Scientific Discovery*, Harper Torchbooks, 1959, ch. 4.
23) Talcott Parsons, Max Weber: *The Theory of Social and Economic Organization*, The Free Press, 1947, pp. 8-28.
24) Max Weber, "Science as a Vocation," in Logan Wilson and William L. Kolb (eds.) *Sociological Analysis*, Harcourt, Brace and Warld, 1949, p. 7.

이상에서 우리는 행정학이 과학화될 수 있는 방향 및 기반에 대해서 설명하였다. 이러한 맥락속에서 행정학의 identity, 접근방법, 가치문제 및 토착화를 다루어 보기로 한다.

Ⅲ. 행정학의 Identity 문제

행정학의 종합과학성은 모계과학인 정치학으로부터 분리되면서부터 그 숙명성을 지니고 있다. 행정은 정치과정의 최종단계로 파악할 때에는 정치학과 밀착되어 있고 관리현상으로 파악할 때에는 경영학과 밀착되어 있으며 조직현상으로 파악할 때에는 사회학의 부속품처럼 보인다. 이와 같이 종합과학성이 짙게 풍기다보니 행정학이 무엇이냐 하는 identity crisis문제가 나오게 된다. 이러한 identity crisis가 나오게 된 이유로는 행정이라는 그 자체가 정치학이나 경영학, 사회학, 심리학 등과 밀접한 관계를 가질 수밖에 없는 속성도 있지만 그보다 더 큰 이유로는 행정학자 자신들이 상기의 인접학문에서 나온 이론들을 무분별하고 염치없이 받아들여 행정학하면 타문학의 모든 이론의 전시장 같은 기분으로 만들었기 때문이다. 또 사실 오늘의 행정학에서 사용되고 있는 많은 이론들이 사회학자나 경영학자 심리학자들에 의해서 연구된 것들이다. 즉 행정학자가 제구실을 못한 이유도 행정학에서 identity crisis를 불러일으킨 중요한 이유중의 하나라고 할 수 있다. 인접과학의 이론들이 행정학의 영역에 물밀듯이 들어올 때에 행정학은 독자성을 잃고 결국 증발해버릴 가능성도 커지는 것이다.

여하간 이러한 identity crisis를 해결하려고 노력하는 학자들을 세 가지 부류로 나눌 수 있는데 그 하나는 Dwight Waldo[25]나 Frederick Mosher[26] 같은 학자로 이들은 행정학의 독립과학성을 포기해 버리자는 입장이다. 두 번째의 그룹은 Herbert

[25] Waldo는 논문을 발표할 기회가 있을때마다 행정학연구에 professional perspective를 내세워 행정학을 의학에 비유한다. 그는 행정학을 단독과학이라고 한다면 이는 너무 야심차거나 아니면 너무 야심이 없는 것이라고 한다. 그는 행정이론의 범위를 professional challenge만큼 확장하여야 하는데 이러기 위해서는 어떤 단독과학에만 의존할 것이 아니라 많은 과학의 이론을 원용해야 한다는 것이다. Waldo, op. cit., pp. 8−11.

[26] Mosher는 행정학에서 무엇이 독특한 영역인가를 물을 때 내세울만한 것이 없다고 한다. 행정학은 어떻게 보면 사회학을 다 cover하는 것도 같고 그렇지 않으면 아주 협소하기도 하다는 것이다. 그는 행정을 define하지 않은 것이 최선의 길이라는 것이다. 행정학은 하나의 discipline이라기 보다는 interest의 영역이요 seperate science라기 보다는 focus라는 것이다. 행정학이 타학문과 중복되고 경계가 불분명하면 할수록 자산이라는 것이다. Frederick Mosher, "Research in Public Administration," *Public Administration Review*, Vol. 16, Summer 1956, p. 177.

Simon이나 Martin Landau같은 학자로 행정학의 독자성을 추구하면서 그 기본영역을 정책결정과정에 두고 있다. 세 번째 그룹인 Paul H. Appleby, Fred Riggs 및 Wallace Sayre같은 학자로 이들은 정치학의 울타리 속에서 행정학을 이해하고 있다.

그러나 첫째 그룹인 Mosher나 Waldo식 해결은 문제를 해결하려는 것이 아니라 문제를 회피하고 학문으로서의 행정학을 포기하는 것이다. 종합과학성이 강하다고 해서 학문으로서의 행정학이 포기될 수는 없는 것이다. 특히나 행정학연구에서 Waldo 식의 Professional Perspective[27]를 내세울 때에는 행정을 기술(art)로 보았을 때에는 타당할지 모르지만 이론적 측면이나 과학적 측면에서 이해할 때에는 용인될 수 없을 것 같다. 왜냐하면 Professionalism과 과학과는 역관계에 있기 때문이다.

어떠한 학문이나 독립과학으로서 발전하려면 자기의 고정된 중심영역과 활발한 주변 영역(active circumference)을 가져야 한다. 중심영역이 없이는 어떠한 연구도 구조화되지 않으며 체계성도 없고 또 학문성도 없다. 그리고 이러한 중심영역이 없이는 연구가 계속성(continuity)이 없고 정밀한 연구방법(rigorous methodology)도 개발되지 않으며 이론의 체계성도 없어 축적된 지식(accumulated knowledge)으로서의 과학이 일어나지 않는다.[28]

행정학의 과학성을 높이기 위해서도 행정학의 Locus문제는 중요한 것 같다. 그러면 무엇이 행정학의 locus인가는 결정하기가 대단히 어려운 것 같다. 흔히들 행정현상은 공적조직(public organization)에서 일어나는 현상들과 주변의 환경적 요소들과의 상호작용 속에서 일어나는 현상들을 합친 것이라고 한다. 그렇다면 무엇이 「공적」(public)이라는 말인가? 확실히 현대사회의 복합적인 기능과정에서 공과 사를 구별하기란 대단히 어려운 것 같다. 특히나 Lynton K.Cardwell처럼 「공적」인 의미를 법(law)이나 습관(custom)에 의해서 이해하지 않고 사회학적 의미(sociological sense)로 인식할 때에는 공과 사의 구별이란 더욱 어려워진다는 것이다.[29] 이러한 식으로 공과 사를 구별하려고 한다면 문제만 더 복잡해지지 해결의 실마리가 풀리지 않을 것 같다.

여기서는 문제를 단순화시켜서 흔히들 쓰이는 의미로 공적조직을 보면 중앙정부 및 지방정부의 집행부, 독립규칙위원회, 공사 등이라고 할 수 있다.[30] 이러한 공적조

---

27) 의학에서처럼 행정학도 social ill을 치료하는 complexity 현상이라고 하며 이러한 입장을 내세우고 있다. 주(25)를 참조할 것.

28) Martin Landau, *op. cit.*, pp. 178－205.

29) Lynton K, Cardwell "Methodology in the Theory of Public Administration" in Charlesworth, *op. cit.*, pp. 215－217.

30) Simon, Smithburg and Thompson, *Public Administration*, Alfred A. Knope, 1950, p. 7.

직은 사적 조직과 유사점도 많이 가지고 있지만 차이점도 많다. 특히나 목적의 복합성과 사회작용면에서 양자는 크게 다르다.[31]

여하튼 행정학은 자기의 identity를 지키기 위해서도 그의 locus를 공적조직에 두어야 한다. 공적 조직을 연구의 센터로 삼지 않으면 사회학이나 경영학 등과 구별될 수가 없다. 이러한 공적 조직내외에서 일어나는 현상을 권력현상으로 보아도 좋고, 가치배분의 현상으로 보아도 좋고, 정책결정과정의 현상으로 보아도 좋다. 보는 각도와 focus 여하에 따라 다채로운 종합과학화의 현상이 일어날 것이다.

지금까지의 조직이론은 public sector내의 조직은 무시하고 사기업조직에만 초점을 두어왔던 것이다. 이것은 위에서도 말했지만 대부분의 뛰어난 조직이론가들이 사회학자나 경영학자들이었기 때문이다. 그러나 기존의 조직이론들은 앞으로의 공적조직의 연구에 많은 도움을 주리라 생각된다.

Ⅳ. 접근방법의 다원화

행정현상을 파악하는 데에는 여러 가지 접근방법이 있을 수 있다. 그러나 어떠한 접근방법이나 모델도 파악하고자 하는 대상의 전체를 다 커버할 수 있는 완전한 포괄성을 띤 모델이나 접근방법은 없다는 것이다.

모델이나 접근방법은 연구하고자 하는 대상의 어디에다 초점을 두느냐에 따라 개발되고 발전하기 때문에 본래적으로 한정성을 띠고 있다. 여기에서 어떤 현상을 보다 종합적이고 정확하게 파악하기 위해서는 접근방법의 다원성(plurality of approaches)이 요구되는 것이다. 각 접근방법마다 전체를 파악하는데 그 나름대로 기여를 하고 있기 때문에 어떠한 접근방법이 옳고 그른가의 논리는 성립하지 않는다. 다만 판단에 대한 대체적인 기준이란 적용성, 유용성, 전달성, 설명능력 등을 들 수 있다.[32]

접근방법이 지나치게 다원화되면 오히려 이론의 혼란만 빚고 체계적인 이론정립이 어려워진다고 지적하는 사람들도 있다. 예컨데 Waldo같은 학자는 조직이론에서의 너무나 많은 이론들은 마치 장님 코끼리 만지기식이 되고 있다고 지적하고 있다.[33]

---

31) *Ibid*, pp. 8-12; Philip S. Kronerberg, *op. cit.*, p. 209.
32) Linton K. Cardwell. "Conjectures on Comparative Pubic Administration," in R.C. Martin (ed.) *Public Administration and Democracy*, Syracuse University Press, 1965. pp. 234-235.
33) Dwight Waldo. "Organization Theory: An Elephantine Problem" *Public Administration Review*, Autumn, 1961, p. 216.

James Heaphy도 비교행정의 경우를 들면서 지나치게 많은 모델과 어프로치는 오히려 체계적 이론(systematic theory)을 정립하는데 장애요인이 되고 있다고 주장하고 있다.34) 접근방법이나 모델의 다원화로 인한 이론의 무질서한 난무상은 Todd R. La Porte에 의해서도 따끔하게 지적되고 있다. 그는 수많은 모델, 가설, 명제 개념들은 현기증이 날 정도로 난맥상을 이루고 있으며 여기서 나온 지식의 축적이란 오히려 기만성을 띠고 있다고 한다. 이렇게 나온 이론들은 슈퍼마켓에 전시되고 있지만 막상 먹을만한 이론은 없다는 것이다.35)

이러한 방법론의 다원화에 대한 비판적 태도는 통일적이고 체계적인 이론을 통합적으로 구축하는데 일리는 있을지 모르지만 전적으로 받아들일 논거는 되지 못한다.

위에서 설명한대로 과학적 설명이 본래적으로 한정성을 띠고 있다면 이는 필연적으로 연구방법의 다원화를 야기시킨다. 어떠한 접근방법이 연구대상의 전체중에서 특정부문의 독특한 유형(particular pattern)을 설명하고자 할 때 여기서 설명되지 못한 부문은 다른 접근방법을 기다리고 있다. 뿐만 아니라 동일한 현상이라도 관점이나 인식의 각도여하에 따라 얼마든지 다르게 이해될 수 있는 것이다. 그리고 하나의 사상이나 이론 또다른 접근방법은 그것이 아무리 훌륭하다 할지라도 전체적 진리(whole truth)를 설명할 수는 없는 것이다.36) 이들은 어디까지나 전체적 진리에 대한 접근(approximation)이지 진리자체는 아니다.

사회과학에서 접근방법, 모델, 이론의 다양성(diversity)은 지극히 당연하고 정상적인 상태이다. 즉 연구방법에 있어서 diversity, conflict, pluralism은 consensus나 homogeneity 또는 uniformity보다 사회과학이 훨씬 건강한 상태에 있다는 것을 나타내며 또 이러한 상태하에서 지식은 계속해서 변화되고 개발되고 진보된다고 할 수 있다. 그리고 체계성을 갖춘 일관된 이론(unified theory)도 방법론이나 이론의 다원화에서 나오는 것이지 처음부터 단일적인 이론(a well-singled theory)에서 나오는 것은 아니다. 그리고 흔히들 이야기하는 Thomas Kuhn의 paradigmatic stage도 이러한 다원화를 거쳐서 이룩되는 것이다.

행정학을 연구하는데 있어서, 여러 가지 접근방법들37)이 있음에도 불구하고 현

---

34) James Heaphy, "Comparative Public Administration: Comments on Current Characteristics," *Public Administration Review*, May-June. 1968, pp. 242-249.
35) Todd R. Laporte, *op. cit.*, p. 28.
36) L. Vanghn Blankenship, "Public Administration and the Challenge to Reason," in D. Waldo (ed.) *Public Administration in a Time of Turbulence* Chandler Publishing Co., 1971, p. 208.
37) 구조적 접근방법을 위시해서 행태론적, 생태론적, 정책결정론적, 체제분석적 및 기능적 접근

재 우리나라에서 행정학연구의 주류를 이루고 있는 것은 Gulick and Urwick식 구조적 접근방법이라고 할 수 있다. 즉 대부분의 교과서가 조직구조의 설명에 치우치고 있다. 예컨데 행정조직론의 경우만 보아도 조직의 원리라는 명칭하의 계층제, 분업의 원리, 전문화, 부서편성, 명령통일, 통솔의 범위, 계선조직과 막료조직, 집권화와 분권화, 공식적 조직과 비공식적 조직, 일선기관의 구조적 측면의 설명에 치중하고 있다. 이러한 구조나 절차중심의 설명은 재무행정이나 인사행정의 경우 더욱 심하다고 볼 수 있다.

여기서 필자는 방법론이나 접근방법의 다원화를 촉진하고 행정현상을 움직이는데로의 실상을 보다 정확하게 파악하기 위해서 행태론적 접근방법(behavioral approach)을 내세우고 싶다. 행태론적 접근방법도 그 의미내용이 학자마다 조금씩 달라 「이것이 행태론적 접근방법이다.」라고 탁 꼬집어서 이야기하기는 어려우나 이 방법의 주요골자는 조직이나 제도 절차보다는 인간적 요소에 초점을 두고 행정현상을 파악하자는 것이다. 즉 행정관료들의 행태양식, 유형, 의식구조, 동기, 행동을 조건지우는 요소 등의 동적인 현상을 통해서 행정이론을 정립해 보자는 것이다.

관료들의 행태분석을 떠나서 제도적이고 구조적인 측면만을 다루게 되면 행정현상의 핵심이나 알맹이 또는 실질적인 진면목을 파악하지 못한 채 설명은 피상적이요 겉치레에 빠지기 쉽다. 특히 우리나라와 같은 경우는 모든 행정제도가 서구의 유입물이지 우리의 것은 아니다. 이 경우 행정제도와 관료들의 행태간에 괴리현상이 크게 나타나는데 이때 행태면을 떠난 제도적·구조적 설명이란 물위에 뜬 기름같은 구실밖에는 못한다고 할 수 있다.

행태론적 접근방법은 글자 그대로 조직구성원이 어떻게 행동을 하고 있는가에 연구의 초점을 둔다. 좀 더 구체적으로 말하면 개입의 행동을 유발하고 규제하는 요소들은 무엇인가? 어떤 경우에 조직성원은 협조를 잘하고 또 충돌을 하는가? 권한은 어떤 형태로 행사되는가? 조직성원은 성취동기가 강한가? 변화지향적인가? 보수주의적인가? 관료들은 service-oriented되어 있는가 아니면 지배의식이 강한가? 어떠한 문제에 관료들은 신경을 많이 쓰는가? 비공식적인 집단활동은 어떠한 양상을 띠고 나타나는가? 이러한 활동은 공식적 집단활동을 보완하는가 아니면 해독작용을 하는가? 등의 수많은 문제들이다.

여기서 주의할 것은 행태론적 접근방법이라고 해서 조직자체를 연구의 대상에서

방법 등이 있다. 이러한 접근방법들은 교과서에는 그 내용이 간단히 소개되고 있지만 실제 행정현상을 분석하고 설명하는데 활용되지는 못하고 있다.

제외한다는 뜻은 아니다. 행정학에서 다루는 인간이란 어디까지나 조직속의 인간이지 조직밖의 인간은 아니다. 행태론적 접근방법을 본격적으로 시도한 H. Simon은 개인의 행위를 규제하고 조건지우는 가장 중요한 인자가 집단규범이나 조직정신이라고 한다.[38] 이와 같이 조직성원의 행위를 설명하는데 있어서 집단규범이나 조직정신은 큰 비중을 점하고 있다. 조직은 하나의 큰 행동단위로서 그 자신, 갈등, 응결, 상호작용의 동태적 요소들을 내포하고 있고 또 스스로 환경적 문제들을 대처해 나가며 합리성 균형성 등을 추구하고 있다. 이러한 입장에서 조직행위를 설명하고 있는 James Thompson의 Organization in Action(1967)은 뛰어난 작품이라고 할 수 있다.

행태론적 접근방법은 연구의 단위가 주로 개인이나 그들의 활동이기 때문에 데이터의 수량화와 수학적인 또는 통계적인 처리가 요구된다. 이러한 입장에서 행태과학은 각종 계량분석의 기법인 correlation, regression, analysis of variance, symbolic logic, set theory, probability theory vectors and matrices, linear programming 및 game theory 등을 활용한다. 그러나 행학론적(行學論的) 접근방법은 필요상 계량적 방법을 활용하는 것이지 그 자체는 아니다.

다음에 행태론적 접근방법은 관료들의 의식구조, 행동양식, 사고방식, 가치관, 선호성 등에 연구의 초점을 두기 때문에 행정문화(administrative culture)와 직결되고 있다. 문화현상을 토대로 하지 않은 행동설명이란 거의 불가능하기 때문에 당연한 현상이라고 할 수 있다.

마지막으로 명기하고 싶은 것은 여기서 내세우는 행태론적 접근방법은 Simon식의 논리실증주의에 입각한 행태론적 접근방법과 다르다는 것이다. Simon은 행정현상에서 가치문제를 완전히 제외시키고 사실만을 다룸으로서 자연과학식 이론정립을 꾀하고 있다. 그러나 여기서 이야기하는 행태론적 접근방법은 가치문제를 다루는 것을 주저하지 않는다. 가치문제는 다음에서 다루기 때문에 여기서는 상론하지 않는다.

여하간 조직적 구조나 제도보다 인간행동적 요소에 초점을 두는 행태론적 접근방법은 행정현상을 보다 정확하게 설명함으로서 한국행정학의 과학화에 보다 많이 기여하리라고 생각된다.

---

38) H. Simon, *op. cit.*, p. ll.

V. 과학화와 가치문제

혼히 과학은 가치중립적(value-free)인 것으로 인식되고 있다. 따라서 행정학이 과학화되면 규범적 정치이론(normative political theory)이나 공익, 사회형평(social equity) 또는 광범위한 인간가치(human value) 문제 등을 다룰 수 없다고 지적되고 있다.

과연 과학은 가치와 상극의 관계에만 있는가? 이것은 한번 따져 보아야 할 과제인 것 같다. 흔히들 이야기 하는대로 과학은 가치를 다루지도 않고 또 다룰 수도 없다는 입장을 불변의 명제로만 받아들여야 할 것인가에 대해서 의심을 제기해 보자는 것이다.

Carl G. Hempel은 가치의 판단에는 두 가지가 있는데 하나는 도구적 판단(instrumental-judgement)이요, 다른 하나는 범주적 판단(categorical judgement)이라는 것이다. 그에 따르면 가치의 도구적 판단은 과학이 직접 다룰 수 있지만 범주적 판단은 다루는데 한계가 있다는 것이다.[39]

먼저 도구적 판단의 경우를 보면 이때에는 선정된 행동에 비교될 수 있는 alternative action의 존재를 전제로 한다. 예컨대 「어린 아이는 때려서 키우는 것보다는 자유스럽게 키워야 한다」느니 「리더십은 권위주의적인 것보다는 민주적인 것이 좋다」느니의 가치판단은 때려서 키울때보다 자유스럽게 키울때 바람직한 어린 아이의 성장과정이 나타나고 민주적 리더십이 권위주의적 리더십보다 생산성을 높일 때 과학은 이러한 가치문제에 해답을 준다고 볼 수 있다. 특히 어떤 목적이 정해졌을 때 그 목적을 달성하는데 가장 좋은 대안을 선정하는데 과학은 결정적 공헌을 하고 있다.

다음에 범주적 판단의 경우는 최종상태나 궁극의 목표와 관계될 때이다. 예를 든다면 불치의 병으로 고통을 당하고 있는 환자를 안락사시키는 것이 좋으냐 나쁘냐의 경우는 과학으로 검증할 수도 없고 확인할 수도 없다는 것이다.

그러면 과학이 가치의 범주적 판단문제를 다룰 수 없다고 했을 때 과학은 도덕적인 가치의 문제를 해결하는데 전혀 공헌을 하지 못하는가? Hempel은 과학이 이러한 문제를 해결하는데 공헌한다는 긍정적인 입장에서 다음과 같이 설명하고 있다.

첫째, 과학은 도덕적 문제를 해결하는데 필요한 사실적 정보(factual information)

---

39) Carl G. Hempel, *Aspects of Scientific Explanation*, Free Press, 1965, pp. 84-88.

를 제공한다는 것이다. 좀 더 구체적으로 말한다면 ⓐ 도덕적으로 추구하는 목적이 주어진 상황속에서 성취될 가능성이 있는가의 여부를 확인해 주고 ⓑ 만일에 그것이 성취될 수 있다면 어떠한 방법과 어느 정도 확률로서 성취될 수 있는가 ⓒ 여기서 나오는 부작용은 무엇인가 ⓓ 추구되는 몇 개의 목적들이 동시에 공동으로 성취될 수 있는가 아니면 이들은 서로 배타적인가의 문제들을 해결해 준다.

뿐만 아니라 과학은 사실적 기초로서의 정보를 제공함으로서 도덕적 규범에 대한 가치화(valuation)를 변화시켜 주는 역할까지 한다는 것이다.

둘째, 가치에 영향을 줄 수 있는 요소들을 객관적으로 연구함으로서 과학은 가치의 문제들을 해명하기도 하고 또 시야를 넓히게 함으로서 도덕적 문제에 대한 우리의 입장을 변화시키기도 하며 나아가서는 도덕적 교조주의(moral dogmatism)나 편향주의에 빠지지 않도록 안전판(safeguard)을 제공하여 주기도 한다.

셋째, 과학적 이론은 언제나 개방성을 띠고 있고 또 다른 이론과 늘 비교될 수 있는데 이러한 현상들은 가치에 관한 보다 근원적인 문제들을 파헤치게 한다는 것이다.40)

위에서 설명한 것처럼 과학은 가치의 종류에 따라 다룰 수 있는 것도 있고 또 다룰 수 없는 것도 있다. 그러나 일반적으로 과학에서 다룰 수 없는 가치들이란 거의 모든 사람들에게 받아들여질 수 있는 행위규범이나 기준이라고 할 수 있다. 예컨대 「살인은 악이다」라는 도덕적 가치는 그 진위를 가릴 수는 없지만 모든 사람들에게 용납될 수 있는 가치다. 이러한 가치, 즉 범주적 판단에 속하는 가치는 과학에서 중요한 데이터나 사실 또는 주어진 조건으로 받아들이자는 것이다. 즉 이러한 가치는 다른 행위를 판단하는 기준치로서 역할을 하게 하자는 것이다.41)

그러나 행정학에서 추구하는 가치들은 이러한 범주적 판단에 속하는 가치들보다는 태반이 도구적 판단에 속하는 가치들이라고 할 수 있다. 예컨데 공익이나 사회형 평등의 문제는 도구적 성격을 보다 강하게 띤 가치의 문제들이라고 할 수 있다.

이상의 설명을 요약해 보면 과학은 가치의 문제들을 직접, 간접으로 해결하는데 결정적으로 역할을 하고 있다는 것이다. 과학과 가치는 흔히들 생각하는 것처럼 원수 관계도 아니고 상극관계도 아니다. 양자는 서로 보완관계에 있고 상호작용속에서 피차 덕을 보기도 한다.

이러한 의미에서 행정학이 과학화된다고 해서 가치의 영역이 배제된다는 논리는

---

40) *Ibid.*, pp. 93-96.
41) Golembiewski, *op. cit.*, pp. 120-121.

성립하지 않는다. 특히 행정학에서 다루는 가치는 거의가 다 도구적 판단을 요하는 가치이기 때문에 과학적 접근이 가능하다고 본다.

VI. 토착화의 문제

사회과학에서 모든 국가나 모든 문화에 범세계적으로 적용될 수 있는 거형이론 (grand theory)의 개발이란 대단히 어려운 것 같다. 아니 오히려 이러한 거형이론일수록 내용이 공허하고 설명능력이 부족하다고 지적되기도 한다. 이러한 이유에서인지 많은 사회과학자들은 특정사회에 적용될 수 있는 중간범위이론(middle range theory)의 개발을 제창하고 있는 바 특정사회에 적용될 수 있는 이론의 개발은 토착화의 문제와 직결된다고 할 수 있다. 다시 말해서 특정사회의 행정체제의 유니크한 성격을 찾아내고 설명할려고 할 때 토착화의 문제가 일어난다는 것이다.

흔히 토착화하면 그 나라의 「고유한 옛것」을 송두리채 찾아내어 이것에만 집착하려는 태도로 인식되기 쉽다. 이러한 태도는 외국의 이론이나 제도에 대해서 거부반응을 일으키려고 한다. 그러나 이러한 태도는 학문상의 국수주의이지 토착화는 아니다. 예컨데 이조시대의 행정제도의 발굴연구는 토착화를 위한 자료이지 토착화 자체는 아니다. 이러한 의미에서 토착화를 지향할수록 외국의 이론을 적극적으로 받아들여 변증법적 지양과정을 밟아야 할 것이다.42) 그리고 논리적으로도 토착화는 외국의 이론이나 제도의 존재를 전제로 한다. 애초부터 「우리의 것」만 찾을 때에는 토착화란 개념은 성립하지 않는다. 행정학에서 토착화란 외부로부터 들어온 이론이나 제도와 기존의 우리의 행정실제와의 상호작용하면서 일어나는 변질과정이라고 할 수 있다.43)

이러한 의미에서 토착화의 제1차적 단계가 외국이론을 배격할 것이 아니라 보다 정확하게 체계적으로 외국이론을 소화하고 이해해야 한다는 것이다. 우리는 외국이론을 어느정도까지 이해를 하고 이해한다고 하는지 깊이 생각해볼 일이다. 혹시나 저자의 기본정신이나 입장을 이해하지 않고 일관성 없이 이것 저것을 mosaic식으로 주어 모아 「이것이 외국이론이다」라고는 안 하는지 생각해볼 일이다. 우리는 외국이론을 곧잘 비판한다. 그러나 그 비판도 우리의 심중에서 나온 비판이라기보다는 외국인의 비판을 그대로 빌려서 하는 경우가 많다.

---

42) 김경동, "한국사회과학의 미래," 현상과 인식 제2권 제2호, 1978, p. 140.
43) 이종범, 전게논문, p. 200.

여기서 강조하는 것은 토착화란 세계속에서 우리의 것을 찾는 것이고 외국이론과 교착속에서 우리 이론의 유니크한 것을 발굴하는 것이지 우리의 고유한 것만을 찾는 것이 아니라는 것이다.

일반적으로 한국의 사회과학은 1960년대 후반부터 토착화가 논의되었다고 지적되고 있는데[44] 행정학도 예외는 아닌 것 같다. 이 무렵부터 학자들은 외국이론과 한국의 행정현실간의 괴리현상에 눈을 뜨기 시작하면서 토착화를 중요한 과제로 내세우고 있는 것 같다. 또 토착화를 위한 준비작업으로서 한국적인 행정현상이나 행정제도에 관한 저서나 논문들이 적지 않게 발표되고 있다.[45] 이러한 한국행정현상의 설명에 초점을 둔 저서나 논문들이 상당히 발표되고 있음에도 불구하고 토착화에 대한 본격적인 작업은 아직도 유아기의 단계에 있다고 볼 수 있다. 다시 말해서 우리의 체질에 맞는 행정체제는 무엇이며 또 이러한 체제는 어떠한 준거기준에서 찾아야 하며 외국의 도입된 이론은 어느 면에서 우리 현실에 맞지 않은가며 또 토착화의 필요성이 인식된다면 어떠한 방법으로 해야 하는가 등의 본질적인 문제들이 본격적으로 다루어지지 않고 있다는 것이다. 외국의 학자들 중에서도 Riggs, LaPalombara, Braibanti, Siffin 등의 수많은 학자들도 선진국의 행정체제가 발전도상국에 맞지 않으니 발전도상국들은 자기네의 체질에 맞는 행정체제를 모색해야 한다고 주장은 하면서도[46] 무

---

44) 김경동, 전게논문, p. 139.

45) 예컨데 김운태, 행정학원론, 박영사, 1975, 제 5 장 한국행정현상의 일반적 특징; 김운태, 조선왕조행정사(근세편), 박영사, 1970; 박동서, 한국행정론, 법문사, 1978; 박동서, 한국관료제도의 역사적 전개, 한국연구원, 1961; 이한빈, 사회변동과 행정, 박영사, 1968; 이한빈 외, 한국행정의 역사적분석, 한국행정문제연구소, 1969; 박문옥, 한국정부론, 박영사, 1963; 조석준, 조직론, 법문사, 1977; Suk-Choon Cho, "The Korean Bureaucracy: Authority and Policy Formulation Process," 행정논총, 제8권 제1호, 1970; 안해균, "한국행정과정에의 이익투입에 관한 연구," 행정논총, 제9권 제1호 1971; 강신택, "한국행정학사서설," 한국정치학회보 4집, 1971; 황인정, 행정과 경제개발, 서울대출판부, 1970; 이문영 "한국에 있어서의 행정학의 연구현황," 법률행정론집(고려대법과대학) 4집, 1963; 김봉식 "한국의 사고방식을 통해 본 한국행정문화," 한국행정학보, 제Ⅱ호, 1968; 김영훈, 현대행정학론집 연세대출판부, 1976, 제HI장, 윤우곤 "한국관료의 행태적 분석," 한국행정학보 제7호, 1973; 이종범, 전게논문, Bun Woong Kim "Democratic Elitism as a Korea Possibility Model," 한국행정학보 제10호, 1976; 백완기 "한국행정의 근대화에 대한 문화 심리학적 접근방법," 한국행정학보 제9호, 1975. 이 이외에도 많은 논문들이 있다.

46) Fred Riggs "Bureaucrats and Political Development: A Paradoxical View" in Joseph LaPalombara (ed.) Bureaucracy and Political Development, Princeton University Press, 1963, pp. 120-167; Joseph LaPalombara, "Bureaucracy and Political Developmert: Notes, Queries, and Dilemmas," in LaPalombara (ed.) Ibid, pp. 34-61; Ralph Braibanti, "the Quest or Endogeneity of Administrative Form," Occassional Paper 서울대 행정대학원 주최 Seminar, 1978; William

엇이 발전도상국에 적합한 행정체제인가에 대해서는 해답의 실마리마저 주지 않고 있다. 즉 이들은 문제를 제기하는데 열을 올렸을 뿐이지 해답을 모색하는 데는 궁색하였다. 우리의 경우도 외국의 이론이 우리의 실정에 맞지 않는다고는 곧잘 지적하면서 구체적으로 어느 이론이 어떤 경우에 어째서 맞지 않는다는 설명은 별로 찾을 수가 없다. 토착화는 이러한 문제의 제기만으로 해결되는 것은 아니다. 말은 쉽지만 실제 학문에 있어서 토착화의 작업이야말로 오랜 시간과 엄청난 노력이 소요되는 고된 작업이라는 것을 명심할 필요가 있다.

여기서는 토착화를 위한 준거기준과 토착화의 방법에 관해서만 검토해 보기로 한다.

첫째, 토착화의 준거기준이란 어디에서 한국행정현상의 특유한 성격을 찾을 것인가의 문제이다. 행정의 특유한 성격을 찾는데는 여러 가지 환경적 요소들이 있을 수 있겠으나 가장 보편성과 포괄성과 지속성을 띤 변수로서는 문화를 들 수 있을 것 같다. 한국행정학의 토착화를 찾는 바탕으로서 김영훈 교수는 역사성을 내세우고 있는데 여기서의 역사성이란 회고적 가치로서의 옛모습이 아니라 어떤 창조적 가치, 즉 새로운 형식을 산출하기 위한 소재이어야 한다는 것이다.[47] 여기서 내세우는 역사성도 문화성을 강조하고 있기 때문에 의미상으로는 양자에 차이가 없다고 보아야 할 것이다.

일반적으로 선진국의 행정이론이나 제도가 발전도상국에 맞지 않는다고 주장되는 가장 큰 논거는 문화의 벽이라는 것이다. 문화는 그만큼 세력이 크고 포괄력과 지속력이 강하기 때문에 이것에 배치되는 어떠한 요소나 제도도 제대로 힘을 못쓰기 마련이다. 이러한 의미에서 Landau는 문화는 모든 행위를 규제하고 조건지우는 기본적 정책이요 규범이라고 하고 있다.[48]

확실히 문화적 접근법은 왜 도입된 행정체제나 이론이 본래의 의도대로 작동하지 않은가에 대해서 가장 강력하고 설득력있는 설명을 주고 있다고 할 수 있다. 다시 말해서 행정의 변칙적 현상들이나 일탈된 행위들이 문화의 시각에서 볼 때 그 그물에 거의 다 걸리기 마련이라는 것이다. 물론 인간의 행위설명에는 문화적 요소를 떠나서 경제적 요소, 정치적 요소, 심리적 요소, 등도 있을 수 있겠으나 어느 특정사회의 인

Siffln, *op. cit.*, pp. 61−70.

47) 김경동, 전게서, pp. 92−93.

48) Martin Landau, "Development Administration and Decision Theory," in E. E. Weidner (ed.) *Development Administration in Asia*, Duke University Press, 1970, p. 74.

간행위를 다른 특정사회의 인간행위와 비교하면서 설명하는 데에는 문화적 요소가 가장 강하다고 할 수 있다. 이러한 의미에서 문화결정론적 접근방법은 그 나라의 행정현상을 가장 정확하게 설명함으로써 행정의 과학적 이론정립에도 공헌하고 있다고 볼 수 있다.

이러한 문화결정론적 접근방법은 행정체제는 문화적 상황과 일치해야 한다는 문제로 유도한다. Braibanti는 우리 시대의 가장 중요한 문제는 정치체제나 행정체제를 그것들이 내재하는 문화적 망과 어떻게 연결시키느냐라고 지적하고 있다.[49] 확실히 문화적 상황과 행정체제의 연결은 그리 쉬운 일은 아닌 것 같다. 개방체제속의 한 국가가 자기의 문화적 특성이 국제간에 표준화되고, 전문화되고, 규격화된 행위나 기술에 합치되지 않을 때 나타나는 갈등의 문제도 보통의 문제는 아니다. 그러나 이보다 더 심각한 문제는 토착적인 문화자체가 발전이나 근대화의 내용을 터부시하거나 가로막고 있을 때이다. 극단의 예를 들어서 공사의 구분을 싫어하는 문화속의 행정체제는 관료들의 관직사유시를 정당화해야 할 것인가 하는 경우이다. 윤우곤 교수는 한국 행정의 과학화가 되지 않은 기본적 이유의 하나가 관료들이 과학적 사고를 싫어 한다는 것이다.[50] 그러면 이 경우도 정책결정에 있어서 편견, 선입관, 감정, 적당주의가 용납되어야 하지 않을까 하는 문제이다. 행정의 기본사명을 impersonal한 현상이라고 한다면 우리의 문화는 personal한 것이 몸에 배인 문화라고 할 수 있다. 이때의 행정체제는 사적 인간관계로 엮어지는 관계로 되어도 좋다는 말인가!

여하간 기존의 문화가 과학성, 합리성, 진취성, 창조성 등과 배타적 관계에 있을 때 어떠한 행정체제를 세워야 하느냐의 문제는 대단히 어려운 문제이다. 여기서 행정학은 문화변형이론이나 태도변화(attitude change)이론을 다루지 않을 수 없다.

다음에 토착화의 방법에 관해서 검토해 보기로 한다. 행정학의 토착화에 대해서 이종범 교수는 구체적인 방법을 제시하고 있는데 그 내용을 보면 ① 조립식 교과서 위주의 행정학을 지양하고 연구논문 위주의 행정학을 고취시키자는 의미에서 상벌체계의 확립 ② 행정학자와 실무자들의 상호교류 ③ 신축성의 내재화 ④ 그 외의 제도적 장치이다.[51]

토착화의 방법에도 여러 가지가 있으리라고 생각되는데 필자는 다음과 같은 방법을 제시하고 싶다. 여기서 제시하는 방법들은 상호논리적 관계에 있는 것도 있고

---

49) Braibanti, *op. cit.*, p. 1.
50) 윤우곤, "행정의 과학화," 한국행정학보, 제8호, 1974, 한국행정학회, p. 38.
51) 이종범, 전게논문, pp. 219-221.

상호관계가 없는 독립적인 것도 있다.

· 첫째, 행정에 대한 진단작업을 보다 본격적으로 시도해야 한다. 여기서의 진단작업은 조직구조보다 「행정인」에 초점을 두어야 한다. 행정인을 설명하기 위해서는 먼저 「한국인」에 대한 해석과 설명이 이룩되어야 할 것이다. 여기서의 「한국인」은 인간이면 누구나 가질 수 있는 추상적이고 범세계적인 공통요소에서 보는 인간이 아니라 한국문화속의 인간이다.

여하간 한국행정현상에 대한 정확한 진단과 있는 그대로의 상태에 대한 descriptive−explanatory theory는 한국행정학의 구축작업에 초석이 되리라고 생각한다. 어찌된 일인지 우리의 행정학계는 상황진단이나 현상설명보다는 처방에 더욱 열을 올리고 있다. 이러한 처방도 외국이론이나 제도를 기준으로 한 처방이다. 이러한 풍토하에서는 토착화의 가능성이 희박하다고 아니할 수 없다.

둘째, 한국의 행정현상을 유형적(patterned)으로 설명할 수 있는 개념이나 Model 개발이다. Model 개발에 앞서 사례연구가 충분히 되어야 한다고 하나 현시점에서 볼 때 사례연구는 어느 정도 되어 있다고 생각함으로 Model 개발에 관심을 기울여야 할 것 같다. 여기서의 개념이나 모델은 구체적인 사건들을 유형별로 엮을 수 있는 scheme을 말하기 때문에 고도의 일반성을 띠지 않아도 좋다. 또 역설적으로 이야기하면 모델이 있어야 과학성을 띤 사례연구를 할 수 있지 단순한 사실발견의 사례연구란 과학적 이론의 정립에 크게 공헌을 하지 못한다.

개념개발의 문제와 아울러 생각할 수 있는 것은 외국에서 어떤 현상을 설명하기 위해서 사용되고 있는 개념들이 우리나라의 그 비슷한 현상을 설명하지 못하고 있는데 그대로 막 쓰는 경우이다. 예컨데 비공식적 집단이라는 개념은 우리 사회에서의 귀속적 요소들을 토대로 한 파벌집단의 개념과 전혀 다른데 혼용하고 있는 경우이다.[52]

셋째, 오리지날한 성격과 내용이 담긴 연구서적 또는 연구논문의 개발이다. 초창기부터 현금에 이르기까지 우리의 행정학은 교과서 위주의 행정학이었다. 이러한 교과서도 거의가 다 획일적인 성격을 띠어 온 것도 사실이다. 물론 교과서도 색다른 각도에서 체계있게 쓰여진다면 그 나름대로 공헌을 한다는 것은 사실이다.[53] 한국행정학의 앞날과 토착화의 가능성 여부는 여기에 종사하는 교수들이 얼마만큼 많이 연구서적이나 논문을 발표하느냐에 달려있다고 볼 수 있다.

---

52) 백완기, "한국행정과정," 김운태 외 공저, 한국정치론, 박영사, 1977, pp. 391−384 참조.
53) 이종범, 전게논문, p. 203, 219−220. 본논문 주3 참조.

넷째, 학술지의 간행의 강화 및 확장이다. 학계에 발표된 논문의 수가 적은 것도 사실이지만 논문을 발표할 기회가 극히 한정되어 있다는 것도 사실이다. 현재 행정학계에서 눈에 띠는 학술지로서는 1년에 한 번 발간되는 한국행정학보와 서울대학교 행정대학원에서 발간되는 행정논총 정도이다. 그 이외에는 다른 대학에서 행정학에 관한 논문집이 있는지 없는지 조차도 잘 모른다.

뿐만 아니라 행정학에 관한 논문이 각 대학의 논문집(각분야를 망라한)에 산재되어 있기 때문에 어디에 무슨 논문이 실려있는지 조차 알기 어렵다. 다시 말해서 각 대학의 논문집을 힘들여 찾아 목차를 조사하지 않고는 행정학에 관한 논문소재마저 알 길이 없다. 여하간 어떠한 방법으로든지 학술지의 확장이 시급히 요구된다고 볼 수 있다.

학술지와 관련해서 생각나는 것은 국내학자들간에 상대방의 논문을 활용 및 인용하려는 태도가 약하다는 것이다. 다시 말해서 발표된 논문수도 적지만 그나마도 이것의 활용 및 인용이 학자들간에 인색하다는 것이다. 이 문제에 관해서 안병만 교수는 연도별로 조사를 한 바 있는데 국내 학자들의 논문인용 빈도의 평균치를 보면 행정학의 경우가 24.7%이고 정치학의 경우가 27.3%이다.[54]

물론 이러한 현상을 학문상의 사대주의라고 표현하기에는 너무나 많은 다른 요소들이 있다고 볼 수 있다. 그러나 되도록이면 국내학자들끼리 서로 논문을 활용·인용하는 것이 국내학계를 진작시킨다는 의미에서 바람직하다고 볼 수 있다. 특히나 토착화작업을 위해서는 더 말할 나위도 없다.

다섯째 학자들은 행정현상을 다루는데 있어서 자기의 「눈」이나 「입장」 또는 assumptive position을 갖자는 것이다. 어떠한 현상을 설명하는데 여러 가지 시각이 있을 때 학문은 획일주의를 피할 수 있고 또 이러한 상이한 입장이나 세계관이 활발하게 전개될 때 건설적인 논쟁이나 비판정신이 싹틀 수 있다. 비판이란 자기의 주장이나 입장을 전제로 한다. 자기의 입장이 담겨져 있지 않은 이론은 비판이나 논쟁의 대상이 되지 않는다. 우리 학계에서의 논쟁이나 비판정신이 활발하지 않은 것은 바로 학자들이 자기입장을 가지고 있지 않은데 큰 이유가 있다고 생각한다.

---

54) 안병만, "미국정치학이 한국정치학에 미친 영향," 미국학논집, 1976, pp. 43-45 참조.

Ⅶ. 맺는 말

행정학은 발상지인 미국이나 한국에서 여러 가지 시련을 겪고 있다. 이러한 시련은 학문의 짧은 역사성이나 종합과학성의 성격에도 이유가 있겠지만 그보다 큰 이유는 실천성에 대한 지나친 강조에서 온다고 볼 수 있다. 어느 학문이나 지나친 실천성이나 성급한 처방성을 강조하다 보면 이론중심의 기초적 바탕이 다져지지 않고 이러한 바탕이 견고하지 않으면 결국 실용성이나 처방능력도 발휘하지 못한다고 할 수 있다. 다른 학문에서 행정학을 응용성을 띤 기술(applicable art)이라고 깔보려고 하는 것도 과학성과 이론성이 결핍되어 있기 때문이라고 생각한다.

특히나 한국의 행정학은 처음부터 도구중심적 성격을 띠고 들어왔기 때문에 이러한 이론적 공허성은 더욱 크다고 아니할 수 없다. 행정학의 공허성을 메꾸고 학문으로서의 품위를 높이려면 기술성보다는 과학성이 더욱 강조되어야 한다는 것이 필자의 입장이다. 이러한 입장에서 행정학에서 문제시되고 있는 영역문제, 방법론의 문제, 가치문제, 토착화문제를 엮어보았다. 본논문에서는 앞에서도 지적한 바 있지만 과학적 이론의 정립방법에 주안점을 두지 않았다. 여기서 내세우고 싶었던 것은 과학적 이론이 정립될 수 있는 토양, 바탕, 풍토, 분위기가 무엇인가를 밝혀 보자는 것이었다.

▶ ▶ ▶ 논평

박종민(고려대학교 행정학과 교수)

백완기(1978). 한국행정학의 학문성 정립문제: 과학주의의 입장에서

(1) 행정학은 과학인가 "아트"인가의 주장에서 "아트"를 과학이론의 응용을 연상시키는 '기술'로 오역하면서 한국에서 행정학은 과학이면서 '기술'로 이해되고 광범하게 수용되었다. 그리고 근대화 과정에서 행정학의 도구적 및 실천적 성격이 강조되면서 '기술'로서의 행정학이 '과학'으로서의 행정학을 압도하였다. 기술이 견고한 과학이론을 전제해야 함에도 '기술'로서의 행정학은 그렇지 못했고 따라서 행정학의 학문적 성격이 점차 의심되는 상황에 이르렀다. 이러한 맥락에서 이 논문은 학문으로서의 행정학의 위상 정립을 위해 행정학의 과학화, 즉 과학으로서의 행정학의 발전을 호소하고 있다.

저자는 행정학이 학문으로 정립되기 위해서는 인접 학문으로부터 구분되는 고유의 지식체계를 발전시켜야 하고 이 지식체계는 과학적 이론에 기반을 두어야 한다고 주장한다. 이는 "현대사회에 있어 행정은 … 독자적인 과학적 이론체계의 형성이 촉구되고 있(다) … 본래 행정현상은 … 그 한계가 유동적인만큼 그 고유한 중심개념을 구분하기는 용이한 일이 아니다. 따라서 행정연구에 있어서는 … 행정영역에서 나타나는 제 현상을 관찰·분석·비교하고 정리함으로써 그에 관한 일반적 개념을 파악하고 나아가서는 그 현상을 현실적으로 밑받침하고 있는 지배적인 제 요인의 기본관계와 그 특성 및 지향성을 추리함으로써 이론의 실증적 체계화를 꾀하여야 하는 것이다."는 당시 김운태 학회장의 1967년 행정학보 창간사를 상기시킨다. 그로부터 10년이 지난 1978년 한국정치학회보에 게재된 이 논문에서 저자는 과학화를 통한 행정학의 학문성 정립 문제를 본격적으로 다루고 있다.

(2) 저자는 과학주의의 입장에서 행정학을 학문으로 정립시키는 것을 강조한다. 저자의 과학화의 의미는 협소하지 않다. 자연과학에서처럼 가설을 엄격히 검증하고 법칙을 찾고 연역적 설명만을 추구하는 것은 아니다. 그는 과학화의 특징으로 다음의 네 가지를 제시하였다. 첫째는 "설명하고자 하는 문제," 즉 연구의 대상을 선택하고 "이것을 설명하는데 필요한 데이터"를 확정하는 것이다. 둘째는 "데이터를 기술하고

분류할 수 있는" 조작화가 가능한 개념의 개발이다. 셋째는 가정적 명제에 기반을 둔 이론의 개발이다. 넷째는 반증이 가능한 이론의 개발이다. 마지막은 한정적 설명의 추구이다.

저자가 언급한 과학화의 특징은 과학적 연구의 핵심 구성요소라고 할 수 있는 연구 질문, 이론, 데이터 모두를 건드린다. 행정학의 과학적 이론화를 추구한다면 연구 질문은 문헌에 기여하는 것이어야 한다. 연구 질문이 문헌과의 관련성이 없다면 그리고 문헌에 대한 새로운 기여를 제시하지 못한다면 연구결과는 지식의 축적과 체계화에 별 도움이 되지 못한다. 이론 형성에서 데이터는 핵심 요소이다. 연역적 방법으로 이론을 검증하든 귀납적 방법으로 이론을 생성하든 경험적 관찰, 즉 데이터의 수집은 필수적이다. 연구 질문에 부합하지 않은 데이터의 사용은 설사 양적 데이터를 사용해도 그래서 과학적인 실증연구라는 인상을 준다하여도 연구결과의 타당도를 담보할 수 없다. 양적 데이터든 질적 데이터든 좋은 데이터를 확보하는 것이 긴요하다. 이와 관련해 개념화와 측정의 중요성은 아무리 강조해도 지나치지 않다. 데이터의 생산과정을 기록하고 보고하며 이론의 다양한 관찰 함의를 테스트할 수 있는 데이터를 가능하면 많이 수집하고 측정의 타당성을 극대화하고 데이터수집방법의 신뢰성을 담보하며 데이터의 재생성을 확보하는 것이 필요하다. 저자가 강조한 것처럼 과학적 이론은 반증이 가능해야 한다. 반증될 수 없게 이론이 제시된다면 이는 좋은 이론이 아니다. 반증이 가능하다는 것은 이론의 기대가 경험적으로 나타나지 않음을 보여줄 수 있다는 것이다. 따라서 과학적 연구를 위해 이론을 선정할 때 반증이 보다 용이한 이론, 즉 관찰 함의가 많이 도출될 수 있는 이론을 선정하는 것이 중요하다. 이론의 관찰 함의가 많을수록 반증하기가 보다 쉽기 때문이다.

(3) 저자는 행정학의 학문성 정립 및 과학화와 관련된 주제로 행정학의 정체성의 문제, 접근방법, 가치문제 및 토착화의 문제를 차례로 논의한다. 행정학의 정체성의 문제는 결국 행정학이 하나의 독립된 학문으로 존재할 수 있느냐의 문제라고 할 수 있다. 정치학으로부터 분리를 추구하면서 오히려 사회학이나 경영학과의 구분이 모호해졌고 정책문제를 연구대상으로 삼아 확장하면서 고유의 이론을 발전시키지 못했다. 저자는 인접 학문의 이론에 의존적인 행정학은 독자성을 상실하고 증발해버릴 수 있음을 경고한다. 저자는 행정학이 독립학문으로 발전하려면 자기의 고정된 중심영역이 있어야 한다는 M. Landau의 주장에 동의한다. "중심영역이 없이는 어떠한 연구도 구조화되지 않으며 체계성도 없고 또 학문성도 없다. 그리고 이러한 중심영역이 없이는 연구가 계속성이 없고 정밀한 연구방법도 개발되지 않으며 이론의 체계성도 없어 축

적된 지식으로서의 과학이 일어나지 않는다."고 하였다. 저자는 행정학의 정체성을 구축하기 위해 연구대상으로 공공조직에 초점을 둘 것을 제안한다. 공공조직을 연구의 중심으로 삼아야 사회학이나 경영학 등 주변 학문과 구분될 수 있다는 것이다. 이는 행정학의 연구대상을 구분시켜주지만 그것만으로 충분하지는 않다. 공공조직에 대한 정치학적 접근이나 경제학적 접근과 구분되는 행정학적 접근이 수반되어야 한다. 행정학의 중심 개념과 고유 이론을 형성하고 그 위에 지식체계를 발전시키지 못한다면 행정학의 정체성을 정립하는 것은 용이하지 않다.

(4) 지식의 축적에 기여하지 못하는 이론과 모형의 남발을 경계하면서도 접근방법의 다원화를 옹호한 저자는 행태론적 접근법을 제안한다. 조직구조나 공식제도보다 인간행태에 초점을 둔 접근법이 한국의 행정현상을 보다 정확하게 설명하여 과학화에 기여할 것이라고 본 것이다. 그렇다고 관료적 구조나 제도의 특징에 초점을 둔 연구가 과학화에 기여하지 않는다는 것은 아니며 인간행태에 대한 계량화된 실증연구를 확대하면 한국의 행정현상을 보다 잘 이해할 수 있다는 점을 강조한 것이다. "행태혁명"의 영향을 받은 저자의 논의로부터 끌어낼 수 있는 교훈은 학문공동체가 다양한 접근법에 열려 있어야 한다는 것이다. 패러다임으로 불리든 연구프로그램으로 불리든 시대별로 학문공동체를 지배하는 접근법이 있을 수 있다. 설사 그런 접근법이 있다하여도 그와 다른 접근법에 대해 학문공동체가 열려 있지 않다면 더 나은 이해를 위한 이론의 발전과 지식의 진보에 도움이 되지 않는다는 점을 강조한 것이다.

(5) 논리실증주의의 한계를 인식하는 저자는 행정학이 과학화를 추구한다고 가치문제를 다룰 수 없는 것은 아니라고 주장한다. 범주적 가치판단이 아닌 도구적 가치판단은 과학이 직접 다룰 수 있으며 도덕적 가치 문제에도 간접적으로 기여할 수 있다고 하였다. 행정학에서 추구하는 가치들은 대부분 도구적 판단에 속하는 가치들이라는 점에서 저자는 과학과 가치가 상호보완 관계에 있을 수 있다고 보았다. 그러나 도구적 가치판단에 대한 과학적 검증조차 먼저 상위 가치 즉 평가 기준에 대한 합의를 전제한다. "행정의 분권화가 집권화보다 좋다."는 명제의 진위를 곧바로 과학적으로 검증할 수는 없다. 이를 경험적으로 테스트하려면 우선 어떤 기준에서 좋다고 하는지 즉, 제안된 기준의 정당성에 대한 논의와 합의가 있어야 한다. 이는 엄밀히 과학의 영역에 속하지 않는다. 그러나 행정학이 과학만 지향하는 것이 아니고 '인문학'의 요소를 갖고 있다는 것을 수용한다면 옳고 그른 것, 바람직하고 그렇지 못한 것, 정의롭고 그렇지 못한 것 등에 관한 규범이론을 행정학에서 배제시킬 논거는 없다. 규범이론을 본격적으로 다루려면 행정학의 인문학적 성격이 인식되어야 한다.

(6) 끝으로 저자는 토착화의 문제를 논의한다. 토착화는 외국이론과 한국의 행정현실 간의 괴리현상에 대한 반응이라고 볼 수 있다. 이는 한국사회에 적용될 수 있는 이론의 개발을 촉구한다. 이론이 본래적으로 일반화를 지향한다면 '한국의 행정현상에만 타당한' 이론의 개발은 자기 모순적이다. 토착화가 가질 수 있는 학문적 국수주의를 경계한 저자는 우선 외국이론에 대한 배척이 아니라 정확한 이해를 강조하였다. 이론은 검증의 대상이지 현실 개혁을 위한 교리가 아니다. 선진국에서 유행하는 이론도 반증이 가능한 것이다. 과학적 연구논리에 따르면 외국이론이 한국에서 수집된 관찰과 일치하지 않다면 그 이론은 반증은 아니더라도 적어도 한국적 맥락에서 입증된 것은 아니라고 할 수 있다. 그러나 과학적 연구는 여기서 그치지 않는다. 이론을 재구성하거나 대안 이론을 제안하고 이를 다시 경험적 관찰을 통해 검증한다. 이러한 이론의 발전 과정을 굳이 오해의 소지가 있는 이론의 토착화라고 불러야 할 방법론적 이유는 없다. 한국의 행정현실에 절박한 주제를 선정한다는 점에서 연구 질문의 한국화는 한국행정학의 적실성을 높일 수 있지만 일반이론의 한국화는 한국행정학의 과학화에 별 도움이 되지 않는다. 토착화에 대한 강조는 이론의 추상화 노력에 장애가 된다. 한국에만 맞는 이론은 좋은 이론이 아니다. 토착화 과정에서 나온 한국적 행정이론이라도 다른 나라의 관찰 자료를 통해 검증받아 이론의 적용 범위를 확대시켜 이론의 추상화의 수준을 높여가야 한다. 이론적 기대가 다른 나라의 관찰 자료와 일치하지 않는다면 그 이유를 찾아내 이론의 정교화를 시도해야 한다.

저자는 한국의 행정현실을 설명할 수 있는 이론의 형성을 위해 문화 변수에 주목할 것을 제안한다. 문화를 행정현상을 설명하는 유용한 변수로 작동시키려면 문화의 분류와 측정 및 문화의 차이와 행정현상의 차이를 연결시키는 이론적 구성이 필요하다. 외국이론과 한국의 행정현실 간의 괴리를 한국의 문화 때문이라고 주장하면서 보조가설을 동원하거나 사후적 설명을 시도하는 것은 피해야 한다. 사후적 가설은 새로운 데이터를 수집해 검증되어야 한다. 문화를 단순히 잔여적인 것으로 취급하는 대신 문화가 주요 변수로 포함된 비교이론을 형성하고 이를 특히 교차국가분석을 통해 검증하는 것이 필요하다.

(7) 저자는 한국행정학의 학문성 정립의 방해물로 '실천성에 대한 지나친 강조'를 들었다. 그는 "어느 학문이나 지나친 실천성이나 성급한 처방성을 강조하다보면 이론 중심의 기초적 바탕이 다져지지 않고 이러한 바탕이 견고하지 않으면 결국 실용성이나 처방능력도 발휘되지 못한다."고 하였다. 이 논문이 발표된 후 40년이 지난 지금 학문으로서 한국행정학은 위기를 경험하고 있다. 여전히 저자가 경고했던 실천성과

처방성에서 벗어나지 못하면서 과학적 이론의 발전이 지체되어 왔다. 그동안 이론 형성을 위한 노력이 증가되어 왔지만 데이터 수집이 종종 이론의 관찰 함의와 거리가 있고 수집된 데이터가 연구 가설을 검증하기에 흔히 부적합하며 사례선정이 자주 이론적이지 못하고 이론 발견이나 개선보다 사례 자체의 이해에 초점을 둔 해석적 사례연구 일색이다. 통계분석을 사용한 인과이론 지향적 연구가 늘어났지만 인과과정에 대한 이론화 작업이 부족하고 데이터의 질이 낮아 문헌에 대한 기여가 모호하다. 외국이론과 모형 혹은 제도에 의존해 방안을 처방하는 정책 지향 분석은 여전하다. 전반적으로 경험연구의 급성장에 상응하는 과학적 지식의 생산과 인과이론의 구축은 여전히 미진한 편이다.

한국행정학의 과학화에 대한 저자의 논지를 재음미해 이로부터 위기에 직면한 한국행정학의 학문성 정립을 위한 과제를 찾는다면 한국행정학 연구공동체는 통계분석을 통해 규칙성을 발견하든, 비교방법을 통해 필요충분조건을 탐색하든, 실험방식을 통해 인과관계를 확립하든, 사례분석을 통해 과정과 기제를 밝히든 행정현상에 대한 이론 지향적 실증연구를 더욱 강화하고 지속해야 한다는 것이다.

행정과 정책연구를 위한 시차적 접근

행정과 정책연구를 위한 시차적 접근*

정정길(서울대학교 행정대학원 명예교수)

⤜ 프롤로그 ⤝

시차이론의 재조명

1 바닷가에 깎아지른 절벽이 수십 미터 높이로 솟아 있고, 절벽 위 주변의 경치가 좋아서 많은 사람들이 관광을 오는 곳이 있었다. 그런데 밤이 되면, 특히 달이 밝은 밤이 되면, 자살하는 사람들이 흔히 이 절벽 위에서 바다로 뛰어 내리기 때문에 절벽 바로 앞에 넓직한 팻말을 세웠다. 그리고 그 팻말에는 <다시 한번 깊이 생각하십시요>라는 문구를 크게 써 두었다. 이 글귀를 보고 자살하려던 사람들이 자살을 포기하고 되돌아가기도 하였다. 소기의 효과를 얻은 셈이다. 그런데 … 전혀 엉뚱한 사태가 벌어졌다. 어떤 청년이 그 팻말을 보지 못하고 절벽 위로 가서 자살을 시도한 것이다. 그러나 절벽 위에서 밑을 내려다보니 검푸른 파도가 치솟고, 더욱이 날씨가 차서 바닷속에 떨어지면 너무나 추울 것 같았다. 그래서 무섭고 겁이 난 청년은 뛰어내릴 것을 포기하고 돌아 나왔다. 나오다가 커다란 팻말 위에 쓰여진 글귀를 보았다. 다시 한번 깊이 생각한 청년은 죽어야 한다고 결론을 내리고 되돌아가서 절벽에서 뛰어 내렸다.

이 이야기는 서양에서 유행하는 농담인데 시간적 순서가 얼마나 치명적인가를 알려준다. 동일한 행동이나 사실이 발생하여도 시간적으로 선후가 뒤바뀌면 정반대의 결과가 나올 수 있다. 사회현상에서 자주 나타나는 경우이다.

---

* 이 논문은 2002년 『한국행정학보』, 제36권 제1호, pp. 1−19에 게재된 글과 2002년 『한국정책학회보』, 제11권 제2호, pp. 255−272에 게재된 글을 바탕으로 재구성한 것이다.

특히 정부가 의도적으로 새로운 제도를 도입하거나 새로운 정책을 추진할 때, 먼저 해야 할 일과 뒤에 해야 할 일을 뒤섞을 때 커다란 혼란이 발생할 수 있음을 암시한다. 여러 사실들이 발생할 때 발생의 시간적 순서가 아주 중요하다.

마찬가지로 얼마만큼의 시간적 차이(시차)를 두고 발생하는가도 당연히 중요하다. 성과급제도를 도입할 때 성과평가제도가 정착될 때까지 시간적 여유를 준 후에 성과급제도를 도입해야 한다는 식이다. 정책의 효과가 나오려면 상당한 성숙기간이 필요하므로 효과평가는 그 후에 해야 한다.

2 하나의 사회현상을 발생시키는 여러 가지 요인들이 작동하는 시간적 순서는 상황마다 달라질 수 있다. 사회적 상황, 행위주체의 개별적 차이, 사회현상의 사회에 대한 영향 등에 따라 달라진다. 그리고 성숙기간도 마찬가지이다. 그렇기 때문에 사회현상을 발생시키는 주요 요인들을 알고 있어도 구체적인 상황에서 어떠한 결과가 나올지 전혀 예측할 수 없게 된다. 얼른 보면 무질서와 혼돈 상태가 보편적인 것으로 인식된다. 어디에서나 공통적으로 적용될 수 있는 인과관계나 설명구조가 존재하지 않는 것 같이 보인다. 사실 뉴턴식의 시공을 초월한 절대적 원리(예를 들면, 만유인력의 법칙)가 아인슈타인의 상대성원리에 의하여 부정되고, 초미립자들이 무작위하게 움직인다는 사실이 밝혀지면서 우주의 모든 자연현상은 이미 정해진 규칙에 따라 주어진 결과를 향해 움직일 것이라는 믿음도 무너졌다. 모든 것은 예정된 결과가 없는, 즉 결과가 확정되어 있지 않다는 불확정성원리가 지배할 것으로 많은 사람들이 믿게 된 것이다. 이러한 자연현상에서의 발견을 근거로 사회현상에서도 보편성을 지닌 원칙이나 원리는 존재하지 않는 것으로 치부되는 경향이 너무 심해졌다.

그러나 다른 한편으로 생각하면, 아인슈타인이 밝힌 중력에 의한 빛의 굴절이나, 시간의 왜곡은 특정한 조건하에서 나타나는 현상이고, 이러한 조건이 없는 경우에는 빛은 직진을 계속하고, 시간은 같은 속도로 흘러간다. 초미립자가 아닌 물질들은 뉴턴 식의 규칙에 따라 운동을 한다. 전혀 질서나 규칙 없이 변화하는 것 같은 자연현상도 알고 보니 표면적인 무질서는 우리가 그 움직임의 원리를 알지 못하기 때문이고, 실제로는 일정한 질서와 규칙이 지배한다는 것이 복잡성(혼돈) 이론에서 밝힌 것이다. 그러므로 지나치게 무질서와 혼돈을 강조하고 이해와 발전을 위한 노력을 폄하하거나 포기해서는 안 된다. 실증적 연구에서 민주적 리더십이 권위적 리더십보다 생산성이 높은 경우뿐만 아니라, 정반대의 경우도 나타나서 리더십과 생산성 간에는 큰 관계가 없는 것으로 포기해서는 안 된다. 보편적이 아닌 예외적인 경우를 자세히 검토하면, 충분한 성숙기를 지니지 못했기 때문이거나 선후가 뒤바뀌었기 때문인 경우가 많다. 오랫동안 권위적 리더십을 행사하던 조직이 민주적 리더십으로 전환하였지만, 새로운 리더십에 조직 전체가 적응하는 시간이 충분치 않으면 생산성이 과거보다 떨어지게 된다. 책임운영제도를 도입하기 전에 부패나 부정을 방지하는 장치를 만들어 두지 않으면 실패로 끝난다. 바람직한 사회현상을 발생시키기 위해서 추진하는 모든 인위적 노력은 보편적인 법칙과 시차적 요소를 충분히 고려하는 전략으로서만 성과를 얻을 수 있다. 그리고 자연발생적으로 나타나는 사회현상 간의 인과관계도 완전히 동일하다. 이러한 시차적 메커니즘을 이해하지 못하면 모든 것이 혼란과 혼돈 속에 휘말려 있는 것으로 착각하기 쉽다. 포스트 모던 사회의 다양성과 혼란을 이해하기 어렵다고 하여 사회발전을 위한 노력을 포기하여서는 안 된다. 사실은 사회의 발전을 추구하기 위한 방향과 전략을 둘러싼 이데올로기적 대립과 갈등도 사회복지향상을 위한 시각을 장기에 두느냐, 아니면 현재나 단기적 해결을 추구하느냐, 그리고 전체최적화와 부분최적화의 시차적 우선순위를 어디에 두느냐에 대한 경우가 대부분이다. 결국 탈현대사회적 혼란과 이를 극복하기 위한 전략을 이해하는데도 시차적 접근이 필수적이다. 학자들과 실무진의 보다 많은 관심이 절실하다.

3 아래에서 소개하는 논문은 이러한 시차적 논의를 이해하기 위한 기본적 틀을 제시한 것이다. 원래 한국행정학보에 실린 첫 번째 논문과 그 뒤에 한국정책학회보에 실린 두 번째 논문을 약간 수정하여 합친 글이다. 첫 번째 논문은 시차(즉 시간적 차이)가 결정적인 영향을 미치는 선후관계를 취급하였고, 두 번째 논문은 시간의 흐름에 따른 변화(성숙효과와 역사성 등)를 취급하였다.

이 두 논문은 당시에 우리가 심각하게 생각해 보지 않았던 시간문제를 제기하여 많은 논란을 불러 일으켰는데, 후배교수들이 실증적 연구와 이론의 수정과 보완, 그리고 새로운 시각에서의 접근 등을 시도하여 아주 다행스럽게 생각한다. 실천적인 문제해결을 위하여 밑거름이 될 것이라는 기대 때문이다.

〈요 약〉

원인이 작동하여 결과가 변화할 때까지 시간이 소요되기 때문에 사회과학이 추구하는 모든 인과법칙에는 시간적 요소가 개입한다. 이 사실은 행정학이나 정책학에서 추구하는 인과법칙을 새로운 시각에서 재검토할 필요성을 제기한다. 인과법칙에서 시간적 요소를 고려하기 위한 분석틀을 제시하기 위해, 본 논문에서는 실천적으로 중요한 하나의 예로서 화학적 인과관계를 검토한다. 화학적 인과관계는 원인변수들의 작동순서가 결과변수의 변화를 근본적으로 다르게 만드는 경우로서, 정책수정이나 제도개혁에서 개혁적 요소의 도입순서가 개혁의 성공여부를 좌우하기 때문이다. 나아가 본 논문에서는 원인변수나 결과변수가 시간의 흐름에 따라 변화한다는 사실이 인과법칙에 미치는 영향에 한정시켜 인과관계의 동태성을 검토한다. 그리고 원인변수 작동시간의 장단(長短), 원인변수의 변화과정 등 원인변수의 성장과정(history)만이 아니라, 결과변수의 변화과정이 인과관계에 미치는 영향을 검토하고, 이것이 지니는 정태적 인과법칙의 동태적 전제를 추론한다. 이러한 인과법칙의 동태적 전제가 정책 및 제도효과의 추정이나 수정 및 개혁시점에 대하여 지니고 있는 실천적 함의를 검토한다.

I. 서 론

1. 연구의 목적

행정이론이나 정책이론에서는 시차적 요소가 너무나 중요하다. 원인과 결과의 정태적 인과법칙만을 고려하는 이론들을 평면적 또는 2차원적이라고 부른다면 시차적 요소가 가미되는 동태적 이론은 입체적 또는 3차원적 이론이다. 인류사회의 다양화가 심화되고 변화가 급속하기 때문에 사회를 관리하는 행정이나 정책현상은 시차적 요소의 영향을 강력하게 받고 있다. 신제도주의자들의 연구에서도 사건의 시간적 순서(sequence)나 경로의존성(path dependence)이 강조되고 있다. 이 글은 행정과 정책연구에서 실천적인 이론구축을 위하여 보다 적극적으로 시차적 요소를 도입할 수 있는 방안을 검토하기 위한 것이다. 차차 밝혀지겠지만, 보다 정치한 이론의 축적을 위해서도 시차적 접근은 중요하다.

행정이나 정책연구에서 시간적 측면이나 동태적 상황을 강조한 연구들은 많이 있다. 이들의 대부분이 시차적 접근의 밑거름이 된다. 뿐만 아니라 희귀하기는 하지만, 행정연구나 정책연구에서 시차적 요소의 중요성을 직접 취급하고 있는 연구도 있다. 다만, 이들의 대부분은 산발적이거나 추상적이고 단편적으로 시차적 측면을 취급하고 있다. 이들을 체계적으로 정리하고 시차적 접근을 위한 하나의 기본 골격을 제시해 보려는 것이 이 글의 목적이다.

2. 연구의 배경

행정학도나 정책학도 모두에게 시차적 접근방법이라는 생소한 이름까지 붙이면서 이 글을 쓰게 된 것은 절박한 실천적 문제의 해결에 행정이나 정책연구가 좀 더 기여를 했으면 하는 바람 때문이다.

시차적 접근이란 사회현상을 발생시키는 주체들(개인, 집단, 조직, 사회 또는 국가 등)의 속성이나 행태가 주체에 따라 시간적 차이를 두고 변화되는 사실을 사회현상 연구에 적용하는 연구방법을 의미한다. 여기서 말하는 시간적 차이는 첫째, 변화시작의 시간적 차이로서 변화의 시간적 선후관계를 의미하며 둘째, 변화지속의 시간적 차이로서 변화지속의 장단(長短)을 의미한다. 이 글에서는 첫째의 시차를 중점적으로 논의하는 것이지만, 구체적인 내용은 이 글에서 차차 밝혀질 것으로 기대하고 여기서는 더 논의하지 않기로 한다.[1] 시차적 접근의 자세한 의미에 대해서는 여기서 논의하지 않지만, 이 글을 쓰게 된 이유를 여기서 밝히는 것이 생소한 접근방식을 제안하는 필자의 의도를 쉽게 이해하는데 도움이 될 것이다.

행정개혁이나 새로운 제도도입이 실패한다거나, 상태를 더욱 악화시킨다는 주장은 무수히 있었다. 그런데도 새 정권이 들어설 때마다 행정개혁을 부르짖는 것은 세

---

[1] 이 부분에서 시차적 접근의 의미에 대해서 간단하게나마 언급하는 것이 좋으리라는 두 분 논문심사자의 의견에 감사드린다. 뒤의 부분에서도 좋은 의견을 주신 심사자분들께 그 내용을 일일이 밝히지 못함도 양해하시기 바란다.

계적인 현상이다. 개혁의 실패는 언제나 기득권세력의 저항이나 관료들의 저항 때문이라고 매도하면서, 행정개혁은 선거 때마다 인기 있는 슬로건으로 등장한다(P. Light; 1997; 정정길, 2000: 378-379). 그리고는 또 실패하고 혼란에 빠진다. 이러한 실패의 되풀이를 학습의 부족이라는 관점에서 비판할 수도 있다(J. Klsen and G. Peters, 1996; Neusteadt and May, 1986). 그러나 행정개혁이 실패하는 이유를 모르는 행정학자들은 드물다. 그렇다면, 우리는 무엇을 과거의 경험에서 배우지 못하고 있는가? 우리가 가장 소홀히 취급하고 있는 것이 다음과 같은 메커니즘이라고 생각된다. 간단한 예로서 제도도입을 보기로 한다.

공공부문의 건설사업은 경쟁입찰을 거쳐서 민간기업을 선정하여 담당시킨다. 일정한 조건을 갖춘 경쟁자들 중에서 최적기업을 선정하는 기준으로서 흔히 최저가제도를 채택한다. 최저가제도는 경쟁업체들 중에서 가장 공사비를 적게 들여 건설하겠다고 제안한 업체를 선정하는 방법이다. 정부로서는 공사비를 적게 부담하는 장점이 있다. 그러나 이 제도는 실제의 운영에 있어서 커다란 문제점을 지니고 있다. 적은 공사비 때문에 부실공사가 되어 건설된 댐, 지하철, 상수도, 교량 등이 얼마 지나지 않아 보수를 해야 하거나 때로는 대형사고를 발생시키는 수가 많다. 이러한 문제발생을 방지하기 위하여, 건설된 건축물의 품질을 철저히 검사하여 계약이행여부를 확인하고 공사대금의 마지막 부분을 지불하게 된다. 이러한 건축물의 사후검사는 감리(監理)라고 불리는데, 최저가제도는 언제나 철저한 감리를 전제로 하여 운영된다. 즉, 신뢰할 수 있는 감리제도의 도입은 최저가제도가 발생시킬 수 있는 문제를 방지하기 위한 보상(報償-compensatory)조건이 된다. 보상조건을 충족하지 않은 상태에서 새로운 제도를 도입하는 것은 엄청난 부작용을 발생시킨다. 과거의 한국정부 건설공사들이 대부분 이러한 문제로 인하여 심각한 피해를 입었다. 제도의 한 요소를 도입할 때 필요한 보상적 요소를 동시(同時)에 도입하여야 하는 것이다. 그런데 최저가제도를 도입하면서, 철저한 감리제도(예를 들면, 외국의 독립적인 감리회사로부터 반드시 감리를 받도록 하는)를 동시에 도입하는 것을 여러 가지 명분으로 저지시키거나, 감리제도의 운영을 느슨하게 하여 문제가 된 것이다. 정치권에서 건설회사로부터 뇌물을 받고, 관료들도 가세하여, 감리제도를 실질적으로 마비시켜서 결국 최저가제도의 도입은 파멸의 상태에 빠지게 된다. 한편, 제도도입을 위하여 필요한 선행(先行) 조건도 있다. 총액예산제도를 도입하려면, 법치행정의 기반이 확고하게 구축되어 있어야 한다. 법치행정의 기반이 약하고 행정윤리도 원시적인 상태에서, 즉 선행조건이 충족되지 못한 상태에서, 총액예산제도를 도입하게 되면, 예산낭비와 횡령 등 예산상의 혼란을 초래할 것이다. 성과평가방법의 확립이 선행되지 않는 성과급제는 원래의 효과를 발생시키기 보다는 부작용을 더욱 크게 한다. 새로운 제도의 도입을 시도하는 신공공관리의 대부분이 이러한 문제를 지니고 있다.

보상조건이나 선행조건이 정치적, 조직적 반대에 부딪쳐 충족되지 못하면, 새로운 제도의 도입이나 개혁은 구제도의 붕괴와 시행착오에 따르는 엄청난 희생만을 초래한다. 그러므로 개혁을 중단하는 것이 바람직할 것이다. 그럼에도 불구하고 개혁주도세력은 리더십의 명분과 정치적 정당성을 위하여 보상조건이나 선행조건을 포기한 채 개혁을 추진하는 경우가 대부분이다. 국민이나 조직성원들에게 약속한 것을 외형적으로나마 지키려고 하기 때문이다. 격무에 시달리는 주도세력이 이러한 시차적 논리를 이해하지 못하여 몇 가지 외형적 요소만을 갖추면 개혁이 성공할 것으로 착각하는 경우도 많다. 주도세력만이 아니라 일반 대중도 당연히 착각에 빠진다. 착각과 안이한 생각(어떻게 되겠지라는)이 맞물려 사태를 더욱 악화시킨다. 선진국의 사례나 성공한 기업의 사례를 벤치마킹해야만 개혁적이라는 명분을 얻을 수 있는 분위기가 이러한 혼란을 심화시킨다.[2] 한 마디로 뒤죽박죽이다. 이러한 상태를 방치할 수는 없다. 무엇인가 해결책이 있어야 한다. 어떻게 해야 할 것인가? 이 연구는 이러한 문제의식에서 출발하였다.[3]

3. 논의의 핵심적 내용

위의 예는 새로운 제도의 도입에서 핵심적 부분(최저가 입찰제도나 총액예산제도)보다 선행하여, 또는 적어도 동시에 추진되어야 할 부분의 중요성을 나타낸 것이다. 위의 혼란을 극복하기 위해서는 이러한 중요성의 인식에서부터 시작되어야 한다. 선행 또는 동시에 병행하여야 할 요소의 존재는 유사한 다른 측면을 부각시킨다. 즉, 제도의 핵심적 요소가 먼저 도입되고, 선행되어야 할 부분이 후행(後行)하면 어떻게 되는가? 이 질문에 대한 답변은 명백하다. 파멸이나 혼란인 것이다.

---

2) Frederickson(2000)은 이러한 현상을 아주 설득력있게 설명하고 있다.

3) 실증주의적 사회과학의 할아버지로 알려진 M. Weber가 톨스토이를 인용하여 다음과 같은 주장을 한 적이 있다. "과학은 무의미하다. 왜냐하면, 우리에게 단 하나 중요한 질문 <우리가 무엇을 해야 하고 어떻게 살아야 하는가>에 답변을 할 수 없기 때문이다"(Gerth and Mills, 1948: 143). 1차 대전에 패배하여 엄청난 배상금을 부담한 독일이 혼란 속에서 파멸로 치닫고 있을 때 절망한 Weber의 절규였다. Weber가 지금의 독일을 보았으면 전혀 다른 주장을 했을지는 모른다. 그러나 모든 사회이론이 궁극적으로 사회문제의 해결로서 인류의 행복에 직접 기여해야 함에는 변함이 없을 것이다.

　　제도적 요소들이 도입 선후관계가 달라짐에 따라 그 결과가 엄청난 차이를 보인 다는 사실은 우리가 중시하지 않았던 중요한 이론적 측면을 부각시킨다. 즉, 제도의 요소들을 원인변수로 하고 우리가 의도하는 효과달성을 결과변수로 할 때, 원인변수들의 작동 순서가 인과관계 자체를 완전히 좌우한다는 측면이다. 그렇다면, 행정이나 정책연구에서 밝혀낸 많은 인과법칙들도 동일한 성격을 지니고 있지 않겠는가? 하나의 결과에 영향을 미치는 원인변수들이 다수 있을 때, 어느 원인변수가 먼저 작동하고 다른 것이 다음에 작동할 때 결과의 변화가 그 반대인 경우와 동일하지 않을 것이라는 추론이 얼마든지 가능하다. 과연 그런가? 그렇지 않은 경우는 없는가?

　　이런 식으로 극히 실천적인 현실문제 해결을 위한 행정연구나 정책연구에 대한 불만에서 시작한 탐색이, 결과적으로 기존의 이론을 비판적 시각에서 검토하게 만들었고, 행정과 정책연구에서만이 아니라 사회과학 전반에 걸쳐서 새로이 탐구해야 할 연구과제가 무수하다는 사실을 발견하게 만들었다. 그래서 이 글은 근본적인 문제에서 출발한다. 즉, 행정이나 정책연구에서 암암리에 추구해온 인과관계 그 자체에 초점에 두고, 원인변수들의 작동순서가 달라짐에 따라 달라지는 인과관계 자체를 먼저 검토한다.

II. 인과법칙과 시간적 요소의 개입

1. 인과법칙의 시차성

　　응용학문으로 출발한 행정학이나 정책학도 성숙기에 접어들면서부터 기초과학과 같이 현상과 현상 사이에 존재하는 인과법칙(因果法則)을 탐구하게 된다. 권위주의적 리더십보다 민주적 리더십이 생산성을 향상시킨다거나, 강력한 대통령의 지지가 정책의 집행을 성공시킨다든가 하는 것들이다 이러한 인과법칙의 발견과 축적이야말로 행정학이 과학이 되는 길이며, 궁극적으로는 실천적 문제해결을 위한 해결책을 제시한다고 행정과학자들은 믿어 왔다. 행태주의자들이 대표적이지만, 극단적인 반실증주의자(反實證主義者)가 아닌 행정학자들은 누구나 이러한 인과법칙적 지식을 추구한다.[4] 그런데 이러한 인과법칙이 실천적인 유용성을 지니려면 인과법칙에 시차적 요소를 가미시켜야 한다는 것이 이 글의 핵심적 주장이다.

---

4) 행정이론이나 정책이론이 인과법칙만을 추구하는 것은 물론 아니다. 극단적으로 체제이론은 환경과의 관계나 요소들 간의 관계에 초점을 두거나, 균형의 조건을 탐색한다. 이들은 다음에서 보는 인과법칙과는 거리가 멀다.

이 글에서 초점이 되는 인과법칙은 정부가 개입하여 사회변동을 의도적으로 추진하는 경우에 나타나는 것이다. 정부가 새로운 정책이나 제도를 도입하여 이를 원인으로 하여 발생하는 상태를 결과로 볼 때 양자 사이에 나타나는 인과법칙이다. 그래서 이것은 넓은 의미의 인과관계가 아니라 Herbert Simon(1977: 82, 92)이 지적했듯이 경험적으로 나타나고 상식적으로 통용되는 Mill의 인과법칙이다. 이 인과관계는 그 본질상 시차적 측면을 내포하고 있다. 실천적 측면에서 보면, 시차적 요소가 개입하지 않는 인과관계는 진정한 인과관계가 아니다. 이러한 인과관계는 본질상 세 가지가 있어야 존재한다. 즉, 첫째, 논리적으로 보아 X가 Y의 원인이고, 둘째, 양자(X와 Y) 사이에 상관관계가 있으며, 셋째, 시간적으로 원인변수(X)가 먼저 변하고 결과변수(Y)가 다음에 변하는 것이 밝혀져야 한다.

여기서 논의의 초점은 세 번째의 것이다. 즉, 아무리 상관관계가 있어도, 선후관계가 뒤바뀌면 X가 Y의 원인이라고 볼 수 없다. 시간적으로 원인변수가 먼저 변하고, 다음에 이의 영향을 받아 결과변수가 변화할 때 인과관계가 존재하는 것이다. 이것이 우리 논의의 출발점이다. 그리고 다음과 같은 의문들에 대한 해답을 찾으려는 것이 이 연구의 주된 목적이다.

1) 원인이 변한 후에 얼마나 시간이 경과된 후의 결과를 인과관계에서 고려해야 하는가?
2) 원인이 계속적인 변화를 겪고 있으면, 결과는 어떻게 되는가?
3) 결과가 계속적인 변화를 겪고 있을 때, 한 시점에서 원인이 작동하는 것과 다른 시점에서 원인이 작동하는 것과는 결과에 동일한 영향을 미칠 것인가?
4) 다수의 원인들 중에서 어느 것이 먼저 작동하고 다른 것이 뒤에 작동하는 경우와 순서가 뒤집혔을 경우에 결과가 같을 것인가?

이 가운데 여기서는 마지막 질문부터 먼저 다루고자 한다.

2. 원인변수 작동의 선후(sequence) 관계가 인과관계에 미치는 영향

1) 물리적(physical) 인과관계와 화학적(chemical) 인과관계

원래 자연과학자들은 보편적 인과법칙을 추구한다. 뉴턴의 만유인력법칙 같은 것이 대표적이다. 시간과 공간을 초월하여 존재하는 법칙이다. 시간을 초월함으로, 원인들의 시간적 선후관계는 아무런 영향을 미치지 아니한다. 뒤로 10m 움직이고, 그 다음에 앞으로 30m 움직이는 경우나, 앞으로 30m를 먼저 움직이고 다음에 뒤로 10m를 움직이는 경우나 결과는 동일하다. 우주선 내에서 손을 놓아 떨어뜨린 컵이 공중에 떠 있다가 지구의 중력권에 진입되자 떨어진다. 그러나 중력권에 먼저 들어온 후에 컵을 떨어뜨려도 결과는 동일하게 바닥에 떨어진다. 이런 식으로 원인들의 선후관계가 인과관계에 영향을 전혀 미치지 않는 경우를 물리적(physical) 인과관계라고 부르기로 하자. 이러한 뉴턴식의 시공을 초월한 절대적 보편적 인과법칙을 추구하는 것은 자연과학자나 사회과학자들의 꿈이었다.

한편, 자연현상 중에는 화학적 인과관계를 지니는 경우가 많다. 나트륨에 염소를 첨가하면 소금이 된다. 이를 물에 집어넣으면 소금물이 된다. 그러나 나트륨에 먼저 물을 첨가하면 폭발이 일어난다. 그런 후에 염소를 가하면, 전혀 다른 결과물이 발생한다. 모든 화학적 변화는 이런 식으로 배합의 선후관계가 달라지면 완전히 다른 결과를 산출한다. 그래서 원인변수들의 작동의 순서가 결과변수에 미치는 영향을 달라지게 만드는 경우를 화학적(chemical) 인과관계라고 부르기로 하자.[5]

2) 선행연구의 검토

화학적 인과관계는 원인변수들 작동의 선후관계(sequence)가 인과관계를 다르게 만드는 경우이다. 역사학이나 발전론, 그리고 최근의 역사학적 신제도주의에서 말하는 경로의존성(path dependence)이나 사건의 순서(sequence)가 중요하다는 이야기는 모두 여기에 해당된다.

경제의 발전단계를 전제로 하여 사건의 선후관계를 강조한 것은 오래된 일이다. 19세기 중엽부터만 보더라도, David Ricardo의 자유무역주의에 대항하던 F. List 등의 독일 전기 역사학파와 K. Marx 등이 대표적이다. 100여 년 후인 1950년대 및 1960년대에 유행하였던 발전론도 사건의 시간적 순서를 강조하였다. Eisenstadt나 Huntington 등의 정치학자들도 정치발전(민주화)과 경제발전(개발독재)의 선후관계에 관하여 많은 관심을 기울였고(정희채, 2000: 34-45), 한국행정학자들도 비록 결론을 얻지는 못했으나 정치발전, 경제발전, 사회발전, 행정발전의 바람직한 순서에 대하여 많은 논의를 하였다(박동서, 1965). 또 발전에서의 시간적 차원을 직접적으로 취급하

---

5) 이를 생물학적 인과관계라고 불러도 될 것이다. 게놈연구가 최근에 밝힌 바에 의하면, 모든 생명체의 유전자는 4가지 염기로 구성된다고 한다. 4가지 염기의 배합순서에 따라 수백만 종류의 생명체가 등장하는 것이므로 화학적 인과관계의 대표적인 사례라고 볼 수 있다. 생명의 탄생 자체가 원래 화학작용에 의한 것이기 때문에 당연한 일일 것이다.

기도 하였다(Waldo, 1970).

그러나 과거의 발전론은 지나치게 거시적이기 때문에 필연적으로 조잡함을 면할 수 없다. 그리고 현실적인 문제해결을 위한 실천적 교훈을 얻기에는 지나치게 추상적이다. 또한 이 주제를 직접 취급하였던 행정학자인 Diamant(1970)도 시간적 선후관계에 주목해야 한다는 지적을 되풀이하고 있을 뿐이다. 시간적 선후관계가 중요하다는 정도만이 아니라 보다 구체적인 경우나 방식을 알아야 실천적인 문제해결에 도움을 줄 수 있다.

이 측면에서 보다 향상된 이론이 정치발전론을 계승한 최근의 비교정치경제론, 또는 역사적 신제도주의이다. 이들은 좀 더 구체적인 분석을 진행하고 있다. 체제수준이 아니라 그 하위수준인 제도를 연구의 초점으로 삼는 중범위이론적 성격을 지니고 있기 때문이다. 정치발전, 경제발전, 그리고 국가형성의 시간적 선후관계나 적시성(timing)이 의회와 관료제의 상대적 능력에 강한 영향을 미친다는 지적이 대표적이다. Ikenberry(1988b: 230-231)에 의하면, 유럽 국가들은 민주적 제도(의회와 같은)를 갖추기 전에 강력한 행정조직을 구축하였기 때문에 후속되는 경제와 정치발전과정에서 집행부의 역할을 강화시켰는데, 미국은 이와 다르다. 국가의 자율성이 확보되지 않은 상태에서 국가와 기업 간의 협력관계가 먼저 구축될 경우에 국가가 민간기업의 특수이익을 위해 봉사하게 될 가능성이 크다는 Evans의 주장도 마찬가지이다.[6]

시간적 순서가 중요한 근본적인 이유는 먼저 작동한 원인이 만들어 낸 결과가 장기에 걸쳐서 커다란 영향을 미치기 때문이다. 이것이 바로 많은 신제도주의자들이 공통적으로 지적하는 경로의존성(path dependence)이다. "특정 변수의 상대적 중요성은 시간에 따라 다르다(time-bound).", "역사적 선후관계가 해석에 결정적이다.", "제도의 변동은 연속적이거나 점증적이 아니다."라는 지적이 모두 여기에 해당된다(Ikenberxy, 1988b: 223-225, Immergut, 1998: 19). 정책유산의 영향을 지적하거나(Cammack, 1992: 415-423) 역기능적인 제도가 지속되면서 개혁이 어렵다든가(Hall and Taylor, 1996: 941-942)하는 지적들이 있다. 위에서 본 Evans의 연구도 여기에 해당된다. 경제학적 신제도주의를 주도하고 있는 D. North(1990: 113-117)는 미국 및 캐나다의 북아메리카와 라틴계통의 남아메리카가 다른 경제제도를 지니게 된 원인을 식민지 건설시대의 영국과 스페인의 정치문화적 차이에서 찾고 있다. 여기서의 논의에 직접적인 도움을 주는 연구들은 아래에서 보다 자세히 논의될 것이지만,

---

6) 정용덕(2000: 55)에서 Peter Evans(1995)를 재인용.

Putnam(1994)의 연구는 이러한 경로의존성을 극명하게 보여준다.

　Putnam(1994)은 1970년대에 동시에 지방자치제도를 도입한 북부이탈리아와 남부이탈리아가 그 성과 면에서 판이하게 달라지게 된 원인을 분석하였다. 놀랍게도 그 원인은 1000년 전인 11세기에 두 지역이 각각 다른 정치체제를 도입한 데에 있었다. 공화제적 공동체를 기반으로 출발한 북부지역은 호혜성의 규범과 시민연계의 네트워크 등 사회적 자본이 풍부하여 민주적 자치정부의 도입이 성공적인데 비해서, 외국용병에 의하여 수립된 노르만 왕조하의 남부지역은 상호배반과 불신 및 기회주의 등 사회적 자본이 결핍된 정치문화를 지니게 되어 이것이 자치정부의 성공적 운영을 저해하고 있었던 것이다. 구시대의 정치체제 운영관행이 잔존한 상태에서 남부지역의 지방자치제도 도입이라는 정치적 개혁이 성공할지는 아직도 미지수이다.

　그러나, 비교정치론에 뿌리를 둔 역사적 제도주의도 제도개혁과 같은 실천적인 문제해결에 큰 도움이 되지 못한다. 정치학자들이 중심이 되기 때문에 비록 중범위 수준이라고는 하지만, 개혁 주도세력의 통제가능한 영역을 벗어난 상위수준의 변수들이 연구의 초점이기 때문이다. 여기서는 좀 더 구체적인 논의를 하려고 한다.

　역사적 제도주의가 세 가지 제도주의 중에서 가장 시간적 요소를 강조하면서, 가장 거시적인 변수들을 취급하는 것은 피할 수 없는 한계일 것이다. Hall(1997: 183)의 걱정대로 비교하려는 국가의 숫자보다도 변수의 숫자가 많아서 어쩔 수 없는 한계이다. 이러한 한계가 있는데도 불구하고, 미시적 수준의 많은 변수들과 이들이 작동하는 시간적 선후관계마저 고려한다면, 비교연구는 불가능에 가까울 것이다. 중요한 사회 현상일수록 여기에 영향을 미치는 요인들은 많다. 그리고 이들이 영향을 미치는 방식이나 시간이 다양하다. 그러므로 다양한 원인변수들이 작동하는 시점에 따라서, 그리고 시간의 흐름 속에 형성된 역사적 맥락에 따라서 달라질 수 있는 인과관계를 포착하는 자체가 무모한 작업일지 모른다. 이 점이 역사학적 신제도주의에 대한 가장 뼈아픈 비판이다.7)

---

7) Immergut(1998: 22-25)·Peter Hall(1997: 183)·정용덕(2000: 31), 문제의 핵심은 다양한 변수에 더하여 시간차까지 도입하면 이론구조가 너무 복잡해진다는 점이다. 그러므로, 이 글에서 논의하는 것은 비교적 원인변수들의 숫자가 적은 경우에 가장 잘 적용될 수 있을 것이다. 욕심을 더 낸다면, 적은 숫자의 원인변수를 취급하는 이론들은 시차적 측면에서 재검토할 가치도 있다. 왜냐하면, 모든 이론들이 암암리에 시차적 요소를 지니고 있기 때문이다. 인류사회의 보편적 진리를 탐구한 대철학자들은 인류사회를 좌우하는 요소들 중에서 시간이 흘러도 변화되지 않을, 그야말로 시공을 초월한 이론을 탐색하였던 것이다. 요소 간에 영향을 주고받는 관계를 연구하는 모든 이론은 본질적으로 영향을 주고받는데 필요한 시간의 흐름을 전제한다. 변화에 관한 이론은 물론이다. 그렇다면, 영향을 주고받는 관계에서나 변화가 일어나는 측

하지만 실증적 연구의 방법론상 한계가 있다고 해서 중요한 연구과제를 포기할 수는 없다. 무엇보다도, 연구의 배경에서 지적했듯이 현실적인 문제가 너무나 절박하기 때문에 더욱 그렇다. 설계도 없이 건축을 하다가 도중에 설계도를 만든다고 가정해 보라. 옛날 목수가 초가삼간을 지을 때는 이것이 가능하였다. 그러나 건축물이 커지면 불가능하다. 그럼에도 불구하고 우리가 쉽게 이해할 수 있는 건축의 경우와는 달리, 사회적 변화를 의도적으로 추진할 때는 주먹구구식의 계획만 지니고 시작부터 해놓는 경우가 많다.

행정개혁에서는 이러한 예가 무수히 있다. 성과급제를 도입하려면, 먼저 직무분석과 성과측정을 어느 정도 추진해야 한다. 먼저 성과급제를 도입하고 다음에 직무분석이나 성과측정을 시도하게 되면 시행착오는 물론이고, 성과급제의 결과는 의도했던 것과는 전혀 다른 것이 된다. 현재 우리 정부에서 실시하는 성과급제가 근본적으로 이러한 문제를 지니고 있다. 현재 지방정부에서 추진하는 MBO도 사정은 비슷하다.

3. 화학적 인과관계에 나타나는 원인변수들 간의 관계

많은 변수들이 시차를 두고 영향을 미치는 관계를 파악하기 위해서는 변수들의 유형화가 도움이 된다. 사례보다 변수들의 숫자가 많다는 방법론상의 문제를 극복하는데도 유형화는 도움이 된다. 사회현상간의 화학적 인과관계는 원인변수들 간의 작동순서가 미치는 결과상의 영향을 중심으로 유형화할 수가 있다. 결과에 미치는 영향의 종류에 따라 원인들 간의 관계를 다음과 같이 유형화할 수 있을 것이다.

1) 원인변수들의 상호 보완적인 관계

(1) 상승관계 또는 시너지관계

- X와 Z가 동시에 작동하여 상호보완적으로 Y에게 상승효과(시너지효과)를 발생
- 환경오염 방지를 위해 환경전문가와 예산을 동시에 지원하는 경우

면에서 개인간, 집단간, 분야간, 계층간 등 사회적 속성에 따라 시간적 차이가 난다면 각각 다른 결과가 발생할 수 있다. 즉, 시간의 흐름을 암암리에 전제한 모든 이론들은 시간적 차이를 도입했을 때, 내용의 수정이 불가피할 경우가 있을 것이다.

(2) 보상관계 또는 후속관계
- X가 발생시키는 부작용을 Z가 해소시켜서 핵심요소인 X의 도입이 무난하게 성과를 달성
- 최저가제도와 철저한 감리, 학교장 추천 입학제도와 학교운영회의 활성화 등

(3) 선행 관계
- Z가 선행조건으로서 충족되어야 X가 제 효과를 발생하는 경우
- 성과평가방법의 확립 후에 성과급제도 실시

2) 원인변수들의 모순·대립적인 관계

(1) 상황적 모순관계
- 보상관계와 선행관계가 상황에 따라서는 모순관계가 되는 경우
- 능률성과 형평성, 경제와 복지 등과 같이 능률성이나 경제가 일정 수준 이상으로 향상되지 않으면 복지나 형평의 고려가 어렵고, 능률성이 높은 수준에서 더욱 상승하려면 복지와 형평성이 필요함

(2) 본질적 모순관계 또는 개념적 모순관계
- 하나가 실현되려면, 다른 것은 희생되어야 하는 경우
- 책임운영기관의 자율성과 예산통제, 집권화와 분권화

원인변수들이 시너지적 보완관계에 있는 경우만은 작동의 선후관계가 바뀌어도 실천적인 효과면에서 큰 차이가 없기 때문에 걱정하지 않아도 된다. 다만, 양자가 동시에 작동하는 경우의 상승효과의 크기가 단독으로 작동할 때의 효과보다 훨씬 큰 경우에는 실천적인 의미만이 아니라, 이론적인 의미도 크다. 실천적으로 보면, 시너지 효과의 극대화를 위하여 보완적 요소들을 탐색하고 확인하여 최대한으로 작동시키는 것이 중요하고, 이론적으로 보면 시너지효과의 발생과정을 추적하는 것이 정책집행의 성공요인을 밝히는데 중요하다. 흔히 과정평가로 알려진 이론부분이다.

보상적 관계의 경우는 핵심요소의 부작용이 어느 정도 심각한가에 따라, 얼마만큼의 시차를 두고 보상조건적 요소를 도입해도 되는가가 달라진다. 마을과 농토나 초등학교를 분단시키는 고속도로를 개설하면서, 두 곳을 연결하는 고가다리나 지하도로를 만드는 것은 보상조건이 치명적인 부작용을 완화시키는 경우이다. 한편, 야생동물

그림 1 제도요소들의 상호관계

```
        보완관계                                    모순관계
상승관계 ──────── 보상관계 ──────── (상황적 모순관계) ──────── 개념적 모순관계
         선행관계 ──────── (상황적 모순관계)
```

의 이동을 자유롭게 하기 위한 시설 등은 고속도로 건설 후에 시간적 여유를 두고 추진해도 큰 문제가 없다. 서비스행정이나 규제행정에서 취급하는 조건부 행정행위나 허가는 이러한 경미한 조건에서부터 심각한 것에 이르기까지 다양한 내용을 포함하고 있다. 선행조건적 관계는 그야말로 시간적으로 먼저 작동해야 하는 경우이다. 성과평가방법의 확정 후에 성과급제를 실시하는 것과 같이 선후관계에 있는 작업요소들의 경우(PERT나 CPM에 나오는)도 있고, 법치행정의 기반을 다진 후에 총액예산제도를 도입하는 경우와 같이 도입되는 제도의 부작용을 사전에 예방하는 요소도 있다.

본질적 모순관계에 있는 원인변수들은 동시에 작동시킬 수 없다. 개념상으로도 하나가 추진되면, 다른 것은 포기되는 것이다. 실적주의를 추진하면, 정실임명은 포기하는 것과 같다. 본질적 모순관계에 있는 원인들을 동시에 작동시키는 경우는 공간적으로 분리된 하위체제에서이고 동일한 체제에서는 시차를 두고 작동시키게 된다. 이런 측면에서는 선행관계의 경우와 비슷하다. 어느 것을 먼저 작동시켜야 하는지는 가치 판단의 문제에 해당되는 경우가 많다.

선행조건적 관계와 보상적 관계는 그 요소가 존재하지 않으면, 모순관계로 변화된다. 법치행정이 아닌 자의적 행정은 총액예산제도의 부작용을 극대화시키므로, 양자는 모순관계에 놓이게 된다. 성과가 아닌 연공서열에 의한 평가는 성과급제와 모순된다. 그래서 선행조건이나 보상조건은 상황에 따라 모순관계가 된다. 물론 상황에 따라서는 상승관계가 되기도 한다. 이런 경우를 상황적 모순관계라고 부를 수 있다. 상황적 모순관계는 일정시기까지는 Z가 선행조건의 역할을 담당하다가, 어느 시점이 지나면 X가 선행조건이 되거나 양자가 상승관계를 지니는 경우와 같이 상황에 따라 관계가 달라지는 것이다. 경제발전으로 소득수준이 향상되는 것이 복지제도의 구축에 선행조건이 된다. 그런데, 경제가 성숙단계에 접어든 이후에는 경제발전과 복지제도의 바람직한 운영은 상승관계를 지닌다고 주장하는 사람들이 많다.

Ⅲ. 시간개입의 다양한 양태

왜 화학적 인과관계가 나타나는가? 그 이유는 간단하다. 하나의 원인변수가 작동되면 작동대상(개인, 집단, 조직, 국가, 사회, 또는 제도나 정책 등)의 특성이 변화되기 때문이다. 변화되는 작동대상의 특성중에는 결과변수도 물론 포함되어 있다. 여기에 다시 다른 원인변수가 작동되면, 변화된 작동대상의 특성이 또 다시 변화된다. 그러므로 원인변수들의 작동순서가 달라짐에 따라 결과변수가 달라지게 된다. 즉, 선행하는 원인변수의 작동에 의하여 작동대상의 특성이 달라지기 때문에, 후행(後行)하는 원인변수의 작동이 다른 결과를 산출하는 것이다. 결국 화학적 인과관계가 나타나는 이유는 선행하는 원인변수의 작동이 대상의 특성을 변화시키기 때문이라는 단순한 사실에 있다.

그렇다면, 작동대상의 특성이 스스로(아무런 원인변수의 작동 없이) 시간의 흐름에 따라 변화되는 경우에는 어떠한가? 이 경우에도 마찬가지의 현상이 나타날 것으로 추론할 수 있다. 즉, 작동대상의 특성이 시간의 흐름에 따라 변화되는 경우에는 특정의 원인변수가 작동하는 시점에 따라 다른 결과를 산출할 수 있게 된다. Marver Bemstein(1955: 74-95)에 의하면, 태동기와 청년기에는 여론의 강력한 지지가 규제기관의 생존에 필수적인 역할을 하지만 성숙기 이후에는 그렇지 않다. 조직이나 제도의 생명주기(life cycle)상의 어느 시점에서 원인변수가 작동하느냐에 따라 조직이나 제도가 받는 충격은 전혀 다를 수가 있다. 변화가 급속하여 작동대상도 끊임없이 변화하게 되면, 원인변수의 작동시점에 따라 결과가 달라지게 될 것이다.

이상과 같은 추론은 인과법칙을 발견하려는 연구에서만이 아니라 실천적인 측면에서 새로이 연구해야 할 과제를 무수히 만들어 낸다. 몇 가지만 예를 들면, 다음과 같다.

1) 시간의 흐름에 따라 작동대상의 특성이 크게 변화하는 경우, 원인변수 작동의 시차가 결과를 얼마나 다르게 만드는가? 이 경우에 일반화할 수 있는 패턴이 존재하는가? 생명주기가 뚜렷하지 않은 경우에는 어떠한가?

2) 새로운 정책이나 제도의 도입으로 또는 기존의 정책이나 제도의 수정으로 기대하는 효과는 얼마의 기간을 두고 충분히 나타나는가? 충분히 효과가 나타나지 않는 시점에서 수정이나 변경이 일어나는 경우에 어떠한 결과가 나타나는가? 화학적 인과관계는 얼마 정도의 시차에서 뚜렷이 나타날 수 있는가?

3) 정책대상집단이나 행정고객의 특성이 변화되고 있을 때, 고정적인 행정서비스

지급기준이나 정책기준은 어떠한 문제를 발생시키는가? 이 경우에 바람직한 기준은 무엇인가?

　4) 정책참여자 특성의 계속적인 변화는 민주적이고 분석적인 정책결정과 효율적 정책집행에는 어떠한 영향을 미치는가?

Ⅵ. 원인변수 및 결과변수의 변화역사와 인과법칙

1. 표적변수의 변화와 인과법칙

　동일한 개입전략이 제도나 정책의 성장시기에 따라 전혀 다른 결과를 초래할 수 있다는 사실은 좀 더 근본적인 인과법칙 문제를 제기한다. 즉, 동일한 원인변수가 동일한 분석단위나 대상에 작동되더라도 시기에 따라서 인과관계 자체가 달라질 수 있다는 사실이다. 시간적 요소를 고려하지 못하는 실증연구가 상반되는 연구결과를 얼마든지 만들 수 있는 것이다.

　똑같은 추론에 의하면, 동일한 결과를 산출하기 위하여 필요한 원인변수도 시기에 따라 달라질 수 있다. Kimberly(1980)는 의과대학의 창립기에 학장의 개인적 노력과 리더십이 조직의 발전을 위하여 중요한데 비하여, 그 이후에는 조직발전을 위하여 제도화가 중요하게 되면서 개인적 영향력은 약화됨을 지적하고 있다. 따라서 초기의 혁신적 성공을 결정하는 요소들은 조직의 장기적 성공을 좌우하는 요소들과 다르다 (Kimberly, 1980: 41－42). M. Bemstein(1955: 86－91)은 규제기관의 청년기까지는 여론의 강력한 지지가 그 생존에 필수적인 요소가 되지만, 성숙기 이후에는 다른 요소가 중요하다고 한다. 규제기관은 설립초기에 강력한 정치적 지지에 의하여 기반을 구축하게 되지만, 성숙기가 되면, 피규제산업의 관리와 사법적 판단을 중시하게 되기 때문이다. 한국과 같은 상황에서는 시민집단이나 공익집단의 강력한 지원이 개혁적 제도도입의 유아기에는 중요한 생존조건이 되지만, 성숙기 이후에는 제도적 지원 여부가 훨씬 더 중요하다.

　한 마디로 조직, 제도, 정책 등의 생명주기에 따라 동일한 원인변수가 전혀 다른 결과를 초래하기도 하고, 동일한 결과를 위하여 필요한 원인변수도 전혀 다를 수가 있다. 그러므로 사회적 실체가 성장과정을 거친다면, 이 실체의 속성을 원인변수나 결과변수로 취급하는 인과법칙은 시간적 요소에 의하여 그 성격이 달라지고, 이 인과법칙을 정확하게 파악하기 위해서는 시간적 요소를 언제나 고려하여야 한다. 즉, 제도나 정책의 생명주기는 보다 근본적인 시각에서 인과이론의 새로운 검토를 요구한다. 원인변수의 변화가 가져오는 결과변수 변화의 크기나 방향이 양 변수의 변화역사(history)에 따라 달라지기 때문이다.

원래, 분석대상이나 연구대상의 특성 중의 일부가 원인변수나 결과변수가 되는 경우가 많다. 조직의 구조나 생산성이 원인변수와 결과변수가 되는 것과 같다. 그러나 반드시 그런 것은 아니다. 원인변수 중에는 의도적으로 가하는 외부적 충격도 있다. 한국관료제에 성과급제를 도입하고, 이 원인변수와 생산성과의 관계를 보는 경우이다. 또한, 결과변수 중에는 분석대상이나 원인변수 작동대상의 특성이 아니라, 이 특성상의 변화가 초래할 외부적 결과를 포함하는 경우도 있다. 고객헌장제도를 한국관료제에 도입하여 한국관료들의 대민 태도를 변화시키고 이에 따라 향상될 시민의 만족도를 결과변수로 하는 경우이다. 이러한 이유 때문에 원인변수나 결과변수의 변화역사를 분석대상(또는 연구대상)의 변화역사와 동일하게 취급할 수 없다. 그래서, 원인변수와 결과변수의 변화역사를 분리시켜 검토하기로 한다.

표적변수인 원인변수나 결과변수의 변화역사가 인과법칙에 미치는 영향은 두 가지 측면에 따라 약간 다르다. 즉, 변화기간과 변화과정(또는 성장과정)이 다름에 따라 인과법칙이 다르게 나타난다. 변화기간은 시간적 흐름에 따라 성숙한 측면을 나타내는 것인데, 이는 원인변수의 경우에는 특히 중요하다. 결과변수의 경우에는 성장과정상의 차이가 중요하다. 먼저 결과변수의 경우를 보기로 한다.

2. 결과변수의 변화역사와 인과관계

대대적으로 도입을 시작하여 10여 년이 지난 영국의 책임운영기관과 이제 출발을 하는 한국의 그것은 많은 차이가 있다. 앞에서 본대로 오랜 성장기간을 거친 제도나 정책은 새로이 탄생한 정책이나 제도와 다르다. 그런데, 왜 연륜의 차이가 문제가 되는가? 시간이 흐르면, 변화가 있기 때문이다. 시간의 흐름에 따른 성숙과 제도의 환경적 맥락이 결합되면 다양한 인과관계가 나타날 수 있다. 특히 주목할 것은 현재로 보아서 결과변수가 비슷하여도 결과변수의 성장과정이 다르면, 동일한 원인변수에 대해서 다르게 영향을 받을 가능성이다.

매출액의 측면에서 현재는 비슷한 수준에 있지만, 과거실적은 전혀 다른 기업들이 있다고 가정해 보자. A는 과거 수년간 계속 동일한 매출액을 유지해 온 반면에, B는 계속 상승추세, 그리고 C는 하락추세에 있다고 가정하자. 이제, 세 기업체에서 모두 동일한 TQM을 채택한다고 해보자. 하락추세에 있는 C에서는 새로운 제도가 하락

추세를 어느 정도 막을 수 있을지 모르지만, 상승추세에 있는 기업 B에서는 상태를 악화시킬 가능성이 크다. 동일한 원인변수가 결과변수에 다른 영향을 미치는데, 그 이유가 결과변수의 성장과정의 차이인 경우이다.[8]

이와 같은 현상은 실천적 측면에서 커다란 주의를 요한다. 첫째, 성장과정의 차이가 크거나, 상황의 차이가 심한 조직이나 기관에게 현재 결과변수 상에서 비슷하다는 이유로 동일한 변화를 추구해서는 안 된다. 거대한 정부관료제의 수많은 다양한 부처들과 하위조직들에게 획일적인 개혁을 추진하는 경우에 우리가 범하는 커다란 잘못 중의 하나이다.

특히, 3개 기업의 예에서 보듯이, 결과변수의 성장과정이나 변화과정의 어느 국면인가에 따라 동일한 원인변수가 전혀 다른 결과를 가져온다는 사실은 중요하다. 지나친 경기과열을 진정시키기 위해서 사용하는 자금공급의 축소를 심각한 불경기에 적용하면, 경제는 커다란 타격을 입는다. 마찬가지로 하나의 제도나 정책이 성과면에서 상승과 하강을 나타낸다면, 상승국면에서의 제도개선이나 정책변경은 상당한 주의를 요한다.[9] 조직이나 기관의 운영에서도 마찬가지이다. 이 문제는 실천적으로 더욱 중요하다. 정치인들은 단기적이고 정략적인 시각에서 성과를 평가하고, 전문가들도 성과평가를 정확하게 하지 못하기 때문에, 상승이나 하강국면을 판단하기가 쉽지 않다. 특히 새로운 제도나 정책의 도입 이후 충분히 성숙하기도 전에 새로운 요소를 도입하려는 시도가 너무나 많다. 이 문제는 좀 더 구체적인 연구가 필요하다.

3. 원인변수의 성숙기간과 인과관계

개방형임용제도가 완전히 정착되기 전에 나타나는 능률성효과는 개방형임용제도가 완전히 정착된 후에 나타나는 능률성효과와 완전히 다르다. 도입초기에는 제도의 효과보다는 제도정착에 소모되는 대가가 더욱 크기 때문에 능률성은 오히려 감소되는 경우가 대부분이다. 그러나 일정한 시간이 흘러 새로운 제도가 완전히 정착된 후

---

8) 물론, 상황변수, 또는 맥락의 차이가 이러한 사태를 발생시키기도 하지만, 상황변수라고 부르고 있는 상당한 요소들이 성장과정의 차이 때문일 것으로 필자는 짐작한다.

9) 이 글에서 논의하는 시간적 흐름에 따른 결과변수의 차이는 신제도주의자들이 논의하는 것과는 다르다. 예를 들면, Thelen and Steinmo(1992: 1647)는 동일한 제도가 전혀 다른 결과를 산출하는 경우를 예시하고 있다. 그런데, 그 내용을 보면, 경제사회적, 또는 정치적 상황의 변화, 주도세력의 변화나 목표의 전환 등에 따라 하나의 제도가 다른 결과를 산출할 수 있음을 지적하고 있다. 우리의 논의는 그러한 외생변수의 변화가 아니라 제도나 정책 자체의 연령에 따른 성숙을 논의하는 것이다.

에는 새 제도의 효과가 제도도입의 비용보다 커져서 능률성 향상을 가져오게 된다. 권위주의적 리더십에서 민주적 리더십으로 전환될 때, 초기에는 혼란과 비능률을 경험하지만, 민주적 리더십이 정착된 이후에는 안정과 능률 향상을 기대할 수 있다. 개방형임용제도나 민주적 리더십의 도입이 원인이라면, 능률성 향상의 효과라는 결과는 원인변수 작동 후, 어느 시점에서 인과관계를 파악하느냐에 따라서 그 내용이 완전히 달라진다. 시차적 측면을 고려하지 않는 실증연구가 인과관계를 올바르게 파악할 수 없다.

이런 현상들은 새로운 정책의 결정과 집행에서 두드러지게 나타난다. 정책집행의 초기에는 비용이 효과보다 커서 언제나 부의 효과가 나타나고 일정한 시간이 흐른 후에 그 효과가 비용을 초과하게 된다. 전형적인 배분정책인 댐이나 도로건설 같은 것이 대표적이다. 초기에 엄청난 건설비용을 소모하지만, 일단 건설된 후에는 수명이 다할 때까지 큰 효과를 산출한다. 모든 서비스 행정이 이러한 성격을 지니고 있다. 이 뿐만 아니다. 규제정책 또는 규제행정도 본질적으로 동일하다. 결국 규제와 서비스 제공을 동시에 내포하는 정책이나 제도가 이러한 성격을 지니는 것은 당연하다.

그러므로 새로운 정책을 추진하거나, 새로운 제도를 도입할 때 미래의 어느 시점까지를 효과나 비용의 산정에 포함시킬 것이냐가 실무자들을 괴롭힌다. 로마의 원형 경기장이 지금 수억 달러의 관광수입을 가져온다고 해서 2,000년 전에 경기장을 건설한 폭군 황제가 수 천년 후의 로마 시민들을 위하여 합리적인 결정을 했다고 볼 수 있는가? 복사기 제조업체로 세계적 명성을 떨치던 Xerox가 1990년대 초에 엄청난 어려움을 겪다가 경영개혁을 통하여 엄청난 성공을 거둔 것으로 알려졌다. 기업개혁의 대표적인 성공사례로 수많은 상을 받고 무수한 기업들의 벤치마킹 대상이 되었다. 그러나 불과 10여 년도 되지 않아 크게 곤두박질하여 과거의 상태로 되돌아갔다 (Frederickson, 2000: 2-5).[10] 이 경우에 초기의 경영개혁을 성공이라고 볼 것인가?

정치인들이 장기적인 안목보다 단기적 인기에 매달린다는 비판을 누구나 하고 있다. 물론 학자들도 비판한다. 그런데도, 미래의 어느 시점까지를 분석에 포함시키느냐를 이론적으로 검토한 연구는 별로 없다. 정책의 종류나 제도의 유형에 따라서

---

10) Xerox의 주식가격을 보면 그간의 변화를 알 수 있다. 1990년대 초에 최저 $7.80를 기록하였으나 경영개혁 후인 1999년 1월에 $68.00으로 절정을 이루었다가, 2000년 9월에 $25.00로 급락하였다. 더욱 심각한 사태는 (필자가 조사한 바에 의하면) 2000년 10월에 $10.00 이하로 곤두박질하여 2001년 8월말에 $8.90에 이르러 보합 상태를 유지하고 있다. 과거의 최악 상태로 되돌아 간 것이다. 2000년 8월부터만 보아도 Dow-Jones 지수는 보합세를 유지한 사실이 이를 잘 나타낸다. 아무리 좋게 판단하여도 단기적인 성공으로 끝난 사례이다.

정책효과나 비용의 성숙기간이 크게 달라질 수 있다. 댐을 건설하여 수자원을 확보하는 경우는 건설 직후부터 효과를 발생시키지만, 새로운 교육제도의 도입은 상당한 시간이 흘러야 그 효과와 비용이 나타난다. 이 분야에 대한 연구가 절실하다. 정책효과나 비용의 시간적 범위를 단기적 관점에 얽매이기 쉬운 정책결정자들과 인기에 급급하는 정치인들의 주먹구구와 아마추어 대중들에 의한 쓰레기통식의 결정에 맡겨서는 안 된다.11)

사실 이 문제는 시간적 흐름과 연계하여 정책효과와 비용을 어떻게 평가하느냐의 문제와 깊이 관계되어 있다. 이 관계가 없다면, 위에서 제기한 문제는 이론적 검토가 불필요한 실무적 문제에 불과할지 모른다. 그러나 이 평가문제는 상당히 복잡한 내용을 내포하고 있어, 앞으로의 연구과제가 된다. 몇 가지만 아래에서 지적하기로 한다.

과거의 가치부터 문제가 된다. 새로운 제도의 도입이나 새로운 정책의 추진에서 과거의 가치가 문제가 되는 것은 도입과정에 내용수정이나 포기를 결정할 때에 등장하는 매몰비용(sunk cost)이다. 매몰비용을 무시하여 과거는 과거로 돌리고 영기준(zero base)에서 출발하는 것이 옳은가, 아니면 매몰비용을 고려할 경우 이의 근거는 무엇인가?

시간의 흐름과 결부하여 정책이나 제도의 효과나 비용이 더욱 심각한 문제가 되는 것은 미래의 경우이다. 비용·효과 분석에서 미래가치를 현재가치로 환산하는 경우에 사용하는 할인율 개념이 과연 옳은 것인가? 일본에서 오랫동안 경험하였고, 최근 우리에게도 다가오고 있는 마이너스 이자율(물가상승보다 낮은 은행이자율) 시대에는 할인율(discount rate)을 할증율로 바꾸어야 하는가? 환경보호사업이나 생태계보존사업, 문화재보존사업 등 후손을 위한 미래가치들의 경우는 어떠한가? 등의 문제이다.

4. 원인변수의 변화과정과 인과관계

원인변수의 변화과정상의 차이, 즉 성숙과정의 차이가 결과변수에 미치는 영향을 다르게 한다. 앞에서는 원인변수의 변화기간의 차이에 따라 결과변수의 변화치가 달

---

11) 이한빈 선생(1970)은 관료들의 時親이 관료들의 행태를 결정적으로 좌우함을 추론하고 있으며, A. Downs(1967: 18~23)도 관료의 유형(열정가, 승진지향형과 보수주의자 등)에 따라 시계(時界)가 달라질 수 있음을 암시하고 있다. 이 논문을 사전에 읽은 임도빈 교수는 정책결정자, 조직관리자, 또는 조직설계자가 어느 정도 장기적인 시각(time span)을 지니느냐에 따라, 정책과정, 조직운영방식, 또는 조직구조 자체가 달라질 수 있음을 지적하였다. 여하튼, 이 부분은 중요한 연구과제이다.

라지는 점을 주목하였는데, 지금부터는 분석단위 또는 분석대상별로 원인변수의 변화
과정이 결과변수에 미치는 영향을 살펴보기로 한다.

　　권위주의적 리더십을 오랫동안 행사해 온 기업체에서 얼마 전에 민주적 리더십
을 수용한 경우와, 방임형 리더십에서 얼마 전에 민주적 리더십을 수용한 경우, 민주
적 리더십을 계속 행사해온 경우의 세 가지를 생각해 보자. 비록 현재 민주적 리더십
을 행사한다는 점에서는 모두가 동일하지만 생산성의 측면에서 커다란 차이가 있을
수 있다. 리더십과 생산성과의 인과관계가 리더십의 변화과정이 어떠했는가에 따라
달라짐을 지적하려는 것이다. 즉, 원인변수의 현재의 값이 동일하여도, 과거에 어떠
한 과정을 거쳐서 왔는가에 따라 결과변수에 미치는 영향이 다를 것이라는 가설이다.
보수인상이 사기에 미치는 영향이 보수수준의 차이에 따라 다를 뿐 아니라, 현재 동
일한 보수를 받고 있어도, 과거부터 계속적으로 보수가 인상되어 온 사람의 경우와
보수가 전혀 인상되지 않다가 인상된 사람이 다를 것이다. 동일한 사회주의정당이 정
권을 잡고 있는 경우에도, 과거부터 계속 집권한 경우와 우연히 수년간 집권한 경우
는 사회복지정책에서 차이가 심할 것이다.

　　한마디로 현재가 같아도 과거가 다르면 결과도 다르다.[12] 원인변수의 역사가 다
르면, 전혀 다른 인과관계를 나타낸다. 보다 정확히 표현하면, 원인변수의 값이 분석
시점에서는 동일하여도, 과거의 값들이 다르게 변화해 왔다면, 이 사실 자체가 결과
변수에 미치는 영향을 다르게 만든다.

V. 정태적 인과이론의 동태적 함의

1. 인과관계의 동태적 성격

　　그렇다면, 민주적 리더십이 생산성을 향상시킨다는 주장은 어떻게 해석할 것인
가? 현재 민주적 리더십을 행사하고 있어도, 과거의 리더십이 어떠했는가에 따라 생
산성이 달라진다면, 과연 민주적 리더십과 생산성이 인과관계에 있다고 볼 수 있는
가? 이 문제는 인과관계이론의 본질에 관한 것이다. 그리고 이 문제는 인과관계이론
의 동태적 성격을 이해하지 않으면, 해답이 불가능한 문제이다. 즉, 원인변수가 결과
변수를 변화시키는 동태적 과정을 이해하지 않고는 답변할 수 없는 성격의 것이다.

---

12) Ikenberry(1988b: 226)가 말하는 "과거의 그림자"도 여기서의 논의보다 더 포괄적이기는 하지
　　만, 동일한 생각을 나타낸다.

또한, 원인변수가 결과변수를 변화시키는 동태적 과정을 이해하지 않으면, 인과이론을 현실 문제해결에 응용할 수 없게 된다. 이 근본적인 측면을 좀 더 검토하기로 한다. 즉, 원인변수의 변화가 결과를 변화시킨다는 인과관계 자체를 검토하되, 시간개념을 도입하는 경우와 그렇지 않은 경우를 비교하여, 그 이론적 함의와 실천적 교훈을 얻고자 하는 것이다.

우리가 관심을 지니고 검토하는, 그리고 사회적으로 경험하는, 고전적 인과관계는 원래 시차적이고 동태적인 성격을 지닌 것이다.[13] 휘발유가 여기 저기 종이 위에 엎질러진 상태에서 담뱃불을 떨어뜨려 화재가 발생했다면, 마지막 움직임을 보인 '담뱃불 떨어뜨리기'가 화재발생의 원인이다. 그러나 담배를 피우면서 신문을 보고 있는 사람에게 휘발유를 끼얹어서 화재가 발생했다면, '휘발유 끼얹기'가 화재발생의 원인이다.

2. 정태적 인과법칙

그런데, 사회과학에서 밝혀낸 인과관계는 거의 대부분이 정태적인 것이다. 그러므로 그 인과관계로서의 의미를 이해하려면, 시간적 요소를 가미시켜야 한다. 먼저 좀 더 명백한 예를 들어 시간적 개념이 없는 정태적 인과관계를 보기로 한다.

중산층은 원래 민주주의의 근간으로서 하류층보다 정치체제에 대한 지지가 강하고 정책순응도가 높은 등 보수적이라고 가정하자. 즉, 소득수준이 정책순응도에 영향을 주는 정태적 인과관계가 있다고 가정하자. 그러나 이러한 정태적 인과관계로부터 다음과 같은 동태적 인과관계를 유추하기 위해서는 커다란 주의가 필요하다.

즉, <중산층이 되면 정책순응도가 높아진다>.

오랫동안 가난한 생활을 하던 사람이 갑자기 성공하여 중산층이 되는 경우를 가상해 보자. 이들의 정책순응도는 일반 중산층 사람들과는 다를 것이다. 반면, 상류층에서 사업의 실패로 갑자기 중산층으로 추락한 사람도 마찬가지로 일반적 중산층과는 다를 것이다. 이상이 사실이라면, 앞에서 본 정태적 인과관계는 <중산층이 되면, 정책순응도가 향상된다>는 동태적 인과관계를 지적하는 것이 아니다. 민주적 리더

---

13) 넓은 의미의 인과관계는 인력법칙과 같이 시간적 개념이나 운동의 개념이 없는 경우도 있다. 중력 때문에 사과가 땅에 떨어지는 것은 자석이 쇠붙이를 당기는 것과 같이 원인이 움직이고 그 다음에 결과가 나타나는 것은 아니다. Simon(1977: 82)은 이를 천문학적 인과관계로 취급하고 있는데, 앞으로 통합적 역학이론이나 양자론에서 중력의 본질을 정확하게 밝히면, 시간이라는 요소가 작동하는지의 여부가 판명날 것이지만, 현재로는 동적 개념이 없는 인과관계이다. 그러나 대부분의 사회이론에서의 인과관계는 다르다.

십이 생산성을 향상시킨다는 가설의 경우도 마찬가지이다. 자유방임적 리더십이나 권위주의적 리더십을 오랫동안 행사하여 온 조직에 갑자기 민주적 리더십을 행사하게 되는 경우(즉, 리더십이 민주화되면)에 생산성이 상승된다는 점을 지적하는 것이 아니다. 즉, 원인변수가 변화하여 결과변수를 변화시키는 것이 아니다. 그렇다면, 중산층으로의 변화(소득상승이나 감소)가 정책순응도의 향상을 가져오지 않는 사태를 보고도 <중산층이 되면 정책순응도가 향상된다>라는 인과법칙을 옳다고 보아야 하는가?

그렇다면 도대체, 정태적 인과관계는 무엇을 의미하는가? 중산층이 하류층보다 정책순응도가 높고, 민주적 리더십을 행사하는 조직이 권위주의적 리더십을 행사하는 조직보다 생산성이 높은 것은 무엇을 의미하는가? 이를 알기 위해서는 정태적 인과관계의 밑바닥에 깔려 있는 동태적 전제조건을 검토하여야 한다.

3. 정태적 인과법칙의 동태적 전제와 이론적 및 실천적 함의

시간적 요소를 고려하지 않는 정태적 인과관계는 다음을 암암리에 전제한다. 즉 원인이 충분히 성숙되었을 경우에 원인과 결과 사이에 나타나는 인과관계를 전제하는 것이다. 중산층으로서의 생활을 오랫동안 하여 중산층으로서의 특징을 모두 갖춘 사람들의 경우에 정책순응도가 높다는 전제이다. 다시 말해 오랫동안 중산층 생활을 하면서, 윤리규범, 정치의식, 정부에 대한 인식 등에서 공통적으로 터득하고 수용한 의식이나 관행을 근거로 하여 나타나는 인과관계인 것이다. 리더십의 경우도 마찬가지이다. 권위주의적 리더십이 오랫동안 계속된 조직과 민주적 리더십이 오랫동안 계속된 조직의 경우에 후자가 생산성이 높다는 가설이다. 원래 정태적으로 파악된 인과관계는 완전히 성숙된 원인변수와 충분한 시간 후에 성숙된 결과변수와의 관계를 의미하는 것이다. 여기서 완전히 성숙된다는 표현은 장기균형에 도달했다는 의미와 동일하다. 그러므로 정태론적 인과관계는 짧은 시간에 변동되는 원인과 결과의 관계를 의미하는 것이 아니다. 균형상태에 도달했을 때의 인과관계를 의미하는 것이다.[14]

이것이 지니는 실천적 함의는 너무나 명백하다. 바로 위에서 본 개방형임용제나 책임운영기관제도와 같은 신제도의 도입이 행정능률을 향상시킨다는 인과가설을 검증하려면, 성숙기가 될 때까지 기다려야 한다. 제도의 성과를 평가하여 제도의 수정과 변경을 시도하는 경우에는 언제나 주의해야 하는 점이다. 정책의 경우도 완전히 동일하다.

---

14) 경제학에서의 장기균형과 비슷한 성격을 지니고, Paul Cammack(1992: 403)가 사회변동의 장기이론(long-term theory), 또는 장기사회변동이론이라고 부르는 것에 해당된다.

물론 이론적 함의도 중요하다. 균형상태에 도달하기 이전에 외적 충격에 의하여 경로로부터 이탈하는 경우나 과거의 균형상태로의 회귀가 어떤 조건하에서 발생할 수 있는지 등은 중요한 연구과제이다. 변화가 급속할 때는 균형점에 도달하지 못한 상태에서 또 다른 균형점으로 방향을 바꾸거나, 결과변수는 미성숙 상태에서 방황하는 경우도 있을 것이다. 원래 통계적 모델에서는 설명되지 못하는 부분을 오차변수(알지 못하는 다른 요인들)의 영향으로 취급하고 있다. 그런데 특정한 사회현상의 원인에 대하여 많이 알고 있음에도 불구하고, 설명하지 못하는 부분이 언제나 80-90% 이상이 되는 이유 중의 하나가 시차적 변동 때문일 것으로 짐작된다. 이러한 이유 때문에 변동이 심한 사회에서는 정태이론의 타당성은 극히 약하다.[15]

VI. 결론적 제언

1. 논의의 요약

새로운 정책이나 제도의 도입으로서 의도하는 목표를 달성하고자 하는 것은 전형적인 동태적 인과관계를 기초로 하고 있다. 즉, 정책이나 제도를 원인으로 하여 의도하는 목표를 결과로 삼는 인과관계이다. 정태론적 인과관계와 대비되는 동태적 인과관계는 시간이 인과관계 자체의 성격을 결정적으로 좌우한다.

복수의 원인변수들 중에서 어느 것이 먼저 작동하는가에 따라서 결과가 달라지는 화학적 인과관계는 역사적 사건의 선후관계가 다음의 역사를 좌우하는 현상으로서, 오래 전부터 학자들의 주목을 끌어 왔으며, 경로의존성이라는 이름으로 최근의

---

15) Diamant(1970: 129-130)이나 Donald Schon(1971: 9-30)은 1960년대를 보면서도 변화가 극심해져서 모든 이론이 영향을 받고 있다는 지적을 하고 있다. 2001년도의 시점에서 보면, 한국과 선진사회에서는 급격한 변화가 완전히 일상적인 것으로까지 보인다. 빌 게이츠(William Gates, 1999: 15)는 "1980년대가 질(TQM)의 시대요, 1990년대가 리엔지니어링의 시대였다면, 2000년대는 속도의 시대가 될 것이다"라고 지적하였다. 그런데, 이 속도가 사례에 따라 엄청나게 다르기 때문에 더욱 복잡한 문제가 발생한다. 원인변수의 성숙에 필요한 시간을 고려하지 않는 정태이론은 분석시점에서 원인변수의 값이 비슷한 사례들은 비슷한 과거를 지니고 있다는 것을 암암리에 전제한다. 그러나 탈현대사회가 되면서, 급속한 과학기술발전과 정보화 및 세계화가 맞물려 분야별, 요인별, 계층별 변화속도의 차이가 커지고 있다. 그래서 사례별(개인, 집단, 국가, 공동체 등)로 특정변수의 값은 다양하게 변화된다. 다양한 역사를 지니게 되는 것이다. 대량생산이 다품종 소량생산으로 변하는 것과 마찬가지의 변화가 인간, 집단, 조직, 국가들에게도 나타나고 있다. 비슷한 과거를 지닌 사례들은 급격하게 감소되고 있다. 20세기 중반기까지의 완만한 변화와 안정된 사회(선진국들의 경우)에서 통용되던 정태적 인과관계론이 이제는 급속하게 그 타당성을 잃어간다.

역사적 제도주의에서 주목을 받고 있다. 동태적 인과관계에서 등장하는 시차문제는 원인변수들의 시차적(先後) 작동만이 아니다. 인류사회의 변화가 급속해지면서, 원인변수나 결과변수도 계속적으로 변화된다. 이 때, 결과변수의 변화과정의 어느 시점에서 원인변수가 작동하는지에 따라서, 인과관계가 완전히 달라질 수가 있다. 원인변수의 경우에도 마찬가지이다. 그 이유는 제도나 정책은 물론이고, 조직, 집단 등이 모두 일종의 생명주기(life cycle)와 비슷한 변화를 겪고 있기 때문이다. 비록, 제도나 정책이 늙어서 사망하는 경우가 없다고 하더라도, 유아기, 성장기, 성숙기는 분명히 존재하기 때문에, 이들의 어느 시점에 새로운 제도나 정책요소를 가미시키는가에 따라서 제도의 성과가 크게 달라진다.

원인변수의 역사(history)도 비슷한 문제를 발생시킨다. 원인변수가 오랫동안 작동하고 있는 경우와 최근에 작동을 시작한 경우는 결과가 완전히 다르다. 그래서 원인변수 작동 후 얼마나 시차를 두고 결과를 평가해야 하는지가 문제가 되고 이와 관련된 미래가치의 할인도 문제가 된다. 원인변수의 역사에서도 성장과정이 중요한데, 현재 동일한 수준에 있더라도, 과거 성장과정이 다르면, 결과에 미치는 영향이 다르다. 오랫동안 민주적 리더십을 행사해 온 경우와 최근에 권위주의적 리더십에서 민주적 리더십으로 전환된 경우는 생산성에서 그 차이가 클 것이다.

원인변수나 결과변수의 성숙과 관련하여 가장 주목할 현상은 정태론적 인과관계가 암암리에 내포하고 있는 동태적 전제조건이다. 민주적 리더십이 생산성을 향상시킨다는 인과관계에서는 지금 막 권위주의에서 민주적 리더십으로 전환되는 경우를 말하는 것이 아니라, 민주적 리더십을 오랫동안 행사하여 조직 전체가 이를 전제로 움직이는 경우에 적용되는 것이다. 그래서, 정태론적 인과관계는 원인과 결과변수가 충분히 성숙된 상태(장기균형)에서 나타나는 인과관계를 의미하는 것이다. 그러므로 새로운 제도나 정책이 도입되면, 기대하는 효과를 얻기 위하여 충분한 성숙기간을 두어야 한다. 정책이나 제도를 수시로 바꾸는 것은 성과보다 비용을 크게 지불하게 만든다. 이론적으로 보면, 인류사회의 변화가 급속해지면서, 장기균형에 도달하지 못한 상태에서 외부의 사건들이 계속 발생하여 인과관계가 왜곡되는 점을 주목해야 한다.

2. 앞으로의 검토과제

사회현상 간에 나타나는 인과관계에 대한 시차적 연구는 많은 문제들을 좀 더 치밀하고 새로운 시각에서 접근하게 해 준다. 기존의 실증적 연구들 중에서 재검토해 보아야 할 것들도 있다. 특히 실천적인 문제해결을 위한 연구에서는 아주 중요하다.

이 글에서는 기존 제도나 정책의 수정, 또는 새로운 제도나 정책의 도입에서 그 성과가 시간에 따라 달라짐을 보았다. 그럼에도 불구하고 현실의 정책이나 제도개혁은 이와 같은 인과관계의 메커니즘을 지나치게 경시하고 추진된다. 고위정책결정자만 바뀌면, 제도나 정책의 내용을 수정·변경시키려고 한다. 정합성 없는 개혁과 여기에 더하여 기존정책이나 제도의 성숙기간을 기다리지 않는 변경이 추가되면, 걷잡을 수 없는 혼란에 빠진다. 최근 10여 년 동안에 흔히 보아 온 현상이다. 그러나 또 다른 차원의 시차가 여러 가지 다른 문제를 발생시켜, 위에서의 혼란을 더욱 부채질한다. 다음과 같은 것들은 이 글에서 취급하지 못했지만, 중요한 연구과제가 된다.

정책관련자들의 속성변화와 인지상의 시차가 그것이다. 위에서의 논의는 행정이 산출하는 정책이나 제도의 내용, 그리고 동일한 논리가 적용될 수 있는 행정관리상의 제도에 대한 것이었다. 그런데, 제도나 정책을 결정하는 주체인 정책과정의 참여자들도 시간의 흐름에 따라 변화한다. 제도운영이나 정책집행의 객체가 되는 정책대상집단도 마찬가지다. 이 때 이들의 속성이 동일하게 변화하지 않고 사람에 따라 시간적 차이가 있기 때문에 많은 실천적 문제를 야기한다. 이 부분에 대한 연구도 절실한데, 크게 세 가지 연구대상이 있다.

첫째, 정책결정이나 행정활동에 참여하는 행정조직, 관료, 정치인, 전문가, 일반대중 등의 주체가 지니고 있는 생각, 관심, 영향력행사 등이 시간의 흐름에 따라 변화하고 이 변화의 속도가 주체에 따라 다르기 때문에 발생하는 정책공동체나 정책 네트워크의 변화이다. 정책학자들이 논의하는 정책변동의 원인이나 신제도주의자들이 말하는 제도변화의 원인을 기반으로 상당한 성과를 얻을 수 있는 분야이다. 이 부분의 연구는 사회의 분절화가 심화되고 분야별 자율성과 변화속도상의 차이가 커짐에 따라 더욱 중요해진다. 경쟁사회의 탈락자와 사회적 약자의 보호문제에서부터 시작하여 사회적 강자의 통제 등의 문제, 해체되어 가고 있는 공동체의 부활과 국가운영방식의 개혁에 이르기까지 다양한 문제를 내포하고 있기 때문이다.

둘째, 정책관련자들 중에서 주체가 아니라 객체의 입장에 있는 정책대상집단들의 속성변화도 이론적으로나 실천적으로 중요한 연구과제가 된다. 이들의 속성이 변화되면, 서비스 행정이나 규제행정의 기준이 변화되어야 하는데, 모든 정책대상집단이 동일하게 변화하지 않고 분야별, 지역별, 계층별로 시간적 차이가 있기 때문에 정책기준의 결정에서 심각한 문제를 발생시킨다. 무엇보다도 이런 상황에서 획일적인 기준(폐수방류허용 PPM, 음식점의 위생기준 등)을 적용하려는 법 규정은 적실성을 완전히 상실한다. 이것이 법규준수의 가능성을 크게 약화시켜서 법규의 선택적 적용을 불가피하게 만들고, 부조리와 불공정한 집행의 근본 원인이 된다. 대상집단의 변화에 따른 적용될 법규정이나 정책의 기준변화가 중요한 연구대상이 된다.

세 번째 연구과제는 인지상의 시차문제이다. 사실의 변화속도상의 차이만이 아니라, 이를 인지하는 주체가 경험하는 인지시간상의 차이도 심각한 문제를 발생시킨다. 앞에서는 사실변화에서의 시차문제를 사실과 사실 사이에 존재하는 인과법칙에 초점을 두고 검토하였다. 그런데, 원인의 현재상태와 역사, 결과의 현재상태와 역사, 양자 사이에 존재하는 인과법칙 자체 등에 대하여 정책관련자들이 인지하는 것이 사실발생과 인지 사이에, 그리고 주체들 사이에 시간적 차이가 있기 때문에 발생하는 문제이다. 여기에는 크게 세 가지의 측면이 중요하다. (1) 사실의 변화가 정책관련자들에게 인지되고 이에 대한 대책을 마련하고 추진하기까지 시차가 있기 때문에 발생하는 이슈들이다. 예를 들면, 집행과정상의 환류정보가 시기를 잃어 문제를 발생시키는 경우(Chung Ik Jae, 1992) 등이다. (2) 정책관련자들 간에 인지속도가 다르기 때문에 발생하는 문제이다. 일반적으로 민간기업이 정부보다 정보획득을 빨리 하고, 경제력이 강한 집단이 보다 정확하고 빠른 정보를 확보하여 정책결정이나 집행과정에 영향력을 행사한다. 정보의 보유기간의 장·단기 차이도 큰 영향을 미친다. (3) 인지주체가 먼저 인지한 것에 의하여 편견을 형성하여 새로운 정보를 수용하지 않으려는 측면이다. 70대의 대통령은 40~50대에 사실(원인, 결과의 상태와 본질, 그리고 인과관계 자체)에 대하여 인지한 것을 기초로 하여 무의식중에 형성한 통치철학, 정책이념이나 원리, 국정운영방식 등등에서 벗어나기 힘들다. 이러한 과거의 망령은 안정을 보장하기도 하지만, 시대착오적인 정책을 결정하기도 한다.

이상과 같은 인지의 시간적 차이가 사실변화(원인이나 결과의 변화와 인과관계 자체의 변화)와 맞물리면, 더욱 복잡한 여러 가지 현상을 발생시킨다. 이것은 물론 더욱 큰 연구과제이다.

참고문헌

김근세·권순정. (2001). 한국중앙행정기관의 조직구조와 맥락의 정합성 분석. 「한국행정학보」, 35(1): 19-34.

박동서. (1965). 「발전론서설」. 서울: 박영사.

박통희·김동환. (1991). 딜레마와 형식주의. 「한국행정학보」, 24(4): 45-63.

염재호·박국흠. (1991). 정책의 비일관성과 딜레마. 「한국행정학보」, 25(4).

이종범·안문석·이정준·윤견수(1991). 정책분석에 있어서 딜레마 개념의 유용성. 「한국행정학보」, 25(4): 3－22.

이종범·윤견수. (2000). 정부의 딜레마에 대한 제도적 해결장치의 연구－노동위원회의 분쟁조정제도 변천을 중심으로. 「한국정치학회보」, 34(3): 149－171.

정용덕 외 공저. (2000). 「신제도주의 연구」. 서울: 대영문화사.

정정길. (1994). 「대통령의 경제리더십」. 서울: 한국경제신문사.

정정길. (1997). 「정책학원론」. 서울: 대명출판사.

정정길. (2000). 「행정학의 새로운 이해」. 서울: 대명출판사.

정희채. (2000). 「정치발전론」. 서울: 법문사.

최병선. (1991). 규제행정기관과 관료의 행태에 관한 연구. 「행정논총」, 29(1): 38－61.

Bernstein, Marver H. (1955). Regulating Business By Independent Commission. Princeton University Press.

Cammack, Paul. (1992). The New Institutionalism. *Economy and Society*, 21(4): 397－429.

Diamant, Alfred. (1970). The Temporal Dimension in Models of Administration and Organization, in Waldo (eds), 90－134.

DiMaggio, P. and W. W. Powell. (1983). The Iron Cage Revisited: Institutional Isomorphism and Collective Rationality in Organizational Fields. *American Sociological Review*, 48: 147－160.

Frederickson, George. (2000). Easy Innovation and the Iron Cage: Best Practice, Benchmarking, and the Management of Organizational Creavity. Paper delivered to the Charles F. Kettering Foundation.

Gates, William H. (1999). Business @ the Speed of Thought, New York: Warner Books, 이규행 감역, 안진환 역. (1999). 「빌게이츠 @ 생각의 속도」. 서울: 청림출판사.

Gerth, H. and C. W. Mills. (1948). *From Max Weber*. London: Routledge.

Hall, Peter A. (1997). The Role of Interests, Institutions, and Ideas in the Comparative Political Economy of the Industrialized Nations, inMarkI. Lichbachand AlanS. Zuckerman(eds), *Comparative Politics: Rationality, Culture, and Structure*. Cambridge: Cambridge University Press.

Ikenberry, G. John. (1988a). *Reasons of State: the Oil Shocks of the 1970's and Capacities of American Government*. Ithaca: Cornell University Press.

Ikenberry, G. John. (1988b). Conclusion: an Institutional Approach to American Foreign Economic Policy. *International Organization*, 42−1: 219−243.

Immergut, Ellen M. (1998). The Theoretical Core of the New Institutionalism, *Politics and Society*, 26(1): 5−34.

Koelble, Thomas A. (1995). The New Institutionalism in Political Science and Sociology. *Comparative Politics*, 21(2): 231−243.

Light, Paul C. (1997). *The Tides of Reform*. New Heaven: Yale University Press.

Meyer, John W. and B. Rowan (1977). Institutionalized Organizations: Formal Structure as Myth and Ceremony. *American Journal of Sociology*, 83(2): 340−363.

Meyer and Scott (eds). (1983). *Organization Environment*. Beverly Hills, Cal.: Sage.

Nelson, Richard R. and Sidney G. Winter (1982). *An Evolutionary Theory of Economic Change*. Cambridge: Harvard University Press.

Neustadt, Richard E. and Earnest R. May. (1986). *Thinking In Time*. New York: The Free Press.

Olsen, Johan and Guy Peters. (1996). *Lessons from Experience*. Oslo: Scandinavian University Press.

Orton, J. D. and Karl E. Weick. (1990). Loosely Coupled Systems: *A Reconceptualization*. *Academy of Management Review*, 15(2): 203−223.

Peters, Guy. (1997). *The Future of Governing: Four Emerging Models*. Lawrence: The University of Kansas Press.

Putnam, Robert. (1994). *Making Democracy Work: Civic Traditions in Modern Italy*. Princeton: Princeton University Press.

Schon, Donald A. (1971). *Beyond the Stable State*. New York: Norton and Company.

Selznick, Phillip. (1957). *Leadership in Administration*. New York: Harper and Row.

Simon, Herbert. (1969). *The Science of The Artificial*. MIT Press.

Simon, Herbert. (1972). *Organizational Goals as Constraints.* APSR.

Simon, Herbert. (1977). *Models of Discovery.* Boston: D. Reidel Publishing Company.

Thelen, Kathleen and Sven Steinmo. (1992). Historical Institutionalism in Comparative Politics, in S. Steinmo, K. Thelenn and F. Longstreth (eds.) *Structuring Politics.* New York: Cambridge University.

Tolbert, P. S. and L. G. Zucker. (1996). The Institutionalization of Institutional Theory, in Stuart R. Clegg, C. Hardy and W. R. Nord. (eds.), *Handbook of Organization Studie*s (London: Sage), 175−190.

Waldo, Dwight (eds). (1970). *Temporal Dimensions of Development Administration.* Durham, N,C.: Duke University Press.

Wildavsky, Aaron. (1969). Rescuing Policy Analysis from PPBS. PAR 29 (March−April), 189−202, reprinted in Wildavsky (1971), *The Revolt Against Masses.* New York: Basic Books, 400−419.

Wilson, James Q. (1989). *Bureaucracy.* Basic Books.

▶ ▶ ▶ **논평**

이시원(경상대학교 행정학과 교수)

1. 모든 현상은 시간의 흐름 속에서 전개된다. 시간과 공간은 모든 현상과 존재의 그릇이다. 시간과 공간은 인간의 삶과 불가분의 관계를 가지고 있는 것이다. 우리는 흔히 시공간 4차원의 세상에 살고 있다고 한다. 시간 1차원, 공간 3차원을 합하여 시공간 4차원이라고 하며, 이러한 시공간 4차원에서 인간의 삶이 이루어지는 것이다. 그래서 시간과 공간, 특히 시간은 주요 철학자들의 주된 관심사였다. 시간은 사회현상의 분석에서도 중요한 관심사로 등장하기 시작하였다. 근대경제학에서는 마셜(Marshall) 이래 경제현상의 동태적 분석을 위해 시간개념을 매우 중요한 설명요인으로 중시하였다. 엘빈 토플러는 미래의 부를 창출하는 심층기반으로 시간을 중시하면서 여러 가지 측면에서 시간의 특성을 언급하고 있다.1)

그러나 행정과 정책현상에 대한 대부분의 연구는 시간의 흐름에 따른 변화가 고려되지 못한 정태적인 분석에 그쳤다는 점을 부인하기 어렵다. 시간의 흐름을 고려하지 않은 채, 일정한 시점을 대상으로 한 정태적 연구에서는 동일한 대상과 변수를 가지고 연구를 하더라도 얼마든지 상반되는 연구결과가 나올 수 있다. 동일한 원인변수가 동일한 분석단위나 대상에 작동되더라도 시기에 따라서 인과관계 자체가 달라질 수 있기 때문이다. 이와 같이 시간은 변화의 본질과 변화과정의 본질을 규명하고 구체화하는데 있어 필수적인 요소임에도 불구하고 이를 행정과 정책의 현상을 연구하는데 반영할 수 있는 체계적인 논의가 이루어지지 못하였던 것이다. 이러한 상황에서 시간을 현상을 분석하기 위한 하나의 시각 내지는 접근방법으로 설정하여 시간의 차이에서 파악되는 주요 원인(독립)변수들을 식별하고 이들이 결과(종속)변수에 미치는

---

1) 어떤 현상이나 결과에 영향을 미치는 여러 가지 요소나 변수 가운데, 보다 기본적이고 강력하게 영향을 미치는 것들이 있다. 보다 기본적이고 강력하게 영향을 미치는 요소 내지 변수를 심층기반(Deep Fundamentals)이라고 한다. 부의 창출과 관련하여 심층기반은 어떤 경제체제에서나 상관없이 모든 문화와 문명 그리고 과거와 현재의 모든 발전단계에 중요한 기반을 말한다. 토플러는 3가지 심층기반이 부의 미래를 좌우한다고 주장한다. 그것은 시간, 공간, 지식이다. 그는 심층기반 중에서도 가장 중요한 기반인 시간을 생각없이 다루어서 많은 문제가 생겨난다고 본다. 선진경제를 건설하기 위해서는 선진사회가 필요하다. 모든 경제는 그것이 속한 사회의 산물이고 사회의 주요 제도들에 의해 영향을 받는다. 오늘날 정부는 시간을 제대로 다루지 못해 생겨나는 여러 가지 문제를 안고 있다는 것이 토플러의 주장이다.

관계를 규명하려는 논의가 제시되어 우리나라 행정학계와 정책학계의 관심을 모아왔다. 정정길 교수가 제시한 시차이론이 바로 그것이다.

2. 시차이론은 인과관계에 시간적 차이가 개입하고 있다는 점을 논의의 출발로 삼고 있다. 시간적 차이는 두 가지로 파악될 수 있는데, 첫째는 변화시작의 시간적 차이이고, 둘째는 변화지속의 시간차이이다. 이를 정정길 교수는 변화의 시차라고 부른다.[2] 변화의 시작의 차이는 출발의 시간적 선후관계로, 변화속도상의 차이는 동일한 변화를 달성하는데 소요되는 시간적 차이로 변환된다. 즉, 변화의 시간적 선후관계나 동반관계, 변화과정의 시간적 장단관계를 현상의 연구에 적용할 수 있다는 것이다. 따라서 시차이론 내지 시차적 접근방법을 "특정 현상을 발생시키는 주체(개인, 조직, 사회, 시스템 등)의 속성이나 행태가 시간적 차이를 두고 변화되는 사실을 사회현상연구에 적용하려는 연구방법"으로 정의하고 있다. 정정길 교수가 제안한 시차이론은 여러 가지 논의와 개념, 문제의식을 포함하고 있는데 그 가운데 가장 기본적인 내용은 다음과 같은 세 가지로 요약된다.

첫째, 다수의 원인변수들이 있을 때, 원인변수들의 작동순서가 결과에 어떤 영향을 미치는가 하는 점이다. 즉, 동일한 요인들이 작용할지라도 그 순서의 조합에 따라 결과가 달라질 수 있다. 순서(sequence)는 시간적인 배열을 의미하고 시간적인 배열의 차이는 시간의 차이로 간주될 수 있다. 정정길 교수는 이와 같은 차이를 물리적 인과관계와 화학적 인과관계라는 논의로 설명을 하고 있다. 물리적 인과관계는 원인변수의 작동순서가 최종 결과에 영향을 미치지 않는 변수와 결과간의 관계를 말한다. 그에 비해 화학적 인과관계는 원인변수의 작동 순서에 따라 최종적인 결과가 달라지는 경우를 말한다. 이러한 화학적 인과관계의 대표적인 예로 소금물과 양잿물간의 차이를 들 수 있다. 이 두 경우 원인변수는 동일하나 그 작동순서에 따라 전혀 물성이 다른 결과를 가져온다는 것을 확인할 수 있다. 소금물은 나트륨에 염소를 가하고 물을 부으면 얻어지고, 양잿물은 나트륨에 물을 가하고 여기에 염소를 첨가하여 얻어진다. 원인변수로 작용하는 요소는 동일하나 그 배합의 순서에 따라 전혀 다른 물성이

---

2) 처음 이러한 시간의 차이를 시차(時差)라고 명명하고 영어로 'time lag'라고 번역함으로써 정확한 의미의 공유에 어려움이 있었다. 정정길 교수가 제시한 시차개념은 개입과 결과간의 시간적인 지체를 의미하는 시차(time lag)가 아니고 현상의 인과관계에 개입할 수 있는 여러 가지 시간적 요소(변수)의 차이를 포괄적으로 지칭하는 말이다. 그래서 영어로 번역하는 경우 'time difference'가 보다 적절하다. 이것은 2002년 시차이론이 처음 제안되고 토론하는 과정에서 일부 해명된 바 있다.

얻어진다는 것을 확인할 수 있다. 사회현상은 화학적 인과관계의 성격을 가지고 있는 것이 대부분이다. 따라서 제도를 개혁하거나 새로운 정책을 도입하는 경우, 개혁의 내용이나 정책의 내용을 잘 구성하는 것도 중요하지만, 다양한 정책 요소들의 시간적 배열이나 시간적 우선순위 등을 고려하는 것이 요청된다.

둘째, 원인이 변한 후, 얼마 정도의 시간이 경과한 후의 결과를 인과관계에서 고려해야 하는가 하는 점이다. 원인변수가 오랫동안 작동하고 있는 경우와 최근에 작동하기 시작한 경우는 그 결과가 같을 수가 없다. 따라서 원인변수가 작동한 후, 얼마만큼의 시차를 두고 결과를 평가해야 하는가가 문제가 된다. 이것은 기본적으로 원인변수의 숙성기간(maturation)과 관련된 문제이다. 특정한 제도나 정책의 도입이 정착되어 소기의 결과(효과)를 가져오기 위해서는 일정기간의 숙성을 거쳐야 한다. 제도나 정책도 도입의 초기에는 그 효과보다 정착에 소요되는 대가가 크기 때문에 효과가 나타나지 않거나 오히려 과거보다 악화되는 상황이 발생할 수도 있다. 그러나 일정한 시간이 흘러 새로운 제도나 정책이 정착된 이후에는 그 제도나 정책의 효과가 그 비용보다 커져서 소기의 목표를 달성하게 되는 것이다. 이와 같이 새로운 제도나 정책이 도입되어 소기의 효과가 나타나기까지에는 일정한 시간이 흘러야 하는데, 이것을 숙성기간이라고 한다. 정책을 평가하는 경우 평가의 시점에 따라 결과가 달리 나타날 수 있는 것은 이러한 숙성기간 파악의 차이에서 기인한 것으로 볼 수 있는 것이다.

셋째, 결과변수가 계속 변화하고 있을 때, 원인변수의 작동시점이 달라지면 인과관계는 어떻게 되는가? 즉, 한 시점에서 원인이 작동하는 것과 다른 시점에서 원인이 작동하는 것은 결과에 동일한 영향을 미칠 것인가? 보다 실천적이고 처방적인 측면에서 보면, 어느 시점에서 개입이나 변화를 시도해야 바람직한 결과를 가져올 것이냐 하는 것과 연관된다. 제도의 일부를 변화시키거나 정책의 일부를 변경시키기 위한 충격을 어느 시기에 하느냐에 따라 결과에 커다란 차이가 발생할 수 있기 때문이다. 이것은 결국 적시성(timing)의 문제와 연관된다.

3. 시차이론은 그동안 수많은 개혁이 실패한 이유를 설명하고 한국사회의 발전을 위해 개혁을 성공시키기 위한 실천적 목적으로 제안되었지만, 우리나라 행정학과 정책학의 학문적 발전의 측면에서도 높이 평가되어야 마땅하다. 무엇보다도 우리나라 학자가 독자적으로 이론체계를 구성하여 행정과 정책현상의 연구에 그 폭과 시야를 넓혀주었다는 점이다. 누구나 인정하는 바와 같이 그동안 우리나라의 학문적인 연구는 서구 선진국의 학자들에 의해 개발된 이론과 접근방법에 의존하여 왔다. 특히 우

리나라 행정학과 정책학은 미국학계의 영향으로부터 자유롭지 못하였다. 이 때문에 행정과 정책현상의 연구와 교육, 그리고 실천에 한국적 특수성과 우리의 독창성이 강조되어야 한다는 주장이 끊임없이 제기되어 왔다. 그리하여 한국행정학과 정책학의 한국화 내지 토착화의 문제가 한국행정학회와 한국정책학회 등 행정학과 정책학 관련 학문공동체에서 빈번하게 제기되었고 이에 대한 논의도 적지 않았다. 시차이론은 변화의 소용돌이에서 수많은 개혁이 실패한 우리나라의 경험을 토대로 이론이 구성되고 제안되었기 때문에 이론의 한국화 내지 토착화의 의미를 지니고 있다. 그러나 한국화 내지 토착화의 이면에 내포되어 있는 이론의 특수성에 방점이 찍혀서는 안 될 것이다. 학문적 이론의 생명은 보편성이다. 시차이론은 특수성에서 그 특성을 찾기보다는 오히려 보편성에 그 가능성을 두어야 할 것이다. 현상의 시간적인 측면은 보편적으로 존재하는 현상이기 때문이다. 시간적인 요소를 현상의 설명을 위해 체계화 시킨 시차이론은 어떤 국가의 제도나 정책을 막론하고 그 복잡한 현상을 분석하는데 유용한 접근방법으로 활용될 수 있을 것이다.

학문적 측면에서의 성과는 그동안 우리나라 학자들에 의해 후속적으로 이루어 낸 연구결과를 통해서도 확인할 수 있다. 2002년 시차이론이 제시된 이래, 지난 15년 동안 시차이론을 적용한 연구논문의 수는 50여 편에 이른다. 이것은 양적으로도 적지 않은 성과임에 틀림없다. 시차이론을 적용한 학문적 연구는 행정학이나 정책학의 영역을 넘어 교육학 등 다른 인접 학문분야에서도 이루어지고 있다. 이것은 행정학이나 정책학의 학문영역을 넘어선 다른 사회과학 분야에 관련된 제도나 정책현상을 연구하는데도 유용한 수단으로 활용될 수 있는 여지가 크다는 것을 말해 준다.

학문적인 측면에서 뿐만 아니라 교육적인 측면에서의 성과도 적지 않다. 우리나라의 행정학이나 정책학 교육은 대부분 미국학자를 중심으로 한 서구 학자들에 의해 개발된 내용을 정리한 교재를 바탕으로 이루어지고 있다. 이러한 교육은 부지불식간에 학문의 종속성과 의존성으로 인한 패배의식을 불러일으킬 가능성이 있다. 또한 교과서를 바탕으로 배운 지식의 현실적합성 측면에서도 적지 않은 문제가 있는 것이 사실이다. 우리나라의 특수성과 독자성을 반영하면서도 내용과 형식의 보편성을 담보할 수 있는 이론이 개발되고 교육될 때, 보다 주체적이고 창의적인 교육이 이루어질 가능성이 높아질 것이다. 근래에 들어 많은 행정학 및 정책학 교재에서 시차이론을 소개하고 있는 것은 교육적인 측면에서 매우 바람직한 일로 판단된다. 학생들이 시차이론의 논리와 적용가능성을 학습함으로써 행정과 정책현상의 이해에 보다 폭넓은 안목을 갖게 될 것이다. 나아가 공직으로 진출해서, 문제해결과정에 이를 활용하는 경우, 현실문제 해결에 적지 않은 실천적 기여를 하게 될 것이다.

4. 지난 15년 동안 시차이론은 우리나라 행정학계와 정책학계에 많은 관심을 모아왔고 이를 활용한 연구결과도 적지 않게 산출되었다. 그러나 시차이론이 행정과 정책현상을 보다 체계적으로 설명할 수 있는 이론적인 자원으로 완성도가 높아지기 위해서, 또 처방적인 안목이 확장되기 위해서 후속 연구자들이 염두에 두고 노력해야 할 점 또한 적지 않다고 생각된다. 먼저 연구의 측면에서는 무엇보다도 시차이론의 핵심적인 내용을 이루고 있는 시간적인 요소를 보다 정교하게 규명할 필요가 있다. 시차이론이 현상의 동태적인 설명에 관심을 불러일으키고, 제도 개혁과 정책의 추진이 성공적으로 이루어지기 위해 고려해야 할 조건들에 관련하여 많은 시사점을 주고 있다는 점에 대해서 대부분의 연구자들이 동의를 하고 있다. 그러나 시차이론의 핵심적인 내용을 이루고 있는 다양한 시간적인 측면의 구체적인 의미와 역할에 관해서 적지 않은 의문이 제기되어 왔다. 특히 시간의 역할과 관련하여 시간의 역할은 직접적인 설명변수라기 보다는 시간의 흐름으로 어떤 변수가 변하고, 그 변한 변수의 상태를 묘사하는 간접적인 변수의 성격이 짙다는 반론에 아직 명쾌한 답변을 주지 못하고 있는 것이 사실이다. 다양한 시간적 개념(선후관계, 적시성, 성숙시간, 시간의 변화 등)을 변수로 삼아 행정과 정책의 현상에 미치는 작용을 인과관계의 측면에서 분석하고자 하는 시도는 매우 신선하지만, 실제 구체적인 분석에서 이들 시간개념을 식별해서 별도의 인과관계 변수로 활용하는 것이 그리 쉽지 않다는 것이다. 시차이론에서 주장하는 주요 시간개념이 보다 정교화되고 구체적인 연구의 분석방법들이 개발되어 시차이론의 유용성과 적실성이 높아지기 위해서는 후속 연구자들의 지적인 분발과 노력이 요구된다. 이론자체의 정교화에 관심을 가진 연구자뿐만 아니라 이론을 적용하여 사례분석이나 경험적 분석을 하고자 하는 연구자들도 지금까지의 시차이론이 가진 한계와 문제점을 인식하고 이러한 한계와 문제점을 보완하는 지적인 노력이 있어야 할 것이다.

5. 이론자체를 정교화하는 노력과 함께 시차이론을 외국의 학계에도 널리 소개하여 행정과 정책현상을 분석하는 도구로써 활용될 수 있도록 하는 노력 또한 필요하다고 판단된다. 특수성, 토착성이 강조되기도 하지만 학문적 이론의 생명은 보편성이다. 보편성이 확보되지 못한 이론은 그 적용이 제한적일 수밖에 없다. 그동안 우리나라 행정학과 정책학이 선진국의 학자들이 개발한 이론을 소개하고 적용하는데 치중해

왔다면, 이제는 우리도 나름대로의 독자적인 이론을 개발하여 학문활동의 세계화에 일보를 디뎌야 할 것이다. 따라서 시차이론을 외국학계에 널리 소개하고 전파하는 일은 매우 의미있는 일이 아닐 수 없다. 이런 측면에서 시차이론에 관련한 논문을 국제적인 학회나 학술지에 발표하는 후속학자들이 많이 나오길 기대한다.3)

시차이론을 국내를 넘어 다른 나라에 확산하는 것은 학문활동을 통해서만 이루어질 수 있는 것은 아니다. 최근 우리나라는 저개발국에 대한 여러 측면의 지원활동에 적지 않은 예산과 인력을 사용하고 있다. 소위 대외협력사업(ODA)이 그것이다.4) 또한 새마을사업과 같이 우리나라의 과거 개발프로그램이 여러 개발도상국가들에게 농촌발전 모델로 소개되고 전파되고 있다. 앞에서 언급한 바와 같이 시차이론은 우리나라에 도입되었던 여러 가지 개혁사례가 실패한 경험을 토대로 현실적인 처방을 마련하기 위해 제시되었다. 시차이론이 제시된 배경을 보더라도 상당한 예산을 투입하여 시행하고 있는 대외협력사업이나 새마을사업의 경험을 전파하는 과정에서 시차이론의 논리를 활용함으로써 사업의 적실성과 효율성을 높일 수 있을 것이다. 이런 과정을 통해 시차이론이 외국에 소개되고 확산되는 부수적인 효과를 가져올 수 있을 것이다.

---

3) 김영평 교수는 '정책학의 한국화'를 논의하는 글에서 정책학의 한국화를 고집할 것이 아니라 외국에서도 널리 인정되고 활용될 수 있는 '수출용 정책이론'의 개발에 힘을 쏟아야 한다고 강조한다. 그의 논지에 따르면 외국학자들이 보아도 훌륭한 이론을 한국학자들이 내세우고, 그 논거로서 한국의 사례와 자료들이 활용된다면 그 자체가 정책학의 한국화와 맥락이 닿는다는 것이다. 김영평 교수의 주장을 빌려본다면, 한국학자에 의해 개발된 시차이론이 '수출용 정책이론'의 후보가 되지 않을까?

4) 우리나라는 2018년 예산에서 국민총소득(GNI)의 0.17%에 해당하는 3조 482억 원의 예산을 대외협력사업(ODA)에 사용할 예정이다. 우리나라는 2009년에 OECD산하의 개발원조위원회(DAC: Development Assistance Committee)에 24번째의 회원국으로 가입하여 '공여국 클럽'의 일원이 되었다.

불확실성, 모호성과 딜레마 상황하에서 절차적 합리성의 탐색

불확실성, 모호성과 딜레마 상황하에서 절차적 합리성의 탐색[*]

이종범(고려대학교 행정학과 명예교수)

∽ 프롤로그 ∽

서언: 회고와 전망

I. 논문의 의의와 요점

정책결정의 어려움은 다양하고 그 형태에 따라 대응 방법도 상이하다. 정책결정의 어려움은 결정에 필요한 정보의 부족이나 불완전으로 인한 경우도 있고, 정보의 해석이 모호하기 때문에 생기는 경우도 있으며, 정보의 조건과는 상관없이 선택상황의 구조 때문에 어려운 경우도 있다. 이를 각각 정책의 불확실성, 모호성, 딜레마 상황이라고 명명할 수 있다. 본 논문은 각각의 정책 상황에 따라 상이한 대응방법을 제시하려고 하였고, 이 가운데에서도 특히 딜레마 상황에서의 대응방법으로 절차적 합리성을 높일 수 있는 제도적 대응을 제시하려고 하였다.

정책은 출발부터 상이한 행위자들이 있고, 각 행위자는 나름의 이해관계나 상이한 가치를 가지고 충돌하고 있기 때문에 정답을 기대하기 어렵다. 정책은 상충적 가치의 우선순위를 결정하는 것으로서 결정의 내용을 행위자들이 적절한 선에서 받아들이도록 하는 것이다. '그럴 듯하다,' '수용가능하다,' '적절하다,' '만족할 만하다,' 등 다양한 용어로 쓸 수 있으나 이해당사자들이 수용을 할 수 있도록 하는 것이 중요한 기준이다. 딜레마 이론은 양자택일적 선택

---

* 이 논문은 2005년 『행정논총』, 제43권 제4호, pp. 1−27에 게재된 글을 수정·보완한 것이다.

과 연관된 정책문제에 대해서 합리적이고 수용가능한 해결책을 찾으려고 노력하였다. 정책문제가 딜레마일 경우, 이에 대한 단기적 대응과 더불어 적극적이고 예방적인 대응인 제도적 기제를 탐색하려고 하였다.

딜레마 이론은 딜레마 정의에 따라 연구의 방법과 내용이 변할 수 있기 때문에 이론 스스로 딜레마를 내포하고 있다(최병선, 1994; 임도빈, 2010). 딜레마를 엄격하게 정의하면 한 체제가 결정할 수 없을 정도로 반발이 심한 경우만 딜레마기 때문에, 정책대응이 단기적이다. 결정의 지연, 형식주의, 비일관성, 상징적 행동 등을 정책대응의 예로 들 수 있다. 엄격한 정의를 하면 이론적 엄밀성을 추구할 수 있고, 이와 연관된 경험적 사례도 찾을 수는 있다. 그러나 이론의 적용 범위가 지나치게 한정되는 한계가 있었다. 이러한 한계를 극복하기 위해 이 논문에서는 이론의 정교성은 떨어지더라도 딜레마를 정의하려고 하였다. 즉, 본 논문은 딜레마 상황을 한 체제가 정책 결정을 하여야 하지만 피하고 싶은 심각한 갈등으로 정의하였다. 그리고 딜레마에 대한 대응으로 공론 과정 및 절차적 합리성을 보장하는 제도의 설계를 모색하였다. 구체적으로 상호조정과 타협, 재판 및 대체적 분쟁해결제도, 위원회, 국회, 국민의 투표 방법을 제시하였다. 그리고 이 기제들의 공론과정에 대한 정통성과 신뢰성을 높일 수 있는, 즉 진정한 의사가 반영될 수 있도록 5가지 운영원칙을 제시하였다. 운영원칙이 지켜지면 이해당사자들은 결정된 정책을 적절한 것으로 수용할 가능성이 높아진다. 다섯 가지 원칙은 각각 이상적 담화조건, 이익갈등과 가치갈등의 분리, 일차적으로 흥정과 타협의 추구, 가치입장을 드러내기, 허용되지 않는 집단행동의 금지 등이다.

한국은 지난 반세기 동안 사회, 경제, 과학기술의 발전에 따라 이해관계가 매우 다양해졌을 뿐만 아니라 민주화 과정, 특히 진보와 보수 정당간의 평화적 정권 교체로 인해 국민들이 생각하는 가치의 스펙트럼이 많이 확대되었다. 더욱이 보수와 진보 정당간의 정권교체로 탄생된 새로운 정부는 이전정부의 정책과 반대되는 정책을 추진하려는 성향이 매우 강하다. 정책 뒤집기 현상은 특히 쟁점이 되고 있는 노사문제, 시장의 자율과 규제, 교육의 수월성과 평등성, 문화와 예술, 성장과 복지배분, 사회 불평등, 안보외교, 남북문제, 환경보존과 개발, 에너지 문제 등에서 심하게 나타난다. 진보와 보수라는 이념적 시각에서 이러한 쟁점들을 접근하고 있기 때문에 이들 정책들은 딜레마가 되는 경우가 많다. 이와 더불어 잠재화되어 있던 가치들의 충돌이 밖으로 드러나 딜레마가 되는 사회적 조건도 많이 증가하였다(소영진, 1999). 과거보다 딜레마 상황이 많아졌고, 실제적으로 딜레마 프레임으로 정책문제를 보고 대응하여야 할 필요성이 증가하였다(소영진, 2015). 이런 경우 단기적 대응도 중요하지만 장기적으로는 제도적 장치를 정교화시켜 나가는 대응책을 마련하는데 많은 노력을 경주하여야 한다. 딜레마 상황에 대한 정책결정의 사회적 비용을 줄일 수 있는 방법을 모색할 필요성이 더 커진 것이다.

딜레마 프레임으로 정책문제를 보면 그렇지 않은 경우보다 정책문제 해결의 합리성을 높일 수 있다. 단기적으로는 결정을 지연하면서 시간을 벌다가 맥락의 변화가 생겼을 때 결정하는 것이 합리적이라는 것이다. 예를 들어 탈원전 정책은 대통령의 공약사항이었기 때문에 문재인 정부는 단순논리로 2017년 추진 중에 있었던 신고리 원자력 발전소 5, 6호기 건설을 중단하는 결정을 하였는데, 이로 인해 이해관련 집단의 심각한 반발에 직면하게 되었다. 그러자 나중에 탈원전 정책을 딜레마 프레임으로 인식하고 그 방법 중의 하나인 공론화 과정을 거친 후 건설을 재개하는 방향으로 결정을 번복하였다. 즉 원래는 딜레마였던 문제를 딜레마가 아닌 것으로 무시했었기 때문에 많은 사회적 비용을 치루고 마무리된 사례이다(김태은, 2013).

본래부터 상충성이 큰 정책영역들, 예컨대 노사문제, 시장과 규제, 성장과 복지배분, 안보외교, 에너지 문제 등에 대해 정책담당자는 그것이 갖고 있는 딜레마적 성격을 무시하는 경향이 있다. 이렇게 할 때 추진력은 있어 보이나 딜레마를 딜레마로 보지 않고 처리하기 때문에 많은 무리가 따를 뿐만 아니라 위험한 결과를 초래할 수도 있다. 더구나 정책담당자인 공무원들은 자신이 추진하던 정책을 정권교체와 더불어 뒤집어야 하는 상황에 더 자주 직면한다. 정책의 딜레마가 곧 공무원의 개인의 딜레마가 된다는 사실을 이해하지 못하면 정책결정이 더 힘들어질 것이다. 그동안 잘 다루지 않았던 개인의 딜레마를 정책담당자의 관점에서 다룰 필요성도 커지고 있다(윤견수, 2017).

Ⅱ. 이론적 함의: 연구의 확장 가능성

이 논문의 목적은 딜레마 상황에서 절차적 합리성을 높이기 위한 제도적 대응을 찾아보려고 하였던 것이다. 그러나 이론적 주장이 정교하지 못한 만큼 새로운 개발과 보완의 여지가 많다고 생각된다. 필자로서 앞으로의 연구를 위한 제언을 한다면 다음과 같다.

첫째, 딜레마 예방을 위한 제도적 장치가 작동하는 구체적 사례연구를 통하여 딜레마 성격과 제도간의 적합성 여부를 연구하면서 새로운 이론을 모색하여 볼 수 있을 것이다. 이에 추가하여 제시한 대응원칙들이 딜레마 상황의 정책대안들에 대한 수용성을 높이는지, 그리고 특정 제도를 딜레마의 해결방안으로 수용하게 만드는 조건은 무엇인지를 알아보는 것은 중요한 연구주제다(소영진, 2015).

둘째, 정책문제의 틀을 재구성(reframing)하거나 분리하여(decoupling, 예외조항) 딜레마를 예방하고 잘 처리할 수 있는지에 대한 구체적 연구도 새로운 영역이 될 수 있다(윤견수, 2006). 예를 들면 게임산업의 육성을 위한 게임진흥법이 2006년에 제정되고 2011년에는 청소년보호법의 일부 개정을 통하여 게임규제와 관련된 셧다운제가 동시에 만들어질 수 있었다(김명환, 2017). 딜레마 상황이 될 수 있는 것을 분리하여 대응함으로써 상충되는 정책이 딜레마가 아닌 것처럼 만들어졌다는 것이다. 이런 상황에서 양 정책 간의 관계가 그 이후에 어떻게 변화하고 있는가? 이런 식의 질문은 정책문제 틀의 재구성이나 분리와 관련하여 딜레마 이론에서 의미가 있는 연구주제다.

셋째, 다른 이론과의 연계가능성을 통하여 이론을 확장하여 보는 것도 의미있는 연구주제이다. 예를 들어 김창수(2016)는 물관리 정책이 경로의존성을 탈피하지 못하는 이유를 정책의 딜레마적 성격에서 찾으려고 하였다. 이것은 딜레마상황을 신제도이론과 연계하여 딜레마 이론의 영역을 확대하는 것이기도 하다(김태은, 박종수, 2008; 김태은, 2009). 거버넌스 프레임에 따른 딜레마 대응 형태의 차이를 음미하거나 신공공관리론이 주장하는 경제적 가치와 기본가치(예, 보호된 가치, 문화적 가치) 간의 충돌을 둘러싼 각종 평가의 딜레마에 관한 연구도 이론의 확장으로 중요한 영역이 될 수 있을 것이다(김동환, 2002).

넷째, 4차산업혁명의 진전과 더불어 기존의 질서와 상충되는 요소들이 생기고 이것이 딜레마로 현재화될 수 있는 사회적 조건도 증가하리라 예상된다. 특히 인공지능, 생명공학, 사물인터넷, 초연결성 등을 둘러싼 다양한 분야의 발달과 이로 인해 파생되는 정책 문제는 기본적으로 인간 또는 생명의 윤리적 딜레마와 연관된다. 기술과 윤리의 영역이 상충되는 정책에 대한 설명을 딜레마 이론을 통해 정교화해나갈 필요가 있다.

다섯째, 딜레마 예방과 관련된 것 중 제도를 넘어서 가장 근본적인 것은 인간의 문제이다. 사람은 자신이 살면서 형성한 마음에 따라서 행동을 한다. 이러한 에고 중심적 속성을 가진 인간의 마음을 비워 본성인 세상 중심의 마음으로 바꿀 수 있다면 딜레마는 많이 줄어들 것이다. 인간이 비워진 만큼 자기 중심적 이해관계는 약해질 것이고(우명, 2012) 그것이 딜레마 발생 가능성을 낮추기 때문이다. 이상적이기는 하지만 결정자들도 의식이 확장되어 순리에 따라 행동할 수 있다면 결정의 신뢰성도 높아질 것이다.

1992년 딜레마 이론이 한국행정학보에 3편의 논문으로(이종범, 안문석, 이정준, 윤견수, 1992; 염재호, 박국흠, 1992; 박통희, 김동환, 1992) 발표된 지 25년이 지났고 그 사이 3권의 단행본이 출간되었으며(이종범 외, 1994; 윤견수 외, 2000; 소영진 외, 2009), 다양한 정책분야, 산업, 경제, 문화, 교육, 환경, 안보 등 100여 편 이상의 후속 연구가 있었고 나름대로 많은 발전이 있었다. 그러나 아직도 전기를 이룰 정도의 획기적인 이론의 도약은 없었던 것 같다. 이 논문을 읽는 독자들도 창조적 파괴를 통하여 획기적 이론을 만들 수도 있고, 이론이 갖고 있는 취약점을 보완하여 딜레마의 이론체계를 개선할 수도 있다. 다른 이론과의 연계를 시도하여 딜레마 패러다임을 확장하여도 좋고, 대응기제들을 이론적으로 정교화하거나 대응원칙들을 추가 개발함으로써 우리가 겪을 수 있는 사회적 비용을 줄이는 데 기여할 수 있을 것이다.

참고문헌

김명환. (2017). 정책 창, 틀짜기, 문제정의 및 정책의 사회적 형성. 「한국정책학회보」, 26(4): 397-421.
김동환. (2002). 보호된 가치와 정책 딜레마. 「한국정책학회보」, 11(1): 27-52.

김창수. (2016). 경로의존성과 딜레마 그리고 입법실패: 물기본법 지연사례의 분석. 「지방정부연구」, 20(1): 135－159.

김태은. (2009). 제도변화와 대체요인으로서 딜레마 대응에 관한 연구: 신재생에너지 발전차액지원제도를 중심으로. 「한국행정학보」, 43(4): 179－208.

김태은. (2013). 무시된 딜레마의 사회적 비용 발생원인 연구. 「한국정책학회보」, 22(3): 103－135.

김태은, 박종수. (2008). 합리성의 제약요인으로서 정책딜레마와 정책변화: 금산분리정책을 중심으로. 「한국행정학보」, 42(2): 371－399.

소영진. (1999). 딜레마 발생의 사회적 조건. 「한국행정학보」, 39(1): 185－206.

소영진. (2015). 딜레마 이론, 그 의미와 과제: 이론적 정합성을 위한 시론. 「한국행정논집」, 27(1): 23－46.

우명. (2012). 「이 세상 살지 말고 영원한 행복의 나라 가서 살자」. 참출판사.

윤견수. (2006). 정부의 결정을 딜레마 상황으로 가게 하는 요인과 그에 대한 대응책에 관한 연구. 「한국행정연구」, 15(1): 71－100.

윤견수. (2017). 공직수행의 딜레마와 의사결정의 어려움. 「정부학연구」, 23(3): 1－35.

윤견수. (2013). 공직의 정체성에 대한 연구: 공무원의 영혼에 대한 내러티브를 중심으로. 「한국행정학보」, 47(1): 1－23.

임도빈. (2010). '딜레마 학파'의 딜레마. 서평 (소영진, 이영철, 윤견수, 하민철 외. (2009). 「딜레마와 제도의 설계」.나남). 「한국행정학보」, 44(4): 317－322.

최병선. (1994). 서평(이종범, 안문석, 염재호, 박통희 외. (1994). 「딜레마 이론: 조직과 정책의 새로운 이해」. 나남). 「한국행정연구」, 3(2): 190－194.

〈요 약〉

본 논문의 목적은 체제가 선택의 어려움 속에서 정책의 질을 높이기 위하여 행하는 제도적 대응과 그 절차적 합리성을 음미하기 위한 것이다. 절차적 합리성이란 체제가 문제의 설정이나 수단을 선택함에 있어서 제도나 절차에 따라 행동함으로써 목적에 근접하여 가는 것을 말한다. 목적의 범주에는 가치의 선택이나 수단의 선택을 다 포함한다. 선택의 어려운 정도는 같을지라도 그 원인이 다르면 대응 양상도 달라질 수밖에 없다. 불확실성으로 인하여 선택이 어려운 정책문제는 부족한 정보를 탐색하고 그것을 지원하는 제도를 만들거나 제도를 개선하려고 한다. 모호성의 경우 주로 의미해석이나 합의과정과 관련된 제도의 개발에 더 많은 관심을 기울인다. 딜레마의 문제는 서로 상반된 가치입장이 밝혀지도록 유도하고 공적 결정을 할 수 있도록 하는 합의절차를 설계하는 데 제도개발의 초점이 주어진다. 물론 필요한 경우는 단기적 대응으로 시간을 버는 것도 중요하다. 문제가 복잡하고 중요할수록 다양한 방법들을 종합적으로 활용한다.

I. 서론: 정책결정과 절차적 합리성

본 논문의 목적은 한 체제(조직, 정책결정자, 이해당사자 또는 국가)가 선택의 어려움 속에서 정책의 질을 높이기 위하여 행하는 제도적 대응행동을 분석하여 보고 그 절차적 합리성을 음미해 보려고 하는 것이다. 체제는 정보의 부족이나 해석상의 차이로 인하여 결정의 어려움을 겪을 수도 있고 첨예하게 대립된 상충적 가치로 인하여 어려움을 겪을 수도 있다. 세 가지 상이한 상황에 대하여 다른 절차나 제도를 마련하여 대응함으로써 절차적 합리성을 확보하려고 한다. 절차적 합리성이란 체제가 목적을 달성하기 위하여 제도나 절차에 따라 행동하는 것을 전제로 하고, 최적화를 추구하기보다 타당한(reasonable) 수준, 예를 들면 만족수준(satisficing)이나 사회적 합의를 그 결정 기준으로 수용한다. 목적의 범주에는 가치의 선택이나 수단의 선택을 다 포함한다.

정책이 주어진 목표를 전제로 하고 그 수단만을 선택하는 것이라면 도구적 합리성의 문제만 다루어도 되지만, 정책문제는 목표 자체도 음미하여야 하기 때문에 가치의 선택을 다룰 수밖에 없다. 정부가 도구적 합리성에만 입각하여 행동할 때 가장 위험한 것은 국민의 선호와는 상반된 잘못된 목표를 가장 능률적으로 수행하는 것이다

(Singer & Wooten, 1976: 79-103; 이종범, 1986: i). 다소 비능률적이라 하더라도 국민의 선호가 반영된 목표를 추진하는 것이 더 바람직하다. 본 논문은 주어진 목적을 전제로 하는 도구적 합리성과 목적간의 갈등을 해결하기 위한 실질적 합리성을 다 다루려고 한다. 특히 절차적 대응을 중심으로 그 합리성을 다루려고 한다.

합리성은 감정이 배제된 지적 통찰에 의하여 사건 또는 사건간의 관계 또는 결과의 의미를 분석하고 판단하는 것이다. 이를 도구적 의미와 실질적 의미로 크게 나누어 볼 수 있다. 실질적 합리성(substantive rationality)은 체제가 그 목적이나 가치의 우선순위를 선택하는 제도나 절차의 합리성에 관한 것이다. 즉 구성원들의 선호를 취합하는 과정상의 합리성을 의미한다(Singer & Wooten, 1976: 79-103; Townley, 2002: Biggart & Delbridge, 2004). Diesing(1962)의 정치적 합리성과 Boudon(2003)의 공리적 합리성이 이 범주에 속한다. 이에 비하여 도구적 합리성은 주어진 목적을 달성하는 수단적 의미에 초점을 맞추기 때문에 목적합리성, 경제적 합리성(Diesing, 1962), Simon(1976: 129-148)이 사용하는 실질적 합리성과 절차적 합리성을 포함한다.[1]

Boudon(2003: 1-21)은 통합적 의미에서 인지적 합리성의 개념을 제시하고 있다. 합리적 행동의 구성요소로 그는 3가지의 공리적 가정(개인주의, 이해가능성, 합리성)과 3가지의 도구적 가정(결과주의, 이기주의, 최적화)을 제시하고 있다. 공리적 가정으로서 (1) 사회적 행동은 개인행동의 집합으로(개인주의), (2) 사람은 다른 사람의 행동을 이해하며(이해), (3) 개인의 행동은 이성적 판단(정당한 이유)에 근거하고 있고(합리성), 도구적 가정으로서 (4) 행동의 이유는 행동의 예견된 결과에 근거하며(결과주의), (5) 자신의 행동의 결과에 관심을 가지며(이기주의), (6) 최선의 결과를 가져오는 대안을 선택(최적화)한다는 것이다. 앞에서 논의한 실질적 합리성은 Boudon의 공리적 가

---

1) Simon(1976)의 실질적 합리성(substantive rationality)은 주어진 조건하에서 최적의 대안을 선택하여 집행함을 의미하기 때문에 우리가 사용하는 실질적 합리성과 다르다. 본 논문의 실질적 합리성은 선호의 결정이나 정당한 이유에 근거한 좀 더 포괄적 의미의 합리성을 의미한다. 한 가지 더 언급할 것은 가치합리성과 목적합리성에 관한 것이다. 후자는 목적을 달성하기 위한 최선의 수단의 선택에 관심이 있는 도구적 합리성을 의미하고, 전자는 주어진 목표의 달성보다 선택된 행동이 자신의 가치에 적합한가에 초점이 주어지고 결과가치의 달성은 이차적 중요성을 갖는다. 때에 따라서 가치합리적 행위가 도구적으로 비합리적 결과를 초래할 수도 있다(Biggart & Baldrige, 2004; 본 논문 Ⅲ절 참조). 이성(reason)의 관점에서 합리성은 자연적 질서나 순리에 해당한다. 이렇게 되면 인간보다는 신의 영역에 근접한 정의가 되고, 인간의 행동도 상극의 논리보다 상생의 논리에 따른 행동을 하게 된다(우명, 2003, 2005). 그러나 본 논문에서는 합리성을 이성의 관점 중에서 가치의 우선순위 결정과 수단 선택과 관련된 합리성으로 한정하여 다루려고 한다.

정과 맥을 같이 하고, 도구적 합리성은 그의 도구적 가정과 맥을 같이 한다.[2] 합리성 논의는 일반적으로 후자 중심으로 이루어지나 전자도 중요하다.

절차적 합리성은 그 의미가 극단적으로 다르게 사용되고 있다. Simon(1976: 129-148)처럼 절차적 합리성을 도구적 합리성의 한 범주로 보려는 견해와, Diesing (1962)처럼 가치의 우선순위를 결정하는 정치적 합리성과 같은 것으로 보려는 견해로 대별된다. 먼저 Simon(1976: 129-148)의 절차적 합리성은 결정자가 당면하는 상황의 불확실성이나 인지상의 한계를 전체로 다양한 절차로 대응할 때 나타나는 합리성을 의미한다.[3] 즉, 특정 절차에 따르면 목표를 최적화할 수는 없지만 만족스럽거나 적절한 결과를 얻을 수 있다는 것이다.

그런가 하면 Diesing(1962)은 가치를 취합하는 절차나 기제의 정치적 합리성을 논한다. 예를 들면 특정의 공적 결정과정이 대안적 방법보다 더 절차적 합리성을 보장하는지에 관심이 있다. Simon(1976)이 말한 절차적 합리성은 도구적 측면을 강조한 것이라면 후자는 목적의 결정도 포함하는 것이다. 따라서 양자를 평가하는 기준도 달라진다. 전자는 주로 사후적 결과가치의 달성(능률성, 효율성, 분배의 공정성)을 강조하고, 후자는 가치의 우선순위 결정에 적절한 행동을 하였는가에 초점이 주어진다. 즉, 진정한 의미의 선호가 반영되어 특정 단위의 목표가 설정되었는가의 문제이다. 따라서 결과에 대한 사회적 합의라고 할 수도 있고, 정통성이나 정당한 절차의 준수 여부로 합리성이 평가될 수도 있다(Suchman, 1995).[4] 정책결정의 합리성은 도구적인 것뿐만 아니라 실질적인 것도 따져야 한다(Singer & Wooten, 1976). 따라서 본 논문은 절차적 합리성의 개념을 도구적 의미에서 확장하여 선호의 취합이나 선택과정에도 적용하려고 한다. Ⅱ절에서 절차적 합리성은 도구적 의미가 부각되고, Ⅲ절과 Ⅳ절에

---

2) 합리성이 목적론적이고 목적달성과 관련된다는 것은 부정할 수 없다. 그렇다고 도구적인 것만이 합리적인 것은 아니다. 정책문제는 목적이나 선호가 고정적이라기보다 변하는 것이고 (March, 1978) 따라서 이를 반영하는 광의의 합리성을 논할 수 있어야 한다(최종원, 1995; 이미홍, 2005). Diesing(1962)의 정치적, 사회적 합리성이 이 범주에 속한다. 도구적 합리성만으로는 목적이나 선호의 변화에 대한 것을 논할 수 없으나 공리적 합리성(Boudon, 2003)의 경우는 이것을 논할 수 있다. 예를 들면 개인의 선호가 변화할 때 이것의 집합적 결과가 집단의 선호이고, 이 과정과 관련된 합리성을 논의할 수 있다(Diesing, 1962; 김항규, 1995).

3) 형식 합리성(formal rationality)이나 관료적 합리성도 절차적 합리성의 다른 표현이다. 이것은 조직의 기능적 합리성 중 관료제 양식이나 법적 공식적 합리성을 강조한 것이다. 결정과 관련하여 다양한 교시물에 의한 인지상의 고안도 이 범주에 속한다. 예를 들면 인공지능에 의한 다양한 설계도 이 범주에 속한다.

4) 그 의미는 상황에 따라서 정당성(justification), 적절성(appropriateness), 공정성(fairness), 정의, 정통성(legitimacy), 사회적 합의 등 다양한 기준이 있을 수 있다.

서는 실질적 의미가 더 부각된다.

정책이론에서 합리성은 주로 대안간의 선택을 둘러싼 정보의 조건에 관한 것이었다. 특히 불확실성과 모호성 하에서 합리성의 제약에 관한 것이었다. 불확실성은 결정에 필요한 정보에 비해서 결정자가 가진 정보가 부족한 상태를 말한다(Galbraith, 1977). 모호성은 정보의 다의적 의미 때문에 결정하기 어려운 상황을 의미한다(March & Olsen, 1976; Weick, 1979). 때에 따라서는 불완전한 의사전달로 표현되기도 한다. 딜레마는 선택을 전제로 하며 가치간의 상충성이 있고 대안간의 중요성이 비슷하기 때문에 선택이 어려운 상황을 의미한다(이종범 외, 1994: 27; 윤견수 외, 2000).5) 딜레마 상황은 정보가 불충분한 경우는 물론이고 충분한 경우조차도 집단 간의 충돌이 첨예화되었을 때 발생한다.

체제는 선택의 어려움의 유형에 따라서 상이한 제도적 대응을 한다. 불확실성과 모호성 상황에서 그것을 감소시킬 수 있다면 결정은 쉽게 이루어진다. 그러나 정보가 충분하지 못하거나 정보가 애매한 상태에서 결정의 압력은 높고, 이해집단이 서로 타협의 여지가 없이 심하게 대립하고 있을 때 이 문제는 딜레마로 치환된다. 예를 들면 모호성은 해소되었으나 가치의 차이 때문에 타협이 어려운 경우가 있는가 하면(예, 행정수도 건설), 잔존하는 불확실성 때문에 더 이상의 결정이 어렵게 되는 경우가 있다(예, 남북경협 문제). 이 문제들은 이미 불확실성과 모호성의 문제가 아니고 딜레마로 전환된 것이다. 딜레마 상황에서는 관련 당사자들이 모두 선택한 정책을 수용하느냐의 여부가 중요하다. 여기서 수용은 반드시 선거의 결과나 만장일치의 의미로 한정하려는 것이 아니고 관련 당사자들이 결정을 정당하다고 인정하고 순응하는 것을 말한다.

본 논문의 목적은 정보의 부족(불확실성과 모호성)이나 가치의 상충성(딜레마)으로 인한 선택의 어려움 속에서 결정체제가 합리성을 확보하기 위하여 대응하는 다양한 제도적 장치들을 음미해 보려는 것이다. 즉 그 절차적 합리성을 확보하기 위하여 노력하는 제도적 장치와 운영방법을 음미하여 보려고 하는 것이다. 특히 딜레마에 대한 대응 중에서 단기적이고 소극적 대응과 장기적이고 제도적 대응에 관련된 기존 논의를 종합하고 앞으로의 방향을 제시하려고 하는 것이 이 논문의 목적이다. 이를 질문

---

5) 딜레마를 주어진 맥락에서 선택을 전제로 하며 대안들 간의 비교가 불가능하지만 그 중요성이 비슷하기 때문에 선택이 "불가능한 상황"으로 정의할 때 협의의 엄격한 정의가 된다. 그러나 비슷하기 때문에 선택이 "어려운 상황"으로 정의하면 느슨한 정의가 된다(윤견수 외, 2000: 9-11). 이 논문은 느슨한 정의에 입각하여 논의를 전개하려고 한다. Ⅳ절의 단기적 대응은 주로 엄격한 정의에 입각한 것이고, 장기적이고 제도적 대응은 느슨한 정의에 입각한 것이다.

형태로 바꾸면 다음과 같다. (1) 정보가 불확실하거나 모호할 때 이를 극복하기 위한 제도적 장치들은 어떠한 것이 있는가? 어떻게 합리성을 증진하기 위하여 노력하는가? 그래도 선택의 어려움이 남을 때 그 문제는 어떻게 처리하는가? (2) 딜레마에 처해 있는 상황에서 의도적으로 합리성을 확보하기 위하여 어떠한 제도적 장치를 마련하여 대응하는가? 즉 절차적 합리성을 확보하기 위한 결정기제와 공론과정의 원칙은 어떠한 것이 있는가?

본 논문의 구성을 보면 Ⅱ절에서는 불확실성의 조건속에서 합리성을 보장하기 위한 절차적 방법을 논하고, Ⅲ절에서는 모호성의 상황에서 합리성을 보장하기 위한 절차적 방법을, Ⅳ절에서는 딜레마에 대응하기 위한 절차적 방법을 논하고, Ⅴ절에서는 앞으로의 과제를 제시하려고 한다.

Ⅱ. 불확실성과 절차적 합리성: 정보탐색활동

불확실성은 한 체제가 동원할 수 있는 정보(양과 질)가 문제를 처리할 때 필요한 정보에 비해 상대적으로 부족한 것을 의미한다. 정책문제가 확실하고 위험한 상황하에서는 기대효용의 극대화나 최적화가 가능하고 따라서 이를 달성하려고 한다. 즉 주어진 목표를 최적으로 달성하는 것이 중요하지 그에 이르는 절차나 과정이 중요하지 않다. 그러나 결정자는 정보가 부족한 만큼 선택의 어려움에 처한다. 따라서 결정자는 정보 탐색을 통해서 부족한 부분을 보충할 수 있으면 합리적 결정을 할 수 있다. 그러나 이것은 정보의 질과 정보탐색비용 간의 교환관계로 표현된다. 결정자의 수용 기준에 따라서 탐색활동의 범위는 정해진다. Simon(1977)의 만족기준(satisficing criteria)이 이에 해당하고 조직은 이에 맞는 절차를 마련하여 절차적 합리성을 확보하려고 한다. 정책결정 모형 중에서 만족모형을 중심으로 합리성을 추구하고 있는 절차를 먼저 살펴보겠다.

만족모형에서 결정주체는 인지상의 한계를 인정하고, 만족수준의 선택을 할 수 있도록 하는 절차를 통해 합리성을 추구하려고 한다(Simon, 1977). Cyert와 March(1963)는 불확실성을 극복하기 위한 다양한 절차적 장치들을 제시하였다. 간소화 모형(요소분해, 목표-수단의 계층제), 모의실험(simulation), 조직학습, 불확실성의 회피, 준갈등해결, 표준운영절차의 활용이나 정보처리 과정에서 교시물(heuristic)의 사용 등이 중요한 절차적 대응이다. 이 중에서 예를 들어 준갈등해결(quasi-resolution of conflict)은 조직 전체로 발생할 수 있는 갈등을 부분으로 국지화하여 해결함으로써

갈등도 줄이고 필요한 정보처리의 양도 줄임으로써 불확실성을 감소시키는 것이다.[6]

체제나 조직이 당면하는 환경을 복잡하지 않은 것으로 상정하면 위의 대응 방법들로도 만족수준을 충족시킬 수 있다. 그러나 현대 조직이나 체제가 당면하는 환경은 매우 복잡하기 때문에 불확실성이 높다고 할 수 있다. 불확실성이 낮은 상태에서는 기계적 구조로 대응을 하여도 만족수준을 충족할 수 있으나 불확실성이 높은 경우는 유연성이 높은 유기적 구조로 대응하여야 한다(J. Galbraith, 1977; Gresov, 1997). 조직이나 체제가 당면하는 과업환경이 불확실한 상태에서 만족수준을 충족하려면 조직이 정보통신기술과 학습조직의 기법을 수용하여 유연한 대응을 하여야 한다. 즉 정보통신기술의 발달은 자료가 아닌 것을 자료화하였고, 시-공간을 초월하도록 하였으며, 현장과 중심부를 직접 연결함으로써 중간기능을 축소하였고, 다양한 정보네트워크의 활성화, 임시 과업조직의 운영과 수평적 의사전달(교차기능팀 운영)을 확충하도록 하였다. 추가하여 조직은 권한부여적 공식화, 혁신과정을 일상화하는 초일상(meta-routine)의 모색(Adler et al. 1999), 체계적 사고와 학습을 일상화하는 것(Senge, 1994), 지속적 변신(continuous morphing, Rindova & Kotha, 2001), 정보의 공유와 전자 서비스의 증가 등 유연한 절차를 도입함으로써 기존의 불확실성을 많이 개선하였다. 그럼에도 불구하고 체제는 역시 결정하기 어려운 불확실성에 직면하곤 한다.

체제는 불확실하더라도 개략적 결정을 할 정도로 정보의 질이 충족되면 결정을 내린다. 그러나 정보가 부족하여 개략적 결정을 할 수 없음에도 불구하고 결정의 압력이 높아지면 이 때 선택의 어려움은 딜레마로 치환될 가능성이 높다. 소영진(1999: 197-201)이 위천공단의 딜레마 분석에서 제시한 것과 같이 집단간의 경쟁과 상호불신, 정부 또는 결정자에 대한 불신이 높을수록, 자원이 빈곤하면서 이해관계가 클수록, 경쟁집단의 조직화 정도와 전략적 행동의 가능성이 높고, 결정지연에 대한 반발 가능성이 클수록 불확실한 문제는 딜레마로 치환될 가능성이 높아진다. 이 때 결정자는 선택을 하던 그렇지 않던 나름대로 자신의 행동을 정당화하거나 합리화하여야 할 필요가 있다. 즉 다양한 대응행동이 있고 이것은 Ⅳ절에서 다시 논의할 것이다.

---

6) 만족모형의 다양한 절차적 기법들은 복잡한 문제를 부분화하고 단순화하여 복잡성을 감소시킴으로써 불확실성을 감소시키기도 하지만 동시에 집단간, 장기-단기간, 수단-목표간, 가치간, 이해관계간의 상충성을 국지화함으로써 딜레마 가능성을 낮추고 있다(이종범·윤견수, 2000). 그러나 이 방법은 정책상황을 그대로 반영하지 못하고 대응하기 때문에 정책오류를 범할 수도 있다.

Ⅲ. 모호성과 절차적 합리성: 다의적 해석과 의미부여

모호성(ambiguity)이나 불확실성은 다 정보의 불완전한 상태를 지칭하지만 그 의미가 다르다. 후자가 정보 부족을 의미한다면 모호성은 정보 해석상의 차이 때문에 나타나는 불완전함이다. 그 유형으로는 개인들의 선호나 조직목표의 모호성(March & Olsen, 1976; 전영한, 2004), 인과지식의 모호성,7) 행위자 간의 사고틀이나 문화의 차이로 인한 의미해석의 다의성(Weick, 1979)으로 구분하여 볼 수 있을 것이다. 사람들은 행동하기 전까지 자신의 선호를 모르고 있다가 행동 후에 사후적 해석으로 자신의 선호를 아는 경우도 많다(Weick, 1979). 때에 따라서는 여러 가지 선호나 가치가 충돌하고, 선호가 고정되어 있지 않고 지속적으로 변화하는 구성적 성격을 갖고 있다면 모호성의 정도는 더 높아진다(March, 1978; Weick, 1995). 그런가 하면 지식이나 배경의 차이 때문에 동일한 것을 다르게 해석함으로써 발생하는 모호성이 있다. 즉 상대방의 의도를 잘 읽을 수 없는 경우도 있고, 규칙의 몰이해로 인해 상대방 행동에 대한 이해가 부족할 수도 있고, 상대가 의도적으로 모호성을 창출하기 때문에 이해할 수 없는 경우도 있다.

관련 당사자들이 구성적 규칙에 합의하고 이에 따라서 당사자가 상호작용을 하다보면 자연스럽게 모호성이 줄어든다(Weick, 1979). 그렇다고 이것이 바로 합의를 이룬다는 것을 의미하지 않는다. 이 과정은 크게 4가지 조건에 따라서 상이한 제도적 대응을 하게 된다. 즉 (1) 당사자 간에 가치나 선호의 차이가 있으나 그것의 변화가 가능할 때, (2) 잘못된 인식을 교정하고 결정을 시도할 때, (3) 가치나 선호는 고정적이면서 최소한의 구조 속에서 결정을 시도할 때, 그리고 (4) 가치가 고정적이어서 변화가 어려울 때 등의 조건에 따라서 각각의 절차적 대응방법은 다르다.

첫째, 가치나 사고틀의 차이가 있어도 이것이 가변적일 때 이것은 해결가능한 문제에 속한다(March & Simon, 1958). 예를 들면, 노동과 복지문제에 대하여 상이한 부처가 모여서 정책을 결정할 때 각 부처는 상이한 해석틀을 가지고 자기 것을 주장한다(Schon, 1979; Edelman, 1977). 즉 재정경제부는 성장위주의 시각에서 문제를 보기 때문에 시장적 의미의 복지를 주장하고, 노동부는 생산복지, 즉 기술과 훈련을 통하여 능력을 보충하여 주고 나아가서 생산에 참여함으로써 자신의 복지를 증진시킬 것

---

7) 그런가 하면 인과지식 자체가 부정확하거나 예상하지 못한 부작용 등으로 인한 모호성이 있다. 이 문제는 차라리 불확실성의 범주에 가깝다. 그러나 사고틀이 다르기 때문에 동일한 인과관계를 선택적으로 다르게 인식하는 것은 이 범주에 속한다(Schon, 1979; 김서용, 2004).

을 주장하고, 보건복지부는 노동에 상관없이 노동자의 후생과 복지를 증진시키는 것과 관련된 정책개발에 초점을 맞추어 복지배분과 전달체계에 더 관심을 표명할 것이다. 이러한 차이는 동일한 복지문제를 상이한 해석틀과 은유로 접근하기 때문에 나타난 것이다. 이를 해결하기 위하여 위원회를 구성하여 상호조정을 시도할 수도 있고, 계층제적 방법으로 해결을 시도할 수도 있다. 후자의 예로서 재정경제부가 되었던 또는 국무총리실이나 청와대가 되었던 상위차원에서 정책방향을 정하고 그에 따라 재해석하면 된다. 예를 들면 국가가 "시장복지"로 그 기본입장을 정리하면 각 부처는 이에 따라서 하위 은유들을 적응시켜야 한다. 즉 복지와 노동자 교육훈련에 관한 기능과 예산은 축소될 수밖에 없고, 시장의 자율성에 노동복지의 문제를 맡기게 된다는 것이다.

둘째, 이해당사자가 현실을 잘못 해석하여 모호성이 발생하는 경우도 있다. 미국의 법정에 대한 해석의 차이가 그 예가 될 수 있다. Lee(1991: 342-365)에 의하면 하나는 법정을 변호사, 검사, 판사로 구성된 "법조인 모임"으로 은유할 수도 있고, 다른 하나는 이것을 "사교모임"으로 은유할 수도 있다는 것이다. 그 은유 형태에 따라서 법정에서 3자간의 행동에 대한 예측과 설명도 달라지고, 제도의 개선 방향도 달라진다. Lee(1991)의 분석에 의하면 최근 미국의 법정은 법조인 모임 보다는 사교모임에 더 가깝다는 것이다.[8] 이와 같이 상이한 현실 인식 중에서 더 정확한 인식을 가려 낼 수 있고, 논증과정이나 이야기 과정을 통해서 상대방이 특정 의견을 타당한 것으로 수용할 수 있으면(Hummel, 1991) 정책문제는 모호성이 줄어들고 목표에 적합한 수단을 찾는 도구적 합리성의 문제로 치환된다. 해석학이 제시하는 해석학적 순환을 할 수 있는 장치를 두는 것도 중요한 제도적 대응이 될 것이다. 즉 이야기와 대화나 상호작용을 제도화하여 상대방의 입장을 이해할 수 있는 기회를 제공하는 것이다. 행정절차법에서 제시하는 청문절차나 의견개진 절차도 이러한 상대방의 현실적 및 이론적 맥락을 이해할 수 있도록 하는 제도이고 이것이 형식적이 아닌 실질적으로 운영되도록 할 수 있다면 해석상의 불일치는 감소할 것이다.

체제나 조직이 함정에 빠지는 행동(entrapment)은 정책실패의 가능성을 내포한다. 이것은 조직이 하나의 해석에만 집착하는 것을 의미한다. 가능한 대안적 해석을

---

8) 초기 법정의 은유는 원래의 뜻대로 변호사는 피고의 이익을, 검사는 국가의 이익을, 그리고 판사는 중립적 이익을 대변하는 법조인 모임(꼭두각시이론)의 성격이 강하였을 것이다. 그러나 그 원리가 점차 퇴색되면서 법정이 3자간의 사교적 모임으로 바뀌었을 것이라고 생각된다. 법정에 대한 은유뿐만 아니라 다른 대상도 시대와 문화에 따라서 고정적이기보다 가변적이다.

배제함으로써 해석이 왜곡되는 현상을 말한다. 이것은 환경을 잘못 설정하는 중요한 예라고 할 수 있다. Hammond(1998: 47-58)는 이러한 함정의 예로서 기준점의 함정(anchoring trap), 현상유지, 매몰비용, 확인증거의 함정, 준거틀의 함정(framing trap), 추정과 예측의 함정 등을 들고 있다. 여기서 벗어날 수 있는 방법은 다양하지만 그 중 중요한 것은 이견표명을 제도화하는 것이다.

셋째, March와 Olsen(1976)의 쓰레기통 모형은 조직화된 무질서(organized anarchy)라고 표현되곤 한다. 결정과 관련된 조건들, 예를 들면 조직은 참여자의 선호, 인과지식, 결정 기회가 모두 모호(불확실)할 때 조직의 결정은 최소한의 조직화와 무질서로 표현할 수 있다. 즉, 참여자, 문제, 해결책, 기회의 흐름이 독립적으로 존재하다가 우연히 이들이 만나서 결정이 이루어진다는 것이다. 뚜렷한 합리적 이유가 없이 결정된다는 것이다(March, 1978: 590). 그렇다고 완전한 무작위나 무질서를 의미하기보다 결정, 접근, 관심 구조로 일컬어지는 최소한의 구조가 존재하고 그 틀 속에서 결정이 이루어지는 것이다. 즉 문제와 해결책이 만나는 결정구조, 결정에 필요한 참여자를 초청하는 접근구조, 결정자가 자신의 관심을 쏟는 관심구조 등이 있고, 이것이 조직의 정보와 에너지의 흐름에 영향을 주면서 4가지 독립적 흐름이 만나도록 하여 결정이 이루어진다는 것이다(March & Olsen, 1976).

예를 들어, 모호성 상황 하에서 문제설정(enactment)은 외부 현실 그대로 되기보다는 당사자 간의 상호작용의 산물이다. 물론 결정자들이 문제를 있는 그대로 설정할 수도 있으나 샤레이드 게임에서처럼 완전히 다르게 상황을 인식하여 설정할 수도 있고, 과장되거나 증폭되어 설정할 수도 있다(Weick, 1979). 중요한 것은 관련 당사자들이 참여하여 자신의 견해를 표명하는 등의 다중적 상호작용을 통하여 합의에 이를 수 있다면 만족할 수 있다. 그러나 설정과정에 이해당사자들의 관심구조나 결정구조에 따라서 일방의 의견만이 주로 반영되곤한다는 것이다(Weick, 1979). 결과적으로 편견의 동원(mobilization of bias)과 같은 사회의 왜곡이 발생한 것이고 이것은 잠재적 딜레마라고 할 수 있다.

넷째, 모호성은 줄어들었으나 가치나 선호의 타협이 불가능하고 고정적인 경우가 있다. 예를 들면 동일한 부류에 속하는 환경학자나 생태학자들끼리 새만금간척사업을 평가함에 있어서 완전히 상반된 견해를 표명하고 있다는 것이다(김서용, 2004). 동일한 부류의 학문에 속하는 학자가 동일한 주제에 대해서 상이한 과학적 결과를 말하는 것은 어떻게 정당화하여야 하는가? 기본 가치관으로서 문화의 차이인가? 현재 수도이전 정책에 대한 찬성과 반대도 동일한 양상을 나타내고 있다. 과학적 지식은 객관적인 것으로 간주되지만 정책주장간의 충돌을 보면 동일한 문제에 대해서 다른 가치를 가지는 과학자들이 완전히 상반된 주장을 한다. 즉 과학자가 지식의 객관성에 대한 윤리보다 자신이 선호하는 환경가치(보존과 개발)에 따라서 사실을 다르게 수집·정리 하였다는 것이다. 각 집단은 가치합리성의 기준에 비추어 볼 때 타당하다. 그러나 어느 주장이 되었던 둘 중의 한 주장은 폐기되어야 할 것이다. 이 문제는 실질적 합리성의 견지에서 그 해결책을 모색하여야 할 것이다. 각각의 주장들은 가치합리성의 입장에서 자신의 행동을 정당화하고 있으나 전체 사회의 입장에서 실질적 합리성은 무엇인가를 질문하여야 할 것이다. 이러한 주장의 불일치는 사회가 심각한 갈등을 겪고 있을 때 더 많이 나타난다. 즉 딜레마 상황에서 주로 나타나는 현상들이다. 따라서 이것은 다음 장인 딜레마와 절차적 합리성에서 언급하게 될 것이다.

논의를 요약하면 모호성 상황에서도 한 대안의 선택이 다른 대안의 선택보다 우월하다고 판단할 수 있다면 어려움에 처하지 않고 결정을 한다. 즉 한 대안이 다른 대안보다 비용이익의 관점에서 유리하다고 판단할 수 있거나 결정에 대한 수용가능성이 높을 때, 결정자는 결정을 할 수 있다. 그러나 위 조건을 충족할 정도로 모호성이 줄어들지 않았거나 줄어도 타협의 여지가 없는 경우에 선택의 어려움에 직면한다. 경쟁 집단이 타협의 여지가 없이 첨예하게 대립되어 있을 때 그리고 정부 또는 결정자에 대한 불신이 높을수록, 모호한 상황은 딜레마로 치환될 가능성이 높아진다.

Ⅳ. 딜레마와 절차적 합리성: 공론과정과 가치선택

Lindblom(1959)은 정책결정의 특성으로 단절적 점진주의(disjointed incrementalism)를 주장하고 있다. 그가 전제하는 상황은 다양한 행위자, 불분명한 선호, 이해당사자 간의 타협의 어려움, 가치와 사실의 혼재, 과학적 지식에 의한 해결보다는 사회적 합의가 중요한 상황 등이다. 이 경우는 정보의 불확실성뿐만 아니라 모호성 및 가치의 충돌로 인한 결정의 어려움이 동시에 내재되어 있다. 다원적 집단의 존재로 이해관계나 가치의 유사성에 의하여 이합집산이 일어나고, 사회적 합의가 이루어지는 결정 유형을 상정할 수 있다. 따라서 상이한 이해집단 간의 다양한 주장과 논의가 있고, 이것이 사회의 통합과정을 거쳐서 결정되어 가는 과정을 말한다. 이 결정모형은 사회가 갖고 있는 경기규칙에 따를 뿐만 아니라 기존정책의 토대(base)를 인정하고 그것으로부터의 점진적 변화(bit decision)를 의미한다. 따라서 현상유지의 성향이 높다. 그러나 가치나 이해관계의 충돌이 급진적이고 그 차이가 클 때 그리고 주장의 강도가 높을 때 이 문제는 점진적이 아닌 근본적 변화를 요구하는 것이기 때문에 딜레마적 요소를 갖게 된다.

선택의 어려움은 모호성과 불확실성이 높은 조건에서 나오는 것은 당연하고 그렇지 않은 확실한 상황에서도 발생한다. 그러나 선택의 어려움이 다 딜레마로 되는 것은 아니다. 딜레마는 주어진 맥락에서 선택을 전제로 하며, 상충성이 있고, 대안이 단절적이고, 중요성이 비슷하기 때문에 선택이 어려운 상황이다(이종범 외, 1994: 27; 소영진, 1994: 45-75; 1999; 김동환, 1999; 윤견수 외, 2000). 다르게 표현하면 이익집단 간에 중요한 가치의 충돌이 있거나 이익의 충돌이 심하기 때문에 어떤 대안을 선택하더라도 당사자 중의 일방은 그 결과를 수용하려고 하지 않는다는 것이다. 체제의 이해관계자들이 자신들의 가치 입장에 따라서 행동하려고 하는 성향이 강할 때 그 체제는 딜레마 상태에 들어간다. 딜레마는 결정자의 입장에서 선택을 하여야 하나 뚜렷한 해결책이 없고, 타협점을 찾기 어려운 갈등이며, 있다고 하여도 그것을 수용할 수 없고, 결정을 하였으나 집행하기 어렵고, 집행하여도 번복될 가능성이 높은 피하고 싶은 갈등이다.

이 때 정책의 틀을 바꾸거나 맥락을 변화시킬 수 있다면 딜레마를 해결할 수도 있다. 그러나 의도적으로 맥락을 변화시키기는 어렵고 자연적으로 맥락이 변화되기를 바라는 경우가 대부분이다. 물론 체제의 지도자가 새로운 비전을 제시하여 성공하면 맥락의 변화를 유도할 수도 있다. 또한 수용과정의 정통성이 높아서 상대방의 정책순응을 유도할 수 있을 때 딜레마로부터 벗어날 수 있다.

맥락의 변화를 유도하기 어려운 딜레마 상황에 처한 경우 결정자는 먼저 해결책의 모색보다 그 압력으로부터 벗어나기 위하여 소극적 행동을 한다. 동시에 적극적으로 주어진 제도에 따른 행동도 하고, 필요하면 새로운 제도(예, 특별위원회)를 마련하여 대응하려는 노력도 한다. 먼저 선택지연 등 소극적 대응을 보고, 다음에 예방을 포함한 적극적 대응으로서 공적결정과정과 관련된 제도적 행동을 검토하겠다(이종범 외, 1994; 윤견수 외, 2000).

1. 소극적 대응으로서 회피적 결정

딜레마에 대한 대응행동은 다양하지만 5가지만 소개하려고 한다. (1) 결정의 지연, (2) 책임전가, (3) 순환적 선택 또는 정책의 비일관성, (4) 형식주의, (5) 무마용 자원확대 등의 대응이 그것이다.

첫째, 선택을 하지 않는 대응행동 중에 가장 전형적인 것은 결정지연이다. 이것은 결정을 피하면서 시간을 끄는 것이다. 좋은 결정을 하기도 어렵고, 잘못했을 때 책임을 져야만 한다면 결정자는 자신이 이것을 처리하려고 하지 않는다. 즉 맥락이 바뀔 때까지 기다렸다가 결정하려고 한다. 그러면서 동시에 상징적으로 하고 있다는 것을 보여주는 여러 가지 행동을 한다(윤견수, 1993). 딜레마 문제가 상황이나 맥락이 바뀌면 해결되는 경우가 많다. 예를 들면 김영삼 정부는 노동법 개정, 특히 노동의 유연성 확보를 위한 입법을 불가능하다고 판단하여 결정을 지연하였다. 그러나 김대중 정부는 이 문제를 쉽게 해결하였다. 그 이유는 IMF 사태로 인하여 한국의 경제적 상황과 맥락이 노동의 유연성을 필요로 하는 것으로 바뀌면서 딜레마를 쉽게 해결할 수 있었다는 것이다. 우리는 결정지연을 도구적 의미에서 합리적이었다고 주장하기도 어렵지만 그렇다고 비합리적이라고 말할 수도 없다.

둘째, 딜레마는 노력을 하여도 좋은 결정을 기대하기 어렵고, 그렇지만 결정의 책임은 면할 수 없는 그러한 문제이다. 이 때 결정자는 자신의 책임과 권한을 포기하고 회의체, 하급기관, 또는 상급기관으로 결정권을 전가하여 처리하려고 한다(최성모·소영진, 1993). 이동통신 사업자 선정에 있어서 정보통신부가 경제인 단체에 위임 처리한 것이나 의약분업의 문제를 보건복지부가 시민단체에 위임하여 처리한 것도 이 예에 해당한다.9)

셋째, 순환적 선택이나 정책의 비일관성도 딜레마 대응의 다른 형태이다(염재호, 박국흠, 1992). 기존 정책을 유지하다가 강한 반대에 부딪쳐서 그것을 포기하고 반대의 정책을 수행하는 것이 이러한 유형에 속한다. 김영삼 정부 당시 대북 정책이 이러한 양상을 나타냈다(염재호, 박국흠, 1992). 정부가 한 이익 집단의 압력에 굴복하여 그 대안을 선택하였으나 집행할 수 없는 상태가 되는 경우가 그것이다. 즉 정부가 친노동정책을 폈다가 기업의 반발로 인하여 그것을 취소하고, 반대로 친기업정책을 선택하였으나 다시 노동단체의 반발로 이것을 수정하여야 하는 경우가 이에 해당한다.

넷째, 형식주의도 대응행동의 하나이다. 정부가 정통성 획득의 목적으로 이상적 법을 만들었지만 그것을 실행하기 어려운 경우가 발생한다. 이와 같이 법이나 정책을 만들어 놓고 그 목적대로 집행하지 않는 것이 형식주의이다. 환경정책(박통희, 김동환, 1992)이나 산업안전법과 같이 법은 만들어 놓고 그것의 집행을 유보하는 것이 이에

---

9) 딜레마 전가(dilemma toss)는 책임전가의 형태이기는 하지만 경쟁자간에 딜레마를 전략적으로 활용하는 예이다. 경쟁당사자들이 서로 전략적으로 상대방을 딜레마 상황으로 몰아넣음으로써 곤경에 빠지도록 하고 자신은 유리한 입지를 점하려고 하는 것이다(안문석, 2000). 때에 따라서는 그것으로부터 새로운 이득을 추구하는 경우도 있다. 정당 간의 책임공방을 할 때, 국가 간 국방과 외교분쟁시 이것이 많이 활용된다.

해당한다(최성모, 1994). 즉 정책집행에 필요한 조직, 인력과 예산을 충분하게 배정하지 않음으로써 실제로 집행을 하지 않는다는 것이다.

다섯째, 무마용으로 자원을 확대하여 딜레마에 대응하는 형태가 있다(소영진, 1993). 서울시가 재개발 사업을 공영개발에서 합동재개발(재건축)로 전환한 사실은 자원 확대를 의미하고 그 후부터 서울시 재개발 사업이 활기를 띠고 추진되었다(이종범, 1994). 즉 동일한 파이를 놓고 지주, 세입자, 건설업자의 3자가 나누워 먹을 때는 그것을 둘러싼 분쟁이 극화되었지만 파이를 크게 한 후에는 그 갈등의 정도가 줄어들었다는 것이다. 주택건설 시장을 공영개발에서 합동재개발로 전환한 것은 시장의 수요를 반영하여 건설사업분야의 파이를 크게 한 사례에 해당한다. 이로 인하여 건설업자, 소유주, 세입자간의 분쟁도 줄어들었고 재개발 사업이 활기를 띠었던 것도 사실이다. 이 경우 누구도 손해를 보는 사람은 없는 것처럼 보이지만 이 정책이 실제의 아파트 값을 올리는 결과를 초래하였기 때문에 주택을 마련하려는 사람들에게 피해를 준 것이다.

지금까지 제시한 방안들은 적극적으로 문제를 해결하였다기보다 주변적 행동을 하거나 비행동(inaction)을 함으로써 결정의 책임을 회피하는 것이었다. 이러한 결정도 그 내부를 보면 맥락의 변화를 기대하면서 사회적 혼란(불확실성)을 최소화하려는 행동이고, 합리적 행동이다. 결국 문제는 순환적 결정, 지연, 형식주의 등의 비선택적 대응행동과 사회적 혼란간의 교환관계로 귀결된다. 비선택으로 인한 혼란이 더 크다면 정책의 일관성은 떨어지더라도 선택을 하여야 하고, 그렇지 않다면 맥락이 변할 때까지 기다리는 것이 합리성을 최대한으로 보장하는 것이다. 즉 상황에 적절한 선택이 절차적 합리성을 보장하는 것이다.[10]

2. 적극적 대응으로서 공적 결정과정

딜레마는 집단 간에 타협하기 어려운 가치의 충돌이 있을 때 나타나는 정책 상황이다. 따라서 먼저 집단의 가치입장이 밝혀지고 그것의 정당성 여부가 판단될 수 있는 여건이 조성되어야 하고, 나아가서 이를 근거로 당사자 간이 되었던, 제3자가 되

---

10) 안면도 방사능폐기물 처리장 건설정책은 정부가 개략적 결정을 하고 추진단계에서 주민의 반대로 집행을 포기한 결정 번복의 사례이다. 그러나 새만금 간척사업은 환경보존론자들의 심한 반대에도 불구하고 매몰비용 때문에 오히려 사업을 쉽게 포기하지 못하고 여전히 문제가 되는 반대의 사례이다. 식품안전이나 산업안전과 같은 분야는 오히려 법적으로 제도는 만들었으나 그것을 시행하지 않는 형식주의의 사례이다. 사회적 여건 자체가 이것을 시행할 정도로 여유가 없기 때문에 정부도 알면서 인력과 자원을 배치하지 못하고 있는 것이다.

었던 또는 이해관계자 전체가 되었던 그들의 선택을 통해서 최종결정을 하고, 이것을 집행하는 제도가 필요하다.

토론과정을 통하여 집단 간의 경쟁과 상호불신, 정부 또는 결정자에 대한 불신을 낮추고, 결정과정의 정통성을 높임으로써 저항을 약화시키고 정책순응을 유도할 수 있다면 딜레마는 해소될 수 있다. 즉 딜레마 상황에서 벗어나려면 몇 가지 최소한의 조건이 필요하다. 즉 사회적 통념으로 결정 절차나 제도가 정당하다고 인정되어야 한다는 것이다. 이해당사자들이 경기규칙을 긍정적으로 수용하여야 하고, 그 경기규칙에 따라서 충분히 논의한 후에 결정하여야 한다는 것이다. 그 결정 방법은 다수결일 수도 있고 전문가의 판단일 수도 있다. 이 과정에 당사자들이 자기의 의견을 직접 또는 간접적으로 표명하고 경기규칙에 따라 결정한다면 그 결정은 수용 가능성이 높아진다는 것이다. 이를 위해서 먼저, 판단 및 선택과 관련된 기제들을 논의하려고 한다. 즉 상호조정과 타협, 재판과 준재판, 위원회, 국회의 선택과 국민투표에 이르는 결정 기제를 먼저 논의하고,[11] 이어서 이 모든 기제에는 진지한 논의가 전제되어야 하기 때문에 그 전형에 해당하는 공론과정의 원칙을 제시하려고 한다.

1) 선택기제

딜레마의 유형(규모, 강도, 난이도, 복잡성, 정책의 유형)에 따라서 그 대응 절차와 방법은 달라질 수밖에 없다. 또한 그 판단기준도 달라진다. 사회가 부여한 권위에 따라 행위자가 충실하게 행동하는 것이 절차적 합리성을 가장 잘 충족시키는 것이다. 예를 들면 법원이 여론재판을 하여도 안 되고, 국회가 전문적 판단만을 주장하여도 안 된다. 그런가 하면 각종 위원회가 절차를 무시하고 특정 이해관계를 반영하는 독단적 결정을 하여도 안 된다. 특정 행동이 주어진 역할에서 일탈한 만큼 사회로부터 정통성을 인정받을 수 없다(Biggart & Hamilton, 1984; Suchman, 1995). 먼저 딜레마에 대응하는 다양한 선택제도를 소개하면 다음과 같다.

첫째, 상호조정과 타협은 대립된 집단이 자신의 이해관계나 상이한 목표 또는 해석틀에 근거한 대안을 두고 공식 및 비공식 토론을 통하여 합의를 이룩하여 가는 기제를 말한다. Ⅲ절의 모호성 논의에서 제시하였던 상위기준을 활용할 수도 있고, 상

---

11) 이 방법으로도 해결 안 되는 심각한 딜레마는 내부 분열이나 전쟁으로 나타나기도 한다. 정당이나 사회집단이 내부분쟁으로 갈라지는 것이나, 국가나 민족의 분단이나 미국의 남북전쟁과 같은 내전도 이러한 예이다. 이것은 물리적 힘에 의하여 딜레마를 해결하는 장치이다. 본 논문에서는 전쟁과 같은 극단적 방법은 합리적이라는 용어를 적용하기 어렵고 따라서 제도와 절차에 의한 해결의 범위 내에서 논의를 전개한다.

호성(mutuality)의 원칙에 기초한 양보와 타협에 의할 수도 있다(Harmon, 1985). 당사자가 직접 합의를 이루어 가는 과정도 있고 대리 기관 또는 중립적 전문기관의 중재나 조정에 의하는 경우도 있다(대체적 분쟁 해결제도 참조). 그런가 하면 정부기관이나 이해관계자, 시민단체가 개별적으로 또는 집단적으로 리더십을 발휘하여 다양한 의견을 수렴하면서 해결을 유도할 수도 있다. 그런가 하면 울산지역에서 있었던 주민배심원제를 통한 비선호시설의 성공적 입지사례도 다른 좋은 예가 될 수 있다(김도희, 2005).

둘째, 재판 및 대체적 분쟁해결제도(Alternative Dispute Resolution)에 의한 해결도 딜레마가 발생하였을 때 또는 그것을 예방하기 위한 장치이다. 정책이나 법률에 대한 위헌판단, 또는 선거무효소송 같은 사건을 공론과정에 맡기거나 다른 방법으로 해결하려고 한다면 극단적 갈등 상황으로 치달을 것이다. 즉 누구도 양보하지 않고 자신이 옳다고 주장할 것이고 그 결과는 사회집단간 또는 지역간 분열이 생길 수도 있다. 그러나 이것을 사법적 판단에 맡기면 극단적 딜레마로 될 수 있는 정치—사회적 문제를 법원의 전문지식을 활용하여 국지적으로 해결할 수 있는 예가 된다. 이 경우 절차의 정통성을 높이기 위한 방법으로서 관련당사자의 이익을 대변하도록 하고, 그 후에 판사가 중립적 판단을 하도록 하고 있다. 이에 덧붙여 중요한 사안에 대해서는 중복장치(합의제와 삼심제도)를 두어서 신뢰성을 확보하고, 그것에 법적 구속력까지 부여하여 해결하는 것이다. 그러나 적용되는 기본규칙에도 오류가 있을 수 있기 때문에 그것에 이의를 제기할 수 있도록 하는 헌법재판제도까지도 보완적으로 운영하고 있다. 이러한 사법제도뿐만 아니라 재판에 준하는 많은 대체적 분쟁해결제도도 딜레마를 해결하거나 예방하기 위하여 활용되는 제도이다. 예를 들면 노동위원회가 개별적 재판을 하는 것 중에는 그것이 집단화되어 딜레마로 될 수 있는 문제를 개별화하여 해결하는 것도 많다(이종범, 윤견수, 2000).

셋째, 위원회도 공공정책의 딜레마를 해결하는 기구이다.[12] 노사정위원회, 행정쇄신위원회, 규제개혁위원회, 인권위원회, 정부혁신지방분권위원회, 균형발전위원회 등 각종 위원회는 딜레마적 갈등을 해결하는 기구들이다. 위원회는 일상적 운영으로도 그 기능을 하지만 비일상적으로 운영할 때도 딜레마를 해소하는 기능을 한다. 특

---

12) 위원회는 실질적으로 문제를 해결하기 위하여 만들어지는 것이 정상이지만 상징적으로 활용되는 경우도 많다. 어느 것이 되었던 공통적인 것은 사람의 마음속에 위원회의 특성에 해당하는 "합의에 의한 결정은 타당하다"라는 사회적 통념이 자리하고 있다는 것이다. 그러나 그 기능은 위원회를 활용하는 목적에 달려 있다.

히 비일상적 문제해결을 상징하는 특별위원회를 설치하여 운영할 때 사람들이 느끼는 정통성은 일시적으로 더 증가한다. 그 후의 정통성 유지는 운영의 내용에 달려 있다. 예를 들면 행정쇄신위원회는 대통령 소속의 임시특별위원회로 출발하여 각종 사회집단이 갖고 있는 상충적 이해관계를 조정함으로써 행정규제제도를 개선하였다. 특이한 조직화 방법, 예를 들면 3심제도, 정부기관이지만 민간중심의 운영, 전문지식과 상식의 결합 등등 다양한 제도적 장치와 운영전략을 활용함으로써 이해집단의 저항을 극복하고 개혁에 성공한 조직이다(이종범, 1999). 이에 비해서 노사정위원회는 노동자집단, 사용자집단과 정부가 노동기본정책에 합의점을 찾아가는 방법으로 운영되어 왔다. 더욱이 각 집단 내의 하위집단끼리의 역학관계도 복잡하고, 그것이 협상과정과 집행과정에 반영되기 때문에 효율적으로 운영되기 어려웠다(하민철, 윤견수, 2004). 그러면서도 IMF 초기에는 노동의 유연성 확보와 같은 중요한 문제를 많이 해결하였다.

넷째, 국회도 딜레마를 해결하는 중요한 기구이다. 국회는 지역의 대표성을 통하여 국민의 선호를 반영하는 기구이다. 최종결정은 국회의 의견이지만 실제로는 상임위원회 중심으로 운영되고, 그것도 소위원회 중심으로 운영되고 있다. 이 경우 필요한 토론과정을 거치고 다수결의 방식에 의하여 결정을 한다. 즉 회의 성립과 의결에 필요한 정족수의 문제, 회의진행의 규칙, 청문회를 비롯한 이해집단의 의견, 전문위원의 검토보고서를 통한 중립적 의견을 반영하는 절차들이 보장되어 있다.

마지막으로 국민의 직접투표에 의한 결정은 딜레마에 대한 대응장치로서 최종적으로 호소하는 제도이다. 투표는 개인들의 선호를 집단의 선호로 치환하는 제도이다. 이 경우 전제조건은 투표자가 선택에 필요한 정보를 충분히 가지고 있고, 선호가 그대로 반영될 수 있어야 한다는 것이다. 이를 위한 필요조건으로서 공적 논의가 활발하게 이루어져야 한다. 딜레마와 관련된 결정을 하고 그 결정이 초래할 저항을 방지하고 집행력을 가지려면 정통성을 갖고 있어야 하고 그에 따른 강제력이 있어야 한다. 즉 투표가 행사되어야 할 때 정당하게 행사되어야 하고, 강제력을 가지고 집행되어야 한다.

공적결정의 기제에 따라서 그 내부 운영방법이 다를 것은 명백하다. 그러나 위원회, 국회, 선거 관련 기제들 모두 공론과정을 거쳐서 결정되어야 하는 것들이다. 딜레마는 상충적인 두 개의 대안간의 선택을 요구하는 상황이어서 어느 집단도 양보를 하지 않으려고 하는 정책의 문제이다. 그렇다고 하더라도 정통성이 높은 절차에 따라서 결정이 이루어질 수 있다면 그 결정의 수용가능성은 높아진다는 것이다. 공론과정의 원칙은 각 기제들의 실질적 정통성을 높이는 방안들이다. 따라서 공론과정상 필요한 원칙들을 음미해 볼 필요가 있다.

2) 공론과정의 원칙

원칙1: "회의체는 참여자가 동등한 권한을 가지고 토론할 수 있는 이상적 담화조건이 충족되어야 한다."

여기서 회의체는 결정을 담당하는 기구일 수도 있고 공론과정에서 토론을 주로 하는 기구일 수도 있다. 먼저 회의체의 구성은 사회로부터 소외된 계층이 목소리를 낼 수 있도록 구성되어야 하고(Farmer, 1995), 나아가서 회의체가 이상적 담화조건을 충족시킬 때 결정의 편견이 줄어들 수 있다(문태현, 2005). 물론 회의체가 이 조건을 충족시키기 어렵겠지만 이 조건을 만들려고 노력하는 것은 필요하다. 특히 회의체의 구성의 조건으로서 적절한 규모(대규모도 아니고 소규모도 아닌)도 매우 중요하다. 그렇게 함으로써 참여자들이 진실되고, 상황중심적 사고로, 자발적 관심을 가지고, 실질적 공헌을 할 수 있도록 하여야 한다는 것이다(Fox & Milller, 1996: 111-128).

원칙2: "이익갈등과 가치갈등은 분리하여야 한다."

이익갈등을 가치갈등으로 치환하는 것을 방지하여야 한다. 경제문제를 정치적으로 해결할 때 발생하는 낭비를 우리는 많이 보아왔다. 예를 들면 노사 간의 분쟁을 정치권이 개입하여 정치논리로 해결하는 경우가 이것이다. 좀 더 중요한 문제로서는 정치논쟁 때 많이 보게 된다. 이익갈등이 가치로 채색되어 편 가르기 형식을 취할 때 그것을 다시 이익갈등으로 치환시키기는 어렵다. 그것에 상징적 의미와 감정적 요소가 추가되면 분쟁의 강도는 더 심하여지고, 고정관념에 입각하여 내-외집단으로 편 가르기를 하면 문제의 해결은 점점 더 어려워진다. 대통령 선거 때마다 되풀이되는 지역간 차별이나 색깔논쟁이 이의 전형이다. 반대로 가치갈등을 이익갈등으로 치환시키는 것도 금지되어야 한다. 즉, 가치의 문제는 가치의 문제로 처리하여야 하지 사실의 문제로 처리할 때도 종류는 다르지만 위험이 따르기는 마찬가지이다. 가치의 문제를 일부 집단의 선호에 따라서 판단하거나 전문가가 일방적으로 판단할 때 가치에 관한 사회적 합의를 이루기 어렵다. 국민이 관심이 없거나 원하지 않는 문제를 중요한 문제처럼 만들고 이에 따라 그 문제를 해결하려고 하는 결과를 초래한다. 즉 소비자의 선호가 결여된 도구적 합리성만을 최대화하는 정책을 양산할 수 있다는 것이다.

원칙3: "당사자간의 흥정이나 타협을 일차적으로 추구하여야 한다."

이익갈등은 물론 가치갈등도 당사자간에 타협을 모색하여 보아야 한다. 특히 두 이해관계자간의 타협점 또는 가치의 초기준을 찾아보고 그것이 있다면 그것에 입각하여 결정하여야 한다. 즉 사회적 합의, 보편적 가치, 역사적 사명, 또는 보다 절실한 가치에 우선권을 두는 것 등 초기준에 근거하여 타협을 모색하여야 한다. 흥정이나 타협을 권장한다고 하여서 담합이나 당사자간의 이해관계만을 반영한다면 그것은 바람직하지 않다. 예를 들면 예산당국과 국회의원간의 담합의 산물에 해당하는 정치적 선심사업은 자원의 낭비를 초래하기 때문에 바람직한 것은 아니다.

원칙4: "당사자간의 가치입장이 토론과정에서 명백하게 드러나게 하는 장치가 필요하다."

최종 결정자들이 경쟁집단의 가치 입장을 정확하게 파악할 수 있도록 유도하여야 한다. 즉 이해당사자들이 주장(논증)과 반박(반증) 등의 토론과정을 통하여 자신이나 상대방의 채색된 가치와 허구적 요소를 드러나게 하는 제도가 필요하다. 그러나 서로 자신의 진실을 주장하도록 허용하지만 하나의 주장만이 존재하는 것처럼 지배적이어서는 안 된다는 것이다(김동원, 2005). 2004년 국회의원선거 당시에 수행되었던 정당간 TV토론이 이 유형에 속한다. 그것이 정책토론이 되었던, 이념적 지지와 관련된 편가르기였던, 사실에 대한 의견 차이였던, 국민들이 현명한 선택을 할 수 있도록 정확하게 알려 주어야 한다는 것이다.

원칙 5: "최종결정에 영향을 주는 허용되지 않는 집단행동은 금지하도록 하고, 최종 선택은 잠재적 이해관계자(국민 포함)의 선호를 반영하도록 하여야 한다."

문제의 성격에 따라서 이해관계자는 다양한데, 이들의 진정한 의사가 반영되어야 한다. 이해관계자들의 진정한 선호가 반영되지 않는다면 앞의 원칙들은 무의미하다(김동환, 김헌식, 2005). 즉 각 개인이 자신의 자율적 선택이 다른 요인(강제나 위협 등)에 의하여 방해받아서는 안 되고, 그것이 왜곡되어서도 안 된다. 물론 선택기제에 따라서 상이한 선호표현 방식이 있고, 그에 따라서 개개의 선호가 반영되도록 하여야 한다.

망라적인 것은 아니지만 중요한 공론과정의 원칙을 제시하였다. 즉 대화가 원활하고 진지하게 되어서 진정한 결정이 될 수 있는 기본조건을 제시하였고, 그 과정에 나타날 수 있는 왜곡을 줄이기 위한 장치를 제시하였다. 특히 주장이 극단화될 수 있는 가능성을 줄이는 장치로서 사실의 문제는 사실적 방법으로 해결하고, 가치의 문제는 가치간의 합의로 해결할 수 있도록 유도하고, 결정의 왜곡을 초래할 수 있는 불필요한 집단행동이나 상징적 행동을 억제하는 장치들이 필요하다는 것을 제시하였다.

3. 딜레마와 절차적 합리성

지금까지 딜레마에 대한 두 가지 상이한 대응행동을 논의하였다. 딜레마가 발생한 후에 단기적으로 그리고 소극적으로 대응하는 방법들은 딜레마를 근본적으로 해결하지 못한다. 적극적이고 장기적 대응방법들은 주어진 조건하에서 절차적 합리성을 확보하기 위하여 노력하는 대응방안들이다. 예방적 대응은 필요한 절차를 만들어 딜레마가 발생하지 않도록 하는 것이고, 사후적 대응은 딜레마가 발생한 후에 손실의 보전이나 수정보완과 같은 장치이다. 지금까지 설명한 장기적 대응방안들은 두 가지 기능을 다 가지고 있기 때문에 한 기능만으로 규정하기는 어렵다.

사회에는 다양한 딜레마가 있고 그 유형에 따라 상이한 대응을 하여야 그 해결 가능성이 높아진다. 편의상 복잡성과 해결의 난이도에 따라 3가지 예시적 사례를 가지고 새로운 이론 가능성을 탐색하여 보면 다음과 같다. 사례로서는 (1) 비교적 단순한 사례인 울산시 북구청의 음식물자원화시설 입지선정정책, (2) 더 복잡하고 어려운 방사능핵폐기물 처리장 건설정책, (3) 가장 복잡하고 어려운 문제였던 노무현 대통령 탄핵소추 사건을 들 수 있다.

첫째, 울산시 북구 음식물자원화시설 입지선정정책은 울산시가 주민과의 합의하에 특별중재기관으로서 주민배심원제도를 도입하여 심한 갈등(딜레마)을 해결한 사례이다(김도희, 2005). 2001년부터 시작된 입지선정의 갈등은 2004년 12월 주민배심원단의 결정으로 최종 마무리되었다. 먼저 객관적이고 공정하게 43명의 주민배심원단을 구성함으로써 정통성을 부여하였고, 또한 운영상의 객관성과 민주성을 확보함으로써 결정의 신뢰성을 높였다. 즉 배심원제도가 제시한 상식적 시민의 생활세계를 대변하는 사회적 영향평가가 주민을 설득하는데 중요한 역할을 하였다는 것이다(김도희, 2005: 281). 또한 토론회에서는 불필요한 공방으로 인하여 갈등이 과격화될 수 있는 가능성을 방지하면서도 자유로운 토론이 보장되도록 하였다는 것이다(김도희, 2005: 276). 즉 투명하고 신뢰할 만한 공론과정 등의 필요한 조건을 충족함으로써 입지선정에 성공하였다는 것이다.

둘째, 방사능폐기물 처리장의 건설을 둘러싼 부안군의 대응과 경주시의 대응은 극적인 대조를 보인 사례에 해당한다. 후자는 성공하였고 전자는 실패한 사례에 해당한다. 부안군의 실패가 있은 후 2년만인 2005년 정부는 경주로 입지를 지정하는 데 성공하였다. 물론 그 과정에 조건의 변화가 없었던 것은 아니다. 즉 고준위 폐기물은 배제한 것과 같은 사안도 중요한 결정 요인이었다. 보다 중요한 것은 결정과정의 변화라고 할 수 있다. 안면도 사건의 경우는 결정 과정의 투명성이 낮았고, 반대집단들이 그 부작용을 극적으로 표현하였을 뿐만 아니라 쟁점을 지나치게 가치화, 상징화하고 정치화함으로써 문제의 해결을 어렵게 하였다. 극열한 집단행동까지 가미됨으로써 정상적인 결정을 할 수 없는 상황이 되었다는 것이다. 결과적으로 실패하였다고 할 수 있다. 그러나 경주 지역에로의 시설유치과정은 결정과정이 투명하여졌고, 정치화보다는 현실적 판단을 근거로 하여 합의를 도출함으로써 성공한 사례이다. 즉 공론과정의 원칙에 부합한 결정과정을 거쳐서 국가와 지역사회가 동시에 승자가 되는 결과를 가지고 왔다.

셋째, 가장 영향력의 범위가 크고 복잡한 딜레마의 예로서는 2003-2004년에 걸쳐 현안이었던 노무현 대통령 탄핵소추 사건이다. 이것의 특징은 가치와 이해관계가 혼재된 상태에서 찬반양론이 팽팽하게 맞서 있고, 누구도 양보하려고 하지 않았으며, 한편에 서 있는 사람은 전혀 갈등을 느끼지 않지만 그러나 대한민국 전체로서는 심각한 갈등 상황에 있었다는 것이다. 이러다 보니 많은 정책결정 기제들이 동원될 수밖에 없었다. 언론을 통한 정책 토론, 당사자간의 흥정과 타협도 하고, 이 과정에 다른 기제들이 개입하여 완충을 하거나 의견을 보태고, 또한 결정에 도움을 주려고 노력하였다. 예를 들면, 시민사회단체, 행정부의 관련부서(법무부, 인권위원회), 정당, 선거관리위원회, 법원도 개입하였으며, 국회와 헌법재판소까지도 결정과정에 참여하였다. 물론 사안에 따라서 국민투표까지 갈 수도 있었으나 헌법재판소의 판결로 종결되었다.

세 가지의 사례의 개괄적 분석에서 보는 것과 같이 문제의 사안이 복잡할수록 그리고 난이도가 높을수록 대응기제가 더 정교하여져야 하고 결정과정의 정통성이 높아져야 한다는 것을 알 수 있다. 즉 그것이 반대자가 결정을 수용하지 않으면 안된다는 사회적 압력으로 작용할 수 있어야 한다는 것이다. 동시에 하나의 방법이 아닌 다양한 제도를 병렬적으로 활용하여 절차적 합리성을 확보하려고 노력하였다는 것이다. 즉 상황에 맞는 제도적 대응을 할 때 딜레마가 성공적으로 해결될 가능성이 높아진다는 것이다.13)

13) 딜레마 연구로서 중요한 것은 개별사례를 분석하되 동시에 비교가능성을 모색하여 보는 것이다. 예를 들면 앞에서 예시한 것과 같은 "복잡성의 정도나 난이도의 유형과 대응유형이 조화

V. 결론: 요약과 앞으로의 과제

복잡한 정책문제는 사전적으로 기대효용을 극대화하기 어렵고, 사후적으로 그 결과에 대한 효과성이나 능률성 또는 정통성을 평가할 수 있을 뿐이다. 따라서 결정의 최적화가 아닌 만족할 만한 수준이나 타당한 기준을 수용하는 절차적 합리성의 시각에서 접근할 수밖에 없다. 또한 선택의 어려운 정도는 같을지라도 그 원인이 다르면 대응 양상도 달라질 수밖에 없다. 모호성의 경우는 주로 의미해석, 의미부여, 합의와 관련된 제도의 개발에 더 많은 관심을 기울인다. 불확실성으로 인하여 선택이 어려운 정책문제는 부족한 정보를 탐색하고 그것을 지원하는 제도를 만들거나 그러한 방향으로 기존의 제도를 개선하려고 한다. 이러한 노력에도 불구하고 불확실성과 모호성이 줄어들지 않거나 그것은 줄었다고 하여도 당사자 간에 불신이 심하여 타협이 안되고 결정의 압력이 높다면 이 문제는 더 이상 불확실성이나 모호성의 문제가 아니고 딜레마 문제로 치환된 것이다. 딜레마의 문제는 서로 상반된 가치입장이 밝혀지도록 유도하고, 공적 결정을 할 수 있도록 하는 합의절차를 설계를 하는 데 제도개발의 초점이 주어진다. 물론 필요한 경우는 단기적 대응으로 시간을 버는 것도 중요하다.

딜레마 상황에서 결정자는 결정의 지연, 책임전가, 순환적 선택, 형식주의와 무마용 자원의 확대와 같은 소극적 대응을 할 수도 있고, 공론과정과 다양한 결정기제들을 활용하는 적극적 대응방법을 개별적으로 활용할 수도 있다. 그러나 현실에서 체제는 한 방법만을 배타적으로 사용을 하기보다 여러 방법을 종합적으로 활용한다. 예를 들면 딜레마 상황에서 체제는 결정을 지연하면서 상호조정이나 중재도 모색하여보고, 상징적 활동도 하고 때에 따라서는 특별위원회를 구성하여 적극적으로 문제를 처리하기도 한다. 극단적인 경우는 국민투표를 통하여 문제를 해결할 수도 있다. 따라서 하나의 대응방법을 가지고 그것만으로 절차적 합리성을 충족시키는 정도를 논하는 것은 무의미하고, 종합적으로 대응한 결과가치로서 합리성 여부를 따져야 할 것이다. 그런가 하면 정책문제 중에는 결과가치보다 민주주의와 같이 정당한 절차 그자체가 목적인 경우도 있고 이 경우 절차의 정통성이 중요한 판단기준이 된다.

를 이룰 때 딜레마의 해소 가능성은 증가한다"는 가설이 가능하다. 즉 상황적합이론의 가능성을 예시하는 것이고 이에 대한 이론 모색을 시도하여야 할 것으로 생각한다. 현재 비교연구의 대상으로 제시할 수 있는 것은 정책의 유형이나 성격에 따른 차이분석, 딜레마의 수준(지역, 국가, 국가간)에 따른 대응유형 분석, 딜레마 대응행동에 대한 국가(한국, 일본, 미국, 중국)간 비교연구도 중요한 과제가 될 것이다. 특히 비교연구에서 중요한 것은 동일한 기능을 해결하기 위하여 만들어진 상이한 제도적 규칙을 탐색해 보는 것이다.

　제도는 고정적인 것이 아니라 지속적으로 진화하고 구성되어 나간다. 그것이 사전적으로 약속을 통하여 도입될 수도 있고 사후적으로 약속으로 간주되는 경우도 있다(Gomez & Jones, 2000). 현존하는 제도에서 문제가 발견되면 그것을 수정하여 절차적 합리성이 더 보장되는 방향으로 수정되곤 한다(Siggelkow, 2002; Rindova, 2001). 개인이나 사회의 선호는 상호작용을 통해서 구성되기 때문에 고정적이 아니다. 최소한 사회의 지배적 선호는 시기마다 달라질 수 있고 이것을 반영하는 제도적 장치는 필수적이다. 즉 기술적, 경제적 합리성도 중요하지만 더 중요한 것은 변화하는 다양한 선호를 반영할 수 있도록 함으로써 실질적 합리성을 확보하는 것이다. 앞에서 지적한 회의체 구성의 합리화와 운영기제를 정교화하면 할수록 가치나 선호를 반영하는 절차적 합리성은 높아질 것이다.

　현재 참여정부에서 계속되고 있는 보수와 혁신의 대결도 딜레마의 요소가 많이 개입되어 있다. 대북정책, 국가보안법폐지, 노사문제, 성장과 배분, 인권문제, 대미관계, 교육정책, 환경문제, 행정수도 이전, 지방분권, 행정개혁 등 그 강도는 다르지만 모두 딜레마의 요소를 갖고 있다. 과거에는 그것이 잠재화되어 있었으나 문민정부, 국민의 정부, 참여정부로 오면서 문제가 더 수면 위로 떠오른 것이라 할 수 있다. 그러나 우리가 이 문제에 어떻게 대응하는가는 매우 중요하다. 즉 국민적 합의가 결여된 상태에서 밀어붙일 때 그 사회적 비용은 매우 커진다는 것이다. 그런 의미에서 앞에서 제시하였던 여러 기제와 공론과정을 정교하게 설계하여 운영할 때 우리는 당면한 딜레마를 사회적 긴장이 낮은 상태로 잘 해결하여 나갈 수 있을 것으로 기대한다.

참고문헌

김도희. (2005). 주민배심원제를 통한 비선호시설 성공적 입지사례의 정책적 함의: '북구 음식물자원화시설' 유치사업의 실증적 분석을 중심으로. 「한국정책학회보」, 14(3). 261－284.

김동원. (2005). 행정학의 규범이론을 위한 포스트모더니즘의 인식론적 함의. 「한국행정학보」, 39(3): 1－20.

김동환. (1999). 인과지도를 활용한 정책딜레마 분석: 김대중 대통령의 IMF 대처방안을 중심으로. 「한국행정학보」, 33(4): 279－296.

김동환·김헌식. (2005). 「촛불@광장: 사회의 메커니즘」. 서울: 북코리아.

김서용. (2004). 비용편익분석에서 인지적, 문화적 판단편향 (judgment bias)에 대한 연구. 「행정논총」, 42(2): 55-88.

김항규. (1995). 정책결정과정에서의 정치적 합리성의 확보방안에 관한 연구. 「한국행정학보」, 29(3): 681-698.

문태현. (2005). 정책담론과정에서 권력 불균형의 통제방안. 「한국정책학회보」, 14(3): 81-101.

박통희·김동환. (1992). 딜레마와 형식주의. 「한국행정학보」, 25(4): 45-66.

소영진. (1994). 딜레마와 파라독스. 이종범 외. 「딜레마이론: 조직과 정책의 새로운 이해」, 서울: 나남, 45-75.

소영진. (1999). 딜레마 발생의 사회적 조건. 「한국행정학보」, 33 (1): 185-205.

안문석. (2000). 딜레마의 정책적 활용: 딜레마 이론의 관점에서 본 한국의 핵외교 정책의 방향. 윤견수, 소영진, 김동환, 이종범 외. 「딜레마와 행정」, 서울: 나남, 115-142.

염재호·박국흠. (1992). 정책의 비일관성과 딜레마: 제5공화국 정책대응을 중심으로. 「한국행정학보」, 25(4): 23-44.

우 명. (2003). 「세상너머의 세상」. 서울: 참출판사.

우 명. (2005). 「하늘이 낸 세상구원의 공식」. 서울: 참출판사.

윤견수. (1993). 조직의 딜레마에 대한 상징적 반응. 「한국행정학보」, 26(4): 1257-1280.

윤견수·소영진·김동환·이종범 외. (2000). 「딜레마와 행정」. 서울: 나남.

이미홍. (2005). 한국수자원정책의 합리성: 댐정책을 중심으로. 「한국사회와 행정연구」, 16(1): 253-274.

이종범. (1986). 「국민과 정부관료제」. 서울: 고려대학교 출판부.

이종범. (1995). 딜레마확률과 제도적 대응: 서울시 도시재개발사업을 중심으로. 「한국행정논집」, 7(2): 157-173.

이종범. (1999). 개혁의 딜레마와 조직의 제도적 대응: 행정쇄신위원회의의 조직화 규칙과 전략. 「정부학연구」, 5(1): 185-227.

이종범·안문석·염재호·박통희, 외. (1994). 「딜레마이론: 조직과 정책의 새로운 이해」. 서울: 나남.

이종범·안문석·이정준·윤견수. (1992). 정책분석에 있어서 딜레마 개념의 유용성. 「한국행정학보」, 25(4): 3-22.

이종범·윤견수. (2000). 정부의 딜레마에 대한 제도적 해결장치의 연구: 노동위원회의 분쟁조정제도의 변천을 중심으로. 「한국정치학회보」, 34(3): 49-171.

전영한. (2004). 공공조직의 목표모호성: 개념, 측정 그리고 타당화. 「한국행정학보」, 38(5): 49-65.

최성모. (1994). 산업안전보건규제의 도덕성 회복을 위한 제언: 근로자의 안전과 보건 대 기업의 생산성, 이종범 외. 「협동사회의 정착과 정부의 역할」. 서울: 집문당, 119-166.

최성모·소영진. (1993). 산업재해 현실과 산업안전보건규제 완화의 문제점. 「한국행정학보」, 27(2): 517-537.

최종원. (1995). 합리성과 정책연구. 「한국정책학회보」, 4(2): 131-160.

하민철·윤견수. (2004). 행위자들의 양면적 상황설정과 딜레마 그리고 제도화: 노사정위원회의 제도화과정을 중심으로. 「한국행정학보」, 38(4): 63-84.

Adler, Paul S., Goldoftas, B., and Levine. D. I. (1999). Flexibility versus Efficiency? A Case Study of Model Changeovers in the Toyota Production System. *Organization Science*, 10(1): 43-68.

Biggart, Nicole W. and Baldridge, Rick. (2004). System of Exchange. *Academy of Management Review*, 29(1): 28-49.

Biggart, Nicole W. and Hamilton, Gary G. (1984). The Power of Obedience. *Administrative Science Quarterly*, 29: 540-549.

Boudon, Raymond. (2003). Beyond Rational Choice Theory. *Annual Review of Sociology*, 29: 1-21.

Cyert, Richard M. and March, James G. (1963). A Behavioral Theory of the Firm. Englewood Cliffs: Prentice-Hall.

Diesing, Paul. (1962). Reason in Society. Urbana: U. of Illinois.

Edelman, Murray. (1977). Political Language: Words that Succeed and Policies that Fail. New York: Academic Press.

Farmer, David J. (1995). The Language of Public Administration: Bureaucracy, Modernity, and Postmodernity. Tuscaloosa: University of Alabama Press. (강신택(역). (1999). 「행정학의 언어」. 서울: 박영사).

Fox, Charles J. and Miller, Hugh T. (1996). Postmodern Public Administration: Toward Discourse. London: Sage.

Galbraith, Jay R. (1977). Organization Design. Reading: Addison-Wesley.

Gresov, Christopher and Drazin, Robert. (1997). Equifinality: Functional Equivalence in Organization Design. *Academy of Management Review*, 22(2): 403−428.

Gomez, P. and Jones, A. C. (2000). Conventions: An Interpretation of Deep Structure in Organizations. *Organization Science*, 11(6): 696−708.

Hammond, J. S., Keeney, R. L. and Raiffa, H. (1998). The Hidden Traps in Decision Making. Harvard Business Review, 47−58.

Hummel, Ralph P. (1991). Stories Managers Tell: Why They are as Valid as Science. *Public Administration Review*, 51(1): 31−41.

Lee, Allen S. (1991). Integrating Positivist and Interpretive Approaches to Organizational Research. *Organization Science*, 2(4): 342−365.

Lindblom, Charles E. (1959). The Science of Muddling. Through. *Public Administration Review*, 19: 79−88.

March, James G. (1978). Bounded Rationality, Ambiguity, and the Engineering of Choice. *Bell Journal of Economics*, 9: 587−608.

March, James G. and Simon, Herbert A. (1958). Organizations. New York: Wiley.

March, James G. and Olsen, Johan P. (1976). Ambiguity and Choice in Organizations. Bergen: Universitetforlaget.

Rindova, Violina P. and Kotha, Suresh. (2001). Continuous Morphing: Competing Through Dynamic Capabilities, Form and Function. *Academy of Management Journal*, 44(6): 1263−1280.

Schon, Donald. (1979). Generative Metaphor: A Perspective on Problem−setting in Social Policy, in A. Ortony (ed.), *Metaphors and Thought*, 248−283. Cambridge: Cambridge U. Press.

Senge, Peter, etal. (1994) The Fifth Discipline Fieldbook. (박광량·손태원(공역) 「학습조직의 다섯가지 수련」. 서울. 21세기북스.)

Siggelkow, Nicolaj. (2002). Evolution Toward Fit. *Administrative Science Quarterly*, 47: 125−159.

Simon, Herbert A. (1977). Administrative Behavior 4th edition. New York Free Press. (이시원(역). (2005). 「관리행동론: 조직의 의사결정연구」. 부산: 금정.)

Simon, Herbert A. (1976). From Substantive Rationality to Procedural Rationality, in S. J. Latsis (ed.), *Method and Appraisal in Economics*, 129－148. Cambridge: Cambridge U. Press.

Singer, Ethan A. and Wooten, Leland M. (1976). The Triumph and Failure of Albert Speer's Administrative Genius: Implications for Current Management Theory and Practice. *Journal of Applied Behavioral Science*, 23(1): 79－103.

Suchman, Mark C. (1995). Managing Legitimacy: Strategic and Institutional Approaches. *Academy of Management Review*, 20(3): 571－610.

Townley, Barbara. (2002). The Role of Competing Rationalities in Institutional Change. *Academy of Management Journal*, 45(1): 163－179.

Weick, Karl E. (1979). The Social Psychology of Organizing, 2nd ed. Reading: Addison－Wesley. (배병룡·김동환 (공역). (1990). 「조직화이론」. 서울: 율곡).

Weick, Karl E. (1995). Sensemaking in Organizations. Tousan Oaks: Sage Publications.

▶ ▶ ▶ **논평**

소영진(대구대학교 도시행정학과 교수)

1. 들어가며

현대사회는 조직사회다. 모든 인간은 조직을 통해 목적을 추구해 간다. 조직의 모든 일들은 조직구성원들의 의사결정을 통해 일어난다. 따라서 조직은 의사결정의 집합체라 할 수 있다. 인간의 의사결정의 두드러진 특징은 합리성에 있다. 전통적 의미에서 합리성은 '가장 좋은 대안을 선택하는 것'이다. Adam Smith가 보이지 않는 손의 작용을 거론하면서 자유방임주의를 주장한 것은 인간의 합리성에 대한 기본적인 믿음에 근거한 것이고, 그 이후에도 경제학을 비롯한 사회과학에서는 수많은 선택지중에서 자기의 이익을 극대화할 수 있는 것을 고를 수 있는 인간의 합리적 능력을 기반으로 이론을 전개해왔다. 경제학이나 행정학에서 합리성은 통상 효용극대화(utility maximization)를 의미한다.

그런데 문제는 의사결정을 하는데 있어서 인간은 완전한 합리성을 갖출 수 없다는 데에 있다. 최선의 대안을 선택하는 것은 인간의 능력으로는 불가능하다. 충분한 정보를 얻을 수도 없고, 정보를 분석할 시간과 능력도 부족하기 때문이다(bounded rationality). 기껏해야 주관적으로 최선이라고 생각하는 것을 선택하거나(intended rationality), 적당한 선에서 만족해야 한다(satisficing).

의사결정의 합리성을 구현하는데 있어서의 어려움을 주관적 능력 측면에 입각하여 표현한 것이 제한된 합리성이고, 이를 객관적 상황 측면으로 나타낸 것이 불확실성, 모호성, 복잡성, 상충성 등이다.

이 논문은 의사결정의 합리성 구현에 어려움을 초래하는 객관적 상황을 불확실성, 모호성, 상충성(딜레마)이라는 세 가지로 분류하고 그 각각의 경우에서 절차적 합리성을 어떻게 구현할 것인가를 논하고 있다(복잡성은 직접적으로 의사결정의 어려움을 초래하기보다는 불확실성이나 모호성의 원인으로 작용하는 것이기 때문에 제외한 듯하다).

2. 논문 개요 및 주요 내용

이 논문은 크게 네 가지 주제로 구성되어 있다.

첫째는 합리성의 개념에 대한 논의이다. 필자는 먼저 합리성의 개념에 대한 논의에서 출발하여 기존의 절차적 합리성의 개념이 주로 도구적인데 머무르고 있었지만, 가치나 목적의 설정과정으로까지 확장되어야 할 필요성을 주장한다. 즉 도구적 합리성과 실질적 합리성을 아우르는 개념으로서 파악해야 한다는 것이다.

둘째는 불확실성 하에서의 절차적 합리성에 대한 토론이다. 불확실성은 '필요한 정보와 동원가능한 정보의 gap'으로 정의된다. 최적의 결정을 내리기에 정보가 부족하므로 기껏해야 만족수준에 머물러야 한다. 이러한 정보의 부족에 대응하여 조직은 다양한 절차적 합리성을 모색하는데 요소분해(factoring), 목표-수단 계층화, 모의실험, 조직학습, 불확실성의 흡수, 준갈등해결, SOP 또는 heuristic의 활용 등이 그것이다. 불확실성이 더욱 커지는 경우 이러한 대응을 넘어서서 조직 자체가 불확실한 환경에 적응하기 위하여 '유연한' 체제로 변화하게 되는데 이를 위해서는 조직 구조의 변화와 정보통신기술의 도입 등이 추진된다. 마지막으로 정보가 부족하여 결정을 하기 어려움에도 불구하고 결정의 압력이 높아지는 경우 이는 딜레마 상황으로 넘어가게 된다.

셋째는 모호성 하에서의 절차적 합리성에 대한 논의인데, 모호성은 정보의 부족이 아니라 해석의 상이성에 기인한다. 특히 다양한 결정참여자들 사이에 목적, 수단, 맥락 등에 대한 가치나 사고의 차이가 발생할 경우 시스템 전체로서는 모호성이 나타나고 의사결정은 어려움에 처한다. 이러한 상황에서도 타협에 의해서든 논증에 의해서든 한 대안이 다른 대안에 비해 우월하다고 판단할 수 있다면 어느 정도 합리적인 결정이 가능하다. 그러나 모호성의 정도가 지나치게 크거나 타협의 여지가 없을 경우 이 문제 역시 딜레마로 치환된다.

마지막은 이 논문의 중심적 주제라 할 수 있는 딜레마 상황에서의 절차적 합리성에 관한 논의이다. 필자는 우선 딜레마의 정의를 '결정이 전혀 불가능한 상황(엄격한 정의)'과 '어렵지만 결정이 가능한 상황(느슨한 정의)'로 나누고 있다. 여기에는 딜레마를 전혀 결정이 불가능한 상황으로만 정의해놓으면 절차적 합리성을 포함하여 문제를 해결하기 위한 어떠한 노력도 불가능하므로 오히려 실천적 함의가 매우 낮을 수밖에 없다는 고민이 깔려 있다.

따라서 일단 문제 해결이 가능한 상황에서 상충성으로 인한 결정의 어려움을 해결하기 위한 절차적 방안은 소극적 대응과 적극적 대응으로 나뉘어진다. 소극적 대응은 문제를 해결하기보다는 문제상황을 회피하는 쪽으로 대응하는 것으로서 결정 지연, 결정책임 전가, 순환적 선택, 형식주의 등이 있다. 적극적 방안은 주어진 문제를 해결하기 위한 노력을 의미하며 이 논문에서는 '공적 결정'을 그 예로 들고 있다.

그런데 왜 논의의 주제가 '합리성'이 아닌 '절차적 합리성'인가? 얼핏 생각하기에 의사결정이 어려운 상황에서 합리적 결정을 내린다는 것은 불가능하다 하더라도 최선의 노력을 다해서 합리적 결정에 가까이 가는 것이 바람직한 것이라 생각할 수도 있다. 그러나 의사결정은 '비용'이 수반되는 행위임을 기억하면 이러한 최대한의 합리성 추구가 결코 바람직하지 않음을 알 수 있다. 즉 보다 합리적인 결정에 도달하기 위해 지불해야 할 시간과 노력의 비용이 그렇게 해서 얻어지는 합리성 개선의 이익보다 크다면, 그러한 노력을 하는 것 자체가 비합리적인 행위가 되기 때문이다.

따라서 이러한 상황에서는 의사결정의 비용을 너무 크게 하지 않는 범위 내에서 어느 정도 만족할 만한 수준의 합리성을 받아들일 수밖에 없다. 그런데 이 정도 만족할 만한 수준의 합리성조차도 처음부터 계산을 통하여 얻으려면 만만치 않은 비용이 들어간다. 이 경우 기존의 경험과 학습을 통하여 얻어진 쓸모 있는 방법이 있다면 처음부터 고민할 필요 없이 그것을 채용하면 된다. 물론 그 방법에 따라 결정한 결과가 최선의 것이 될 수는 없겠지만, 이제껏 써 본 경험에 의해 '쓸만하다'고 인정된 것이라면 결과는 만족수준에서 벗어나지 않을 것으로 기대할 수 있기 때문이다.

절차적 합리성은 이와 같이 의사결정을 위한 정보수집과 분석의 노력을 들일 것 없이 기존의 일정한 절차에 따라 결정을 하면 합리적인 결과에 이르게 되는 것을 의미한다. 여기서의 합리성은 물론 제한된 합리성이고, 결과는 최적치(maximization)가 아닌 만족치(satisficing)에 머무를 것이다. 여기서 알 수 있는 것은 이 논문에서는 절차적 합리성이라는 것이 합리적 결정이 가능한 상황이 아닌 '결정이 어려운' 상황에 적용되는 것임을 고려하여 주제를 정하였다는 사실이다.

3. 논문의 이론적 의의

앞에서 언급한 바와 같이 조직이란 복수의 인간들이 목적을 추구하기 위하여 협동하는 현상이다. 협동에 참가하고 목적을 추구하는 과정은 무수한 의사결정으로 구성된다. H. Simon을 비롯한 행태주의 학자들은 조직에 참여하는 개인들이 어떻게 개인의 것이 아닌 조직의 목표를 협력하여 추구하는지, 그러한 과정에서 벌어지는 의사결정의 특징이 무엇인지를 집중적으로 조명하였으며, 이들의 연구는 조직론이나 정책이론에서 중심적인 위치를 점하는 중요한 흐름을 형성하였다.

이들의 의사결정 이론에 있어서 핵심적인 개념은 바로 제한된 합리성이다. 과거 경제학 이론은 인간의 합리성을 토대로 이론을 전개해왔지만 조직이나 정책의 현장에서 실증적으로 관찰되는 것은 합리적 결정이 아니라 제한된 합리성일 뿐이다. 따라서 제한된 합리성 하에서의 의사결정 이론은 기존 경제학적 선택이론과 궤를 달리하면서 독자적인 학문적 영역을 이루어 왔던 것이다. 그런데 이 논문에서도 지적하는 바와 같이 이들 의사결정 이론은 주로 합리성의 제약요인으로 불확실성이나 모호성, 복잡성 등에 집중하였기에 상충성의 문제는 실제 조직이나 정책 현장에서 빈번히 나타나는 주요한 의사결정 제약 요인임에도 불구하고 제대로 이론적 조명을 받지 못했다. 딜레마 이론은 1990년대 초반부터 국내 학자들이 중심이 되어 이 문제를 집중적으로 다루면서 개발된 이론이다. 딜레마의 개념과 다양한 대응양식, 제도적 특성 등이 수많은 사례를 통해 제시됨으로써 기존 정책결정 이론의 발전에 많은 기여를 했다고 평가된다.

그러나 딜레마 이론 개발자들을 줄곧 괴롭혀온 이론적 약점은 과연 딜레마 상황에서 어떻게 의사결정이 가능한가의 문제였다. 이는 딜레마의 개념 자체에서 비롯되는 문제로서, 딜레마란 개념상 '의사결정이 불가능한 상황'이므로 많은 사례 연구들이 딜레마 상황에서 문제를 해결하기 위한 의사결정보다는 문제를 회피하기 위한 대응 행위에 집중되었고, 따라서 딜레마 이론이 문제해결에 어떠한 실천적 함의를 줄 수 있느냐의 의문이 지워지지 않았다.

이 논문에서 집중적으로 다루고 있는 딜레마 상황에서의 절차적 합리성은 바로 이 문제를 정면으로 다루어보고자 하는 시도이며, 그러한 점에서 이론적 독창성과 의미를 부여할 수 있다고 본다.

4. 추가적 토론

이 논문의 내용중 불확실성, 모호성 하에서의 절차적 합리성에 대한 논의나 딜레마 상황에서 소극적 대응에 관한 논의들은 대체로 기존에 연구된 내용들을 새로운 틀에 맞춰 정리해 놓은 것이고, 새로이 제기된 논의는 딜레마 상황에서 적극적 대응으로 제시한 공적 결정과정에 관한 부문이다. 따라서 이 논문의 논지를 보완하고 확장하는 의미에서 이 부분에 대한 토론을 추가해보고자 한다.

1) 실질적 합리성과 도구적 합리성의 개념 및 구분 문제

이 논문에서는 Diesing의 이론에 따라 상이한 가치들 중에서 타당한 목적을 설정할 때 나타나는 합리성을 실질적 합리성(substantive rationality)으로, 주어진 목적을 달성하기 위한 최선의 대안을 선택할 때 나타나는 합리성을 도구적 합리성

(instrumental rationality)으로 나누고 있다. 그러나 이러한 구분은 두 가지 면에서 문제가 제기된다.

첫째, 목적을 설정할 때 나타나는 합리성이 왜 '실질적'인지가 불분명하다. 그냥 도구적 합리성과 대비하여 '수단 대 목적'이라는 대립항을 '도구 대 실질'이라는 대립항으로 치환시켜 놓은 것인지? 아니면 여기서 '실질'이라는 개념의 의미는 무엇인지 설명이 안 된다.

이와 관련하여 일찍이 합리성에 대한 방대하고도 집중적인 논의를 전개한 막스 베버(Max Weber)의 이론을 살펴 볼 필요가 있다. 그는 합리성의 의미를 경제학이나 행정학에서 사용하는 것보다 좀 더 포괄적으로 사용하고 있다. 그에게 있어서 합리성은 '이해가능성'이라는 의미로 확장된다. 즉 어떤 사람의 행위가 '왜 그렇게 행동하는지'를 이해할 수 있는 것이라면 그것은 합리적인 행위라는 것이다. 이러한 이해가능한 행위는 두 종류로 나뉘는데 하나는 어떤 목적을 이루기 위해서 하는 행위이고, 다른 하나는 자기가 신봉하는 가치의 명령에 따르는 행위이다. 전자에서 나타나는 것이 목적－수단 합리성이고, 후자에서 나타나는 것이 가치합리성이다. 나아가 베버는 어떤 행위가 합리적이 되기 위해서는 그것이 어떠한 결과를 가져오게 될지를 계산할 수 있는 가능성이 주어져야 한다고 보았다. 예컨대 여러 개의 선택지 중에서 효용을 극대화하는 것을 고르는 것이 합리적이라고 할 수 있지만, 그 과정에는 어떤 것이 얼마 만큼의 효용을 주는 것인지를 계산(측정)할 수 있다는 전제가 있어야 한다. 따라서 합리적인 행위가 가능하기 위해서는 이러한 계산을 가능케 하는 장치들이 있어야 하는데 베버는 이를 형식적 합리성이라 불렀다. 그리하여 베버가 보기에 어떤 행위가 실제로 합리적인지를 따지는 것을 실질적 합리성으로, 그러한 실질적 합리성을 가능케 하는 사회적 장치(계산가능성)들을 형식적 합리성으로 구분하였다. 이와 같은 구분에서는 '실질'이라는 의미가 뚜렷이 드러난다.

둘째, 과연 목적을 설정하는 데에서 나타나는 합리성이라는 것이 무엇이며, 가능하기는 한 것인지의 문제이다. 막스 베버에 따르면 가치의 선택에 있어서의 합리성은 상위의 가치에 따르는 경우에만 가능하며, 상위의 가치가 없이 경합하는 가치 사이에서의 선택에서는 합리성이란 불가능하다(베버는 이를 비유적으로 '신들의 투쟁'으로 표현했다). 결국 가치간 경합과정에서 어떤 가치를 선택하거나 가치간 타협을 하는 것은 합리적이기보다는 정치적인 것이다. 정치적 결정은 합리성이 아닌 권력에 의해 이루어진다. 우리가 흔히 '타협'이라 부르는 것은 순수하게 가치간의 타협이기보다는 가치로 표방되는 이해관계간의 타협인 경우가 많다.

이러한 점을 살펴볼 때 이 논문에서 언급하는 실질적 합리성과 도구적 합리성의 구분은 개념적으로나 이론적 실익에서나 재검토가 필요하다. 그럼에도 불구하고 필자는 이 구분을 여러 군데에서 반복적으로 강조하고 있는데, 그 이유는 아마도 '딜레마 상황에서의 합리적 의사결정'이라는 주제를 염두에 둔 것이 아닐까 추측된다.

2) 딜레마 상황에서의 절차적 합리성

딜레마 상황은 가치나 이해관계의 상충성이 너무도 크고 뚜렷하여 결정을 내릴 수 없는 상황을 말한다. 만일 어느 한 쪽을 택한다거나 양자를 어떠한 형태로든 절충하여 결정을 내릴 수 있다면 이는 딜레마라고 부를 수 없다. 그런데 딜레마의 개념을 이렇듯 엄격히 정의하고 나면 결국 '딜레마 상황에서는 아무 것도 할 수 없다'는 결론에 이르게 되어 딜레마 개념의 조직이나 정책적 함의가 사라지게 된다. 이미 언급한 바와 같이 필자는 이와 같은 모순을 회피하기 위하여 딜레마의 개념을 엄격한 정의와 느슨한 정의로 나누고, 주로 후자와 관련한 논의를 전개하고 있다.

그런데 이러한 구분은 몇 가지 이론적 문제를 제기하게 만든다. 첫째, 결정이 가능한 상황을 과연 딜레마라 할 수 있는가의 문제이고, 둘째는 얼마나 어려워야 딜레마인가, 즉 상충성으로 인하여 결정이 어려운 상황을 어떤 경우에 딜레마라 하고 어떤 경우에 딜레마가 아닌 것으로 정의할 수 있는가의 문제이다.

따라서 딜레마의 정의를 이렇게 나누기보다는 원래의 엄격한 정의를 유지하되, 딜레마 상황에서는 결정을 내릴 수 없기 때문에 의사결정자는 '탈딜레마'를 시도하게 되고, 이러한 시도가 성공하면 의사결정을 내릴 수 있게 된다고 보는 것이 타당할 듯하다.

그렇게 보면 이 논문에서 제시하는 소극적 대응들은 나름대로 딜레마 상황을 벗어나기 위한 절차적 합리성을 나타내고 있는 것으로 볼 수 있다. 예컨대 결정 지연은 결정에 주어지는 시간적 프레임을 달리함으로써 탈딜레마를 시도하는 노력으로 볼 수 있고, 순환적 선택, 결정의 비일관성, 상징적 대응, 형식주의, 자원확대 등은 상충성을 비상충성으로 전환하여 탈딜레마를 시도하는 것으로, 책임전가는 결정의 불가피성으로부터의 탈피를 시도하는 대응이다.

또한 이 논문에서 적극적 대응으로 제시하고 있는 '공적 결정' 역시 결정자의 권위를 확대함으로써 결정에 대한 반발을 상대적으로 작게 만들어서 딜레마로부터 벗어나는 대응이라 할 수 있다.

이러한 모든 대응들이 딜레마 상황에서의 절차적 합리성이라 할 수 있는데, 의사결정을 할 수 없는 상황에서 의사결정을 가능케 해주는 대응이라는 점에서 '합리적'이라 부를 수 있는 것이다.

필자가 정교하게 제시하고 있는 공론과정의 원칙들은 그 자체로 딜레마에 적용되는 절차적 합리성이라기보다는 우선 그러한 공론과정을 통한 결정에 상충의 당사자들이 승복한다는 전제가 성립되고 나서(탈딜레마), 그 이후에 어떻게 당사자들이 크게 반발하지 않도록 결정을 할 것인지에 대한 원칙들이라 볼 수 있다. 필자의 논지에 따른다면 '엄격한 정의'로서의 딜레마를 '느슨한 정의'로서의 딜레마로 바꾸어 놓고 나서라야 이러한 공론과정의 원칙들을 적용할 수 있다는 것이다.

정책집행연구의 비판적 고찰

정책집행연구의 비판적 고찰[*]

김병준(국민대학교 행정학과 명예교수)

❧ 프롤로그 ❧

버려질 뻔했던 논문에 대한 단상

1980년대 초, 미국 델라웨어대학(Univ. of Delaware) 유학시절의 일이다. Aaron Wildavsky의 Implementation(1973)을 읽다가 눈이 번쩍 뜨였다. '정책집행(implementation)은 누구도 연구하지 않은 영역이다.' 그는 그렇게 말하고 있었다. 아니, 사회과학에, 또 행정학과 정책학에 아무도 연구하지 않은 처녀지(處女地, virgin territory)가 있다니!

다른 사람이 아니었다. 위대한 정책학자 Aaron Wildavsky, 그가 그렇게 말한 것이다. 순간 작정을 했다. '그래 바로 이것이다. 이 처녀지를 연구해서 박사학위 논문을 쓰자.' 아무도 밟지 않았다니 이보다 더 좋은 주제가 어디 있겠나. 학위가 바로 손에 들어온 것 같은 기분이 들었다.

이후 관련된 책과 논문을 닥치는 대로 읽었다. 적지 않았다. Johnson 행정부의 위대한 사회(Great Society) 프로그램들이 대거 실패한 후, 그것들이 제대로 집행되지 못한 이유를 규명하고자 하는 노력들이 쏟아지고 있었기 때문이었다. 사실 미국인들로서는 이러한 실패가 충격이었다. 정책이 제대로 집행되지 못해 소기의 성과를 내지 못하는 '집행문제(implementation problem)'는 개발도상국에서나 있는 일인 줄 알았는데, 그게 바로 자신들의 나라, 미국에서

---

[*] 이 논문은 1984년 『한국행정학보』, 제18권 제2호, pp. 479-492에 게재된 글을 수정·보완한 것이다.

발생한 것이다. 그 원인을 규명하거나 설명하려 덤벼드는 것은 당연한 일이었다.

그런데 뭔가 이상했다. 읽으면 읽을수록, 또 파면 팔수록 그 집행연구가 처녀지가 아닌 것 같은 기분이 들었다. 정책집행이 뭔가? 인적·물적 자원 등을 투입하며 결정된 사항을 수행하는 일(to carry out) 아닌가? 그렇다면 이것이 그동안 수많은 사람들이 연구해 온 '행정'과 무엇이 다른 것인가?

다른 점이 있는 것 같기도 했다. 관료제적 틀을 중시하는 전통 행정학이 행정과정을 다소 정태적으로 보는 반면, 집행연구는 이를 보다 역동적으로, 즉 다양한 이해관계 세력이 상호작용하는 과정으로 보는 것 등이었다. 하지만 그래도 그렇지, Paul Appleby의 고전적 행정학 연구들을 포함한 수많은 연구들이 행정과정의 역동성을 설명해 온 터였다. 정책집행을 처녀지라 할 수 있는 상황이 아니었다는 이야기이다.

거의 한 학기 동안 이를 고민했다. 그러다 어느 순간, 또 다른 위대한 학자의 글 속에서 그 답을 찾았다. Dwight Waldo의 Enterprise of Public Administration(1980), 그의 정년퇴임 강연을 정리한 책이었다. 이 책에서 그는 정책집행을 처녀지라 하는 것은 런던의 하이드 파크 공원에 처음 나간 아이가 그 공원을 발견했다고 주장하는 것과 똑같은 일이라 했다. 새로운 게 하나도 없다는 이야기였다.

눈물이 나도록 고마웠다. '내가 틀린 게 아니구나. Waldo와 같은 대학자도 이렇게 이야기하는구나.' 한 번 그렇게 생각하고 나니 모든 게 달라보였다. 집행연구의 문제점을 지적하는 글들이 눈에 싹싹 들어오기 시작했다. 그 이전에는 읽고도 고개만 갸우뚱하며 지나갔던 글들이었다. Wildavsky가 재직하고 있던 버클리를 '무지의 학교(know-nothing school)'라 한 Kai Lee의 글에서는 통쾌함까지 느꼈다.

그러면 어떻게 Wildavsky와 같은 대학자가 수많은 사람들이 밟고 지나간 영역을 '처녀지'라 했을까? 답 역시 Waldo가 주었다. '행정학이 빈사상태(moribund)에 있기 때문이다.' 행정학은 있어도 있지 않은 것 같이 느껴질 정도로 실제의 문제해결에 실패하고 있다는 말이었다. 문제는 Wildavsky가 아니라 행정학 그 자체였다.

이 때부터 논문의 주제는 행정학의 문제점, 즉 낮은 문제해결능력 내지는 적실성의 문제로 바뀌었다. 그리고 다시 6개월, 적지 않은 책과 논문을 읽으며 박사학위 논문의 1차 프로포절을 완성했다. 정책집행을 누구도 연구하지 않은 영역이라 말할 수밖에 없었던 이유를 연구의 출발로 삼은 프로포절이었다.

어렵게 완성을 한 프로포절을 가제본해서 지도교수에게 갖다 드렸다. 그리고 며칠 후, 눈이 펑펑 쏟아져 꼼짝달싹도 할 수 없었던 날 밤, 자정이 다 되어 지도교수가 전화를 했다. 지도교수의 집으로 오라는 것이었다. 차가 빠져나갈지 모르겠다고 했지만 기어이 오라고 했다. 결국 차 주변의 눈을 치워 길을 만들고 해 가며 어렵게 그의 집으로 갔다.

그의 집에 들어서며 인사를 했지만 그는 말이 없었다. 곧 바로 프로포절을 집어 들더니 불이 활활 타고 있는 벽난로 앞으로 갔다. 그리고는 프로포절을 한 장 한 장 찢어 벽난로 속으로 던졌다. 그러면서 하시는 말씀, "행정학이 죽었어? 네가 생각하는 것보다 행정학은 더 넓고 깊어. 무엇이 죽었다는 것이냐. 나는 또 어느 정도 이해해 줄 수 있다 치자. 다른 교수들은? 이를 받아들일 것 같나? 잊어라. 이 주제로는 안 된다."

며칠을 앓다 지도교수를 찾았다. 무엇을 쓰면 되겠느냐고 물었다. 그가 말했다. "주제를 좁혀라. 그리고 이론 쪽을 하지 마라. 한국 문제를 비교행정의 차원에서 다뤄라. 그리고 통계학을 이용한 계량분석을 해라." 어쩌겠나. 3년 동안 받기로 한 생활비(장학금)는 코스워크를 마치며 끊어지고, 아내가 아르바이트를 하며 연명하고 있는 상황이었다. 그렇게 하겠다고 했다.

얼마 뒤 귀국하여 지역개발 관련 설문조사를 했다. 그리고 당시로서는 꽤나 힘든 요인분석과 경로분석을 이용한 논문을 썼다. <새마을금고 사업 집행에 있어 목표 집단의 정책관여(policy involvement)에 관한 연구>였다. 교수들이 잘 쓴 논문으로 칭찬을 했고, 그래서 1984년도 Univ. of Delaware 사회과학부문 최우수 논문상을 받았다. 한 달 생활비 상당의 부상과 함께.

귀국 후 바로 강원대학교 교수가 되었는데, 그런지 얼마되지 않아 행정학회로부터 월례발표회에 논문을 발표해 달라는 요청을 받았다. 박사학위 논문을 요약하거나 그 일부를 발표해도 좋다고 했다. 지금 같으면 중복발표의 문제가 제기될 수도 있었지만 당시만 해도 그렇지 않았다. 외국에서 막 귀국한 학자의 경우 그렇게 신고하는 것이 당연한 일로 되어 있었다.

하지만 그렇게 하지 않았다. 최우수 논문상을 받은 박사학위 논문보다는 미국 지도교수가 한 장 한 장 찢어 벽난로에 던져 넣었던 그 프로포절에 더 애착이 갔다. 그래서 프로포절의 앞부분을 떼내어 한 편의 논문으로 정리를 했다. 그게 바로 <정책집행연구의 비판적 고찰>, 이 논문이다.

집행연구에 대한 관심이 꽤나 높을 때였다. 미국 쪽에서의 열기가 반영되었기 때문이었다. 그래서 그런지 월례발표회에 적지 않은 학자들이 참석했다. 학계에 첫 인사를 드리는 자리, 떨리는 마음으로 발표를 했다. 결과는 좋았다. 열띤 토론 속에 선배학자들이 좋은 평을 해 주었고, 일부는 자신들이 속한 대학의 대학원과정에서 특강을 해 달라 요청하기도 했다.

그리고 몇 달 뒤, 그 월례발표회에 참석했던 국민대학교 교수 한 분이 만나자고 해서 만났다. 그가 입을 열었다. "김박사 논문을 우리 학과 교수들 모두가 돌아가며 읽었어요. 그리고 강원대학에서 강의를 잘 하고 있나 알아보기도 했어요. 결론은 이래요. 우리학교로 모실 수 있으면 모시자. 어떠세요. 오실 수 있을까요?" 아는 교수가 한 명도 없는 학교, 그 학교에서 이 논문 한편을 보고 교수직을 제의한 것이다.

더 없이 기뻤다. 하지만 바로 옮길 수 없었다. 막 자리 잡은 학교, 최소한 2년은 봉직하는 것이 예의란 생각이 들었다. 그래서 말했다. "강원대학에 2년은 있어야 할 것 같다. 1년 반 뒤에도 저를 원하시면 그 때 가겠다."

참으로 이상한 일이었다. 국민대학에 이어 서울에 있는 다른 대학에서도 교수직을 제의해 왔다. 역시 이 논문을 이야기했다. 하지만 이미 국민대학에 약속을 한 상황, 정중히 거절했다. 그리고 1년 반 후, 그 짧지 않은 기간을 기다려 준 국민대학으로 적을 옮겼다. 그로부터 34년, 버려질 뻔했던 논문을 떨리는 모습으로 발표하던 30세의 젊었던 나는 어느 새 정년을 맞았다.

I. 서 언

1970년대 초에 Jeffrey Pressman과 Aaron Wildavsky를 비롯한 일군의 정책학자들이 정책집행(policy implementation)에 관한 연구가 거의 없음을 지적하고 정책집행 문제에 대하여 보다 적절한 관심을 기울일 것을 역설한 것은 잘 알려진 바와 같다. 적지 않은 논란이 뒤따랐으나 많은 학자들이 같은 주장을 되풀이 했었고, 소위 집행 연구(implementation studies)란 이름 아래 정책집행에 관한 연구가 급속히 진전되었고, 양적인 면에서 볼 때 그 성장은 괄목할 만한 것이었다.

하지만 지난 10여 년간 행해졌던 집행연구의 본질과 집행문제해결에 대한 이들의 공헌은 아직도 논쟁의 대상이 되고 있어 일고를 요한다 하겠다. 국내에도 오래전부터 Pressman과 Wildavsky의 Implementation을 포함하여 다수의 집행연구가 소개되어 관심을 끌고 있어 이들에 대한 보다 명확한 이해가 필요하다고 사료된다.[1] 본고에서는 집행연구의 보다 근본적인 이해를 위해 그 시대적, 논리적 배경과 기본적 관점 및 그동안의 성과를 검토해 보고자 하였으며, 아울러 차후의 연구를 위해 집행 연구의 기본적이고 대표적인 저작들을 소개하는 것 또한 일목적으로 하였다.

II. 집행연구의 시대적, 논리적 배경

70년대에 들어와 정책집행에 대한 관심이 높아진 것은 무엇보다도 50년대와 60년대에 걸쳐 추진되었던 경제, 사회정책들이 제대로 집행되지 못했다는 쓴 경험에서 기인한다고 하겠다. 높은 경제적 합리성을 지닌 정책들이 의도된 방향으로 집행되지 못하여 선진국과 개발도상국을 막론하고 정책목표와 실제효과 사이의 심한 차이, 즉 "집행문제(implementation problem)"로 진통을 겪는 수가 빈번하였다. 개발도상국의 경우, 1971년의 Asia 경제계획자회의(The Conference for Asian Economic Planners)에서의 한 보고에 의하면 1945년에서 1970년에 이르기까지 약 1500건에 달하는 국가 개발계획(national development plans)이 추진되었으나, 이중에서 의도된 방향으로 제대로 집행이 된 것은 불과 소수에 지나지 않았다고 한다.[2] 서구의 일부 선진국들도

---

1) Jeffrey L. Pressman and Aaron Wildavsky, *Implementation* (Berkeley, California: University of California Press, 2973).

2) C. M. Martin, "Performance Review and Evaluation: Their Roles in the Implementation of Nathional Development Plans" (Paper delivered to the Conference of Asian Economic Planners, ECAFE, September, 1971), p. 1. Gabriel U. Iglesias' "Implementation and the

같은 문제를 경험하였는데, 60년대의 미국이 Johnson 행정부 아래서 치룬 경험은 그 대표적 경우라 하겠다. Johnson 행정부는 「위대한 사회(Great Society)」의 건설을 구호로 내걸고 일련의 진보주의적 정책(liberal policies)을 내 놓았으나 이들의 대다수가 실패하거나, 아니면 의도된 것과는 전혀 다른 결과를 빚어내었다. 예컨대, 「빈곤에 대한 전쟁(War on Poverty)」의 핵이라 할 수 있는 지역자조사업(Community Action Program)은 도시 빈민가에 소요만을 야기한 채 실패했고,[3] 수차에 걸친 도시재개발사업들도 지역내의 흑인들을 내쫓는 결과만 초래하여, 소위 "Urban Renewal"이 "Negro Removal"로 끝나는 아이러니를 만들기도 했다.[4] 뿐만 아니라, 1965년의 초중등교육법(The Elementary and Secondary Education Act)의 「Title I」 사업의 경우와 같이 사업자체의 목적이 집행도중에 바뀌는 수도 허다하였다.[5] 그 외에 주택, 고용, 교육 등의 제분야에 걸쳐 상당수의 공공사업들이 의도된 성과를 얻어 내는데 실패했으며, 결과적으로 자주주의 내지는 진보주의 개혁자들뿐만 아니라 사회체제 전반에 걸쳐 변화를 기대했던 많은 미국인들을 좌절시키는 것이었다. Johnson 행정부 아래서의 이러한 경험이 미국인들에게 얼마나 심각했는지는 전 Brookings 연구소 수석연구원이었던 Henry Aaron의 다음 글이 잘 표현하고 있다.

> 1965년에 미국은 군사력과 외교에 관한 자신감에 차 있었고, 오랫동안 미국인의 대다수를 괴롭혀 왔던 문제들을 해결하고자 일련의 노력을 기울이고 있었으며, 인종차별의 문제까지 해결을 시도하는 등, 굳은 결의로 힘찬 행진을 하고 있는 듯했다. 그러나 1976년의 미국은 군사와 외교에

Planning of Development: Notes on Trends and Issues, Focusing on the Concept of Administrative Capability," in Gabriel U. Iglesias, ed., *Implementation: The Problem of Achieving Results* (Manila, Philippines: EasternRegional Organization for Public Administration1976), p. XVI으로부터 재인용.

3) 이에 대해서는 Daniel P. Moynihan, *Maximum Feasible Misunderstanding: Community Action in the War on Poverty* (New York: The Free Press, 1969) 와 Aaron Wildavsky, "The Empty-Headed Blues: Black Rebellion and White Reaction," *The Public Interest* (Spring, 1968) 참조.

4) Thomas R. Dye, *Understanding Public Policy* (Englewood Cliffs, New Jersey: Prentice-Hall, Inc., 1972), p. 219.

5) 이 사업의 원래 목적은 문화적, 경제적으로 불우한 처지에 있는 (culturally and economically disadvantaged) 학동들을 위해 사업의 자금을 집중적으로 투입하고자 했으나, 나중에는 학교에 대한 일반재정지원으로 바뀌었다. George J. Gordon, *Public Administration in America*, (New York, St. Martin's Press, 1982)와 Jerome T. Murphy, Title I of ESEA: The Politics of Implementing Federal Educa tion Reform," *Harvard Educational Review*, 41, (February 1971) 참조.

있어서의 자신감은 없어지고, 국내문제에 대한 스스로의 능력에 실망하고 있다. … 사회의 어느 곳에서나 사회적 불평등, 빈곤, 실업 등의 문제를 향한 모든 국가적 노력이 실패했음에 대한 개탄의 소리를 들을 수 있으며, … 과거의 노력이 실패했을뿐만 아니라 앞으로의 노력 또한 실패하고 말 것이라는 부정적 감상이 팽배해 있다.[6]

사실상 Johnson 행정부의 진보주의적 정책들은 New Deal 이후 30년만의 자유, 진보세력의 보수세력에 대한 승리였었던 만큼 그 성공적 집행이 가져올 정치, 경제, 사회 전반에 걸친 변화에 대한 기대는 클 수밖에 없었고, 실패의 의미도 그만큼 큰 것이었다. 개발도상국에 있어서도 개발계획들이 가져 올 선진화에 대한 기대가 컸었기 때문에 50~60년대의 경험은 의미가 큰 것이었다. 실패의 원인규명도 다양한 형태로 심각하게 전개되었었다. 많은 사회과학자와 실무자들이 실패의 원인을 정책 혹은 사업자체의 비합리성에서 찾았지만 일군의 학자들은 정책자체의 문제보다는 집행과정에 더 깊은 관심을 보이기 시작했고 실패의 원인을 집행과정에 대한 인식의 부족에 있다고 주장하기에 이르렀다. 이들에 따르면 정책집행이란 단순히 Max Weber적인 관료제를 통한 정부결정의 하향적이고 일방적인 추진이라기보다는 특정정책에 관해 이해관계가 있는 정책집행자를 포함한 다양한 행위자(actors)들이 그 정책을 중심으로 상호작용하는 과정이라는 것이다. 상호작용의 과정속에서 행위자들은 정책결정자들이 추측 혹은 기대했던 방향으로 행동하기도 하나 그렇지 못한 경우도 있으며, 심지어 집행과정에서 정책의 근본적 내용과 방향을 변경시키기까지 한다는 것이다. 이렇게 볼 때 정책이 의도된 효과를 얻느냐 하는 것은 정책자체의 합리성뿐만 아니라 정책집행과정에서의 여러 행위자들 간의 복잡한 상호거래적 행위(transaction)에 크게 관련되어 있으며, 정책의 효과적 집행을 위해서는 집행역학(implementation dynamics)에 관한 이해가 선행되었어야 한다는 것이었다.

정책집행을 강조한다 하여 집행역학이 모든 사회와 모든 정책분야에서 동일하게 큰 의미를 가진다고 주장한 것은 아니었다. Paul Berman이 이야기하는 바와 같이 단순한 기술도입정책 같은 것은 그 집행과정이 지극히 단순할 수 있으며,[7] 절대주의체

---

6) Henry J. Aaron, *Politics and Professors: The Great Society in Perspective*(Washington, D.C.: Brookings Institution, 1978), p. 1.
7) Paul Berman, "The Study of Macro－and Micro－Implementation," *Public Policy*, Vol. 26, No. 2. (Spring 1978), p. 158. 참조.

제에서처럼 정책이 잘 확립된 절대적 권위에 의해서 집행이 되는 경우에서도 집행자
체는 별 큰 의미를 갖지 않을 수 있는 것이다. 하지만 국가개발계획이나 진보주의적
정책들은 기존질서의 변화를 추구하여 집행과정상 대체로 많은 행위자들을 동원화
(mobilized)시켰고, 더욱이 개발도상국들과 다원주의가 고도로 발달한 미국에서 집행
되었기에 집행자체의 문제와 이에 대한 이해의 필요성이 한결 강하게 부각되었던 것
같다. 우선, 개발도상국들에서는 서구선진국에 비해 정당과 이익단체의 기능이 대체
로 미약하고 정책결정과정 또한 폐쇄적이고 권위적인 경향이 있어 사회내의 많은 이
해(interests)가 정책에 반영되지 못하고 정책은 정치지도자 혹은 행정부에 의해 일방
적으로 결정되는 경우가 많다. 이럴 때 정책결정시 자신들의 이해를 반영시키지 못한
개인과 집단은 집행과정에서 행위 혹은 불행위를 통하여 자신들의 이익을 추구하게
된다.[8] 자연적, 집행과정은 집단적 시위, 불순응(non-compliance), 부정 등으로 표현
되는 첨예화된 이해의 상호작용으로 특징지워지고 정책의 성공여부는 정책자체의 내
용(policy mandate)보다는 집행역학에 더욱 크게 좌우된다는 것이다.

정당, 이익단체들이 잘 발달되어 있는 서구선진국들에서는 정책이 주로 사회내
제세력간의 합의를 바탕으로 하기 때문에 개발도상국보다 집행상의 어려움이 적다고
할 수 있다. 하지만 미국과 같이 권력이 지나치게 분산되어 있는(fragmented) 고도의
다원주의사회에서는 정책자체가 관계세력들 간 "일시적 형평"을 반영하는 수가 있고,
정책자체가 여러 세력들의 이해를 수령하기 위해 번번히 일반적이고 모호한 언어
(terms)로 표현되기도 한다.[9] 정책의 내용은 자연적으로 집행과정에서 구체화되며 관
계세력들의 실질적 상호작용은 집행과정에서의 후속적 결정을 중심으로 일어나게 된
다.[10] 그리고 행정권마저 고도로 분권화(decentralized)된 상황에서 일선집행기관은
상위의 권위에 의해서 강력하게 보호받지 못하고 그 정통성을 주위세력들의 동의로
부터도 구하여야 하는 바, 이들의 영향권아래 놓이게 되며,[11] 정책집행은 더욱 복잡
한 양상을 띠게 되는 것이다.

8) 보다 상세한 토론을 위해서는 Merilee S. Grindle, "Policy Content and Context in
Implementation,, in Merile S. Grindle, ed., *Politics and Policy Implementation in the Third
World* (Princeton: Princeton University Press, 1980) 참조.
9) Gordon, 전게서, p. 454.
10) 상게서, pp. 435-462 그리고 Floyd Stoner, "The Implementation of Ambiguous Legislative
Language: Title I of ESEA," (Ph. D. dissertation, Univ. of Wisconsin-Madison, 1977) 참조.
11) Norton E. Long, "Power and Adninistration," Public Administration Review, 9 (Autumn 1949),
Grant McConnell, *Private Power and American Democracy* (New York: Alfred Knopf, 1966)
등의 연구참조.

정책집행의 중요성에 관한 인식은 곧 정책의 성패를 집행문제와 연관시켜 광범위하게 논의되게 하였다. 개발도상국에 관하여서는 1973년에 Thomas Smith가 "정책집행과정(The Policy Implementation Process)"을 발표하여 개발도상국에서의 정책집행의 중요성을 논하고 일반적 과정모델을 제시하여 선구적 역할을 하였다.12) 이와는 별도로 1974년에 Manila에서 열렸던 EROPA(Eastern Regional Organization for Public Administration) 총회에서는 정책집행문제를 주제로 삼아 토론하기에 이르렀다.13)

미국에서는 60년대말과 70년대초에 Martha Derthick 등의 학자에 의해서 정책집행에 관한 사례연구가 행해지고 있었고,14) 1970년에는 RAND연구소가 정책집행문제의 연구를 위한 학술회의를 개최하기도 했다. 그리고 1973년에는 집행연구의 양적팽창에 기폭제가 된 Pressman과 Wildavsky의 *Implementation*이 출간되었다.15)

Ⅲ. 집행연구의 경향과 특성

1. 일반적 연구경향

상술한 선구적 연구들에 고무되어 많은 집행연구가 잇달아 행해졌었는데, 연구의 목적과 방법을 기준으로 크게 세 부류로 개략적으로 나누어 살펴 볼 수 있을 것 같다. 첫째로, 정책집행이 단순한 기술적 과정이 아니라 정치적 상호작용이 계속되는 과정이라는 것을 보여주고 그 과정의 역학관계를 묘사하는 연구들이 있다. 앞서 소개한 Derthick, 그리고 Pressman과 Wildavsky의 연구들이 이 부류에 해당하겠고, 소위 집행연구의 제1기라 할 수 있는 1960년 말부터 1970년도 중반 사이에 대거 행해진 사례연구들의 대부분이 이에 속한다고 하겠는데 Jerome Murphy 등에 의한 초등교육법의 「Title I」에 관한 연구는 가장 많이 인용되는 대표적 연구들이라 하겠다.16) 주

---

12) Thomas Smith, "The Policy Implementation Process," Policy Sciences, 4(1973).
13) 여기서 발표된 논문들은 Gabriel U. Iglesias가 편집한 전게서로 출간되었다.
14) Martha Derthick, New Towns In-Towns (Washington, D.C.: Urban Institute, 1972).
15) Pressman and Wildavsky, 전게서.
16) Michael Kirst, Richard Jung은 1960년말에서 70년대 중반까지를 집행연구의 제1기로 보고, 70년대 중반부터 그 이후를 제2기로 보고 있다. Kirst and Jung, "The Utility of a Longitudinal Approach, in Walter Williams, ed., *Studying Implementation: Methodology and Administrative Issues* (Chat ham, New Jersey: Chatham House Publishers, Inc., 1982), pp. 120-121: [Tile I]에 관한 연구들에는, Jerome Murphy, "Title I of ESEA: The Politics of Implementing Federal Education Reform", *Harvard Educational Review*, 41, No. 1 (February 1971); Martin Orland,

로 특정정책을 중심으로 벌어지는 조직적, 기술적, 사회경제적 제요인들의 상호작용을 강조하여 묘사하는 데 주안점을 두고 있다. 예를 들면, Pressman과 Wildavsky의 *Implementation*은 1966년에 미국의 경제개발처(Economic Development Administration)가 Oakland시에서의 고용증대를 위해 실시한 사업(Oakland Project)을 둘러싼 중앙정부와 그 지방기관, 지방정부, 지역내의 관계세력들 간의 상호거래적 행위를 면밀히 묘사하고 있고, Murphy의 연구 또한 문화적, 경제적으로 불우한 처지에 있는 학동들에게 특혜를 주려던 계획이 어떻게 초·중등학교에 대한 일반재정지원으로 바뀌고 말았나를 정책집행의 전과정을 통해 묘사·분석하고 있다.

이러한 연구들은 특정이론이나 개념적인 틀을 배경으로 한다기보다는 서술적인 연구를 통해 정책집행에 있어서의 중요변수들 간의 관계를 추적하고 있다.[17] 연구를 위한 기본적 방법은 면담(interview), 관찰(observation), 문헌조사 등 실로 다양하다. 때로는 설문조사(survey)에 의한 자료를 사용하기도 하지만 주로 비조직적 면담(unstructured interview)이나 연구자의 개인적 관찰에 의한 객관성이 부족한 자료에 근거를 두고 있어 연구자체의 공정성이 문제되기도 한다.[18]

둘째, 정책집행의 계속적 연구를 위해 집행과정에 관한 개념적 틀과 일반방법론의 문제에 치중을 한 이론적 연구들이 있다. 이들은 다시 접근방법의 모색, 모형건립(model-building), 그리고 집행과정에서의 상호거래적 행위의 유형화로 세분할 수 있다. 일반접근방법에 관한 대표적 저작들로서는 정책집행의 최하위체제 즉, 집행의 최일선에서부터 집행가능성(implementation feasibility)을 탐색하는 방법을 제시한 Richard Elmore의 연구와[19] 집행연구가 정책집행의 초기에 일어나는 현상에 대해서 주안점을 두는 것을 지적하고 보다 장기적인 차원에서 시간의 흐름에 따라 집행역학이 어떠한 변화를 일으키는가를 분석할 것을 주장한 Kirst와 Jung의 연구를 대표적으로 들 수 있다.[20] 이외에도 Paul Berman과 Robert Yin 등에 의해서 효과적인 접근방법이 모색되어 왔었다.[21]

"The Implementation of Title I of ESEA: A Comparative Intergovernmental Analysis" Ph. D. Dissertation (Syracuse University, 1978) 등이 있다.

17) Kirst and Jung, 상게논문, p. 120.
18) Walter Williams, "The Study of Implementation: An Overview," in Walter Williams, ed., 전게서 p. 14. 참조.
19) Richard Elmore, "Backward Mapping: Implementation Research and Policy Decisions," *Political Science Quarterly* 94, No. 4 (Winter 1979~80).
20) Kirst and Jung, 전게논문.
21) Berman, 전게논문, Robert K. Yin, "Studying the Implementation of Public Programs," in

모형건립은 Donald Van Meter와 Carl Van Horn, Robert Nakamura와 Frank Smallwood, Daniel Mazmanian과 Paul Sabatier 등에 의해서 추구되었었고,[22] Thomas Smith, Gabriel Iglesias, 그리고 Merilee Grindle은 개발도상국과 관련하여 정책집행의 모형을 제시하고 있다. 이들은 주로 정책이 결정되어 효과를 얻기까지의 과정에서 중요한 변수들과 이들간의 가설적 상호관계를 추정해 이를 일반화된 도형 위에 나타내었다.

모형건립과 같은 맥락 속에서 정책집행의 역학(dynamics)을 유형화시키려는 노력 도 있었는데, Nakamura와 Smallwood, Mazmanian과 Sabatier, 그리고 Eugene Bardach의 연구가 대표적이라 하겠다. 이들은 정책집행의 흐름이나 집행과정에서의 복잡한 변수간의 관계를 일정한 기준에 의거 몇 가지의 일반화된 형태로 분류하여 정 책집행을 보다 명료하게 파악하고자 하였다. Nakamura와 Smallwood는 집행과정에 서의 정책결정자와 집행자간의 상호관계를 유형화시켜 파악하였으며,[23] Mazmanian 과 Sabatier는 정책집행의 흐름과 중요변수간의 상호관계의 변화에 관한 시나리오를 제시하고 있다.[24] 한편, Bardach는 정책집행은 정책효과를 위해 필요한 요소들 (elements)을 모으는 과정이라고 보았으며, 이 과정은 관계행위자들 간의 밀고 당 기는 "게임(games)"으로 이루어져 있다고 보았다. 그리고는 집행과정에서 일어나는 제변수들 간의 상호작용을 "게임"의 형태로 유형화시켜 이해하고자 하였다.[25]

셋째, 정책집행에 관한 일군의 경험적 연구들이 있다. 앞서 논한 이론적 연구들 의 개념적, 분석적 틀을 기반으로 하여 행해지는데, 때로는 이러한 개념적, 분석적 틀 의 유용성(utility)을 검토하기도 한다. Smith의 집행모형을 이용하여 Massachusetts 주에서의 지역정신건강사업(Community Mental Health Program)의 집행을 설문조사를 통해 분석한 George Jarnis의 연구는 대표적 예라 하겠다.[26] Jarnis는 집행과정의 여

Walter Williams, ed., 전게서. Robert Yin의 논문은 11편의 최근집행연구의 연구방법을 종합적 으로 토론하고 있다.

22) Donald S. Van Meter and Carl E. Van Horn, "The Policy Implementation Process: A Conceptual Framework," *Administration and Society*, Vol. 6, No. 4 (February 1975); Robert T. Nakamura and Frank Smallwood, *The Politics of Policy Implementation* (New York: St. Martin's Press, 1980), pp. 21–28; Daniel A. Mazmanian and Paul Sabatier, *Effective Policy Implementation* (Lexington, Massachusetts: Lexington Books, 1981), pp. 4–20; Smith, 전게논 문; Iglesias, 전게논문; Grindle, 전게논문.

23) Nakamura and Smallwood, 전게서, pp. 111–144.

24) Mazmanian and Sabatier, 전게서, pp. 27–30.

25) Eugene Bardach, *The Implementation Game*: What Happens After Bill Becomes a Law (The MIT Press, 1980). pp. 66–248.

러 변수간의 연계가 정책의 성과에 미치는 영향을 분석했을 뿐만 아니라 Smith의 집행모형의 유용성 또한 검토하였다. 사례연구들이 비조직적 면담과 개인적 관찰을 통해서 얻어진 자료들을 주로 이용하고 있음에 비해 이 부류의 연구들은 당연히 설문자료와 같은 비교적 객관성이 높은 자료(hard data)를 이용하고 있으며, 개발도상국의 경우에는 Dean McHenry에 의한 Tanjania의 Ujamaa부락사업연구 등이 있다.[27] McHenry 역시 설문자료를 이용해 집행자측의 집행전략 및 행위가 정책효과에 미치는 영향을 분석하였다. 이와 같이 집행연구를 개략적으로 세 부류로 나누어 살펴 보았다. 그동안 어느 부류없이 양적인 성장을 해왔으나 전반적으로 보아 역시 첫번째 부류의 사례연구가 주류를 이루어 왔다 하겠다. 경험적 연구는 소수에 그치고 있으며, 이론적 연구는 계속적으로 행해지고 있으나 아직 지배적인 이론적 틀은 없는 것 같다.[28]

2. 집행연구의 특성

급속한 양적성장을 해오면서 집행연구는 정책집행에 대한 나름대로의 관점을 견지해 있으며 연구방법에 있어서도 특징적 성향을 지녀왔던 것 같다. 전술한 세 부류의 연구를 통괄하여 그 일반적 특성을 이야기한다면, 첫째, 정책집행의 정치성과 그 의미를 분명히 하고 이에 대한 분석을 계속적으로 시도하고 있다는 것이다. 사례연구를 통하여 정책효과란 정책자체의 합리성뿐만 아니라 집행과정에서의 다양한 행위자들 간의 상호거래적 행위(transaction)에 의해서도 크게 좌우된다는 것을 계속적으로 강조해 왔다. Smith와 같은 학자는 정책자체는 여러 상수들 간에 긴장을 유발시켜 상호거래적 행위를 시작하게 하는 긴장발생인(tension generator)에 지나지 않는 것으로 취급할 정도로 집행과정에서의 문제를 중시하고 있다.[29] 이렇게 정책의 성과에 대한 집행역학(imple mentation dynamics)의 중요성을 강조하고 그 분석을 시도하고 있는데, 앞서 논한 모형건립과 유형화작업 이외에도 새로운 개념을 도입 혹은 창조하기도

---

26) George M. Jarnis, "Implementation of Community Mental Health: A Study of Area Board Members," Ph. D. Dissertation (Tufts University, 1981).

27) Dean E. McHenry, Jr., *Tanzania's Ujamaa Villages: The Implementation of a Rural Development Strategy* (Berkeley, California: Institute of International Studies, University of California, 1979).

28) Williams, 전계논문, p. 13.

29) Smith, 전계논문, pp. 199–201. 집행연구자에 따라서 다른 견해를 피력하기도 한다. 예를 들어 Sabatier와 Mazmanian은 정책자체의 내용이 집행과정에서의 여러 행위자들 간의 상호작용을 구조화(Structuring) 한다고 보아 정책자체를 Smith보다 중시하고 있다.

했었다. 예를 들면 Pressman과 Wildavsky가 정책의 계속적 집행을 위해 관계자들 간의 동의가 필요한 때를 지칭하기 위해 사용한 "동의점(clearance points)"이나,[30) Bardach가 집행과정상 봉착하는 문제를 조정해결하는 사람을 가리켜 사용한 "조정자 (fixer)" 등은 정책집행을 이해하는데 있어 유용성이 높은 개념으로 평가된다 하겠 다.[31) 이밖에도 "목표집단(target groups)" 등의 문제를 심각히 제기하여 집행과정을 전통적 행정학보다 명확하게 표현하고 있다.[32)

둘째, 집행연구는 그 출발이 50년대와 60년대의 정책실패에 있었던 바, 집행문 제에 관한 처방적 지식(prescriptive knowledge)을 제공하여 정책의 실질적 성과를 높 인다는 것을 무엇보다도 강조하고 있다. Williams는 정책결정자와 집행자를 도와 정 책의 효과성을 올리는 것이 집행연구의 유일한 가치기준이라고 말하고 있다.[33) 이 러한 경향은 조직, 인사, 재무 등의 보다 세부적인 차원에서의 효율성(efficiency)과 효과성(effectiveness)을 넘어 공공행정의 보다 근본적인 목표를 지향하는 것이라 하 겠다.

마지막으로, 집행연구는 정책집행에 대한 포괄적(comprehensive) 이해를 추구하 고 있다. 공간적으로는 목표집단을 포함한 정치적, 조직적, 기술적, 사회경제적 세력 과 요소들 간의 상호작용을 관찰의 대상으로 하고, 시간적으로는 정책결정과 정책효 과를 연결하는 전체적 이해를 시도하고 있다. 후술하겠지만 행정학에 있어서도 정책 집행의 포괄적인 이해를 위한 노력이 없었던 것은 아니다. 하지만 대다수의 연구가 행정조직, 인사, 재무 등의 보다 세부적인 문제에 관심을 기울여 왔었다. 사실상 집행 과정의 포괄적 이해를 위해서는 수많은 변수들의 움직임과 상호관계가 면밀히 추적, 관찰되어야 하는 어려움이 있는지라 보다 연구가 용이한 소수의 변수간의 관계에 주 로 관심을 기울여왔던 것이다.[34)

---

30) Pressman and Wildavsky, 전게서, 2nd edition (1979), p. xxii.
31) Bardach, 전게서, p. 274.
32) 이에 대해서는 Smith, 전게논문, pp. 201-204; Mazmanian and Sabatier, 전게서, p. 22; Byong-joon Kim, "The Policy Involvement of Rural South Koreans in the Implementation of the Village Credit Union Program," Ph. D. Dissertation (University of Delaware, 1984), Ch. I Ch. III. 참조.
33) Williams, 전게논문, p. l.
34) Van Meter and Van Horn, 전게논문, p. 451.

Ⅳ. 집행연구의 성과 및 최근의 동향

1. 성 과

10여 년 동안 정책집행에 대한 나름대로의 관점과 연구방법을 발전시키면서 진행되어 온 집행연구가 애초에 의도했던 성과를 얻었느냐 하는 것은 의문시되는 것 같다. 전술한 바와 같이 집행연구는 그 근본적 취지가 정책결정자와 집행자에게 정책집행에 관한 처방적 지식을 제공하여 집행문제를 완화시키고 정책의 성과를 높이는 것이었다. 하지만 10여 년이 지난 지금, 집행문제의 해결에 대한 공헌은 긍정적으로 평가하기가 힘든 것 같다. 대부분의 집행연구가 사례연구의 형태를 취하고 있는데, 이러한 사실 자체가 좋고 나쁘고 할 것은 없다. 하지만 사례연구란 것은 원래 특정정책을 둘러싼 일련의 사건들에 주안점을 두고 있어 일반화시키기가 힘든 것이다. 게다가 사례분석가 자신들이 연구의 결과를 특정사례 밖으로 일반화시키는 것을 꺼려 결국은 서술적 묘사로만 일관하고, 정책결정자와 집행자에게 정책집행에 관한 지침을 마련하는데 실패하게 된다.[35]

집행연구가 처방적 지식을 전혀 마련하지 못한 것은 아니다. 예컨대, Pressman과 Wildavsky는 정책목적의 효과적 달성을 위해서는 "동의점(clearance points)"을 최대한 적게 거치는 보다 직접적인 수단을 사용하라고 이야기하고 있고,[36] Bardach는 정책결정자들에게 정책을 보다 분명한 언어로 표현할 것과, 결정시에 정책집행을 관료주의적 관점에서 보지 말고 시장과 같은 구조(marketlike machanisms)로 파악해야 된다고 이야기하고 있다.[37] 또한 Paul Berman과 Milbrey McLaughlin은 정책결정자들이 집행의 최일선이 되는 지역에서의 변화를 유심히 관찰할 것과, 보다 적응성 있는 집행을 위하여 최일선기관의 능력을 향상시켜야 된다고 주장하며,[38] Richard Weatherley와 Michael Lipsky도 최일선집행자들의 행위와 능력에 대해서 정책결정자는 깊은 관심을 가지고 있어야 한다고 피력하고 있다.[39] 하지만 이러한 일부연구자

---

35) Elmore, 전게논문, p. 601.
36) Pressman과 Wildavsky는 "clearance point"를 "개별적 관계자들의 동의가 필요할 때(each instance in which a separate participant is required to give his consent)"라고 정의하고 있다. Pressman and Wildavsky, 전게서, p. xxii.
37) Bardach, 전게서, pp. 250-283.
38) Paul Berman and Milbrey McLaughlin, Federal Programs Surpporting Educational Change (Santa Monica, California: RAND Corporation, 1978), pp. 35-43.
39) Lichard Weatherley and Michael Lipsky, "Street-Level Bureaucrats and Institutial Innovation: Implementing Special Educational Reform," *Havard Educational Review*, No.47(May 1977), p.

들의 견해까지도 모호한 점들이 없지 않고 때로는 실무자들 사이에 이미 존재하고 있는 일관성없는 행동지침의 반복에 불과한 경우가 많다. 최근에는 대다수의 집행연구자들도 이러한 경향을 시인하고 있는데, 잘 알려진 집행분석가인 Elmore도 「집행연구는 서술적 묘사에는 길고 처방에는 짧다」고 비판을 하고 처방적 지식와 마련을 위한 이론적 모색을 계속해야 한다고 주장하고 있다.[40]

집행연구는 정책집행에 관한 학술적 공헌이라는 차원에서도 긍정적 평가를 받지 못하고 있는 것 같다. 앞서 논한 바와 같이 일련의 이론적 연구가 계속적으로 행해져 왔으나, 이들 대부분이 후속연구를 위한 이론적 틀이 되기에는 설득력이 부족한 상태에 머물러 있다. 정책집행과정에 관한 모형들만 하더라도 주로 사회학이나 정치학에서 사용되는 일반적인 모형들을 일부수정하여 이용하는 경우가 많은데, 이러한 경우 집행과정의 개괄적 이해에는 도움이 되나 실제연구에 있어서는 체제이론과 같은 일반적 모형이 갖는 문제점을 그대로 가지고 있게 된다. 이중에는 Van Meter와 Van Horn과 같이 중요변수들을 추정해 내고, 이들간의 검증가능한 가설적 관계를 제시해 경험적 연구의 모체가 된 것도 있다.[41] 하지만 후속연구의 이론적 틀이 된다는 사실도 중요하지만, 더욱 중요한 것은 후속연구의 내용을 얼마나 충실히 이끌 수 있느냐 하는 것이다. 즉, 후속연구로 하여금 정책집행에 관해 여지껏 사회과학의 제분야에서 발견하지 못한 새로운 사실을 발견하게 하고 이러한 발견을 근거로 집행문제에 관한 새로운 지식을 제공하느냐는 것인데, 이점에 있어서 집행연구는 다시 한번 부정적 평가를 받게 된다. 예컨대, Jarnis의 전술한 연구는 집행연구의 관점과 연구모형에 이론적 기반을 두고 집행기관 내외의 Communication이 정책효과에 미치는 영향 등에 관한 가설을 세워 Smith 모형의 유용성을 검증하였는데, 가설의 내용자체가 오랫동안 조직학에서 다루어오던 것이라 기존지식의 수준을 넘지 못하였다.[42] 집행연구의 이러한 부진한 성과는 집행연구자 자신들을 포함한 여러 학자들에 의해서 지적되었던 바, Kai Lee는 집행연구가 전통적 행정학이 60년 동안 축적해온 지식위에 더한 것이라곤 조금도 없다는 주장을 서슴치 않고 있다.[43]

196.
40) Elmore, 전게논문, p. 701.
41) Van Meter and Van Horn, 전게논문.
42) Jarnis, 전게논문, Ch. Ⅲ. 참조.
43) Kai Lee, "Review of Eugene Bardach, *The Implementation Game,*" *Policy Sciences*, No. 10 (1978), p. 225.

2. 집행연구의 "처녀지관": 정책집행과 공공행정

집행연구가 양적성장을 거듭했음에도 불구하고 집행문제의 완화라는 그 근본적 목적을 달성하고 있지 못한 것은, 우선 연구가 시작된지 불과 10여 년에 지나지 않는다는 시간상의 이유를 들어 설명할 수 있을 것 같다. 사실상, 어떤 사회과학적 노력이 10여 년만에 사회문제의 해결에 결정적인 공헌을 한다는 것은 쉽지 않은 일이다. 부진한 성과의 원인은 또한 집행문제에 대한 처방적 지식을 제공한다는 목표자체가 실현하기 힘든 것이라는 데서도 찾을 수 있을 것 같다. 사회문제에 대한 처방적 지식의 제공이라는 것은 사회과학전반에 걸쳐 현시점에서는 지나치게 야심적인 과제라 하겠다. 이러한 두 가지 이유만으로도 집행연구의 부진한 성과는 설명될 수 있을 것이다.

그러나, 부진한 성과에 부쳐 집행연구의 정책집행에 관한 "처녀지관(處女地觀)"을 살펴보아야 할 것 같다. 처녀지관이란 정책집행의 문제를 사회과학자들의 관심이 전혀 미친 바 없는 새로운 연구의 대상으로 보는 견해이며, 이러한 관심의 부재를 정책집행을 정책결정과 분리시켜 전자를 본질적으로 비정치적이며 후자의 단순한 기술적 이행으로 이해하는 정책집행관 때문이라 보는 것이다.[44] 즉 정책집행을 비교적 쉽고 자동적인 과정으로 보았기 때문에 정책집행의 문제는 등한시되고 정책자체의 경제적 합리성에만 관심이 기울어져 있었다는 것이다. 이러한 견해는 집행연구의 양적팽창에 결정적인 역할을 했다고 할 수 있으며, 집행연구의 내용과 성과에도 적지 않은 영향을 미쳤다고 사료된다.

처녀지관은 Pressman과 Wildavsky에 의해서 대표된다고 할 수 있는데, 이들은 1973년에 몇 편의 연구를 제외하고는 정책집행에 관한 분석적 노력은 찾아 볼 수가 없다고 주장하였다.[45] 이러한 주장은 Dwight Waldo의 표현을 빌린다면 사회과학의 영역에서 누구의 관심도 닿지 않은 "처녀지(virgin territory)"를 발견했다는 것과 같은 것이라 할 수 있는데,[46] 정책실패의 원인규명에 몰두하고 있던 사회과학자들의 관심을 끌기에 충분히 놀라운 견해였다. 많은 학자들이 뒤이어 같은 주장을 되풀이 하면서 집행연구란 이름아래 정책집행을 연구하게 되었는데, 사실상 정책집행에 관한 처

---

44) 정책집행연구의 이러한 견해는 Smith, Nakamura and Smallwood 등의 저작에서 쉽게 발견할 수 있다. Nakamura and Smallwood, 전게서, pp. 1-3; Smith, 전게논문, p. 197.

45) Pressman and Wildavsky, 전게서, 1st ed., p. 166.

46) Dwight Waldo, *The Enterprise of Public Administration: A Summary View* (Novato, California: Changiler and Sharp Publishers Inc., 1981), p. 74.

녀지관은 초기집행연구의 논리적 전제가 되었다.

여기서 우리는 정책집행(policy implementation)이 공공행정(public administration) 과는 다른 사회현상을 지칭하고 있느냐를 살펴 볼 필요가 있는 것 같다. 만일 그렇다 면 처녀지관이야말로 제반사회문제의 해결을 위한 교두보가 될 수도 있는 것이다. 그 러나, Dwight Waldo가 이야기하는 바와 같이 두 개념 공히 「공공정책을 수행하는 것(to carey out public policies)」을 의미하여 서로 다른 현상을 지칭하고 있는 것 같지 는 않다.[47] 이렇게 볼 때, 공공행정에 관하여 축적되어온 지식을 두고 정책집행을 처 녀지로 보는 것은 지극히 편협한 인식이 되며, 이를 전제로 한 집행연구전반에 걸쳐 오류가 범해졌으리라 생각하는 것은 어렵지 않다.

어떤 의미에서, 처녀지관은 단순히 정책집행에 대한 관심의 부재를 뜻하는 것이 아니라 정책집행을 보는 새로운 관점과 접근방법을 피력하기 위한 것이었다고 볼 수 도 있다. 조금의 관용을 베푼다면 처녀지관은 우선 정책집행을 보는 관점이라는 측면 에서 정책집행을 비정치적이고 자동적인 과정으로 보는 고전적 집행관을 거부하기 위한 것이라 할 수 있다. 그러나 이점에 있어서도 정책집행을 처녀지라 인식하는 것 은 이해가 가지 않는다. 1940년대 이전에 Woodrow Wilson이나 Max Weber의 이론 을 근거로 정책의 집행을 형식적이고 기술적인 차원에서 파악하여 행정과정에서의 인간적 요소와 정치적 요소의 중요성을 간과한 적이 있다. 하지만 1940년대 후반에 이미 Paul Appleby, Philip Selznick, 그리고 Norton Long 같은 학자들에 의해 행정 과정의 정치성이 지적되고 또 관찰되었었다.[48] 이중에서도 특히 Appleby는 행정인 (administrator)이 정책을 수행하는 과정에서 계속적인 세부결정을 내리게 되는 것을 중시하였으며, 정책을 결정의 연속적 과정으로 보아 정치활동의 또 다른 장(another stage of politics)이라는 것을 강조하였다.[49] Appleby적인 행정관은 50년대와 60년대 를 지나면서 반복적으로 확인되어졌고, 고전적 행정관 내지 집행관은 그 단순성으로 인해 강력한 비판의 대상이 되었었다.

60년대 중반에 들어와서도 행정과정의 정치적 역학에 관한 연구들이 대거 행해

---

47) 상게서, pp. 73–74.
48) Paul Appleby, *Politics and Administration* (Tuscaloosa, Alabama: University of Alabama Press, 1949); Philip Selznick, *TVA and the Grass Roots* (Berkeley, California: University of California Press, 1949); Norton E. Long, "Power and Administration," *Public Administration Review*, Vol. 9, (Autumn 1949), pp. 257–264.
49) Appleby, 상게서, pp. 7–8.

졌었는데,[50] William Boyer의 *Bureaucracy on Trial*은 이 중의 하나이다.[51] Boyer
는 우선 정책의 결정과 집행, 즉 행정은 분리될 수 없는 것이라 보았으며 정책은 항
상 집행자의 일련의 후속적 결정에 의해서 집행이 되는데, 이 집행자는 그 주위의 환
경 및 다양한 행위자들과의 상호작용의 관계에 놓여 있으며 후속적 결정을 함에 있어
서는 이들과 계속적인 거래적 행위(transaction)를 하게 된다고 하였다. 즉, 행정을
Max Weber 적 관료제에 의한 정책의 기계적 이행(mechanical application of laws)이
아니라 이익단체, 의원, 집행기관 등의 다양한 집단과 개인들의 조직적이고 목적지향
적인(organized and purposeful) 상호작용으로 특징지워진다고 본 것이다.[52] Boyer
는 행정과정에 관한 그의 인식을 바탕으로 정책집행을 연구하기 위한 개념적 모형
을 제시하였고 다양한 행위자들 간의 상호작용을 유형화시켜 파악하려는 노력도
보였었다.[53]

이렇게 볼 때 70년대에 이르기까지 사회과학자들이 고전적 집행관을 고수하고
있었다는 이해는 타당하지 못한 것이라 할 수 있으며, 정책집행에 대한 처녀지관은
Waldo의 표현을 빌린다면 「공원을 산책하던 아이가 그 안에 있는 연못을 발견했다
고 주장하는 것」이나 다를 바가 없는 것이 된다.[54] Waldo와 같은 맥락 속에서 Kai
Lee는 Pressman, Wildavsky, Bardach 등이 소속되어 있어 정책집행에 관한 처녀지
관의 원천이 되었던 California대학 Berkeley 분교를 "무지의 학교(know-nothing
school)"라 힐난하고 있다.[55]

---

50) 이들 중 대표적인 것들로서는 다음과 같은 저작들이 있다. Grant McConnell, *Private Power
and American Demorcracy* (New York: ' Alfred Knopf, 1966); Theodore J. Lowi, The End of
Liberalism (New York: W.W. Norton & Company, 1969); Lee A. Fritschler, Smoking and
Politics (New York: Appleton-Century-Crofts, 1969): Harold Seidman, Politics, Position,
and Power: The Dyna mics of Federal Organization (New York; Oxford: Oxford
University Press, 1969); and Francis E. Rourke, Bureaucracy, Politics, and Public Policy
(Boston, Massachusetts: Little, Brown and Company, 1969).
51) William W. Boyer, *Bureaucracy on Trial*: Policy Making by Government Agencies
(Indianapolis, New York, Kansas City: The Bobbs-Merill Co. Inc., 1964).
52) 상계서, pp. 169.
53) 특기할 만한 것은 Wildavsky가 1965년에 미정치학회보에 Boyer의 *Bureaucracy on Trial*에 대
한 서평을 한 적이 있는데, 이때 Wildavsky는 Boyer의 견해를 심각하게 받아들이지 않은 것
같다. 그후 약 8년 후 Wildavsky는 정책집행의 복잡한 양상에 대한 연구가 없다고 "처녀지관"
은 편 것이다. Aaron Wildavsky, "Review of William Boyer, Bureaucracy on Trial," *American
Political Science Review*, Vol. 56, (June 1965), p. 479.
54) Waldo, 전게서, p. 74.
55) Lee, 전게서평, p. 225.

처녀지관에 대해서 한번 더 관용을 베푼 확대해석을 내린다면, 그것이 정책집행에 대한 관심의 부재를 의미하는 것이 아니라 기존의 접근방법에 대한 비판과 새로운 접근법의 모색을 주장한 것이라고 해석할 수도 있다. 즉 행정학을 포함한 제반사회과학이 정책집행의 세부적인 면과 소수의 변수들 간의 관계에 주안점을 두고 있어 정책목표와 정책성과를 연결하는 포괄적(comprehensive)이고 정책성과지향적인 접근을 하고 있지 못한 것을 지적한 것이라 할 수 있다. 행정학에 있어서도 정책집행문제에 있어 포괄적이고 성과지향적인 접근을 해오지 않은 것은 아니다. 전술한 Boyer의 연구와 같은 것은 다분히 포괄적 의미를 갖는 것이다. 하지만 대다수의 연구가 조직, 인사, 재무, 권력구조, 정책내용 등의 보다 세부적 문제에 관심을 가져온 것은 사실이고, 특정정책의 차원을 넘어 보다 일반적인 차원에서의 효율성과 효과성을 논해 온 것도 사실이다. 포괄적 연구를 위해서는 정책집행과 관련된 수많은 중요변수들을 확인하고 이들의 움직임과 상호관계를 면밀히 추적, 관찰하여 정책성과와 연결시켜야 하는 어려움이 있었던 것이며, 이러한 어려움은 보다 연구가능(researcheable)한 문제에 관심을 가지게 했던 것이다.56) 이렇게 볼 때 포괄적이고 정책성과지향적인 접근의 부재를 지적한 집행연구의 논리는 타당한 것이라 하겠으며, 대다수 집행연구의 포괄성은 행정학도의 입장에서 볼 때 그 의미가 크다 하겠다. 하지만 포괄적인 연구부재의 근본적 이유를 「정책집행을 쉽고 자동적인 것으로 보았기 때문」이라 여기는 것은 지나친 견해가 아닌가 한다.57) 포괄적이고 정책지향적인 연구의 부족은 그 연구상의 어려움에 있는 것이지 정책집행, 혹은 행정이 단순히 쉽고 자동적인 것이라 인식했기 때문은 결코 아니라는 것이다.

상술한 처녀지관은 집행연구의 내용과 성과에 적지 않은 영향을 미쳤다고 하겠다. 정책집행에 대한 관심을 증대시키고 기존연구들의 비포괄성을 지적하여 포괄적이며 정책성과지향적인 연구를 추구하게 한 것은 높이 평가되겠다. 그러나 전체적으로 보아 집행연구의 부진한 성과의 작지 않은 원인이 된 것도 같다. 처녀지관에 입각한 집행연구자들은 행정학을 비롯한 제반사회과학이 비록 포괄적이지는 못하나 조직, 인사, 재무, 권력구조, 이해집단 등 정책집행의 중요변수나 국면에 관한 지식의 존재를 거부하여, 이를 활용하지 못하였고, 포괄적 연구에 있어서도 연구의 난이성에 비해 처녀지에 대한 열정이 지나치게 앞서 있었던 것 같다. 결과적으로 대다수의 연구가 사례연구의 형태로 정책집행의 정치성을 거듭 "발견"하는데 그치고 있고, 이론적 연

---

56) Van Meter and Van Horn, 전게논문, p. 451.
57) "쉽고 자동적"이라는 어휘의 출처는 Smith, 전게논문, p. 197.

구에도 정책집행의 개괄적 이해에 도움을 주는 정도 이상의 진전은 없는 것이다.

3. 최근의 동향

최근에 있어서도 집행연구는 사례연구를 주로 하여 이루어지고 있으며 모형건립과 같은 이론적 연구가 행해지기도 하나 아직 지배적인 이론적 틀은 나타나지 않은 상태이다. 방법론적인 측면에서도 여전히 경험적인 방법보다는 비조직적인 면담이나 개인적 관찰이 중심이 되고 있는데, 이는 많은 변수와 시간을 포괄하는 정책집행의 경험적 연구가 사실상 불가능하기 때문이며, 계약연구(contract research)시에는 연구의 객관성보다 시기적절한(timely) 정보의 제공이 더 절실하기 때문이라 하겠다.58)

최근에 들어 특기할 만한 변화가 있다면 집행연구자들 스스로에 의해서 집행연구의 논리적 전제와 성과에 대한 자성이 일고 있다는 것이다. 포괄적 연구의 부재가 단순히 정책집행을 「쉽고 자동적인 것」으로 보았기 때문이 아니라 연구의 난이성에 기인한다는 것을 인식하여 연구에 있어 신중을 기하고 있고, 처녀지관도 부정해 나가고 있다. 아직도 일부연구자들이 처녀지관을 견지하고 있는 것은 사실이다. 예컨대 Nakamura와 Smallwood는 Pressman과 Wildavsky 이전의 학자들이 정책집행의 정치성에 관한 지식을 발전시켜 왔음을 인정하면서도 이들을 고전적 집행관에 대한 "도전자"로만 간주함으로써 고전적 집행관이 현대 정치학, 행정학을 지배하고 있다고 보며 정책집행을 여전히 탐구되지 않은 "새로운 세계(newly discovered world)"로 인식하고 있다.59) 하지만 Williams가 논하는 바와 같이 정책집행에 관한 기존의 지식을 인정하는 "겸손한 태도"를 보여주고 있을 뿐만 아니라 포괄적 연구의 어려움을 인식하고 있으며 기존의 지식을 활용하여 그들의 이론적 기반을 발전시키려는 노력을 경주하고 있다.60) 이러한 경향은, 어떤 의미에서는, 집행연구가 정책집행에 관한 전통적인 연구인 행정학에 보다 가까이 접근하고 있는 것이라 하겠다.

V. 결 어

집행연구는 10여 년간 양적성장을 거듭했으며 정책집행에 관한 나름대로의 관점과 접근방법도 모색, 전개해 왔었다. 정책집행에 관한 포괄적이고 정책성과지향적인

---

58) Williams, 전게논문, pp. 1-16.
59) Nakamura and Smallwood, 전게서, pp. 7-19.
60) Williams, 전게논문, p. 15.

연구를 강조해 온 것은 정책집행의 연구에 작지 않은 공헌이라 하겠다. 그럼에도 불구하고 집행문제에 관한 처방적 지식을 제공하여 정책의 성과를 높인다는 소기의 목적은 달성하지 못하고 있으며, 최근에 와서는 연구자들 사이에서도 자신들의 논리적 전제에 대한 자성마저 일고 있다.

집행연구가 소기의 목적을 달성하지 못하고 있다 하여 우리는 집행연구를 그릇된 논리적 전제에 입각하여 지나치게 이상적인 목표를 추구했던 일시적인 사회과학적 열정이라 여겨서는 안 될 것이다. 행정학도로서는 집행연구의 출현이 행정학 자체의 문제와 관련되어 있다는 것을 인식하여야 할 것 같다. 행정학이 집행역학에 대한 체계화된 포괄적 지식의 마련과 집행문제에 대한 처방적 지침의 제공에 효과적이지 못했던 것이 일군의 사회과학자들로 하여금 정책집행을 처녀지로까지 여기게 만든 것이라 할 수 있다. 이렇게 볼 때, 집행연구의 문제는 곧 행정학 자체에 대한 비판과 반성으로 수용되어져야겠으며, 집행연구의 정책성과지향성과 포괄적 관점이 갖는 의미를 행정학적 지식과 결부시켜 앞으로의 집행문제에 대처해야 할 것이다.

한국의 경우, 일반개발도상국들이나 미국과는 달리 강력한 권위주의적 정치문화 속에서 권위의 계층성과 관권이 강조되어 왔었다. 강력한 중앙집권체제가 확립되어 있었고 일선집행기관은 계층적 구조에 의해 그 자율성을 통제받을 뿐만 아니라, 관권과 상위권위에 의해서 주위세력으로부터도 보호되어 왔었다. 집행과정에서의 정치적 행위도 제한된 범위 내에서 이루어지며 정책집행은 그만큼 단순성을 띠어 왔다. 계층적 권위구조는 또한 중요정책의 집행과정에서 문제가 발생하면 대통령 등 강력한 정치적 자원의 보유자들이 소위 "조정자(fixer)"로서 개입하여 문제를 순조롭게 해결하게 하는 환경적 여건을 조성하여 왔다. 따라서 집행문제로 인한 진통은 별로 겪지 않았으며 사공일과 Leroy Jones는 한국은 정책결정보다는 오히려 집행을 더 잘 하는 나라라고까지 말하고 있다. 그러나 현금에 이르러 급격한 사회변화 속에서 전통적 권위체제는 약화되고 관권에 대한 사회세력의 성장도 눈에 띄는 것 같다. 또한 앞으로는 지방분권화와 행정에의 시민참여도 불가피할 것으로 보인다. 이러한 변화가 정책집행을 보다 통제하기 힘든 복잡한 사회현상으로 만들 것이며, 나아가서는 다양한 집행문제가 야기될 것이라 생각된다. 이에 집행연구의 포괄적 관점 및 정책성과지향성을 행정학적 지식과 조화시켜 정책집행에 대한 보다 철저한 이해가 있어야 할 것으로 보인다.

▶ ▶ ▶ **논평**

김용철(부산대학교 행정학과 교수)

1. 총 평

본 논문은 1970년대와 1980년대에 걸쳐 이루어진 정책집행연구에 대한 연구의 내용과 방향에 대한 총괄적인 평가를 한 것으로 그동안 우리나라 정책집행연구의 문제점에 대한 효시적 논평이라는 측면에서 큰 의미와 중요성을 가지고 있다. 본 논문은 당시 정책집행연구의 경향은 짧은 정책학의 역사와 더불어 정책집행에 대한 일천한 역사적 한계를 어떻게 극복할 것인가에 대해 학문적 연구의 이정표를 제시해 준 큰 중요성을 가지고 있다. 또한 당시 기존의 정책집행에 대한 연구의 중심은 단발적인 단순회로적 사례연구만 반복 답습하고 있는 문제점에 대해 날카롭게 비판하면서 이를 통해 앞으로 실용주의적, 현실 처방적 학문연구의 천착을 강조하고 있다. 당시 정책집행연구의 편향적 연구 성향과 연구자들의 굴절된 학문 태도에 대해서도 간접적으로 질타하고 있어 당시 정책집행연구에 대한 종합적인 진단의 완결판으로 높이 평가할 수 있다.

2. 논문의 내용과 주요 특성

본 논문은 우선 미국에서 어떻게 해서 정책집행연구가 시작되었는지에 대한 정책집행연구의 역사적, 시대적 배경을 검토하고 있다.

특히 미국의 존슨 행정부 이후 국가개발계획의 실패와 제반 공공정책과 사업의 실패는 정책 결정에 대한 치우친 불균형적 정책 이해의 기반으로부터 출발하고 있으며, 이는 집행과정상의 여러 이해관계를 복잡하게 고려하지 못한 집행역학의 인식에 대한 부재가 큰 원인이라는 것을 설파하고 있다. 당시까지의 정책집행에 대한 연구를 논문의 저자는 크게 3가지로 구분하여 제시하고 있는 것은 독자들이 당시 정책연구의 패턴을 이해하는데 체계적인 질서를 잡아주는 큰 의미가 있다. 저자는 3가지 유형으로 첫째, Pressman과 Wildavsky 등의 정책 집행을 단순한 기술적 적용과정이 아니라 정치적 상호작용의 측면이라는 논의와 둘째, 집행에 대한 개념적 틀과 일반 방법론에 치중한 Elmore, Berman 등의 사례를 들고 있다. 셋째는 정책집행의 사례와 개별 사업에 대한 논의인데 여기에는 Jarnis, McHenry 등의 연구를 또한 예시로 들고 있다. 이와 같이 당시 정책 집행연구의 전반적인 학설적 흐름을 독자들이 이해하기 쉬운 형태로 구분하여 제시함으로써 정책집행연구의 전반적인 이해가 필요함을 간접적으로 강조하고 있다. 이를 기반으로 저자는 당시 집행연구의 특성으로, 첫째, 집행의 정책합리성뿐만 아니라 각 정책 행위자들 간의 상호거래행위가 개입된다는 사실을 주장하고 있다. 둘째, 집행연구는 정책의 최종효과를 높이는데 그 필요성이 있음을 또한 강조하고 있고, 셋째로는 집행연구의 포괄성을 통해 정책결정과 집행의 연결성과 전체적 이해의 시도에 대한 연구의 특성도 있었음을 지적함으로써 당시 집행연구에 대한 정확한 진단과 이해가 필요함을 호소력 있는 필력으로 독자들에게 강한 메세지를 전달하고 있다.

3. 추천이유와 향후과제

본 논문의 저자는 기본적으로 학문의 연구태도와 결과를 현실 세계의 실상 (factual image)들과 연결하고자 노력하고 있다. 그것은 곧 '정책집행의 연구가 사회문제를 해결하는데 실제로 어느 정도 도움이 되었는가?'의 문제의식을 가지고 출발함으로써 독자들이나 후학들에게 후속적인 정책집행연구에서 이러한 근본적인 문제의식이 수반될 수 있어야 함을 강조하고 있다. 따라서 후속연구자들이나 독자들이 우선 정책집행연구의 이론적 발전이 사회문제 해결이라는 상황을 연계하여 이해하고 이를 통해 정책집행의 효과성을 높일 수 있도록 본 논문이 그러한 연구에 동기를 부여해 주는 긍정적 의미를 또한 가지고 있는 것은 높이 평가할 만하다.

이는 학문적 이론 패러다임의 발전이 이례적 사건(anomaly event)으로 인해 혁명적으로 일어나야 함을 주장하는 T. Kuhn의 이론적 주장과도 일맥상통하는 큰 의미가 있는 것이다. 그동안 당시 국내의 정책집행연구는 미국 등 선진국 이론을 단순 소개하는 수준에 그치고 있고, 사례 연구의 파편화로 인한 정책집행연구의 일반적 모델과 법칙을 제시하는데 소홀히 하고 있음을 또한 지적함으로써 현대 정책집행연구의 종합적인 체계성이 필요함을 역설하고 있다. 본 논문은 기존의 정책집행연구가 관료제적인 기계적 연결체계를 기반으로 하고 있음을 지적하면서 한편 새로운 종합적 시각이 필요함을 주장하고 있어 당시 정책집행연구의 불균형적인 사고 체계를 수정할 필요가 있다는 것을 비판적으로 주장하고 있다. 이것은 학문 발전에 대한 당시의 편향적 한계를 극복하고자 했다는 점에서 저자의 현실사회 문제 해결에 대한 강한 의지를 또한 독자들에게 던져주고 있다. 이것은 저자가 당시 정책집행연구가 단순한 사업과 사례 중심의 논의들에 치중하고 있음을 질타함으로써 새로운 정책집행연구 패러다임의 변화를 촉구했다는 점에서 후속 집행연구의 관점을 교체하는 혁신적 비판 논문이라는 점에서 후학들의 집행연구의 선구자적 귀감이 되고 있다는 것은 매우 높이 평가할 만하다. 이제 21세기는 분권화, 지방화, 정보화 등과 함께 전 세계적으로 제4차 산업혁명이 급격히 몰아치는 시기에 놓여 있고 더불어 정책 환경도 더욱 복잡해지고 그 불확실성이 높아져가고 있는 상황이다. 따라서 정책집행연구체계도 좀 더 넓고 포괄적이며 또한 발전적 진화, 학습, 상호적응, 혁신과 시민참여 등의 개념들과도 연계되어 연구하고 이해됨으로써 정책집행의 동태성을 좀 더 정확히 이해하고 설명하는데 본 저자의 논문이 큰 긍정적 기여를 하고 있다는 것은 특히 높이 평가할 만한 것이라 할 수 있을 것이다.

정부업무 기관평가의 이론적 논고

정부업무 기관평가의 이론적 논고*

김현구(성균관대학교 행정학과 명예교수)

∽ 프롤로그 ∽

이 논문의 함의와 관련하여 '한국과 미국의 정책평가론은 달라야 하는가'라는 투박한 문제를 제기한다면, 본질적으로 달라야 할 이유가 없다는 게 중론일 것 같다. 정책평가란 과학적 방법을 이용하여 정책이 의도한 효과를 가져왔는지를 분석하는 일종의 연구 활동인데, 과학적 연구방법이 국가에 따라 다를 수 없다고 보기 때문일 것이다. 이것이 정책평가에 대한 기존의 관점이다. 사실 양국의 정책평가론 교재를 비교해 보면 내용 구성 면에서 큰 차이를 발견하기 어렵다. 그러나 이 논문은 정책평가론이 국가마다 달라야 한다는 의미를 담고 있다.

필자는 두 가지 경험을 통해 정책평가론의 학문적 정체성에 대해 회의를 품어 왔다. 하나는 학부 강의를 하면서 정책평가론이 조사방법론이나 행정통계론과 중복되는 부분이 너무 많다는 것을 절감하였다. 이들 과목을 같이 수강하는 일부 학생들 보기에 민망할 정도였다. 다른 하나는 국무총리 정책평가위원(2000-2005; 위원장, 2008-2010)으로 정부업무 평가에 참여하면서 정책평가론과 행정 현실의 정책평가 간에 현격한 괴리가 있다는 것을 확인할 수 있었다. 응용학문으로서 정책평가론의 사회적 부적실성(social irrelevance)에 새삼 놀라지 않을 수 없었다.

1998년 <정부업무의 심사평가 및 조정에 관한 규정>을 통해 국무총리 정부업무평가에 처음으로 기관평가제가 도입되고, 2001년 <정부업무 등의 평가에 관한 기본법>에 의해 기관평가제의 법률적 근거가 마련되었다. 기관

---

* 이 논문은 2003년 「한국행정학보」 제37권 4호, pp. 57-78에 게재된 글을 수정·보완한 것이다.

평가는 행정기관이 추진하는 주요업무 전반에 대한 기관 단위의 다원적 종합평가라고 할 수 있다. 전형적인 기관평가는 평가단위의 기관성, 평가대상의 포괄성, 그리고 평가내용의 다원성을 개념 요소로 한다. 이와 같이 정부업무 평가에 기관평가라는 새로운 형식의 평가가 활성화되고 있는 현실을 접하면서 기존의 정책평가 개념으로는 이를 설명하기 어렵다는 생각을 하게 되었다. 이것이 2003년에 이 논문을 작성하게 된 동기이다.

이 연구에서 기관평가의 성격을 규명하기 위해 기존의 정책평가 개념을 '분석적 평가'로 지칭하고, 이와 대비되는 새로운 평가 유형으로 '제도적 평가'라는 개념을 도입하였다. 제도적 평가란 행정의 관리통제 차원에서 정치행정과정의 일환으로 제도화된 정부기관의 공식적 평가를 의미한다. 분석적 평가가 '과학적 방법'에 의해 정책의 가치를 입증(proving)하기 위한 평가라면, 제도적 평가는 과학적 방법도 활용하지만 주로 '평가적 추론'을 통해 정책의 가치를 향상(improving)하기 위한 평가이다. 평가적 추론이란 질적 방법과 기술통계(평가지표), 정책·경제논리, 정치·행정·사회과정, 법적 규범, 전문가의 판단 등에 의한 현실적 평가방법을 말한다.

분석적 평가가 개별 정책 단위로 이루어지는 개별평가라면, 제도적 평가는 평가의 실효성 제고를 위해 기관 단위의 종합평가, 즉 기관평가의 형식을 취하는 경우가 많다. 분석적 평가가 정책의 긍정적 효과 위주로 평가하고 집행과정을 부수적으로 고려한다면, 제도적 평가는 정책효과를 비롯하여 정책결정과 집행과정, 그리고 기관의 관리역량까지도 평가대상으로 포괄한다. 분석적 평가는 효과성이라는 인과논리적 기준 중심의 평가이지만, 제도적 평가는 효과성뿐만 아니라 정책구조적·정치행정적·경제논리적 차원의 다양한 평가기준(논문의 <표 6> 참조)을 고려한다.

정부가 추진하는 모든 정책이 분석적 평가의 대상일 수는 없다. 정책 중에는 성격상 평가적 추론에 의한 판단평가를 요하는 경우도 많다. 더욱이 평가에 소요되는 시간이나 비용 등을 고려한다면 정치행정과정의 일환으로 이루어지는 제도적 평가에 분석적 평가의 활용은 극히 제한적일 수밖에 없다. 이러한 평가현실을 직시하지 못한다면 기존의 정책평가론은 '인과분석 기법의 정책학적 활용'이라는 일종의 방법론으로 치부되고 말 수도 있다. 실제로 이러한 인식에 의해 정책평가론을 이른바 계량행정학(행정통계론, 조사방법론, 관리과학, 정책평가론 등)의 한 분야로 보는 시각도 없지 않다.

정책평가론이 인과적 방법론의 차원을 넘어서려면 평가현실에서 이루어지고 있는 제도적 평가의 영역을 학문적으로 받아들이고 이에 대한 이론적 기반을 다져나가야 할 것이다. 제도적 평가는 '직접' 정치행정과정에서 세 가지의 중요한 기능을 수행한다: (1) 정책과정의 개선에 필요한 환류 정보 제공, (2) 행정의 책임성 확보를 위한 관리통제 정보 제공, (3) 자원(예산)의 효율적 배분을 위한 투입 정보 제공. 제도적 평가는 위에서 언급했듯이 분석적 평가의 현실적 활용이라는 차원을 넘어 독자적 평가 논리와 존재 영역을 가지고 있다. 분석적 평가의 원리는 모든 국가의 정책평가론에 공통적으로 적용될 수 있지만, 제도적 평가는 국가마다 다를 수밖에 없다. 그러므로 한국의 정책평가론은 미국의 정책평가론과 달라야 한다는 것이다. 이는 한국 정책평가론의 '한국화'를 의미한다. 지금 이 논문의 부제를 단다면 '정책평가론의 한국화 논리'가 적당할 듯하다.

한국 행정학의 한국화 문제가 본격적으로 거론되기 시작한 것은 2005년 이후의 일이지만, 필자는 이 논문 작성 당시 정책평가론의 한국화를 어느 정도 염두에 두고 있었던 것 같다. 왜냐하면 정책평가론을 '한국정책평가론'이라는 이름으로 강의하면서 분석적 평가와 제도적 평가를 양대 축으로 삼아 그 내용을 구성했기 때문이다. 좁은 의미로 학문의 한국화라고 하면 '이론의 한국화'를 의미하지만, 넓은 의미로는 '과목의 한국화'까지 포괄한다. 이론의 한국화는 '한국 현실의 보편적 이론화'이자 '한국적 특수의 이론적 보편화'이다. 전자가 한국화의 본질이라면, 후자는 한국화의 정향이다. 과목의 한국화란 한국적 맥락에서 당해 과목 영역의 문제에 대한 보편적 인식과 한국적 인식을 통일적으로 아우르는 일반론적 지식체계의 형성을 말한다. 이는 그 분야의 보편적 일반론을 다루되 한국적 맥락에서의 함의도 같이 논의해야 한다는 것이다. 한국적 맥락이란 한국의 관련 역사·문화, 사상·이론, 제도·정책 등의 상황적 조건을 의미한다. 한국화된 과목 이를테면 행정학·정치학을 각각 한국행정학·한국정치학이라고 한다. 예컨대 박동서(1990)의 「한국행정론」이나 조석준(1992)의 「한국행정학」은 이론의 한국화가 아니라 과목의 한국화를 시도한 것이다.

　　1961년 이후 반세기가 넘는 정부업무 평가의 역사를 통해 이룩한 가장 의미 있는 제도적 성과는 기관평가제의 도입이라고 할 수 있다. 기관평가는 우리 정부가 자체적으로 개발한 한국 특유의 평가 패러다임이다. 2006년 <정부업무평가 기본법>에 의해 정부업무평가가 통합평가제로 전환되었다고 하지만, 다양한 분야별 평가의 '형식적' 통합만 이루어졌을 뿐(김현구, 2006), 실질적으로는 아직도 기관평가제의 연장선상에 있다고 볼 수 있다. 국무조정실의 <2017년 정부업무평가 시행계획>에 제시된 중앙행정기관 평가의 평가 항목을 재분류해 보면 여전히 정책과제평가(국정과제, 일자리 창출, 규제개혁), 관리역량평가(갈등관리, 현안관리, 인권개선, 특정시책), 국민만족도평가(정책만족도, 소통만족도)로 구성된 "기관종합평가"의 틀을 그대로 유지하면서 기관별 평가결과를 등급화하여 공개하는 것으로 되어 있기 때문이다(국무조정실, 2017).

　　사회과학이 추구하는 보편성은 이성의 기획에 의한 '추상적 보편성'이 아니라 사회현실의 특수에 토대하는 '구체적 보편성'이다. 더구나 평가대상인 정책은 특정 국가의 정부기관이 그 사회의 공공문제 해결을 위해 제시한 방안이 아닌가. 때문에 정책평가 담론에서 국가라는 존재를 도외시할 수 없다. 정책평가론이 인과적 방법론의 차원을 넘어 정책학의 한 분과로서 학문적 정체성을 확립하려면 제도화된 평가현실에 주목해야 한다. 한국 정책평가론이 한국의 제도적 평가를 외면한다면 살아있는 학문이 될 수 없다. 미국식 '분석적 평가론'의 한계를 극복하고 진정한 '한국정책평가론'을 정립하기 위해 한국형 기관평가에 대해 많은 후속 연구가 이루어지기를 기대한다.

참고문헌

국무조정실. (2017). 「2017 정부업무평가 시행계획」, 2017. 7. 4.

김현구. (2006). "「정부업무평가 기본법」의 논리와 과제: 평가성공의 제도적 요인 분석." 「정책분석평가학회보」, 16(4): 1–28.

박동서. (1990). 「한국행정론」(제3전정판). 법문사.

조석준. (1992). 「한국행정학」(제2전정판). 박영사.

〈요 약〉

최근 정부업무의 기관 단위 평가가 활성화되고 있지만, 이에 대한 이론적 논의는 아직 탐색 단계에 머물고 있다. 이 논문에서는 기관평가의 제도적 정착을 위한 이론적 토대를 마련하고자 한다. 한국 특유의 기관평가는 행정기관이 추진하는 주요업무 전반에 대한 기관 단위의 다원적 종합평가이다. 전형적인 기관평가는 평가단위의 기관성, 평가대상의 포괄성, 그리고 평가내용의 다원성을 개념 요소로 한다. 과학적 연구를 통해 개별 정책의 효과성을 입증하는 미국식의 전통적 정책평가 개념으로는 이러한 기관평가의 논리를 설명하기 어렵다. 정치행정과정에 제도화된 기관평가는 과학적 방법도 활용하지만 주로 평가적 추론에 의존하기 때문이다. 기관평가의 활성화로 정책평가론은 이제 더 이상 과학주의 패러다임에 갇혀 있는 상아탑의 학문으로 안주할 수 없게 되었다. 이 논문에서는 조직론적 개념 틀과 평가론적 실행 논리를 통합한 정책총합평가모형을 기관평가의 접근방법으로 제시한다. 이는 정책평가를 조직현상으로 보고 조직의 전략적 목표 달성을 위해 추진하는 다양한 정책을 다원적으로 평가하는 방식의 모형이다. 이에 따라 정책과제평가의 기준도 정책구조적·정치행정적·경제논리적 차원에서 제시한다. 이 연구의 함의는 미국식 '분석적 평가론'의 한계를 극복하고 진정한 '한국정책평가론'을 모색하자는 것이다.

I. 머리말

큰 틀에서 보면 한국의 국정평가 시스템은, 행정부 내부평가인 국무총리 정책평가위원회의 정부업무평가를 비롯하여 준외부평가[1]인 감사원의 감사평가(관리통제감사), 권력분립적 견제 차원의 외부평가인 국회의 감시평가(국정감사의 정책감사)와 사법부의 판결평가(정책의 근거 법령에 대한 합법성 판결)의 네 부문으로 구성되어 있다.[2]

---

1) 일반적으로 행정통제를 내부통제와 외부통제로 구분하지만, 「감사원법」 제2조에 "감사원은 대통령에 속하되, 직무에 관하여는 독립의 지위를 가진다"라고 규정하고 있어 감사원 감사는 준외부통제로 볼 수 있으므로(김현구, 1990: 185 - 186), 감사원 감사에 의한 관리통제 차원의 정부업무 평가를 준외부평가로 분류하였다.

2) (준)외부평가인 감사평가, 감시평가, 판결평가는 각각 행정기관에 대한 감사원의 감사(audit), 행정부에 대한 국회의 감시(oversight), 정책의 근거 법령에 대한 사법부의 판결(judgement) 차원에서 이루어지는 '제도적 평가'라는 의미에서 붙인 명칭이다.

감사원의 성과감사를 비롯한 성과 관련 각종 감사는 행정에 대한 관리통제 차원의 정책평가이다. 국회의 모든 국정감사 활동을 정책평가로 볼 수는 없지만 이른바 '정책감사'는 정치적 성격이 강한 정책평가라고 할 수 있다.[3] 같은 맥락에서 사법부의 모든 판결이 정책평가일 수는 없지만 정책의 근거 법령에 대한 사법부의 위헌·위법 여부 판결은 합법성 기준에 의한 정책평가로 보지 않을 수 없다. 법치주의 국가에서 정책은 헌법적 가치와 상위 법령의 의도를 구현해야 하기 때문이다.

국정평가 시스템의 근간을 이루고 있는 행정부 내의 정부업무평가는 1961년 군사정부가 심사분석제를 도입한 이래 네 단계의 제도적 발전 과정을 거쳐왔다: ① 심사분석기(1961. 8. 25.－1990. 4. 15.), ② 심사평가기(1990. 4. 16.－1998. 4. 14.), ③ 기관평가기(1998. 4. 15.－2006. 3. 30.), ④ 통합평가기(2006. 4. 1.－). 기관평가는 김대중정부가 출범하면서 1998. 4. 15. 개별 정책 단위의 심사평가가 갖는 한계를 극복하기 위해 <정부업무의 심사평가 및 조정에 관한 규정>(이하 <신심사평가규정>)을 전면 개정하여 도입한 기관 단위의 종합평가 제도이다. 그 뒤 2001. 1. 8. <정부업무 등의 평가에 관한 기본법>(이하 <평가기본법>)을 제정·공포하여 기관평가의 실효성 제고를 위한 법률적 근거를 마련하였다.[4]

기관평가제는 민주화의 진전과 성과중심의 공공관리에 힘입어 행정의 새로운 관리통제 장치로서의 가능성을 보여주고 있다. <평가기본법>에 의한 정부업무의 기관평가로는 중앙행정기관평가, 중앙행정기관 자체평가, 중앙행정기관 소속기관평가, 지방자치단체평가, 지방자치단체합동평가 등이 운영되고 있으며, 개별법에 의한 기관평가에는 책임운영기관평가, 정부투자기관경영평가, 지방공기업경영평가, 정부출연기관평가 등이 있다. 이와 같이 행정 현실에서 활성화 되고 있는 기관평가를 기존의 정책평가 개념으로는 제대로 설명하기 어렵다. 전통적인 정책평가가 '과학적 방법'에 의해 정책의 가치를 입증(proving)하기 위한 개별 정책 단위의 평가라면, 정부업무의 기

---

3) 정책감사는 "감사의 차원에서 공공정책을 분석·평가하여 입법의도가 제대로 실현될 수 있도록 당해 정책 및 관련 제도의 개선을 촉구하는 관리지향적 입법통제 활동"을 의미한다(김현구, 1999: 402). 정책감사는 원래 감사원이 1985－1987년 간 채택했던 현대적 성과감사의 명칭이었으나, 1998년 국회의 국정감사가 부활되면서 이 용어가 국회로 넘어가 정략적인 '정치감사'와 대비되는 국정감사의 접근방법으로 자리 잡고 개념화되었다.

4) 행정부 내의 정책평가를 '정부업무평가'로 부르는 것은 <정부업무 등의 평가에 관한 기본법>의 명칭에서 비롯된 것이다. 김대중정부에 들어와서도 1998－2000년에는 <정부업무 심사평가 지침>이라고 하여 종전의 심사평가라는 용어를 그대로 사용하다가 2001. 1. 8. 동법이 제정·공포되면서 <2001년도 정부업무평가 지침>(2001. 2. 23.)에 처음으로 정부업무평가라는 용어를 사용하기 시작하였다.

관평가는 과학적 방법도 활용하지만 주로 '평가적 추론'에 의해 정책의 가치를 향상 (improving)하기 위한 기관 단위의 평가이기 때문이다. 기관평가에 대한 이론적 논의 는 아직 탐색 단계에 불과하다.

이 논문은 한국 특유의 기관평가가 제도적으로 정착될 수 있는 이론적 토대를 마 련하는 데에 그 목적이 있다. 이를 위해 먼저 정책평가의 개념을 재조명하여 기관평 가의 개념적 논거를 확고히 한 다음, 이에 기초하여 기관평가의 성격을 규정하고 접 근방법과 활용의 문제를 논의한다. 그리고 기관평가의 근간을 이루는 정책과제평가에 대해 정책과정별로 정책구조·정치행정·경제논리의 차원에서 다양한 평가기준을 제 시하고자 한다. 이 연구가 최근 한국의 제도적 평가에 활성화되고 있는 기관평가의 이론적 성격을 밝히고 제도적 발전을 모색함으로써 진정한 '한국정책평가론' 정립의 논거 확보에 도움이 될 수 있기를 바란다.

II. 정책평가 개념의 재조명

1. 정책평가의 개념 분석

기관평가를 이해하기 위해서는 먼저 정책평가의 개념을 분석적으로 살펴볼 필요 가 있다. 정책평가는 평가대상인 '정책'과 정책에 대해 값을 매기는 '평가'를 어떤 관 점에서 바라보고 조합하느냐에 따라 그 의미가 달라진다.

'정책'에 대하여는 결정된 내용 위주로 이해하는 정태적 관점과 결정 이후의 전 개 과정까지 고려하는 동태적 관점이 있다. 정태적 관점으로 보면 정책은 정부기관이 사회문제 해결을 위해 설정한 목표와 추진방침이다. 문제를 해결하려면 당연히 정책 이 실행되어 효과를 나타내야 한다. 동태적 관점의 정책은 이를 감안하여 정책결정은 물론이고 집행과 성과로 이어지는 일련의 정책과정과 같은 의미로 쓰인다. 일반적으 로 정책이라고 하면 정태적 의미로 사용되지만, 평가대상으로서의 정책은 동태적 개 념으로 접근해야 할 것이다.

정책에 대한 '평가'는 접근방법, 평가주체, 평가단위의 세 차원에서 살펴본다. 첫 째, 평가의 접근방법에 대하여는 Suchman(1967: 7-8)의 견해가 유용한 시사점을 준 다. 그는 평가(evaluation)와 평가연구(evaluative research)를 구별한다. 전자가 사회과 정에 의한 평가로 어느 정도의 논리적 근거를 가지고 정책의 가치를 주장(asserting)하 는 것이라면, 후자는 과학적 연구방법을 활용하는 평가로 경험적 자료를 객관적으로 분석하여 정책의 가치를 입증(proving)하는 활동이다.[5] Cordray & Lipsey(1986: 19-20)도 사업 차원에서 사업평가와 사업연구를 구별한다. 전자가 평가적 의도를 가지고 사업의 가치를 '확인'하는 작업이라면, 후자는 사업 활동과 그 결과 간의 인과관계를 '입증'하기 위한 과학적 연구를 의미한다. 과학적 분석에 의해 정책의 영향을 입증하는 평가연구에는 많은 시간과 비용이 소요되므로, 이를 위주로 현실의 정부업무 평가를 수행하기는 어렵다. 그래서 Rossi 외(1999: 268-269)는 과학적 평가와 대비되는 실용적 평가 방법으로 전문가·행정가·참여자 등의 판단에 의해 정책영향을 추정하는 판단적 접근(judgemental approach)을 제시하기도 한다.

　　Fischer(1995: 17-23)는 사실과 가치의 분리를 주장하는 실증주의적 정책평가의 한계를 극복하기 위해 양자를 아우르는 실제적 평가(practical evaluation) 담론을 강조한다. 그는 <표 1>에서 보듯이 구체적·경험적 수준에서부터 추상적·규범적 수준에 이르는 네 단계의 상호 연관된 평가담론을 제시하고 있다. 첫째, 가장 구체적이고 경험적인 수준은 경험적 검증의 논리인 기술적·분석적 담론(technical-analytical discourse)으로 사업이 의도한 구체적 목표가 실제로 달성되었는지를 파악하는 결실(outcome) 중심의 전통적 접근이다. 두 번째는 상황적 타당화의 논리인 맥락적 담론(contextual discourse)으로 사업의 목표가 문제의 상황에 적합한 것인지를 검토하는 목표(objective)지향적 접근이다. 세 번째는 범사회적 정당화의 논리인 체제담론(system discourse)으로 정책의 목적(goal), 즉 상위목표가 사회전체의 가치에 기여하는 것인지를 평가하는 목적 중심의 접근이다. 마지막으로 가장 추상적이고 규범적인 수준은 사회적 선택의 논리인 이념적 담론(ideological discourse)으로 기존의 사회질서를 규정하는 이념이 과연 정책갈등의 해결에 정당한 논거가 되고 있는지를 평가하는 가치

표 1 평가담론의 기본 유형: 사실과 가치의 통합

		평가담론	평가논리	평가요소
평가수준	추상적·규범적 ↑	이념적 담론	사회적 선택	가치
		체제담론	범사회적 정당화	목적
		맥락적 담론	상황적 타당화	목표
	구체적·경험적 ↓	기술적·분석적 담론	경험적 검증	결실

자료: Fischer(1995: 17-23)의 정리.

---

5) Nachmias(1980: 2-3)도 같은 맥락에서 인간 본연의 활동으로서의 평가(evaluation)와 과학적 연구활동으로서의 평가인 평가연구(evaluation research)를 구별한다.

(value)지향적 접근이다.

이와 같이 경험적 검증에 의한 기술적·분석적 담론이 정책평가의 유일한 접근방법은 아니다. 정책평가론이 정책학의 한 분과 학문으로서 온전히 자리매김하려면 지금까지 도외시했던 보다 추상적이고 규범적인 평가 담론, 즉 실용적·현실적 평가를 학문적 논의의 장으로 끌어들여야 한다. 여기서는 과학적 연구방법에 의해 정책의 가치를 입증하는 전통적 의미의 평가를 분석적 평가(analytical evaluation),[6] 평가적 추론에 의해 일정한 논거를 가지고 정책의 가치를 판단하는 실용적 평가를 판단평가(judgemental evaluation)로 부르기로 한다. 평가적 추론(evaluative inference)은 질적 방법과 기술통계(평가지표), 정책·경제논리, 정치·행정·사회과정, 법적 규범, 전문가의 판단 등에 의한 현실적 평가방법이다. 평가적 추론에 의한 판단은 분명한 논리적 근거를 갖는다는 점에서 단순한 상식적 판단과는 다르다. 판단평가는 평가자의 독단에 좌우될 우려가 없지 않으나, 과학적 분석을 적용하기 어려운 규범적인 평가문제나 낮은 비용으로 신속한 평가를 요하는 경우에는 유용한 접근방법이다. Fischer(1995)가 제시한 네 가지 유형의 평가담론 중 기술적·분석적 담론은 분석적 평가에 해당되고 나머지는 넓은 의미의 판단평가에 속한다고 볼 수 있다.

평가 개념의 두 번째 차원인 평가주체에 따라 정책평가를 정부기관에 의한 제도적 평가(institutionalized evaluation)와 민간에 의한 비공식 평가(informal evaluation)로 구분할 수 있다. 제도적 평가란 행정의 관리통제 차원에서 정치행정과정의 일환으로 제도화된 정부기관의 공식적 평가를 의미한다. 제도적 평가의 목적은 정책과정의 개선, 행정의 책임성 확보, 그리고 자원(예산)의 효율적 배분에 있다. 제도적 평가는 실용적인 판단평가를 위주로 하지만 필요에 따라 분석적 평가를 활용하기도 한다. 비공식 평가는 개인이든 조직이든 민간이 정부업무를 비판적으로 확인·검토하는 사적 영역의 평가 활동이다. 비공식 평가도 분석적 평가 또는 판단평가의 접근방법을 활용한다.

위에서 언급한 접근방법과 평가주체의 두 기준을 조합하면 <그림 1>과 같이 네 가지 유형의 평가를 도출할 수 있다. 정부기관의 분석적 평가(A)는 정부기관이 내부 전문가 또는 외부용역에 의한 과학적 평가연구를 근거로 수행하는 공식적 평가이고, 정부기관의 판단평가(B)는 정부기관이 평가적 추론을 통하여 정책을 확인·검토하는 공식적 평가이다. 민간의 분석적 평가(C)는 연구기관이나 학자와 같은 민간 전

---

6) 분석적 평가를 '과학적 평가'라고 할 수도 있으나 정책결정의 문제를 과학적 방법으로 접근하는 것을 '정책분석'이라고 하므로 이와 대칭적인 의미에서 '분석적 평가'라고 하였다.

그림 1 평가주체와 접근방법에 의한 평가 유형

		평가주체		
		정부기관	민 간	
접근방법	과학적 연구	정부기관의 분석적 평가 (A)	민간의 분석적 평가 (C)	**분석적 평가**
	평가적 추론	정부기관의 판단평가 (B)	민간의 판단평가 (D)	판단평가
		제도적 평가	비공식 평가	

문가의 과학적 연구에 의한 평가를 말한다. 언론·이익집단·시민단체 등에 의한 여론평가는 대체로 민간의 판단평가(D)에 해당된다. 정부기관이 C의 결과를 근거로 공식적인 평가를 한다면 A 형식이 되고, D의 결과를 근거로 공식적인 평가를 한다면 B형식이 될 것이다. 이들 평가유형 중 우리가 특별히 관심을 갖는 것은 정부기관이 시행하는 제도적 평가(A, B)와 과학적 연구방법을 활용하는 분석적 평가(A, C)이다. 전자는 정치행정과정의 일환으로 이루어지는 평가이므로 현실적인 면에서, 후자는 과학적 연구 활동에 의한 평가이므로 학문적인 면에서 그 의의가 있기 때문이다.

평가 개념의 세 번째 차원인 평가단위는 정책평가를 통해 값을 매기려고 하는 궁극적인 대상을 말한다. 평가단위에는 개별 정책과 정책기관이 있다. 개별 정책 단위의 평가를 개별평가(협의의 정책평가), 정책기관 단위의 종합평가를 기관평가라고 한다. 평가단위가 다르면 평가를 위한 자료수집, 평가활동, 그리고 결과처리의 대상이나 차원이 달라지게 된다.

2. 정책평가의 기존 개념

현대적 정책평가는 1970년대 초 미국에서 예산사업의 효과성 검토라는 현실적 필요에 의해 태동한 것이므로, 정책수단과 효과 간의 인과관계 규명에 초점을 맞추어 왔다. 이러한 흐름이 미국의 과학주의 행태론을 등에 업고 오늘날 정책평가론에서 논의하는 정책평가 개념에 그대로 반영된 것이다.

정책평가에 대하여 Wholey 외(1971: 15)는 "국가사업의 목표달성을 향한 전반적 효과성의 검토"로, Dye(1984: 344)는 "공공정책의 추진결과(consequences) 파악"으로,

Dunn(1994: 404)은 "정책결실의 가치에 대한 정보생산"으로 정의한다. 이들은 평가대상으로서 정책의 효과성에 초점을 맞춘다.

정책효과 외에 집행과정이나 정책설계를 평가대상으로 포함시키는 일부 학자들도 있다. Chelimsky(1985: 7)는 정책평가를 "사업의 설계, 집행, 그리고 효과성을 검토하기 위한 체계적 연구방법의 적용", Smith(1989: 13)는 "사업의 목적달성을 향한 운영상태와 효과의 검토", 정정길(2004a: 17)은 "정책집행이 일어난 이후에 집행과정이나 정책결과를 대상으로 하는 평가적·지적 활동"으로 규정한다. 이들은 인과적 효과성평가를 기본으로 하되 효과의 진단 차원에서 집행과정이나 정책설계에 대한 검토를 고려하는 입장이라고 할 수 있다.

과학적 연구라는 평가방법을 강조하는 정책평가의 정의로는 "사업 운영의 효과성을 측정하기 위한 연구방법의 적용"(Rutman, 1980: 17), "달성하려는 구체적 정책목표에 대한 효과의 객관적·체계적·경험적 검토"(Nachmias, 1979: 4), "정책의 결과를 이해하고 그 값어치를 따져보기 위해 사회과학에서 발전시킨 여러 가지 연구방법과 원리들을 응용하는 일종의 응용연구"(노화준, 2006: 2) 등이 있다.

요컨대 기존의 정책평가론에서는 정책평가를 효과성에 초점을 맞추어 정책의 가치를 과학적으로 입증하는 연구 활동으로 파악한다. 집행과정이나 정책설계는 정책효과의 진단 차원에서 검토하지만, 정책결정 자체에 대한 분석적 평가는 정책분석의 영역으로 보는 것 같다. 기존의 정책평가 개념은 결국 효과성 위주의 분석적 평가(<그림 1>의 A와 C)에 해당된다고 할 수 있다.

3. 정책평가의 개념적 확장

Dunn(1994: 419)이 지적한 대로 "중요한 정책문제 중에는 너무나 복잡하게 뒤엉켜 있어 정책분석의 문제해결 모형을 적용하는 것이 부적절하거나 불가능한 경우가 많다." 같은 맥락에서 모든 정책이 과학적 방법에 의한 분석적 평가의 대상일 수는 없다. 정부가 추진하는 정책 중에는 성격상 의미 있는 분석적 평가를 적용하기 어려운 정책이나 법적·정치적·행정적·사회적 차원의 평가를 요하는 정책도 많다. 더욱이 평가에 소요되는 시간이나 비용 등을 고려한다면 실제로 정부업무의 제도적 평가에 분석적 평가의 활용은 극히 제한적일 수밖에 없다.

현실적으로는 결정된 정책 자체에 대한 평가도 중요한 의미를 갖는다. 현저히 잘못된 정책결정은 평가를 통해 사전에 차단하는 것이 바람직하기 때문이다. 정책평가의 실효성을 높이기 위해서는 정책의 개념을 동태적으로 파악하여 정책효과뿐만 아니라 집행과정과 정책결정까지도 포괄하고, 평가의 접근방법으로 과학적 연구뿐만 아니라 평가적 추론까지 활용할 필요가 있다. 평가단위도 개별 정책의 수준을 넘어 조직 차원의 정책총합(policy-sum)을 다루는 기관으로 확대해야 할 것이다.

이러한 평가현실을 직시하지 못한다면 정책평가론은 '인과분석 기법의 정책학적 활용'이라는 일종의 방법론으로 치부되고 말 것이다. 이는 현실과 유리된 실증주의 행태론에 빠져 사회적 적실성(social relevance)을 상실했던 미국 사회과학의 오류를 답습하는 것과 크게 다를 바가 없다. 정책평가론이 정책학의 한 분과로서 학문적 정체성을 확립하려면 정치행정과정에서 이루어지고 있는 제도적 평가의 영역을 학문적으로 받아들이고 이에 대한 이론적 기반을 다져나가야 할 것이다. 제도적 평가는 '분석적 평가의 현실적 활용'이라는 차원을 넘어 독자적인 평가 논리와 존재 영역을 가지고 있기 때문이다. 제도적 평가는 평가의 대상·성격·주체·목적·단위·기준 등에서 분석적 평가와 차별화된다.

첫째, 평가 대상인 정책에 대하여 분석적 평가가 정책효과(효과성) 위주로 평가하고 집행과정을 부수적으로 고려한다면, 제도적 평가는 정책효과뿐만 아니라 정책결정과 집행과정, 그리고 기관의 정책 관리역량까지도 평가대상으로 포괄한다. 둘째, 평가의 성격상 분석적 평가가 과학적 방법에 의한 일종의 연구 활동이라면, 제도적 평가는 과학적 연구도 활용하지만 주로 정부기관의 평가적 추론에 의한 공식적 관리통제 활동이다. 정책의 개념과 평가의 접근을 중심으로 분석적 평가와 제도적 평가를 대비하면 <그림 2>와 같다.

셋째, 분석적 평가는 다양한 공식적·비공식적 평가자에 의해 이루어지지만, 제도적 평가는 법적 권한을 가진 정부기관이 평가의 주체가 된다. 넷째, 분석적 평가의 목적이 정책가치의 입증(proving)에 있다면, 제도적 평가의 목적은 정책가치의 향상(improving)에 있다. 다섯째, 분석적 평가는 주로 개별 정책 단위로 이루어지지만, 제

그림 2 분석적 평가와 제도적 평가

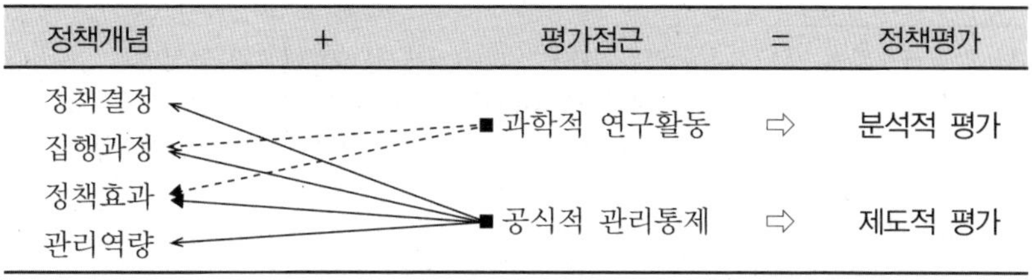

도적 평가는 평가의 실효성 확보를 위해 기관 단위의 종합평가 형식을 취하는 경우가 많다. 여섯째, 분석적 평가는 인과논리적 평가기준인 효과성을 위주로 하지만, 제도적 평가는 효과성뿐만 아니라 정책구조적·정치행정적·경제논리적 차원의 다양한 평가기준을 적용한다. 마지막으로 이들의 관계를 보면, 제도적 평가를 보완하기 위해 별도의 심층평가가 요구되는 경우(예: 핵심과제의 영향분석, 평가지표 추세의 이변 발생) 분석적 평가를 활용하게 된다.

Ⅲ. 정부업무 기관평가의 논리

1. 기관평가제의 도입 배경

김대중정부가 출범하면서 1998. 4. 15. <신심사평가규정>을 통해 기관평가제를 도입하게 되었다. 당시 국무조정실은 규정 개정 이유(대통령령 제 15774호)에서 기존 심사평가의 두 가지 문제점을 적시했다. 하나는 심사평가가 개별시책 및 단위사업 위주로 이루어짐으로써 부처의 업무 추진력에 대한 종합적 평가가 미흡하다는 것이고, 다른 하나는 공무원 중심의 평가로는 평가의 객관성과 전문성 확보가 어렵다는 것이다. 따라서 정부업무 추진의 효율성과 책임성을 제고하여 원활한 국정운영을 뒷받침할 수 있도록 민간 전문가로 구성된 정책평가위원회가 각 부처의 업무추진 성과와 추진주체의 행정역량을 종합적으로 평가할 수 있는 기관평가제를 도입한다는 것이다.7) 그 뒤 <신심사평가규정>을 확대·발전시켜 2001. 1. 8. <평가기본법>을 제정·공포하고 2001. 5. 1.부터 시행함으로써 기관평가제의 법률적 장치를 확고히 하였다.8) 국무조정실이 당시 정부업무에 기관평가라는 강력한 평가제도를 도입할 수 있었던 것은 다음과 같은 세 가지 여건이 호의적으로 작용했기 때문이다.

첫째, 기관평가는 김대중정부의 신공공관리(new public administration, NPM) 개혁 기조와 부합되는 제도였다. 성과와 고객 그리고 시장논리를 강조하는 NPM은 외환위기로 인한 IMF 관리체제를 정부실패로 규정하는 신자유주의 이념과 맞물려 김대중정

---

7) 이미 김영삼정부의 세계화추진위원회(1997: 8-12)에서 1997년 7월 국정평가 기능의 강화를 위해 민간 전문가로 구성된 정책평가위원회(30명 내외) 설치, 대통령 주재 평가보고대회 개최 (연 2회), <정책평가 및 조정에 관한 법률> 제정, 국정전반에 대한 종합평가체계 구축 등 기관평가제의 골격을 건의한 바 있다.

8) 당시 <평가기본법> 제정의 실무를 담당했던 국무조정실의 심오택(2001) 과장은 기관평가제 도입의 필요성으로 평가체계의 효율화, 국민적 요구 및 행정추세, 지방자치단체 평가의 근거 확보, 관련 평가기능 간의 연계, 정책평가위원회의 심의기능 강화 및 자체평가의 활성화 등을 들고 있다.

부의 행정개혁 기조로 자리 잡게 되었다. 당시 김영삼정부의 정책실패에 대한 책임 문제가 제기된 상황에서, 기관장의 책임성 확보가 용이한 기관평가제는 목표관리제, 성과급제, 성과주의예산, 개방형임용제, 책임운영기관제 등과 같이 NPM을 구현할 개혁 과제로 부상하게 되었다.

둘째, 당시 김대중정부에 정치적 지분을 가진 실세 총리(김종필)의 등장이 기관평가제의 도입과 기반 형성에 기여하였다. 김대중정부 출범과 동시에 1998. 2. 28. 차관급인 행정조정실장을 장관급의 국무조정실장으로 격상시키는 등 국무총리의 국정통할권 강화가 현안과제로 떠올랐다. 이러한 상황에서 기관장의 업무성과와 관리책임을 강조하는 기관평가제는 정치적 설득력을 확보하게 되었고, 이로 인해 국무총리의 평가 기능 강화에 거부감을 갖고 있던 중앙행정기관의 저항을 사전에 차단할 수 있었다.9)

셋째, 기관평가제 도입을 위한 내부여건이 성숙되어 있었다. 당시 공공부문에서도 대학평가, 정부투자기관경영평가, 과학기술연구소평가 등 기관평가가 확산되는 추세였으며(김명수, 2000: 281), 국무총리 행정조정실에서는 이미 김신복 외(1994)의 <부처종합평가를 위한 평가편람 작성 연구>라는 용역과제 보고서를 토대로 부처종합평가라는 이름으로 일종의 기관평가 시행에 지속적인 관심을 기울여 왔다.

2. 기관평가의 개념

한국의 기관평가는 행정 현실에서 실무적으로 정립·활용되어 온 개념이다. 김신복 외(1994: 11)는 행정조정실의 용역과제 보고서에서 기관평가를 "개별정책 외에 정책을 추진하는 체제를 포함한 종합적인 행정역량과 행정의 역할구조의 타당성과 적합성 등을 종합적으로 평가하는 것"으로 폭넓게 규정했다. 국무조정실의 차의환 (2002: 240)은 실무적인 관점에서 중앙행정기관에 대한 기관평가를 "각 부처의 행정을 포괄적으로 평가하는 방식", 즉 "'성과평가＋정책추진역량평가＋국민중심평가'의 종합된 형태"로 정의하고, 김명수(2000: 278−279)는 기관평가를 기관의 임무수행, 목표달성, 정책관리, 기반구축·운영 등의 기관역량을 검토하는 것으로 이해한다. 한편 <평가기본법>(제2조 3항)에서는 기관평가를 "행정기관을 대상으로 업무의 추진내용 및 집행성과, 이를 추진하는 기관의 역량, 업무추진에 대한 국민 만족도 등을 종합적

---

9) 김명수(2000: 283)도 기관평가제는 평가대상 영역을 확대하고 기관장을 공개적으로 평가한다는 점에서 평가를 받아야 하는 중앙행정기관으로서는 부담스런 제도였지만, 당시 강한 국무총리의 등장으로 이에 대한 잠재적 저항과 반대를 잠재울 수 있었다고 본다.

> **그림 3** 기관평가의 개념 요소와 개별평가

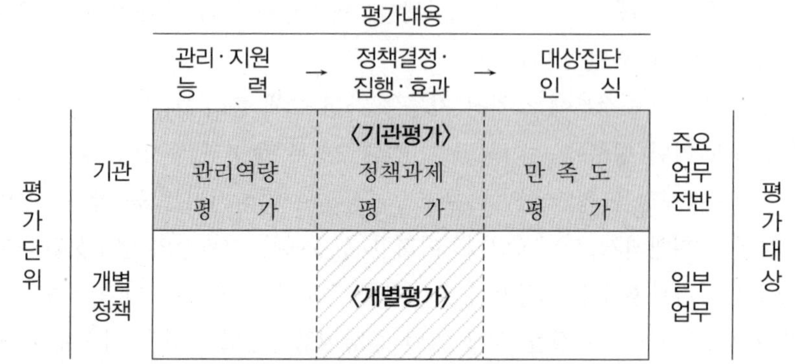

```
                        평가내용
        ┌──────────────────────────────────────┐
        관리·지원  →  정책결정·  →  대상집단
          능 력       집행·효과      인 식
        ┌──────────────────────────────────┐
   기관  │ 관리역량    정책과제    만족도 │ 주요
        │  평 가      평 가      평 가   │ 업무
평       │        〈기관평가〉           │ 전반
가       └──────────────────────────────────┘          평
단   개별 │                              │ 일부        가
위   정책 │        〈개별평가〉           │ 업무        대
        └──────────────────────────────────┘          상
```

으로 평가하는 것"으로 정의하고 있다.[10]

어떤 기관이든 그 조직의 목적 달성을 위해 다양한 정책(사업)을 추진하게 마련
이다. 기관평가는, 정책평가를 기관의 활동과 운영 차원에서 파악하는 것이므로, 행
정기관이 추진하는 주요업무 전반에 대한 기관 단위의 다원적 종합평가라고 할 수 있
다. 전형적인 기관평가는 <그림 3>에 제시된 바와 같이 평가단위의 기관성, 평가대
상의 포괄성, 그리고 평가내용의 다원성을 개념 요소로 한다. 우선 기관평가에서 평
가를 통해 값을 매기려고 하는 궁극적인 대상은 개별 정책이 아니라 기관이다. 따라
서 기관평가는 당해 기관의 기능을 대변할 수 있는 주요업무(정책) 전반을 포괄적
으로 검토하게 된다. 기관평가에서는 정책과제뿐만 아니라 기관의 관리역량과 대상
집단(국민·주민·고객·전문가)의 만족도에 이르기까지 다양한 차원의 내용을 종합적으
로 평가한다. 정책과제평가의 경우 정책효과뿐만 아니라 정책결정과 집행과정까지 포
괄하는 정책과정 전반을 평가대상으로 한다.

이러한 기관평가는 세 가지 운영상의 특성을 지닌다. 첫째, 기관평가는 관리통제
의 실효성 제고를 위해 주로 상급기관이 하급 또는 소속기관의 비교평가에 많이 활용
된다. 기관평가는 기관장의 책임성 확보가 용이하고 상호 비교를 통하여 경쟁유발 효

---

10) 김대중정부 출범 직후 1998. 4. 15. <정부업무의 심사평가 및 조정에 관한 규정>을 전면
개정하여 처음으로 기관평가제를 도입하였을 때는 기관평가를 "중앙행정기관이 주요업무와
특정과제의 추진상황 및 집행성과와 이를 추진하는 행정체제의 추진역량 등을 종합적으로
점검·분석·평가하는 것"(제2조)으로 정의하여, 추진역량도 평가대상으로 고려하지만 대상기
관을 중앙행정기관으로 한정하였다.

과를 기대할 수 있기 때문이다. 둘째, 기관평가는 주체 면에서 민간에 의한 비공식평가보다는 정부기관에 의한 제도적 평가의 형식을 취하는 경우가 많다. 제도적 평가는 권위 있는 정부기관이 행정의 관리통제 차원에서 수행하는 공식적 평가이기 때문이다. 셋째, 기관평가는 접근방법 면에서 분석적 평가도 이용하지만 주로 판단평가에 의존하게 된다. 기관평가는 과학적 분석방법을 적용하기 어려운 규범적 문제까지도 다룰 뿐만 아니라 제한된 기간 내에 많은 정책을 평가해야 하기 때문이다. 이러한 특성이 바로 정부업무 평가에 기관평가제를 도입하는 현실적 이유이기도 하다.

개별 정책 단위에서 이루어지는 개별평가는 행정기관의 특정 정책이나 일부 정책영역을 대상으로 정책활동이나 정책효과를 확인·검토하는 평가를 말한다. 개별평가에서도 당해 정책의 관리역량이나 만족도를 평가할 수는 있다. 준기관평가는 전형적인 기관평가의 요건을 충분히 갖추지는 못하였지만 개별평가로 보기는 어렵고, 평가단위의 기관성을 어느 정도 갖추고 있는 중간 영역의 평가이다. 대체로 평가내용의 다원성이 미흡하더라도 주요업무(정책)의 상당부분에 대한 기관단위의 평가라면 준기관평가로 보아야 할 것이다. 넓은 의미의 기관평가는 준기관평가까지 포괄하는 개념으로 이해된다.

3. 기관평가의 유형

한국의 현행 제도적 평가 유형을 평가단위와 대상기관에 따라 정리하면 <표 2>와 같다. <평가기본법>은 중앙행정기관(제5조) 및 소속기관(제9조)에 대한 기관평가의 실시를 명시하고 있다. 중앙행정기관평가는 43개 중앙행정기관에 대하여 주요정책과제, 관리역량, 국민만족도의 세 영역으로 나누어 반기별로 실시하는 전형적인 기관평가이다.[11] 중앙행정기관이 소속 특별지방행정기관과 부속기관에 대한 기관평가를 실시한 경우에는 그 결과를 국무총리에게 제출하도록 규정하고 있으나(동법 시행령 제10조), 이 평가는 현재 제대로 시행되지 않고 있다. 동법 제5조 2항에 자체평가를 "행정기관이 자체적으로 선정한 업무의 추진내용 및 집행성과, 이를 추진하는 기관의 역량 등을 평가하는 것"으로 정의하고 있으므로 중앙행정기관이나 지방자치단체의 자체평가도 기관평가에 속한다.

---

11) 2003년도 중앙행정기관평가는 주요정책과제로 129개 정책과제와 483개 단위과제를 선정·평가하고, 관리역량으로는 정보화 노력, 인사·조직관리의 효율성, 국정홍보·공직기강, 자체평가 수행 노력 등을, 국민만족도로는 주요정책 만족도, 기관행정 이용자 만족도, 민원서비스 만족도 등을 평가하였다.

표 2	한국의 '제도적 평가' 유형

(2003년 현재)

대상기관 / 평가단위	중앙행정기관·소속기관	지방자치단체	정부투자기관·정부출연기관
기관평가	● 중앙행정기관평가 (국무조정실) ● 중앙행정기관자체평가 (중앙행정기관) ● 중앙행정기관소속기관 평가(중앙행정기관) ○ 책임운영기관평가 [행정자치부 – 중앙행정기관] ○ 감사평가(감사원) ○ 감시평가(국회)	● 지방자치단체자체평가 (지방자치단체) ○ 감사평가(감사원)	○ 출연연구기관평가 (국무조정실 – 연구회) ○ 지방공기업경영평가 (행정자치부 – 한국자치경영평가원) ○ 정부투자기관경영평가(기획예산처) ○ 감사평가(감사원) ○ 감시평가(국회)
준기관평가		● 지방자치단체합동평가 (국무조정실 – 행정자치부) ○ 감시평가(국회) ○ 감사평가(감사원) ○ 판결평가(사법부)	
개별평가	● 특정과제평가 [국무조정실, 중앙행정기관] ○ 감사평가(감사원) ○ 판결평가(사법부)		○ 감사평가(감사원) ○ 판결평가(사법부)

주: 1. ●는 〈정부업무 등의 평가에 관한 기본법〉에 의한 평가, ○는 〈헌법〉 또는 기타 법령에 의한 평가, ( ) 속은 평가주관 기관을 나타냄.
　　2. 감시평가(국회)와 판결평가(사법부)는 외부평가, 감사평가(감사원)는 준외부평가, 나머지는 행정부 내부평가임.

　　〈책임운영기관의 설치·운영에 관한 법률〉(제12–14조)에 의한 책임운영기관평가,[12] 〈정부출연연구기관 등의 설립·운영 및 육성에 관한법률〉(제28조)에 의한 정부출연연구기관평가,[13] 〈지방공기업법〉(제78조)에 의한 지방공기업경영평

---

12) 부처별 책임운영기관평가(2001년도)에서 기관역량평가와 관련된 부분은 공통항목(30%)인 조직 및 인사관리, 재정·회계 및 예산관리, 업무수행·지원방식 개선 등이며, 사업평가의 영역은 사업운영 실적, 행정서비스 수준, 자체수입 정도, 사업운영 보조활동 등의 고유항목(70%)인데, 대부분의 기관이 '행정서비스 수준'의 평가에서 고객(이용자)만족도를 조사하고 있다(행정자치부, 2002 참조).
13) 정부출연연구기관에 대한 연구회별 2001년도 평가내용은 다음과 같다. (1) 기초기술연구회와 공공기술연구회: 연구사업, 기관운영, 기타(고객만족도 등); (2) 산업기술연구회: 연구사업, 기관운영; (3) 인문사회연구회: 연구분야, 경영분야, 기관발전 및 고객분야; (4) 경제사회연구회: 연구분야, 경영분야(기초과학기술연구회, 2002; 공공기술연구회, 2002; 산업기술연구회, 2002;

가,14) <정부투자기관 관리 기본법>(제7조)에 의한 정부투자기관경영평가 등도 전형적인 기관평가 형식을 취한다.15)

지방자치단체합동평가는 "지방자치단체 또는 그 장이 위임받아 처리하는 국가사무·국고보조사업 그밖에 대통령령이 정하는 국가의 주요시책 등"(<평가기본법> 제6조)의 제한된 업무에 대한 기관 단위의 평가이므로 준기관평가라고 할 수 있다. 특정과제평가는 "국민적 관심도가 높거나 국가·사회적으로 대두되는 사안, 제도적 개선이 필요한 사안 등에 대한"(동법 제2조 4항) 개별평가이다.

감사원 감사에는 기관 단위의 기관운영감사·재무감사와 개별 사업 단위의 성과감사·특정감사 등이 있다. 이들 중 성과감사뿐만 아니라, 일일이 분리하기는 어렵지만, 다른 유형의 감사 가운데도 비위감찰을 제외하면 상당한 부분이 개별 사업의 경제성·능률성·효과성 등을 평가하는 실질적 성과감사를 시행한다고 볼 수 있다. 이를테면 인사·조직·예산 및 사업의 운영에 대한 기관운영감사와 재무관리·재정사업에 대한 재무감사는 대체로 관리정책의 감사평가이지만 필요에 따라 관련 실질정책에 대한 성과감사를 시행하기도 한다. 또한 책임 소재 규명에 초점을 맞추는 특정감사에서 성과 향상을 위한 제도 개선 문제를 다루어 실질적인 성과감사를 시행하는 경우도 있다. <표 2>에서 관리통제 차원의 감사평가를 각 유형의 대상기관에 대한 기관평가인 동시에 개별평가로 본 것은 이 때문이다.

권력분립적 견제 차원의 외부평가로서 국회의 감사평가는 국정감사를 통해 중앙행정기관, 정부투자기관, 정부출연기관 등에 대하여 소관 상임위원회가 당해 기관의 업무 전반에 대해 종합적인 정책감사를 실시하는 것이므로 기관평가로 볼 수 있다. 그러나 종합행정기관인 지방자치단체에 대하여는 일부 상임위원회가 필요한 경우 개별 사안에 대해서만 국정감사를 시행하므로 준기관평가로 분류하였다.16)

사법부의 판결평가는 개별 정책 단위로 이루어지는 개별평가이다. 정책은 행정지침으로 제시되기도 하지만 국민의 권익과 관련된 주요 정책은 법령의 형식을 취한다.

인문사회연구회, 2002; 경제사회연구회, 2002).

14) 2001년도 지방공기업 경영평가는 책임경영, 경영관리, 사업운영, 고객만족의 4개 영역으로 나누어 평가하였다.

15) 정부투자기관 경영평가는 종합경영(최고경영진의 노력, 경영혁신, 생산성, 고객만족도), 주요사업, 경영관리(인적 자원관리, 재무·예산관리, 기타 경영관리)의 3개 부문을 평가대상으로 한다(기획예산처, 2002).

16) 2001년도 국정감사에서는 서울특별시·부산광역시에 각각 3개, 인천광역시·경기도·전라남도·경상남도에 각각 2개, 광주광역시·강원도·제주도에 각각 1개의 상임위원회가 국정감사를 실시하였다(국회사무처, 2002: 8-18).

법치국가에서 정책은 헌법적 가치와 법령의 의도를 구현해야 하므로 재판 등의 형식을 통해 사법부의 통제를 받지 않을 수 없다. 판결평가는 사법부가 권력분립적 견제 차원에서 합법성 기준에 의해 정책의 법적 정당성을 검토하는 외부평가이다. 판결평가에는 헌법재판소의 법률에 대한 위헌 여부 심판과 대법원의 명령·규칙 또는 처분의 위헌·위법 여부 심사 등이 있다.17) 판결평가는 법적 분쟁의 발생으로 쟁송이 제기되는 경우에 발동되는 수동적·소극적인 방법이다. 그러나 법 원칙이 용해되어 있는 평가적 판례는 다른 유사한 상황에도 적용되는 정책 지침으로서의 기능을 함축하고 있다는 점에 주목하지 않을 수 없다.

4. 기관평가의 접근

기관평가는 조직론적 접근과 평가론적 접근이 통합된 형태라고 할 수 있다. 조직론적 접근은 정책평가를 조직의 성과 분석으로 이해하는 관점이다. 김신복 외(1994: 11-17)는 조직론적 관점에서 ① 목표달성 접근, ② 시스템적 접근, ③ 전략적 이해 관계집단 접근, ④ 경합적 가치 접근 등의 4가지 성과분석 모형을 소개한다. 박재희(2000: 13-19)도 기관평가를 조직의 성과평가로 이해하고 ① 목표달성 접근, ② 시스템적 또는 포괄적 접근, ③ 고객지향적 접근, ④ 결과지향적 접근, ⑤ 경제적 접근 등의 5가지 접근방법을 제시한다.

Daft(2001: 65-74)는 조직 차원의 효과성 평가모형으로 ① 목표달성 접근, ② 자원기반 접근, ③ 내부과정적 접근, ④ 이해관계자 접근 등을 제시한다. 여기서 자원기반 접근과 내부과정적 접근은 기관역량평가에, 이해관계자 접근은 만족도평가에 적용할 수 있으며, 목표달성 접근은 정책과제평가와 관련이 있다. Colebath(1995)는 정책평가를 일종의 조직현상으로 이해한다. 왜냐하면 조직이 추구하는 목적은 정책으로 구체화되며 정책목표는 조직에 의해 실현되므로 정책평가를 통해 조직의 활동과 산출을 파악하고 그 운영을 통제할 수 있기 때문이다. 이러한 조직론적 접근이 기관평

---

17) 예컨대 헌법재판소가 1999년 군 경력 가산점제도를 규정한 <제대군인지원에 관한 법률> 제8조 1항에 대해 위헌판결을 한 것은 일종의 '공무원 임용정책'이 헌법적 가치에 위배된다고 판시한 판결평가이다. 이 조항은 제대군인이 공무원 채용시험 등에 응시한 때에는 과목별 득점에 과목별 만점의 5% 또는 3%를 가산하도록 규정하였는데, 다음과 같은 이유에서 위헌 판결이 난 직후 정부는 이 제도를 폐지하였다. 첫째, 이 규정은 무엇보다 여성 및 신체장애자 등의 평등권과 공무담임권을 침해한다. 둘째, 직무수행 능력과 무관한 요소를 공직 임용의 기준으로 적용함으로써 행정의 비효율을 초래한다. 셋째, 제대군인에 대한 사회복귀의 지원은 다른 합리적이고 적절한 방법을 통해 이루어져야 한다.

가의 개념 틀 정립에는 유용하지만 실행 논리를 제공하는 데는 한계가 있다.

평가론적 접근은 정책평가를 개별 정책의 성과분석으로 보는 관점이다. Posavac & Carey(1992: 24-28)가 9가지의 평가모형을 제시하는데, 이들을 평가방법에 따라 ① 전통적 모형, ② 사회과학적 연구모형, ③ 전문가의견 모형, ④ 자연주의적 모형으로, 평가초점에 따라 ① 목표확정적 모형, ② 목표중립적 모형, ③ Black Box 모형, ④ 재정적 모형, ⑤ 책무성 모형으로 구분할 수 있다. Stecher & Davis(1987: 22-42)는 평가목적과 절차를 중심으로 ① 실험적 접근, ② 목표지향적 접근, ③ 의사결정적 접근, ④ 사용자지향적 접근, ⑤ 대응적 접근 등의 5가지 모형을 제시한다.

기관의 활동은 그 조직의 전략적 목표 달성을 위해 추진하는 다양한 정책 즉, 정책총합에 의해 구현된다. 그래서 Nakamura & Smallwood(1980: 151)는 가장 넓은 의미의 평가기준으로 체제유지(system maintenance)를 제시한다. 정책의 효과성은 주요 정책의 경우 정책을 추진하는 주체로서 당해 조직(기관)의 체제뿐만 아니라 심지어 그 정치체제의 지속적 생존과 직결되는 문제이기 때문이다. 이는 조직론과 평가론의 접점에서 정책평가를 바라보는 관점이다. 이렇게 볼 때 기관평가란 전략적 목표를 추구하는 조직의 정책총합에 대한 기관 단위의 다원적 종합평가라고 할 수 있다. 기관평가는 정책총합이라는 조직론적 개념 틀과 다원적 평가라는 평가론적 실행논리에 토대하는 접근방법이므로 이를 정책총합평가모형(policy-sum evaluation model)으로 지칭한다.

정책총합평가모형에서 정책은 기관의 고유 업무에 관한 실질정책뿐만 아니라 이를 관리·지원하는 관리정책까지 포괄하는 개념이다. 실질정책은 일반 정책과제이고 관리정책은 기관역량 또는 관리역량에 해당되는 부분이다. 정책과제는 정책결정에서 집행과정과 정책성과로 이어지는 일련의 정책과정을 나타내는 동태적 개념으로 이해해야 할 것이다. 이 모형은 조직이 추구하는 다양한 정책을 평가하는 것이므로 평가방법도 조직의 성과평가와 개별 정책평가에 적용되는 접근방법을 적절히 활용하는 다원적 혼합모형(mixed model)을 채택하게 된다. 때문에 정책과제 평가는 정책구조·정치행정·경제논리 등 다양한 차원의 평가기준을 고려해야 한다. 이러한 평가기준은 기관평가의 방법과 내용을 규정하는 핵심 요인이다.

기관평가의 정책과제평가는 정책의 구체적 과제를 개념 수준에 따라 단위과제·중과제·대과제 등의 통합적 계층구조로 분류하여 평가한다. 즉, 단위과제에 대한 개별평가를 기본으로 하지만 이를 근거로 중과제를 평가하고 중과제를 통하여 대과제를 평가하게 된다. 기관의 정책과제평가는 결국 몇 개의 대과제에 대한 평가종합이라고 할 수 있다. 그런데 중과제와 대과제에 대하여는 하위과제 평가 결과의 단순 취합 수준을 넘어 하나의 독립적 평가 단위로서 그 과제 자체에 대한 융합적 평가가 수반 되어야 할 것이다.

5. 기관평가의 활용성

기관평가는 개별평가에 비해 다음과 같은 유용성이 있기 때문에 정부업무 평가 에 널리 활용된다. 첫째, 기관평가는 기관의 주요업무 전반에 대한 진단평가로서의 성격을 지니므로 기관혁신에 유용한 근거 자료를 제공한다. 기관평가의 결과는 정책 과정의 개선에는 물론이고 기관의 관리능력 향상과 국민적 신뢰 제고에도 활용될 수 있기 때문이다.

둘째, 기관평가는 평가의 실효성 제고에 도움이 된다. 기관 단위의 평가는 기관 장의 책임성과 직결되므로 평가에 대한 기관장의 관심도를 높여 평가 업무가 원활히 추진될 수 있도록 한다. 또한 기관평가는 대체로 여러 기관 간의 비교평가 형식을 취 하므로 경쟁유발 효과도 있어 기관의 성과 향상과 평가 활동을 촉진하게 된다.

셋째, 기관평가는 정책과제뿐만 아니라 관리역량과 국민만족도까지 포괄하는 종 합평가이므로 평가의 목적 타당성을 높여준다. 평가의 주요 목적은 행정의 책임성 확 보와 정책과정의 개선에 있다. 행정기관의 정책을 조직의 차원에서 종합적으로 파악 하지 않고는 이러한 목적을 제대로 달성하기 어렵다.

넷째, 기관평가는 조직의 환류 기능을 행정의 일상적 과정으로 정착시키는데 기 여한다. 기관평가는 주요업무 전반을 대상으로 하고 평가의 실효성을 강조하는 접근 방법이므로 평가의 환류 기능을 중시할 수밖에 없다. 현행 국무조정실의 중앙행정기 관평가에서도 자체평가를 기관역량의 요소로 강조하고, 평가의 환류 기능을 자체평가 수행노력에 대한 상위평가에 반영하고 있다.[18]

이러한 기관평가의 유용성을 살려나가려면 몇 가지 고려되어야 할 사항이 있다. 첫째, 평가 시스템을 정비하여 여러 평가 유형들 간에 상호 기능적 보완이 이루어질 수 있도록 운영해야 한다. 이를테면 정책과제나 기관역량의 평가를 만족도조사에 반 영하고, 기관역량의 개선을 통해 정책과제나 만족도의 문제점을 해결할 수도 있어야 한다는 것이다.

---

18) 2003년도의 경우에 자체평가수행노력 100점 중 '전년도 지적사항에 대한 이행상태'에 10점, '전반기 평가에 대한 시정조치계획의 적정성'에 5점을 부여한다(심사평가조정관실, 2003: 13).

둘째, 기존의 각종 평가 관련 업무를 기관평가의 틀 속에 통합적으로 흡수하여 피평가기관의 평가 부담을 덜어주어야 한다. 기관평가에 따른 평가의 중복과 과잉으로 피평가기관의 행정력이 낭비되지 않도록 체계적인 평가관리가 이루어져야 한다는 것이다. 의욕만 앞세우다 보면 기관평가가 자칫 형식주의에 빠져 '평가를 위한 평가'가 되기 쉽다.

셋째, 원만한 자료 협조를 구하고 평가결과의 활용도를 높이기 위해 가능한 한 피평가기관을 평가과정에 참여시키는 것이 바람직하다. 이를 위해 평가과제 선정과 평가지표 개발단계에서부터 피평가기관의 의견을 반영하고 최종보고서에 대하여도 사전에 충분한 소명기회를 주어야 한다. 평가의 실효성 확보를 위해서는 무엇보다 피평가기관이 평가결과에 대해 공유의식(ownership)을 갖도록 하는 것이 중요하다.

넷째, 평가결과는 가급적 인센티브를 부여하고 정책개선을 유도하는 등 긍정적 관리통제의 수단으로 활용되어야 한다. 징벌적 조치나 불이익 처분을 앞세운다면 피평가기관으로부터 정확한 자료 협조를 받기도 어렵거니와 평가 본래의 목적에서 벗어나기 쉽다. 실적이 부진한 사업에 대하여는 개선방향을 제시하고 그에 따른 조치계획을 수립·시행토록 하는 후속조치가 수반되어야 할 것이다. 필요하다면 적절한 기술적 지원이나 훈련 프로그램 제공 등 컨설팅 기능으로까지 이어질 수 있어야 한다.

Ⅳ. 정부업무 기관평가의 기준

1. 평가기준의 분류

정책평가란 정부가 추진한 정책이 얼마나 바람직하게 이루어졌는지를 확인·검토하는 작업이다. 정책을 평가하려면 우선 '무엇이 바람직한 상태인지'를 알아야 한다. 정책이 추구하는 바람직한 상태를 판단하는 근거 요소가 평가기준(evaluation criteria)이다. 정책의 바람직한 상태는 정책결정, 정책집행, 그리고 무엇보다 정책성과를 통해 구현되므로, 평가기준은 이러한 정책과정이 얼마나 성공적이었는지를 가늠할 수 있어야 한다. 그러므로 평가기준이란 정책이 의도하는 바의 소망성(desirability)을 판별하는 개념적 척도라고 할 수 있다. 평가기준이야말로 정책평가의 성격과 내용을 규정하는 핵심 요인이다.

앞서 언급한 바와 같이 기관평가는 평가내용 면에서 기관의 정책과제, 관리역량, 국민만족도의 세 부문에 대한 평가로 구성되지만, 이 가운데 정책과제에 대한 평가가 근간을 이룬다. 여기서는 정책과제평가를 중심으로 기존 문헌의 평가기준을 검토한 다음, 주로 기관평가의 형식을 취하는 제도적 평가에 활용될 주요 평가기준을 제시하고자 한다. 이들 기준은 관리역량평가나 만족도평가에도 선택적으로 원용될 수 있을 것이다.

Suchman(1968: 61-67)은 정책의 성패를 평가하는 기준으로 ① 노력, ② 성과, ③ 적정성, ④ 능률성, ⑤ 과정 등을 제시하였다. 적정성(필요충족도)과 능률성은 상대적인 관점에서 성과를 판단하는 기준이고, 투입으로서 노력은 능률성을 파악하는 수단이므로 이들은 결국 성과 관련 기준이다. 다만 과정분석은 평가연구의 본질적인 부분은 아니지만, 특히 정책이 실패했을 때 진단과 처방 차원에서 중요한 의미를 갖게 된다고 한다.

Nakamura & Smallwood(1980: 146-153)는 단기적 산출에서 장기적 영향에 이르는 일련의 과정에 따라 평가기준을 ① 정책목표 달성, ② 능률성, ③ 주민만족도, ④ 고객대응성, ⑤ 체제유지 등으로 구분한다. 체제유지를 제외한 다른 기준들은 모두 성과평가에 관한 것이다. 체제유지는 앞에서 언급하였듯이 기관체제나 정치체제의 지속적 생존과 관련된 포괄적 평가기준이지만, 그 중심에는 역시 성과평가가 자리한다. Dunn(1994: 282-289, 405-406)도 정책분석과 평가의 기준으로 ① 효과성, ② 능률성, ③ 적정성, ④ 형평성, ⑤ 대응성, ⑥ 적합성 등과 같은 성과지향적 기준을 제시한다.

정정길(2004b: 266-281)은 정책평가의 기준을 크게 두 유형으로 구분한다. 하나는 정책이나 정책결과의 내용을 평가하는 '내용적 기준'이고, 다른 하나는 정책결정이나 정책집행의 과정을 평가하는 '절차적 기준'이다. 그는 내용적 기준을 평가대상별로 ① 정책목표의 적절성·충분성, ② 정책수단의 효과성·능률성, ③ 대상집단의 공평성·균형성, ④ 정책상황의 일관성·실현가능성 등으로 세분한다. 절차적 기준으로는 전 정책과정에 공통적으로 적용되는 분석적 합리성과 정치적 민주성을 든다. 이는 비교적 다양한 평가기준을 일정한 분류체계에 따라 제시했다는 점에서 의미 있는 시도라고 할 수 있다.

기존의 정책평가론에서는 정책평가를 과학적 연구에 의한 분석적 평가로 보기 때문에 효과성 평가에 치우쳐 있어 사실 평가기준을 폭넓게 고려할 여지가 별로 없었다. 그러나 정책을 동태적 개념으로 보고 평가를 다원적 혼합모형으로 접근하는 기관

| 표 3 | 정책의 '제도적 평가' 기준 |

		평가대상		
		정책결정	정책집행	정책성과
평가차원	정책구조	명료성(목표) 적합성(목표) 논리성(수단·목표) 환류성(수단·목표)	동원성(투입) 정확성(전달) 수용성(전달)	효과성(목표달성) 적정성(문제해결)
	정치행정	적시성(수단·목표)[a] 합법성(수단·과정)[a] 민주성(과정)[a] 실현성(수단·목표)[a]	일관성(전달)[b] 전략성(조직화)[b] 협조성(조직화)[b] 적응성(조직화)	형평성(효과배분)[a] 대응성(효과만족)
	경제논리	–	경제성(투입)[c]	능률성(효과/투입)

주: 1. ( ) 속은 평가기준 적용의 구체적 대상을 나타냄.
　　2. [a]는 정책집행, [b]는 정책결정, [c]는 정책성과의 평가기준으로 사용되기도 함.

평가는 주로 제도적 평가에 활용되므로 다양한 평가기준을 필요로 한다.[19] <표 3>은 평가차원과 평가대상에 따라 제도적 평가의 기준을 분류한 것이다

평가차원은 기준의 성격에 의해 정책구조적·정치행정적·경제논리적 요인으로 구분한다. 정책구조적 차원은 정책문제 해결을 위해 정책의 구성요소(정책목표·정책수단·대상집단)가 작동하는 일련의 중추적 전개 과정과 직결되는 정책 자체의 구조적 요인에 관한 문제이다. 정치행정적 차원은 정치적·행정적·사회적·법적인 측면에서 정책구조의 작용에 영향을 미치는 규범적 요인을 말한다. 경제논리적 차원은 자원 투입과 그 효과의 경제적 합리성에 관한 문제이다.

평가대상은 정책과정에 따라 정책결정·정책집행·정책성과로 구분한다. <표 3>에 제시된 바와 같이 각 평가기준은 구체적 적용 대상을 달리한다. 평가대상에 대하여는 정책결정의 정책목표, 정책수단, 결정(또는 집행)과정에, 정책집행의 자원투입, 조직화, 서비스 전달에, 정책성과의 다양한 긍정적 효과(형평성의 경우는 비용을 고려하기도 함)에 적용된다. 아래에서는 정책과정별로 평가차원에 따라 해당 기준의 의미와

---

19) 중앙행정기관에 대한 현행 주요정책과제평가는 6개의 공통 평가기준(12개 착안사항)을 적용하고 있다: (1) 정책형성: 정책목표의 적합성(착안사항: 2), 계획내용의 충실성(착안사항: 3); (2) 정책집행: 시행과정의 효율성(착안사항: 2), 시행과정의 적절성(착안사항: 3); (3) 정책성과: 목표의 달성도(착안사항: 1), 정책효과성(착안사항: 1)(국무조정실, 2003: 7).

적용 논리 그리고 질적 평가 언어를 살펴보기로 한다.

2. 정책결정의 평가기준

정책결정의 정책구조적 평가기준으로는 명료성, 적합성, 논리성, 환류성을 들 수 있다. 명료성(clarity)은 정책목표가 뚜렷하고 분명하게 제시되어 있는지를 평가하는 기준이다. 정책목표가 명료하려면 단순하고, 한정적이며, 구체적이어야 한다. 목표가 너무 추상적이거나 애매하면 평가의 타당성을 보증하기 어렵다. 명료성을 확보하기 위해 가능하면 개념적 목표뿐만 아니라 조작화된 지표도 제시하는 것이 바람직하다. 또한 목표의 종적 연쇄관계(목적 – 목표 – 세부목표, 장기목표 – 중간목표 – 당면목표)와 횡적 보완·우선순위 관계를 분명히 함으로써 목표들 간에 내적 일관성이 확보되어야 한다. 정책목표는 평가의 방향을 제시하는 것이므로 목표가 명료하지 않으면 아전인수(我田引水) 격의 평가가 이루어지기 십상이다.

동일한 정책문제에 대하여도 이해관계자의 시각에 따라 해결 방향을 달리 잡을 수도 있다. 적합성(appropriateness)은 특정 이해관계 집단의 입장이 아니라 범사회적·국민적 관점에서 볼 때 정책목표가 과연 당해 정책문제의 해결에 합당한 것인지를 판단하는 기준이다. 문제 자체를 잘못 인식하여 부적합한 정책목표를 설정함으로써 엉뚱한 문제를 해결한다면 이른바 제3종오류(type Ⅲ error)[20]를 범하게 된다. 이는 말하자면 '자다가 남의 다리 긁는' 격이다. 적합성은 정책적 가치판단의 문제이므로 다른 평가기준에 선행하는 상위기준(meta – criteria)이다.

논리성(logicality)은 정책이 확고한 사업이론(program theory)에 근거하는지를 판단하는 기준이다. 사업이론이란 일정한 가정 하에 사업(정책)이 기대하는 바의 효과를 가져 오는 가설적 인과기제를 밝힌 논리모형(logic model)을 말한다. 이는 정책 목표 – 수단 간의 인과관계 설정 문제이다. Rein(1981: 141)은 "사업은 일종의 이론이고, 평가는 그 이론의 검정이라고" 할 정도로 사업이 토대하는 논리적 근거를 강조한다. 논리성은 정책의 설계를 뒷받침하는 것이므로 논리성 결여로 인한 정책실패를 설계실패(design failure)라고 하며, 논리성이 취약한 정책을 '맹목적·독선적'이라고 비판한다.

환류성(feedback)은 평가결과나 정책성과를 차기의 정책과정에 반영하여 정책을

---

20) 통계적 가설검정에는 귀무가설이 옳은데도 기각하는 제1종오류와 틀렸는데도 채택하는 제2종오류가 있다. 이와 같이 '주어진 문제'에 대한 통계적 오류와 달리, 의사결정에서 '문제 자체'를 잘못 인식하여 엉뚱한 문제를 해결하게 되는("solving the wrong problem") 근원적 오류를 제3종오류라고 한다(Raiffa, 1968: 264).

개선하는 성찰적 노력을 검토하는 기준이다. 환류성은 환류의 근거에 따라 평가환류와 성과환류, 대상에 따라 결정환류와 집행환류, 제안자에 따라 내부환류(정책기관의 판단)와 외부환류(대상집단의 요구)로 구분한다. 환류는 징벌 차원의 부정적 통제보다는 관리·지원 차원의 긍정적 통제 위주로 이루어지는 것이 바람직하다. 환류는 정책체제의 작동을 원활하게 하는 구조적 요인이다. 이 기능이 마비되면 정책의 지속가능성을 확보하기 어렵기 때문에 '단발형' 정책으로 전락하기 쉽다.

정책결정의 정치행정적 평가기준에는 적시성, 합법성, 민주성, 실현성 등이 있다. 정책문제를 해결하기 위해서는 적절한 시기에 정책적 개입이 이루어져야 한다. 정치와 행정을 흔히 '타이밍(timing)의 예술'이라고 하는 것은 이 때문이다. 정책은 대체로 문제의 쟁점이 어느 정도 부각된 다음에 개입하지만, 상황에 따라 사전 예방 차원의 선제적 개입이 필요한 경우도 있다. 적시성(timeliness)은 정책이 문제의 상황에 효과적으로 대응할 수 있는 적정 시기에 개입되었는지를 평가하는 기준이다. 적시성을 확보하려면 문제의 본질과 전개과정, 그리고 맥락을 정확히 포착할 수 있어야 한다. Raiffa(1968: 264)는 올바르게 인식한 문제를 너무 늦게 해결함으로써 범하게 되는 실책을 제4종오류(type Ⅳ error)라고 하는데, 이는 의사결정의 적시성을 강조한 것이다. 적시성이 결여된 정책 개입을 흔히 '뒷북치기' 또는 '소 잃고 외양간 고치기'라고 비판한다.

합법성(legality)은 법치주의의 원리에 입각하여 정책내용과 결정과정, 그리고 집행절차의 법적 정당성을 평가하는 기준이다. 법령에 근거한 정책은 법적 형식뿐만 아니라 내용과 과정·절차의 정당성이 확보되어야 한다. 헌법 사항을 법률로 정하거나 법률 사항을 행정명령으로 정한다면 법적 형식의 정당성을 결여한 정책이 된다. 합법성이 문제시되는 것은 대부분 정책의 법적 내용이 상위법에 저촉되는 경우이다. 이를테면 1994. 7. 9. 헌법재판소는 국립대 사범대학 졸업생의 교사 우선 채용을 규정한 <구 교육공무원법> 제11조 1항에 대해 헌법이 규정한 청구인의 평등권과 공무담임권을 위배한 것으로 판결하였다. 이는 합법성 기준에 의한 '교원 인사정책'의 판결평가라고 할 수 있다. 합법성을 결여하면 '위법·부당한' 정책이 된다.

민주국가의 정치·행정은 주권재민(主權在民)의 원칙을 구현해야 한다. 민주성(democracy)은 정책결정과 집행의 투명성 및 참여성을 판단하는 기준이다. 투명성은 절차의 공개성과 예측 가능성을 의미한다. 투명성이 결여된 정책 행태를 흔히 '밀실행정'이라고 비판하는 것은 이 때문이다. 참여성은 대상집단의 정당한 요구를 정책과정에 반영하고 여론을 수렴하는 것을 말한다. 법적으로 정책결정 과정에 공청회나 입법예고의 절차를 요구하는 것은 이해관계자의 참여를 보장하기 위한 제도적 장치이다. 민주성이 결여된 정책 운영을 '권위주의' 또는 '독재'라고 함은 두말할 나위 없다.

아무리 바람직한 정책이라도 현실적으로 실행될 수 없다면 무의미한 것이 되고 만다. 실현성(feasibility)은 정책의 현실적 실행 가능성을 검토하는 기준이다. 실현성에는 정치적 실현성(정치세력에 의한 정책의 지지), 행정적 실현성(현지 사정의 고려와 유관 기관의 지원·협조), 재정적 실현성(예산의 뒷받침), 법적 실현성(법적 근거의 확보), 기술적 실현성(관련 기술의 효율적 활용) 등이 있다. 예컨대 친환경 대체에너지 개발 정책의 경우에는 기술적 실현성이 매우 중요한 평가기준일 것이다. 정책의 실현성이 결여된 경우를 '탁상 행정'이라고 한다.

3. 정책집행의 평가기준

정책집행의 정책구조적 평가기준으로는 동원성, 정확성, 수용성을 들 수 있다. 동원성(mobilization)은 정책목표 달성에 필요한 인적·재정적·물적 자원이 적절히 투입되고 있는지를 평가하는 기준이다. 집행과정에 자원 동원이 제대로 이루어지지 않는다면 그 정책은 성공하기 어렵다. 인적 자원의 경우 인력의 규모와 자질 그리고 역할 분담이 그 사업의 수행에 적절한지를 점검한다. 재정자원에 대해서는 소요 예산이 확보되어 적기에 원활히 지원되고 있는지를 검토한다. 자원 동원이 결여된 정책은 그야말로 '그림의 떡'이다.

정확성(accuracy)은 집행과정에 양질의 정책 서비스가 의도한 대상집단에 정확히 전달되었는지를 평가하는 기준이다. 아무리 잘 설계된 정책이라도 정확성이 떨어지면 기대하는 바의 효과를 거둘 수 없다. 실제로 정책 서비스의 전달 과정에는 불완전한 처리, 비표준화된 처리, 잘못된 처리 등은 물론이고 심지어는 실질적인 처리가 전혀 이루어지지 않는 경우도 있기 때문이다(Rossi 외, 2004: 191-195). 그래서 전달능률(coverage efficiency), 즉 사업의 설계에 명시된 대상집단 중에 실제로 의도한 정책 서비스를 제대로 제공받은 대상자의 비율을 높이는 것이 중요하다. 집행의 정확성이 결여되면 그 정책은 '공염불'로 끝날 수도 있다.

수용성(acceptability)이란 대상집단이 정책의 취지에 호응하여 정책 서비스를 기꺼이 받아들일 자세가 되어있는지를 평가하는 기준이다. 특히 일시적인 불편과 부담을 초래하는 혁신적 정책(예: 의약분업)의 도입이나 혐오시설(예: 핵폐기물 처리장, 화장장) 건설과 같은 경우에는 수용성 확보가 정책의 성패를 좌우한다. 수용성을 확보하기 위해서는 정책결정 단계에서부터 대상집단의 의견을 반영하고 정책 마케팅을 통해 그 취지를 충분히 설득해 나가야 한다. 수용성이 결여된 정책을 '일방통행식' 또는 '밀어붙이기'라고 비판한다.

집행과정의 정치행정적 평가기준에는 일관성, 전략성, 협조성, 적응성 등이 있다. 일관성(consistency)은 정책이 그 취지에 어긋나지 않도록 한결같이 추진되고 있는지를 평가하는 기준이다. 일관성에는 처음부터 끝까지 변함이 없다는 종적 일관성과 여럿이 모두 하나와 같다는 횡적 일관성의 두 가지 의미가 있다. 동일한 정책의 종적 일관성이 결여된 경우를 '조령모개'(朝令暮改) 또는 '오락가락'이라고 한다. 정책의 횡적 일관성은 유관 정책과의 일관성과 정책 적용의 일관성으로 구분된다. 전자가 상호 보완성의 문제라면, 후자는 상호 형평성의 문제다. 유관 정책과의 보완적 일관성이 결여된 경우를 '갈팡질팡', 정책 적용의 형평적 일관성이 결여된 경우(예: 특정 기업에 대한 정략적 세무사찰)를 '입맛대로'라고 한다. 정책의 일관성은 정치적 요인, 행정적 오류, 이해관계 집단의 개입 등에 의해 저해되는 경우가 많다.

전략성(strategy)은 정책목표 달성을 위해 실효성 있는 방안을 조직적으로 강구하고 있는지를 검토하는 기준이다. 전략성을 평가하기 위해서는 체계적인 집행계획 수립, 집행 목표나 수단의 우선순위 설정, 유관 기관과의 협조 방안 등을 점검할 필요가 있다. 전략성이 결여된 정책 운영을 흔히 '주먹구구식'이라고 한다.

어떤 정책도 한 기관(부서)이 단독으로 추진하는 경우는 드물다. 대부분의 정책은 타 기관(부서)의 업무와 어떤 형태로든 연계되어 있다. 정책이 의도한 효과를 거두기 위해서는 관련된 기관의 필요한 협조를 받을 수 있어야 한다. 협조성(cooperation)은 유관 기관과 원만한 협의·조정이 이루어졌는지를 평가하는 기준이다. 협조성이 결여된 정책을 '난맥상' 또는 '엇박자'라고 한다. 협조성은 전략성을 규정하는 한 요인이기도 하다.

현대적 집행관은, 결정된 정책을 기계적으로 전달하는 고전적 집행관과 달리, 집행의 유연성을 강조한다. 다시 말해 한번 결정된 정책을 곧이곧대로 집행하는 것만이 능사가 아니라는 것이다. 적응성(adaptability)은 정책집행이 여건의 변화와 현지 상황에 적절하게 대처하고 있는지를 평가하는 기준이다. 적응성을 확보하기 위해서는 집행자가 대상집단은 물론이고 정책결정자와도 끊임없이 상호 소통해야 한다. 적응성이 집행의 일관성과 상충된다고 생각할지도 모르나, 일관성은 정책의 취지에 어긋남이 없어야 한다는 것이지 성과 향상을 위한 적응성까지 부정하는 것이 아니다. 적응성을 발휘하지 못하면 '외통수'의 정책실패에 직면할 수도 있다.

정책집행의 경제논리적 기준인 경제성(economy)은 공공서비스의 질적 수준을 일정하게 유지하면서 최소의 비용으로 자원 투입이 이루어지고 있는지를 평가하는 기준이다. 경제성을 확보하려면 자원 투입에 낭비 요인이 없어야 한다. 예컨대 일부 자치단체장이 과분한 호화 청사를 건립하여 자신의 존재감을 과시하는 것은 경제성에 위배되는 예산 집행이다. 투입비용 절감도를 나타내는 경제성은 집행과정의 평가기준인 동시에 성과평가의 기준인 능률성(투입 대비 효과)의 개념 요소이기도 하다. 자원의 경제적 투입 없이는 정책의 능률성 확보가 어렵기 때문이다. 경제성이 결여된 집행을 '방만한' 정책 운영, 심한 경우에는 '흥청망청'이라고 한다.

4. 정책성과의 평가기준

정책성과(policy performance)는 자원을 투입하여 정책을 집행한 결과로 나타나는 '긍정적' 정책효과를 다양한 차원에서 파악하는 개념이다. <그림 4>에서 보듯이 성과평가의 기준에는 정책구조적 차원의 효과성과 적정성, 정치행정적 차원의 형평성과 대응성, 경제논리적 차원의 능률성과 경제성 등이 있다. 정책집행의 평가기준인 경제성은 투입 대비 효과를 나타내는 능률성의 개념 요소이므로 성과평가 기준에 포함시킬 수도 있다.[21] 성과평가 기준 중 경제성(economy)·능률성(efficiency)·효과성(effectiveness)을 흔히 '3Es'라고 하며, 여기에 형평성(equity)을 더하여 '4Es'라고도 한다. 문제해결도의 적정성과 효과만족도의 대응성은 효과성의 특수한 형태로 볼 수도 있으므로 성과평가의 기준은 결국 4Es로 그 초점이 모아진다.

정책효과(policy effects)가 자원투입에 의한 정책집행의 결과(results)를 나타내는 '상태개념'이라면, 효과성(effectiveness)은 정책집행으로 인한 '긍정적' 효과를 평가하는 '기준개념'이다. 정책집행의 결과는 부정적으로 나타나기도 하지만 효과성은 긍정적 효과의 목표달성도를 평가하는 기준이다. 투입 절감이라는 자원 절약 차원의 경제성은 모든 조직에 공통적으로 적용되나, 목표달성이라는 인과적 영향 차원의 효과성은 공공조직에 우선적으로 요구되는 평가기준이다. 분석적 평가에서는 인과분석에 의한 영향평가(impact evaluation)를 통해 효과성을 측정하지만, 제도적 평가에서는 순효과성이나 효과성비와 같은 지표에 의해 이를 평가하기도 한다.[22]

---

21) Wholey(1981: 92)는 능률성·효과성·대응성을 사업성과 측정의 기준으로 제시하지만, Pollitt & Harrison(1992: 12-13)은 조직의 성과평가 요소로 산출·결실(영향)·능률성·형평성뿐만 아니라 투입과 경제성도 포함시킨다. OECD(1997: 10)도 성과관리 분석에서 경제성·능률성·효과성과 서비스 질을 평가 대상으로 한다. Hatry(1999: 12-22)는 성과측정체제에 사용되는 정보의 구체적 유형으로 투입, 과정(작업량 또는 활동), 산출, 결실, 능률성·생산성, 인구통계·작업부담의 특성, 설명적 정보, 영향 등을 제시하기도 한다.

22) 정책의 실현된 순효과를 파악하는 순효과성(net effectiveness, NE)과 계획된 순효과 대비 실

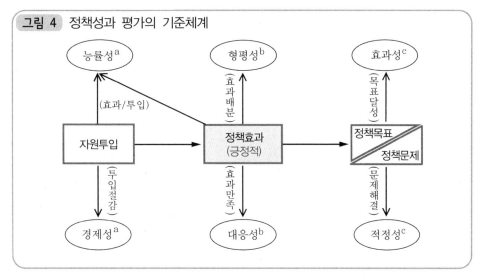

그림 4   정책성과 평가의 기준체계

ᵃ경제논리적 기준, ᵇ정치행정적 기준, ᶜ정책구조적 기준.

정책효과는 대부분 오랜 기간에 걸쳐 발생하는 것이므로 평가의 엄밀성을 기하기 위해서는 효과 발생의 단계를 구분할 필요가 있다. 정책의 긍정적 효과에 대해 Pennock(1966: 420)가 처음으로 산출(outputs)과 결실(outcomes)[23]을 구별하고, Levy 외(1974: 1-8)가 효과 발생을 <산출 → 결실 → 영향>의 세 단계를 제시한 이래, 정책학에서는 이들 개념을 구분한다. 다만 산출과 '결실 또는 영향'의 구분에 대해서는 별 이견이 없으나, 결실과 영향의 구분은 정도의 문제이지 본질적인 차이가 아니므로 논자에 따라 다소 입장을 달리한다.[24]

현된 순효과, 즉 목표달성도를 파악하는 효과성비(effectiveness ratio, ER)는 다음과 같이 측정한다(Mohr, 1995: 1-7). (1) NE: ① 정책목표가 바람직한 상태의 달성인 경우(예: 곡물 생산, 수출, 직무만족): NE =R-C, ② 정책목표가 바람직하지 못한 상태의 제거인 경우(예: 범죄 발생, 실업, 투표 불참): NE=C-R; (2) ER(정책목표의 성격과 관계 없음): ER=(R-C)/(P-C). 단, R: 집행결과(resulting state, 정책을 집행한 결과로 나타난 상태), C: 대응사실 (counterfactual, 그 정책이 집행되지 않았다고 가정했을 때 나타났을 것으로 추정되는 결과; C는 현재의 상태가 그대로 연장되는 것으로 가정하기도 함), P: 계획된 상태(planned state).

23) 정책평가론에서 많이 언급되는 영어의 outcomes와 results를 모두 '결과'로 번역하여 혼란을 겪고 있는데, outcomes를 결실("일의 결과가 잘 맺어짐")로, results를 결과("어떤 원인으로 생긴 결말")로 번역하는 것이 우리말의 의미를 살리는 표현일 것 같다. 집행의 results에는 바람직한 효과뿐만 아니라 바람직하지 못한 효과도 있으므로 results는 이들을 포괄하는 개념이어야 한다. 그러나 outcomes는 집행으로 나타난 바람직한 효과(결과)로서 산출(outputs)이 "잘 맺어진" 것이므로 긍정적 개념이어야 하기 때문이다. 다시 말해 outcomes는 긍정적 효과만을 대상으로 하는 정책성과의 바탕척도라는 점을 번역에 반영할 필요가 있다.

> **표 4** 정책의 산출과 결실: 성과평가의 바탕척도

	산출(outputs)	결실(outcomes)
개념	정책집행으로 나타난 구체적 산물이나 서비스	산출로 인해 대상집단·사회조건에 나타나는 실질적 변화
성격	• 단기적·직접적·외형적·구체적 산물 • 측정 가능성 높음 • 효과성의 과정적 판단기준	• 중장기적·간접적·실질적·추상적 변화 • 측정 가능성 낮음 • 효과성의 궁극적 판단기준
측정	완료된 활동량, 수행한 작업량, 처리된 고객·대상의 수, 화폐가치 등	대상집단에 일어난 실질적 개선·편익·발전 등
관리	당해 정책에 의한 성과관리가 상당히 가능한 영역	외부 요인이 많이 개입되므로 당해 정책에 의한 성과관리에 한계가 있는 영역

산출이 정책집행에 의해 직접 나타난 구체적 산물이나 서비스라면, 결실은 산출로 인하여 대상집단 또는 사회조건에 나타나는 실질적 변화(개선·편익·발전 등)를 말한다. 따라서 이들은 <표 4>에서 보듯이 평가기준으로서 성격, 측정 대상, 관리 영역을 달리 한다. 개념적으로 결실을 다시 최종결실(end outcomes)과 이에 이르는 과정의 중간결실(intermediate outcomes)로 구분하기도 한다. 결실을 중간·최종 결실로 구분하지 않고 3분법을 따른다면 중간결실은 결실, 최종결실은 영향에 상응하는 개념이 된다. 이를테면 '농촌 특산물 가공산업 육성 시책'의 경우 <산출>로는 농산물 가공업체의 수, 종업원 수, 매출액, 이윤 등, <중간결실(결실)>로는 농외소득 증대, 편의시설 증가, 농촌 생활수준 향상 등, <최종결실(영향)>로는 이농 감소, 귀농 증가, 농촌의 청장년 인구 증가, 출산율 증가 등을 예시할 수 있다.

위에서 논의한 효과성은 효과 발생에 소요되는 비용을 고려하지 않는 평가기준이다. 이에 비해 능률성(efficiency)은 비용 대비 효과, 즉 사업 추진에 투입된 비용을 고려한 효과를 평가하는 기준이다. 이는 정책의 긍정적 효과가 투입된 비용에 비해 얼마나 정당화될 수 있느냐하는 경제적 합리성의 문제다. 때문에 동일한 비용으로 최대의 효과를 얻거나, 동일한 효과를 얻기 위해 최소의 비용을 들이게 되면 그 사업은 능률적이다. 능률성의 척도로 생산성(productivity)은 생산 요소의 투입에 대한 산출의

---

24) Levy 외(1974)의 3분법(산출 → 결실 → 영향)을 따르는 경우(Nakamura & Smallwood, 1980: 76-77; 유훈, 1992: 390-391; 안해균, 1990: 28-29)가 있는가 하면, 결실과 영향을 유사개념으로 보고 산출과 결실(Smith, 1996: 1-2), 산출과 영향(Dye, 1984), 또는 산출과 결실·영향(Nachmias, 1980: 3; Hogwood & Gunn, 1984: 16-17; Pollitt & Harrison, 1992: 12-13; Vedung, 1997: 5)을 구별하는 2분법을 채택하는 경우도 있다.

비(투입·산출의 단위 제한 없음), 기술적 능률(technical efficiency)은 투입 비용(화폐 단위)에 대한 산출(단위 제한 없음)의 비, 사회적 능률(social efficiency)은 투입 비용(화폐 단위)에 대한 결실(단위 제한 없음)의 비, 경제적 능률(economic efficiency)은 투입 비용(화폐 단위)에 대한 사회적 편익(화폐 단위)의 비에 의해 측정된다. 경제적 능률은 여러 대안을 비교할 수 있는 공통의 기준을 제공한다는 장점이 있으므로, 정책분석의 대안 검토에 많이 활용된다. 공공부문에서도 사업의 능률성을 고려하지만 문제는 산출·결실·편익 등의 객관적 측정이 어렵기 때문에 이 기준은 공기업이나 영리조직에 우선적으로 적용된다.

형평성(equity)은 정책효과(또는 비용)가 사회계층, 관계집단, 또는 지역 간에 얼마나 공정하게 배분되었는가를 평가하는 기준이다. 이는 배분적 정의의 문제다. 투입 비용의 형평성은 정책집행의 평가기준으로 활용되기도 한다. 형평성은 '같은 조건이면 같게' 취급하는 수평적 형평성(horizontal equity; 예: 병역 의무, 투표권)과 '다른 조건이면 다르게' 취급하는 수직적 형평성(vertical equity; 예: 누진세, 국민건강보험료)으로 구분할 수 있다. 수평적 형평성이 절대적 표준에 의한 평등(equality)의 개념이라면, 수직적 형평성은 상대적 표준에 의한 비례적 평등(proportional equality)의 개념이다. 이를테면 민생 치안 대책을 추진하기 위해 행정안전부에서 모든 광역자치단체에 동일한 지원금을 배정한다면 이는 수평적 형평성의 기준이고, 광역자치단체의 범죄 발생 정도나 인구에 비례하여 배정한다면 이는 수직적 형평성의 기준이다. 협의의 형평성이라고 하면 수직적 형평성을 말한다. 수직적 형평성은 일반 정책평가에서, 수평적 형평성은 사법적 판결평가에서 중요한 의미를 갖는 기준이다. 형평성은 정치적·법적 고려의 대상이므로 주로 공공부문에서 활용되는 평가기준이다. <표 5>는 평가차원, 평가대상, 활용조직을 중심으로 위에서 논의한 4Es 기준을 비교한 것이다.

어떤 정책도 정책문제를 완전히 해결하기는 어렵다. 현실적으로 기대할 수 있는 것은 문제의 발생을 적정 수준으로 낮추는 것이다. 적정성(adequacy)은 해결되어야

표 5 정책성과 평가의 4Es 기준

	경제성 (Economy)	능률성 (Efficiency)	효과성 (Effectiveness)	형평성 (Equity)
평가차원	경제직 절약성	경제적 합리성	인과적 영향	정치적·법적 정당성
평가대상	투입절감	투입 대비 효과	목표달성	효과배분
활용조직	모든 조직	영리조직 우선	공공조직 우선	공공조직 위주

할 전체문제 중에서 그 정책에 의해 실제로 해결된 부분이 얼마인지를 평가하는 기준이다. 효과성이 정책의 목표달성도라면, 적정성은 정책의 문제해결도이다. 적정성은 적정성비에 의해 측정된다.[25] 대응성(responsiveness)은 정책성과가 대상집단(국민·시민·주민·고객)의 요구·선호를 만족시켜주는 정도를 평가한다. 이는 주권재민의 민주주의 원칙을 성과평가에 반영한 것으로, 정부신뢰와 직결되는 평가기준이다. 대응성은 만족도 조사나 여론조사를 통해 파악할 수 있다. 정책문제가 많이 해결될수록 대응성이 높아지므로 대응성은 적정성과 연관되는 문제이며, 이들은 넓은 의미의 효과성에 포함될 수 있는 기준이기도 하다.

정책의 산출이나 결실과 같은 긍정적 효과야말로 위에서 논의한 성과평가의 바탕척도이다. 어떤 요인을 준거로 이를 파악하느냐에 따라 평가의 기준이 달라진다. 즉, 비용에 대한 고려가 없는 목표달성 효과는 효과성, 비용(투입) 대비 효과는 능률성, 효과의 배분 상태는 형평성, 해결해야 할 정책문제 대비 효과는 적정성, 대상집단의 효과 만족도는 대응성이 된다. 때문에 성과평가를 위해서는 정책집행으로 인하여 발생한 효과를 정확히 확인하는 작업이 선행되어야 할 것이다.

V. 맺음말

최근 정부업무 평가에 활성화되고 있는 기관평가는 행정기관이 추진하는 주요업무 전반에 대한 기관 단위의 다원적 종합평가라고 할 수 있다. 전형적인 기관평가는 평가단위의 기관성, 평가대상의 포괄성, 그리고 평가내용의 다원성을 개념 요소로 한다. 정책평가를 개별 정책 단위의 과학적 연구활동으로 보는 기존의 미국식 '분석적 평가' 개념으로는 이러한 기관평가의 논리를 설명하기 어렵다. 이 연구에서는 기관평가의 성격을 규명하기 위해 분석적 평가와 대비되는 새로운 평가 유형으로 '제도적 평가'라는 개념을 도입하였다. 제도적 평가란 행정의 관리통제 차원에서 정치행정과정의 일환으로 제도화된 정부기관의 공식적 평가를 의미한다.

정책평가론이 전통적인 분석적 평가 차원을 벗어나지 못한다면 '인과분석 기법의 정책학적 활용'이라는 일종의 방법론으로 겉돌고 말 것이다. 정책평가론이 정책학의

---

25) 적정성의 평가지표인 적정성비(adequacy ratio, AR)는 다음과 같이 측정한다(Mohr, 1995: 7-10): (1) 정책목표가 바람직한 상태의 달성인 경우: $AR = ER[(R-C)/(P-C)]$, (2) 정책목표가 바람직하지 못한 상태의 제거인 경우: $AR = [(C-R)/C] = [1-(R/C)]$. 단, ER, R, C, P는 각주 22를 참조하기 바란다.

한 분과로서 학문적 정체성을 확립하려면 평가현실에서 이루어지고 있는 제도적 평가를 학문적으로 받아들이고 이에 대한 이론적 기반을 다져가야 할 것이다. 제도적 평가는 단순히 분석적 평가의 현실적 활용이라는 차원을 넘어 독자적인 평가 논리와 존재 영역을 가지고 있기 때문이다.

이 논문에서는 조직론적 개념 틀과 평가론적 실행 논리를 통합한 정책총합평가 모형을 기관평가의 접근방법으로 제시하였다. 이는 정책평가를 조직현상으로 보고 조직의 목적 달성을 위해 추진하는 실질정책뿐만 아니라 관리정책까지도 평가의 대상으로 포괄한다. 그리고 평가기준도 다원적 접근방법에 입각하여 정책구조적·정치행정적·경제논리적 요인 등 다양한 차원을 고려한다. 이러한 평가기준에 대하여 질적 평가 언어를 소개하였지만, 기관평가의 객관성 제고를 위해서는 양적 지표 개발이 이루어져야 할 것이다.

기존의 정책평가론은 정치행정 현실의 제도적 평가와 상당한 괴리가 있다. 이는 정책평가론의 발상지인 미국의 과학주의 행태론에 기인한다. 그러나 주로 기관평가의 형식을 취하는 제도적 평가의 활성화로 정책평가론은 이제 더 이상 과학주의 패러다임에 갇혀 있는 상아탑의 학문으로 안주할 수 없게 되었다. 정책평가론의 적실성 제고를 위해 제도적 평가를 학문적으로 수용할 수 있는 평가 패러다임의 발전과 평가기법의 개발이 절실하다. 우리는 이러한 노력을 통해 미국식 '분석적 평가론'의 한계를 극복하고 진정한 '한국정책평가론'을 정립해 나가야 할 것이다.

참고문헌

경제사회연구회. (2001). 「2001년도 소관연구기관 평가편람」, 2001. 12.

공공기술연구회. (2001). 「2001년도 기관평가편람」, 2001. 12.

국무조정실 정책평가위원회. (2001). <2001년도 정부업무평가 지침>.

_____. (2003). <2003년도 정부업무평가 지침>.

국회사무처. (2002). 「2001년도 국정감 조사 통계자료집」.

기초기술연구회. (2002). 「2001 기관평가편람」, 2002. 1.

기획예산처. (2002). 「2002년도 정부투자기관 경영평가편람」

김명수. (2000). 「공공정책평가론」(전정판). 박영사.

김신복·정정길·노화준·오연천·곽채기. (1994). 「부처종합평가를 위한 평가편람 작성

연구」. 서울대학교 행정대학원 부설 한국행정연구소.

김현구. (1990). 효율적 국가감사체계의 확립방안: 국정감사와 감사원감사의 연계. 「한국행정학보」, 24(3): 181－209.

_____. (1999). 국정감사 제도와 운영의 분석적 조명: 1988－1998년의 시행경험을 중심으로. 「한국정치학회보」, 33(1): 399－422.

_____. (2003). 정부업무 기관평가의 이론적 논고. 「한국행정학보」, 37(4): 55－78.

노화준. (2006). 「정책평가론」, 제4판. 법문사.

박재희. (2000). 「책임운영기관에 대한 성과측정기법의 개발」. 한국행정연구원.

산업기술연구회. (2002). 「2001년도 소관연구기관 평가편람」, 2002. 2.

세계화추진위원회. (1997). 「정부정책집행에 대한 평가기능 강화방안」, 1997. 7. 세계화추진위원회.

심사평가조정관실. (2003). 「2003년 상반기 자체평가수행노력 상위평정계획」. 2003. 7.

심오택. (2001). <정부업무 등의 평가에 관한 기본법> 제정의 필요성과 기대효과. 「한국행정연구」, 10(1): 5－18.

안해균. (1990). 「정책학원론」(제2판). 다산출판사.

유 훈. (1992). 「정책학원론」(증보판). 법문사.

인문사회연구회. (2001). 「2001년도 소관연구기관 종합평가편람」, 2001. 6.

<정부업무 등의 평가에 관한 기본법>(법률 제6347호, 제정 2001. 1. 8).

<정부업무의 심사평가 및 조정에 관한 규정>(대통령령 제15774호, 1998. 4. 15., 개정이유).

정정길. (2004a). 정책평가의 목적과 정책평가론. 정정길·성규탁·이장·이윤식. 「신판 정책평가론: 이론과 적용」, 3－58. 법영사.

_____. (2004b). 정책평가론의 확장과 활용. 정정길·성규탁·이장·이윤식. 「신판 정책평가론: 이론과 적용」, 253－283. 법영사.

차의환. (2002). 「정책평가의 이론과 실제: 기관평가제 접근모형과 전략」. 한울아카데미.

행정자치부 책임운영기관평가위원회. (2002). 「2001년도 책임운영기관 종합보고서」, 2002. 5.

Anderson, James E. (1997). *Public Policymaking*(3rd ed.). Boston: Houghton Mifflin Company.

Chelimsky, Eleanor. (1985). Old Patterns and New Directions in Program Evaluation. In Eleanor Chelimsky(ed.). *Program Evaluation: Patterns and*

Directions, 1－35. ASPA.

Cordray, D. S. & M. W. Lipsey. (1986). Program Evaluation and Program Research. In *Evaluation Studies: A Review Annual*, 17－31. Beverly Hills, CA: Sage.

Colebatch, Hal K. (1995). Organizational Meanings of Program Evaluation. *Policy Sciences*, 28: 149－164.

Daft, Richard L. (2001). *Organization Theory and Design*(7th ed.). South－Western.

Dunn, William N. (1994). *Public Policy Analysis*(2nd ed.). Englewood cliffs, N.J.: Prentice Hall.

Dye, Thomas R. (1984). *Understanding Public Policy*(4th ed.). Prentice－Hall.

Fischer, Frank. (1995). *Evaluating Public Policy*. Chicago: Nelson－Hall Publishers.

Hatry, Harry P. (1999). *Performance Measurement: Getting Results*. Washington, D.C.: The Urban Institute Press.

Hogwood, Brian W. & Lewis A. Gunn. (1984). *Policy Analysis for the Real World*. Oxford University Press.

Levy, Frank, Arnold J. Meltsner & Aaron Wildavsky. (1974). *Urban Outcomes: Schools, Streets, and Libraries*. Berkeley: University of California Press.

Mohr, Lawrence B. (1995). Impact Analysis for Program Evaluation(2nd ed.). Sage Publication.

Nachmias, David. (1980). Introduction: Public Policy Evaluation: An Overview. In David Nachmias(ed.). *The Practice of Policy Evaluation*, 1－21. New York: St. Martin's Press.

_____. (1979). *Public Policy Evaluation: Approaches and Methods*. New York: St. Martin's Press.

Nakamura, Robert T. & Frank Smallwood. (1980). *The Politics of Policy Implementation*. New York: St. Martin's Press.

OECD. (1997). *In Search of Results: Performance Management Practices*.

Pennock, Roland J. (1966). Political Development, Political Systems, and Political Goods. *World Politics*, 18(April): 415－434.

Pollitt, Christopher & Stephen Harrison. (1992). Introduction. In Christopher Pollitt& Stephen Harrison(eds.), *Handbook of Public Services Management*, 1－22. UK:

Blackwell.

Posavac, Emil J. & Raymond G. Carey. (1992). Program Evaluation: Methods and Case Studies(4th ed.). Prentice Hall.

Raiffa, Howard. (1968). *Decision Analysis: Introductory Lectures on Choices under Uncertainty.* Addison−Wesley.

Rein, Martin. (1981). Comprehensive Program Evaluation. In Robert A Levine, M. A. Solomon, G−M Hellstern, & H. Wollmann(eds.), *Evaluation Research and Practice: Comparative and International Perspectives,* 132−148. Beverly Hills, CA: Sage.

Rossi, Peter H., Mark W. Lipsey & Howard E. Freeman. (1999). Evaluation: A Systematic Approach(6th ed.). Sage Publications.

_____. (2004). *Evaluation: A Systematic Approach*(7th ed.). Sage Publications.

Rutman, Leonard. (1980). *Planning Useful Evaluation: Evaluability Assessment.* Sage.

Smith, M.F. (1989). *Evaluability Assessment: A Practical Approach. Boston.* Kluwer Academic Publishers.

Smith, Peter. (1996). A Framework for Analysing the Measurement of Outcome. In Peter Smith, *Measuring Outcome in the Public Sector,* 1−19. London: Taylor & Francis.

Stecher, Brian M. & W. Alan Davis. (1987). *How to Focus an Evaluation.* Sage Publication.

Suchman, Edward A. (1967). *Evaluative Research: Principles and Practice in Public Service & Social Action Programs.* New York: Russell Sage Foundation.

Vedung, Evert. (1997). *Public Policy and Program Evaluation.* London: Transaction Publishers.

Wholey, Joseph S., J. W. Scanlon, H. G. Duffy, J. S. Fukumoto & L. Vogt. (1971). *Federal Evaluation Policy.* Washington, D.C.: Urban Institute.

Wholey, Joseph S. (1981). Using Evaluation to Improve Program Performance. In Robert A. Levine, Marian A. Solomon, Gerd−Michael Hellstern, & Hellmut Wollmann(eds.), *Evaluation Research and Practice: Comparative and International Perspectives,* 92−106. Beverly Hills: Sage Publications.

▶ ▶ ▶**논평**

성시경(단국대학교 공공관리학과 교수)

1. 서 론

행정의 책임성(accountability)이 중요해지면서 평가(evaluation)만큼 주목받는 분야도 많지 않을 듯하다. 사회과학에 있어서 평가는 그 대상, 목적, 방법 등에 있어서 다양한 형태의 평가이론들이 발전했다고 볼 수 있다. 예를 들어 교육학에서는 학생이나 학교 단위의 학업성취를 평가하기 위해서 많은 평가기법을 발전시켜 왔으며, 경영학에서는 기업의 경제적 가치를 평가하는 모델을 개발하고, 조직 구성원 혹은 조직 단위의 성과를 평가하기 위해서 많은 이론들을 발전시켜 왔다. 행정학에서는 공공부문에서 벌어지는 다양한 행정 및 정책 행위와 사업들을 평가하기 위해서 평가이론을 발전시켜왔다.

본 리뷰에서 소개하고자 하는 김현구 교수(2003)의 「정부업무 기관평가의 이론적 논고」는 이러한 다양한 평가이론의 발전 속에서 한국에서 발전한 기관 평가(institution evaluation)의 이론적 토대가 되는 연구라고 할 수 있다. 이에 김현구 교수(2003)의 논문의 내용과 학문적 기여, 그리고 현재의 평가제도 및 향후 연구 등에 대해서 서술하고자 한다.

2. 논문의 개요 및 학문적 기여

1) 논문의 주요 내용

김현구 교수(2003)의 논문은 김대중 정부 이후 활성화된 기관평가의 이론적 토대를 마련하기 위하여 정책평가를 이론적으로 재검토하고 정부업무 기관평가의 논리와 기준을 제시하였다고 본다. 저자는 기관평가제가 민주화의 진전과 성과중심의 공공관리가 "행정의 새로운 관리통제 장치로서의 가능성"을 보여주고 있다고 보았다. 그리고 "평가기본법에 따라 정부업무의 기관평가에는 중앙행정기관평가, 중앙행정기관 자체평가, 중앙행정기관 소속기관평가, 지방자치단체평가, 지방자치단체합동평가 등이 운영되고 있으며, 개별법에 의한 기관평가에는 책임운영기관평가, 정부투자기관경영평가, 지방공기업경영평가, 정부출연기관평가 등이 있다"고 하였다. 이러한 평가제도들이 있지만, 더 중요하게는 "행정 현실에서는 기관평가가 활성화되고 있지만, 기존의 정책평가 개념으로는 이를 제대로 설명하기 어렵다"는 문제의식을 도출하였다. 특히 정부업무의 기관평가는 "주로 '평가적 추론'에 의해 정책의 가치를 향상하기 위한 기관 단위의 평가이기"에 기관평가에 대한 이론적 논의가 탐색 단계라고 보았다. 즉 여러 법률과 평가 정책들은 새로운 방식의 평가에 대한 제도화(institutionalization)를 요구하고 있으나 이에 대한 이론적 근거가 부실하다고 보았다.

이 논문은 평가를 분석적 평가(analytical evaluation)과 판단평가(judgemental evaluation)로 구별하였으며, 이 중에서 기관평가와 관련하여서는 "평가적 추론에 의해서 일정한 논거를 가지고 정책의 가치를 판단하는 실용적 평가로서 판단평가"를 중심에 놓고 서술하고 있다. 아울러 저자는 기존의 정책평가 개념을 확장하여 제도적 평가 즉 정부에 의한 분석적 평가와 정부에 의한 판단평가를 현실적인 정치 행정의 과정으로 파악하고 학문적인 분석적 평가보다 더 세심하게 서술하였다. 특히 이 제도적 평가는 정책효과와 정책결정, 집행과정, 기관의 정책관리 역량까지 평가하게 되며, 법적 권한에 의한 정부기관의 평가라는 특성, 정책가치의 향상을 목적으로 하고 있는 점, 종합적인 평가이며 정책구조적, 정치행정적, 경제논리적 차원의 다양한 평가기준이 고려된다는 점 등을 특징으로 내세울 수 있다.

이러한 기관평가는 첫째, "기관의 주요업무 전반에 대한 진단평가로서의 성격을 지니므로 기관혁신에 유용한 근거 자료"가 되어 "정책과정의 개선", "기관 관리능력의 향상", "국민 신뢰 제고" 등에 활용될 수 있다. 둘째, 기관평가는 기관장의 책임성 확보, 기관간 비교에 따른 수월성 판단에 도움이 된다. 셋째, "정책과제뿐만 아니라 관리역량과 국민만족도까지 포괄하는 종합평가이므로 평가의 목적 타당성을 높여준다"고 볼 수 있다. 마지막으로 기관평가는 "조직의 환류기능"의 의의를 높여 "행정의 일상적 과정으로 정착"시키는데 기여했다고 볼 수 있다.

본 논문은 정책과제에 대한 평가 기준을 정책형성과 결정과정, 집행과정, 정책성과 차원에서 제시하였다. 정책형성과 결정과정의 구조적 평가기준으로는 명료성, 적합성, 논리성, 환류성을 제시하였으며, 정책맥락적 평가기준으로 일관성, 적시성, 실현성, 합법성, 민주성 등을 설명하였다. 집행과정의 구조적 평가기준으로 정확성, 수용성, 동원성을 제시하였고, 정책맥락적 평가기준으로 협조성, 전략성, 적응성 등을 제시하였다. 마지막으로 정책성과의 평가기준으로 경제성, 효율성, 효과성, 형평성 등의 4ES와 함께 적정성과 대응성을 제시하였다.

2) 논문 작성의 시대적 배경과 논문의 학문적 기여

2003년 한국행정학보 제37권 제4호에 발표된 이 논문은 국무총리 정책평가위원회와 한국행정연구원이 주최한 2002년 세미나 주제발표의 일부분이다. 이 연구의 의의는 1998년 IMF 금융위기와 이어진 김대중 정부의 공공부문 개혁과 밀접히 연관되어 있다고 볼 수 있다. 즉 1990년대 미국과 영연방국가들의 신공공관리론(new public management)의 확산 속에서 김대중 정부는 미국의 정부성과법(Government Performance & Results Act of 1993) 등의 사례를 참고하여 기존의 심사평가를 개혁하고자 하였다. 개별적이고 공무원 중심의 비전문적인 심사 평가를 개선하여, 정치적으로 국무총리에게 부여된 국정 통할권을 원활하게 수행할 수 있도록 만들었다. 뿐만 아니라 정부투자기관경영평가, 대학평가 등의 기관에 대한 평가가 진행되고 있었고, 1995년 전국동시지방선거에 따른 지방자치제의 부활은 이후 지방자치단체를 비롯한 기관에 대한 평가의 필요성을 증대시켰다.

이 논문이 발표된 시기는 논문에서 밝히고 있듯이 「정부업무등의평가에관한기본법」이 제정된 2001년 1월 8일 이후이다. 이 법률이 제정되기 이전까지는 심사평가 중심의 평가체제였으며, 특히 법률이 아닌 대통령령인 「정부업무의심사평가및조정에관한규정」에 의해서 시행됨으로써 법적 타당성과 정당성이 부족했다고 볼 수 있다. 1998년 4월 15일 김대중 정부는 앞의 규정을 대폭 개정하여 국무총리실 산하에 "정책평가위위회"를 두고 민간전문가를 중심으로 구성하여 평가의 전문성과 객관성을 증진시키기 위해서 노력하였다. 아울러 기존의 심사평가에서 기관평가 중심으로 전환하면서 1998년에는 중앙행정 부처, 1999년에는 16개 광역자치단체에까지 평가를 확대하였다. 기존의 심사평가는 중앙기관의 주요 시책을 대상으로 성과에 대해서 평가·환류시키는 것이었다고 한다면 기관평가는 평가의 기본단위를 기관으로 변경하여 정책을 종합적으로 평가하려는 것이다. 기관의 주요정책, 관리역량, 국민만족도 등을 종합적으로 평가하였다. 이는 「정부업무등의평가에관한기본법」의 제3조 3항에 기술되어 있다. 이후 2006년 4월 1일 제정된 「정부업무평가기본법」은 기존의 법보다는 다양한 분야별 평가의 통합적(synthetic) 평가의 도입이라는 특성을 갖고 있다. 그리고 자체평가를 중시하고 성과관리가 정부업무 평가에서 도입되었다는 점도 주목할 만하다.

김현구 교수(2003)의 논문은 이렇게 정책평가 특히 기관평가에 대한 제도화(institu-tionalization)가 진행되는 과정에서 기관평가에 대한 개념, 기관평가의 논리, 기관평가의 기준을 제시하였다는 점에서 지식 활용성(knowledge utilization)을 증대시켰다고 본다. 기존의 심사평가가 갖는 문제점을 개선하기 위해서 필요한 평가제도의 발전을 위한 토대를 구축했다고 본다. 즉 당시 시행되어 있던 다양한 기관 평가의 사례와 실무(practice)들과 함께 정책평가에 대한 이론(theory)적 논의로부터 정책 평가에 대한 발전적 개념과 논리를 제시한 것이다. 특히 민주화와 정권교체, 지방자치제의 실시, 경제위기 극복과 공공부문 개혁 등은 행정의 민주성과 책임성을 더욱 더 요구하게 되었고 이는 매우 구체적으로 정부의 업무 특히 기관에 대한 평가로 나타났다고 본다. 이러한 평가 요구에 대한 논리와 평가의 기준을 제시했다는 측면에서 비록 이론적 논의를 중심으로 한 연구이지만 실무와 이론이 결합된 연구성과라고 할 수 있다.

3) 최근 공공부문 평가 제도의 변화

한국의 기관평가는 지속적으로 변화해왔다고 볼 수 있다. 앞에서도 서술한 바와 같이 2006년의 「정부업무평가기본법」은 지난 10년간 정부 및 공공부문의 평가에 있어서 주요한 법률이었다. 하지만 공공부문의 평가제도는 이 법을 비롯하여 다른 개별 법률에 의해서 다양한 평가제도들이 생성되고 변화하였다고 할 수 있다. 아래의 [그림]에 따르면 평가대상에 따라 평가유형, 평가부문, 근거법률, 평가주관 부처가 매우 복잡하다고 할 수 있다. 중앙행정기관을 대상으로 하는 평가는 특정평가와 자체평가로 구분되며, 특정평가는 국정과제, 규제혁신, 정부혁신 등을 평가하고 있으며, 자체평가는 각 개별법에 따라 재정사업평가 및 정부업무평가법에 따른 행정관리역량 평가로 나뉜다. 결국 각 평가의 목적, 대상 등에 따라 다양화(diversification)의 경향이 나타난다고 볼 수 있다. 예를 들어 공기업 및 준정부기관에 대한 평가는 「공공기관운영에관한법률」에 의해서 독자적인 발전을 해왔다고 볼 수 있다. 공공기관에 경영평가는 1983년에 도입된 '정부투자기관 경영평가제도'가 그 모태라고 할 수 있다. 공공기관 경영평가제도는 평가를 통해서 공공기관의 자율과 혁신 그리고 책임성을 증진시킨다는 목적이 있다. "공공기관운영위원회"의 의결을 통하여 지속적으로 평가체계의 변화, 평가대상 기관의 변화, 지표의 변화 등이 이루어져 왔으며, 이러한 변화를 통해서 경영평가의 합리성, 타당성, 수용성을 높이고자 하였다.

3. 향후 연구 방향에 대한 제언

이 논문은 한국의 기관평가가 도입되어 발전하는데 있어서 이론적으로 그리고 실무적으로 기여한 바가 크다고 할 수 있다. 하지만 현재 다양화되고 있는 정책평가 특히 기관평가 제도에 부응하여 다음과 같은 연구의 방향들을 제언하고자 한다.

그림 「정부업무평가기본법」 및 개별 법률에 따른 정부 및 공공부문의 평가 체계

평가대상	평가유형	평가부문		근거법률	평가주관
중앙행정기관	특정평가 (43개)	일자리·국정과제(65점)		정부업무평가법	국조실 등
		규제혁신(10점)			
		정부혁신(10점)			
		정책소통(10점)			
		소통만족도(5점)			
		지시이행(±3점)			
	자체평가 (44개) *43+국조실	주요정책		정부업무평가법	국조실
		재정사업	일반재정사업	국가재정법	기재부
			R&D평가	연구성과평가법	과기정통부
			재난안전	재난안전법	행안부
			균형발전	국가균형발전법	지역위
		행정관리역량	조직		행안부
			인사	정부업무평가법	인사처
			정보화		행안부
지방자치단체	부처평가	합동평가(24개 부처)		정부업무평가법	행안부 등
		개별평가(50개 사업)			주관부처
	자체평가	중앙행정기관과 동일		정부업무평가법	지자체장
공공기관		공기업(35개)		공공기관운영법	기재부
		준정부기관(88개)			
		기금(존치평가 34개, 자산운용평가 46개)		국가재정법	기재부
		과학기술분야 연구기관 (46개)	과기연 소관(25개)	과학기술기본법 과기출연기관법	과기연
			과기정통부 산하(16개)		과기정통부
			해수부 산하(3개)		해수부
			원안위 산하(1개)		원안위
			방사청 산하(1개)		방사청
		경제·인문사회분야 연구기관(26개)		정부출연기관법	경인사연
		지방공기업(343개)		지방공기업법	행안부

자료: 국무총리실 정부업무평가위원회(www.evaluation.go.kr), 2018년 11월 현재.

첫째, 조직성과(organizational performance) 모형에 대한 연구가 필요하다고 본다. 이 논문을 비롯하여 기관평가의 연구들이 정책평가 이론에 기반하고 있다고 볼 수 있다. 이러한 평가이론에 기반한 연구와 함께, 조직성과관리론의 연구 성과가 반영된 기관평가의 이론 및 제도의 발전이 있었으면 한다. O'Toole & Meier (2015)에서 논의하듯이 관리(management)와 성과(performance)간의 관계에 대해서 다양한 연구가 있는데 기관평가의 많은 유형들이 조직성과 이론의 발달에 따라 재설계될 수 있다고 본다. 즉 조직의 성과에 주요하게 영향을 미치는 영향들을 조직 혹은 기관의 특성에

따라 재배열하는 평가모형을 만들어 볼 수 있다고 본다. 이는 사업 혹은 프로그램 단위의 평가가 아닌 조직 혹은 기관 단위 평가에서 더욱 더 필요하다고 본다. 예를 들어 현재의 공공기관에 대한 기관평가모델은 말콤 볼드리지(Malcolm Baldridge)모델을 중심으로 균형성과표(Balanced Score Card) 이론, PDCA(plan do check act)과정에 따른 품질관리이론 등이 결합되어 있다고 볼 수 있다. 기관평가이론의 발전을 위해서는 조직성과모형에 대한 논의와 성과를 적극적으로 수용할 필요가 있다.

둘째, 기관평가의 발전적 논의를 바탕으로 하여 상세한 평가기법 및 이슈들을 연구하여야 한다. 예를 들어 박정호·이도석(2015)의 연구와 같이 조직의 성과분석에서 활용할 수 있는 지표에 관한 논의와 같이 평가에 있어서 타당성과 신뢰도를 높이기 위한 방안들이 연구되어야 한다. 이러한 맥락에서 박순애(2017)의 연구는 기관평가에 있어서 가장 오래된 평가제도라고 할 수 있는 공공기관 경영평가에 대한 실무적이고 이론적 쟁점들을 다루고 있어서 향후 연구에 있어서 모범이 될 만한 사례라고 하겠다.

마지막으로 평가의 근본적 물음에 대한 연구가 필요하다고 본다. 즉 평가의 목적에 비추어 과연 평가는 그 본연의 역할을 다했는가에 대해서 답해야 한다. 평가가 정부의 행정 업무 중에서 일상 업무로 편입되어 의례적으로 수행하다 보니 평가의 본래적인 의의와 목적을 잊고 있지는 않은지 살펴볼 필요가 있다.

참고문헌

김현구. (2003). 정부업무 기관평가의 이론적 논고.「한국행정학보」, 제37권 제4호. pp. 57-78.

박순애 편. (2017).「공공부문의 성과측정과 관리」. 문우사.

박정호·이도석. (2015). 공공조직 성과분석을 위한 다차원지표 활용의 딜레마-주관적 성과인식과 객관적 지표 비교를 중심으로.「한국행정학보」, 제49권 제2호, pp. 93-117.

O'Toole, L. J., & Meier, K. J. (2015). Public Management, Context, and Performance: In Quest of a More General Theory. *Journal of Public Administration Research and Theory*, 25(1): 237-256.

행정조직문화와 조직효과성

행정조직문화와 조직효과성*

김호정(부산대학교 행정학과 교수)

❧ 프롤로그 ❧

본 연구는 한국행정학내 문화연구의 방향을 '행정문화'에서 '행정조직문화'로 전환하는 데 기초를 제공하였다는 점에서 의미를 부여할 수 있다. 나아가 이러한 연구방향의 전환은 행정조직문화 연구에 경쟁가치모형을 도입함으로써 가능하다는 사실을 입증하였다.

1990년대까지 한국행정학에서는 조직문화에 대한 연구가 활성화되지 못하였고, 공무원들의 일반적 가치관에 관한 연구가 행정문화연구의 지배적 경향이 되었다. 1980년대까지는 근대화론에 근거하여 한국행정문화는 무엇이며 어떠한 내용인가를 밝히려는 연구들이 주류를 이루었고, 1990년대에는 가치관을 중심으로 한 문화심리적 접근법을 비판하거나 한국행정문화의 바람직한 방향을 제시하는 연구들이 중심을 이루었다. 반면에 행정조직문화에 대해서 필요성은 인식했지만 본격적인 연구에 들어가지 못했다. 더욱이 행정조직문화와 조직효과성의 관계를 규명하려는 연구는 시도조차 힘든 상황이었다.

당시의 한국행정문화 연구는 행정문화의 내용으로 가족주의, 권위주의, 운명주의, 의식주의 등을 제시했는데, 공무원들의 이러한 가치관들은 포괄적이고 추상적일 뿐 아니라 한국인들이 공통으로 지닌 것으로 일반 사회문화와 구분되지도 않았으며, 행정조직이나 행정업무의 고유한 특성이 반영되지도 않았다. 그 결과 조직관리적 측면에서 바람직한 방향으로 행정문화를 변동시키기 위한 적실성 있는 대안이나 처방을 제시하기 어려웠고, 조직문화의 이론

* 이 논문은 2002년 『한국행정학보』, 제36권 제4호, pp. 87－105에 게재된 글을 수정·보완한 것이다.

적 연구가 충실히 이루어질 수 없었으며, 조직문화의 발전에 제대로 기여할 수도 없었다.

한편 새롭게 시도된 경쟁가치모형을 활용한 행정문화 연구는 이전의 행정문화 연구가 받았던 비판들을 보완하면서 다양한 긍정적 효과를 낼 수 있었다. 먼저 행정조직문화의 개념을 "행정조직의 주요 특성이나 문제에 관련된 구성원들의 공유된 가치관과 기본전제"라고 규정함으로써, 행정문화는 사회문화와 구분될 뿐만 아니라 다른 조직들의 문화와도 차별화될 수 있으므로, 행정문화는 사회내 하나의 독립된 하위문화로 자리잡는 데 기초를 마련할 수 있었다. 나아가 조직이론에서 효과성연구를 위해 사용해 오던 경쟁가치모형(이론)을 기초로 하여, 행정문화와 조직관련 변수들 특히 조직효과성과의 인과관계를 경험적으로 분석할 수 있으므로, 행정문화연구의 이론화와 발전에 기여할 수 있는 초석이 되었다.

본 연구는 경쟁가치모형을 이용하여 행정조직문화의 유형을 집단문화, 발전문화, 합리문화, 위계문화로 구분하고, 조직효과성의 지표로 조직몰입과 직무만족을 사용하여, 기초자치단체들을 대상으로 조직문화와 조직효과성의 관계를 검증한 것으로 주요한 연구결과를 요약하면 다음과 같다. 첫째, 기초자치단체들의 조직문화는 네 가지 유형이 모두 조금 강한 편이지만 특히 위계문화와 합리문화가 더 강했다. 둘째, 15개 구청들간에 위계문화와 합리문화는 다소 의미있는 차이가 있었다. 셋째, 구청들의 하위부서(국)간에는 위계문화만이 의미있는 차이가 있었다. 넷째, 구청직원들의 조직몰입 향상에 의미있는 영향을 미치는 문화유형은 집단문화, 발전문화, 합리문화였고, 직무만족에는 집단문화와 발전문화가 의미있는 영향요인이었다. 다섯째, 조직문화의 가능한 결합형태들 중 '강한 균형문화'의 형태에서 구성원들의 조직몰입과 직무만족이 모두 가장 높은 것으로 나타났다. 여섯째, 조직문화의 강도(동질성과 집중도)는 조직몰입과 직무만족의 향상에 도움이 되지 못했다.

오늘날 본 연구의 의미는 경쟁가치모형을 사용하여 행정조직문화 연구의 이론적 기초를 제공하였고, 조직문화에 행정조직과 행정업무의 특성을 반영함으로써 행정학의 정체성과 토착화 제고에 기여할 수 있다는 데서 찾을 수 있겠다. 구체적인 예로 조직문화와 행정개혁의 관계를 살펴본다. 조직문화 연구는 행정개혁의 기초자료로 삼을 수 있다. 행정개혁은 주로 정부조직 개편을 포함한 조직구조의 변동과 공직자의 의식과 행태의 변화를 도모하는 조직문화 변동으로 구분할 수 있는데, 후자의 경우 조직문화 연구를 기초로 하게 된다. 그러나 문화변동의 경우는 기존 조직문화가 강하고 구성원들의 저항이 심해서 개혁이 실패로 끝나기가 쉽다. 원래 개인의 의식과 가치는 좀처럼 변하지 않으며, 공무원은 신분보장으로 인해 합법적인 저항이 가능하기 때문이다. 이를 극복하기 위해서는 조직문화 변동의 방법과 전략에 대한 깊이 있는 연구가 필요하지만, 아직까지 조직문화연구는 문화변동에 대한 연구로 이어지지 못하는 것 같다. 또한 문화변동이 성공하기 위해서는 문화변동을 실천할 수 있는 적절한 리더십이 필요한데, 아쉽게도 여기에 관한 연구도 제대로 이루어지지 않고 있다. 한편 조직구조 변동의 일환으로 조직의 통·폐합을 시도하는 사례들이 있는데, 통·폐합의 진행이 순조롭지 못한 경우가 많고 설사 완성되더라도 부작용과 후유증이 오랫동안 나타나기도 한다. 이는 통·폐합 과정에서 상이한 조직문화의 충돌이 발생하고 문화충돌을 원만히 해결하지 못한 데서 초래된 결과일 수 있다. 조직문화 연구는 조직문화의 충돌을 진단하고 해결하는 방법을 마련하는 데에도 관심을 갖고 현실적 도움을 줄 수 있도록 확장되어야 한다. 어쨌든 행정조직문화 연구는 이론적으로나 실천적으로 행정개혁에 도움을 줄 수 있지만, 아직까지는 문화변동과 문화충돌 등 다양하고 심층적인 연구가 부족하여 실질적인 도움에는 한계가 있다.

이밖에도 조직문화 연구는 상이한 조직들간 조직문화의 비교연구도 활성화되어야 한다. 공공부문에서도 다양한 조직들이 존재하므로 이들에 대한 조직문화의 비교는 행정조직의 이해와 발전에 도움이 될 것이다. 조직문화는 조직 관련 다양한 변수들과 연관이 있으므로, 이러한 변수들과 조직문화의 관계에 관한 연구가 풍부하면 조직과 조직이론의 발전에도 기여할 수 있다. 조직문화를 조직효과성 향상을 위한 연구에만 집착하면 행정은 관리의 영역을 벗어날 수 없다. 행정학의 정체성과 고유성을 발견하고 정립하려면 공공성, 공익, 거버넌스, 공공서비스, 공공봉사동기 등의 개념과 조직문화를 연결하는 연구도 필요할 것이다. 조직문화연구에서도 양적 방법과 질적 방법을 함께 사용하는 통합연구방법을 시도해 보고, 경쟁가치모형 외 다양한 모형들을 발굴하여 조직문화 연구를 하면 조직문화연구가 보다 충실해지고 적실성도 지니게 될 것이다.

〈요 약〉

본연구는 기초자치단체(구청)를 대상으로 조직간, 부서간에 조직문화의 차이가 있는지, 그리고 조직문화의 유형과 강도가 직무만족과 조직몰입에 영향을 미치는지를 검증한 것이다. 분석결과 조직간에는 위계문화와 합리문화가, 부서간에는 위계문화가 차이가 있는 것으로 드러났다. 또한 조직몰입에는 집단문화, 발전문화, 합리문화가, 직무만족에는 집단문화와 발전문화가 각각 의미있는 양(+)의 영향을 미치는 것으로 나타났으며, 문화유형들의 다양한 결합형태 중에서는 네 가지 문화가 모두 강한 '강한 균형문화'에서 구성원들의 조직몰입과 직무만족이 가장 높은 것으로 나왔다. 그러나 문화의 강도는 조직몰입과 직무만족에 의미있는 영향을 미치지 못하는 것으로 나타났다. 향후 조사대상 조직과 지역을 다양화하고 조직문화와 조직효과성의 측정대상을 달리하는 연구가 이어진다면 행정조직문화와 조직효과성의 관계에 관한 일반적 이론의 정립에 상당한 도움이 될 것이다.

I. 연구의 목적과 범위

1980년대 이후 조직문화 연구는 "문화유형론"과 "문화적 강도"라는 두 가지 주제가 주류를 형성해 왔다(Smart & John, 1996: 219). 전자는 어떠한 문화유형이 조직효과성을 향상시키는지를 규명하려는 것이고, 후자는 강한 문화를 가진 조직이 조직효과성도 높음을 주장하는 연구들이다. 이밖에도 리더십, 환경, 개인과 조직문화가 적합한 경우 조직효과성이 높다는 연구들도 간혹 발표되고 있다(예컨대, Cameron & Freeman, 1991: 28; Odem et al., 1990: 158; Kotter & Heskett, 1992: 37-39).

그러나 한국행정학자들은 이러한 경향의 조직문화연구에는 무관심했던 것 같다. 거시적 관점에서 국가간 비교에 적합한 근대화론을 근간으로 하는 행정문화연구에 치중함으로써, 한국행정조직의 특수한 조직문화를 발견하지 못했으며 행정조직간 비교분석도 할 수 없었다. 더욱이 조직효과성을 향상시키기 위해서 조직문화는 어떻게 변동되어야 하고 조직문화에 적합한 인적 관리는 어떤 것인가에 대한 체계적 연구가 없었다.

본 연구는 미시적 관점에서 행정조직문화와 조직효과성의 관계에 초점을 맞추었다. 구체적으로 행정조직의 경우 어떠한 조직문화가 조직효과성을 향상시키며, 조직문화의 강도가 강할수록 조직효과성이 높다는 경영학자들의 보편적 주장이 행정조직에도 적용될 수 있는지, 행정조직들간에 그리고 조직내 기능이 상이한 부서들간에 조직문화가 서로 다른지를 경험적으로 규명하는 것이 본 연구의 목적이다.

연구목적을 달성하기 위해 조직문화와 조직효과성의 다양한 모형들 중에서 가설검증에 적합한 모형을 선정하였다. 조직문화는 Quinn & Kimberly(1984)의 네 가지 문화유형 즉, 집단문화, 발전문화, 합리문화, 위계문화를 원용했다. 이 문화유형은 조직효과성과의 관계분석에서 가장 많이 이용되고 있고 종래의 한국행정문화연구의 한계를 극복할 수 있는 경쟁가치모형에 의해 도출된 것이다. 여기서 집단문화는 신축성, 재량, 내적 유지, 통합을 강조하고, 발전문화는 신축성, 재량, 외부 관계, 차별을 특성으로 하며, 위계문화는 내적 유지, 통합, 안정성, 통제를 우선시한다. 마지막으로 합리문화는 외부와 관계, 차별, 안정성, 통제를 중시한다(김호정, 2002: 22-31). 조직문화와 조직효과성의 관계에 관한 경험적 연구에서 이용되는 조직효과성 변수는 주로 자산증가, 성장, 수익성 등 경제적 성과를 나타내는 '객관적 지표'와 조직몰입, 직무만족, 삶의 질 등의 '주관적 지표'로 구분될 수 있다. 조직효과성의 주관적 지표는 객관적 지표보다 조직문화와 관계를 분석함에 있어서 결과가 선명하고 강하게 나타나는 장점이 있다(조영호·김일숙, 1995; Denison & Mishra, 1995). 더구나 행정조직에서는 경제적 성과의 측정이 곤란하고 기업조직에 비해 의미도 약하므로 행정조직을 대상으로 분석할 경우에는 주관적 지표의 사용이 바람직하다. 따라서 본 연구에서는 주관적 지표로 자주 이용되고 있는 조직몰입과 직무만족을 조직효과성의 하위변수로 선정하기로 한다. 조직몰입 중에서는 태도적 몰입에 한정하고 그 중에서도 도덕적, 심리적, 정의적 몰입을 대상으로 하며 직무만족은 직무환경에 대한 분야별 만족을 이용한다.

조직문화를 측정하는 방법에는 질적 방법과 양적 방법이 있는데, 조직문화와 조직효과성의 관계와 같은 인과분석에는 양적 방법이 적합하므로 본 연구에서도 양적 방법에 의해 설문지법을 이용하기로 한다. 조사대상은 부산광역시 내 15개 전 구청과 각 구청의 세 국에서 고르게 추출된 공무원으로 한다.

Ⅱ. 조직간, 부서간 조직문화 비교

행정조직간에 조직문화가 상이할 것인가? 조직문화의 차이를 추론하기 위해 조직문화의 영향요인을 검토해 볼 필요가 있다. 조직문화에 공통적으로 영향을 미치는 주요 요인들이 행정조직간에 상이하다면 조직문화도 서로 다르다고 보아야 하기 때문이다. 서인덕(1986: 84-85)은 조직문화는 조직의 외부환경과 최고관리자에 의해 절대적 영향을 받는다고 한다. 외부환경은 단순-복잡 차원과 정태적-동태적 차원으로 구분될 수 있는데(조영호 & 김일숙, 1995: 125), 기초자치단체들의 환경은 단순하고 정태적인 동질적 환경으로 보아야 할 것이므로 환경은 기초자치단체들의 조직문화를 차별화시키지 못할 것이다.

한편 리더십의 주요 기능은 조직문화를 창조, 관리, 변화시키는 것이므로 최고관리자가 조직문화를 형성할 수 있다. 구체적으로 Calori & Sarnin(1991: 51)은 최고관리자는 의사결정과 행태를 통해 조직의 역사와 전략, 관리방식, 상징에 영향을 미쳐서 결국 조직문화를 결정하게 된다고 한다. 그러나 모든 최고관리자가 조직문화를 형성하는 것은 아니다. Schein(1992: 5)은 관리자와 리더를 구분하여 관리자는 문화 속에서 살아가지만, 리더는 문화를 창조하고 변동시킬 수 있다고 한다. 리더역할을 충실히 할 수 있는 최고관리자가 조직문화에 영향을 미친다는 의미가 된다. 즉, 관리자의 성격이 강한 구조주도나 배려형, 혹은 거래적 리더십으로는 조직문화의 변경이 곤란하고, 부하들의 가치관과 의식구조를 바꿀 수 있는 변혁적 리더십(transformational leadership)을 발휘할 수 있어야 조직문화의 변동도 가능하다. 변혁적 리더십은 목표달성을 위한 성과의 중요성과 가치에 대한 인식을 제고시키고, 사적 이익을 초월하게 하며 욕구수준을 상승시켜 상위욕구를 중시여기게 하면서 조직문화를 바꾸고 상징도 조작한다(김호정, 2001: 200). 이런 의미에서 변혁적 리더십을 문화적 리더십이라고도 한다.

그렇다면 변혁적 리더십이 기초자치단체장들간에 차이가 있는가? 이창원(1999)은 40개 자치단체를 추출하여 이를 재정자립도와 득표율이 높은 집단과 낮은 집단으로 구분한 다음 이들 두 집단간에 장들의 12가지 변혁적 리더십행태를 비교한 결과 모든 행태에서 의미있는 차이가 발견되었다. 이어서 다른 연구에서는 변혁적 리더십의 12가지 행태가 모두 광역자치단체장들보다 기초자치단체장들이 강한 것으로 나타났다(이창원, 2000). 즉, 한국의 기초자치단체장들은 변혁적 리더십을 발휘하고 있으며 장들간에 변혁적 리더십의 정도는 차이가 있다고 하겠다. 따라서 기초자치단체들의 외부환경보다는 장들의 리더십에 의해 조직문화는 차이가 있을 것으로 예상할 수 있다.

가설1: 기초자치단체들간에 조직문화의 차이가 있을 것이다.

Martin(1992: 98)은 세 가지 관점에서 조직문화의 개념을 규정하고 있는데, 그중에서 분화적 관점(differentiation perspective)은 조직문화의 경계를 조직단위가 아니라 조직내 집단으로 한정한다. 즉, 조직내 하위단위들끼리 서로 다른 하위문화를 형성한다고 보는 것이다. 이는 조직내 하위단위(집단이나 부서)간에 서로의 기능이 상이하기 때문이며 그 결과 조직의 주요 특성들에 대한 가치와 전제도 상이하게 된다는 의미이다(Gordon, 1991: 398). 그러나 행정조직의 경우에는 상황이 다르다. 조직내 부서들간 기능은 상이하지만 잦은 인사이동으로 인해 특정 부서의 업무성격이 구성원들의 가치관과 전제에 영향을 미칠 수 있는 기회가 충분하지 않다. 최고관리자의 리더십도 조직내 부서들간에 다르게 전달될 이유가 없다. 따라서 행정조직내 부서들은 서로 상이한 하위문화를 가진다고 보기 곤란하다. 같은 의미로 형성원(1998: 64－65)은 행정조직내 부서간에는 Deal & Kennedy의 조직문화 형성요인들(환경, 기본가치, 중심인물, 의례와 예식, 문화망)이 다르지 않을 것으로 보았다. 경험적 연구결과들도 이러한 예견을 뒷받침하고 있는데, 중앙부처를 세 집단(국가관리기능 부처, 산업경제기능 부처, 사회서비스 기능 부처)으로 분류하여 조직문화를 비교한 결과 집단간에 의미있는 차이를 보이지 않았으며(형성원; 1998; 42－49), 기상청을 대상으로 '기획·관리부서'와 '사업·사업부서'를 구분하여 두 집단간에 차이검증을 한 결과도 네 가지 조직문화에서 모두 의미있는 차이가 발견되지 않았다(박창권, 2000: 68－69). 따라서 기초자치단체를 대상으로 할 경우에도 부서간 업무성격이나 기능은 상이하지만 원활한 인사교류로 인해 부서간 조직문화에는 차이가 없을 것으로 예상된다.

가설2: 기초자치단체들의 부서들간에 조직문화의 차이가 없을 것이다.

Ⅲ. 조직문화 유형과 조직몰입, 직무만족

조직문화가 조직효과성에 영향을 미친다는 점에 대해서는 학자들간에 이견이 거의 없으나 일부 학자들은 조직문화가 조직효과성을 저하시킨다는 주장도 하고 있다. 즉, 어떤 유형의 공유된 문화는 조직구성원들이 다양한 기회를 인식하거나 예측하지 못한 상황을 경험하는 것을 방해할 수 있고 조직문화와 일치하지 않는 활동을 추구하는 것을 막음으로써 변동에 대한 저항의 기능도 한다는 것이다(Schneider, 1990: 267). 그러나 대체적인 의견은 조직문화가 조직효과성을 위해 순기능을 한다고 본다. 그 주요 이유는 다음과 같다. 첫째, 공유된 가치1)는 조직을 한정된 단위로 유지시킴과 동시에 조직에 정체성을 부여한다. 둘째, 공유된 가치는 구성원들간 의사소통을 원활하게 하고 협력을 촉진시킨다. 셋째, 공유된 신념과 기대는 조직구성원들의 태도와 행태에 대한 규범으로 작용하여(통제수단) 조정과 통합을 용이하게 한다. 넷째, 조직문화는 조직구성원들에게 기대되는 행위패턴과 조직이 지향하는 바를 암시하므로 구성원들의 행위에 대한 지침과 정당성을 부여한다(Chatman & Jehn, 1994: 525; Smircich, 1983: 345; O'Reilly, 1989: 12; 서인덕, 1986: 10).

구체적으로 조직몰입과 직무만족에 대해서 조직문화는 어떤 영향을 미치는가? Schneider(1990: 289)에 의하면 조직문화에 따라 조직 내 인적자원의 관리방식(채용, 배치, 보상, 감독, 승진 등)이 변하는데, 이는 조직풍토의 변화를 유발하고, 변화된 조직풍토는 조직구성원들의 인지적·정의적 상태에 영향을 미쳐 동기부여, 직무만족의 정도가 달라지고 결국 조직몰입도 영향을 받는다. 그러면 조직문화의 네 가지 각 유형이 직무만족과 조직몰입에는 어떠한 영향을 미치는가?

'집단문화'는 구성원들의 참여, 팀웍, 충성, 사기 등을 특성으로 한다. 높은 수준의 참여는 조직에 대한 관심을 증대시키고, 참여와 관심은 책임감과 자긍심을 향상시키면서 주인의식도 갖게 한다. 주인의식을 가지면 자율적 업무수행 능력도 향상되고 단순히 고용인 이상의 높은 관여를 보임으로써 조직과 목표에 대한 몰입이 강화된다(Denison & Mishra, 1995: 213-214; Denison, 1997: 6).2) 이처럼 집단문화에서는 조직과 개인의 목표가 일치하는 현상이 나타나는데, 여기에는 개인의 조직에 대한 신뢰가

---

1) 대체로 조직문화의 정의는 "조직문제에 관련된 구성원들의 공유된 가치와 전제"에 초점을 둔다(김호정, 2002: 26).

2) 본 연구에서 사용하고 있는 도덕적·심리적·정의적 몰입의 개념은 "구성원들이 조직에 대한 애착을 갖고 자발적으로 조직에 계속 남아있기를 강력히 희망하면서, 조직의 목표와 가치를 수용하여 내면화시키고, 조직을 위해 어떠한 직무를 맡더라도 열심히 노력하려는 의지"라고 할 수 있다.

기초가 된다. 또한 정직한 사람과 부정직한 사람은 반드시 밝혀지며, 조직은 따뜻한 마음을 갖고 구성원을 항상 염려하고 있다고 구성원들은 믿게 된다(Wilkins & Ouchi, 1983: 476). 구성원들의 이러한 심리상태는 직무에 대한 긍정적 태도인 직무만족을 향상시킬 수 있다. 또한 집단문화에서는 가족적 인간관계와 사기를 중시하는데, 인간관계는 직무만족의 중요한 구성요소(특히 감독, 상관, 동료에 대한 만족)가 되고 사기도 직무만족과 깊은 관계가 있으므로 집단문화는 구성원들의 직무만족 향상에 현저한 기여를 할 수 있다.

'발전문화'에서는 구성원들이 하고 싶은 일을 도전과 창조정신 하에서 조직의 최대 지원을 받으면서 자율적으로 수행할 수 있으므로 조직과 일체감이 형성된다(한주희 외, 1997: 107). 이러한 업무환경에 대해서 구성원들이 만족하는 것은 당연하며 직무에 대해서도 즐겁고 긍정적인 태도를 갖게 될 것이므로 직무만족이 높아질 것이다. 자율적 업무수행과 조직과 개인의 일체감 형성은 조직몰입의 기본이 되므로 발전문화에서는 구성원들의 조직몰입도 향상된다고 하겠다. 다시 말해 발전문화는 구성원들의 신뢰, 자율, 재량을 바탕으로, 조직의 목표와 가치를 수용하고 내면화시켜 자발적이고 적극적으로 업무를 수행하게 함으로써 조직몰입을 향상시키는 역할을 하게 된다.

'위계문화'는 명령, 규칙, 규제 등 통제와 능률, 안정을 특징으로 하는 일종의 비적응적 문화 혹은 관료적 문화를 의미하는 것으로, 이 문화에서 구성원들은 소극적이고 모험을 기피하여 창의성이 현저히 떨어진다. 다시 말해 통제를 강화함으로써 구성원들의 동기부여와 열정은 약화되고 직무에 대한 매력은 감소하므로 구성원들의 직무만족도 높아지기 곤란하다. 뿐만 아니라 통제 강화와 위험부담으로 인해 처벌과 책임을 회피하고자 하므로 무사안일 행태가 만연되고 반면에 자발적 노력의지와 조직에 대한 애착은 약해진다. 이러한 상황에서는 조직몰입의 향상도 기대하기 어렵게 된다.

'합리문화'는 목표, 과업, 성취를 강조하고 경쟁을 장려하지만 인간적 배려와 인간관계를 기본으로 하는 직무만족에는 소홀해 질 수 있다. 동시에 합리문화는 성과주의를 지나치게 강조하는 경향이 있으므로 구성원들은 조직에 대한 방어적 태도와 개인적 행동을 취하게 된다(한주희 외, 1997: 109). 개인주의는 응집력과 팀워크을 약화시키고 방어적 태도는 조직에 대한 애착과 주인의식을 고취시킬 수 있는 기회를 잃게 하므로, 합리문화에서는 구성원들의 타산적·거래적 몰입은 강해질 수 있지만 심리적·정의적 몰입의 향상은 기대하기 어려울 것이다.

이상과 같이 집단문화는 인간적 배려와 인간관계를 강조하고 발전문화는 매력적이고 새롭고 창의적인 일을 조직의 지원 하에 위험부담 없이 진취적으로 할 수 있다는 측면에서 구성원들의 직무만족 향상에 현저한 기여를 할 것으로 기대되지만, 위계문화는 자율과 재량이 부족하여 직무매력과 동기부여가 곤란하고 합리문화는 조직과 개인간 거래관계가 강조되어 인간적 면이 결여된다는 의미에서 각각 직무만족의 향상을 어렵게 한다. Quinn & Spreitzer(1991: 128)도 전통적 조직발전론에 의거하여 인간관계와 개방체제의 가치를 강조함은 개인의 만족을 향상시키는 핵심이므로 집단문화와 발전문화를 강조함으로써 개인의 행복을 증대시킬 수 있다고 한다. 한편 집단문화는 구성원의 참여, 책임감, 주인의식의 강화를 통하여 그리고 발전문화는 자율과 재량 및 조직과 개인의 일체감 형성을 통해 조직몰입을 향상시킬 수 있지만, 위계문화는 통제를 강조하여 구성원의 자발적 노력을 약화시킨다는 측면에서 그리고 합리문화는 주인의식과 조직애착의 기회를 감소시킨다는 의미에서 각각 조직몰입의 향상에 기여할 수 없는 것으로 보았다.

O'Reilly(1989: 18)는 조직몰입에는 세 가지 단계가 있다고 한다. 첫째는 보수와 같은 무엇인가를 주로 획득하기 위해 조직의 영향을 수용하는 '복종'의 단계이고 둘째는 만족스러운 인간관계를 유지하기 위해 영향을 수용하는 '일체화'(identification)의 단계인데 이때는 조직에 대한 소속감을 느낄 수 있다. 셋째는 조직의 가치가 구성원들에게 내재적 보상이 되고 개인의 가치와 일치하게 되는 '내면화'(internalization) 단계이다. 이 중에서 위계문화와 합리문화에서는 구성원들이 주로 보상의 획득을 위해 구성원의 자격을 유지하는 복종의 단계에 머물러 있고, 집단문화에서는 가족적이고 만족스러운 인간관계로 유지되는 일체화 단계로 조직몰입이 진전되고, 발전문화에서는 개인이 조직의 가치를 수용하고 내면화시키는 내면화 단계로까지 발전했다고 볼 수 있으므로, O'Reilly의 관점에 따르면 조직몰입의 향상에 미치는 영향은 발전문화가 가장 높고 다음으로 집단문화, 영향이 가장 낮은 문화는 위계문화와 합리문화라고 할 수 있다. 그러나 조직몰입의 첫 단계인 '복종'은 도구적·근속적 몰입에 해당하므로 엄밀한 의미에서 본 연구의 대상인 도덕적·정의적 몰입에는 포함되지 않는다. 다시 말해 위계문화와 합리문화는 도덕적, 심리적, 정의적 조직몰입의 향상에는 기여할 수 없다고 보아야 할 것이다.

가설3: 집단문화와 발전문화는 개인의 직무만족과 조직몰입 향상에 의미있는 영향을 미치지만, 위계문화와 합리문화는 그러한 영향을 미치지 못할 것이다.

지금까지는 조직문화의 각 유형과 조직효과성의 관계를 설명했지만, 엄밀히 말해 앞의 네 가지 문화유형들은 '이념형'(ideal type)에 불과하다. 현실적으로 어떠한 조직이라도 그 문화는 여러 유형들이 결합된 복합형태를 이루고 있다. 그러면 어떠한 결합형태가 가장 효과적인가? 앞에서 설명한 바에 의하면 집단문화와 발전문화가 강할수록, 위계문화와 합리문화는 약할수록 구성원들의 직무만족과 조직몰입이 강할 것으로 짐작할 수 있다. 그러나 조직문화의 불균형상태는 부정적 효과와 역기능을 낳을 수 있다. Cameron & Quinn(1999: 70-71)은 집단문화와 발전문화를 '리더십'이라 보고, 위계문화와 합리문화를 '관리'라고 하였는데, 리더가 못되는 관리자는 실패하듯이 관리자가 아닌 리더도 역시 실패할 수밖에 없다고 한다. 안정 없는 변화는 혼란이며 생산성 없는 쇄신은 그림의 떡이다. 효율성과 통제만을 강조하면 무사안일과 불신을 키우지만 신축성과 혁신만 강조하면 지나친 낭비를 초래한다. 이처럼 다른 문화유형들을 희생시키고 한 두 유형만을 강조하면 편협함과 동시에 변화된 환경에 적응할 수 없는 무능을 유발한다. 다양한 환경에 대응할 수 있는 능력은 오히려 네 가지 문화유형들을 통합한 균형상태에서 발생한다. 조직내 대조적인 요구들간에 창조적 긴장을 유지하여 문화의 균형을 유지하는 것이 조직효과성은 물론 개인에게도 만족과 행복의 열쇠가 된다(Quinn & Spreitzer, 1991: 128).

안정 없는 변화는 불안감을 유발하고 변화 없는 안정은 나태함을 낳으며, 배려 없는 성과는 개인주의를 양성하고 성과 없는 배려는 온정주의를 부추긴다. 안정 속의 변화와 배려있는 성과가 동시에 강조될 때, 평온한 심리상태에서 신뢰가 쌓여가고 화목을 잃지 않고 긴장을 유지할 수 있어서 구성원들의 직무만족과 조직몰입도 고조된다.

가설4: 조직문화 profile 중 네 가지 문화유형이 모두 강한 경우(강한 균형문화)에 개인의 직무만족과 조직몰입이 가장 높을 것이다.

Ⅳ. 조직문화 강도와 조직몰입, 직무만족

문화의 강도(strength)는 다양한 의미로 쓰이고 있지만 주로 다음의 네 가지 개념으로 규정되고 있다. 조직구성원들이 가치들을 공유하는 정도인 '동질성'(homo-geneity), 조직구성원들이 가치들을 어느 정도 강하게 갖고 있느냐를 가리키는 '집중도'(intensity), 개인의 가치관과 조직(혹은 관리자)의 가치관이 어느 정도 같은가를 나타내는 '일치성', 가치와 행동(혹은 관리방식)의 일관성 내지 '적합성'이 문화강도의 의미로 쓰이고 있다. 이 중에서 일치성은 조직몰입의 속성 중 개인의 조직가치관에 대한 일체감 혹은 내면화와 중복되는 개념이고, 적합성은 조직문화의 개념을 가치관과 전제(신념)에 한정한다는 연구의 범위를 벗어나므로 본 연구에서는 동질성과 집중도의 측면에서 문화강도를 사용하고자 한다.

조직내 구성원들간에 주요 가치관의 공유정도가 약하고 개인들도 그러한 가치관을 피상적으로 갖고 있으면 즉, 조직문화의 동질성과 집중도가 낮으면 구성원들간 관점, 목표, 전략의 차이를 초래하여 조직내 혼란과 단절이 생길 수 있다(Cameron & Quinn, 1999: 64). 이러한 상태에서는 구성원들간 의견이 상충하여 협조와 조정이 곤란할 뿐만 아니라 업무에 대한 자신감도 떨어진다. 그 결과 직무와 관련하여 불안감이 생기고 역할모호성과 역할갈등이 증대하여 직무에 대한 즐거움이나 긍정적 생각을 가질 수 없고 자발적 노력도 어렵게 되어 직무만족과 조직몰입이 약해진다.

반면에 구성원들이 가치관을 널리 공유하고 있고 공유된 가치관을 강하고 심도 있게 가질 때 조직의 통합과 조직내 합의가 용이하다. 강한 조직문화를 지닌 조직에서는 신입사원이나 새로 전입된 중견 간부라도 조직내 공유된 가치관을 신속히 수용하게 되고, 집단규범을 위반할 경우 즉각적인 수정이 가능하다. 이런 조직은 외부인들에게 어떤 특정 형태의 업무처리방식을 고수하는 것으로 보여진다(Kotter & Heskett, 1992: 15). 따라서 공유된 강한 가치관을 바탕으로 통합과 합의가 이루어지면, 경쟁자와 주민(고객)에 대해 일관성있고 통일된 행동을 통해 신속한 대응을 할 수 있어서 다양하고 변화하는 환경에 대한 적응력이 높아진다. 또한 의사소통과 정보교환이 용이해져서 문제해결이나 조정이 쉬워지는 것은 물론 학습기회를 자주 가짐으로써 자아발전의 계기가 되고 업무에 대한 자신감도 길러진다. 이러한 현상들은 모두 동기를 부여하고 직무에 대한 만족을 증진시켜서 조직몰입을 유발한다. 특히 학습의 기회, 자아발전, 자신감은 내재적 보상이 될 수 있어서 상위욕구의 충족을 통한 동기부여, 직무만족, 조직몰입의 향상에 결정적 기여를 할 수 있다. O'Reilly & Caldwell

(1985)의 연구결과는 이러한 관계를 잘 입증해 주고 있는데, 조직의 핵심적 가치들에 대한 합의(consensus)와 집중도(intensity)가 높은 강한 문화의 조직에서는 응집성, 신뢰, 긍지, 만족, 일체감, 자발적 근무의욕이 높은 반면 이직의향은 현저히 낮다고 한다(Posner et al., 1985: 302). 그 밖에 문화강도를 동질성이나 집중도의 의미로 사용한 다른 경험적 연구에서도 대체로 조직효과성과는 긍정적인 관계가 있는 것으로 나타났다.[3]

그러나 일부 학자들은 강한 문화가 오히려 급변하는 환경에 적응하고 학습하는 조직능력을 제한함으로써 부정적 영향을 미치거나 조직성과를 떨어뜨린다고 주장한다(예컨대, Saffold, 1988: 549; Denison, 1997: 78; Kotter & Heskett, 1992: 24). 강한 문화라도 적응적 문화(혹은 발전문화)가 강할 경우에는 급변하는 환경에 대한 적응능력이 뛰어나고 학습을 통한 자아발전의 기회가 많아지며 상위욕구의 충족도 증대될 수 있다. 또한 집단문화가 강할 경우에는 조직구성원들간에 통합, 합의, 조정이 용이하고 응집성, 신뢰, 일체감이 강해지므로 이 두 문화유형에서는 강한 문화의 부정적 영향보다는 긍정적 영향이 높을 것이다. 반면에 위계문화는 안정을 중시하고 통제를 강조하므로 위계문화의 공유정도가 높고 강하게 인식할수록 구성원들은 실수와 모험을 두려워하고 소극적 행동을 선호하게 된다. 다시 말해 위계문화가 강해지면 강한 문화의 부정적 효과가 상승하여 긍정적 효과를 압도할 수 있다. 한편 합리문화도 목표, 성과, 경쟁을 강조하므로 이러한 문화의 인식이 만연되고 강한 조직에서는 비록 객관적 효과성의 지표인 성과는 향상될 수 있고 구성원들의 타산적 몰입도 유발할 수 있지만 감정적 몰입과 직무만족까지는 기대하기 어려울 것이다.

이처럼 문화강도와 조직효과성의 관계는 획일적으로 볼 것이 아니라 문화유형에 따라 달리 규정하는 것이 타당할 것이다. 따라서 직무만족과 조직몰입에 긍정적 영향을 미치는 집단문화·발전문화와 긍정적 효과를 기대하기 어려운 위계문화·합리문화를 구분하여 조직문화 강도와 조직효과성의 관계에 관한 가설을 설정하고자 한다.

---

3) 박혜남(1996)은 한국내 7개 은행의 직원 435명을 대상으로 문화강도(동질성과 집중도)와 조직몰입, 직무만족의 관계를 분석한 결과 대체로 문화강도가 강한 경우가 직무만족과 조직몰입도 높은 것으로 나타났다. 또한 미국내 334개 보험회사를 대상으로 한 조사에서는 문화강도(집중도)가 강할수록 성과는 향상되었으며(Gordon & DiTomaso, 1992), 1064개 기업체를 대상으로 한 조사에서도 문화강도(집중도)는 조직성과와 강한 상관관계를 갖는 것으로 나왔다(Yeung et al., 1991). 프랑스의 5개 회사 내 280명의 개인을 대상을 한 경우에도 문화강도(동질성과 집중도)는 단기간에 걸쳐 조직성과와 의미있는 상관관계가 있었다(Calori & Sarnin, 1991). 한편 75개 기업을 대상으로 한 국내의 조사와 같이 문화강도(지각의 동질성)가 직장생활만족과 조직몰입에 의미있는 영향을 미치지 못한 경우도 간혹 있었다(김영조·박상언, 1998).

가설5: 조직구성원들간 집단문화와 발전문화의 강도(동질성, 집중도)가
 높을수록 조직구성원들의 직무만족과 조직몰입이 높을 것이다.

가설6: 조직구성원들간 위계문화와 합리문화의 강도(동질성, 집중도)가
 높아도 조직구성원들의 직무만족과 조직몰입에는 차이가 없을
 것이다.

V. 조사방법

 본 연구는 부산광역시 내 15개 전 구청을 대상으로 했으며, 각 구청의 3개 국(총
무국, 사회산업국, 도시국)에서 10명씩의 직원을 추출하여 설문조사하였다. 조직문화와
부서문화(조직문화의 하위문화)를 제대로 파악할 수 있는 경력자를 대상을 하기 위해
현 조직에서 근무경력이 5년 이상이면서 현 부서에서의 근무경력도 6개월 이상인 자
들을 대상으로 하였다. 분석에 이용된 유효자료는 총 437매였다. 구성원들의 직급에
따라 조직문화의 인식이 상이하다는 연구결과들(이명하, 1998: 89; Cameron & Quinn,
1999: 70)을 감안하여 각 구청별로 표본의 직급비율이 유사하게 추출하였고 그 밖에
성별도 유사한 비율이 되게 하였다.[4]

 부산광역시 내 구청마다 근무환경, 직무특성, 조직구조, 조직과정 등이 유사하므
로 각 구청직원들의 직무만족과 조직몰입도 차이가 없을 것으로 예측된다. 이런 상황
에서 분석단위를 '조직'으로 하면 조직문화가 직무만족과 조직몰입에 미치는 영향을
정확하게 분석할 수 없으므로 "조직문화에 대한 개인의 인식"을 조직문화로 본다는
의미에서 분석단위를 '개인'으로 하였다. 다만 조직문화 강도의 '동질성'은 개인단위의
분석이 불가능하므로 조직단위로 분석하였다. 조사시기는 2002년 3월 4일부터 3월
16일까지였다.

 조직문화의 측정을 위해서는 경쟁가치모형에 의한 Yeung et al.(1991)의 문항들
을 번역하고 이를 다시 요인분석하여 재작성한 김호정(2002)의 척도를 활용하였고,

---

 4) 조사대상 직급은 6급과 7급이 대부분이었으며(98%), 남자가 84%, 여자는 16%였다. 평균 연령은
 43세, 평균 재직기간은 19.2년이었다. 재직기간을 감안하면 조직문화를 인식하기에 충분한 경
 력을 가졌다고 하겠다. 구청별 직급은 6급 비율이 40%~53%, 남자의 비율이 76%~90%로 구청
 간에 비교적 고른 분포를 이루었다.

| 표 1 | 평균, 표준편차, 신뢰도, 상관계수(n=437) |

변 수	1	2	3	4	5	α	평균	표준편차
1. 집단문화						.71	3.04	.72
2. 발전문화	.43					.73	3.17	.72
3. 위계문화	.19	.29				.66	3.82	.55
4. 합리문화	.40	.60	.40			.77	3.43	.62
5. 조직몰입	.49	.43	.19	.39		.88	3.36	.65
6. 직무만족	.50	.34	.10a	.31	.68	.80	3.13	.58

주: α는 Cronbach's α 임.
상관계수 중 a는 $p < .05$에서, 나머지는 모두 $p < .001$에서 의미있음.

직무만족은 Tsui et al.(1992)이 이용한 분야별 만족척도 6문항을 원용했다. 조직몰입은 Mowday et al.(1979)의 OCQ 15문항 중 '가치몰입'의 긍정적 문항 9개를 이용했다. 요인분석 결과 OCQ는 두 개의 요인('가치몰입'의 긍정적 문항 9개와 '잔유몰입'의 부정적 문항 6개)으로 명확히 구분되었으며 가치몰입 문항만을 이용하여도 신뢰도와 타당도의 손실이 거의 없었다(Angel & Perry, 1981; Tetrick & Farkas, 1988). 조직문화, 직무만족, 조직몰입의 문항들 모두 Likert-type 5점 척도로 구성되었으며, 각 변수의 신뢰도는 <표 1>과 같이 비교적 높았다. 조직문화 강도 중 '동질성'은 조직내 각 문화유형에 대한 구성원들 점수의 표준편차 역수를 이용했고, 각 문화유형들의 표준편차 역수를 평균하여 '조직문화의 동질성'으로 보았다. '집중도'는 각 문화유형에 대한 조직별 구성원들의 점수를 평균하여 구하였다. 네 가지 조직문화 유형들의 집중도 평균치를 '조직문화의 집중도'라고 하였다.

VI. 분석결과 및 논의

15개 구청 437명을 대상으로 조사된 조직문화유형의 인식에 의하면(<표 1>), 조직문화의 각 문항별 응답범주는 "1 = 적극반대, 2 = 반대, 3 = 중립, 4 = 찬성, 5 = 적극찬성"였던 점을 감안하여, 네 가지 문화유형 모두 평균이 3.0을 상회하므로 부산광역시내 기초자치단체들의 조직문화는 대체로 보통 이상의 조금 강한 문화라고 할 수 있다. 그중에서도 특히 융통성을 강조하는 집단문화와 발전문화보다는 안정과 통제를

조직문화	구청간 비교		국간 비교	
	F값	p	F값	p
집단문화	1.16	.304	2.02	.134
발전문화	1.56	.087	.32	.730
위계문화	2.54	.002	3.08	.047
합리문화	2.91	.000	.04	.960

표 2 구청간·국간 조직문화의 비교

중시하는 위계문화와 합리문화가 더 강하다고 볼 수 있다. 한편 직무만족과 조직몰입도 보통보다 조금 높은 수준을 유지하면서, 위계문화나 합리문화보다는 집단문화나 발전문화와 더 높은 상관관계를 이루고 있다. 더욱이 위계문화는 다른 문화유형에 비해 직무만족이나 조직몰입과 현저히 낮은 상관관계를 보인다.

15개 구청들간에 조직문화의 각 유형들은 차이가 있는지(가설 1) 그리고 부서(국)들간에는 과연 차이가 없는지(가설 2)를 확인하기 위한 검증결과는 <표 2>와 같다. 구청들간 비교에서는 각 구청별로 30명 정도의 표본응답자들이 각 문화유형에 대해 응답한 점수의 평균을 비교했으며, 부서들간 비교는 15개 구청들의 총무국 표본직원 150명(각 구청에서 10명씩 추출)과 같은 방법으로 추출된 사회산업국과 도시국 직원 각각 150명씩이 응답한 문화유형 인식점수의 평균을 비교하였다.

먼저 분산분석 결과 15개 구청들간에 집단문화와 발전문화는 의미있는 차이가 없는 반면, 위계문화와 합리문화는 유의수준 .01 이하에서 의미있는 차이를 보임으로써 <가설 1>은 부분적으로 입증되었다. 이러한 결과는 앞에서 예상한 바와 같이 기초자치단체장들간에 리더십 특히 변혁적 리더십의 차이라고 볼 수 있을 것이다. 그러나 변혁적 리더십의 효과는 주로 발전문화를 강화시키는 것인데 오히려 발전문화는 구청들간에 차이가 없는 것으로 나타났다. 이는 한국의 행정조직에서는 변혁적 리더십과 조직몰입간에 리더의 보상제공권한이 조절변수 역할을 하고 있으며(김호정, 2001), 한국의 구청장들에게는 부하들에게 보상(보수, 승진 등)을 제공할 수 있는 권한이 매우 한정되어 있어서 변혁적 리더십이 부하직원들의 조직몰입과 직무만족의 향상에는 의미있는 기여를 할 수 없기 때문으로 이해된다. 오히려 변혁적 리더십은 구청장의 보상제공 권한 결여라는 제약요인의 영향이 덜 미치는 위계문화(속성상 발전문화와 대칭적 위치에 있음)를 약화시킨 결과 위계문화가 구청들간에 차이가 난 것으로 볼 수 있다. 또한 합리문화가 구청들간에 상이한 것은 민선시대 구청장들이 주민들을 의식하여 가시적 업적을 경쟁적으로 과시하려는 데서 발생한 것으로 보여진다.

Cameron & Quinn(1999: 48)은 조직의 존속기간(설립시기)에 따라 지배적인 조직문화 유형이 바뀌게 되고 조직규모에 의해서도 조직문화 유형은 달라질 수 있다고 한다. 본 연구에서는 구청간 조직문화 차이(특히 위계문화와 합리문화의 차이)의 원인을 추가적으로 규명하기 위해, 구청의 규모와 설립시기에 따라 15개 구청들을 분류하여 조직문화 차이를 검증해 보았다. 우선 각 구청들은 조직의 기구가 대동소이하므로 소속 동의 개수에 의해 대(18개 이상)·중(11~17개)·소(10개 이하)로 구분하였고 이들간 조직문화를 비교하기 위해 분산분석을 한 결과 네 가지 문화유형 가운데 위계문화만이 유의수준 .05 이하에서 의미있는 차이를 보였는데 위계문화의 정도는 규모가 클수록 강하게 나타났다. 즉, 소규모 구청(3개)의 위계문화 평균점수는 3.63, 중규모(9개)의 평균은 3.84, 대규모(3개)의 평균은 3.92였다. 또한 부산시내 구청들은 1995년 3월 1일을 기준으로 그 이전과 이후에 설립된 구청으로 구분될 수 있는데 기준일 이전의 구청(11개)과 이후의 구청(4개)간 조직문화의 차이를 검증한 결과 네 가지 문화유형은 모두 유의수준 .05 이하에서 의미있는 차이를 보이지 못했다. 따라서 일부 구청들간에 위계문화가 상이한 것은 구청장들의 변혁적 리더십 차이와 구청규모로 상당부분 설명될 수 있으며, 합리문화가 달리 나타난 것은 민선구청장들이 주민을 의식하여 업적을 경쟁하는 과정에서 발생한 차이로 볼 수 있다.

한편 구청내 총무국, 사회산업국, 도시국간에 기능은 상이하지만 잦은 인사이동으로 인해 국간 조직문화의 차이가 없을 것으로 예상한 <가설 2>도 분산분석 결과 위계문화만이 국간에 의미있는 차이를 보임으로써 부분적으로 입증되었다(<표 2>의 局간 비교). 위계문화의 평균을 비교하면 총무국 3.74, 사회산업국 3.79, 도시국 3.90으로 도시국이 가장 높았다. 일반적으로 도시국은 다른 국들에 비해 비리의 의혹이 많은 공사와 관련된 업무를 많이 다루고 있고 집행하는 예산의 규모도 크므로 상대적으로 감독과 통제를 심하게 받게 된다. 엄격한 통제와 감사의 영향으로 인해 도시국 직원들은 평소 규칙과 절차 및 지시·명령을 중시하고 자기방어적 행태를 강하게 보이므로 위계문화가 가장 강하게 나왔을 것으로 해석된다. 또한 도시국 직원들은 주로 기술직이므로 총무국이나 사회산업국으로 이동은 쉽지 않고 오히려 다른 구청의 도시국으로 이동하는 경우가 더 잦은 편이므로 도시국의 위계중심 문화는 구청이 달라도 유지된다고 하겠다.

표 3 조직문화가 조직몰입과 직무만족에 미치는 영향

조직문화		조직몰입		직무만족	
		12		12	
		베타(β)	베타(β)	베타(β)	베타(β)
조직문화	집단문화	.36 ***	.35 ***	.43 ***	.41 ***
	발전문화	.20 ***	.19 ***	.11 *	.11 *
	위계문화	.00	.03	−.07	−.05
	합리문화	.12 *	.11*	.08	.09
통제변수	연령		.02		−.14
	재직기간		−.08		.05
	직급		.20 ***		.23 ***
	학력		.02		.08
	구청규모		−.05		.01
Adj. R2		.30.33		.27.30	

* p < .05 *** p < .001

'문화유형의 가설' 중 <가설 3>은 회귀분석으로 검증되었는데 그 결과는 <표 3>과 같다. 먼저 <표 1>에 의하면 독립변수들간 단순상관계수가 가장 높은 것이 .60이므로 다공선성의 문제는 없다고 보여진다. 네 가지 조직문화 유형들을 독립변수로 투입한 1단계 회귀분석에서는 종속변수가 직무만족의 경우 집단문화와 발전문화가 의미있는 양(+)의 영향을 미치므로 가설과 일치하는 결과가 나왔으나, 조직몰입에 대해서는 위 두 가지 문화유형 외에 합리문화도 긍정적 영향을 미치므로 예상과 조금 다르게 나타났다. 이는 앞에서 설명한 합리문화의 부정적 측면보다 Zammuto & Krakower(1991: 87)가 지적한 바와 같이 합리문화는 생산성과 능률을 강조하지만 성과에 상응하는 보상을 받을 수 있다는 신념을 갖게 하므로 조직구성원들에게 동기를 부여하고 어느 정도의 성취욕구도 갖게 한다는 긍정적 측면이 더 강하게 작용한 결과로 보여진다. 기업조직에서는 성과에 상응하는 보상을 제공하는 합리문화를 기본적으로 갖추고 있지만 한국의 행정조직에서는 이러한 보상을 기대하기 어려운 실정이므로 합리문화의 뿌리가 약하다고 보아야 한다. 그러나 기초자치단체 공무원들도 성과에 따른 공정하고 적절한 보상을 기대해 왔으며 특히 성과급제도를 시행하는 현

시점에서는 이러한 염원이 더 강력할 수 있으므로 합리문화는 동기부여와 함께 조직몰입의 향상을 유발한 것으로 볼 수 있다. 최근의 경험적 연구결과(김호정, 2001)도 이러한 해석을 뒷받침하고 있다. 이 연구에 의하면 한국의 기업조직에서는 거래적 리더십보다 변혁적 리더십이 부하들의 조직몰입 향상에 더 큰 기여를 하지만, 행정조직에서는 오히려 변혁적 리더십보다 성과에 상응하는 보상을 제공해 주는 거래적 리더십이 부하들의 조직몰입을 더 크게 향상시킬 수 있었다.

조직문화가 조직몰입과 직무만족에 미치는 순수한 영향을 파악하고 분석결과의 보편성을 인정받기 위해서는 주요 배경적 변수들을 통제변수로 사용할 필요가 있다. 본 연구에서는 직급에 따라 네 가지 문화유형의 인식이 모두 의미있는 차이를 보였으며, 연령, 재직기간, 학력에 의해서도 부분적으로 인식차이가 나타났다. 그러나 성별에서는 의미있는 차이가 발견되지 않았다. 이러한 검증결과를 토대로 조직문화의 차이를 보인 연령, 재직기간, 학력, 직급, 조직규모(위계문화의 차이가 있었음)를 통제변수로 투입하여 2단계 회귀분석을 실행하였다.[5] 분석결과 <표 3>과 같이 통제변수 중에서 유일하게 직급만이 조직몰입과 직무만족에 의미있는 영향을 미치고 있었다. 보다 중요한 것은 조직문화의 인식에 영향을 미치는 변수들을 통제한 후에도 통제 이전에 비해 조직문화의 영향은 거의 변함이 없다는 사실이다. 따라서 다섯 가지 통제변수들의 영향에는 관계없이 조직몰입에는 집단문화, 발전문화, 합리문화가, 그리고 직무만족에는 집단문화와 발전문화가 각각 의미있는 긍정적(+) 영향을 미치며 그 중에서도 집단문화의 영향력이 공통적으로 가장 크다고 하겠다.

네 가지 조직문화가 어떻게 결합된 형태(조직문화 profile)에서 구성원들의 조직몰입이나 직무만족이 가장 높은가를 알기 위한 분석결과는 <표 4>이다. 이 표에서 문화유형의 수치들은 표준점수로 환산한 값이므로 '0'이 평균이고 '−' 값은 평균보다 약하고 '+'는 평균보다 강하다고 이해하면 된다. 조직몰입과 직무만족은 실제 조사된 수치이므로 최저값이 '1', 최고값이 '5'가 된다. 개인의 응답결과를 토대로 가장 현실성이 높은 결합형태 네 가지를 산출한 결과, 위계문화만 평균을 약간 상회하고 나머지 세 가지 문화유형은 모두 평균보다 약한 '위계중심의 약한문화'(G1), 네 가지 문화유형이 모두 강한 '강한 균형문화'(G2), 네 가지 문화유형이 모두 약한 '약한 균형문

---

5) 사기업과 공기업 직원들을 대상으로 조사한 민승기·고종식(1994)의 연구에서는 성별과 재직기간에 따라 조직문화의 인식에 차이가 있었으며, 종합병원 내 간호사들을 대상으로 실시된 이명하(1998)의 연구에서는 낮은 직급보다 높은 직급의 간호사들이 집단문화, 발전문화, 합리문화는 강하고 위계문화는 약한 것으로 인식하고 있었다.

표 4	조직문화 profile과 조직몰입·직무만족의 관계				
	위계중심 약한문화 (G1)	강한 균형문화 (G2)	약한 균형문화 (G3)	외부지향 문화 (G4)	F값
	n=99	n=144	n=42	n=150	
집단문화	−.46	.99	−.70	−.46	137***
발전문화	−1.00	.85	−.96	.13	184***
위계문화	.13	.42	−1.90	.08	105***
합리문화	−.93	.73	−1.23	.24	168***
조직몰입	3.12	3.77	2.98	3.23	37***
직무만족	2.93	3.42	2.88	3.04	23***

*** p < .001
주: 조직문화의 각 점수는 표준점수임. G는 집락을 가리킴.

화'(G3), 외부지향성을 강조하는 합리문화와 발전문화는 조금 강하지만 위계문화는 보통이고 집단문화는 약한 모습을 보이는 즉, 외부지향성만이 조금 강한 '외부지향 문화'(G4)가 나왔다. 이 중에서 구청공무원들은 자기 조직의 문화형태를 '외부지향 문화'(n=150)나 '강한 균형문화'(n=144)로 인식하는 경우가 약 2/3 정도로 많은 편이고, 가장 적은 수의 사람들이 '약한 균형문화'(n=42)라고 인식하고 있었다.

네 가지 집락(profile)들간 조직효과성을 비교하기 위해 분산분석을 한 결과, 집락들간에 조직몰입과 직무만족은 모두 유의수준 .001 이하에서 의미있는 차이를 보였으며, 집락들 중에서 '강한 균형문화'의 조직몰입(평균=3.77)과 직무만족(평균=3.42)이 모두 가장 높게 나타났다. 그러므로 <가설 4>는 입증되었다. 네 가지 문화유형들도 모두 네 가지 집락들간에 의미있는 차이를 보이고 있다.

'강한 문화가설'인 <가설 5>와 <가설 6>의 검증결과는 <표 5>와 같다. 두 가설의 검증을 위해 먼저 각 구청별로 문화유형에 대한 동질성과 집중도를 산출하였다. 가령 해운대 구청의 집단문화 동질성은 집단문화에 대해 해운대 구청직원들(29명)이 인식한 점수의 표준편차를 구하여 그 역수를 이용했고, 해운대구청의 나머지 문화유형의 동질성과 다른 14개 구청의 네 가지 조직문화 동질성도 같은 방법으로 구하였다. 한편 해운대 구청의 집단문화 집중도는 집단문화에 대한 해운대 구청직원

| 표 5 | 조직문화 강도와 조직몰입, 직무만족의 관계 |

조직효과성	조직문화	동질성(homogeneity)		집중도(intensity)	
		U값a)	p	U값a)	p
조직몰입	집단문화	22.0	.81	21.0	.71
	발전문화	18.5	.46	15.0	.26
	위계문화	23.5	.90	23.0	.90
	합리문화	13.5	.30	16.0	.32
	조직문화b)	17.5	.53	13.0	.30
직무만족	집단문화	22.0	.81	11.5	.10
	발전문화	19.5	.54	23.0	.90
	위계문화	21.5	.71	24.5	1.00
	합리문화	18.5	.73	21.5	.71
	조직문화b)	12.0	.23	20.5	.95

a) Mann–Whitney 검증결과 산출된 U값임.
b) 네 가지 조직문화유형을 평균한 자료임.

들의 인식점수를 평균하여 구하였고, 나머지 문화유형과 다른 구청들의 집중도도 동일한 방법으로 산출했다. 이렇게 산출된 15개 구청의 네 가지 조직문화에 대한 동질성과 집중도의 점수를 중위수를 기준으로 강한 집단과 약한 집단으로 구분했다. 즉, 15개 구청의 집단문화 동질성은 중위수가 1.41이므로 1.41보다 큰 구청은 '강한 집단'이라 하고, 1.41보다 작은 구청은 '약한 집단'으로 분류했다. 같은 방법으로 나머지 문화유형들의 동질성과 집중도에 대해서도 강한 집단과 약한 집단으로 구분했다. 또한 각 구청들의 조직몰입과 직무만족 점수는 각 구청별 응답자들의 평균점수를 사용했다.

15개 구청들을 대상으로 한 집단문화의 동질성이 강한 구청들(7개)과 약한 구청들(7개)간 조직몰입의 차이를 Mann–Whitney 검증방법으로 검증한 결과, 약한 구청들의 평균순위는 7.86, 강한 구청들의 평균순위는 7.14였으며 이들을 이용해 산출된 U값은 22.0였고 유의수준은 .81로 나타났다. 따라서 집단문화의 동질성이 높은 구청이 낮은 구청보다 구성원들의 조직몰입이 강하다고 볼 수 없다. 마찬가지로 발전문화의 동질성도 높은 구청들이 낮은 구청들보다 구성원들의 조직몰입이 강하다고 할 수 없고(U=18.5, p=.46), 이러한 현상은 위계문화와 합리문화에서도 동일하게 나타나고 있으며, 나아가 집중도에서도 모두 의미없는 관계로 나왔다. 뿐만 아니라 종속변수가 직무만족일 때에도 모두 조직문화의 강도(동질성과 집중도)는 직무만족에 의미있는 영향을 미치지 못하는 것으로 나타났다. 이러한 관계를 재확인하기 위해 순위상관분석도 해 보았다. 구청을 분석단위로 하고 위에서 얻은 각 구청별 동질성, 집중도, 조직몰입, 직무만족의 자료를 이용하여 각 문화유형에 대해 동질성과 조직몰입간, 동질성과 직무만족간, 집중도와 조직몰입간, 집중도와 직무만족간 Spearman의 상관계수(rho)를 구한 결과 모두 의미없는 것으로 나타났다. 따라서 <가설 5>는 기각되고 <가설 6>은 예상대로 입증되었다.

왜 <가설 5>는 기각되었을까? 두 변수간 상관분석을 할 경우 두 변수의 값들이 평균값에 가까울수록 상관계수는 작아진다(김호정, 1998: 454). 즉, 변수값들이 평균 주위에 모여 있어서 편차가 적으면 상관관계도 실제보다 낮게 나온다. 이러한 현상이 <가설 5>의 검증과정에서도 나타난 것으로 보여진다. <가설 5>는 집단문화와 발전문화의 강도가 강할수록 직무만족과 조직몰입이 높다는 것인데, <표 2>에서 나타난 바와 같이 집단문화와 발전문화는 15개 구청들간에 의미있는 차이가 발견되지 않음으로써 서로 유사한 수준들이라고 할 수 있고 따라서 구청별 문화유형의 평균값인 '집중도'도 비슷한 값들이라고 할 수 있다. 또한 '동질성'은 표준편차를 기초로 (역수)로 측정된 것인데, 집단문화에 대한 각 구청별 분산을 구한 결과 집단문화의 분산이 가장 작은 경우는 .40(부산진구청), 가장 큰 경우는 .67(남구청)이었으며, 분산분석을 통해 이 두 구청간 분산의 차이를 검증한 결과 유의수준 .05에서 의미없는 것으로 나타났다(F=1.68). 그러므로 15개 구청간에도 분산의 차이는 의미없다고 볼 수 있고 그렇다면 표준편차의 차이도 역시 의미없을 정도로 미미한 것이고 이를 기초로 한 '동질성'도 서로 유사한 값들이라고 할 수 있다. 발전문화의 분산도 가장 작은 값(.38)과 가장 큰 값(.69)간에 분산의 차이가 의미없으므로(F=1.82) 역시 발전문화의 동질성도 구청들간에 차이가 아주 작다고 보아야 한다. 마지막으로 15개 구청들간에 분산분석을 통해 조직몰입과 직무만족의 차이를 각각 검증한 결과 모두 의미없는 것으로 나타남으로써(조직몰입의 F=1.01, p=.45, 직무만족의 F=1.25, p=.23), 구청들간에 조직몰입의 값들은 물론 직무만족의 값들도 유사한 값들임이 확인되었다.

요컨대 실제로는 행정조직을 대상으로 하더라도 집단문화와 발전문화의 강도가 강할수록 조직몰입이나 직무만족이 높을 수 있지만, 변수값의 편차가 너무 작은 동종의 조직들만 대상으로 했으므로 조직문화 강도의 영향은 의미없을 정도로 약하게 나타났을 가능성도 있다는 것이다.

VII. 결 론

본 연구는 경쟁가치모형을 이용하여 조직문화와 조직효과성의 관계를 검증한 것으로 이러한 연구는 이미 사회과학의 다른 분야에서는 상당히 축적되어 왔으나 행정학에서는 다소 생소한 것으로 볼 수 있다. 본 연구를 통해 얻을 수 있었던 주요 결과는 다음과 같다. 첫째, 기초자치단체들의 조직문화는 네 가지 유형이 모두 조금 강한 편이지만 특히 위계문화와 합리문화가 더 강했다. 둘째, 15개 구청들간에 위계문화와 합리문화는 다소 의미있는 차이가 있었다. 셋째, 구청들의 하위부서(국)간에는 위계문화만이 의미있는 차이가 있었다. 넷째, 구청직원들의 조직몰입 향상에 의미있는 영향을 미치는 문화유형은 집단문화, 발전문화, 합리문화였고, 직무만족에는 집단문화와 발전문화가 의미있는 영향요인이었다. 다섯째, 조직문화의 가능한 결합형태들 중 '강한 균형문화'의 경우에 조직몰입과 직무만족이 모두 가장 높은 것으로 나타났다. 여섯째, 조직문화의 강도(동질성과 집중도)는 조직몰입과 직무만족의 향상에 도움이 되지 못했다.

이러한 분석결과를 통해 조직효과성을 향상시킬 수 있는 관리방안들을 제시하면 다음과 같다. 첫째, 네 가지 조직문화를 균형있게 발전시켜야 하겠지만 특히 집단문화와 발전문화의 향상에 주력해야 한다. 둘째, 바람직한 문화변동을 위해서 인간중심 리더십과 변혁적 리더십이 강화되어야 하고 조직구조의 경직성을 완화시켜야 한다. 셋째, 관리방향을 통제중심에서 신뢰중심으로 전환해야 한다.

본 연구에서는 '강한문화의 가설'이 모두 기각되었는데, 이는 동일 광역시 내 전 구청을 대상으로 했으므로 변수들간의 편차가 너무 작아서 발생한 결과일 수 있다. 따라서 향후 행정조직이라도 업무성격이나 조직특성이 서로 다른 다양한 조직들을 대상으로 분석하는 것이 행정조직문화의 역할을 검증하는 데 유리할 것이다. 또한 조사대상 지역을 다양화하고 조직의 수를 대폭 확충하여 개인이 아닌 조직을 분석단위로 하는 것도 조직문화에 관한 일반적 이론의 정립에 도움이 될 것이다. 변수의 측정 방법에서도 조직문화의 측정대상과 조직효과성의 측정대상을 달리하는 것이 동일인을 대상으로 측정하는 데서 발생할 수 있는 오류를 제거할 수 있다. 나아가 행정조직과 기업조직의 문화특성 및 그 효과성을 비교함으로써 행정조직이론의 정체성을 제고할 수 있으며, 조직문화와 다른 조직적 변수들과의 적합관계를 연구함으로써 효과적 조직관리에 지침이 될 수 있을 것이다.

참고문헌

김영조·박상언. (1998). 조직문화유형, 조직문화강도와 조직성과간의 관계에 관한 연구. 「인사·조직연구」, 6(2): 195−238.

김호정. (2002). 한국행정문화연구와 경쟁가치모형. 「시민정신과 민주행정」. 한국행정학회 춘계학술대회 발표논문, 21−35.

김호정. (2001). 변혁적·거래적 리더십이 조직몰입에 미치는 영향: 공·사조직의 비교. 「한국행정학보」, 35(2): 197−216.

김호정. (1998). 「사회과학통계분석」. 삼영사: 서울.

민승기·고종식. (1994) 기업문화의 특성에 따른 조직성과에 관한 연구. 「인사관리연구」, 18: 65−90.

박창권. (2000). 「조직문화가 조직효과에 미치는 영향에 관한 실증적 연구」. 석사학위논문, 부산대학교 대학원.

박혜남. (1996). 「조직문화와 조직효과성에 관한 연구」. 박사학위논문, 서울대학교 대학원.

서인덕. (1986). 「한국기업의 조직문화유형과 조직특성간의 관련성 연구」. 박사학위논문, 서울대학교 대학원.

이명하. (1998). 「병원의 조직문화유형과 조직유효성의 관계」. 박사학위논문, 충남대학교 대학원.

이창원. (1999). 지방자치단체장들의 리더십 행태와 그 효과성에 관한 실증적 연구. 「한국행정학보」, 33(3): 273−286.

이창원. (2000). 지방자치단체의 계층이 단체장의 리더십 행태와 그 효과성에 미치는 영향. 「한국행정학보」, 34(2): 139−160.

조영호·김일숙. (1995). 기업문화와 조직성과. 「인사관리연구」, 19: 119−145.

한주희·황원일·박석구. (1997). 조직문화 인식유형이 조직몰입 유형에 미치는 영향에 관한연구. 「인사·조직연구」, 5(2): 95−134.

형성원. (1998). 「정부부처 조직문화의 비교분석에 관한 연구」. 석사학위논문, 연세대학교 대학원.

Angel, Harold L. & Perry, James L. (1981). An Empirical Assessment of Organizational Commitment and Organizational Effectiveness. *Administrative*

Science Quarterly, 26(1): 1−14.

Calori, Roland & Sarnin, Philippe. (1991). Corporate Culture and Economic Performance: A French Study. *Organization Studies*, 12(1): 49−74.

Cameron, Kim S. & Freeman, Sarah J. (1991). Cultural Congruence, Strength, and Type: Relationships to Effectiveness. *Research in Organizational Change and Development*, 5: 23−58.

Cameron, Kim S. & Quinn, Robert E. (1999). *Diagnosing and Changing Organizational Culture*. New York: Addison Wesley Inc.

Chatman, Jennifer A. & Jehn, Karen A. (1994). Assessing The Relationship Between Industry Characteristics and Organizational Culture: How Different Can You Be?. *Academy of Management Journal*, 37(3): 522−553.

Denison, Daniel R. (1997). *Corporate Culture and Organizational Effectiveness*. AnnArbor, MI: Aviat Inc.

Denison, Daniel R. & Mishra, Aneil K. (1995). Toward a Theory of Organizational Culture and Effectiveness. *Organization Science*, 6(2): 204−223.

Gordon, George G. (1991). Industry Determinants of Organizational Culture. *Academy of Management Review*, 16(2): 396−415.

Gordon, George G. & Di Tomaso, Nancy. (1992). Predicting Corporate Performance from Organizational Culture. *Journal of Management Studies*. 29(6): 783−798.

Kotter, John P. & Heskett, James L. (1992). *Corporate Culture and Performance*. New York: The Free Press.

Martin, Joanne. (1992). *Cultures in Organizations: Three Perspective*. N.Y.: Oxford University Press.

Mowday, Richard T., Steer, Richard M., & Porter, Lyman W. (1979). The Measurement of Organizational Commitment. *Journal of Vocational Behavior*, 14: 224−247.

Odem, Randall Y., Boxx, W. Randy, & Dun, Mark G. (1990). Organizational Cultures, Commitment, Satisfaction, and Cohesion. *Public Productivity & Management Review*, 14(2): 157−169.

O'Reilly, Charles. (1989). Corporations, Culture, and Commitment: Motivation and

Social Control in Organizations. *California Management Review*, 31(4): 9 – 25.

Posner, Barry Z., Kouzes, James M., & Schmidt, Warren H. (1985). Shared Values Make a Difference: An Empirical Test of Corporate Culture. *Human Resource Management*, 24(3): 293 – 309.

Quinn, Robert E. & Kimberly, John R. (1984). Paradox, planning, and perseverance: Guidelines for managerial practice. Kimberly, J. R. & Quinn, R. E. (eds.), *Managing Organizational Transitions*, 295 – 313. Homewood, IL: Dow Jones – Irwin.

Quinn, Robert E. & Spreitzer, Gretchen M. (1991). The Psychometrics of the Competing Values Culture Instrument and an Analysis of the Impact of Organizational Culture on Quality of Life. *Research in Organizational Change and Development*, 5: 115 – 142.

Saffold, III, Guy S. (1988). Culture Traits, Strength, and Organizational Performance: Moving Beyond "Strong" Culture. *Academy of Management Review*, 13(4): 546 – 558.

Schein, Edgar H. (1992). *Organizational Culture and Leadership*. San Francisco: Jossey – Bass Publishers.

Schneider, Benjamin. (1990). *Organizational Climate and Culture*. (ed.). San Francisco: Jossey – Bass Inc., Publishers.

Schultz, Majken. (1994). *On Studying Organizational Cultures*. New York: W. deGruyter.

Smart, John C. & St. John, Edward P. (1996). Organizational Culture and Effectiveness in Higher Education: A Test of the "Culture Type" and "Strong Culture" Hypotheses. *Educational Evaluational and Policy Analysis*, 18(3): 219 – 241.

Smircich, Linda. (1983). Concepts of Culture and Organizational Analysis. *Administrative Science Quarterly*, 28(2): 339 – 358.

Tetrick, Lois E. & Farkas, Arthur J.(1988). A Longitudinal Examination of The Dimensionality and Stability of the Organizational Commitment Questionnaire (OCQ). *Educational and Psychological Measurement*, 48: 723 – 735.

Tsui, Anne S., Egan, Terri D., & O'Reilly III, Charles A. (1992). Being Different:

Relational Demography and Organizational Attachment. *Administrative Science Quarterly*, 37(4): 549−579.

Wilkins, Alan L. & Ouchi, William G. (1983). Efficient Cultures: Exploring the Relationship between Culture and Organizational Performance. *Administrative Science Quarterly*, 28(3): 468−481.

Yeung, Arthur K.O., Brockbank, J. Wayne., & Ulrich, David O. (1991). Organizational Culture and Human Resource Practices: An Empirical Assessment. *Research in Organizational Change and Development*, 5: 59−81.

Zammuto, Raymond F. & Krakower, Jack Y. (1991). Quantitative and Qualitative Studiesof Organizational Culture. *Research in Organizational Change and Development*, 5: 83−114.

▶ ▶ ▶ **논평**

이환범(영남대학교 행정학과 교수)

1980년대 이후 조직문화에 대한 연구적 관심은 조직문화가 조직성과에 직접 또는 간접적으로 밀접한 영향 관계가 있음을 전제로 출발하였으며, 이는 곧 조직행태 시각에서 조직관리 연구영역의 확대를 도모하는 계기가 되었다고 할 수 있다. 다만, 조직이 가지고 있는 상호 불일치하거나 배타적일 수 있는 관리 대상조직의 다양한 특성 그리고 차별성 등에 관한 면밀하고도 심도 있는 고찰 결과를 연구에 반영하기보다는 단지 조직문화와 조직성과라는 단선적인 접근시각에서 조직문화 관련연구를 추구하였다는 비판을 받기도 하였다.

이러한 양자 간의 상관성에 관한 실증적 연구 성향은 나중에 해당 조직의 문화 유형적 특성(위계문화, 집단문화, 합리문화, 발전문화) 그리고 문화적 강도 등에 따라서 조직성과 또한 상이할 것이라는 검증 연구로 발전하게 된다. 나아가서 조직문화와 리더십, 조직문화와 조직 환경, 조직문화와 조직구성원 간의 적합성 등과 같은 역학적 관계 조명을 토대로 조직성과의 개선방안을 모색하는 다각적인 연구시도가 활발히 진행되었다.

"행정조직문화가 조직몰입과 직무만족에 미치는 영향"의 논문(김호정, 2002)에서도 언급하였듯이, 당시 우리나라의 조직문화 관련연구는 한국행정조직의 특수한 조직문화가 무엇인지를 발견하려는 관심조차도 부족하였기에 행정조직 간 조직문화 비교 분석, 조직문화와 연계한 조직성과 또는 조직구성원 관리 시각의 여타 연구 등은 거의 전무한 실정이라고 할 수 있겠다.

이와 같은 여건 하에서 "행정조직문화가 조직몰입과 직무만족에 미치는 영향"의 연구논문의 강점은 무엇보다도 선도적 수준에서 조직관리 대응방안을 조직문화와 연계한 실증적 검증결과를 바탕으로 제시하였다는 점이다. 이 논문은 우리나라 기초자치단체를 대상으로 행정조직에서의 문화 유형별 수준 그리고 조직문화 유형 및 강도와 직무만족과 조직몰입 간의 상관성 등을 규명하였다. 더불어 20여 년이 지난 현 시점에서도 여전히 강조하고 있는 조직효과성 제고 차원의 조직관리 방안으로써 조직문화 유형별 균형적 발전, 조직문화 변동을 위한 인간중심 및 변혁적 리더십의 중요성, 그리고 신뢰 중심의 조직관리 방향성 제시 등은 시사하는 바가 크다 할 것이다.

　　상기 연구성과는 연구자의 평소 창의적이고도 주도면밀한 연구적 자세, 사고, 예측, 판단 등과도 무관하지 않을 것이라고 생각한다. 즉, 가설검증을 위한 관련이론의 심층적 고찰, 연구 설계 및 조사방법의 체계화, 검증결과에 대한 타당성 있는 해석, 그리고 실효성 있는 조직관리 방안의 도출 등은 지금까지도 우리나라 행정조직문화 관련연구의 중요한 토대가 될뿐더러 학문적인 파급효과 또한 작지 않음을 알 수 있다.

　　우리나라 행정조직문화 연구의 실질적인 주춧돌 및 나침판 역할을 한 "행정조직문화가 조직몰입과 직무만족에 미치는 영향"의 연구 성과는 조직문화 유형과 행정책무성, 행정조직문화 유형과 정부혁신, 기초자치단체 행정역량 강화를 위한 조직문화 쇄신, 정부 권위주의 문화 연구, 행정조직문화와 조직시민행동, 행정조직문화 또는 경찰조직문화와 직무특성 및 조직몰입 간의 연구 등과 같은 많은 후속 관련연구의 확산과 발전에 지대한 영향을 미쳤다고 볼 수 있다.

　　21세기 들어서는 조직 내부 및 외부 환경의 복잡성으로 인한 예측불확실성이 더욱 커지는 상황에서 예전과 같은 조직구조 및 조직설계 중심의 정태적 조직관리 연구 경향보다는 상대적으로 조직행태 중심의 동태적 위기대응 연구 경향으로서 리더십 및 조직문화 등에 대한 연구적 관심과 기대 효과 등이 증가하고 있다. 학자들 또한 조직의 당면문제 해결을 위한 조직문화에 관한 무궁무진한 연구적 활용가치를 공감하고 있으며, 앞으로도 조직문화와 관련된 연구 또는 연계 연구 등은 더욱 활성화될 것이라는 것이 공통된 견해인 것이다.

　　지속적으로 행정조직문화와 관련하여 발전적이고도 실용적인 연구 기대효과를 도출하기 위해서는 연구자의 창의적인 문제해결 접근시각과 선행연구에 대한 논리적인 대응 고찰, 객관적 검증을 위한 체계적이고도 내실 있는 연구 설계와 조사방법의 강구, 그리고 실효성 있는 처방 및 새로운 조직 관리의 방향성 제시 등에 주안점을 둘 필요가 있다.

　　이상과 같이 행정조직문화 연구의 구성 체계, 논리 전개, 실증적·규명적 접근, 연구적 가치 등의 탁월성을 후속 연구자 스스로가 발견·학습하면서 효과적으로 벤치마킹할 수 있는 연구논문이 바로 "행정조직문화가 조직몰입과 직무만족에 미치는 영향"이라는 점에서 그 우수성을 아무리 강조해도 지나침이 없을 것으로 사료된다.

현업공무원의 부패의사 결정모형

현업공무원의 부패의사결정모형*

박재완(성균관대학교 행정학과 교수)

프롤로그

　행정학은 정부의 작동과 공직자의 행태를 분석해 공공가치를 극대화할 수 있는 기제를 탐색한다. 행정학이 정치학의 일부라는 견해와 관리과학(administrative science)에 속한다는 주장이 여전히 맞서 있다. 하지만 한국에선 20세기 후반부터 양자의 '쌍생아'를 뛰어넘는 행정학의 독자적인 위상 개척에 큰 진전이 있었다. 그에 따라 정부의 조직·인사·예산·정보시스템, 정책의 분석·평가, 행정 철학·윤리와 행정사 등이 행정학의 하위분과로 정립되는 단계에까지 이르렀다.

　행정학은 응용학문이자 실천과학으로서 학제적 접근이 꾸준히 확장되어 왔다. 특히 통계학과 논리학 등 도구과학(tool science)은 행정학 발전에 크게 기여했다. 최근 행정학계에서 발표되는 논문들의 절대 다수가 통계학의 귀납적인 계량기법을 차용하고 있다. 그러나 같은 도구과학인 수학은 여전히 행정학에서 그다지 활용되지 못하고 있다. 대리인이론, 게임이론, 비용－편익분석 등을 원용한 일부 연구에서 간헐적으로 수학이 채택될 뿐이다. 이는 경제학, 심리학 등 인접 사회과학은 물론 민간기업의 작동 현상을 연구하는 경영학에서 수학이 핵심 연구방법으로 보편화된 점과 뚜렷이 대비된다.

　물론 행정은 기업 경영보다 목표함수나 현상이 훨씬 복합적이다. 수학의 단순한 가정에 입각해 고도의 추상적인 과정을 거쳐 도출된 순치된 결론이 복잡한 행정현상을 체계적으로 설명하고 유익한 대안을 제시할 수 있을지 회

---

* 이 논문은 1998년 『한국행정학보』, 제32권 제2호, pp. 131－145에 게재된 글을 수정·보완한 것이다.

의적인 시각을 이해할 수 없는 것은 아니다. 그렇다고 해서 연역과 추상화에 수반하는 고통을 포기한 채 귀납과 구체화에만 의존한다면 행정학의 과학성을 끌어올리는 데에는 한계가 있을 것이다.

이런 맥락에서 이 논문은 공직자의 부패에 관한 의사결정을 수학모형으로 설정하고 연역적으로 분석하여 정책시사점을 찾고자 하였다. 대부분의 부패는 우발적으로 파생된 1회성 사건이라기보다 공직자에 의해 치밀하게 계산된 지능형 동태적 일탈행위이므로 수학모형을 적용하기에 적합하다고 보았다. 나아가 부패에 대한 분석·연역적인 연구가 드물어서 감성에 입각한 강성 일변도 정책이나 주먹구구식 제도로 초래되는 시행착오가 적지 않다고 보았기 때문이다.

우선 범죄 의사결정을 다룬 Gary Becker의[1] 기념비적인 논문 '죄와 벌'의[2] 정태적 '이재(理財, portfolio)모형'에서 출발해 승진과 퇴직연금 등 공직자가 처한 복잡한 상황까지 논의를 확장하였다. 부패의 적발 가능성과 적발될 경우 처벌수준을 감안한 기본모형에 이어, 승진 가능성을 함께 고려한 확장모형(1)과 수뢰가 시간에 따라 변화하는 동태적인 확장모형(2) 등 3개의 모형들을 설정했다. 특히 확장모형(2)은 지금껏 국내 행정학에서 미분방정식(differential equation)과 위상도(phase diagram)를 적용해 동태균형을 도출한 유일한 논문으로 남아있다.

분석결과는 다음과 같다. 첫째, 근시안적이거나 유동성 제약이 심한 공무원일수록 부패에 관여할 확률이 높다. 따라서 자본시장 발전이 부패 억제에 도움이 된다. 둘째, 처벌수준을 높일수록 부패는 감소하지만, 적발확률이나 처벌강도가 꽤 높은 수준에서는 처벌 강화가 능사가 아니다. 즉 일시적이라면 몰라도 대체재인 적발확률과 벌칙의 동시 장기간 강화는 바람직하지 않다. 셋째, 공무원 임금 인상은 부패를 억제하지만, 예산 제약을 감안하면 일괄 인상보다 상후하박 임금체계와 연금기여율 인상이 더 효과적이다. 끝으로 자기강화(self-enforcing) 관성 때문에 부패 수준은 양극화될 가능성이 높다. 양극화된 균형은 각각 안정적이므로 열등균형에 귀착하면 우등균형으로 반전되기

---

1) 그는 미시경제의 분석영역을 인간행동과 상호작용에까지 확대한 공로로 1992년 노벨 경제학상을 수상했다.
2) "Crime and Punishment: An Economic Approach," *Journal of Political Economy.* 76(2): 169~217.

어려워 일시 충격요법이 불가피할 수 있다.

이러한 결론들은 엄격한 분석 없이 막연한 느낌만으로 입안한 대증요법은 오히려 상황을 악화시킬 수 있음을 시사한다. 물론 수학모형만으로 복잡다기한 모습을 띠는 공직 부패를 제대로 진단하고 대안을 제시하기는 쉽지 않다. 아래와 같은 훨씬 폭 넓고 다양한 관점의 천착이 불가피하다.

부패의 속성은 다음 5가지로 집약된다. ① 우발적인 사건이 아니라 치밀하게 계산된 동태적 의사결정이다. ② 공급자와 수요자의 합의에 의해 은밀히 자행된다. ③ 피해가 불특정 다수에게 분산되므로 죄의식이 약하다. ④ 부패의 가능성과 정도는 독점력에 따라 증가한다. ⑤ 자기강화 관성을 지니므로 파급수준은 복수의 안정적 균형에 귀착된다. 그런데 한국의 부패에는 아래 3가지 속성이 부가된다. ① 권력적·정치적 연계성이 강하다. ② 부패수준이 열등균형, 곧 사회함정에 귀착되어 좀처럼 상황을 반전시키기 어렵다. ③ 경조사 부조, 접대와 회식, 연고주의 등 구조적·문화적인 속성의 뿌리가 깊어 공직자가 불가피하게 부패에 연루되는 경우가 많다.

이상의 논의에 비추어 한국의 반부패전략은 ① 전방위 접근, ② 선출·고위직 중심의 고강도 대응, ③ '낮은 길'(low road), ④ '약속과 믿을 수 있는 위협' 및 ⑤ 개방과 경합 등 5가지로 집약할 수 있다. <그림>은 이상의 논의를 담고 있다.

〈그림〉 한국 부패의 속성과 반부패전략

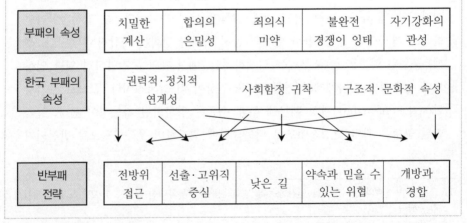

〈요 약〉

현업공무원의 부패행태를 Becker(1968)류의 이재모형을 기초로 분석하여 정책시사점을 찾고자 하였다. 먼저 부패의 적발가능성을 감안한 기본모형을 분석하고, 이어서 승진가능성을 함께 고려한 확장모형(1)과, 수뢰가 시간에 따라 변화하는 동태적인 확장모형(2)을 살폈다.

분석결과 정책시사점은 다음과 같다. 첫째, 근시안적이거나 유동성 제약이 심한 공무원일수록 부패에 관여할 확률이 높다. 따라서 자본시장의 발전은 부패 억제에 도움이 된다. 둘째, 처벌수준을 높일수록 부패는 감소하지만, 적발확률이나 처벌강도가 상당히 높은 수준에서는 처벌수준을 높이는 것이 능사가 아니다. 즉 적발확률과 벌칙은 대체재로서 일시적이라면 몰라도 양자를 동시에 장기간 강화하는 것은 바람직하지 않다. 셋째, 현업공무원의 임금률 인상은 부패를 억제한다. 그러나 예산제약을 감안하면, 임금의 일괄인상보다 임금체계를 상후하박형으로 설계하는 한편 연금기여율을 인상하는 것이 더 효과적이다. 끝으로 부패의 자기강화적인 속성 때문에 부패수준은 양극화될 가능성이 높다. 양극화된 균형점은 안정적이므로 일단 열등균형점에 귀착하면, 우등균형점으로의 반전이 어렵고 부패의 토착화가 우려된다. 따라서 우등균형점으로 이전하기 위해서는 일시적인 충격요법이 불가피할 수 있다.

Ⅰ. 머리말

지난 수년간 공직사회의 부패수준은 다소 낮아진 것으로 추정되지만,[3] 아직도 구조적인 부패가 위력을 발휘하고 있다는 지적에는 이론이 없을 것이다. 부정방지대책위원회(1996)가 기업인들을 대상으로 공무원 부패에 관해 설문조사한 결과, ① '현지 출장시 등에 향응 또는 교통비 수수' ② '단속 등을 무마, 묵인하고 그 대가를 수수' ③ '정기 상납금 수수' ④ '인허가 등 이권과 관련한 뇌물수수' 등의 사례에 대해, '어느 정도 있다' 또는 '매우 많다'는 부정적인 응답이 각각 58.0%, 66.6%, 49.9%,

---

3) 공보처가 고위공직자 418명을 대상으로 1995년 12월 설문조사한 결과, 김영삼정부에 들어서 ① "공무원 청렴도 향상" 94.5%, ② "상부와 외부의 압력 감소" 61.0%, ③ "공무원의 정치적 중립성 향상" 78.7%, ④ "인·허가의 투명성 향상" 79% 등 긍정적 응답이 많았다(공보처 내부자료). 부정방지대책위원회(1996)가 1996년 500개 기업체 660명의 기업인을 대상으로 설문조사한 결과도 대동소이하다. 응답자의 73%는 부조리가 김영삼정부 출범 전보다 줄었다고 응답하였으며, 증가하였다고 판단한 경우는 1.5%에 불과하였다.

64.7%로 나타났다. 최근 1년 동안 공무원에게 금품 또는 향응을 제공한 경험이 있다는 응답도 51.5%에 달하였다.

신뢰도는 미심쩍지만 국제투명성위원회(Transparency International; TI)에 따르면, 1997년 우리나라의 청렴도 지수는 10점 기준으로 4.29점, 52개 국가 중 34위로서 절대 점수와 상대 순위에서 모두 중위치에 미달하였다. 이는 1996년의 절대점수 5.02점 및 55개 국가 중 27위라는 상대순위에서 상당히 하락한 결과로서(TI, 1997, 1996), 경제협력개발기구(OECD)의 회원국으로는 유일하게 멕시코(47위)보다 높은 수준이다.[4]

부패 추방은 국가유지의 명제일 뿐만 아니라 경제난국 극복에도 필수적인 과제이다. 부패는 지대추구행위를 유발하여 자원배분을 왜곡하고 '자기강화적'(self-enforcing)인 동인에 의해 사회함정(social traps)을 초래함으로써 당사자의 전략적 대응을 유발하기 때문이다. TI의 조사결과를 보더라도, 국가의 청렴도와 경제발전단계는 밀접한 정의 상관관계를 지니고 있다(장근호, 1997). 세계무역기구(WTO) 등이 앞으로 국가별 청렴도에 따른 무역규제(Clean Round)를 도입할 계획이므로 부패는 당면 경제현안이기도 하다.

그 중요성에 비추어 부패에 대한 분석적, 실증적인 선행연구가 흔치 않기 때문에, 인기에 편승하여 강성 일변도의 비현실적인 反부패 정책을 추진하거나 대중요법과 주먹구구식 제도를 입안함으로써 시행착오를 초래하는 경우가 많다. 따라서 이 글은 공무원의 부패에 관한 의사결정행태를 모형화하여 반부패정책의 시사점을 찾고자 한다.

Ⅱ. 부패행태의 이론모형

논의를 쉽게 이끌기 위해 현업공무원을 분석의 대상으로 설정한다. 여기서 현업공무원이라 함은 세무공무원, 철도공무원, 단속공무원, 주차관리원, 공공시설 입장관리원 등 집행업무에 종사하고 근무성과의 계량화가 가능한 공무원을 말한다. 이들이 개입되는 부패행태의 전형적인 예는 ① 세무공무원이 탈세를 묵인하고 탈세액의 일부를 수뢰, ② 주차관리원이 징수한 주차료의 일부를 착복, ③ 철도공무원이 승객의 무임승차를 용인, ④ 경찰공무원이 불법영업을 방치하고 수뢰하는 행위 등이 될

---

4) 우리나라의 청렴도는 선진국에 비해 낮은 편이다. OECD 회원국 중 스페인과 이태리는 1996년 각각 32위와 34위로서 우리보다 순위가 낮았으나, 1997년에는 각각 24위와 30위로 순위가 상향 조정되어 우리를 추월하였다.

것이다.

현업공무원의 부패행태를 모형화할 때 고려할 요소는 다음 4가지이다. ① 부패한 공무원은 적발 가능성과 확률적인 벌칙을 염두에 두고 불확실성 하에서 동태적 최적결정을 내리게 된다. 따라서 적발확률에 영향을 미치는 감시활동과 벌칙의 형태 및 수준이 중요한 외생변수가 된다.5) ② 노력의 수준이 동일하다면 부패 정도가 증가할수록 세금징수액, 주차료 수입, 단속실적 등 직무성과는 낮아지기 때문에, 승진이나 보수 등이 성과와 연계되어 있다면 부패에만 몰두하기보다 양자의 조화를 모색해야 한다. 이는 적발가능성 외에 부패의 자동제어장치가 존재함을 뜻한다. ③ 간헐적으로 부패에 관한 의사결정을 내리는 부패 수요자(예: 민원인)와 달리, 부패 공급자인 현업공무원은 의사결정 빈도가 매우 높다. 즉 부패에 관여할 것인지, 그렇다면 어느 정도로 부패에 관여할 것인지의 2단계 의사결정에 연속적으로 직면한다. ④ 벌칙이 수요자에게처럼 한계적·연속적이 아니라 불연속적이어서, 적발된 부패 공무원은 공직에서 추방될 가능성이 높다.6) 이는 곧 다른 범죄와 달리 재범 여부는 별로 문제되지 않으며, 역으로 대부분의 현업공무원은 전과가 없음을 뜻한다.

이상의 논의를 바탕으로 현업공무원의 부패행태를 Becker(1968)류의 이재(portfolio) 모형에7) 의해 분석하기로 한다. 먼저 부패의 적발가능성을 내생변수로 설정한 기본모형을 분석하고, 이어서 적발가능성과 승진가능성을 함께 고려한 확장모형(1)을 검토한 뒤에, 수뢰가 시간에 따라 변화하는 동태적인 확장모형(2)을 살피기로 한다.

위에서 언급한 부패의사결정의 4가지 요소 중 ①과 ④는 현업공무원이 아닌 공무원, 이를테면 기획담당 공무원에게도 적용되는 공통적인 사항이다. 반면에 위 ②와 ③은 현업공무원에게만 해당되는 사항이다. 후술하는 것처럼, 승진 또는 보수가 직무성과와 연계되지 않는다면 확장모형(1)은 성립될 수 없다. 또한 부패의사결정을 연속적으로 내리지 않는다면, 확장모형(2)은 적용하기 어렵다. 따라서 일반 공무원에게는 기본모형만 적용될 것이다.

---

5) 적발가능성은 ① 현업공무원의 능력과 성실성, ② 감독자의 능력과 성실성, ③ 내외부 통제시스템의 적절성, ④ 제보 등에 의한 감독자의 인지 가능성 등 요인에 좌우된다.

6) 이 점에서 Luksetich and White(1982)가 정의한 처벌의 특정 억지력(specific deterrence)은 일반 범죄보다 부패에 대해 훨씬 강하게 작용한다고 할 것이다.

7) 불확실성 하에서 투자자산의 최적조합을 구하는 모형을 일컫는다.

1. 기본모형: 내생적인 적발모형

몇 가지 가정을 도입하자. 첫째, 현업공무원의 직무는 표준화(예: 고객 1인당 동일한 주차요금 징수)되어 있으며, 따라서 부패수요자(예: 탈세자)의 증뢰 제의도 금액, 위험도 등의 측면에서 동질적(homogeneous)이다. 둘째, 현업공무원은 위험중립적(risk neutral)이기 때문에 예상재직기간 중 자신의 기대소득 극대화에 노력한다.[8] 셋째, 현업공무원은 무한소의 의사결정단위기간(t)당 수뢰율(b)을 조절할 수 있으며, 감독자가 부패를 적발할 확률(ϕ)은 수뢰율에 대해 내생적(endogenous)이다. 곧 수뢰율이 증가하면 적발확률도 증가한다. 넷째, 현업공무원이 승진할 가능성은 배제된다. 따라서 의사결정 단위기간당 실질임금률(w)과 새로운 직업의 탐색비용(search costs)을 차감한 실질유보임금률(real reservation wage rate; k)은 시간이 흘러도 변하지 않는다.[9]

다섯째, 수뢰사실이 적발된 관료는 파면되며, 공직에의 재등용이 금지된다. 즉 상습범의 문제는 발생하지 않는다. 아울러 드러난 수뢰금액과 재직기간 중 적립된 퇴직연금은 정부가 몰수한다. 곧 퇴직연금은 부패에 대한 기속장치(bonding mechanism)로 작동한다. 적발된 공무원은 형사처벌도 받게 되는데, 형사처벌에 따른 물질적 손실과 명예 실추 또는 낙인과 같은 심리적 고통은 금액(θ)으로 환가되며 처벌수준은 수뢰율에 따라 증가한다. 여섯째, 임금률의 일정비율(α)은 퇴직연금으로 적립되며, 적립금액은 사회적 한계전환률과 동일한 시차선호율(rate of time preference; r>0)로[10] 불어난다. 끝으로, 수뢰율은 예상재직기간(h), 실질임금률, 실질유보임금률, 형사처벌비용, 퇴직연금기여금 비율, 시차선호율, 그리고 적발확률의 함수이다. 따라서 적발확률과 수뢰율은 상호내생성(simultaneity)을 지닌다. 즉 적발확률이 증가하면 현업공무원은 수뢰에 보다 신중해진다.

이상의 가정 하에서 대표적인(representative) 현업공무원의 기대소득의 현재가치(EPV_1)는 식 [1]과 같다. 첫째 항 대괄호 속의 첫째와 둘째 항은 특정 시기(at a point in time)의 기대소득으로서 상호배타적이며 집합적으로 포괄적이다. 첫째 항 대괄호

---

8) 일반적인 경우처럼 현업공무원이 위험회피적(risk averse)이면 기대효용의 극대화가 목적함수가 된다. 이 경우 산식이 복잡해져서 최적해를 구하려면 일부 변수를 제외해야 하므로 다양한 직관을 얻기는 어렵다.
9) 승진가능성은 확장모형(1)에서 검토하고 여기서는 적발가능성만 검토한다. 실질유보임금률은 현업공무원의 공직 근무에 대한 기회비용으로서, 공직이 아닌 차선의 직업을 선택한 경우에 얻을 수 있는 임금률을 뜻한다.
10) 현재 소비와 미래 소비간 한계적인 대체율을 뜻하며 통상 정의 값을 지닌다.

속의 셋째 항은 1회성으로 적용되는 기대벌이다. 끝까지 적발되지 않는다면, 현업공무원은 퇴직하는 h기에 둘째 항에 해당하는 보상을 받게 된다. 연속적인 시간 틀은 현업관료의 빈번한 의사결정을 상정한 것이며, 불확실한 비용보다 확실한 효용이 앞서 발생하는 부패의 특성을 포착한 것이기도 하다.

$$[1] \quad EPV_1 = \int_0^h [(w+b)(1-\Phi)+k\Phi-(\theta+b)\phi]e^{-rt} \; dt$$

$$+[1-\Phi(h)]\int_0^h \alpha we^{-rt} \; dt,$$

$\phi(t)$: t 기간 중 적발될 확률밀도함수;

$\Phi(t)$: t 기간까지 적발될 누적분포함수;

$\theta'(b) > 0$;

$b=b(h, w, k, \theta, \alpha, r, \phi)$.

현업공무원이 공직에서 계속 일하기 위해 충족되어야 할 참여제약조건(participation constraint) 또는 개인적 합리성 제약조건(individual rationality constraint)은 식 [2]로 주어진다. EPV_2는 선택변수 b와 무관하므로, 현업공무원은 EPV_1의 극대치인 EPV_1^*과 EPV_2 중에서 큰 값을 취하게 된다.

$$[2] \quad EPV_1 \geq EPV_2 = \int_0^h ke^{-rt} \; dt.$$

이른바 우발률(hazard rate; p), 즉 t기 이전까지 부패행위가 적발되지 않다가 t기에 와서 적발될 조건부 확률밀도함수(conditional probability density function)는 식 [3]으로 나타낼 수 있다.[11] 부패의 일반적인 추세에 대한 정부의 반응을 무시한다면, 부패 우발률은 시간의 영향을 받지 아니하며(time invariant; $\partial p/\partial t=0$), 따라서 실질임금률과 실질유보임금률이 주어진 이상 수뢰율도 시간과 무관하다. 즉 수뢰율은 임의행보(random walk)의[12] 과정을 따르며, 이 때 변동분은 확률적인 외부충격(stochastic

---

11) 식 [3]의 분모는 t기까지 적발되지 않을 확률을 나타내므로 이를 p(b)와 곱하면 Bayes의 정리에 의해 분자, 곧 t기까지의 적발 여부와 관계없이 t기에 적발될 확률을 얻을 수 있다.

12) 이른바 단위근(unit root)을 지닌 비정상(nonstationary) 시계열(time series)의 속성을 일컬으며, 주식가격의 변화가 대표적인 사례로 손꼽힌다.

shock)에 기인한다.13) 식 [3]의 해는 식 [4]로 간추릴 수 있다.

[3] $p(b) = \dfrac{\phi(t)}{1 - \Phi(t)}$, where $p'(b) > 0$.

[4] $\phi(t) = pe^{-pt}$, and $\Phi(t) = 1 - e^{-pt}$.

식 [4]는 부패행위의 적발사건이 Poisson process를 좇아 생성되며, 적발사건간 도착간격(inter−arrival time)은 지수분포(exponential distribution)를 따름을 보여준다.14) 재직기간 h의 값이 한정되면 계산이 복잡하므로 당분간 h가 무한대인 경우(h가 유한한 경우는 후술)를 상정하면, 식 [1]과 [2]는 식 [1′]과 [2′]로 집약된다.

[1′] $\displaystyle\lim_{h \to \infty} EPV_1 = \dfrac{w + b - k - \pi p}{r + p} + \dfrac{k}{r}$.

[2′] $\displaystyle\lim_{h \to \infty} EPV_2 = \dfrac{k}{r}$.

   $\pi = \theta + b$, 즉 형사처벌과 몰수되는 수뢰금액의 합계.

수뢰율이 양수인 한 무한대의 시계에서 적발될 누적분포함수(cumulative distribution function)가 1이 되므로, 기대연금의 가치는 사라진다. 반면에 수뢰율이 0이면 우발률(p)도 0으로 수렴되므로 연금은 손상을 입지 않는다. 식 [1′]에서 첫째 항의 분자는 실질유보임금률을 차감한 기대소득률을 나타내는데, 적발위험 때문에 통상적인 경우보다 할인률이 더 높음을 알 수 있다. 식 [1′]의 둘째 항은 기회비용의 현재가치를 나타낸다. 식 [1′]과 [2′]는 함께, 공직과 대체직업간 기대소득의 격차가 없어져야 현업공무원이 부패에 지속적으로 관여할 수 있음을 보여준다. 식 [1′]을 극대화하는 1계조건은 식 [5]와 같다.

[5] $\dfrac{1 - \pi p' - \pi' p}{p'} = \dfrac{b + w + \pi p - k}{p + r}$. and $\Phi(t) = 1 - e^{-pt}$.15)

---

13) Tirole(1986)은 공무원과 민원인의 유착관계가 상호협박의 가능성으로 인해 상당기간 존속되는 경우에도 유사한 관계가 성립될 수 있음을 보였다.

14) 도착간격의 기대값은 1/p이며 분산은 1/p² 이다.

15) 따라서 $(1 - \pi p' - \pi' p) > 0$이고 동시에 $(b + w - \pi p - k) > 0$이다. 후자의 조건에서 식 [2]의 제약조건이 기속하고 있지 않음을 확인할 수 있다.

식 [5]의 좌변은 수뢰로부터 얻는 순한계이득을 할인한 현가이며, 우변은 수뢰에 의해 적발위험이 증가하는 순소득격차의 현가로서, 한계점에서 양자는 일치한다. 내부해(interior solution)의 존재 여부를 점검하기 위해 구한 식 [1′]의 2계조건은 식 [6]과 같다.

[6] $(b+w+\pi r-k)p'' + (2\pi'p' + \pi''p)(p+r) < 0.$

따라서 Φ''와 p''가 모두 0인 경우에는 식 [6]이 자동적으로 충족되지만, 그렇지 않다면 2계조건의 충족은 보장되지 않는다. ① 형사처벌의 정도가 수뢰율의 비선형 함수일 가능성이 크며, ② 비록 선형함수라고 하더라도 사회적 낙인과 같은 심리적 부담은 수뢰율의 오목함수(concave function)일 수 있고,16) ③ 경우에 따라서는 조건부 확률밀도함수가 복잡한 형태를 띨 수도 있기 때문이다.

경계해(corner solution)의 가능성을 염두에 두면서, 이제 비교정태도함수(comparative static function)를 통해 여러 가지 변수가 수뢰율에 끼치는 영향을 살펴보자. 식 [7]의 D_1은 2계조건의 약식 표현으로, 식 [7]은 시차선호율이 증가할수록 수뢰율이 증가함을 보여준다. 이는 일반적인 투자행위와 반대로, 확실한 편익이 불확실한 비용보다 앞서 발생하는 부패행위의 속성 때문에, 근시안적이거나 유동성 제약이 심한 관료일수록 수뢰확률이 높음을 의미한다. 따라서 유동성 제약을 보완하는 자본시장의 발전은 부패 억제에 도움이 됨을 추론할 수 있다. 부정방지대책위원회(1998)의 공무원 대상 설문조사에서, ① "돈이 궁하면 공금을 유용하겠다."는 서술에 찬성하는 응답은 3.8%에 불과한 반면에, ② "돈이 궁해도 공금을 유용 않겠다."는 서술에 반대하는 응답은 21.7%나 되고 있음은, 유동성 제약이 부패행태에 끼치는 영향을 부분적으로 입증하는 것으로 보인다.

[7] $\dfrac{\partial b}{\partial r} = \dfrac{\pi'p + \pi p' - 1}{D_1} > 0.$

식 [8]에 따르면, 처벌강도를 높일수록 수뢰율은 감소한다. 처벌에 따르는 비용

---

16) 2계조건이 충족되지 않을 또 다른 가능성은 현업공무원이 소득에는 위험중립적이지만 형사처벌에는 위험회피적이어서 형사처벌비용이 순응함수(well-behaved function)가 아닐 수도 있다는 점에서 찾을 수 있다. 이를테면, 기대벌이 1년형에서 2년형으로 늘어날 때에는 한계비용이 감소하더라도, 벌금형과 징역형 사이에서는 불연속적으로 크게 증가할 수 있을 것이다.

인 θ는 처벌에 대한 현업공무원의 회피도를 나타내기도 한다. 따라서 처벌에 대해 회피적인 현업공무원일수록, 즉 현업공무원의 확실성등가(certainty equivalent)가[17] 클수록 수뢰율은 감소하게 된다.

$$[8] \quad \frac{\partial b}{\partial \theta} = \frac{\pi' r}{D_1} < 0.$$

이러한 결과는 직관과 부합하지만, 다음과 같은 2가지 논점 때문에 확실한 결론은 내리기 어렵다. 우선 처벌강도가 증가하면 적발확률이 감소할 수 있다. 무고한 사람을 부패 공무원으로 적발하여 처벌하는 제1종 오류(type Ⅰ error, false positive)의[18] 우려가 증거요건을 더욱 강화하는 한편 감독자 또는 수사관을 더욱 신중하게 만들기 때문이다. 제1종 오류의 우려는 제도화된 부패가 조직적으로 연계된 경우에 더욱 심각하다. 이를테면 하위 공무원이 모든 책임을 지고 희생양이 되는 경우를 들 수 있다. Nagin(1978)은 미국의 교도소 수감자 수가 연도별로 차이를 보이지 않는 점에 착안하여, 알려진 범죄율과 처벌강도 사이의 역상관관계는 후자와 적발확률 사이의 역상관관계 때문일 것으로 추정하였다.[19] 극단적인 경우에는 처벌 강화의 부작용이 순기능을 능가함으로써 오히려 부패를 증가시키는 유인으로 작용할 수도 있다. 이를 우리 모형에 반영하면 p는 b뿐만 아니라 θ의 함수이기도 하므로, 식 [8]은 식 [8′]로 변형된다.

$$[8'] \quad \frac{\partial b}{\partial \theta} = \frac{\pi' r - \dfrac{\partial p}{\partial \theta}(1 - 2\pi' p + \pi' r)}{D_1} < 0.$$

$$\text{if and only if } \pi'(r + 2p) + \frac{p' r}{(\partial p / \partial \theta)} < 1.$$

---

17) 불확실성 하에서의 기대효용과 동일한 효용수준을 확실하게 담보하는 소득을 뜻한다.

18) 제1종 오류의 사회적 비용에는 원칙적으로 제2종 오류의 비용도 포함되어야 한다. 그러나 현업공무원의 부패행위에는 1차적인 피해자가 없으므로 제2종 오류는 무시해도 좋다. 따라서 처벌강도가 증가할수록 제1종 오류의 비용은 언제나 증가한다.

19) 반면에 Rubenstein(1995)은 지난 수년간 미국에서 경찰예산을 대폭 늘려 범죄 검거율은 올랐지만, 한정된 교도시설 때문에 실효 벌칙은 오히려 낮아져서 범죄자의 기대벌은 변함이 없으므로, 경찰예산보다 교도시설 예산을 확충하는 것이 시급하다고 주장한다.

부등식 [8′]은 만약 적발확률이나 한계 처벌강도가 이미 상당히 높은 편이라면, 더 이상 처벌강도를 높이는 것이 능사가 아님을 보여준다. 이러한 조건은 벌칙구조가 수뢰율에 볼록(convex)한 경우에, 상당히 높은 수준의 수뢰율에서 충족될 수 있다. 증뢰 제의가 이질적인(heterogeneous) 경우에는 처벌 강화로 수뢰의 빈도는 줄일 수 있지만, 1건당 수뢰금액은 오히려 증가할 수도 있다는 점이 처벌을 마냥 강화할 수 없는 또 다른 문제점이다.[20] 결론적으로 적발확률과 벌칙은 상호 대체재로서 하나의 정책수단을 강화하면 다른 정책수단의 효과가 약화되므로, 정권 교체기 등에 일시적으로 채택한다면 모르되 양자를 동시에 장기간 강화하는 것은 비효율적이다.

실질임금률, 실질유보임금률, 연금기여금 비율, 그리고 현업공무원의 예상재직기간이 수뢰율에 미치는 영향을 파악하기 위해서는 시계가 고정된(finite horizon) 경우로 되돌아가야 한다. 이 경우 식 [1]은 식 [1″]로 다시 정리할 수 있으며, 식 [1″]을 극대화하는 1계조건은 식 [9]로 주어진다.

$$[1''] \quad EPV_1 = \left[\frac{w+b-k-\pi p}{r+p}\right]\left[1 - e^{-(p+r)h}\right]$$
$$+ \frac{k}{r}\left[1 - e^{-rh}\right] + \frac{\alpha w}{r}\left[e^{-ph} - e^{-(p+r)h}\right]$$

$$[9] \quad (AE - p'B) + (PABh - AE + p'B)e^{-Ah} + p'A^2Ch(e^{-Ah} - e^{-ph}) = 0,$$
$$A = p+r; \quad B = w+b-k-\pi p; \quad C = \frac{\alpha w}{r}; \quad E = 1 - \pi p' - \pi' p.$$

시계가 무한대라면 새로운 1계조건 [9]는 식 [5]와 일치한다. 식 [10] 내지 [13]은 식 [9]로부터 도출한 비교정태도함수의 결과들로서, D_2는 식 [1″]의 2계조건을 약식으로 표현한 것이다.

$$[10] \quad \frac{\partial b}{\partial \alpha} = \frac{\wp'A^2h}{r}[e^{-Ah} - e^{-ph}]/(-D_2) < 0$$

$$[11] \quad \frac{\partial b}{\partial w} = \left[\frac{\alpha p'A^2h}{r}[e^{-Ah} - e^{-ph}] - p' + [pAh + p']e^{-Ah}\right]/(-D_2) < 0$$

---

20) 동질적인 수뢰율을 설정한 우리 모형에서는 이러한 가설을 입증하기 어렵다.

[12] $\quad \dfrac{\partial b}{\partial k} = [p' - (pAh + p')e^{-Ah}]/(-D_2) > 0$

[13] $\quad \dfrac{\partial b}{\partial h} = \dfrac{\alpha p' wA^2}{r}[e^{-Ah} - e^{-ph} - h(pe^{-Ah} - e^{-ph})]$

$\qquad\qquad + A(PB - PABh + AE - p'B)e^{-Ah}.$

식 [10]으로부터 연금기여율이 증가하면 수뢰율은 감소함을 알 수 있다. 이는 연금이 장래소득을 담보하는 기속장치로 기능하기 때문이다. 따라서 가능하다면 같은 정부재원으로 현재의 보수보다는 장래에 지급할 연금기여금의 정부부담율을 높이는 것이 부패 억제에 더 바람직하다. 프랑스는 OECD의 다른 회원국에 비해 공직자의 보수수준은 낮고 연금수준이 높은데(OECD, 1996), 부패수준은 비교적 낮은(TI, 1997) 것으로 나타나고 있다. 식 [10]에서 연금의 부패 억지력은 예상재직기간이 짧아질수록 단조증가(monotonically increasing)하지 않는다는 사실도 알 수 있다. 분자의 첫째 항은 재직기간 감소에 따른 연금적립금의 감소를 나타내는 반면에, 대괄호로 묶은 둘째 항에서는 누적적발확률이 줄어들게 되어 순효과가 불명확하다. 이는 퇴직기간이 얼마 남지 않은 고참 공무원일수록 연금 때문에 신중히 처신하는 효과와 함께 이른바 '종기의 정리'(end point theorem)에21) 따라 누수(lame duck)현상이 발생하는 반면에, 신참 공무원도 예상재직기간이 길어서 파면될 경우 손실이 크므로 역시 부패를 회피할 가능성 때문으로 추정된다. 따라서 다른 조건이 동일하다면 양자 중에서 누가 더 부패에 연루될 가능성이 높은지는 알기 어렵다.

식 [11]과 [12]는 예상대로 실질임금률(실질유보임금률)의 증가(감소)가 부패억제에 효과적임을 보여준다. 이들 식은 또한 실질임금률 인상이 실질유보임금률 인하보다 부패에 대한 한계억지력이 크다는 것을 보여준다. 이것은 특별한 결과라기보다 전자의 경우 기대연금도 함께 늘어나기 때문으로 추정된다. 한편 식 [13]은 예상재직기간의 효과가 양방향으로 나타날 수 있음을 보여준다. 이는 식 [13]이 위에서 언급한 나이에 따른 효과 외에, 부패의 사회적 파급수준에 의해서도 영향을 받기 때문이다. 즉 부패가 만연한 경우에는 증뢰 제의의 도착시간이 크게 단축되는 반면에, 시계는 상대적으로 길어지는 것을 반영한다.

---

21) 동태모형의 시계가 제약되기 때문에 게임 등에서 마지막 기의 해가 특정되는 현상을 지칭한다. 이러한 경우에는 종기의 해로부터 역산하여 초기의 최적전략을 구하는 이른바 역진귀납(backward induction)이 적용되기도 한다.

2. 확장모형(1): 적발과 승진의 결합모형

이제 기본모형을 확장하여 적발가능성과 현업공무원의 승진가능성을 함께 고려하기로 한다. 분석의 편의상 다음과 같이 상황을 설정한다. 첫째, 실질유보임금률은 0으로 표준화하고 연금기여금은 논외로 한다.[22] 둘째, 형사처벌과 심리적 비용, 그리고 몰수되는 수뢰액은 단일 척도인 벌칙(π)으로 통합한다. 셋째, 현업공무원은 2개의 직급으로 나뉘며, 하급 공무원의 임금률은 w_1이고, 상급 공무원으로 승진하면 더 높은 w_2의 임금률을 받는다. 넷째, 현업공무원의 승진은 가시적인(observable) 직무성과(예: 탈세 적발실적, 주차요금 징수실적, 교통법규위반 단속실적)에 기초한 준거경쟁(yardstick competition)에 의해 결정된다. 따라서 수뢰율이 증가할수록 가시적인 직무성과가 낮아져서 무능하게 보이거나 부패의 의혹을 받게 될 가능성이 높아진다. 곧 승진가능성은 수뢰율에 따라 감소하며, 거꾸로 수뢰율도 승진가능성에 영향을 받아서 승진가능성이 높아지면 수뢰를 자제하게 된다. 이상의 가정들을 바탕으로 식 [14]는 무한대의 시계에서 현업공무원의 기대소득을 현재가치로 나타내고 있다.

$$[14] \quad EPV_3 = \int_0^\infty [(w_1+b)(1-\varPhi)(1-\varPsi) + (w_2+b)(1-\varPhi)\varPsi - \pi b\phi]e^{-rt}\,dt,$$

$\varPsi(t)$: t 기간 중 승진할 주관적인 누적분포함수, $\varPsi'(b) < 0$;

$\psi(t)$: t 기간 중 승진할 주관적인 확률밀도함수, $\psi'(b) < 0$;

$\pi = \pi(b) > 1,\ \ b = b(w_1,\ w_2,\ \pi,\ r,\ \phi,\ \psi).$

t기에 와서 승진할 조건부 확률밀도함수(q)는 시간의 영향을 받지 않지만 수뢰율에는 종속된다. 수뢰율이 증가하면, 주어진 능력에 비추어 승진가능성이 낮아지기 때문이다. 따라서 식 [14]는 식 [15]로 단순화할 수 있다.

$$[15] \quad EPV_3 = \frac{w_1 - w_2}{p+q+r} + \frac{w_2 + b - \pi p b}{p+r},\ \ q(t) = \frac{\psi(t)}{1 - \varPsi(t)},\ \text{and}\ q'(b) < 0.$$

식 [15]에서 우변의 첫째 항은 승진가능성이라는 새로운 불확실성으로 인해 임

---

22) 연금기여금이 부패에 미치는 역할은 내생적발모형에서 이미 검토하였으므로, 최적해를 쉽게 도출하기 위해 여기서는 배제하였다.

금률의 격차가 종전보다 더욱 높은 할인률인(p+q+r)로 할인됨을 보여준다. 둘째 항에서는 일단 승진이 되면, 적발가능성만 남기 때문에 할인률은 다시 (p+r)로 낮아짐을 알 수 있다. 식 [15]를 수뢰율에 관해 극대화하는 1계조건은 식 [16]과 같다.

[16] $B^2\delta(p'+q') + A^2[B(1-\pi p' - \pi' p - \pi p) - p'(w_2 + b - \pi pb)] = 0,$
  $A = p+q+r, \quad B = p+r, \ \text{and} \ \delta = w_2 - w_1.$

할인율 A와 B를 무시하면, 식 [16]의 첫째 항은 수뢰로 인해 승진이 좌절될 경우의 한계임금손실을, 둘째 항의 대괄호 속 첫째 항은 수뢰의 한계이득을, 그 둘째 항은 수뢰가 적발확률을 증가시킴에 따른 한계손실을 각각 나타낸다. 3개의 요인들은 한계적으로 상호작용하여 수뢰의 순이득이 0이 될 때 기대소득이 극대화된다. 식 [16]에서 도출한 비교정태도함수는 식 [17] 및 [18]과 같으며, D_3는 식 [16]의 2계조건으로 내부해를 가지는 경우 음의 값을 갖는다.

[17] $\dfrac{\partial b}{\partial w_1} = [B^2(p'+q')]/(-D_3).$

[18] $\dfrac{\partial b}{\partial w_2} = [(B^2 - A^2)p' + B^2 q']/(-D_3) < 0.$

식 [17]과 [18]은 승진가능성을 염두에 둘 때 임금률의 인상효과가 직급에 따라 달라짐을 보여준다. 식 [18]에 따르면 상급 공무원의 보수 인상은 수뢰율을 감소시키지만, 식 [17]은 하급 공무원의 보수 인상이 오히려 수뢰를 부추길 수도 있음을 보여준다. 후자는 수뢰의 승진에 대한 한계효과(q')가 적발에 대한 한계효과(p')보다 큰 경우에 발생한다. 하급공무원의 보수 인상은 한편 공직에 머무르고자 하는 의욕을 증가시켜 청렴도를 제고할 수 있지만, 다른 한편 승진욕구를 감퇴시켜 직무성과에 크게 신경쓰지 않도록 할 수도 있기 때문이다.23) 후자가 전자를 능가한다면, 하급공무원의 실질임금률 인상은 기대와 달리 부패의 억제에 별로 도움이 되지 않을 것이다. 이를 일반적인 경우로 확장하면 직급에 따라 볼록한 임금체계, 즉 직급이 올라갈수록 임금률의 증가속도가 더욱 증가하는 임금체계가 부패 억제에 도움이 된다고 할 수 있다.

---

23) 일선 세무서 등에서 한때 유행했던 이른바 '만년주사'(사무관으로 승진을 기피하고 주사로 장기간 머무르는 공무원에 대한 별칭) 선호 현상도 이와 무관하지 않을 것이다.

장래의 높은 임금률에 의해 보상받을 것을 기대하고, 하급공무원 시절에 높은 청렴성을 유지할 수 있기 때문이다.[24] 이는 공무원들이 부패할 것을 예상하고 정부가 낮은 급여를 제공할 수도 있다는 일부 학자의 가설과는 전혀 다른 것이다.[25] 결론적으로 현업관료의 임금률을 인상하면 부패 억제에 도움이 되지만, 예산제약조건을 감안하면 급여의 일괄인상보다 보수체계를 상후하박형으로 설계하는 한편[26] 연금기여율을 인상하는 것이 보다 효과적일 것이다.

<표 1>은 1997년 직급별 공무원 표준인건비를 정리하고 있다. 정무직인 장차관급을 논외로 하면 직급간 격차가 별로 없는 편이다. 공통경비의 성격을 지니는 비서와 운전요원의 인건비, 차량 및 청사 유지비, 기관운영판공비 및 사무용품비 등을

표 1 직급별 공무원의 연간 행정경비(1997. 11월 현재)

단위: 천원

직급 (표준 호봉)	계	인건비	기 타[a]	직급별 지수
장 관 급	225,836	72,632	153,204	14.0
차 관 급	157,469	63,896	93,573	9.8
1급 (19)	84,541	56,975	27,566	5.3
2급 (19)	77,493	51,127	26,366	4.8
3급 (19)	70,808	45,642	25,166	4.4
4급 (18)	47,008	39,376	7,632	2.9
5급 (15)	32,690	32,232	458	2.0
6급 (16)	28,407	28,062	345	1.8
7급 (10)	22,549	22,204	335	1.4
8급 (7)	18,110	17,765	345	1.1
9급 (6)	16,079	15,734	345	1.0
기능직 10등급 (6)	14,871	14,526	345	0.9
고용직 (6)	10,946	10,661	285	0.7

주: 비서와 운전원의 인건비, 차량 및 청사 유지비, 기관운영판공비 및 사무용품비 등을 포함한 직급별 표준행정경비

자료: 총무처 내부자료의 재구성.

---

24) 유인이론(incentive theory)의 효율임금정리(efficiency wage theorem)도 이와 유사한 논거를 지닌다.

25) Becker and Stigler(1974)도 낮은 임금이 부패를 유발할 수는 있지만, 逆의 인과관계는 논리의 비약으로 간주하였다.

26) 이러한 결론은 하위직에서 상위직으로의 승진이 직무성과에 의해서만 결정되며 또한 승진기회가 존재한다는 가정을 전제로 한 것이다. 현실적으로는 이들 조건이 충족되지 않을 수 있다.

포함한 직급별 행정경비를 감안하더라도 격차는 크지 않다. 이런 관점에서 현행 공무원 급여체계는 보다 상후하박의 J-형으로 전환하는 것이 바람직하다.

3. 확장모형(2): 동태적 적발모형

끝으로 수뢰율 자체가 시간에 따라 변화하는 동태모형을 살펴보자. 우리의 관심은 수뢰율의 동태경로(dynamic path)이므로, 식 [15]를 식 [19]와 [20]의 2가지 제약조건 하에서 극대화해야 한다.

[19] $\dot{\Phi}(t) = \phi(t) = p[1 - \Phi(t)]$, $where$ $\dot{\Phi}(t) = \dfrac{\partial \Phi(t)}{\partial t}$.

[20] $\dot{\Psi}(t) = \psi(t) = q[1 - \Psi(t)]$, $where$ $\dot{\Psi}(t) = \dfrac{\partial \Psi(t)}{\partial t}$.

문자 위의 점(dot)은 해당 함수의 시간에 대한 1계 도함수를 나타낸다. 식 [15], [19], 및 [20]을 함께 묶어 현재가치를 나타내는 Hamiltonian함수는 식 [21]과 같다. β_1과 β_2는 각각 $\phi(t)$와 $\psi(t)$의 잠재가격(shadow price)을 뜻한다. 식 [21]의 해는 식 [22] 내지 [24]의 3가지 최적조건(optimality condition)으로 주어진다.

[21] $H = [(w_1 + b)(1 - \Phi)(1 - \Psi) + (w_2 + b)(1 - \Phi)\Psi - \pi b \phi] e^{-rt}$
$\qquad + \beta_1 p(1 - \Phi) + \beta_2 q(1 - \Psi)$.

[22] $1 - \Phi(t) - \pi \phi = o$,

[23] $\dot{\beta}_1 = \beta_1 p + [w_1(1 - \Psi) + w_2 \Psi + b] e^{-rt}$,

[24] $\dot{\beta}_2 = \beta_2 q + (w_1 - w_2)(1 - \Phi) e^{-rt}$.

식 [19]와 [22]를 결합하면 $\pi p = 1$이라는 아주 간단한 결과를 얻는다. 이는 기대한계벌칙이 시간과는 무관하게[27] 최적점에서 항상 1이어야 함을 뜻한다. 즉 현업 공무원이 수뢰를 통해 1원의 부당이득을 한계적으로 취할 때, 이에 상응하는 기대벌칙 역시 한계적으로 1원이 되어야 최적상태가 된다. 또 다른 제약조건이 없다면 정확한 운동법칙(law of motion)은 알기 어렵지만, 식 [23]과 [24]로부터 정상상태(steady state)에서의 각 확률밀도함수의 한계치, 즉 잠재가격은 식 [23′] 및 [24′]와 같이 얻

---

27) 최적 π 가 b(t)의 함수이므로 p는 여전히 시간에 따라 변화한다는 점에 유의하라.

그림 1 적발과 승진의 동태적 균형에 관한 위상도

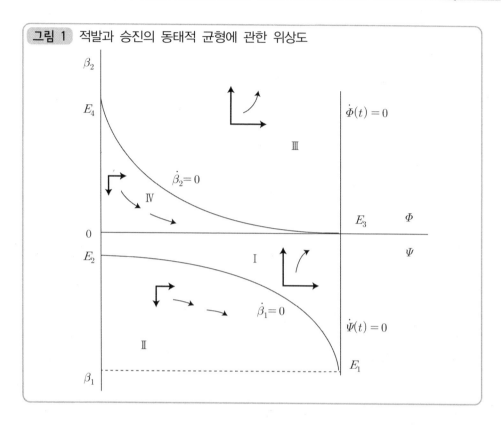

을 수 있다.

$$[23'] \quad \beta_1 = \frac{-[w_1(1-\Psi) + w_2\Psi + b]}{p} e^{-rt} < 0,$$

$$[24'] \quad \beta_2 = \frac{[(w_2 - w_1)(1-\Phi)] \ e^{-rt}}{q} > 0.$$

식 [23′]은 적발확률밀도가 t기까지 적발되지 않을 경우에 얻는 소득의 기대현가 만큼 기대소득을 감소시키며, 식 [24′]는 승진확률밀도가 t기에 승진하여 얻는 이득 의 기대현가 만큼 기대소득을 증가시킴을 보여준다. <그림 1>은 각각의 상태(state) 변수와 공상태(costate)변수인 (Ψ, β_1)과 (Φ, β_2)를 양축으로 한 평면에서 위상선 (phase line)을 보여주고 있다. 위상선 $\dot{\beta}_1 = 0$ 일정(schedule)은 승진의 누적분포함 수에 따라 단조감소한다. 즉 적발가능성이 소득에 미치는 부정적인 영향은 정상상태 에서 누적승진기회와 함께 증가하는 것이다. 또 다른 위상선인 $\dot{\beta}_2 = 0$ 일정도 적발의

누적분포함수에 따라 단조감소하여, 승진의 가치가 적발가능성이 증가할수록 감소함을 나타낸다. 따라서 부패행태의 동태경로는 정상상태에서 $E_1(1, -(w_2+b)e^{-rt}/p)$ 또는 $E_3(1, 0)$로 수렴하여, 2개의 독립적이고 안정적인 균형점에 도달하게 된다.[28] 이처럼 극단적인 결과는 무한대의 시계라는 단순한 가정 때문에 초래되었으므로 시계를 유한대로 설정한다면, 대부분의 공무원이 부패하거나 또는 청렴한 복수의 안정적인 균형점(multiple stable equilibria)으로 귀착될 것이다.[29]

이러한 양극화 현상은 시간의 경과에 따른 부패의 자기강화적인 확산작용, 즉 부정적 외부성(negative externalities)과 수확체증적 속성에[30] 기인한다. 균형점이 안정적이므로 일단 열등 균형점에 도달하면 우등 균형점으로의 반전이 어렵고 부패의 토착화가 우려된다. 따라서 우등 균형점으로의 이전을 위해서는 일시적인 충격요법이 불가피할 수 있다. 양극화 현상으로 인해 부패의 파급수준이 극적으로 진동할 수도 있다. 공산화 이후 중국 부패수준의 수차례 등락, 1959년 이광요 수상 집권후 싱가포르와 1974년 염정공서(Independent Commission Against Corruption) 발족후 홍콩의 청렴도 향상, 군사 쿠데타후 아프리카 국가들과 공산정권 붕괴후 러시아의 부패 증가(Murphy, Shleifer and Vishny, 1993) 등을 그 사례로 들 수 있다.

Ⅲ. 정책 시사점

이론모형의 분석결과 반부패정책에 관한 시사점을 간추리면 다음과 같다. 첫째, 근시안적이거나 유동성 제약이 심한 공무원일수록 부패에 관여할 확률이 높다. 따라서 유동성 제약을 보완하는 자본시장의 발전은 부패의 억제에 도움이 된다. 둘째, 처벌 강도를 높일수록 부패행위는 일반적으로 감소하지만, 처벌의 강도가 증가하면 적발확률이 감소하여 부패를 증가시킬 수도 있으므로, 적발확률이나 한계 처벌강도가

---

28) <그림 1>에서 E_2는 $(0, -(w_1+b)e^{-rt}/p)$, E_4는 $(0, (w_2-W_1)e^{-rt}/q)$의 값을 각각 갖는다. 한편 영역 Ⅰ과 Ⅲ은 이른바 '횡단매개조건(transversality condition)'에 위배되므로 균형에 이를 수 없다.

29) Tower(1989)와 Cowell(1990)도 탈세와 관련해 비슷한 결론을 내렸다. Rubenstein(1995)에 따르면, 미국의 범죄는 지역별로 양극화 현상이 진행되고 있다. 지난 15년간 도시의 흑인 거주지역은 범죄가 크게 증가한 반면, 기타 지역에서는 자동차 절도를 제외한 모든 범죄가 감소한 것이다. Tanzi(1996)는 부패의 억제동인을 고려하지 않고, 학습효과와 친교적 자본의 축적에 의해 부패의 파급수준이 계속 증가할 것으로 예측하였다.

30) Murphy, Shleifer, and Vishny(1993)는 지대추구가 ① 초기 고정비용, ② 공격에 의한 방어의 창출, ③ Lui류의 '다수의 강점' 등에 의해 수확체증을 나타낸다고 하였다.

상당히 높은 수준에서는 처벌수준을 마냥 높이는 것이 능사가 아니다. 즉 적발확률과 벌칙은 대체재로서 하나의 정책수단을 강화하면 다른 정책수단의 효과가 약화된다. 따라서 일시적으로 사용한다면 몰라도 두 수단을 동시에 장기간 강화하는 것은 바람 직하지 않다.

셋째, 현업공무원의 임금률을 인상하면 부패 억제에 도움이 된다. 그러나 정부예 산의 제약조건을 감안하면, 임금의 일괄인상보다는 임금체계를 상후하박형으로 설계 하거나 연금기여율을 인상하는 것이 더 효과적이다. 또한 연금의 부패 억지력은 예상 재직기간에 따라 단조증가하지는 않는다. 따라서 정년이 임박한 고참 공무원과 신참 공무원 중 다른 조건이 같다면 누가 더 부패에 연루될 가능성이 높은지는 판단하기 어렵다. 끝으로 동태모형의 분석결과는 부패수준의 양극화 가능성을 제시한다. 이는 본질적으로 부패가 시간의 경과와 함께 자기강화적인 속성을 띠기 때문이다. 부패가 양극화된 균형점은 안정적이기 때문에 일단 열등균형점에 귀착하게 되면, 우등균형점 으로의 반전이 매우 어렵고 부패의 토착화가 우려된다. 따라서 우등균형점으로 이전 하기 위해서는 일시적인 충격요법이 불가피할 수 있다.

참고문헌

부정방지대책위원회. (1996). 「'96 기업의 관에 대한 여론조사」.

_____. (1998). 「공무원의 부조리에 관한 의식조사」(近刊).

장근호. (1997). 경제성장과 정부운영에 관한 일고: 제도적 효율성을 중심으로. 「1997년 제2차 학술대회 논문집」, 한국공공경제학회: 9~30.

Becker, G. S. (1968). Crime and Punishment: An Economic Approach, *Journal of Political Economy*, 76(2): 169~217.

_____ and G. J. Stigler. (1974). Law Enforcement, Malfeasance, and Compensation of Employees, *Journal of Legal Studies*, 3: 1~18.

Cowell, F. A. (1990). *Cheating the Government: The Economics of Evasion*. Cambridge: MIT Press.

Luksetich, W. A. and M. D. White. (1982). *Crime and Public Policy: An Economic Approach*. Boston: Little, Brown and Company.

Murphy, K. M., A. Shleifer, and R. W. Vishny. (1993). Why is Rent-seeking So

Costly to Growth?. *American Economic Review*, 83(2): 409~414.

Nagin, D. (1978). Crime Rates, Sanction Levels, and Constraints on Prison Population. *Law and Society Review*, 12.

OECD. (1996). *Trends in Public Sector Pay in OECD Countries, 1996 Edition.* Public Management Service, Public Management Committee, Paris.

Rubenstein, E. (1995). The Economics of Crime. Speech delivered at the Center for Constructive Alternatives. Hillsdale College, Michigan.

Tanzi, V. (1996). Governmental Activities and Markets. 「국가경쟁력 강화를 위한 공공부문의 생산성 제고」, 한국조세연구원: 5~50.

TI. (1996, 1997). *Transparency International Report.* Transparency International, Berlin.

Tirole, J. (1986). Hierarchies and Bureaucracxies: On the Role of Collusion in Organizations. *Journal of Law, Economics, and Organization*, 2(2): 181~213.

Tower, E. (1989). Excise Tax Evasion: Comment on Panagariya and Narayana. *Public Finance*, 44(3): 506~509.

▶ ▶ ▶논평

공병천(목포대학교 행정학과 교수)

부패는 그 정도가 어느 만큼인지가 다를 뿐 어떤 사회에서나 관찰 가능한 사회현상 중의 하나일 것이다. 이 논문이 발표될 즈음인 지금으로부터 20년 전, 우리나라의 실상을 전 세계에 알린 부끄러운 일이 있었다. 1994년 성수대교 붕괴 참사와 1995년 삼풍백화점 붕괴사고, 커다란 붕괴사고에 이은 1997년 초의 한보철강 부도사건, 이후 1997년 말 외환부족으로 인한 IMF 경제위기 등이 그 예이다. 당시 우리나라는 부패가 존재하지 않는 곳이 없을 정도로 오염도가 매우 심각한 수준이었다.

국제투명성위원회(Transparency International: TI)에 따르면, 우리나라는 조사 첫해 1995년 조사대상국 41개국 중 27위(4.29점)를 차지한 것을 시작으로 1997년은 52개국 중 34위(4.29점), 점수기준 변경 첫해인 2012년은 176개국 중 45위(56점), 최근 2016년은 176개국 중 52위(53점)로 아프리카 빈국인 르완다(50위)보다도 낮은 수준이다.[1] 지금의 문재인 정부에서는 올해는 40위권을 목표로, 2022년까지는 20위권으로 끌어올리겠다고 밝힌 바 있다.

부패 중에서도 공직자 부패는 정부운영의 비효율로 이어져 정부경쟁력은 물론 국가경쟁력을 떨어뜨리는 결과를 초래한다. 우리는 흔히 부패 문제를 논할 때, 누가 부패하였는지 그 주체에 관심을 갖게 된다. 그 중에서도 최일선에서 국민들과 마주하는 현업공무원에 대한 부패에 더 많은 관심과 민감한 반응을 보이기 마련이다.

박재완 교수의 논문은 "현업공무원의 부패의사결정모형"(한국행정학보, 제32권 제2호)을 주제로 부정부패 문제를 경제학적 접근방법을 적용하였다. 특히 당시 구조적 부패가 만연한 정부현실에서 현업공무원을 대상으로 부패행태를 포트폴리오 모형에 의하여 분석하고자 하였고, 분석결과를 토대로 공무원 부패에 관한 의사결정행태를 모형화하여 반부패정책의 시사점을 찾고자 한 매우 귀감이 되는 논문이라 감히 이야기할 수 있을 것이다. 이 기회에 좋은 논문을 통해서 정부 부패를 어떻게 접근하고

---

[1] '부패란 공무원의 뇌물 수수, 정부 조달에서의 유용, 공금 횡령 등 개인 이익을 위한 공권력의 사용을 의미하는 것으로 부패지수(또는 청렴도 지수)는 1995년부터 2011년까지는 0이 가장 부패한 수준이며 10이 가장 청렴한 수준을 나타냈으며, 2012년부터는 10점 만점에서 100점 만점으로 변경, 세분화되었다(naver, 시사상식사전 참조).

해결가능한지에 대하여 후학들과 함께 고민하고자 이하 토론문을 작성해 보고자 한다.

박재완 교수의 논문은 당시 부패에 대한 분석적이고 실증적인 선행연구가 많지 않은 현실에서 세무공무원, 철도공무원, 단속공무원, 주차관리원, 공공시설 입장관리원 등 집행업무에 종사하는 현업공무원의 부패행태를 모형화하고자 하였다. 부패공급자로서의 현업공무원이 행하는 전형적 부패행태 예로는 세무공무원의 탈세 묵인 및 탈세액 일부 수뢰, 주차관리원의 징수 주차료 일부 착복, 철도공무원의 승객 무임승차 용인, 경찰공무원의 불법영업 방치 및 수뢰행위 등을 제시하였다.

현업공무원 부패행태 모형화에는 4가지 요소가 고려되었다. ① 현업공무원은 부패 감시활동과 벌칙의 형태와 수준이 외생변수로 작용되는 불확실성 하에서 부패에 관한 동태적 최적결정을 내린다. ② 노력수준의 동일을 전제로 부패 증가는 낮은 직무성과를 낳으므로 직무성과를 승진이나 보수와 연계하는 자동제어장치를 마련한다면 부패에만 몰두하지는 않을 것이다. ③ 부패수요자(예: 민원인)와는 달리 현업공무원은 부패공급자로서 높은 의사결정빈도로 부패 관여 여부와 관여 수준에 대해 2단계 연속의사결정을 한다. ④ 공무원은 부패시 추방됨을 전제로, 부패공급자로서 현업공무원은 재범이나 전과와 무관한 초범에 해당한다.

이상의 4가지 요소가 고려되어 부패의사결정 모형화는 기본모형과 확장모형으로 나뉘어 제시되었다. 기본모형에서는 부패 적발가능성이 내생변수로 설정되어 분석이 이루어졌고, 확장모형은 적발가능성과 승진가능성을 함께 고려한 확장모형(1)과 수뢰가 시간에 따라 변화하는 동태적 확장모형(2)로 나누어 분석이 이루어졌다.

〈기본모형〉의 가정과 추론

기본모형에서는 수뢰율이 예상재직기간, 실질임금률, 실질유보임금률, 형사처벌비용, 퇴직연금기여금 비율, 시차선호율, 적발확률의 함수로 설정되었음을 가정하고 상호간의 관계를 증명하고 있다. 이 모형에서는 적발확률과 수뢰율은 상호내생성을 지니는 것으로 적발가능성 증가의 경우에 현업공무원은 수뢰에 보다 신중한 태도를 보이게 된다.

〈기본모형〉에서는 근시안적이거나 유동성 제약이 심한 관료일수록 수뢰확률이 높음으로 유동성 제약을 보완하는 자본시장의 발전은 부패 억제에 도움이 됨을 추론할 수 있다. 한편, 처벌강도를 높일수록 수뢰율은 감소하지만, 처벌강도 증가의 경우는 적발확률은 오히려 감소할 수 있기에 벌칙은 적발확률과 상호대체제일 수 있다.

이에 정부변화기에 양자를 장기간 강화하는 것은 비효율적일 것임을 밝히고 있다. 그리고 연금기여율 증가는 수뢰율 감소로 이어져, 현재의 보수보다는 정부재원으로 연금기여금의 정부부담율을 높이는 것이 부패억제에 보다 바람직하고, 실질임금률 인상이 실질유보임금률 인하보다 부패에 대한 한계 억지력이 큼을 밝히고 있다.

〈확장모형(1)〉의 가정과 추론

적발가능성과 승진가능성을 함께 고려한 확장모형(1)에서는 몇 가지 상황을 설정하였다. 우선 실질유보임금률은 0으로 표준화하고 기여금은 논외로 하였다. 벌칙 내에 형사처벌, 심리적 비용, 몰수 수뢰액을 통합하였다. 현업공무원은 하급과 상급 두 개 직급으로 나누고, 현업공무원의 승진은 가시적 직무성과로 결정됨을 전제로 하였다. 이 모형에서는 수뢰율과 가시적 직무성과는 반비례하여 승진가능성이 높아지면 수뢰를 자제하게 된다.

〈확장모형(1)〉로부터의 추론은 다음과 같다. 상급공무원의 보수인상이 수뢰율을 감소시킬 수 있는 반면 하급공무원의 실질임금률 인상은 부패 억제에 큰 도움이 되지는 않는다. 반면 직급이 올라갈수록 임금률 증가속도가 더욱 증가하는 임금체계가 오히려 부패억제에 도움이 되고, 이와 함께 연금기여율 인상 또한 부패억제에 효과적임을 밝히고 있다.

〈확장모형(2)〉의 가정과 추론

확장모형(2)에서는 수뢰율 자체가 시간에 따라 변화하는 동태모형으로 기대한계벌칙이 시간과는 무관하게 최적점에서 항상 1이어야 함을 전제하고 있다. 이는 현업공무원이 1원의 수뢰로 부당이득을 취하면, 기대벌칙 역시 한계적으로 1원이 될 때 최적상태가 됨을 의미한다.

〈확장모형(2)〉에서는 부패는 자기강화적 확산작용으로 대부분의 공무원이 부패하거나 또는 청렴한 안정적 균형점이 형성되어 부패 통제를 위해서는 일시적 충격요법이 불가피할 수 있음을 밝히고 있다.

이 논문에서는 현업공무원의 부패의사결정 모형 분석결과로 반부패정책에 대한 4가지 시사점을 제시하고 있다. 첫째, 부패억제를 위한 자본시장의 발전, 둘째, 적발확률 제고와 처벌강도 강화간의 대체제적 관계 파악, 셋째, 정부예산 제약 하에서의 상후하박형 임금체계 설계 및 연금기여율 인상에 따른 부패감소, 넷째, 부패토착화 방지를 위한 일시적 충격요법의 불가피한 사용 등이다.

그간에 행정학 분야에서는 정부부문 및 공공기관의 부패를 연구주제로 다루는 경우에 대부분은 제한된 범위 내에서 특정한 법·제도에 관심을 두거나, 결과적 측면에서 부패 행위자에 대한 처벌(또는 단속) 실적을 분석하고, 원인 또는 과정적 측면에서 관심분야 대상 공무원을 대상으로 부패 원인 및 행태를 인식 조사하여 그 결과로부터 시사점을 도출하는 연구가 많았다.

이에 비하여 박재완 교수의 논문은 현업공무원이 실제로 부패를 결정하려는 동인이 무엇이고, 반부패를 위한 전략적 행태 변화 방안은 존재하는 것인지, 그렇다면 이를 실질적으로 정책수단화하는데 도움을 줄 수 있는 시사점은 무엇인지를 분명하게 제시해 주고 있다. 이 논문은 부패를 결정하는 다양한 변수들을 함수화하여 부패 현상에 대하여 논리적이고 합리적으로 추론을 가능케 함으로써 20여 년이 지난 현 시점에서도 여전히 설득력 있는 논문이라 할 것이다.

향후에는 앞서의 기본모형과 확장모형을 통해 제시되었던 몇 가지 시사점들 각각이 의미 있는 연구주제로 다루어질 필요가 있다. 특히, 부패의사결정 함수 내에서의 개별 변수(또는 항)들이 구체적으로 얼마만큼의 변화시에 어느 만큼의 부패감소가 이루어졌고 실제로 가능한 일인지를 밝힐 수 있는 후학들의 후속 연구가 활발히 이루어질 수 있기를 바란다.

한국 공무원의 책임 확장:
법적·계층적 책임에서 윤리적· 개인적 책임으로

한국 공무원의 책임 확장:
법적·계층적 책임에서 윤리적·개인적 책임으로[*]

박천오(명지대학교 행정학과 교수)

〰 프롤로그 〰

우리는 그 어느 때보다 공무원들의 적극적이고 탁월한 업무수행이 요구되는 시대에 살고 있다. 그럼에도 불구하고 한국 공무원들은 사회의 기대에 부응하지 못하고 무사안일이나 복지부동과 같은 부정적 행태를 보임으로써 시민들의 불신을 사는 경우가 적지 않다. 공무원들의 이런 행태는 그들의 책임의식이 제한적인데 기인된 측면이 강하다.

이 연구에서는 한국 공무원들이 기존의 소극적인 법적·계층적 책임의식을 넘어선 보다 적극적인 성격의 윤리적·개인적 책임의식을 가져야 한다는 점을 규범적·현실적 양 차원에서 논의한다. 공무원이 스스로의 책임을 어떻게 이해하고 인식하느냐에 따라 그의 직무수행 태도와 행동 패턴이 달라질 수 있다는 것이 이 연구의 기본 전제이다.

그간 한국의 공직사회와 학계에서는 공무원들의 최소 업무성과를 확보하거나 그들의 위법행위를 방지하기 위한 소극적인 성격의 법적 책임을 주로 강조해 왔다. 법적 책임은 공무원이 법에 규정된 행위를 할 의무나 위법 행위(부정부패, 권력남용 등)를 하지 않을 의무와 관련된 책임을 말한다. 그러나 법적 책임의 강조만으로는 공무원들이 행정의 궁극적 목표인 사회 공공가치 실현에 최선을 다하도록 유도하기 어려운 것은 물론, 오히려 그들을 법규의 형식적 준수에 안주하는 보신주의와 무사안일주의에 빠뜨릴 수 있다. 공무원의 윤리적 책임

---

[*] 이 논문은 2016년 『한국행정학보』, 제50권 제1호, pp. 1-25에 게재된 글을 수정·보완한 것이다.

의식이 필요한 것은 이 때문이다.

윤리적인 책임은 '위법하지 않으나 부당한 행위'를 피할 의무나 '법적 의무를 넘어선 옳은 행위'를 할 의무와 관련된 책임이다. 이는 공무원이 전문행정인으로서의 자신의 지식과 경험에 기초하여 공익에 부합되게 행동할 책임을 뜻한다. 법적 책임이 외부로부터 강요된 책임이라면, 윤리적인 책임은 공무원 자신의 지각과 인식에 근거한 높은 수준의 도덕적·주관적 책임이라고 할 수 있다.

공무원의 윤리적 책임의식은 자신을 도덕적 해이에 빠지지 않게 견제하는 내적 제약으로 작용할 수 있다. 공무원이 자원을 낭비하고 불필요하게 예산과 인력을 증대하는 것과 같은 '위법하지 않으나 부당한 행위'를 하거나, 업무수행에 최선을 다하거나 조직 안팎의 문제점들을 개선하려 적극 노력하는 것과 같은 '법적 의무를 넘어선 옳은 행위'를 하지 않는 것은 모두 공무원의 윤리적 책임의식이 부족한 탓이라고 할 수 있다.

한국에서 그동안 공무원이 직무수행에 있어 상관의 지시와 기대에 충실해야 할 계층적 책임을 지나치게 강조해 온 것도 문제된다. 계층적 책임의 강조는 공무원의 권한남용과 자의적인 정책집행을 억제하는 등의 긍정적인 효과를 거둘 수 있지만, 지나치면 공무원의 공적 마인드와 윤리적 책임성을 약화시켜 공익 추구를 위한 공무원의 자발적 노력을 저해하는 결과를 초래할 수 있다. 뿐만 아니라 상관의 판단에 무조건 따르는 아부적 복종 행위나 상관의 지시가 없는 한 아무 일도 하지 않는 무사안일 행태를 부추길 수 있다. 이런 연유로 공무원에게 법적·계층적 책임과 더불어 개인적인 윤리적 책임의식이 필요한 것이다. 공무원이 개인적으로 윤리적 책임을 진다는 것은 자신에게 법적 책임이 없더라도 스스로의 부당 행위 등에 대해 양심의 가책을 느끼고 외부로부터의 비난을 감수한다는 의미이다.

법적·계층적 책임이 강조되어 온 한국 공직사회의 풍토에서, 공무원들이 업무 수행 시에 자율성과 독립성을 가지고 상황을 판단하고 공익실현을 위해 선제적인 조치를 취하려는 윤리적·개인적 책임의식이 미약한 것은 어찌 보면 당연하다고 할 수 있다. 이제부터라도 공무원의 책임의식은 법적·계층적 책임에서 윤리적·개인적 책임으로 확장되어야 마땅하며, 이를 위해서는 공무원 자신들의 의식변화는 물론 공무원 책임에 대한 공직사회와 학계의 풍토와 인식

변화도 함께 요구된다. 특히 공무원의 법적·계층적 책임 확보를 위한 외부적 통제 문제에 초점을 둘 뿐, 공무원이 자발적으로 공익 실현을 위해 노력해야 할 윤리적인 책임에 관한 논의나 이론 구성을 소홀히 해 온 기존의 연구 경향은 바꾸어야 한다. 이 연구에서의 논의가 공무원이 진정한 국민의 봉사자로서의 마음가짐과 자세를 가지게 하는 방안에 관한 후속 연구들을 자극하는 계기가 되었으면 하는 것이 저자의 바람이다.

〈요 약〉

한국의 공무원들은 사회의 기대에 부응하지 못하는 행태를 보이는 경우가 적지 않다. 세월호 참사를 비롯한 근래의 여러 사태에서 문제된 관련 공무원들의 수동적인 대처가 이를 단적으로 입증한다. 공무원들이 이처럼 공인의식이 결여된 행태를 보이는 것은 그간 공직사회에서 공무원들에게 소극적인 성격의 법적·계층적 책임 이행을 주로 강조해 온데도 그 원인이 있을 것이다. 이와 관련하여 이 연구에서는 공무원의 직무수행에는 법적·계층적 책임과 함께 보다 적극적인 성격의 윤리적·개인적 책임 의식과 책임 이행이 요구된다는 점을 규범적·현실적 양 측면에서 논의한다.

I. 서 언

사회학적 개념으로서의 책임은 특정 주체가 다른 주요 주체들에게 자신의 행위를 설명하거나 정당화할 의무를 지는 것으로 매우 포괄적으로 정의 내려진다(Lupson & Prtington, 2011: 897). 행정책임에 대한 개념 정의 또한 이와 유사하게 광범위하다(엄석진, 2009: 21). 반면에 공무원 책임의 정의는 보다 구체적이어서, 공무원이 특정한 행위를 하지 않아야 할 의무나 공무원이 일정한 기준에 따른 행위를 할 의무를 뜻하는 경우가 많다(Gregory, 2007: 339-340). 이러한 의무에 반하는 공무원의 행위는 흔히 비윤리적인 행위(unethical behavior)로 인식된다(오석홍, 2011: 97).

일반적으로 공무원의 비윤리적 행위는 법에 어긋나는 위법적인(illegal) 행위와 위법하지는 않으나 비윤리적인 행위(the legal kind of unethical behavior)의 두 범주로 나눌 수 있다. 이 가운데 시민사회의 관심을 끌고 정부가 해결을 위해 노력하는 것은 부정부패나 권력남용으로 대표되는 전자의 행위이다. 공무원의 책임과 윤리에 관한 기존의 연구들도 공무원의 부정부패나 정책과정에서의 공무원의 재량(discretion) 남용과 같은 병리적 행위와 관련된 법적 책임과 통제 문제를 주로 다루고 있다(Brumback, 1991: 354; Meier, 1993: 197; 박흥식 외, 2010: 43).

그러나 현실에서는 후자의 비윤리적인 행위 범주, 즉 '위법하지 않으나 비윤리적인 공무원 행위'가 훨씬 더 일상화 되어 있다(Brumback, 1991: 355). 이러한 행위에는 '위법하지 않으나 부당한 행위'(legal but not ethical)를 피할 의무를 위반한 행위와 '법적 의무를 넘어선 옳은 행위(right doing)'를 할 의무를 위반한 행위가 포함된다. 이런 성격의 비윤리적 행위가 공직사회에 만연될 경우, 정부에 대한 국민의 기본적 신뢰가 저하되는 등 공무원의 위법 행위 못지않은 부정적 결과가 초래될 수 있다(Brumback, 1991: 354–355; 박흥식 외, 2010: 41–42; 이윤경, 2014: 292). 때문에 이에 대한 체계적인 진단과 처방이 필요하다. 이 연구에서는 그간 연구가 미진했던 '법제화 되지 않은 공무원 책임' 즉 '위법하지 않으나 부당한 행위' 및 '법적 의무를 넘어선 옳은 행위'와 관련된 공무원 책임 문제를 고찰한다.

공무원들의 행태가 사회적 기대에 부응하지 못하는 것은 그들이 '법제화 되지 않은 공무원 책임'을 다하지 않기 때문인 경우가 많다(Lewis & Catron, 1996: 699–700). 특히 한국에서는 세월호 참사를 비롯한 근래의 여러 사태에서 공무원들이 위기상황에 책임 있게 대처하지 못한 데 대해 사회의 질타 목소리가 높다(임의영, 2014). 한국 공무원들이 이처럼 공인의식이 결여된 행태를 보이는 것은 그간 공직사회에서 공무원들의 최소 업무성과를 확보하거나 공무원들의 위법행위를 방지하기 위한 소극적인 성격의 법적·계층적 책임이행을 주로 강조해 온 데도 그 원인이 있을 것이다(박천오, 2014a).

이 연구에서는 한국 공무원들이 기존의 소극적인 법적·계층적 책임을 넘어 보다 적극적인 성격의 윤리적·개인적 책임 의식을 가져야 한다는 점을 규범적·현실적 양 차원에서 논의한다. 공무원 스스로 자신의 책임을 어떻게 이해하고 인식하느냐에 따라 그의 직무수행 태도와 행동 패턴이 크게 달라질 수 있다는 것이 이 연구의 기본 전제이다(Lupson & Prtington, 2011: 899).

Ⅱ. 책임의 성격: 법적 책임 vs. 윤리적 책임

1. 법적 책임

책임은 기본적으로 누가 누구에게 무엇에 대해 어떻게 책임을 지는가의 문제이며(Denhardt & Denhardt, 2007: 120; Bovens, 2008: 226), 그간 학자들 사이에 다양한 공무원 책임론이 제기되어 왔다. 공무원의 책임은 그 성격에 따라 크게 법에 근거한 법적 책임과 윤리에 근거한 윤리적 책임으로 나누어질 수 있다(Gregory, 2007: 344). 법적 책임은 공무원이 법적으로 부과된 의무를 이행해야 할 책임으로서(이종수, 2012: 159), 공무원의 직무수행을 확보하거나 부정부패나 권력남용 등 공무원의 위법 행위를 방지하는데 주된 목적을 둔 협의의 소극적 책임이다(Stewart, 1985: 492).

위법 행위를 하지 않아야 할 의무로서의 법적 책임은 이해의 상충, 재산공개, 퇴직 후 취업 제한, 뇌물수수, 사적 목적을 위한 공직 사용 금지, 정부 내부 정보의 오용 등에 관한 법규에 근거하며, 의무 이행을 담보하기 위한 외적 통제와 제재 수단을 수반하는 것이 보통이다(Gregory, 2007: 339–340; Lewis & Catron, 1996: 701). 법적 책임은 공무원이 법에 규정된 대로의 행위에 충실해야 하고 재량권의 행사는 집행의 매우 세부적인 사안들에 국한된다는 것을 기본 전제로 한다(Dobel, 1990: 357).

법적 책임에 기초한 전통적인 행정모델(classical administration model)은 공무원이 중립적 기술자(neutral technician)로서의 책임 있는 행정인(responsible administrators)이 될 것을 강조한다. Weber, Taylor, Gulick 등 초기 학자들은 조직에서의 개인의 투입(individual inputs)을 표준화하고자 하였고, 조직의 부품으로서 조직 목표 달성을 위해 능률성, 효율성, 전문성을 발휘하는 사람을 이상적인 조직인으로 보았다(Alexander, 1997: 350). 이 모델에 따르면 공무원은 정책집행 등과 관련하여 법에 요구된 바를 충실히 이행함으로써 책임을 다하게 되고(Harmon, 1990: 156–158; Dobel, 1990: 354), 관련 법규를 준수한 이상 자신의 행위에서 비롯되는 부정적 결과들에 대한 법적 책임을 면제받게 된다(March & Olson, 1995: 154–155). 법적 책임은 법에 규정된 절차의 준수를 중시하므로 절차적 책임이라고도 할 수 있다. 법적 책임은 뒤에서 서술하는 계층적 책임과 더불어 고전적 행정이론에서 가장 강조되는 공무원 책임이라고 할 수 있다(엄석진, 2009: 25).

공무원들이 정해진 규칙을 엄수하면, 업무수행의 정확성, 예측성, 신뢰성, 신속성이 제고된다는 장점이 있다. 그러나 법규가 늘고 법적 책임이 강조될수록 다양한 병리현상이 빚어질 수 있다. 예를 들면 공무원이 법규에 대한 형식적 순응에 치중할 뿐 자신이 수행하는 업무의 근본목적을 의식하지 않는 목표대치(goal displacement) 현상을 초래할 수 있다(Merton, 1940; Lewis & Catron, 1996: 703; Alexander, 1997: 350, 박천오, 2014a: 160). 법적 책임의 지나친 강조는 공무원이 조직의 여러 문제들에 대해 도덕적 판단을 하지 못하는 훈련된 무능(trained incapacity)에 빠지게 할 수도 있다(Stewart, 1985: 493; Morrison & Milliken, 2000: 707). 요컨대 통제 위주의 법적 책임의 강화는 윤리를 법으로 축소시키고 판단을 규정으로 대체하는 법규만능주의를 초래함으로써, 보다 높은 수준의 공무원 윤리 실천을 저해할 수 있다(Lewis & Catron, 1996: 703).

다른 한편으로 법적 책임은 정책과정에 수많은 공무원들이 관여하는 이른바 '다수 손의 문제'(problem of many hands)로 인해 법적 의무를 위반한 행위자를 명확히 가려내기 어렵다는 한계를 내포한다(Thompson, 1980; Stewart, 1985: 489). 많은 주체들이 관여하고 온갖 종류의 내생적·외생적 변수들이 복합적으로 작용하는 정책과정의 복잡한 상황 속에서, 정책집행 실패 등과 관련된 인과관계를 규명하여 특정 공무원 개인의 법적 책임을 입증하기 쉽지 않기 때문이다(Gregory, 2007: 343).

한국의 경우 법적 책임을 중시하는 행정의 풍토는 그간 공무원들 사이에 법적 책임이 아닌 일은 되도록 하지 않으려는 보신주의와 무사안일 풍조를 낳았다. 세월호 참사를 중심으로 한국 공무원의 책임성 문제를 다룬 최근의 연구들도 한국에서는 관료제에 대한 통제가 지나치게 강해 공무원들이 법적 책임추궁을 의식하여 자율적으로 일 처리를 하지 않고 복지부동하는 병폐가 심각한 것으로 파악하였다(김병섭·김정인, 2014; 임의영, 2014). 그런데도 공무원이 법규를 철저히 지키면서 무사안일하게 행동할 경우 현행법상 제재 수단이 마땅하지 않은 것이 현실이다(김호정, 1996: 62). 「국가공무원법」 제78조는 직무상의 의무를 위반하거나 직무를 태만한 경우를 공무원의 징계 사유의 하나로 규정하고 있으나, 행정기관장들과 관리자들이 이를 적용하는 데 소극적인 태도를 보임으로써 실제로 거의 사문화된 실정이기 때문이다(박천오, 2007). 이런 현상과 관련하여 공무원 업무에 대한 감사 방향을 "한 일에 대한 감사"에서 "해야 할 일을 하지 않은 데 대한 감사"로 전환해야 한다는 주장이 공직사회 일각에서 제기됨에 따라, 감사원은 공직자들이 적극적이고 능동적으로 업무를 수행하는 과정에서 일어난 실수나 문제에 대해서는 과감하게 법적 책임을 면제해 주는 이른바 "적극행정 면책제도"를 도입하였다(감사원, 2010: 24 – 25).

2. 윤리적 책임

공무원의 윤리적인 책임은 앞서 밝힌 대로 '위법하지 않으나 부당한 행위'를 피할 의무와 '법적 의무를 넘어선 옳은 행위'를 할 의무를 뜻한다. 위법한 행위는 거의 모두 비윤리적인 행위이지만, 비윤리적인 행위가 모두 위법한 행위는 아니다(Berman & West, 2006: 191). 예컨대 제주도에 공무로 출장 간 공무원이 관광을 위해 현지에 하루 더 체류한 것은 비윤리적인 행위는 될지라도 위법한 행위는 아닌 것이다. 공무시간에 사적 목적으로 인터넷 서핑을 한 것도 이와 마찬가지 성격의 행위라고 할 수 있다.

윤리적인 책임은 공무원이 자신의 직업윤리와 공익관에 비추어 스스로 주관적으로 느끼는 의무를 이행해야 할 책임을 말한다(이종수, 2012: 162). 공무원은 의사나 변호사처럼 엄격한 의미의 전문직업인(professionals)은 아니지만, 행정에 대한 오랜 경험과 더불어 행정기관에서의 사회화 과정을 통해 특정한 가치체계와 직업윤리를 갖춘 준전문직업적 성격의 전문행정인(professional administrators)이라고 할 수 있다. 공무원의 윤리적 책임은 전문행정인으로서의 자신의 지식과 경험을 토대로 직업윤리에 부합되는 행동을 할 의무를 뜻한다.[1]

윤리적인 책임의 또 다른 기초가 되는 공익은 일반적으로 두 가지 내용으로 개념화할 수 있다. 하나는 사회 형평성(social equity)의 측면에서 힘없는 사람들, 동정을 받아야 마땅한 사람들, 긴급한 필요가 있는 사람들에게 유리한 결과를 가져오는 것이 바로 공익이라는 개념 정의이다. 다른 하나는 공평무사(disinterest)가 곧 공익이라는 개념 정의이다. 공평무사는 공무원 개인의 이익이나 소속기관의 이익과 대비되는 공정성(impartiality)의 의미로서, 사회공동체 전체의 의사와 이익에 부합되는 것이 곧 공익이라는 개념 정의와 일맥상통한다. Fredrich(1940)는 공무원의 행위가 전문직업적 전문성(professional expertise), 기술적 기준(technical standards), 사회공동체의 선호 등에 대한 고려를 바탕으로 형성된 강한 내적 윤리(internal ethics)에 의해 인도되어야

---

1) 그간 행정의 전문화는 두 방향에서 이루어져 왔다. 하나는 특정 분야의 전문가들이 정부에 들어와 행정활동을 직접 담당하는 행정적 전문가(administrative professionals)들이 증대된 것이고, 다른 하나는 행정을 전문 직업으로 하는 전문행정인(professional administrators)이 늘어난 것이다(Kerney & Sinha, 1988); 박경효, 2013: 670). 미국처럼 직위분류제를 택하고 있는 국가에서는 전자의 전문 인력 유입이 많아 특정 분야의 직업에 기초한 전문가주의 내지 직업윤리가 중시되는 반면, 한국처럼 계급제를 택하고 있는 국가에서는 행정업무 경험에 기초한 후자의 전문가주의 내지 공직윤리가 더욱 중시된다고 할 수 있다.

한다고 주장하였다(Alexander, 1997: 350).

윤리적인 책임은 단순히 법규를 형식적으로 준수하는 것 이상의 높은 수준의 의무를 이행할 책임이므로, 법적 책임을 이행하는 데 머문 공무원 행위도 비윤리적 행위가 될 수 있다. 법적 책임이 외부로부터 강요된 책임이라면, 윤리적 책임은 해당 의무를 이행해야 한다는 공무원 자신의 지각과 인식에 근거한 도덕적·주관적 책임이라고 할 수 있다(김호섭, 1991: 784; 이종수, 2012: 160; 한승주, 2013: 31).

Lewis & Catron(1996: 704)은 공무원의 윤리적 책임 이행에 지침이 될 수 있는 몇 가지 기본적 윤리 원리를 제시하였다. 첫째, 상호성(reciprocity)의 원리로서, 공무원이 사람의 존엄과 권리를 존중하고 다른 사람에게 해가 되지 않게 행동할 것을 요구한다. "남들이 당신에게 해주기 원하는 대로 남들에게 해주어라"는 인간관계의 황금률(Golden Rule)이 그 대표적인 예이다. 둘째, 역지사지(reversibility) 혹은 감정이입(empathy)의 원리로서, 공무원 스스로 자신이 행하는 행위의 대상자(subject) 혹은 희생자의 위치에 서서 해당 상황을 판단할 것을 요구한다. 셋째, 유용성(utility) 혹은 좋은 결과(net good results)의 원리로서, 공무원이 자신의 행위로 인해 얼마나 많은 사람들이 어떤 영향을 장·단기적으로 받게 될 것인지를 충분히 고려할 것을 요구한다. 넷째, 보편성과 일관성(universality and consistency)의 원리로서, 공무원의 행위가 자의적이지 않고, 공평무사, 공정, 예측가능해야 함을 요구한다. 이 밖에도 Lewis & Catron(1996: 709)은 공무원은 자신의 행위가 비윤리적인 행위인지의 여부를 판단함에 있어서 고결성의 시험(mirror test for integrity)을 해볼 수 있다고 한다. 이는 해당 행위에 관한 신문기사를 자기 자신이 읽기를 원할 것인지, 해당 행위를 자신의 가족들에게 떳떳이 말할 수 있을지 등의 질문을 스스로에게 던지는 방식으로 자기 점검을 하는 것을 말한다.

공무원은 또한 공익을 저해할 수 있는 조직 안팎의 문제점들에 대해 침묵하지 않고 표출하여 시정하고자 노력할 윤리적 책임이 있다(Buchanan, 1996: 425-426). 이는 '법적 의무를 넘어선 옳은 행위'를 할 성격의 의무로서, 여기에는 상관이나 동료 혹은 하급자의 비윤리적 행위를 시정하고 정무직 상관이 사회 공동체의 가치관이나 이익에 반하는 정책을 추진하는 것을 견제할 윤리적 책임이 포함된다(Lewis & Catron, 1996: 708; Cooper, 1982: 156- 157).

Fredrich(1972)는 정무직 상관의 형식적·법적 권위가 시민의 의지를 왜곡할 시에, 공무원은 시민들의 비공식 대리인으로서 이를 바로잡고자 노력할 책임이 있다고 주장하였다. Romzek(1996)도 행정의 네 가지 책임관계 유형(types of accountability relationships) 가운데 하나로서 시민 등 외부 주체들에 대한 대응성을 강조하는 정치적 책임관계(political accountability) 유형을 제시하였는데, 이는 정무직 상관의 부당한 정책과 지시에 대해 공무원이 무조건적으로 복종하지 않고 시정요구 등을 해야 할 책임을 내용으로 한다. 요컨대 윤리적 책임은 공무원이 상관의 지시에 무조건 복종하기보다 그 정당성을 끊임없이 비판적으로 바라보며, 문제점을 제기하고 이를 시정하고자 적극 노력할 의무를 포함한다(전종섭, 2015: 230). 공무원들은 전문행정인으로서 Wildavsky(1979)의 표현대로 '권력에 대해 진실을 말해야'(speak truth to power) 할 책임이 있는 것이다. 그런데도 현실에서 공무원은 상관의 부당한 정책 추진 등에 대해 침묵하는 경향을 나타내는 데, 이는 자신의 발언이나 문제 시정 노력이 도리어 스스로에게 불리한 결과를 초래할 것이란 우려 때문이며, 이런 우려는 대부분 조직과 상관에 대한 불신에 기인된 것이다(Morrison & Milliken, 2000; Hassan et al., 2014: 335).

이러한 현상과 관련하여 한국의 감사원은 상관이 누가 보아도 비합리적인 명령을 하고 있음에도 불구하고 공무원이 상명하복식 사고방식에 젖어 그것이 국민에게 어떤 영향을 미칠지 등을 심사숙고하지 않고 기계적으로 문제를 처리하는 사례 등을 감사 지적 사례로 제시하였다(감사원, 2010: 228, 232). 그러나 실제로 한국에서 상관이 '위법하지 않으나 부당한' 성격의 정책을 추진할 시에 하급 공무원이 문제 제기를 할 수 있을지는 의문이다. 한국 공무원들은 상관의 지시에 복종하는 전통 행정문화의 영향을 여전히 강하게 받고 있을 뿐만 아니라, 법적으로도「국가공무원법」제57조(복종의 의무)에 공무원이 직무를 수행할 때 소속 상관의 직무상 명령에 복종해야 한다고 명백히 규정되어 있기 때문이다. 이런 연유로 공무원은 상관의 부당한 정책에 대해 자신의 직무 전문성과 조직 경험 등에 근거한 견해나 판단을 소극적으로 제시하는 수준의 노력에 그치는 것이 보통이라고 할 수 있다. 서구의 경우도 공무원들은 내부고발과 같이 극단적인 경우에만 계층적 권위에 정면 도전하는 행태를 보인다고 한다(Harmon, 1990: 161).

상관의 '위법하지 않으나 부당한 지시'에 대한 공무원 책임 문제는 공무원의 정치적 중립 의무와도 연관된다. 공무원은 자신의 정치적 철학이나 의견과 무관하게 집권정부와 정무직 상관의 정책실현에 충실해야 한다는 의미의 정치적 중립 의무가 있는 동시에, 스스로 오랜 행정경험을 쌓은 전문가로서 정치적 고려를 떠난 독립적이고도 객관적인 판단에 비추어 정무직 상관의 지시가 부당하다고 판단할 시에 문제 제기를 해야 한다는 의미의 정치적 중립 의무도 있기 때문이다(박천오, 2011: 28-31). 전

| 표 1 | 법적 책임과 윤리적 책임의 대비 |

법적 책임		윤리적 책임	
위법행위를 하지 않을 의무	법에 요구된 행위를 할 의무	'위법하지 않으나 부당한 행위'를 피할 의무	'법적 의무를 넘어선 옳은 행위'를 할 의무
(해당 행위) • 부정·부패 행위 • 기타 법에 금지된 행위	(해당 행위) • 법에 규정된 직무를 이행하는 행위 • 법적 절차를 준수하는 행위	(해당 행위) • 도덕적 해이 • 무사안일	(해당 행위) • 공익을 저해하는 조직 안팎의 문제들에 대해 발언하는 행위 • 상관의 부당한 지시를 시정하려는 행위 • 조직시민행동 등 조직과업 달성에 기여하는 자발적 행위

자의 정치적 중립 의무는 공무원의 법적 책임과, 후자의 정치적 중립 의무는 공무원의 윤리적인 책임과, 각각 그 맥을 같이 한다.

윤리적 책임에 속하는 '법적 의무를 넘어선 옳은 행위'를 할 의무는 넓게는 '맥락적 활동(contextual activities),' '조직시민 행동(organizational citizenship behavior), '추가적 역할 수행(extra-role behavior)' 등에 관한 공무원 의무를 포함한다. 이들은 모두 조직에서 공식적으로 요구되는 최소 수준의 업무수행을 넘어선 조직구성원 개인의 자율적인 행위들(discretionary behaviors)로서, 자원봉사, 다른 구성원들 돕기, 다른 구성원들과 적극 협력하기, 업무에 열정 갖기 등과 같이 조직과업 달성에 기여하는 긍정적인 성격을 지닌다(Ritz et al., 2014: 130-131; Kim, 2006: 723-725).

공무원의 윤리적인 책임은 자신을 도덕적 해이(moral hazard)에 빠지지 않게 견제하는 내적 제약(internal constraints)으로 작용할 수 있다. 도덕적 해이에 속하는 공무원 행위는 다양할 수 있다(Buchanan, 1996: 425). 자원을 낭비하고 불필요하게 예산과 인력을 증대하는 행위(자원의 비효율적 활용), 공적 자원을 유용하는 행위(자원의 오용), 본래의 정책목표에서 벗어난 목표를 추구하는 행위(목표대치), 상관의 정당한 정책이나 지시를 적시에 집행하지 않고 의도적으로 지연시키는 행위(수동적 반대), 근무시간에 업무에 몰입하지 않고 여가활동 등 허용되지 않은 다른 활동을 하는 행위(회피), 자신들의 전문영역이 아닌 영역까지 불필요하게 활동반경을 확장시키는 행위(전문가적 팽창주의) 등이 그것이다. 법적 책임의 강조만으로는 공무원의 이들 행위를 통제하기 어려운 것이 현실이므로(Buchanan, 1996: 426), 공무원에게 '위법하지 않으나 부당한 행위'를 피할 윤리적인 책임이 강조되어야 하는 것이다.

그러나 윤리적 책임은 공무원 개인의 도덕적 의무감에 기초한 자기성찰적인 특성(self-reflective character)을 지닌 탓에 의무 불이행에 대한 제재가 공무원 개인의 양심의 가책에 그친다는 한계가 있다(Finer, 1972). 뿐만 아니라 윤리적인 책임을 지나치게 중시하면, 공무원이 자기도취증(narcissism)과 '의사 자기직관'(pseudo self-insight)에 빠져, 자의적으로 행동하거나 합법적 권위를 부정하는 행태들 나타낼 우려도 없지 않다. 이 때문에 공무원의 윤리적 책임을 강조할 경우 공무원을 스스로의 도덕성을 다른 무엇보다 우선시하는 행정 현인(administrative Platonists)으로 만들 수 있다는 비판이 제기된다(Fox & Cochran, 1990). 특히 공무원의 판단이 정무직 상관의 판단을 대체하게 되면 민주주의의 기본 취지와 정치적 책임 원리에 위배된다는 지적이 설득력을 얻고 있다(Pops, 1991: 272). 비슷한 맥락에서 공무원이 상관의 명령에 충실하지 않으면 계층적 질서에 토대를 둔 관료제 체제 자체가 와해될 수 있다는 우려도 제기되고 있다(Denhardt, 1991: 118).

Ⅲ. 책임의 소재: 계층적 책임 vs. 개인적 책임

1. 계층적 책임

Weber의 관료제적 구조에 토대를 둔 계층적 체제에서 공무원은 직무수행에 있어 상관의 지시와 기대에 충실할 책임이 있다. 고전적 행정이론은 이러한 계층적 책임을 법적 책임과 더불어 공무원의 가장 중요한 책임으로 간주한다. 계층적 책임은 기본적으로 고위직에 많은 권한과 책임을 부여하여 부하들을 지휘 감독케 하는 방식의 계층적 통제를 통해 이행이 확보된다(Petter, 2005: 203; 한승주, 2013: 28).

공무원의 계층적 책임을 강조할 경우, 공무원은 상관의 지시에 따라 직무를 수행하므로 해당 지시가 불법이 아닌 한 그 결과에 대해 윤리적인 책임이 없고 단지 조직 전체의 집합적 책임(collective responsibility)만이 있을 수 있다는 주장이 가능하다. 이는 개인은 스스로 자유롭게 행한 행위에 대해서만 윤리적인 책임이 있으므로, 조직에서 요구된 역할로 인해 행동의 제한을 받는 공무원에게는 윤리적인 책임을 물을 수 없다는 논리이다(Stewart, 1985: 489). 바꿔 말해 정책과 행정 그리고 공무원의 활동에 대한 궁극적 책임은 조직의 최고관리자인 정무직 상관에게 있고, 공무원은 익명성이 요구된다는 주장이라고 할 수 있다(Drewery & Butcher, 1988: 150–153; Gregory, 2007: 344). 이러한 주장은 정책의 성패를 특정 공무원과 직접 연관지을 경우 공무원의 정치적 중립에 위배된다는 주장과 일맥상통한다(Drewry & Butcher, 1988: 151).

계층적 책임의 강화는 위로부터의 민주주의(overhead democracy)를 구현하고, 공무원의 권한남용과 자의적인 정책집행을 억제하는 등의 긍정적인 효과를 거둘 수 있지만, 이를 지나치게 강조하면 공무원의 공적 마인드(public–mindedness)와 윤리적 책임성을 약화시켜 공익 추구를 위한 공무원의 자발적 노력을 저해하는 결과를 초래할 수 있다(Petter, 2005: 203). Cooper(1987)는 계층제는 공무원이 국민이 아니라 상급자를 만족시킬 것을 요구한다고 지적하면서, 공직 윤리는 공무원이 스스로를 특정 기관이나 상급자에 대한 봉사자가 아니라 국민에 의해 고용된 사람으로 인식하고, 공익, 사회정의, 자유와 같은 이른바 행정의 내적 선(internal goods)을 추구함으로써 지켜질 수 있다고 주장하였다.

계층적 책임을 강조할 시에 공무원들 사이에 나타날 수 있는 또 다른 병리현상은 위로부터 명백한 내용의 지시가 주어지지 않는 한 아무 일도 하지 않는 기회주의(opportunism)이다. 지시 없이는 아무 일도 하지 않는다는 것은 상관의 권위에 대한 순종(obedience)이 될 수 있으나, 단지 문제를 일으키지 않으려는 동기에서 비롯된 것이라면 기회주의가 된다. 기회주의는 자신들의 판단과 책임을 상관의 판단에 무조건 종속시키는 아부적 복종(sycophantic obedience) 행위로 이어질 수 있다(Harmon, 1990: 140; Dobel, 1990: 357). 조직구성원들은 비판적 이견보다 복종적 일치(obedient conformity)에 의해 보상받는 것이 보통이기 때문이다(Gregory, 2007: 342).

공무원이 자신의 행위에 대한 비판에 대해 명령에 충실하였을 뿐이라는 반론을 펼친다면, 이는 계층적 책임에 편승하여 스스로의 행위를 정당화 하는 논리라고 할 수 있다(Buchanan, 1996: 429). 이와 관련하여 한국의 감사원은 상관의 부당한 지시 등에 대해 문제제기를 하지 않고 묵종하는 공무원의 행태를 '수동적 처리' 행태로 명명하면서 무사안일의 한 유형으로 간주하였다(감사원, 2010: 228, 232).

2. 개인적 책임

공무원의 윤리적인 책임을 주장하는 관점은 정책결과 등에 대한 공무원 개인의 책임을 강조한다. 행정기관의 실체는 결국 그 구성원들이며 이들의 활동이 집합적으로 조직의 활동을 구성하는 것이므로(Bonczek, 1992: 79), 공무원은 조직의 집합적 책임과는 별도로 자신의 행위에 대해 개인적으로 윤리적 책임(personal responsibility)이 있다는 것이다(Gortner, 1991, 36; Luke, 1991: 160; Buchanan, 1996: 422). 공무원 개인의 윤리적인 책임은 공무원 자신의 행위와 관련된 책임으로서(Bonczek, 1992: 82), 해당 행위가 조직이라는 집합체의 일부분으로 이루어졌더라도 그 결과를 다른 공무원들이나 제도적 구조(institutional structures) 탓으로 돌릴 수 없는 성격의 책임이다(Stewart, 1985: 487-488).

어떤 규칙이나 상관의 명령도 공무원 자신이 연루된 사안의 부정적 결과에 대해 윤리적인 면죄부를 주지 못하며, 법규와 명령에 따른 법적 책임과 계층적 책임을 이행했다는 점이 공무원 스스로 판단해야 할 윤리적 의무를 대신하지 못하게 된다(Dobel, 1990: 357-358). 이처럼 윤리적 책임의 소재가 공무원 개인에게 있는 것은 공무원의 직무수행에는 거의 언제나 공무원 개인이 판단하고 선택할 여지와 의무가 있기 때문이다(Stewart, 1985: 489). 예컨대 법규의 집행에는 해석이 요구되며, 상관의 부당한 지시에 대해서는 Hirshman(1970)이 말하는 이탈(exit)과 발언(voice)이라는 선택이 가능한 것이다. 윤리적 책임은 공무원이 업무 수행에 있어 공익에 기초한 판단과 행동을 할 의무를 내포한다.

공무원이 개인적으로 윤리적 책임을 지는 것은 행정 현실과도 부합된다(Dobel, 1990: 359). 공무원은 정도의 차이는 있지만 어떤 형식으로든 사안에 관여하며 상위직 공무원은 주요 결정과정에도 깊이 연루되는 관계로, 그에 상응하는 수준의 윤리적 의무가 있는 것이다(Aberbach et al., 1981; Drewry & Butcher, 1988: 156-159). 윤리적 책임이 있는 공무원은 법적 책임이 없더라도 스스로의 부당한 행위에 대해 내적으로 과오를 인정하고, 해당 행위와 관련된 외부로부터의 도덕적 비난을 마땅히 감수해야 한다(Stewart, 1985: 488).

공무원 개인의 윤리적 책임은 공무원이 수행하는 일은 모두 시민들로부터 위임받은 것이란 수탁자(fiduciaries)의 논리에 근거하고 있다(Buchanan, 1996: 427). 공무원 개인에게 윤리적 책임이 있다는 것은 공무원이 스스로의 행동에 대해 직접 책임을 지는 도덕적 주체임을 인정하는 것이다(Gregory, 2007: 343). 개인적인 책임의식은 공무원 자신의 부당한 행위를 스스로 견제할 뿐만 아니라, 상관이 추진하는 부당한 정책이나 조직의 문제점들을 시정하려는 노력으로 이어질 수 있다(Dobel, 1990: 359). 관료조직은 미묘한 방식으로 구성원들의 도덕적 민감성(moral sensibilities)을 둔화시키고, 구성원을 자신의 행위에 대해 사려 깊은 판단(reflective judgment) 없이 상관이나 조직에 무조건 충성하는 존재로 전락시킬 수 있으므로(Gregory, 2007: 343; Buchanan, 1996: 429), 공무원의 개인적 책임의식은 현실적 중요성을 내포한다.

표 2	계층적 책임과 개인적 책임의 대비

계층적 책임	개인적 책임
• 공무원이 상관의 지시에 충실할 의무 • 의무 불이행 시에 계층적 제재가 가해짐 • 공무원은 자신이 연루된 사안의 부정적 결과에 대해 윤리적 책임이 없으며, 조직의 최고관리자가 해당 책임을 짐	• 공무원이 직무 수행과 관련하여 스스로 판단하고 선택할 의무 • 의무 불이행 시에 공무원 스스로의 내적 제재 (양심의 가책)와 외부로부터의 도덕적 비난을 받음 • 공무원은 자신이 연루된 사안의 부정적 결과에 대해 도덕적 주체로서 윤리적 책임을 짐

그러나 개인적인 윤리적 책임을 지나치게 강조할 경우 자칫 공무원이 개인의 양심과 판단을 앞세워 조직의 요구나 상관의 지시를 쉽게 거부하는 부정적인 결과를 가져올 수 있다(Cooper, 1982: 157). 즉 개인적 책임은 공무원이 상부나 조직의 상관이 부여한 지시에 충실할 조직책임(organizational responsibility)과 갈등 관계에 놓일 수 있고(Cooper, 1998), 특정 사례에 있어 상관의 권위에 대한 존중의 적정 한계선이 어디까지인지 알기 어렵다는 한계를 내포하고 있다(Buchanan, 1996: 429). 이에 대해 Harmon(1995)은 공무원 책임의 특징은 조직에 대한 책임과 도덕적 책임 간 상충의 모순에 있다고 지적하였다.

IV. 윤리적·개인적 책임의 불이행과 이행 여건: 도덕적 해이 vs. 윤리풍토

1. 공무원의 도덕적 해이

민주주의 이념에 의하면 국민－의회－행정부 간 관계와 행정기관 내 고위관리자와 부하 공무원들 간 관계는 대리인 이론(Principal－Agent Theory) 틀 속의 위임자－대리인 관계로 볼 수 있다. 위임자－대리인 관계에서는 대리인이 위임자의 업무 수행에 최선을 다하지 않아도 될 여건과 인센티브를 갖게 되어 도덕적 해이에 빠질 위험이 큰 것이 특징이다(Moe, 1984; 권순만·김난도, 1995).

공무원의 도덕적 해이는 공무원이 최소한의 법적·계층적 책임만을 이행하고 윤리적인 책임을 회피하는 행태로 나타나는 경우가 많다. 공무원은 자신의 일탈행위가 윤리적인 측면에서 비난받을 시에, 다른 공무원들의 유사 행위를 들어 스스로의 행위를 변호하려는 경향을 나타낸다(Tuckness, 2010: 263). '다른 공무원들도 모두 그렇게 한다'는 식의 주장은 특정 행위가 광범위하게 확산되어 있다는 주장이거나, 아니면 다수 공무원이 특정 유형의 행위를 인지하고 묵시적으로 동의한다는 주장이 된다. 이런 주장은 다른 공무원들이 관련 의무를 회피하는 상황에서 자신만이 부담스런 의무를 수행하는 것이 공평한지 의문을 제기하는 것일 수도 있다(Tuckness, 2010: 270). 다른 공무원들의 유사 행위를 부각시키는 주장은 대체로 '위법하지 않으나 부당한 행위'를 피할 의무를 위반하거나 '법적 의무를 넘어선 옳은 행위'를 할 의무를 위반한 공무원이 자신의 도덕적 해이를 정당화 하는 방편이 되고 있다.

한국 공무원들 사이에는 도덕적 해이의 대표적 사례라고 할 수 있는 무사안일 행태가 광범위하게 확산된 것으로 알려져 있다(오석홍, 2011: 124-127; 이윤경, 2014; 이선우, 1997). 무사안일은 공무원이 책임추궁이나 비판이 두려워 일에 적극성을 보이지 않는 부정적인 행태를 의미하며, 다양한 비윤리적인 행위를 포괄한다(이윤경, 2014: 294-295).

감사원은 2009년 "공직자에게 요구되는 법적·도덕적 책임과 의무를 적정하게 이행하지 아니하여 국민생활 및 기업 활동에 불편을 주거나 권익을 침해하는 경우 또는 예산상 손실을 초래한 경우" 등을 국가경쟁력을 저하시키는 무사안일 행위로 간주하여 업무실태 감사를 실시하였다. 감사원은 감사지적 사례 1,900여 건을 13개 유형에 따라 분류 정리하여 무사안일의 판단 기준으로 제시하였다(감사원, 2010: 211-212). 감사원은 무사안일을 <표 3>과 같이 4가지 유형으로 대별하였으며. 각 유형들을 <표 4>와 같이 세부 유형으로 구분하였다. 감사원에서 처리한 무사안일 사례들을 무사안일 유형별로 분석한 결과는 보신적 무사안일이 절반(48.9%)에 이르는 것으로 나타났으며, 다음으로 자의적 무사안일(19.7%), 형식적 무사안일(15.8%), 권위적 무사안일(15.6%) 순으로 나타났다(감사원, 2010: 30).

앞서 언급한 대로 감사원은 2008년 창의적이고 적극적인 행정풍토 조성을 위해 '적극행정 면책제도'를 도입하였는데, 이 제도는 공무원이 공익을 증진하기 위해 능동적으로 업무를 처리하는 과정에서 선의의 실수로 부분적인 절차상 하자, 비효율성, 예산 낭비 등의 부작용이 발생하더라도 일정 요건을 충족한 경우 관련 공직자 등에 대해 감사원법상의 불이익한 처분요구 등을 하지 않거나 감경 처리하는 제도이다(감사원, 2010: 201). 이러한 면책제도가 어느 정도 실효를 거두고 있는지는 알려지지 않고 있다.

표 3 무사안일 유형별 의미

유형	의미
보신적	공무원이 자리보전을 위해 위험회피적, 변화저항적, 책임회피적 행태를 보이며, 적당하게 일을 처리하는 행태를 보이는 무사안일
형식적	공무원이 규정이나 절차를 지나치게 중시하거나 얽매여 상황 변화에 따른 유연하고 적실성 있는 대응을 하지 못하고 단지 선례답습, 법규빙자, 탁상행정 등의 행태를 보이는 무사안일
권위적	조직 내에서의 명령과 복종의 위계질서가 중시되고, 최고결정자의 판단에 부하직원이 쉽게 도전하지 못하며 수동적으로 따르는 무사안일. 조직구성원들의 창의적인 아이디어가 제한되고 조직이 경직되므로 무책임성, 고압적 처리, 수동적 처리의 행태
자의적	국민의 이익보다는 공무원과 조직(기관, 부서 등) 이익을 우선시하여 업무를 수행함으로써 업무전가, 비협조, 관료이익 등의 행태를 보이는 무사안일

표 4 무사안일 세부 유형별 정의

세부 유형		세부 유형별 정의
보신적	적당처리	공무원이 일을 어물어물 요령만 피워 적당히 해치우려는 행태, 즉 근원적인 대책을 강구함이 없이 현실만을 모면하자는 방식이며, 원칙이나 정도대로 처리하지 아니하는 행태
	업무태만	공무원이 주어진 업무를 게을리 하거나 부주의하여 업무를 불이행 하는 행태
	책임전가	자신에 주어진 책임을 다른 사람이나 조직에 덮어씌우거나 돌리는 행태
	변화저항	행정환경이나 행정수요의 변화에 따르기를 거부하거나 거역하는 행태
형식적	선례답습	기존 행정 처리의 타당성 여부 등을 전혀 검토하지 않고 무비판적으로 따르는 행태로 법령이나 지침 등이 개정되었음에도 이를 간과한 채 구법령, 개정 전의 지침에 따라 만연히 처리하는 행태
	법규빙자	법규 자체를 합목적적·합리적으로 해석하지 아니하고, 안 되는 방향에서 법규를 집행하는 행위 혹은 경미한 사항의 하자를 이유로 기본 행정처분 자체를 거부하는 행위
	탁상행정	현실을 무시한 행정을 비판하는 말로 공무원이 탁상에 앉아 머리와 서류만으로 정책을 만들어 내는 것을 가리키는 행태

	무책임성	주어진 권한과 의무를 이행하지 않고 이에 대한 책임을 지지 않는 행태
권위적	고압적 처리	우월적 지위를 이용하여 상대방에게 겸손하고 성실한 자세를 보이지 않고 명령적이거나 불손하게 업무를 처리하는 행태
	수동적 처리	상관의 지시, 명령, 결정에만 의존하여 업무를 처리하는 행태
	업무전가	자신이 해야 할 업무를 다른 사람 또는 조직에게 고스란히 떠넘기는 행태
자의적	비협조	자기 혹은 조직만 중시하고 다른 사람이나 조직과의 유기적인 업무 협조를 거부하거나 경시하는 행태
	관료이익	공무원이 민원 등 국민의 편익을 위해서가 아니라 자신이나 조직의 이익만을 중시하여 업무를 처리하는 행태

출처: 감사원(2010: 22).

2. 윤리풍토

공무원이 윤리적·개인적 책임을 이행하는 정도는 공무원 개인의 가치관에 따라 달라지겠지만(오석홍, 2013: 688), 이들 책임은 어느 정도 외적 여건이 조성되어야만 이행될 수 있다. 한국에서처럼 법 규정이 과다하고 공무원의 실수에 대한 문책은 심한 반면 성과에 대한 보상은 약한 현실에서, 공무원이 윤리적·개인적 책임을 다하기는 쉽지 않을 것이다. 이런 외적 여건의 불비는 뒤에서 언급하는 인사제도적인 요인과 더불어 한국 공무원들을 무사안일 행태에 빠지게 만든 주요 요인이 될 수 있다(이윤경, 2014: 295-297).

구성원들의 윤리적인 행동을 유도하는 조직문화와 윤리풍토(ethical climates)는 리더십, 조직구조, 인센티브시스템, 의사결정과정, 비공식적 조직시스템 등의 요인을 적절히 관리함으로써 조성할 수 있다(Cohen, 1993; Berman & West, 2006: 194). 윤리풍토는 공무원의 윤리적·개인적 책임 의식에 결정적인 영향을 미치는 외적 변수의 하나이다(Wittmer & Coursey, 1996: 559).

Victor & Cullen(1987; 1988)에 의하면 윤리풍토는 조직의 도덕적 분위기 내지 조직문화의 윤리적 측면으로서, 무엇이 옳은 행동인지에 대한 구성원들 간 공유된 인식이라고 할 수 있다. 윤리적·개인적 책임에 대한 학습은 대부분 문화적 맥락에서 일어난다. 개인은 다른 조직구성원들과의 사회적 관계를 통해 윤리적 의무와 행동에 대한 책임을 구체화하고 내면화하기 때문이다(전종섭, 2015: 230). 개인은 의식적으로 혹은 무의식적으로 조직의 윤리풍토에 순응하는 방향으로 행동하는 경우가 많은 까닭에(전종섭, 2015: 234), 윤리풍토는 그 특성에 따라 구성원들의 윤리적·개인적 책임 이행을 유도하거나 저해할 수 있다(Wittmer & Coursey, 1996: 561; West et al., 2013: 186). 무사안일과 같은 한국 공무원의 행동패턴은 한국 공직사회의 그릇된 윤리풍토에 기인된 현상이라고 할 수 있는 반면, 올바른 윤리풍토는 윤리적·개인적 책임과 결부된 의무에 대한 조직구성원들의 의식을 높일 수 있다(Wang & Hsieh, 2013: 784; Buchanan, 1996: 435).

Bardwick(1995)은 공공부문과 민간부문의 조직들에서 공포문화(cultures of fear), 자격문화(entitlement cultures), 부흥문화(revitalization cultures)라는 세 가지 상이한 유형의 조직문화를 확인하였다. 공포문화는 조직에서의 스트레스가 강하고 직업의 안정성에 대한 우려가 큰 탓에 조직구성원들이 업무를 제대로 수행할 수 없는 분위기로 특징지어진다. 자격문화는 활기가 없는 조직(lethargic organizations)에서 주로 나타나며, 이런 조직에서는 보상과 신분보장이 자동적으로 이루어지는 탓에 조직구성원들이 현상에 만족하며 업무수행 시에 탁월한 성과를 낼 인센티브를 가지지 않는 것이 특징이다. 부흥문화는 구성원들이 도전적인 업무와 성과에 상응하는 보상체제로 인해 활력을 얻으며, 위험을 감수하면서 직무를 수행하도록 용기를 부여받고 설사 실수를 하더라도 결과가 긍정적이면 문책을 당하지 않는 문화이다. Bardwick에 의하면 공포문화와 자격문화는 조직의 낮은 생산성과 연관성이 있는 반면, 부흥문화는 조직의 탁월함과 일치한다고 한다. 윤리적·개인적 책임의식은 부흥문화의 윤리풍토 하에서 쉽게 조성될 수 있을 것이다. 한국의 인사행정은 공무원의 신분을 정년까지 보장하는 직업공무원제도를 기반으로 운영되고 있어, 공무원들이 신분에 대한 위협을 크게 받지 않는 상태에서 최소한의 직무수행으로 공직을 유지하려는 무사안일과 적당주의에 빠질위험이 적지 않다. 때문에 Bardwick이 말하는 자격문화에 가까운 조직문화가 형성되어 있을 개연성이 높은 것이다(조석준·임도빈, 2010: 29-45).

Bardwick(1995)은 조직구성원들에 대한 보상과 제재 등을 효과적으로 활용함으로써 부흥문화를 조성할 수 있다고 지적한다. 행정기관에서도 부흥문화의 조성과 더불어 적절한 윤리 관리(ethics management)를 통해 공무원들의 윤리적 책임 이행을 유도할 수 있을 것이다(Hassen & Wright, 2014: 334; Berman et al., 2001: 328-330; Berman & West, 2006: 192). 윤리 관리는 윤리헌장(code of ethics)의 제정, 교육훈련, 충원 등을 통해 공무원의 가치관과 행태를 체계적으로 관리하는 것을 말한다(Berman & West, 2006: 191). 공무원 윤리헌장은 내용 면에서 포괄적이지만 공무원의 윤리적 행동에 대한 기대와 수용 가능한 행동 범위 등을 명시적으로 제시함으로써 윤리적 행동을 유도할 수 있다(Rohr, 1991; Keller, 1988). 현재 한국의 「공무원윤리헌장」, 「공무원윤리헌장실천강령」, 「공무원신조」, 「공무원복무선서」 등은 공무원의 정신자세에 관한 극히 추상적인 내용을 담고 있을 뿐, 공무원의 윤리적·개인적 책임과 관련된 지침을 명확히 제시하지 않고 있다.

체계적인 윤리교육은 공무원의 윤리적 감수성을 높일 수 있다. 다수 연구가 교육훈련이 공조직 구성원들의 책임 있는 행동을 유도하는 효과적인 방안이 될 수 있음을 밝히고 있다(Gortner, 1995; Berman & West, 2006). 윤리교육은 법규 준수를 강조하는 '낮은 길'(low road)에 관한 교육과 보다 높은 윤리 실천을 위한 '높은 길'(high road)에 관한 교육을 포함한다. 전자가 방어적인(defensive) 성격의 교육이라면, 후자는 기대적인(aspirational) 성격의 교육이라고 할 수 있다(Paine, 1994; Berman & West, 2006: 196). 한국에서는 공무원들이 직무를 수행하면서 위기상황, 가치충돌 상황, 양심에 어긋나는 부당한 상황 등에 직면했을 때 올바른 판단을 할 수 있는 공직가치관을 강조하면서, 헌법정신·윤리의식·국정철학·역사이해·준법정신 등을 주요 내용으로 하는 공무원 교육을 실시하고 있으나(행정안전부, 2013: 121–122), 교육의 실효성은 밝혀지지 않고 있다.

공무원 충원 시에 윤리의식과 공직관이 확고한 사람을 선별하여 채용하거나, 직무수행과 관련하여 상관의 부당한 지시 등에 대해 이의를 제기하는 공무원들을 보다 강력히 보호하는 방안도 건전한 윤리풍토 조성에 이바지할 수 있다(오석홍, 2011: 202–204). 특히 전자의 방안은 적지 않은 현실적 중요성을 내포한다. 신분이 보장되고 연금을 수령할 수 있다는 직업적 장점이 공직 지원의 가장 중요한 동기로 자리 잡고 있는 것이 한국의 현실이기 때문이다(이은경, 2014: 293). 공무원의 윤리의식과 공직관은 공무원으로서 갖추어야 할 가장 기본적인 도덕적 역량이지만, 현재 5급, 7급, 9급 공개경쟁채용시험과 민간경력자 채용을 위한 경력경쟁채용시험에서는 응시자들의 직무수행 능력이나 문제해결 능력을 주로 측정할 뿐, 도덕적 역량에 관한 점검은 제대로 이루어지지 않고 있다. 과장급 승진과 고위공무원단 진입과정에 실시되고 있는 역량평가 역시 관리 역량평가에 초점을 두고 있다.

한편, 사회학습이론(social learning theory), 보강이론(reinforcement theory), 사회교환이론(social exchange theory) 등은 조직의 리더가 다양한 방식을 통해 긍정적인 조직 윤리풍토를 조성할 수 있음을 밝힌다(Lawton et al., 2013: 156). 같은 맥락에서 상당수 연구들은 공공부문 관리자가 윤리적 리더십(ethical leadership)을 발휘함으로써 조직구성원들의 비윤리적 행태를 감소시킬 수 있다는 점을 강조하면서, 관리자가 어떤 가치관을 가지고 어떻게 행동해야 하는지에 관한 방법론을 제시한다(Hassan et al., 2014: 333-334). 그러나 행정기관에서 최고관리자가 조직문화 변화에 결정적인 영향을 미치는 데는 한계가 있다. 민간부문의 최고관리자와 달리 인사관리에 있어 여러 법적·정치적 제약을 받을 뿐만 아니라, 재임기간도 상대적으로 짧아 조직문화를 변화시킬 수 있는 기회가 제한되기 때문이다(Wilson, 1989: 96).

이 밖에도 승진의 기준과 방법, 보수와 성과급 등 경제적 보상체계 등의 개선을 통한 공직의 윤리풍토 개선 노력도 필요하다. 불행히도 한국 「국가공무원법」의 승진과 보수 등에 대한 복잡한 규정들은 낮은 성과를 내는 공무원을 보호해 줄 뿐만 아니라, 높은 성과를 내는 공무원에 대한 보상마저 가로막는다는 비판을 받고 있다(김호정, 1996: 63).

V. 공무원 책임의 확장과 균형

1. 공무원 책임의 확장

공무원의 법적 책임과 계층적 책임은 공무원의 위법 행위를 방지하거나 공무원의 직무수행에 있어 최소한의 성과를 확보하기 위한 장치이다. 때문에 이들 책임을 강조하고 외재적 통제를 강화하는 것만으로는, 공무원들을 공익 추구에 최선을 다하도록 유도하기 어렵다(Brumback, 1991: 354; 김병섭·김정인, 2014). 공익 추구에는 공무원들의 윤리적·개인적 책임의식과 책임이행이 요구된다(Brumback, 1991; Buchanan, 1996). 그간 한국 공무원은 법에 저촉되는 행위를 하지 않으려는 법적 책임의식과 상관의 지시에 충실하려는 계층적 책임의식은 비교적 강한 반면, '위법하지 않으나 부당한 행위'를 피할 의무와 '법적 의무를 넘어선 옳은 행위'를 할 의무를 이행하려는 윤리적·개인적 책임의식은 상대적으로 약한 특징을 보여 왔다. 이는 법적·계층적 책임을 강조하는 한국 공직사회의 풍토에서 공무원들이 업무수행시에 자율성과 독립성을 가지고 상황을 판단하고 선제적인 조치를 취하려는 의식과 용기를 가지기 어려운 현실과, 스스로의 경력 관리 등을 우선시 하는 공무원들 자신의 현실적 계산이 함께 작용한 결과라고 할 수 있다(조석준·임도빈, 2010: 29-45; 박천오, 2014b; 김병섭·김정인, 2014).

법적·계층적 책임을 우선시 하는 한국 공무원들의 의식은 법적 책임에 속하는 사항이 아닌 한 시끄러워질 소지가 있는 일을 되도록 피하려는 무사안일적인 행태와,

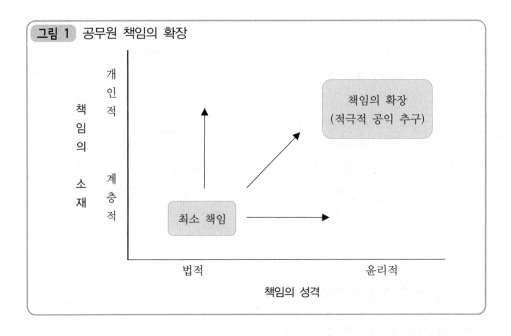

그림 1 공무원 책임의 확장

상관의 지시에 의존하고 스스로 옳다고 판단하는 일을 행하지 못하는 수동적 행태를 낳았다고 할 수 있다(오석홍, 2011: 124-127; 조석준·임도빈, 2010: 29-45; 김병섭·김정인, 2014). 한국 공무원들이 공익을 추구하려는 사명감이 미약하고, 약자의 편에 서서 사회정의를 구현하려는 용기도 없고, 공직에서 보람과 의미를 찾지 못한다는 부정적으로 평가받는 것은 공무원들의 이런 행태 때문이라고 할 수 있다(오석홍, 2011: 134). 공무원에게 요구되고 공무원이 수용해야 할 책임이 법적·도덕적 책임에서 윤리적·개인적 책임으로 확장되어야 할 당위성과 현실적 필요성도 여기에 있다. <그림 1>에서 보듯이 한국 공무원의 책임 의식과 이행이 지금처럼 법적·계층적 최소 책임에 그치지 않고, 윤리적·개인적 책임으로 확장된다면, 현재 공직사회에서 문제되고 있는 무사안일과 같은 공무원의 도덕적 해이 현상은 크게 감소될 수 있을 것이다.

2. 책임의 균형과 부작용 상쇄

공무원의 책임이 윤리적·개인적 책임으로 확장되어야 마땅하지만, 공무원들이 이러한 책임만 우선시 한다면 이 또한 문제될 수 있다. 공무원의 책임이행이 법적·계층적 책임이나 윤리적·개인적 책임 어느 한쪽으로 과도하게 치우칠 경우, 앞서 논의되었던 공익 추구를 저해하는 여러 부작용이 초래될 수 있다. 공무원의 공익 추구를 유도할 수 있는 효과적인 방안은 공무원에게 어느 한쪽의 책임이행에 치우치지 않

| 표 5 | 불균형적 책임 이행에 기인된 병리 현상과 억제 |

유발 ⇨	관련 병리 현상	⇦ 억제
(경도된) 법적 책임 이행 ▶ 법에 저촉되는 행위를 하지 않거나 법에 규정된 대로 행동할 의무에 치중	1) 목표대치: 법을 형식적으로 준수할 뿐, 자신이 수행하는 업무의 근본 목적을 의식하지 않는 행태 2) 공무원의 침묵: 스스로 인지한 소속 조직의 여러 문제들에 대해 자신의 법적 책임이 아니라는 이유에서 침묵하는 행태 3) 도덕적 해이(무사안일): 최소한의 법적 의무만 이행하고 공익 추구에 적극성을 보이지 않는 행태 4) 다수 손의 문제: 정책과정에 수많은 공무원들이 다양한 방식으로 관여하는 관계로, 법적 의무를 위반한 특정 공무원을 명확히 가려내기 어려운 문제	◀ 윤리적 책임 의식 ◀ 개인적 책임 의식
(경도된) 윤리적 책임 이행 ▶ 법적 의무를 넘어선 옳은 행위를 하거나, 위법하지 않으나 비윤리적인 행위를 피할 의무에 치중	1) 자기도취: 개인적 가치관이나 편협한 전문성을 앞세워 합법적 권위를 부정하는 행태 2) 책임정치의 저해: 스스로 정무직 상관의 판단을 대체하는 판단을 함으로써 민주주의의 기본 취지에 위배되는 문제	◀ 법적 책임 의식 ◀ 계층적 책임 의식
(경도된) 계층적 책임 이행 ▶ 직무수행에 있어 상관의 지시에 충실할 의무에 치중	1) 가치판단의 배제: 업무와 관련된 판단과 책임을 상관에 종속시키고, 자신이 연루된 정책의 결과 등에 대해 관심을 가지지 않는 행태 2) 기회주의: 개인적 이득을 위해 상관에 대해 아부적인 복종을 하는 행태 3) 도덕적 해이(무사안일): 상관의 지시만을 최소한 이행하고 공익 추구에 적극성을 보이지 않는 행태	◀ 윤리적 책임 의식 ◀ 개인적 책임 의식
(경도된) 개인적 책임 이행 ▶ 자신이 연루된 정책의 결과 등에 대한 윤리적 책임에 치중	1) 조직책임 이행의 저해: 개인의 양심과 판단을 근거로 조직의 요구나 상관의 지시에 쉽게 저항하는 행태	◀ 법적 책임 의식 ◀ 계층적 책임 의식

고 양쪽 책임을 조화롭게 이행토록 하는 것이다(임의영, 2014). <표 5>에서 보듯이 공무원이 어느 한쪽의 책임 이행에 치중함으로써 나타날 수 있는 부작용은 공무원이 다른 쪽의 책임을 감안하는 균형 잡힌 책임 의식을 지닐 때 상당 부분 감소될 수 있을 것이다.

우선, 법적 책임에 치중하는 데서 비롯될 수 있는 부작용들(공무원이 스스로 수행하는 업무의 근본 목적을 의식하지 않는 목표대치 현상, 공무원이 스스로 인지한 소속 조직의 여러 문제들에 대해 자신의 법적 책임이 아니라는 이유로 침묵하는 행태, 공무원이 공익 추구에 적극성을 보이지 않는 무사안일 행태, 특정 정책의 부정적 결과에 대해 법적 책임이 있는 공무원을 가려내기 어려운 다수 손의 문제 등)은 공무원의 윤리적·개인적 책임 의식에 의해 상당 부분 억제될 수 있다. 윤리적인 책임을 지나치게 강조할 시에 나타날 수 있는 부작용들(공무원이 자신의 개인적 가치관을 앞세워 합법적 권위를 부정하는 자기도취적 행태, 공무원이 상관의 판단보다 자신의 판단을 우선시함으로써 민주주의의 기본 취지를 저해할 수 있는 문제 등)은 공무원의 법적·계층적 책임 의식에 의해 어느 정도 억제될 수 있다.

한편, 계층적 책임 위주의 의식에서 유발될 수 있는 부작용들(공무원이 스스로의 가치판단을 배제한 채 상관의 판단에 의존하는 행태, 공무원이 자기 이익을 위해 상관에 아부적으로 복종하는 기회주의적 행태 등)은 공무원의 윤리적·개인적 책임의식에 의해 일정 수준 억제 혹은 해소될 수 있다. 마지막으로 공무원이 개인적 책임 이행에 치중한 나머지 조직책임을 소홀히 하는 행태는 법적·계층적 책임 의식에 의해 효과적으로 억제될 수 있다.

VI. 결 어

기존의 연구들은 공무원의 법적·계층적 책임 확보를 위한 외부적 통제 문제에 초점을 둘 뿐, 공무원이 자발적으로 공익을 위한 행동을 하거나 공익에 저해되는 행동을 하지 않을 윤리적인 책임에 관한 논의나 이론 구성을 소홀히 해왔다. 전통적인 행정의 특성을 반영하는 법적·계층적 책임론에 따르면 공무원의 재량권 행사나 시민에 대한 직접적인 책임과 자발적인 공익추구는 불필요하거나 부적절하다고 할 수 있다(Danhardt & Danhardt, 2007: 130). 신공공관리론(NPM)으로 대표되는 근래의 행정이론도 공무원의 임무 수행과 관련하여 생산성 향상과 같은 관리적 측면만을 강조하고 윤리적인 물음을 등한시한다는 점에서 전통적 행정의 공무원 책임론과 크게 다르지 않다(Danhardt & Danhardt, 2007: 130－131).

그러나 외부에서 공무원들에게 부과되는 법적·계층적 책임은 공무원 책임의 한 단면에 불과하며, 이들 책임의 이행을 통해서는 단지 공무원의 위법행위를 방지하거나 최소한의 업무 성과를 확보할 수 있을 뿐이다. 공무원은 법규에 위배되는 행동을 하지 않도록 통제되어야 할 뿐만 아니라, 행정의 궁극적 목표인 사회의 공공가치 추구를 위해 적극 노력하도록 관리되어야 한다. 후자가 바로 공무원의 윤리적·개인적 책임과 관련된 것이다. 공무원은 국민의 봉사자로서 국민생활에 심대한 영향을 미칠 수 있는 정책과정과 예산과정에 연루되므로, 법적 책임 여부와는 무관하게 공익을 추구할 윤리적인 책임이 있는 것이다(전종섭, 2015: 214－215: 박천오, 2014a).

윤리적·개인적 책임은 단순히 위법 행위를 하지 않는 것 이상의 높은 수준의 의무를 이행할 적극적 성격의 책임인 동시에 공무원 개인이 직접 감당해야 할 규범적인 성격의 책임이라고 할 수 있다(Van Wart, 1996: 527). 공무원에게 법적·계층적 책임과 더불어 윤리적·개인적 책임이 요구되는 것은, Behn(2001: 120)의 지적대로 공무원은 자신의 행위에 대해 자신을 포함한 모두에게 책임을 지기 때문이라고 할 수 있다. 윤리적·개인적 책임은 기본적으로 공무원의 도덕적 사유와 판단의 내적 역량을 바탕으로 일정한 외부 여건이 갖추어진 상황에서 이행될 수 있으므로, 공무원의 책임 확장을 위해서는 공무원의 의식개혁과 더불어 제도적·관리적 측면의 뒷받침이 필요하다.

이 연구에서는 그 동안 한국 공무원들이 윤리적·개인적 책임의식이 부족한 것으로 평가받아 온 점에 비추어 한국 공무원들이 윤리적·개인적 책임의식을 가지고 행동해야 할 규범적 당위성과 현실적 필요성을 논의하면서, 이를 위한 공직사회 풍토 조성이 요구된다는 점을 강조하였다. 이 연구가 공무원이 진정한 국민의 봉사자로서의 마음가짐과 자세를 가지게 하는 방안을 모색하는 후속 연구들을 자극하는 계기가 되었으면 하는 것이 저자의 바람이다.

참고문헌

감사원. (2010). 「무사안일 감사백서」.

권순만·김난도. (1995). 행정의 조직경제학적 접근: 대리인 이론의 행정학적 함의를 중심으로. 「한국행정학보」, 29(1): 77－95.

김병섭·김정인. (2014). 관료 (무)책임성 재해석: 세월호 사고를 중심으로. 「한국행정학보」, 48(3): 99-120.

김호섭. (1991). 행정책임의 논리. 「한국행정학보」, 25(3): 783-802.

김호정. (1996). 한국의 공무원과 기업체직원의 무사안일행태 비교. 「한국행정학보」, 30(3): 53-70.

박경효. (2013). Richard C Kerney와 Chandan Sinha의 전문직업주의와 관료제적 대응성. 오석홍 편저. 「행정학의 주요 이론」. 경기: 법문사, 668-676.

박천오. (2011). 공무원의 정치적 중립: 의미와 인식. 「행정논총」, 49(4): 25-50.

_____. (2007). 우리나라의 공무원 징계와 퇴출: 실태와 대안. 「한국행정학보」, 41(3): 221-241.

_____. (2014a). 공무원 윤리의 확장: 행동윤리에서 정책윤리로. 「정부학연구」, 20(2): 155-184.

_____. (2014b). 한국 지방공무원의 윤리의식에 관한 실증연구. 「한국인사행정학회보」, 13(2): 93-112.

박흥식·김호섭·최순영. (2010). 공직자 비윤리적 행동과 윤리적 위험간의 관계: 제재와 교육의 조절변수로서의 역할. 「한국행정학보」, 44(2): 41-61.

엄석진. (2009). 행정의 책임성: 행정이론간 충돌과 논쟁. 「한국행정학보」, 43(4): 19-45.

오석홍. (2011). 한국의 행정, 서울: 법문사.

_____. (2013). Richard Chapman의 공직윤리론. 오석홍 편. 「행정학의 주요이론」. 경기: 법문사, 687-693.

이윤경. (2014). 공무원 무사안일의 영향요인 추세 분석: 공무원 임용 시 공공봉사동기의 역할을 중심으로. 「정부학연구」, 20(2): 291-330.

이선우. (1997). 공무원 복부부동형태의 원인과 치유방안 모색: 인사관리를 중심으로. 「한국행정학보」, 31(3): 107-124.

이종수. (2012). 「새행정윤리」. 서울: 대영문화사.

임의영. (2014). 행정의 윤리적 과제: '악의 평범성'과 책임의 문제. 「한국행정학보」, 48(3): 5-25.

전종섭. (2015). 「행정학: 해석, 비판, 그리고 사회적 구성」. 서울: 대영문화사.

조석준·임도빈. (2010). 「한국 행정조직론」. 경기: 법문사.

한승주. (2013). 공무원의 주관적 책임성: 지방자치단체 중하위직 공무원의 경험을 통한 탐색. 「한국행정학보」, 47(1): 25-45.

행정안전부. (2013). 「공무원 인사백서」.

Aberbach, Joel D., Putnam, Robert D., & Rockman Bert A. (1981). *Bureaucrats & Politicians in Western Democracies.* Cambridge, Massachusetts: Harvard University Press.

Alexander, Jennifer. (1997). Avoiding the Issue: Racism and Administrative Responsibility in Public Administration. *American Review of Public Administration,* 27(4): 343−361.

Bardwick, Judith M. (1995). *Danger in the Comfort Zone.* New York: AMACON.

Behn, Robert. (2001). *Rethinking Democratic Accountability.* Washington, DC: Brookings Institution.

Berman, Evan M. et al. (2001). *Human Resource Management in Public Service.* Thousand Oaks: Sage Publications, Inc.

Berman, Evan M. & Jonathan P. West. (2006). Ethics Management and Training. in Norman M. Riccucci, ed. *Public Personnel Management: Current Concerns, Future Challengers,* 190−203. New York: Longman.

Bonczek, Stephen J. (1992). Ethical Decision Making: Challeng of the 1990's− A Practical Approach for Local Governments. *Public Personnel Management,* 21(1): 75−88.

Bovens Mark et al. (2008). Does Public Accountability Work? An Assessment Tool, *Public Administration,* 86(1): 225−242.

Brumback, Gary B. (1991). Institutionalizing Ethics in Government. *Public Personnel Management,* 20(3): 353−364.

Buchanan, Allen. (1996). Toward A Theory of the Ethics of Bureaucratic Organizations, *Business Ethics Quarterly,* 6(4): 419−440.

Cohen, Deborah Vidaver, (1993). Creating and Maintaining Ethical Work Climates: Anomie in the Workplace and Implications for Managing Change, *Business Ethics Quarterly,* 3(4): 343−358.

Cooper, Terry L. (1982). *The Responsible Administrator: An Approach to Ethics for the Administrative Role.* Port Washington, N.Y.: National University Publications Kennikat Press.

Cooper, Terry L. (1987). Hierarchy, Virtue, and the Practice of Public

Administration: A Perspective for Normative Ethics. *Public Administration Review*, 47(4): 320−328.

Denhardt, Robert B. (1991). *Public Administration: An Action Orientation*. Pacific Grove, California: Brooks/Cole Publishing Company.

Dehhardt, Janet V. & Robert B. Denhardt. (2007). *The New Public Service: Serving, Not Steering*. Armonk, New York: M.E. Sharpe.

Dobel, J. Parick. (1990). Integrity in the Public Service. *Public Administration Review*, 41(6): 354−366.

Drewry, Gavin & Tony Butcher. (1988). *The Civil Service Today*, Oxford, UK: Basil Blackwell Ltd.

Dunn, Delmer. D. & Jerome S. Legge. (2000). U.S. Local Government Managers and the Complexity of Responsibility and Accountability in Democratic Governance. *Journal of Public Administration Research Theory*, 11(1): 73−88.

Finer, Herman. (1972). Administrative Responsibility in Democratic Government, in Francis Rourke ed. *Bureaucratic Power in National Politics*: 326−336. Boston: Little Brown.

Fox, Charles J & Clarke E. Cochran. (1990). Discretion Advocacy in Public Administration Theory: Toward a Platonic Guardian Class. *Administration & Society*, 22(2): 249−271.

Fredrich, Carl J. (1972). Public Policy and the Nature of Administrative Responsibility, in Francis Rourke ed. *Bureaucratic Power in National Politics*: 165−175, Boston: Little Brown.

Gortner, Harold F. (1995). How Public Managers View Their Environment: Balancing Organizational Demands, Political Realities, and Personal Values, in James S. Bowman ed. *Ethical Frontiers in Public Management*: 34−63, A Publication of the American Society for Public Administration.

Gregory, Robert. (2007). Accountability in Modern Government, in B. Guy Peters & John Pierre (eds.), *The Handbook of Public Administration*, 339−350. Los Angeles: Sage Publications.

Harmon, Michael. (1990). The Responsible Actor as "Tortured Soul": The Case of

Horatio Hornblower, in Henry D. Kass & Bayard L. Catron, eds, *Images and Identities in Public Administration*, 151−180. Newbury Park: Sage Publications.

Harmon, Michael. (1995). *Responsibility as Paradox*. Thousand Oaks,CA: Sage.

Hassan, Shahidul & Bradley E. Wright. (2014). Does Ethical Leadership Matter in Government? Effects on Organizational Committment, Absenteeism, and Willingness to Report Ethical Problems. *Public Administration Review*, 74(3): 333−343.

Hirschman, Albert. (1970). Exit, *Voice and Loyalty: Responses to Decline in Firms, Organizations, and States*. Cambridge, Mass.: Harvard University Press.

Kerney, Richard C. & Chandan Sinha. (1988). Professionalism and Bureaucratic Responsiveness: Conflict and Compatability, *Public Administration Review*, 48(1): 571−579.

Kim, Sangmook. (2006). Public Service Motivation and Organizational Citizenship Behavior in Korea. *International Journal of Manpower*, 27(8): 722−740.

Lawton, Alan, Julie Rayer & Karin Lasthuizen. (2013). *Ethics and Management in the Public Sector*. London and New York: Routledge.

Lewis, Carl W. & Bayard L. Catron. (1996). Professional Standards and Ethics, in James L. Perry ed. *Handbook of Public Administration*, 699−712. San Francisco: Jossey−Bass Publishers.

Luk, Sabrina Ching Yuen. (2012). Questions of Ethics in Public Sector Management: The Case Study of Hong Kong, *Public Personnel Management*, 41(2): 361−378.

Luke, Jeffrey S. (1991). New Leadership Requirements for Public Administrators: From Managerial to Policy Ethics, in James S. Bowman ed. *Ethical Frontiers in Public Management*. 158−182, A Publication of the American Society for Public Administration.

Lupson, Jonathan & David Partington. (2011). Individual Civil Servants' Conceptions of Accountability: A Preliminary Study, *Public Management Review*, 13(7): 895−918.

March, James & Johan P. Olson. (1995). Democratic Governance. New York: The

Free Press.

Meier, Kenneth J. (1993). *Politics and the Bureaucracy*. Pacific Grove, California: Brooks/Cole Publishing Company.

Merton, Robert K. (1940). Bureaucratic Structure and Personality, in Water E. Natemeyer ed., *Classics of Organizational Behavior*, 244–253, Oak Park, Illinois: Moore Publishing Company, Inc.

Moe, Terry. (1984). The New Economics of Organization, *American Journal of Political Science*, 28(4): 739–777.

Morrison Elizabeth Wolfe & Frances J. Milliken. (2000). Organizational Silence: A Barrier to Change and Development in A Pluralistic World. *Academy of Management Review*, 25(4): 706–725.

Paine, Lynn Sharp. (1994). Managing for Organizational Integrity, *Harvard Business Review*, 72(2): 106–117.

Petter, John. (2005). Responsible Behavior in Bureaucrats: An Expanded Conceptual Framework, *Public Integrity*, 7(3): 197–217.

Pops, Gerald M. (1991). Improving Ethical Decision Kaking Using the Concept of Justice, in James S. Bowman ed. *Ethical Frontiers in Public Management*. 261–285, A Publication of the American Society for Public Administration.

Ritz Adrian et al.(2014). From Leadership to Citizenship Behavior in Public Organizations: When Values Matter. *Review of Public Personnel Administration*, 34(2): 128–152.

Rohr, John A. (1989). *Ethics for Bureaucrats*. 2d ed. New York and Basel: Dekker.

Romzek, Barbara S. (1996). Enhancing Accountability, in James L. Perry ed. *Handbook of Public Administration*. 97–114. New York: Jossey–Bass Inc.

Stewart, Debra. (1985). Ethics and The profession of Public Administration: The Moral Responsibility of Individuals in Public Sector Organizations. *Public Administration Quarterly*, 8: 487–495.

Thompson, Dennis F. (1980). Moral Responsibility of Public Officials: The Problem of Many Hands, *American Political Science Review*, 74(4): 905–916.

Tuckness, Alex. (2010). "Everybody Does It": An Analysis of A Common Excuse.

Public Integrity. 12(3): 261 – 272.

Van Wart, Montgomery. (1996). The Sources of Ethical Decision Making for Individuals in the Public Sector. *Public Administration Review,* 56(6): 525 – 533.

Victor, Bart & John Cullen. (1987). A Theory and Measure of Ethical Climate in Organizations. *Research in Corporate Social Performance and Policy,* 9: 51 – 71.

Victor, Bart & John Cullen. (1988). The Organizational Bases of Ethical Climate. *Administrative Science Quarterly,* 33: 101 – 105.

Wang, Yau – De & Hui – Hsien Hsieh. (2013). Organizational Ethical Climate, Perceived Organizational Support, and Employee Silence: A Cross – Level Investigation. *Human Relations,* 66(6): 783 – 802.

West, Joanthan P., LooSee Beh, & Meghna Sabharwal. (2013). Charting Ethics in Asian – Pacific HRM: Does East Meet West, Ethically? *Review of Public Personnel Administration,* 33(2): 185 – 204.

Wildavsky, Aaron. (1979). *Speaking Truth to Power,* Boston: Little Brown.

Wilson, James Q. (1989). Bureaucracy: *What Government Agencies Do and Why They Do It.* New York: Basic Books, Inc.

Wittmer, Dennis & David Coursey. (1996). Ethical Work Climates: Comparing Top Managers in Public and Private Organizations. *Journal of Public Administration Research and Theory,* 6(4): 559 – 572.

▶ ▶ ▶ **논평**

이창길(세종대학교 행정학과 교수)

공직 책임의 현실적 대안을 찾아서

박천오 교수의 연구는 최근 문제가 되고 있는 공무원들의 책임성에 대한 원인과 방향을 정확히 제시하고 있다. 풍부한 문헌조사를 기초로 공직책임의 이론적 논의를 종합적으로 정리해주서서 향후 연구자들에게 큰 보탬이 될 것으로 보인다. 논문의 핵심적인 주장은 공직책임이 법적 계층적 책임에서 개인적 윤리적 책임으로 확장되어야 한다는 것이다. 이러한 주장에 공직자는 물론 연구자들 누구도 반론을 제기하기는 어렵다. 공직자 신분으로서 불가피하게 짊어지고 가야하는 무거운 책임들이고, 관료제의 근본적인 문제점을 제시하고 현대사회에서 더욱 심각해지고 있는 책임성 개념의 불가피한 확장으로 이해되기 때문이다. 또한 현실적으로는 법적 계층적 책임에 머물러 발생하는 윤리적 책임 부재 상황에 대한 우려도 좋은 지적이 아닐 수 없다. 더욱이 최근까지도 공무원들의 개인적 윤리적 일탈이나 무사안일로 인하여 피해를 입은 국민들의 불만과 불신이 적지 않은 것도 사실이기 때문이다. 특히 논문에서 법적 계층적 책임과 개인적 윤리적 책임의 불균형이나 경도현상으로 다양하게 나타날 수 있는 왜곡된 공직행동을 일목요연하게 제시한 부분은 인상적이다. 목표대치와 침묵, 도덕적 해이와 무사안일, 자기도취와 가치배제, 기회주의와 저항 등은 두 가지 책임 유형 간의 불균형적 경도는 우리 현실을 설명하는 중요한 프레임을 제공해주고 있다는 점에서 높이 평가된다.

하지만 이러한 저자의 주장에 동의하면서도, 공직윤리와 책임에 대한 많은 연구가 그렇듯이, 당위적이고 규범적 논의에 머물러 있음을 지적하지 않을 수 없다. 공직현장에서 발생하는 공직윤리와 책임의 갈등 상황을 중심으로 하는 현실적이고 구체적인 논의가 필요하다 하겠다. 무엇보다도 먼저 법적, 계층적 책임을 넘어 공무원 개인에 대한 윤리적 책임의 존재여부를 어떻게 판단할 것인지, 그 기준에 대한 현실적 연구가 필요하다. 뿐만 아니라 아무리 개인적 윤리적 책임 확장을 규범적으로 강조하더라도 성공적으로 적용될 수 있는지, 그 조건에 대한 현실적 논의가 필요하다. 전자는 개인적 윤리적 책임의 판단 기준, 후자는 개인적 윤리적 책임의 실효성 확보 차원의 논의이다.

우선 개인적, 윤리적 책임의 판단 기준은 무엇일까. 대체로 공무원 개인들에게 윤리적 책임을 부여하는 경우 공무원들의 입장에서는 억울한 경우가 많다. 특히 직무 상의 결정이나 행위와 관련하여 자신을 변명할 수 있는 다양한 근거가 존재하기 때문 이다. 따라서 그러한 변명(excuse)과 책임(responsibility), 즉 면책과 문책을 구분하는 기준에 대한 현실적인 논의가 필요하다. Thompson(1980: 908−909)은 개인적 책임의 여부를 판단하는 기준으로 두 가지를 제시한다. 첫째는 개인의 행위가 결과를 초래하 는 원인(cause)이 되어야 한다는 것이고, 둘째는 개인의 행위가 무지(ignorance)나 강 요(compulsion)에 의해 이루지지 않아야 한다는 것이다. 전자는 인과적 책임(causal responsibility), 후자는 의지적 책임(volitional responsibility)이라고 한다.

먼저 개인의 결정이나 행위가 명확하게 원인이 되어 어떤 결과가 발생하였다면 인과적 책임을 면할 수는 없다. 하지만 현실적으로 결과와 원인의 관계를 명확하게 규명하는 것은 쉬운 일이 아니다. 공무원들은 인과적 개인 책임을 면하기 위해 두 가 지 주장 또는 변명이 가능하기 때문이다. 첫째, 다른 사람들도 동일한 상황에서 동일 하게 행동했을 것이라고 주장하는 것이다. "누가 와도 그렇게 행동했을 것이다" 또는 최소한 "내가 아니라도 다른 사람이 했을 것이다"라고 변명할 수 있다. 즉 자신의 행 동과 결과는 자신의 책임이라기보다는 상황의 책임이라는 주장이다. 이 경우 계층적, 집단적 책임과는 별개로 개인적 책임을 물을 수 없다는 논리다. 둘째, 개인적 결정이 아닌 공동의 협력적 행위라고 주장하는 것이다. "나 혼자 한 것이 아니다" 또는 "다 같이 의견을 모아 결정했다"고 변명할 수 있다. 다 함께 결정한 결과에 대해 자신이 모든 책임을 지는 것은 억울하다는 입장이다. 집단적 결정의 책임은 집단이 짊어져야 한다는 것은 당연하다. 하지만, 이 경우에도 집단적 책임이나 계층적 책임과 별개로 개인적 책임은 물을 수 없다는 주장이다.

이러한 두 가지 주장에 의하면, 인과적 관계가 명확하지 않으면 개인적 윤리적 책임을 물을 수 없다는 것이다. 하지만 인과적 책임이 명확하지 않다고 개인적 책임 을 면할 수는 없다. '다른 사람도 그렇게 했을 것이다' 또는 '다른 사람과 함께 했다' 는 사실만으로 인과적 관계 자체를 부정할 수는 없다. 이는 자신의 행위가 일부라도 원인이 되었다는 사실 자체를 부정하지는 않기 때문이다. 뿐만 아니라 공적 기관의 경우 인과적 책임을 명확히 증명하기는 어렵다. 결국 공무원은 잘못된 결과가 나타난 업무를 담당했다면 인과적 관계가 명확하게 존재하지 않더라도 책임을 면할 수는 없 다. 화재현장에서 소방관이 헌신적 노력을 다했을지라도 수많은 희생자가 나왔다면 명확한 인과관계가 증명되기 어렵더라도 개인적 윤리적 책임을 면할 수는 없을 것이다. 잘못된 결과는 있으나 책임지는 사람이 없을 수는 없다. 다만 개인적 윤리적 책임과 법적 책임은 구분될 수 있다. 즉 법적 책임은 면할 수 있을지라도 윤리적 책임을 면할 수는 없을 것이다. 다만, 개인에 대한 윤리적 책임을 어느 정도까지 인정해야 하느냐는 구체적인 사건이나 상황에 따라 결정할 일이다.

이러한 인과적 책임을 묻기 위해서는 최소한 자신의 자율적인 판단과 의지가 전제되어야 한다. 앞에서 언급한 '의지적' 책임이 필요하다. 즉 자율적인 판단과 결정 의지가 없었다면 그 행위나 결정에 대한 책임을 물을 수 없다는 것이다. 의지적 책임이 없었다면 인과적 책임도 물을 수는 없다는 것이다. 의지적 책임을 부정하는 공무원들의 변명은 두 가지로 구분될 수 있다. 무지(ignorance)나 강요(compulsion)이다 (Thompson, 1980: 912－913). 무지와 강요가 없었다면 의지적 책임을 물을 수 있으나, 무지와 강요가 있었다면 개인적 책임을 물을 수는 없다는 주장이다. 먼저 무지, 즉 결과가 잘못될지 알지 못했고 알 수도 없었다면 면책될 수 있다는 것이다. 특정 의약품을 과학적인 실험을 통해 정상적으로 승인했지만 승인 후에 새로운 요인에 의해 의약품사고가 발생한 경우 문책할 수 없다는 것이다. 다른 하나의 주장은 강요이다. 공무원들은 강요적 상황에서 자신의 자유로운 의지로 결정된 결과가 아니기 때문에 면책될 수 있다고 주장할 수 있다. 직접적 또는 간접적, 그리고 공개적 또는 묵시적 강요가 있었을 경우 책임을 묻기는 어렵다는 것이다. 청와대의 지시로 문화계 블랙리스트를 작성하고 집행한 문화체육관광부의 담당국장이나 과장은 책임을 면할 수 있는가. 강요된 상황에서의 행위에 대해서 자신의 책임을 묻는다면 억울하다는 주장이다.

하지만, 의지적 책임을 거부하는 두 가지의 변명도 반론의 여지가 있다. 결과가 잘못될 것인지 실제 몰랐다고 면책된다면 역시 행정의 책임성을 부인한 셈이 된다. 행위 당시 인과관계를 정확히 몰랐다고 하더라도, 즉 의지적 책임이 없더라도 인과적 책임을 면하기는 어렵다. 기존의 과학적 연구결과를 토대로 유해성 여부를 충분히 검증하여 유해성이 없다고 허가했더라도 결과적으로 새로 밝혀진 유해성으로 수많은 사람이 사망했다면 허가한 공무원의 법적 책임과는 별개로 윤리적 책임을 면하기는 어려울 것이다. 대형선박의 침몰사건이 일어났으나 그런 사건을 예측할 수 없었기 때문에 개인적 윤리적 책임은 없다고 말할 수는 없다. 뿐만 아니라 자신의 행위가 상급기관이나 상관의 강요에 의해 이루어졌다고 자신은 책임이 없다고 할 수 있을까. 직접적인 강요나 강압이 아닌 경우에는 자신의 자유로운 판단과 의지가 개입할 수 없었다고 말할 수는 없을 것이다. 무지한 상황에서 내린 결정으로 인한 잘못된 결과나 강압적 상황에서 내린 결정으로 인한 잘못된 결과 모두 개인적 윤리적 책임을 면하기는 어렵다. 법적 책임을 넘어 윤리적 책임을 부인할 수 없을 뿐만 아니라 계층적, 집단적 책임을 넘어 개인적 책임을 부인할 수는 없다. 결국 개인적 책임은 법적 책임과 함께 윤리적 책임이 포함되기 때문이다. 다만, 인과적 책임과 의지적 책임의 존재 여부는 개별적인 사례와 구체적인 상황에 의해 판단되어야 할 것이다. 인과 관계의 명확성, 결정 결과의 예측가능성, 판단과 결정의 자율성, 결과 자체의 강도와 범위 등을 고려하여 판단할 사안이 된다.

이와 같이 개인적 윤리적 책임을 판단하는 것은 간단한 일이 아니다. 구체적 현실에 대한 치밀한 이해가 없으면 불필요한 희생과 왜곡이 따른다. 개인적 윤리적 책임 확보 또는 확장에 대한 정책적인 논의는 신중하게 접근할 필요가 있다. 공무원들의 책임 확장을 위해서 저자가 지적한 도덕적 해이와 윤리 풍토 역시 중요한 대안임에 틀림없다. 하지만 무엇보다도 중요한 성공요인은 공무원들의 자발적 의지와 동기이다. 공직 현장에서의 실질적인 책임의식 변화는 구체적인 사례를 중심으로 자발적 동기를 자극하는 방향이 되어야 한다. 이를 위해서는 윤리적 책임을 확보하기 위한 정책 논의과정에서 두 가지의 위험성을 인식해야 한다. 즉 규범적 접근과 신분적 접근의 위험성이다.

첫째, 행정 책임과 윤리에 관한 규범적인 접근은 부정적인 효과를 유발할 수 있다는 점이다. 지나친 규범적 논의의 오류에 빠져서는 안 된다. 정책은 현실이다. 아무리 우수한 정책이라 하더라도 그 결과는 다르게 나타날 수 있기 때문이다. 따라서 윤리 제도나 정책은 규범적인 접근이 불가피하지만 구체적 현실에 대한 이해가 선행되어야 한다. 행정 책임성에 대한 규범적이고 당위적인 논의에만 집중할 경우 오히려 공무원들의 책임성을 약화시킬 수 있다. 뿐만 아니라 외부적으로 주어진 강력한 윤리 규범은 공무원들의 행동을 위축시키고 잠재적 범죄자 또는 윤리적 미성숙자로 취급하기 쉽다. 전문적인 조언이나 적극적인 의견 제시를 제약하기도 한다. 규범적 대안의 일방적 강요는 공직윤리와 현실행정의 괴리만 키울 수 있다. 지금까지 윤리 규범들은 전반적인 계층제적 권위를 강화하고 공무원들의 당당한 윤리의식을 위축시키는 경우가 있었음을 부인할 수 없다. 공직현장에 대한 실질적인 이해를 바탕으로 구체적인 이해와 노력이 필요하다.

둘째, 윤리적 개인적 책임도 직무상 책임과 신분상의 책임을 구분할 필요가 있다 (이창길, 2016). 직무상 책임은 공적 결정에 대한 책임이고 신분상 책임은 공무원으로서 사적 생활에 대한 책임으로 구분할 필요가 있다. 일반적으로 직무상 책임은 구체적이고 개별적인 반면, 신분상 책임은 당위적이고 규범적인 내용이 많다. 공무원으로서 가지는 신분상의 책임을 지나치게 강조하는 것은 오히려 공무원들의 실질적인 변화나 구체적인 실천으로 이어지기 어렵다. 윤리규범과 책임확장을 관료통제의 수단으로 활용할 경우 관료행동의 왜곡을 가져오기 쉽기 때문이다. 이러한 관점에서 국가공무원법상 규정된 품위유지, 성실, 복종 등 일반적인 의무규정이나 공직윤리헌장에 대한 지나친 교육 등은 실질적인 효과가 있는지 의문이다. 일찍이 Fredrich(1940)가 지적한 바와 같이, 보다 전문적인 직업적인 윤리 차원에서 공직의 가치와 특성을 이해할 수 있는 구체적 사례를 제공함으로써 공직 책임과 윤리의 자발적인 내재화를 유도할 필요가 있다.

참고문헌

이창길. (2016). 「인적자원행정론」(제2판). 법문사.

Friedrich, C. J. 1940. Public policy and the nature of administrative responsibility. *Public policy*, 1: 1－20.

Thompson, D. F. 1980. Moral responsibility of public officials: The problem of many hands. *American Political Science Review*, 74(4): 905－916.

한국 정부예산 팽창 원인에 관한 연구: 세입과 세출의 인과분석을 중심으로

한국 정부예산 팽창 원인에 관한 연구:
세입과 세출의 인과분석을 중심으로[*]

이은국(연세대학교 행정학과 교수)

∽ 프롤로그 ∽

1. 연구의 배경과 의의

　미국 대공황은 기존의 시장주의 패러다임을 정부주의 패러다임으로 대치시켰다. 아담 스미스 이래 고전파, 신고전파 경제학(공급이 수요를 창출한다는 세이의 법칙과 균형예산의 원칙)을 근간으로 하는 시장주의가 미국 대공황을 해결할 수 없게 되자 케인즈라는 경제학자가 혜성같이 나타나 수요가 공급을 창출한다는 유효수요이론과 불균형예산의 원칙에 기반한 정부개입정책으로 난제를 해결하였다. 따라서 정부는 만병통치약이며 전지전능한 존재로 부각되었다. 그리고 이어진 제2차 세계대전으로 정부의 규모는 양적·질적으로 급격하게 팽창하였다. 그러나 이러한 공공부문의 폭발적 팽창은 재정적자의 위기에 직면하게 된다. 다시 말해 케인지안 복지국가의 위기와 통치불능의 명제(ungovernability thesis)로부터 도전을 받게 되었으며 정부의 비효율성에 대한 비판이 가해지게 되었다. 또한 1, 2차 오일쇼크와 스태그플레이션의 경기침체 문제를 이번에는 케인즈의 정부주의 패러다임이 해결하지 못하게 되자 다시 시장주의로의 복원이 일어났다. 소위 공공선택학파를 근간으로 하는 이 시장주의는 정부의 생산이 비효율적이며, 현재의 정부규모를 과대하다고 진단하였다. 따라서 왜 정부부문이 과대하게 팽창하는지의 원인 규명에 초점을 두고 연구를 진행하였다. 본 연

---

[*] 이 논문은 1992년 『한국정책학회보』, 제1권 제1호, pp. 131－145에 게재된 글을 수정·보완한 것이다.

구도 이러한 시대적 배경아래 이루어진 것이다. 이 논문은 기존 연구들과는 궤적을 달리하여 세입과 세출의 측면에서 정부예산의 팽창원인을 재조명하였으며, 자연과학이나 사회과학의 전형적 인과관계의 개념을 수정·확장한 그랜저 인과관계(Granger Causality)의 개념을 도입하여 가설검정을 시도하였다.

2. 연구의 요지

연구의 요지는 연구과정의 단계별로 다음과 같다.

① 연구문제의 선정: 공공부분의 팽창에 따른 정부규모가 적정규모보다 과대하다는 관점(too large view)아래 정부의 규모가 왜 팽창하는지의 요인을 규명하고자 연구문제를 선정하였다.

② 가설설정과 인과관계: 기존의 공공예산 팽창요인을 설명하는 전형적인 이론들은 크게 경제적 이론, 재정적 이론, 정치적 이론, 제도적 이론 및 국제경제적 이론의 다섯 가지로 분류가 가능하다(D. Cameron, 1978). 이 연구는 기존 이론들과 달리 윌다브스키의 문화적 이론에 근거하여 연역적으로 다음과 같은 세 가지 가설을 설정하였다.

(i) 세입이 세출을 결정한다.

(ii) 세출이 세입을 결정한다.

(iii) 세입과 세출이 동시에 결정된다.

인과관계는 자연과학이나 사회과학에 있어 가장 근본적이고 핵심적인 개념이다. 흄으로부터 연원되는 인과관계의 개념은 (i) 두 변수간의 시간적 우선성(원인변수 → 결과변수), (ii) 두 변수간의 상관성, (iii) 두 변수간의 비허위성(non−spuriousness)이 충족되는 경우를 의미한다. 이 개념은 독립변수와 종속변수간의 비대칭성을 전제로 한다. 그러나 앞의 세 가설은 세입(세출)이 세출(세입)의 원인일 수도 있고(일방적, 비대칭적 인과관계), 세입과 세출이 동시적인 원인(instantaneous causality)일 수도 있으며(시차변수와 현재 변수를 포함), 세입과 세출간의 쌍방적 인과관계(feedback or bi−directional causality)가 존재할 수 있다. 이러한 인과관계의 정의에 따라 $2^3=8$ 종류의 인과관계의 개념을 도출해 낼 수 있는데 이 인과관계의 개념을 그랜저 인과관계라 한다. 본 연구에서는 가설검정을 위하여 그랜저 인과관계의 개념을 사용하였다.

③ 연구방법의 선택: 연구의 방법은 양적방법(실험적 방법과 통계적 방법)과 질적 방법(사례연구방법, 비교방법)으로 대별할 수 있는데 본 연구는 통계적 방법이 적절하다고 판단된다.

④ 개념형성과 측정: 본 연구의 가설에 포함되어 있는 개념인 세입은 명목균형예산(nominal balanced budget)인 경우와 실질균형예산(substantive balanced budget)의 경우 다르게 정의된다. 명목균형예산인 경우는 세입은 조세수입＋조세 외 수입＋차입금을 합산한 금액인데 반해 실질균형예산의 경우는 조세수입만을 세입으로 정의한다. 본 연구에서는 균형예산을 가정한 경우로 조세수입을 세입으로 정의하여 측정변수로 사용한다. 세출은 명목·실질 균형예산 공히 지출을 의미한다.

⑤ 표본/사례의 선정: 본 연구는 한국의 사례를 대상으로 하는 통계적 분석이다. 그러나 양적방법인 만큼 질적 방법의 사례의 개념과는 달리 파악되어야 할 것이다. 대신 관찰치(자료 수)는 33개이다.

⑥ 자료의 수집방법: 자료의 수집방법은 직접수집방법(실험방법, 설문조사 등)과 간접수집방법(기존 자료의 활용이나 정부통계간행물)으로 대별할 수 있는데 본 연구는 기존에 있던 정부통계간행물을 활용하는 간접수집방법이 적절하다고 판단된다.

⑦ 자료분석방법: 자료분석방법은 그랜저 인과성 검정방법의 통계적 시계열분석방법이 타당하다.

⑧ 가설검정: 세 가설을 검정하기 위하여 전형적인 그랜저 인과성검정방법이 지닌 문제점을 수정·보완한 그랜저 공적분(co－integration) 및 오류수정(error－correction)의 검정방법을 적용하였다.

⑨ 일반화: 계층주의 정치문화와 관련하여 도출된 가설 1: 세입이 세출을 결정한다는 가설이 0.05의 유의수준에서 통계적으로 유의한 것으로 나타났다.

3. 연구의 확장 가능성

본 연구에서 사용한 한국을 대상으로 하는 시계열 자료의 기간은 1957년부터 1989년까지로 분석대상 자료의 수가 33개이다. 이는 비교적 소표본이라 할 수 있다. 본 연구의 분석결과가 소표본의 문제인지의 여부를 그동안 증대된 자료, 예컨대 1957년부터 2017년까지를 통해 재분석하여 연구결과의 타당성을 재 검토해 볼 수 있을 것이다. 또한 본 연구는 한국의 경우만 다루고 있다. 윌다브 스키의 네 가지 분류에 따라 미국, 영국, 독일, 프랑스, 일본, 스웨덴, 네덜란드 등의 국가에 확대 적용하여 단일사례연구에서 비교연구로의 지평을 넓힐 수 있 을 것이다. 그리고 본 연구에서는 세입과 세출간의 결정요인을 두 변수에만 국 한하여 그랜저 인과성 공적분 검정방법으로 분석하였다. 세입이나 세출을 결정 하는 요인은 다양한 변수가 존재할 수 있다. 따라서 세입결정요인 모형과 세출 결정요인 모형을 본 연구와 달리 설정하여 분석을 시도해 볼 수도 있을 것이다.

  * 본 논문에서 사용하는 용어 중에 검증, 검증방법은 검정, 검정방법을 잘 못 표기한 것이다. 통계학에서는 hypothesis testing을 가설검정(假設檢定)으로 번역한다. 검증(檢證)은 증명의 의미를 담고 있어 연구방법론에서 확증주의 (verificationism)의 입장을 반영한다. 그러나 우리가 행하는 통계적 가설검정은 확률적 검정이다. 유의수준 α는 결정적인(deterministic) 개념이 아닌 1종오류 를 범할(귀무가설을 잘못 기각할) 확률로 확률적(probabilistic) 개념이다. 따라 서 Popper의 반증주의(falsificationism)를 반영한 것으로 본문에서도 보면 윌다 브스키의 가설을 채택(accept)하였다는 표현을 사용하는 대신 기각하는데 실패 (failure to reject)하였다는 표현을 사용하고 있다.

I. 서 론

오늘날의 국가를 행정국가(administrative state)라 종종 규정짓는데, 행정국가란 행정의 역할과 기능이 증대된 국가라 할 수 있다. 이와 같이 증대된 역할과 기능의 수행을 위해서는 보다 많은 재원(財源)을 필요로 한다. 그러면 이러한 재원의 충당을 어떻게 하는가? 바로 국민의 세금이라 할 수 있다. 따라서, 큰 정부(big government)는 보다 많은 국민의 세금을 필요로 하나 그 징수에 어려움이 있어[1] 재정적자(財政赤字,

---

1) 미국과 영국 등지에서는 미국과 영국 등지에서는 1970년대에 들어와 두 차례의 석유파동으로 인한 경기침체와 과다한 도시서비스 공급에 따른 세금 증대는 시민들의 반발을 불러일으켜 소위 조세 저항운동으로 나타났다. 특히 미국 캘리포니아 주의 proposition 13은 과세권(課稅 權) 제한 규정으로 조세 저항운동의 결과이다.

budget deficit)의 문제에 봉착하고 있다. 재정적자가 경제에 어떤 영향을 미치는가에 대해서는 의견이 분분하나 물가상승률의 주요인이라는 주장이 많다. 이에 작은 정부 (small government)의 논의가 부활되고 있으며,[2] 부캐넌(J. Buchanan)과 와그너(R. Wagner)는 불균형예산(不均衡豫算)을 지양하고 균형예산(均衡豫算)의 원칙을 헌법에 명시할 것을 주장하고 있다(Buchanan and Wagner, 1977).

또한 대부분의 납세자들은 정부의 정책이나 사업이 비효율적으로 낭비성이 높으며,[3] 이런 낭비는 정부생산성을 제고함으로써 제거될 수 있으므로 감세를 요구하는 목소리를 높이고 있다. 따라서 정부예산 팽창 원인의 실증적 규명을 통한 정책대안의 제시가 시급히 요구된다. 왜 정부예산이 팽창하는가에 관한 연구[4]는 와그너(1877, 1890) 이래 계속되어 왔다. 카메론(D. Cameron)은 이 문제와 관련된 연구들을 경제적·재정적·정치적·제도적 및 국제경제적인 측면의 5대 이론군으로 분류하고 있다.[5] 이러한 다양한 이론들의 공존(共存)은 그 원인들도 다양함을 입증해 준다. 헨릭슨(M. Henrekson)과 라이벡(J. A. Lybeck)은 이 분야의 현존하는 연구들의 특성을 다음과 같이 요약하고 있다. 첫째로 현존하는 이론들은 상호 모순되기보다는 나름대로의 설명 능력이 있으므로 상호보완적이다. 둘째로 이론은 충분한 반면, 실증적 연구나 다양한

---

2) 작은 정부론에 맞서 갤브레이스(John K. Galbraith, The Affluent Society)와 다운스(Anthony Downs)는 ("Why the Government Budget is too Small in a Democracy," World Politics, 1960), 민간부문에 비해 공공부문의 규모가 비교적 작으며 민간부문과 공공부문의 사회적 균형을 이루기 위해서 정부는 보다 많은 세입을 통하여 세출을 증대해 나가야 한다고 주장하였다. William C. Mitchell, Public Choice in America' An introduction to American Government, pp. 304-305 참조.

3) 이에 관하여는 principle-agent의 이론틀 내에서 연구가 활발히 진행되고 있다. 특히, 니스카낸 (W. A. Niskanen)의 「관료제와 대의정부(Bureaucrat and Representative Government」(1971)는 이 분야의 대표적 연구이다.

4) 보다 엄밀히 정부규모(government size)나 공공부문(public sector)의 증가에 관한 연구는 정부나 공공부문의 규모 측정(measurement) 문제에 봉착하고 있으며, 이 난제의 해결을 위해 여러 가지 대리변수(proxis)가 사용되고 있지만 GNP에 대한 정부의 지출비율(governmental expenditures as a proportion of GNP)을 일반적으로 사용하고 있다. C. L. Taylor(ed.) Why Governments Grow: Measuring Public Sector´ Beverly Hills: Sage Publications, 1983 참조.

5) D. R. Cameron, "The Expansion of the Public Economy: A Comparative Analysis", American Political Science Review, 72, no. 4(1978): 1243-1261. 이외에도 정부예산 팽창이론들의 광범한 문헌분석으로 다음 참조.
P. D. Larkey, C. Stolp, and M. Winer, "Why Does Government Grow?" in T. C. Miller(ed.), Public Sector Performance: A Conceptual Thrning Point, Amsterdam: North-Holland, 1984; Alt, J. E. and K. A. Chrystal, Political Economics, Berkeley: University of California, Press, 1983, pp. 173-198.

모형들의 검증이 현저히 부족하다(Lybeck and Henrekson, 1988: 3). 이 논문에서는 기존 이론들과는 궤적을 달리하여 세입(歲入)과 세출(歲出)의 측면에서 공공경비 팽창현상을 조명하며 이 두 변수들간의 인과관계를 실증적으로 분석해 보려 한다. 왜냐하면 세입과 세출간의 인과관계 규명은 정부예산 팽창의 억제를 위한 정책 방향에 중요한 지침을 제시해 줄 수도 있기 때문이다. 예컨대, 지출규모가 조세수입의 크기에 따라 결정되는 경우 감세 조치는 팽창되는 지출규모를 통제할 수 있는 방안으로 고려될 수 있다. 따라서 이 논문에서는 다음 세 가지 유형의 인과관계를 검증하려 한다.

(i) 세입(R)이 세출(E)을 결정한다(R → E).

(ii) 세출이 세입을 결정한다(E → R).

(iii) 세입과 세출이 동시에 결정된다(R ↔ E).[6]

이의 검증방법으로는 전형적인 그랜저(Granger) 인과검증법의 문제점을 수정 보완한 cointegration 및 error-correction 방법을 사용하고 있으며, 연구 기간은 자료수집 가능성 및 유용성 여하에 따라 1957년부터 89년까지를 선정하였다. 자료의 종류는 1년을 단위로 하는 시계열(時系列) 자료이며, 통계분석을 위하여 RATS (Regression Analysis of Time Series)3.0을 사용하였다.

II. 이론적 배경과 가설의 설정

1. 월다브스키의 문화적 접근이론

정부예산 팽창의 원인을 설명하는 이론들을 (i) 경제성장 수준 및 성장률, (ii) 간접세의 의존도, (iii) 당파적 정부구성과 선거의 빈도수, (iv) 정부조직의 구조, (v) 국제경제시장에 대한 경제의존도 등으로 분류할 수 있다(Wildavsky, 1985: 1243-61). 그러나 기존의 시각과 달리 월다브스키(A. Wildavsky)는 한 국가의 정부규모는 정치문화에 의해 결정되며, 균형예산이나 불균형예산을 추구하는 성향도 정치문화에 의해 설명될 수 있다고 주장한다. 월다브스키의 정부예산 팽창 및 균형(불균형)예산의 문화적 이론(A cultural theory of expenditure growth and (un)balanced budgets)을 구체적으로 살펴보면 다음과 같다.

---

6) 화살표의 방향은 인과관계의 방향을 표시함.

월다브스키는 문화적 특성에 따라 정치체제를 (i) 운명주의(fatalism) 체제, (ii) 계층제적(hierarchy) 체제, (iii) 시장(market) 체제, (iv) 분파적(sect) 체제로 구분하고 있다. 시장체제의 사회적 이상은 자기규제(self-regulation)이다. 권위주의의 감소를 위해 협상을 선호하며 절대적이 아닌 상대적인 가치의 공평성을 추구한다. 절대적인 기회의 공평성을 위해서는 집권화된 재분배 권위체제가 요구되기 때문이다. 계층적 체제는 제도화된 권위주의 체제이다. 이 체제는 다른 대안적 체제보다는 계층적 체제가 노동의 전문화와 분화를 통해서 사람들을 보다 더 조화롭고 효과적으로 살 수 있게 한다는 근거하에 불평등을 정당화한다. 부분은 전체를 위해 희생되어야 한다는 희생적 윤리에 의해 계층제가 정당화된다. 순수한 자발적 연계성을 강조하는 분파적 문화는[7] 권위주의를 배격하며 권위주의 없는 완전한 평등조건하에서의 삶의 영위를 이상으로 삼는다. 분파주의의 가장 좋은 지표는 인종, 소득 수준, 남과 녀, 교사와 학생 간의 차이를 감소시키려는 노력이다. 예산의 개념으로 설명하자면 차이의 감소란 부유층으로부터 빈곤층으로의 소득이전을 의미한다. 차이 감소(差異減少)의 원칙은 영원한 높은 지출규모를 초래한다. 노예의 정치체제(a political regime of slavery)로 명명(命名)되는 이 운명주의 체제는 강력한 명령과 통제가 외부로부터 행해지는 경계가 불분명한 집단들의 체제로 이들에 의해 예산이 결정되기보다는 예산이 이들을 위해 할애된다.[8]

위의 문화적 특성에 따른 각 정치체제 내에서의 예산은 서로 상이한 의미를 가진다. 시장체제에서의 예산은 협상과 입찰을 통한 수입 증가의 기회를 의미한다. 계급과 지위에 의해 사람과 업무가 확연히 구분된 계층제적 체제 내에서의 예산은 노동의 구체적 분화 곧 어떤 사람들은 보다 많이, 어떤 사람들은 보다 적게 예산의 혜택을 입을 수 있음을 의미한다. 또한 분파적 체제하의 예산은 공평한 몫의 분배를 위한 것임을 뜻한다. 이 문화이론에 따르면, 계층제적 체제는 계층제의 유지를 위해 권위를 행사하며, 높은 지출과 높은 조세수입을 지향한다. 반면 권위에 의존하는 것을 꺼리는 시장체제는 가능한 한 지출과 조세수입을 낮게 하려는 성향이 있다. 평등주의 체제는 가능한 한 자원의 재분배를 위해 높은 지출을 선호하지만 반권위주의적 성향 때문에 충분한 세입을 확보할 수 없다. 따라서 각 정치체제는 나름대로의 세입과 세출과 연관된 예산전략이 있으며, 그에 따라 예산적자나 혹자도 결정된다. 세입과 세출

---

7) 월다브스키는 평등주의적(egalitarian) 문화를 이런 식으로 표현하였다(Wildavsky, p. 355)
8) 이 체제는 보다 광범하고 대칭적인 배열을 위하여 추가하고 있을 뿐이며, 보다 구체적인 논의를 위해서는 월다브스키의 The Nursing Father: Moses as a Political Leader(1984)를 참조.

과 연관된 예산전략으로 월다브스키는 다음의 다섯 가지를 제시하고 있다.

　　전략 1: 무전략(do nothing)

　　전략 2: 세출의 증가

　　전략 3: 세입의 증가

　　전략 4: 세입과 세출의 증가

　　전략 5: 세입과 세출의 감소

　　정치체제와 예산전략 및 예산균형(불균형)의 관계를 월다브스키는 <그림 1>과 같이 도식화하고 있다. 시장체제하의 사적 부문과 공적 부문의 유인 행태는 현저히 다르다. 사적 부문은 경쟁을 통한 특정 기업가나 개인의 이윤 추구가 투자를 통해 지출규모를 증가시키지만 공공부문의 경우 직접적으로 특정한 개인에게 혜택을 가져다 주기 위한 지출의 유인이 거의 없다. 따라서 시장체제는 공공 목적을 위해 가능한 한 작은 지출을 한다. 더욱이 이 체제는 과세에 보다 더 많은 반감을 가지고 있으므로 낮은 수준에서의 예산적자를 보인다. 분파주의 체제는 불평등을 줄이는 것을 목표로 한다. 부는 불평등의 산출이므로 한 사회 내에 부가 축적되면 즉시 재분배된다. 그러나 이 체제는 자본의 축적이 불평등의 원인이라 부정하므로 그 구성원들로부터 많은 과세를 할 수 없다. 그러므로 예산은 낮은 세입과 높은 지출의 불균형한 특징을 보인다. 계층적 체제는 체제 유지를 위해 높은 지출과 높은 조세수입을 지향하며 지출 수

그림 1　정치체제와 예산전략

운명주의 : 세입이나 세출을 관리할 수 없다. 전략 1: 무전략 예산균형: 위로부터의 강압에 의한 세입, 세출의 균형	계층주의 : 세입을 관리할 수 있으나 세출은 없음. 전략 3: 세입의 극대화 예산균형: 높은 수준에서 세출이 세입을 근소하게 초과
시장주의 : 세입과 세출을 낮은 수준에서 동시에 관리할 수 있다. 전략 5: 세입과 세출을 극소화 예산균형: 낮은 수준에서 세출이 세입을 근소하게 초과	분파주의 : 세출을 관리할 수 있으나 세입은 없음. 전략 2: 높은 수준의 세출과 낮은 수준의 세입상태에서 재분배화 예산균형: 높은 세출이 낮은 세입을 초과함.

준을 낮추는 것보다는 세입을 높이는 것이 보다 수월한 체제이다. 따라서 높은 수준
에서 세출이 근소하게 세입을 초과하는 현상을 보인다.

현실적으로는 위의 유형들이 혼합된 체제가 존재한다고 할 수 있다.9) 미국은 약
한 계층적 요소와 강한 시장적 및 평등적 요소가 결합된 정치문화 체제라 할 수 있으
며, 평등적 요소에 의한 높은 사회지출과 시장적 요소의 산물인 낮은 세율로 예산적
자를 경험하고 있다. 보다 강한 계층적 및 평등적 요소와 보다 약한 시장적 요소를
지닌 스웨덴이나 네덜란드는 높은 과세 수준과 보다 더 높은 세출규모를 나타낸다.
상대적으로 강한 시장요소와 낮은 평등적 요소를 지니지만 계층적 요소가 지배적인
독일, 영국, 프랑스, 일본과 같은 경우는 지출이 높기는 하지만 계속 감소하며 따라서
예산적자의 규모가 아주 작다.

2. 가설의 설정

월다브스키의 문화이론에 의거해 볼 때 우리 나라는 계층적 요소가 지배적인 체
제라 할 수 있다.10) 따라서 세출보다는 세입을 쉽게 통제 및 증대할 수 있고 그에 따
라 세출이 늘어난다는 가설이 성립된다. 위와 같은 가설의 검증을 위하여 다음과 같
은 세 종류의 가설을 설정할 수 있다.

가설 1: 세입(R)이 세출을 결정한다(R → E)
가설 2: 세출(E)이 세입을 결정한다(E → R).
가설 3: 세입과 세출이 동시에 결정된다(R ↔ E).

가설 1은 세출이 세입에 맞추어 나가는 것을 의미하므로 조세수입의 감소가 세
출의 증가를 억제할 수 있다는 논리를 함축하고 있다. 따라서 조세수입의 증가가 공
공지출의 증가를 초래한다. 또는 공공지출 수준의 증가를 위해 세입의 증가를 적극적
으로 도모한다. 가설 2는 정부가 적정의 지출 수준을 결정하고 이에 조세수입이 조정

---

9) <그림 1>을 보면 세입과 세출 모두를 증가한다는 전략 4는 어느 정치체제 유형과도 연관되어
있지 않은데 이 유형들이 혼합된 체제를 고려하면 이의 연관도 가능하다. 예컨대 계층제적 체제와
평등주의적 체제가 결합된 사회민주주의하에서는 세입과 세출을 동시에 높일 수 있을 것이다
(Wildavsky, p. 355).

10) 일정한 객관적 기준 없이 우리 나라를 계층적 요소가 강한 체제로 분류하는 데 무리가 없지
않으나 국내외 행정 및 정치학자들 중 한국을 권위주의 국가나 관료제적 권위주의 국가
(Bureacratic – Authoritarian State)로 규정하는 경우가 많을 뿐만 아니라, 어떤 국내 행정 또는
정치학자는 한국 행정·정치 문화의 특성 중에 하나로 계층주의나 권위주의를 들고 있다. 따
라서, 한국을 계층주의 사회로 분류하는 것이 수용될 수 있다고 사려된다.

되어 나가는 것을 함축한다. 가설 3은 정부가 조세수입 결정과 유리되어 지출 수준을 결정하거나 그 반대이지 않고 동시에 세입과 세출을 결정함을 의미한다.

Ⅲ. 실증적 검증방법

1. 그랜저 인과관계

인과관계(causality, causation)는 자연과학이나 사회과학연구에 근본적인 개념이다. 특히 흄(D. Hume)은 인과관계 개념 정립에 지대한 영향을 미쳤다. 그는 인과관계를 시간적·공간적 인접성(contiguity in time and place), 원인 결과의 시간적 우선성(temperal priority of cause and effect) 및 항상적 연관성(constant conjunction)의 세 가지 요소로 정의하고 있다(Hume, 1911). 흄 이래 과학철학자들은 이 개념에 대해 존재론적(ontological)이며 인식론적(epistemological) 논쟁을 계속해 왔으며, 그랜저(C. W. J. Granger, 1967)에 의해 검증 가능한 인과관계의 개념이 제시되었다(이은국, 1992: 115–198). 어떤 계량학자들은 그랜저 인과관계 개념이 과학철학자들의 그것과 다르므로 이 개념의 사용을 통한 인과성 검증에 회의적인 의견을 피력하지만 사회과학 분야에서 널리 사용되고 있다. 그랜저 인과관계는 다음과 같은 공리(公理)에 근거하고 있다.

공리 Ⅰ: 미래는 과거의 원인이 될 수 없고 과거만이 현재나 미래의 원인이 될 수 있다.

공리 Ⅱ: 인과관계의 논의는 확률과정(確率過程, stochastic process)을 행하는 시계열간에만 가능하다(Granger, newbord, 1977).

그랜저 인과관계는 시간의 흐름(the flow of time)[11]에 의존하고 있으며 예측 가능성(predictability)에 해당되는 개념이라고 할 수 있다. 위의 두 공리로부터 다음과 같은 인과관계유형을 도출해 낼 수 있다. R_t(세입)의 과거치(過去値, past value)를 제외한 다른 모든 과거정보(past information)의 사용보다 R_t(세입) 과거치를 포함한 모든 정보의 사용을 통해 E_t(세출)가 보다 더 잘 예측될 때, R_t(세입)가 E_t(세출)의 원인이라고 정의된다. 연역이론적(演繹理論的)으로(formally), R_t와 E_t가 안정

---

11) 흄의 인관관계 요소 중 원인 결과의 시간적 우선성(temporal priority of cause and effect)에 해당함.

된(stationary) 확률과정이며, (i) $R_t{}'$와 $E_t{}'$는 R_t와 E_t 각각의 모든 과거치를 의미하고, (ii) $R_t{}''$와 $E_t{}''$는 R_t와 E_t의 모든 과거치와 현재치(現在値)를 의미하며, (iii) $\sigma^2(R_t \mid Z)$는 주어진 $Z(Z$는 위의 (i)과 (ii)의 조합들의 어떤 유형)하에서의 R_t의 최저 예측 오차 분산(最低豫測誤差分散, minimum predictive error variance)이라고 가정하면 다음과 같은 정의를 얻을 수 있다.

정의 1: 만약 $\sigma^2(E_t \mid Z') < \sigma^2(E_t \mid Z' - R_t{}')$이면, R_t는 E_t의 원인이라 정의되며, $F(R_t \rightarrow E_t)$로 표기한다.

정의 2: 만약 $\sigma^2(E_t \mid Z', R_t{}'') < \sigma^2(E_t \mid Z')$이면, 동시적(instantaneous) 인과관계가 존재한다. 달리 표현하면 R_t의 과거치와 현재치 모두를 포함한 경우 R_t의 과거치만을 포함한 경우보다 E_t의 예측이 더 잘된 경우를 말하며, $F(E_t \rightarrow R_t)$로 표기한다.

정의 3: 만약 $\sigma^2(E_t \mid Z') < \sigma^2(E_t \mid Z' - R_t{}')$이며 동시에 $\sigma^2(R_t \mid Z') < \sigma^2(R_t \mid Z' - E_t{}')$인 경우, 쌍방적 인과관계(feedback or bi-directional causality)라 정의하며, $F(R_t \leftrightarrow E_t)$로 표기한다.

위의 3차원적 정의로부터 다음과 같은 $2^3 = 8$ 가지의 기본 인과관계 개념을 도출해 낼 수 있다.

인간관계의 유형	표기
(1) X가 Y의 원인이나 동시적 원인은 아니다.	$F(X \rightarrow Y)$
(2) Y가 X의 원인이나 동시적 원인은 아니다.	$F(X \leftarrow Y)$
(3) 표와 Y간에 동시적 원인이 존재한다.	$F(X - Y)$
(4) X가 Y의 원인인 동시에 동시적 원인이다.	$F(X \Rightarrow Y)$
(5) Y가 X의 원인인 동시에 동시적 원인이다.	$F(X \Leftarrow Y)$
(6) 환류(feedback), 쌍방적 인과관계가 존재하나 동시적 환류는 아니다.	$F(X \leftrightarrow Y)$
(7) 쌍방적 인과관계가 존재하며 동시적 환류도 존재한다.	$F(X \Leftrightarrow Y)$
(8) X와 Y가 상호 독립적이다.	$F(XY)$

위의 정의로부터, R_t와 E_t가 안정된 확률과정(stationary stochastic process)일 경우, 그랜저 인과관계의 검증은 다음과 같은 모형 설정을 통해서 가능하다.

$$E_t = c + \sum_{i=1}^{n} \alpha_i L_i{}^{12)} E_{t-1} + \sum_{i=1}^{n} \beta_i L_i R_{t-1} + E_t \cdots (1)$$

R_t가 E_t의 원인이 아니라는 귀무가설(歸無假說)은 모든 i 값에 대해 $\beta = 0$인 경우에 한하여 채택된다. 반대로 E_t가 R_t의 원인이 아니라는 귀무가설의 검증을 위해서는

$$E_t = d + \sum_{i=1}^{n} \gamma_i L_i R_{t-1} + \sum_{i=1}^{n} \delta_i L_i E_{t-1} + V_t \cdots (2)$$

의 설정이 필요하며, 모든 i 값에 대해 $\delta = 0$인 경우에 귀무가설이 채택된다.

2. Co-integration과 Error-correction 검증방법

최근 그랜저(Granger, 1986, Engle and Granger, 1987)는 두 변수들간의 공통된 추세(common trend)나 균형관계(equilibrium relationship)로부터 야기되는 인과관계도 검증할 수 있는 총체적인 검증방법을 제시하였다. 전형적인 그랜저 검증방법의 대안적 방법은 R_t의 과거 변화(past change)치가 E_t 변화의 원인이 되지 않더라도 R_t의 시차 수준(lagged level)치가 E_t 변화의 원인이 될 가능성을 고려한다. 전형적인 그랜저 방법으로는 이런 인과관계를 찾아낼 수 없다. R_t와 E_t가 공통된 추세를 공유한 경우 한 방향만이라도 인과관계가 반드시 존재해야 한다. 따라서 이 경우 전형적인 그랜저 방법으로 배제될 수 있는 인과관계를 Co-integration과 Error-correction 방법으로는 찾아낼 수 있다. Co-integration과 Error-correction 방법은 다음의 네 단계로 구성되어 있다.

a. 각 변수들간의 integration 차수(次數)를 결정한다. 즉, 각 시계열의 안정성(stationarity)의 확보를 위해 분차(分差, difference) 방법을 사용하며, 그 분차차수(分差次數)에 따라 integration 차수도 결정된다.
b. Co-integration 회귀방정식의 주정으로부터 잔차(殘差, residuals)를 구한다.
c. 그 잔차들의 안정성을 검증한다.
d. Error-correction 방정식을 설정하여 Granger 인과관계 검증을 한다.

---

12) L_i는 시차연산자(時差演算字, lag operator)로 예컨대 $L^2 E_t^4 = E_t - 2$를 의미한다.

1) 안정성 검증

Co-integration 검증은 시계열의 안정성을 전제로 하며 1차 integration이 일반 적이다. 따라서, 시계열 자료는 1차분차(一次分差, first-difference) 후 안정성을 보여 야 할 것이며, 이의 검증을 위해 디키와 풀러(D. A. Dickey & W. A. Fuller, 1979: 427-31) 검증법이 주로 사용된다. 디키와 풀러 검증 — 일명 일근(unit root)검증 — 을 위해서는 다음의 회귀방정식의 설정이 필요하다.

$$\Delta R_t = \lambda_0 + \lambda_1 R_{t-1} + \sum_{i=1}^{n} \lambda_{i+1} L_i \Delta R_{t-1} + \eta_t \qquad \cdots \ (3)$$

Δ는 1차 분차연산자(次分差演算字, first-difference operator)를, η_t는 오차항(誤差 項)을 의미한다. R_t가 불안정성(non-stationary) 시계열이라는 귀무가설은 λ_1이 통계 적으로 유의한 부(負)의 값($\lambda_1 < 0$)인 경우에 채택된다.

2) Co-integration 회귀방정식의 설정과 잔차(殘差)의 안정성 검증

R_t와 E_t가 분차(分差)에 의해 안정성을 보일 경우 Co-integration 시계열간에 다음과 같은 회귀방정식의 설정이 가능하다.

$$E_t = \omega R_t + \mu_t \qquad \cdots \ (4)$$

위의 회귀방정식 추정 결과 얻어진 잔차(μ t)들이 안정성을 보이면 R_t와 E_t가 Co-integration 시계열임을 입증한다. 따라서, (i)의 안정성 검증방법과 마찬가지로 다음의 회귀방정식 설정이 필요하다.

$$\Delta \mu_t = \phi \mu_{t-1} + \sum_{i=1}^{n} \phi_{i+1} L_i \Delta \mu_{t-i} + \xi_t \qquad \cdots \ (5)$$

μ_t가 불안정 시계열이라는 귀무가설은 양가 통계적으로 유의한 부(負)의 값($\phi < 0$)인 경우에 채택된다.

3) Error-correction 모형의 설정과 그랜저 인과검증

마지막 단계로 Error−correction 모형은 전형적인 그랜저 회귀방정식((1), (2))에 Co−integration 방정식(4)로부터 얻어진 시차 error−correction항을 추가하여 설정된다.

$$\Delta E_t = c + \sum_{i=1}^{n} \alpha_i L_i \Delta E_{t-1} + \sum_{i=1}^{n} \beta_i L_i \Delta R_{t-i} + \pi \mu_{t-1} + p_t \cdots (6)$$

μ_{t-1}항의 추가로 error−correction 모형은 전형적인 그랜저 검증방법으로 찾아낼 수 없었던 추가적인 인과관계의 통로를 밝힐 수 있다. 따라서, (6)의 회귀방정식에서 R_t가 E_t의 원인이 아니라는 귀무가설은 모든 i에 대해 $\beta_i = 0$이며 동시에 $\pi = 0$인 경우에만 채택된다. 만약 모든 i 대해 $\beta_i = 0$ 이지만 $\pi \neq 0$ 인 경우는 귀무가설은 기각되고 R_t가 E_t의 원인이라 할 수 있다.

Ⅳ. 실증검증 결과의 해석

1. 증보된 디키−풀러 검증(Augmented Dickey−Fuller Test, ADF 검증)

<표 1>은 자연로그(natural logarithms)로 변환(transformation)된 세입 및 세출 시계열의 ADF검증의 결과를 보여준다. 자연로그로 원시계열(原時系列)을 변환한 이유는 각 시계열의 일정한 분산(分散, constant variance)의 확보를 위해서이다.[13] 또한 이 연구에서는 세입과 세출간의 특성을 살펴보는 것이므로 물가상승률을 고려한 불변가격(constant price)에 의한 것보다는 경상가격(current price)에 의한 것이 보다 유용하므로 경상가격에 의한 세입세출액을 사용하고 있다.[14] <표 1>에서 알 수 있듯이 세입이나 세출의 원시계열이 비안정적(non−stationary)이라는 귀무가설은 기각될 수 없다. 왜냐하면 각 시계열의 수준(R_{t-1}, E_{t-1}) 검증값들이 모두 통계적으로 유의치

---

13) 부록(1. 세입 및 세출의 시계열 자료)에서 볼 수 있듯이 세입과 세출 시계열 모두 일정한 분산(constant variance)의 가정을 충족시키지 못함을 쉽게 알 수 있다.

14) 공공부문의 규모측정이 경상가격에 의할 것인지 불변가격에 의할 것인지에 관한 논의는 다음 참조. 金基彦, "韓國政府의 財政支出 推移와 變化要因에 관한 分析的 研究", 연세대학교 행정학과 박사학위논문. 1991, 12. pp. 73−9. M. Beck, "The Public Expenditure, Relative Price, and Resource Allocation," Public Finance, 1985, pp. 17−34.

표 1 　세입과 세출 시계열의 ADF 검증

세입(R_t)	최대시차(lag length, k)	수준(level, R_{t-1})	1차분차(1st-differenced)
	k=2	.53	1.19
	k=3	.83	.84
	k=4	1.19	.91
	k=5	1.30	.61
		수준	
	k=2	−1.08	4.67**
	k=3	−1.45	4.84**
	k=4	−1.53	3.50**
	k=5	−1.95	3.20**
세출(E_t)	최대시차(lag length, k)	수준(level, E_{t-1})	1차분차(1st-differenced)
	k=2	.21	.90
	k=3	.39	.59
	k=4	.74	.64
	k=5	.83	.43
		수준	2차분차(2nd-differenced)
	k=2	−.74	4.55**
	k=3	−1.08	4.78**
	k=4	−1.14	3.46**
	k=5	−1.53	3.05**

**: 0.01 수준에서 유의함.

못하기 때문이다. 또한 자기상관함수(Auto-Correlation Function, ACF)값도 서서히 감소하므로 세입, 세출의 원시계열이 비안정적임을 알 수 있다.[15] 따라서, 분차(分差, differencing)의 방법을 통한 안정성의 확보가 요구된다. 1차 분차된 세입 및 세출의 시계열이 안정적이지 않다는 귀무가설이 기각되기 위해서는 1차 분차된 시계열의 ADF 검증값들이 통계적으로 유의해야 하나 <표 1>에 나타난 바와 같이 1차 분차된 시계열의 ADF 검증치는 통계적으로 유의치 못하다. 경제시계열(經濟時系列)에서 안정성의 확보를 위해 1차분차가 일반적이나 이 연구에서 사용되는 시계열자료는 보다 높은 차수(次數)의 분차를 통한 안정성 확보를 필요로 한다. 2차분차된 시계열의

---

15) 부록(2. 세입 및 세출의 자기상관함수) 참조.

표 2 Co-integration 회귀분석 결과

	상수항	세입	세출	D.W	R^2	최대시차	잔차의 ADF값
세입(R_t)	.417	–	.987	.62	.999	k=2	9.08**
						k=3	5.23**
						k=4	7.50**
						k=5	5.57**
세출(E_t)	–.409	1.01	–	.62	.999	k=2	9.02**
						k=3	5.21**
						k=4	7.45**
						k=5	5.54**

**: 0.01 수준에서 유의함.

검증값들은 통계적으로 유의함을 <표 1>을 통해 쉽게 알 수 있다. 그러나, 시계열의 안정성 확보를 위해 1차분차보다 높은 차수의 분차가 사용된 경우는 과분차(過分差, over-differencing)의 문제를 점검해 보아야 한다. 과분차는 시계열구조를 필요 이상으로 복잡하게 하므로 이를 피해야 한다. 과분차의 판정은 자기 상관함수와 편자기상관함수(偏自己相關函敎, Partical Auto-Correlation Function, PACF)의 형태를 통해 할 수 있다. 3차분차된 세입시계열의 ACF는 오직 첫 번째 시차(first lag)에서만 통계적으로 유의하고 $\rho = -.507$의 정점(spike)값을 보이며 다른 시차에서는 영(零)에 가까운 값을 보인다. PACF도 첫 번째 시차에서만 통계적으로 유의하고 $-.507$의 정점값을 보인다. 세출시계열의 경우도 ACF와 PACF 각각 오직 첫 번째 시차에서 통계적으로 유의하고 정점값 $-.498$, -498을 보인다. 이와 같은 ACF와 PACF 형태는 시계열자료가 과분차되었음을 지적해 준다. 2차분차된 세입세출 시계열에서 ACF값이 서서히 감소하는 것을 찾아볼 수 없으며, 두 경우 모두 ACF값이 2번째 시차 이후 절단 형태를 보인다. 따라서, 우리가 사용하는 자료는 2차 random walk 과정, 곧 ARIMA(0, 2, 0) 모형으로 특징지워질 수 있고, 이는 2차 Co-integration임을 의미한다.

2. Co-integration 회귀방정식의 설정과 잔차의 안정성 검증

두 시계열간에 Co-integration을 확인하기 위해서는 Co-integration 회귀방정식으로부터의 잔차들의 안정성을 검증해야 한다. 즉, Co-integration은 잔차의 안정성을 요구한다. 한편 Co-integration 검증을 위해 결정계수(R^2)값과 Durbin-Watson(D-W)통계치도 유용하다. 높은 R^2값(>0.95)과 너무 작지 않은 D-W값

표 3 error-correction 모형에 입각한 인과분석

최대 시차		F값
$F(R_t \rightarrow E_t)$	$k_1=1, \; k_2=2$	4.15^*
$F(R_t \leftarrow E_t)$	$k_2=2, \; k_1=1$	2.21

k_1은 R_t의 최대 시차이고 k_2는 E_t의 최대 시차이다.
*: 0.05 수준에서 유의함.

(>0.386)인 경우 두 시계열간에 Co−integration 이 존재하지 않는다는 귀무가설은 기각된다. <표 2>에서 볼 수 있듯이 세입과 세출간에 Co−integration을 찾아낼 수 있다. 또한 잔차들의 ADF 검증값들도 잔차들의 비안정성 귀무가설이 기각됨을 입증해 준다.

3. Error-correction 모형의 설정과 그랜저 인과검증

마지막 단계로 Error−correction 모형은 앞에서 언급한 바와 같이 그랜저 회귀방정식에 Co−integration 방정식으로부터 얻어진 시차 error−correction항을 추가하여 설정된다. 이 경우 중요한 결정 중의 하나는 최대시차(lag length)의 선택이다. 여기서는 아카이크 기준치(Akaike Criteria, AIC)에 의거하여 최대시차를 선택하였다. AIC는 여러 시차들 중에서 FPE(Final Prediction Error)값, $\log(RSS)+(2K)/T$[16]을 극소화(極小化)한 시차를 최대시차로 선택한다. 이 연구에서 AIC에 의한 최대시차는 세입의 경우 1 세출의 경우 2가 적절하다.[17] <표 3>은 error−correction모형에 입각한 인과관계 검증의 결과이다. 위의 결과는 앞에서 세운 세 가설 중 2번째(세출이 세입을 결정, $E_t \rightarrow R_t$)와 3번째(세입과 세출이 동시에 결정, $E_t \leftrightarrow R_t$)는 기각되고 1번째(세입이 세출을 결정, $R_t \rightarrow E_t$)만이 입증됨을 알려준다. 따라서, 계층적 요소가 지배적인 체제에서는 세출보다는 세입의 통제 및 증대가 용이하고, 그에 따라 세출이 팽창한다는 월다브스키의 가설을 기각하는 데 실패하였다고 할 수 있다.

V. 결 어

월다브스키의 문화이론에 의거하여 볼 때 계층적 요소가 지배적인 한국에서는

---

16) RSS는 誤差自乘合(Residual Sum of Squares), K는 독립변수의 수효, T는 표본수이다.
17) 세입시차들의 AIC는 −.547(k=1), −.481(k=2), −.464(k=3), −.381(k=4), −.320(k=5), −.240(k=6), −.157(k=7)이며, 세출의 경우는 −1.018(k=1), −.1.049(k=2), −.966(k=3), −.879(k=4), −.902(k=5), −.852(k=6), −.765(k=7)이다.

세출보다는 세입을 쉽게 통제할 수 있으며, 공공지출의 증대를 위해 세입의 증가를 적극적으로 도모하려 할 것이다. 이는 제 4장에서 세입이 세출을 결정한다는 가설의 검정을 통해 구체화되었으며, 조세수입의 감소가 세출 증가의 효과적인 정책수단임을 암시한다. 보편적인 재정원리에 따르면, 정부의 세출에 필요한 재원(財源)은 1차적으로 조세수입으로 충당하고 부족액은 차입금이나 국채 발행 등에 의존한다. 우리의 경우 <표 4>에 나타난 바와 같이 예산규모의 급팽창과 동시에 조세수입도 급증하였고, 특히 1982년도의 목적세인 교육세의 신설로 조세수입이 세입의 90%를 차지하였으며, 1988년에는 95%를 상회하여 세입의 대부분을 조세수입으로 충당하고 있다(박영희, 1989: 136-37). 따라서, 우리의 경우 감세(tax reduction)가 정부예산 팽창을 억제하는 가장 효과적인 방법이라 할 수 있다. 이러한 감세 조치만으로 정부규모의 축소를 가져올 수 있을 것인가에는 의문이 제기된다. 위에서 언급하였듯이 재정원리에 의하면 조세수입으로 충당 못한 재원 부족액은 차입금이나 국채 발행으로 메울 수 있다. 즉, 조세수입의 감소는 차입금이나 국채 발행 등을 증가시켜 재정적자(fiscal deficit)의 폭을 심화시킨다. 그러므로 적자규모의 폭을 줄이기 위해서는 균형예산의 법률화가 요구된다. 한편, 균형예산의 원리는 현실적으로 증세(增稅)의 가능성을 시사한다. 그러면, 감세와 재정적자의 감소(균형예산의 원칙)를 동시에 추구할 수 없는가? 이는 민영화(民營化, privatization)와 생산성 제고를 통한 공기업의 수입잉여(收入剩餘)에 의해 가능할 수도 있다. 민영화나 정부규제의 완화(deregulation)로 정부기능을 축소하는(예산의 절감) 한편 생산성 제고를 통한 공기업의 수입 잉여금으로 조세수입의 감소로 오는 세입의 재원 부족을 충당할 수 있다.

요컨대, 한국에서 작은 정부를 효과적으로 달성하기 위해서는 감세 조치와 균형예산의 보수(保守) 및 민영화와 정부규제 완화 그리고 정부생산성의 제고가 적절히 이루어져야 할 것이다.

표 4 세입 중 조세수입의 비율 변화

(단위: %)

연도	1965	1970	1980	1981	1982	1983
조세수입(%)	55.3	81.8	85.2	88.2	90.2	92.3

[부록]

1. 세입 및 세출의 시계열 자료

(a) 세입(RV), 평균세입(MR)

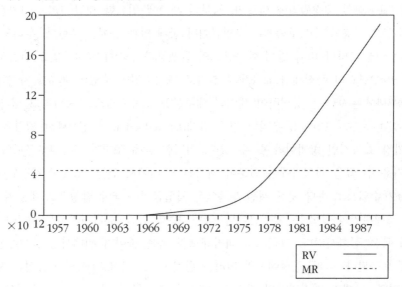

(b) 세출(EX), 평균세출(ME)

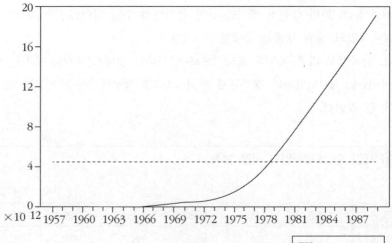

2. 세입 및 세출의 자기 상관함수(Auto-Correlation Function, ACF)

(a) 세입의 ACF

ACF of C5

		-1.0	-0.8	-0.6	-0.4	-0.2	0.0	0.2	0.4	0.6	0.8	1.0
1	0.933						XXXXXXXXXXXXXXXXXXXXXXXX					
2	0.859						XXXXXXXXXXXXXXXXXXXXXX					
3	0.779						XXXXXXXXXXXXXXXXXXXX					
4	0.693						XXXXXXXXXXXXXXXXXX					
5	0.606						XXXXXXXXXXXXXXXX					
6	0.521						XXXXXXXXXXXXXX					
7	0.427						XXXXXXXXXXXX					
8	0.329						XXXXXXXXX					
9	0.232						XXXXXXX					
10	0.141						XXXXX					
11	0.052						XX					
12	-0.030						XX					
13	-0.103					XXXX						
14	-0.174					XXXXX						
15	-0.237					XXXXXX						

(b) 세출의 ACF

ACF of C6

		-1.0	-0.8	-0.6	-0.4	-0.2	0.0	0.2	0.4	0.6	0.8	1.0
1	0.929						XXXXXXXXXXXXXXXXXXXXXXXX					
2	0.853						XXXXXXXXXXXXXXXXXXXXXX					
3	0.772						XXXXXXXXXXXXXXXXXXXX					
4	0.686						XXXXXXXXXXXXXXXXXX					
5	0.600						XXXXXXXXXXXXXXXX					
6	0.516						XXXXXXXXXXXXXX					
7	0.426						XXXXXXXXXXXX					
8	0.328						XXXXXXXXX					
9	0.231						XXXXXXX					
10	0.140						XXXX					
11	0.051						XX					
12	-0.027						XX					
13	-0.098					XXX						
14	-0.166					XXXXX						
15	-0.228					XXXXXX						

참고문헌

金基彦(1991). 「韓國政府의 財政支出 推移와 樊化要因에 관한 分析的 研究」. 박사학 위논문, 연세대학교 대학원.

박경원(1989). 「도시 공공서비스 공급의 민간화에 관한 연구」. 박사학위 논문, 연세대 학교 대학원.

박영희(1989). 「재무행정론」. 서울: 다산출판사, pp. 136-37.

이은국(1992). 美・蘇간의 軍貨親爭에 관한 因果腰係分析, 「현대사회와 행정」. 3: 165-198.

Alt, J. E. and K. A. Chrystal. (1983). Political Economics. Berkeley: University of California Press.

Beck, M. (1985). "he Public Expenditure, Relative Price, and Resource Allocation. *Public Finance*, pp. 17-34.

Buchanan, J. and Richard Wagner. (1977). Democracy in Deficit: The Political Legacy of Lord Keynes. New York.

Cameron, D. R. (1978), The Expansion of the Public Economy: A Comparative Analysis. *American Political Science Review*, 72, no. 4: 1243-1261.

Dickey, D. A, and W. A. Fuller. (June, 1979). Distribution of the Estimators for Autoregressive Time Series with a Unit Root. *Journal of the American Statistical Association*, 74, 427-31.

Downs, A. (1965). Why the Government Budget is too Small in a Democracy. *In Private Wants and Public Needs.* edited by E. Phelps, New York: Norton.

Engle, R. and C. W. J. Granger. (March 1987), Cointegration and Error Correction Model: Representation, Estimation, and Testing. *Econometrics* 251-76.

Galbraith, J. K. (1958). The Affluent Society(3rd ed). Boston: Houghton Mifflin.

Granger, C. W. J. (Aug. 1986). Developments in the Study of Cointegrated Economic Variables. *Oxford Bulletin of Economics and Statistics*, 213-28.

Granger, C. W. J., and P. Newbold. (1977). Forecasting Economic Time Series. N. Y.: Academic Press.

Henrekson, and J. A. Lybeck. (1988). Editor's Introduction and Summary. in J. A,

Lybeck and M. Henrekson(eds.). *Explaining the Growth of Government*, Amsterdam: North－Holland, p. 3.

Hume, D. A. (1911). A Treatise of Human Nature. Eeveryman's Library Edition Introduction, by A. D. Linsay, 2 vols. N. Y.: Dutton.

Larkey, P. D., C. Stolp, and M. Winer. (1984). Why Does Government Grow?. in T. C. Miller(ed.), Public Sector Performance: A Conceptual Thrning Point, Amsterdam: North－Holland.

Mitchell, W. C. (1971). Public Choice in America: An Introduction to American Government. Chicago: Markahm Publishing Co.

Niskanen, W. A. (1971). *Bureaucracy and Representative Government*. Chicago: Aldine,

Taylor, C. L.(ed.). (1983). Why Governments Grow: Measuring Public Sector. Beverly Hills: Sage Publications.

Wildavsky, A. (1985). A Cultural Theory of Expenditures Growth and (un) Balanced Budgets. *Journal of Public Economics*, 28: 349－357.

▶ ▶ ▶ **논평**

노승용(서울여자대학교 행정학과 교수)

1. 정부 팽창

적정한 정부의 규모는 어느 정도인가? 정부의 규모(크기)를 측정하는 기준은 무엇인가? 정부 예산은 왜 증가하는가? 이러한 질문들에 대한 답을 찾기 위하여 그 동안 많은 학자들의 노력이 있어 왔다. 1992년 발표된 이은국 교수의 "한국 정부예산 팽창 원인에 관한 연구: 세입과 세출의 인과분석을 중심으로" 논문도 이러한 질문들에 대한 답을 찾기 위한 하나의 노력이라 할 수 있다. 정부예산은 공무원의 수와 더불어 정부의 크기를 가늠하는 중요한 기준이다. 정부예산을 지표로 하여 정부가 왜 커져 가는지를 살펴보는 것은 적정한 정부의 규모를 유지할 수 있는 방법을 찾는데 매우 의미가 있다.

정부가 팽창하는 원인을 규명하기 위한 연구는 다양한 관점에서 이루어져 왔다. 정부 팽창의 원인은 매우 다양하며, 정치적·경제적·재정적·제도적·문화적·국제경제적 관점으로 나누어 그동안의 연구를 <표 1>과 같이 정리해 볼 수 있다. 기존 정부 팽창 원인에 대한 연구들은 상호 모순적이며 대립적이라기보다는 상호 보완적 관계에 있다고 할 수 있다. 각각의 관점은 그 자체로서 설명 능력을 지니고 있다고 하겠다.

표 1 정부 팽창의 관점

관점		대표 학자
정치적 관점(Political Explanation)	중위투표자 모형(Median Voter Model)	Anthony Downs
	정치순환주기 모형(Political Busines Cycle Model)	William Nordhaus
	이익집단 모형(Interest Group Model)	Mancur Olsen
경제적 관점(Economic Explanation)	와그너의 법칙(Law of Expanding State Activity)	Adolf Wagner
	전위효과(Displacement Effect)	Alan R. Peacock, Jack Wiseman

	보몰 효과(Baumol Effect)	William J. Baumol
재정적 관점(Fiscal Explanation)	재정환각(Fiscal Illusion)	James M. Buchanan
제도적 관점 (Institutional Explanation)	예산 극대화 관료 모형(Budget-Maximizing Bureaucrat Model)	William A. Niskanen, Jr.
	입법부 의사결정 모형(Model of Legislative Decision Model)	M. P. Fiorina, R. G. Noll
	파킨슨 법칙(Parkinson's Law)	Cyril Northcote Parkinson
문화적 관점(Cultural Explanation)		Aaron Wildavsky
국제경제적 관점(International Explanation)		David R. Cameron

출처: 이정주·노승용. 2006: 249 일부 수정.

2. 연구 시사점

이은국 교수의 논문은 1992년에 발표된 것으로 그 당시까지의 정부 팽창의 원인에 대한 연구와는 다른 시도를 하였다는 점에서 그 의미를 갖는다. 1970년대 이전까지는 정부 팽창의 원인을 설명하는 관점으로 정치적·경제적·재정적·제도적 관점 등이 주를 이루었으나, 1978년 카메론(Cameron)의 연구에서 국제경제적 관점이 제기되었고, 1980년대에 윌다브스키(1985)가 문화적 관점을 제시하였다. 이은국 교수는 한국을 사례로 1980년대에 제시된 문화적 관점의 정부 팽창을 실증적으로 규명하고자 하였다는 점에서 큰 의미를 지니고 있다고 하겠다.

이론적 측면에서는 정부 팽창의 관점에서 문화적 이론을 도입하였다는 점에서 의미가 있는 반면, 방법론적 측면에서는 시계열 자료를 활용한 co-integration 및 error-correction 방법을 활용하였다는 점에서 의미를 지닌다. 1990년 이전까지의 한국에서의 연구는 시계열 분석을 활용한 연구가 일부에 불과하였으나, 1990년대부터 연구자의 역량이 증대되면서 시계열 분석을 활용한 연구가 강화되었는데, 이러한 방향성을 강화시키는데 이 연구는 큰 기여를 하였다. 특히, 매우 정교한 방법론의 적용을 통해 과학적인 분석을 시도하였다는 점에서 이 연구는 큰 의미를 지닌다고 하겠다. 즉, 증보된 디키-풀러 검증, co-integration 회귀방정식의 설정과 잔차의 안정성 검증, error—correction 모형의 설정과 그랜저 인과검증 등의 과정을 통해 정교하고 과학적인 방법을 적용하였다는 점에서 의미가 있다.

이론적 측면과 방법론적 측면의 기여에 더하여, 정책적 기여로 한국에서 정부 팽창을 억제하기 위한 방안으로 감세 조치, 균형 예산의 보수, 민영화와 정부규제 완화, 정부생산성의 제고 등을 조화롭게 활용하는 기술(art)이 필요함을 제시하였다는 점에서 의미가 있다고 하겠다. 작은 정부의 구현 혹은 정부 팽창의 억제를 위해서는 다양한 방법의 적정한 균형점을 찾는 것이 중요한데 이 연구에서는 그러한 다양한 방법을 제시하고 있다는 점에서 정책적 기여가 크다고 하겠다.

3. 향후 연구에 대한 제언

이은국 교수의 연구 이후 정부 팽창과 관련된 연구로 일부를 제시하면 박태규(1992), 김기언(1992), 이영균(1993), 이필우(1996), 문병근·남재일(1998), 이은국(1998), 김의섭(2002), 이정주·노승용(2006), 이상봉(2012) 등의 연구가 있다. 또한, 정부 팽창과 연계하여 정부의 규모와 관련된 연구로 일부를 제시하면 이명석(1998), 김태일(2000), 김근세(2005), 김태일·장덕희(2006), 강인성(2008), 김근세·박현신(2009), 김근세·허아랑(2015) 등의 연구가 있다. 국내 연구로 한정하였지만, 꾸준히 정부 규모와 정부 팽창에 대한 연구는 지속되고 있는 것을 알 수 있다. 즉, 정부 규모와 정부 팽창은 행정학 분야에서 중요한 의미를 지닌 연구 주제라 할 수 있다.

Henrekson과 Lybeck(1998)이 지적한 바와 같이, 정부 규모 및 정부 팽창에 대한 이론은 다양함에도 불구하고, 실증연구는 상당히 미약한 수준이다. 더불어, 다양한 이론이 제시하고 있는 모형에 대한 검증도 매우 부족한 실정이라 하겠다. 이러한 상황에서 먼저 정부 규모 및 정부 팽창과 관련된 다양한 모형에 대한 검증의 노력을 보다 다각도로 기울일 필요가 있다. 다양한 이론과 방법론을 활용하여 정부 규모와 정부 팽창을 설명하고자 하는 노력이 앞으로 더욱 활발하게 이루어질 필요가 있다.

이은국 교수의 연구는 1992년에 발표되었으며, 분석기간은 1957년부터 1989년이다. 이은국 교수의 연구에서의 분석 기간은 주로 박정희 정부와 전두환 정부의 권위적 발전주의 정치체제의 시기이다. 논문이 발표된 1992년 이후 김영삼, 김대중, 노무현, 이명박, 박근혜 정부로 이어지는 소위 보수 정부와 진보 정부가 10년 단위로 정부를 운영하였다. 따라서, 이은국 교수의 이론적 관점과 방법론을 활용하여 보다 확장된 분석 기간을 적용한다면 새로운 결과를 도출할 수 있을 것이다. 즉, 정부 규모와 정부 팽창에 대한 다양한 사례가 한국에도 존재하므로 이러한 부분을 감안한 연구 시도가 보다 활발하게 이루어질 필요가 있다.

이러한 정부 규모와 정부 팽창의 관점에서 한국을 대상으로 실증적 분석과 모형의 검증을 보다 활발히 함과 동시에, 이은국 교수가 결론에서 제시한 작은 정부를 효과적으로 달성하기 위한 방안들, 즉 감세 조치, 균형예산의 보수, 민영화와 정부규제 완화, 정부생산성의 제고 등이 현 시점에서도 여전히 유효한가에 대한 심층적인 논의도 필요하다고 하겠다. 이은국 교수의 연구에서의 분석 기간과 그 이후의 한국의 상황, 그리고 미래의 한국의 상황은 너무나도 다양하고 다르다고 하겠다. 따라서, 실증적 분석을 통해 기존 정책 대안의 유용성과 함께 새로운 정책 대안을 모색해 보는 노력이 이루어질 필요가 있다.

뿐만 아니라, 지금까지 논의한 정치적·경제적·재정적·제도적·문화적·국제경제적 관점에서의 정부 팽창 논의는 주로 공급자 측면이 강하다. 정부 팽창은 공급자 측면과 더불어 수요자 측면도 고려할 필요가 있다. 따라서, 공급자 측면과 수요자 측면을 고려한 이론 체계를 정교하게 발전시키는 노력이 필요하며, 두 측면의 관점에서 실증적 분석의 노력이 보다 강화될 필요가 있다.

정부 규모와 정부 팽창은 행정학 분야에서 논쟁적인 분야이다. '행정은 진공 속에서 이루어지지 않는다'는 말이 의미하는 것처럼, 환경의 변화에 따라 정부 규모와 정부 팽창의 논의는 다양하게 전개될 것으로 예상된다. 지속적인 연구의 축적을 통해 현실에서 보다 품질 좋은 정부를 구현하는 계기가 이 분야의 연구에서 시작될 수 있을 것이다.

참고문헌

강인성. (2008). OECD 주요 국가의 지방정부인력규모 비교연구: 서비스 기능을 중심으로. 「한국행정학보」, 42(2): 169-190.

김근세. (2005). 김대중 행정부의 정부규모에 관한 실증 분석. 「행정논총」, 43(2): 33-62.

김근세·박현신. (2009). 노무현 행정부의 국가기능과 규모 분석. 「정책분석평가학회보」, 19: 125-160.

김근세·허아랑. (2015). 이명박 행정부의 국가기능과 정부규모 분석. 「정책분석평가학회보」, 25: 367-403.

김기언. (1992). 한국정부지출의 변화요인에 관한 분석적 연구.「한국행정학보」, 26(4): 1183－1198.

김의섭. (2002).「한국의 재정지출팽창」. 대전: 한남대학교 출판부.

김태일. (2000). 우리나라와 OECD 국가의 공무원 규모 비교 분석.「한국행정학보」, 34(1): 117－135.

김태일·장덕희. (2006). 우리나라 공무원 규모의 국제 비교.「한국행정연구」, 15(4): 3－26.

문병근·남재일. (1998). 한국에 있어서 재정환상과 조세구조의 관계성에 관한 연구. 「경제학논집」, 7(3): 53－76.

박태규. (1992). 공공부문 증대 요인의 분석. 김영훈.「재무행정논집: 구조·과정·환경」. 서울: 정훈출판사, 9－39.

이명석. (1998). 지방자치단체 공무원 규모의 결정요인에 대한 연구: 도시공무원을 중심으로.「한국행정학보」, 32(2): 183－199.

이상봉. (2012). 우리나라 예산규모 증가의 원인분석: 비가시적 세입체계를 중심으로. 「정부학연구」, 18(1): 143－183.

이영균. (1993). 한국정부의 팽창요인에 관한 연구.「한국행정학보」, 27(4): 1073－1098.

이은국. (1998). 공무원 인력규모의 팽창유형에 관한 비교연구: 한·미·일의 사례.「한국정책학회보」, 4(1): 146－164.

이정주·노승용. (2006). Explaining Government Expenditure Growth in 50 States of the United States.「성남발전연구」, 7: 247－265.

이필우. (1996). 한국조세변천의 공공선택적 인식(1960－1987): 재정환상을 중심으로. 「재정논집」, 11: 3－49.

Baumol, William J. (1967). Macroeconomics of Unbalanced Growth: The Anatomy of Urban Crisis. *American Economic Review*, 57(2): 415－426.

Bird, Richard M. (1971). Wagner's "Law" of Expanding State Activity. *Public Finance*, 26(1): 1－24.

Buchanan, James M., and Richard E. Wagner. (1977). *Democracy in Deficit: The Political Legacy of Lord Keynes*. New York: Academic Press.

Cameron, David R. (1978). "The Explanation of the Public Economy: A Comparative Analysis." *American Political Science Review*, 72(4): 1243－1261.

Fiorina, Morris, and Roger Noll. (1978). Voters, Bureaus, and Legislators. *Journal of Public Economics*, 9: 239−254.

Gill, Jeff. (1995). Formal Models of Legislative/Administrative Interaction: A Survey of the Subfield. *Public Administration Review*, 55(1): 99−106.

Henrekson, M., and J. A. Lybeck. (1998). Editor's Introduction and Summary. in J. A. Lybeck and M. Henrekson. Eds. *Explaining the Growth of Government*. Amsterdam: North Holland.

Niskanen, William. (1971). *Bureaucracy and Representative Government*. Chicago: Aldine−Atherton Press.

Niskanen, William. (1975). Bureaucrats and Politicians. *Journal of Law and Economics*, 18: 617−643.

Nordhaus, William D. (1975). The Political Business Cycle. *Review of Economic Studies*, 42: 160−190.

Olson, Mancur. (1965). *The Logic of Collective Action*. Cambridge: Harvard University Press.

Olson, Mancur. (1982). *The Rise and Decline of Nations: Economic Growth, Stagflation and Social Rigidities*. New Haven: Yale University Press.

Peacock, Alan R., and Jack Wiseman. (1967). *The Growth of Public Expenditure in the United Kingdom*. London: George Allen and Unwin.

Wagner, Adolf. (1958). The Nature of the Fiscal Economy. pp. 1−8 in *Classics in the Theory of Public Finance*, edited by Richard A. Musgrave and Alan R. Peacock. London: Macmillan.

Wagner, Richard. E. (1976). Revenue Structure, Fiscal Illusion, and Budgetary Choice. *Public Choice*, 25: 45−61.

Wildavsky, Aaron. (1985). A Cultural Theory of Expenditure Growth and (Un) balanced budget. *Journal of Public Economics*, 28(3): 349−357.

재정건전화의 정치경제:
비교제도분석

재정건전화의 정치경제: 비교제도분석[*]

하연섭(연세대학교 행정학과 교수)

❧ 프롤로그 ❧

최근 우리나라뿐만 아니라 거의 모든 OECD 국가들의 초미의 관심사는 재정건전성의 회복과 유지에 있다. 그런데 재정건전성 회복을 위한 정책 추진은 정치적으로 중립적이지 않다. 재정적자와 국가채무의 감축 노력이라고 정의할 수 있는 재정건전화 정책은 예산감축에 따른 부담의 배분에 있어서 심각한 정치적 갈등을 초래하기 마련이다. 따라서 각 국가에서 나타나는 재정건전화 정책의 구체적인 내용과 성과는 경제적 요인과 정치적 요인이 어떻게 상호작용하는가에 따라 서로 다른 형태로 나타나게 될 것이다. 이렇게 볼 때, 재정건전화는 본질적으로 정치경제적인 문제라고 할 수 있다. 그런데 예산과정 참여자들 간의 정치적 갈등과 상호작용 패턴 그리고 정부의 의사결정과정은 이를 둘러싸고 있는 제도적 맥락에 크게 영향을 받는다. 이러한 측면에서 본 연구는 재정을 둘러싼 정치경제적 요인과 제도적 맥락에 초점을 맞추어 재정건전화 정책의 추진에서 특징적인 모습을 보이고 있는 대표적인 사례라고 할 수 있는 미국, 영국, 독일, 스웨덴을 대상으로 재정건전화 정책의 구체적 내용과 재정건전화의 성과에 영향을 미치는 요인들을 비교분석하는 데 그 목적이 있다.

이 글은 이른바 '고전'에 해당하는 논문은 아니다. 오히려 이 글은 최근 새롭게 부상하고 있는 비교제도분석과 재정제도주의의 결합을 통해 재정건전화 정책을 비교하고자 하는 시도이다. 비교제도분석에서는 한 나라에 존재하는 제도의 모습이 사회 내에 존재하는 정치적 갈등을 어떻게 조정하는가, 경제적 성

---

* 이 논문은 2016년 『한국정책학회보』, 제25권 제1호, pp. 237-268에 게재된 글을 수정·보완한 것이다.

과에 어떤 영향을 미치는가 등의 문제에 관심을 갖는다. 특히, 비교제도분석에 서는 특정 제도가 사회현상에 미치는 영향뿐만 아니라 제도들 간 상호작용과 상호보완성이 사회현상에 어떤 영향을 미치는지에 초점을 맞추는 것이 특징이다. 제도적 상호보완성 개념에 기초하고 있는 가장 대표적인 연구흐름이 자본주의 다양성 이론이다. 자본주의 다양성 이론을 통해 경제정책, 복지정책, 그리고 교육 및 직업훈련정책 등에 관해 활발한 연구가 진행되어 왔으나, 이 이론을 재정연구에까지 확장시킨 예는 그리 많지 않다.

재정현상은 본질적으로 정치경제적 현상이긴 하지만, 정치경제적 요인이 어떻게 재정성과로 나타나는가는 각 나라에 고유한 제도적 맥락에 영향을 받을 수밖에 없다. 이렇게 제도가 재정성과에 어떤 영향을 미치는가에 관한 학문적 관심이 최근 재정연구에서 주요한 흐름으로 자리 잡고 있다. 이러한 흐름은 크게 두 가지 갈래로 나타나고 있는데, 하나는 재정운용을 둘러싼 정치·행정 제도가 재정성과에 어떤 영향을 미치는가에 관한 거시적 차원의 연구이며 다른 하나는 특정한 예산제도가 재무행정의 목표라 할 수 있는 총량적 재정규율, 배분적 효율성, 기술적 효율성의 달성에 어떤 영향을 미치는가에 관한 미시적 차원의 연구이다. 재정운용을 둘러싼 거시적 제도에 초점을 맞추는 연구와 예산제도가 재정운용에 영향을 미치는 미시적 차원의 연구를 통틀어 재정제도주의(fiscal institutionalism)라고 부른다.

본 연구는 비교제도분석과 재정제도주의의 결합을 통해 미국, 영국, 독일, 스웨덴의 재정건전화 정책을 비교 분석하면서 이 네 나라 경제체제의 기본적 특징이 어떻게 재정위기를 초래하게 되었고, 재정위기를 극복하는 데 있어 어떻게 서로 다른 대응을 낳게 되었는지를 먼저 분석하고 있다. 또한 재정위기가 현재화되기 이전 시점에서 각 국가가 어떤 재정정책을 추구했으며, 이러한 정책유산이 재정건전화 정책의 추진에 어떤 영향을 미쳤는지를 분석하고 있다.

자본주의 경제체제의 특징이나 정책유산이 재정위기로 연결되는 데 있어서는 정치·행정제도가 중요한 매개 역할을 수행한다. 특히, 재정위기를 사전에 방지하거나 혹은 재정건전화 정책을 강도 높게 추진하기 위해서는 의사결정 주체들의 정치적 격리성과 집권화된 예산과정이 전제되어 있어야 하는데, 각 국가에 고유한 정치·행정제도는 이러한 가능성에 중대한 영향을 미친다. 끝으로, 각 국가에서 운영하고 있는 구체적인 예산제도는 예산과정 참여자들의 유인과 정보에 직접적인 영향을 미침으로써, 궁극적으로 재정건전화 정책의 구체적 내용 자체가 달라지게 된다.

　우리나라에 신제도주의, 비교제도분석, 그리고 자본주의 다양성 이론 등이 소개되어 우리나라의 구체적인 정책이나 비교연구 등에 활발하게 활용되고 있다. 그러나 아직까지 이러한 분석틀을 재정현상의 분석에 사용한 경우는 많지 않다. 그리고 최근 재정연구에 있어서 가장 중요한 특징은 '제도의 재발견'이라고 할 수 있으며, 이를 가장 극명하게 보여주는 연구 흐름이 재정제도주의이다. 향후 비교제도분석과 재정제도주의는 재정연구에서 현실 설명력과 실증적 분석력을 두루 갖춘 강력한 분석 틀로 떠오를 가능성이 매우 높다. 많은 학생들과 학자들의 학문적 관심을 기대한다.

〈요 약〉

　최근 우리나라뿐만 아니라 거의 모든 OECD 국가들의 초미의 관심사는 재정건전성의 회복과 유지에 있다. 그런데 재정건전성 회복을 위한 정책 추진은 정치적으로 중립적이지 않다. 재정적자와 국가채무의 감축 노력이라고 정의할 수 있는 재정건전화 정책은 예산감축에 따른 부담의 배분에 있어서 심각한 정치적 갈등을 초래하기 마련이다. 따라서 각 국가에서 나타나는 재정건전화 정책의 구체적인 내용과 성과는 경제적 요인과 정치적 요인이 어떻게 상호작용하는가에 따라 서로 다른 형태로 나타나게 될 것이다. 이렇게 볼 때, 재정건전화는 본질적으로 정치경제적인 문제라고 할 수 있다. 그런데 예산과정 참여자들 간의 정치적 갈등과 상호작용 패턴 그리고 정부의 의사결정과정은 이를 둘러싸고 있는 제도적 맥락에 크게 영향을 받는다. 이러한 측면에서 본 연구는 재정을 둘러싼 정치경제적 요인과 제도적 맥락에 초점을 맞추어 재정건전화 정책의 추진에서 특징적인 모습을 보이고 있는 대표적인 사례라고 할 수 있는 미국, 영국, 독일, 스웨덴을 대상으로 재정건전화 정책의 구체적 내용과 재정건전화의 성과에 영향을 미치는 요인들을 비교분석하는 데 그 목적이 있다.

I. 서 론

최근 우리나라뿐만 아니라 거의 모든 OECD 국가들의 초미의 관심사는 재정건
전성의 회복과 유지에 있다고 해도 과언이 아니다. 2008년 미국의 리먼 브러더스의
파산으로부터 시작된 세계 금융위기가 곧바로 경제위기로 전환되었고, 이러한 경제위
기를 극복하는 과정에서 대부분의 국가들이 재정적자의 증가와 국가채무의 누적을
경험하고 있다. 그런데 최근의 재정위기는 단순히 경제위기 극복과 경기부양 차원에
서만 끝나는 것이 아니라는 데에 문제의 심각성이 있다. 즉, 고령화라는 인구구조의
변화와 복지국가의 성숙에 따른 복지지출의 증가 그리고 세계화의 진척에 따른 조세
부담의 하방 압력이 중첩적으로 작용하여 재정위기가 지속될 가능성이 대단히 높다
는 것이다(Schäfer & Streeck, 2013).

재정위기의 지속이 궁극적으로 경제위기로 전환될 가능성이 높은 만큼, 앞으로
대부분의 OECD 국가에서 재정건전성 회복에 정책의 최우선순위가 놓일 것으로 예상
된다. 그러나 재정건전성 회복을 위한 정책 추진은 정치적으로 중립적이지 않다. 재정
적자와 국가채무의 감축 노력이라고 정의할 수 있는 재정건전화(fiscal consolidation)
정책은 예산감축에 따른 부담의 배분에 있어서 심각한 정치적 갈등을 초래하기 마련
이다. 따라서 각 국에서 나타나는 재정건전화 정책의 구체적인 내용과 성과는 경제적
요인과 정치적 요인이 어떻게 상호작용하는가에 따라 서로 다른 형태로 나타나게 될
것이다. 이렇게 볼 때, 재정건전화는 본질적으로 정치경제적인 문제라고 할 수 있다.
그런데 예산과정 참여자들 간의 정치적 갈등과 상호작용 패턴 그리고 정부의 의사결
정과정은 이를 둘러싸고 있는 제도적 맥락에 크게 영향을 받는다.

이러한 측면에서 본 연구는 재정을 둘러싼 정치경제적 요인과 제도적 맥락에 초
점을 맞추어 재정건전화 정책의 추진에서 특징적인 모습을 보이고 있는 대표적인 사
례라고 할 수 있는 미국, 영국, 독일, 스웨덴을 대상으로 재정건전화 정책의 구체적
내용과 재정건전화의 성과에 영향을 미치는 요인들을 비교분석하는 데 그 목적이 있
다. 그런데 다양한 사회적 이해관계가 충돌하는 가운데 재정건전성을 확보하기 위해
서는 정부가 사회적 이익으로부터 절연되어(insulated) 정책 자율성을 향유하는 것이
매우 중요하며, 세입과 세출의 균형을 맞출 수 있는 정치적 능력을 보유하고 있어야
한다. 이러한 정책 자율성과 정치적 능력에 영향을 미치는 핵심 변수가 바로 정부와
사회집단 간의 가교 역할을 담당하는 제도라고 할 수 있으므로, 이 글은 각국에서 나
타나는 제도의 차이가 재정건전화 정책의 구체적 특성에 어떤 영향을 미치는지를 분

석하고자 한다.

본 연구의 연구문제(research questions)는 크게 세 가지이다.

첫째, 재정건전화의 구체적 내용과 성과 면에서 다양한 모습을 보여주고 있는 미국, 영국, 독일, 스웨덴 네 국가가 경험한 경제위기와 재정위기의 특징은 무엇인가?

둘째, 네 국가가 경험한 경제위기와 재정위기의 차이점을 설명할 수 있는 요인은 무엇인가?

셋째, 네 국가는 재정위기에 어떻게 대처했으며, 이들 국가에서 나타나는 재정건전화 정책의 유사점과 차이점을 어떻게 설명할 것인가?

Ⅱ. 재정건전화 정책에 관한 이론적 고찰

1. 2008년 경제위기에 대한 대응의 특징: 재정정책 위주의 대응

많은 학자들은 2008년 금융위기 이후 나타난 경제위기를 대공황(Great Depression) 정도는 아니었지만, 경기후퇴의 폭이 매우 컸다는 의미에서 '대침체(Great Recession)' 라는 표현을 사용하고 있다. 1930년대의 대공황 이후 경험한 경제침체 중 가장 큰 규모가 바로 2008년 이후의 경제위기이지만, 이와 비견되는 경제위기로서는 1974-76 년, 그리고 1980-82년에 나타난 경제위기를 들 수 있다. 그런데 최근의 경제위기와 연관된 매우 중요한 특징 중 하나는 이전 시기와 비교할 때 경제위기에 대한 대응 수단이 매우 제한되어 있다는 점이다. 사실, 1970년대와 1980년대 초반의 경제위기 극복 과정에서는 보호무역 정책, 보조금을 활용한 특정 산업에 대한 지원, 국내화폐의 평가절하, 고용보호 등이 주된 정책수단으로 활용되었지만, 2008년 이후의 금융위기에 대한 대응방식은 감세정책과 지출확대라는 재정정책 수단에만 의존하고 있는 것이 특징이다. 이를 Pontusson과 Raess(2012: 14)는 사회적 케인즈주의(social Keynesiansim)에 대비해서 자유주의적 케인즈주의(liberal Keynesianism)라고 명명한 바 있다.

특히 흥미로운 변화는 2008년의 금융위기 이후 기존에 신자유주의적 경제정책과 통화주의를 일방적으로 강조하던 IMF가 전례 없는 정책 대안을 설파하기에 이르렀다는 점이다. 즉, IMF가 금융위기 직후 통화정책을 포기하고 대신 확장적 재정정책을 주창하기에 이르렀는데, 이는 세 가지 판단에 기초하고 있다.

첫째, 세계경제에 대한 충격이 워낙 컸기 때문에 적극적 재정정책이 없는 경우 세계 경제가 침체 국면을 지나 공황에 빠질 수 있다고 보았기 때문이다.

둘째, 경기침체가 주택시장의 버블과 금융시장의 문제에서 비롯되긴 했지만 곧바로 수요부족에 의한 침체로 진화하였기 때문에, 수요 부족이 경제를 더 큰 위기로 몰고 갈 수 있다고 판단한 것이다.

셋째, 신용시장(credit market)이 제 기능을 못하고 민간부문이 지나치게 팽창한 상황에서는 통화정책이 제대로 기능하기 어렵다고 본 것이다. 이자율이 거의 '0'인 상황에서도 민간수요가 살아날 기미를 보이지 않았던 것이다(Cottarelli et al., 2014: 1-2).

어쨌건, 1974-76년, 1980-82년과 비교할 때, 금융위기에 대한 대응이 전적으로 재정적 자극(fiscal stimulus)에 의해서 이루어진 것이 2009-10년의 특징이다. 1980년대 이후에는 통화주의에 대한 강조가 두드러졌기 때문에, 최근의 재정정책에 대한 의존은 매우 이례적인 현상이다.

또한 최근의 재정정책은 1960년대와 1970년대와 비교할 때 방향성에서 차이를 보인다. 1970년대에는 정부지출의 증가가 주축을 이루었고 이후 재정균형을 달성하기 위해 조세수입을 증가시킨 반면, 최근에는 경기부양을 위해 감세정책에 의존하고, 재정건전화를 위해서 지출축소를 하는 것이 특징이다. 사회적 케인즈주의가 공공지출과 재분배적 정책수단을 강조했다면, 자유주의적 케인즈주의는 경제침체기의 수요 진작을 강조하고 지출증가 대신에 조세감축을 보다 선호하는 것이 특징이다(Pontusson & Raess, 2012: 31).

2. 재정건전화 정책의 국가별 특징

재정건전성의 변화 양상을 보여주는 대표적인 지표로서는 GDP 대비 재정적자의 비율, GDP 대비 국가채무의 비율을 들 수 있다. OECD 회원국 전체를 보면, 금융위기 직전인 20007년에 GDP 대비 약 0.7%의 재정흑자를 보이다가 금융위기 직후인 2009년에 재정적자가 GDP 대비 약 5.4%로 악화된 후, 2013년에는 2.8% 수준으로 회복된 것을 볼 수 있다(<표 1> 참조). 재정적자의 누적에 따라 국가채무도 증가했는데, 2007년 GDP 대비 약 55%였던 국가채무의 평균이 2013년에는 약 85%로 증가했다(<표 2> 참조). 그런데 2000년대 이후 재정수지의 악화와 국가채무의 누적이 모든 국가에서 동일하게 나타나는 것이 아니라 매우 차별적으로 나타나고 있음에 주목할 필요가 있다.

<표 1>은 GDP 대비 일반정부 재정수지의 비율을 보여주고 있다. 미국과 영국은 세계 금융위기 이후 재정적자가 뚜렷하게 증가한 경우로서 OECD 평균을 훨씬 상

표 1 일반정부 재정수지(GDP 대비 비율)

	2001	2007	2009	2013
미국	−0.5	−3.5	−12.7	−5.6
영국	0.5	−3.0	−10.8	−5.7
OECD 평균	−0.7	0.7	−5.4	−2.8
독일	−3.1	0.3	−3.0	0.1
스웨덴	1.6	3.3	−0.7	−1.4

출처: OECD, Government at a Glance, 2013 & 2015(2001년 자료는 2013년 통계이며, 이후 연도의 자료는 2015년 통계임).

회하고 있다. 이와는 달리 독일과 스웨덴은 금융위기에도 불구하고 거의 균형재정을 이루고 있는 사례이다.

<표 2>는 GDP 대비 국가채무의 비율을 보여주고 있다. 영국과 미국은 2000년 대 이후 GDP 대비 국가채무 비율이 약 두 배 상승한 반면, 독일의 경우에는 GDP 대비 국가채무 비율이 큰 변동이 없음을 볼 수 있다. 스웨덴은 세계 금융위기에도 불구하고 오히려 GDP 대비 국가채무의 비율이 줄어든 독특한 사례이다. 요약하자면, 재정성과 측면에서 스웨덴은 재정건전화 정책 자체가 필요 없었던 사례이고 독일은 재정건전화 정책을 매우 성공적으로 추진한 사례이다. 이와는 달리 미국은 필요성이 높은 데도 불구하고 재정건전화 정책을 제대로 추진하지 못한 사례이며, 영국은 재정건전화 정책에도 불구하고 효과가 미미한 사례이다.

표 2 국가채무(GDP 대비 비율)

	2001	2007	2009	2013
미국	55.03	63.06	84.78	102.68
영국	49.36	50.12	75.75	100.80
독일	60.19	64.24	75.52	81.75
OECD 평균	63.09	55.38	69.12	84.49
스웨덴	62.03	45.33	47.06	44.58

출처: OECD, Government at a Glance, 2013 & 2015(2001년 자료는 2013년 통계이며, 이후 연도의 자료는 2015년 통계임).

재정건전화 정책의 내용에 있어서도 국가 간 차이점을 보이고 있다. 독일의 경우는 예산 감축이 대부분 프로그램 지출의 감축으로 이루어진 것이 특징이다. 이에 반하여 영국은 프로그램 지출보다는 경상경비 감축 위주로 예산감축이 진행되었다. 영국의 경우 경상경비 감축이 전체 예산감축의 40% 이상을 차지하고 있을 정도이다. 스웨덴의 경우에는 최근 들어서도 이른바 사회적 투자에 해당하는 교육, 연구개발, 복지, 적극적 노동시장정책 관련 지출이 지속적으로 유지되고 있는 사례이다(Kickert & Randma-Liiv, 2015, Nikolai, 2012; OECD, 2011b).

사례로 선택한 국가들 중 미국은 대통령제 국가의 대표적인 사례이며, 전 세계적으로 예산과정에서 의회의 영향력이 가장 강한 국가이다. 예산과정에서 의회의 강력한 영향력, 복잡하고 분절화 된 예산과정 등으로 인해 재정건전화의 필요성에도 불구하고 최근 효과적인 재정건전화 정책의 추진에 어려움을 겪고 있는 사례이다.

영국은 내각책임제이지만 다수제 민주주의를 택하고 있는 대표적인 사례이며, 예산과정에서 의회의 영향력이 가장 약한 나라이다. 따라서 이론적 시각에서 볼 때 영국은 신속한 의사결정이 가능하며 효과적인 재정건전화 정책을 추진할 수 있는 가능성이 높다. 그러나 영국은 단일 정당으로 내각이 구성되어 있는 노동당 정부 때는 재정건전화 정책을 추진하지 못하다가 오히려 보수-자유민주 연합에 와서야 재정건전화 정책을 추진한 사례이다(Kickert et al., 2013: 46).

스웨덴은 내각책임제인 동시에 합의제 민주주의의 대표적인 사례이다. 스웨덴의 경우 합의제 민주주의 하에서 가장 효과적으로 책임 있는 재정운용이 이루어지고 있는 사례로서, 2008년 이후의 세계적 경제위기 상황에서도 별다른 재정건전화 정책이 필요 없을 정도로 재정규율과 재정건전성이 유지되고 있는 국가이다.

독일은 합의제 민주주의, 연립정부, 연방제 등 신속한 의사결정을 매우 어렵게 하는 제도적 특징을 지니고 있지만, 최근 매우 신속하고 과감한 재정건전화 정책을 추진함으로써 양호한 재정성과를 보이고 있는 이례적인 사례이다.

3. 선행연구의 검토

재정건전화에 관련된 기존의 논의는 크게 네 유형으로 나눌 수 있다.

첫 번째 유형은 재정위기, 재정건전화, 그리고 재정건전화의 수단으로서 재정준칙 등에 대해 단순 비교하는 연구이다. 국내에서 행해진 대부분의 연구가 이에 해당하며(류덕현, 2012; 이정희, 2012; 인태환, 2012; 하연섭, 2012), IMF와 OECD에서 발간한 연구보고서, 그리고 Debrun et al(2007), Kumar & Ter-Minassian(2007) 등은 대부분 각국 재정건전화의 양상이나 재정준칙의 효과를 비교하는 수준에 머물러 있다.

두 번째 유형은 최근 예산연구에 있어서 예산제도를 중심에 놓은 연구들이다. 이러한 연구의 선도적인 논문으로서는 Alesna & Perotti(1996, 1999) 등을 들 수 있다. Alesina와 Perotti(1996)는 예산제도를 위계적(hierarchical) 예산제도와 합의적(collegial) 예산제도로 구분한 바 있다. 위계적 예산제도를 집권화된(centralized) 예산제도 그리고 합의적 예산제도를 분절화된(fragmented) 예산제도라고도 표현한다. 합의적 예산제도 하에서는 예산과정에서 다양한 이익이 반영되고 궁극적으로 지출 증가로 이어질 가능성이 매우 높다. 이와는 달리 위계적 예산제도 하에서는 예산편성과정에서 실무부처에 비해 중앙예산기관의 권한이 상대적으로 강하고, 예산심의과정에서는 행정부가 제안한 예산안을 의회가 수정할 수 있는 가능성이 낮으며, 예산집행과정에서는 다시금 의회가 예산을 수정할 수 있는 가능성이 낮은 것이 특징이다. 따라서 위계적 예산제도 하에서 재정규율이 유지될 가능성이 높다. 또한 재정위기가 발생한다 하더라도 집권화된 예산과정을 갖고 있는 국가가 분절화된 예산과정을 갖고 있는 국가에 비해 효과적인 재정건전화 정책을 추구할 수 있는 가능성이 높다. 이러한 공헌에도 불구하고 이 유형의 연구들은 예산제도가 재정성과에 미치는 영향에만 초점을 맞출 뿐, 예산제도가 이를 둘러싸고 있는 정치-행정제도와 어떻게 상호작용해서 어떤 재정성과를 낳는지를 분석하는데 까지는 이르지 못했다는 한계를 지니고 있다.

세 번째 유형은 예산제도와 정치-행정제도의 연계에 주목하는 연구이다. Alesina & Perotti의 연구를 발전시킨 Hallerberg(2004 & 2009)와 von Hagen(2007), Scartascini & Stein(2009) 등의 연구가 이에 해당한다. 이들에 따르면 예산제도는 단순히 진공 속에서 존재하는 것이 아니라 정치-행정제도와 긴밀하게 연계되어 있다. 예를 들어, 합의제 민주주의 보다는 다수제 민주주의에서 위계적 예산제도가 나타날 가능성이 높다. 또한 예산과정에서 행정부의 권한이 상대적으로 강한 경우에 위계적 예산제도가 나타날 가능성이 높다. 이 연구들에서는 예산과정에서 참여자들의 역할도 예산과정을 둘러싸고 있는 제도적 맥락에 따라 달라진다고 주장한다. 예를 들어, 예산과정에서 의원들의 행태는 단순히 선거제도에 의해서만 영향을 받는 것이 아니라 의회와 대통령과의 관계, 정당의 역할, 그리고 정당과 이익집단 간의 관계에 의해서도 영향을 받는다는 것이다(Scartascini & Stein, 2009). 정치·행정제도가 재정건전화 정책에 어떤 영향을 미치는가에 대한 본격적인 연구의 예로서는 Kickert & Randma - Liiv(2015)를 들 수 있다. 이 연구에서는 국가구조, 정부형태, 정부의 이데올리기적 지향 등이 유럽의 14개국의 재정건전화 정책에 각각 어떤 영향을 미쳤는지를 분석하고자 하였다. 그러나 일반화할 수 있는 연구결과의 도출에 실패하였음을 저자들 스스로도 인정하고 있는데, 가장 큰 이유는 재정건전화에 영향을 미치는 정치·행정제도들이 역사적 요인, 경제적 요인들과 상호작용하는 이른바 다중복합적 인과관계(multiple conjunctural causation)[1]를 보이기 때문이다. 이러한 다중복합적 인과관계를 분석하기 위한 연구방법은 소수의 사례에 대한 심층적인 분석이라고 할 것이다.

네 번째 유형의 연구로서는 사회집단과 정치제도와의 관계 속에서 재정건전화 정책의 내용과 추진 방식을 비교하는 연구이다. Breuning & Busemeyer(2012), Schäfer & Streeck(2013), Steinmo(2013)의 연구는 사회 집단 간 정치적 갈등 관계 속에서 재정건전화 정책이 어떤 모습으로 전개되는지를 분석하고 있는 연구이다. 그러나 이 연구들은 재정건전화가 갖는 정치적 의미에만 초점을 맞출 뿐 제도적 맥락에 주목하지 않는다는 한계를 지니고 있다. 최근에는 자본주의 다양성 이론에 기초하여 경제위기의 양상과 이에 대한 대응을 비교하는 연구들이 등장하고 있으나(Kahler & Lake, 2013), 아직까지 이 모형을 재정건전화 정책의 분석에 본격적으로 적용하는 연구는 없는 실정이다.

III. 재정건전화 정책의 비교제도분석

1. 자본주의 다양성과 대응의 다양성

2010년 초반에 당초 예상보다 세계경제의 성장이 빠르게 회복될 것이라는 전망이 나오자, 대부분의 국가에서 정책의 초점이 경제회복에서 재정건전성 회복으로 옮겨가게 된다. 2010년 이후 진행된 각국의 재정건전화 정책의 유사점과 차이점을 설명하기 위해서는 경제위기의 양상과 이에 대한 각국 정부의 대응을 이해할 필요가 있다. 왜냐하면 경제위기에 대한 각 국가의 대응은 제도적 맥락과 이전 시기의 정책유산에 의해 영향을 받을 뿐만 아니라, 경제위기에 대한 각국 정부의 대응방식과 제도적 맥락은 다시 재정건전화 정책의 구체적 내용과 추진방식에 영향을 미치기 때문이다.

이런 측면에서, 자유시장경제와 조정시장경제의 기본적인 제도적 맥락의 차이는 경제위기에 대한 대응과 이로부터 비롯된 재정건전화 정책의 차이점을 설명하는 데 있어 여전히 유효하다. 자본주의 다양성 이론에서는 선진 자본주의의 제도적 틀

---

1) 다중복합적 인과관계에 대한 보다 자세한 설명은 하연섭(2011)을 참고할 것.

을 크게 자유시장경제(liberal market economies)와 조정시장경제(coordinated market economies)로 구분한다. 자본주의 체제의 대표적인 구성 요소로서는 금융제도, 노사관계, 교육 및 훈련제도, 복지제도, 그리고 기업 간 관계 등을 들 수 있는데, 자유시장경제와 조정시장경제에서는 이러한 하위 제도들의 결합 방식이 사뭇 다르게 나타난다. 자유시장경제는 단기적인 시계를 가지며 고도의 위험을 용인하는 금융제도, 비규제적인 노사관계와 약한 노조, 일반교육을 강조하는 교육 및 훈련 제도, 기업 간 협력보다는 기업 간 경쟁을 촉진하는 제도 등을 특징으로 한다. 자유시장경제는 단기적인 시계를 가진 금융제도를 특징으로 하기 때문에, 기업들이 새로운 활동으로 재빠르게 전환하며 노동에 대한 고용과 해고가 자유롭게 이루어진다. 이와는 달리, 조정시장경제는 장기적 시계를 가진 금융제도, 협력적인 노사관계, 숙련 노동과 직업훈련에 대한 강조, 기업 간 협력이 특징이다(하연섭, 2011: 304-305).

자유시장경제의 대표적인 예는 미국과 영국이며, 조정시장경제의 대표적인 예는 독일과 스웨덴이다. 미국과 영국 등 자유시장경제에서는 노동과 자본시장의 유연성에 기초한 성장모델을 추구하고 있다면, 독일과 스웨덴 등의 조정시장경제에서는 숙련 노동에 기초한 전통적인 수출지향 전략을 추구하고 있는 것이 특징이다(Hall, 2013: 149). 따라서 금융위기의 발발과 함께 금융위기가 경제위기로 전환되는 과정 자체가 두 가지 유형의 자본주의에서 사뭇 다르게 나타날 뿐만 아니라, 경제위기가 재정위기로 전환되는 양태도 다르게 나타나게 되는 것이다.

경제위기가 도래했을 때, 정부의 초기 반응은 기존의 정책 틀에서 탈피하는 것이 아니라 기존에 해오던 방식으로 대응하는 것이 특징이다. 2000년대 이후 미국과 영국이 부채에 기초한 성장 모형을 추구해 왔다면, 독일과 스웨덴은 수출에 기초한 성장모형을 추구해왔다. 국내수요, 보다 정확하게는 부채에 기초한 국내수요에 의해 성장이 지속되어온 미국과 영국 등 자유시장경제에서 정부의 초기 대응은 감세정책과 지출증가를 통해 소비자 수요를 진작시키는 것으로 나타났다. 이와는 달리 독일과 스웨덴 등 조정시장경제에서 정부의 초기 대응은 고용을 유지하는 것으로 나타난 것이 특징이다. 제조업이 높은 수준의 산업 특정적 숙련에 의존하고 있는 조정시장경제의 경우, 숙련노동력의 유지가 국가경쟁력 유지의 핵심요소이다. 예를 들어, 독일의 경우 경제위기에 대한 초기의 정책대응이 자동차 구입에 대해 보조금을 지급하는 것으로 나타났는데, 이는 독일 경제를 지탱하는 핵심 제조업분야에서 고용을 유지하기 위한 정책이었던 것이다(Hall, 2013: 143).

2. 예산제도와 재정건전화

재정적자의 증가와 국가채무의 누적은 기본적으로 경제상황의 변화에 따라 발생하게 된다. 그러나 동일한 경제상황이라 하더라도 각 국가의 재정정책은 사뭇 다르게 나타나는 것이 일반적이다. 왜냐하면 예산은 단순히 경제상황을 반영하는 것이 아니라 사회집단들의 수요와 요구가 반영되는 것이기 때문이다. Wildavsky(1961)가 일찍이 갈파한 바와 같이 "예산은 본질적으로 정치적인 현상"으로서 사회집단의 요구가 정치과정을 통해 어떻게 예산으로 전환되는가가 예산의 팽창과 재정위기의 발생을 설명하는데 매우 중요하다. 이렇게 볼 때, 재정건전화의 특징적 모습을 설명하기 위해서는 사회집단의 요구와 재정 운용이 각국에서 어떻게 연결되는지에 초점을 맞출 필요가 있다. 이 때 사회집단의 요구와 재정 운용 간의 연계 고리가 바로 예산제도인 것이다.

최근 재정건전화를 둘러싼 논의에서 핵심적인 쟁점은 대응성 있는 정부(responsive government)와 책임성 있는 정부(responsible government)의 관계이다. 대응성 있는 정부란 사회집단의 요구를 정책과 예산에 반영하는 정부이다. 그런데 투입 측면에서 사회집단의 요구를 충실히 받아들이는 정부가 자칫 무책임한 재정운용을 함으로써 재정규율(fiscal discipline)이 와해될 가능성이 매우 높을 수 있다. 이렇게 볼 때, 재정건전화의 문제는 어떻게 책임성 있는 정부를 실현할 것인가의 문제라고도 할 수 있다.

책임성 있는 재정운용을 할 수 있는 정부란 Roberts(2010)가 표현한 대로 예산결정을 "탈정치화(depoliticization)"할 수 있는 정부이다. 사실, 재정건전성 확보의 문제는 궁극적으로 정책 자율성과 정치적 능력의 문제로 귀결된다. Wilson(1989)이 규제 정치의 유형화를 통해 설명한 바와 같이, 소수에게 편익이 집중되고 비용은 일반 국민에게 분산되는 고객정치(client politics)의 상황에서는 예산이 과잉 팽창할 가능성이 높다. 그러나 이러한 과잉 팽창된 예산을 개혁하려는 노력은 다시 비용은 소수에게 집중되고 편익은 다수에게 분산되는 기업가 정치(entrepreneurial politics)에 의해 좌절되기 십상이다. 이렇게 볼 때, 재정규율을 확보하기 위해서는 예산결정을 탈정치화시킴으로써 정책결정의 자율성을 확보할 수 있는 제도적 장치의 설계가 매우 중요하다고 할 것이다.

예산결정의 '탈정치화' 수단으로서 최근 주목하고 있는 것이 바로 예산제도의 개혁이다. 예산제도의 개혁은 크게 두 가지 방향으로 진행되고 있다. 첫째, 이익집단의 압력에 직접적으로 노출되어 있는 일선부처보다는 중앙예산기관의 기능을 강화하는 방향으로 예산과정을 개혁하는 흐름이다. 이는 예산과정을 집권화(centralization)하는 동시에 위계적(hierarchical)으로 만드는 것이다(Alesina & Perotti, 1996 & 1999; Hallerberg et al., 2004 & 2009; 하연섭, 2014). 이러한 변화를 반영하는 대표적인 정책수단이 바로 탑다운 예산제도이다. 둘째, 재정 운용에 있어서 정책 자율성을 확보하기 위한 또 다른 방편으로 등장한 것이 바로 재정준칙(fiscal rules)의 제정과 운용이다. 재정준칙, 특히 계량적 재정준칙이란 예산과 관련된 계량적 목표를 정해 놓고 이의 달성을 강제하는 것이다. 이러한 일련의 제도개혁을 통해 예산편성과정에서는 개별 이익집단의 요구를 직접적으로 반영하는 일선부처가 아니라 중앙예산기관의 역할을 강화시키고, 예산심의과정에서는 의회의 예산 수정 가능성을 제한하는 제도적 장치를 마련하고자 하는 일련의 움직임이 나타나기 시작한 것이다.

그러나 재정준칙과 재정건전화 간에는 이른바 역인과관계(reverse causality)가 존재할 가능성이 있다. 즉, 재정준칙을 제정·운영함으로써 재정규율이 확보된 것이 아니라 재정규율을 확보하기 위해 노력하는 정부에 의해 재정준칙이 도입될 가능성이 높다는 것이다(Sutherland et al., 2012). 예산개혁은 정치인들이 특정한 방향으로 의사결정을 했을 때 이들이 정한 목표를 달성하도록 하는 데에는 도움이 될 수 있지만, 정치인들이 특정한 방향으로 의사결정을 내리도록 유도하지는 못한다는 것이다 (Posner & Blöndal, 2012: 22).

결국 예산제도가 예산과정을 탈정치화·집권화시킬 수는 있지만, 예산제도를 통해 무엇을 어떻게 달성하고 또 무엇을 어떻게 제한할지는 정치적 합의를 통해 결정할 수밖에 없다. 다시 말해서, 제도가 정치적 결정을 대체할 수는 없는 것이며, 바로 이러한 이유로 유사한 예산과정과 재정준칙이 작동되고 있다 할지라도, 재정건전화의 구체적인 모습이 각 국가마다 다르게 나타나는 것이다. 그러므로 정치적 합의를 구현해 내는 메커니즘이 예산제도와 어떻게 상호작용해서 재정적 결과를 낳게 되는지를 심도 있게 분석할 필요가 있다.

3. 정치·행정제도

재정건전화 정책의 내용과 그 결정과정을 분석하는 데 있어서 예산과정과 예산제도만 고찰하는 것으로는 충분하지 않다. 어떤 예산제도가 어떻게 작동하는가는 이를 둘러싸고 있는 정치-행정제도에 크게 영향을 받기 때문이다. 따라서 사회집단의 다양한 선호가 예산과정을 통해 예산결과로 연결되는 제도적 맥락을 분석할 필요가 있다.

보다 구체적으로, 공유자원의 문제, 정보의 비대칭, 편익의 집중과 비용의 분산 등 예산을 둘러싼 다양한 문제가 어떻게 예산과정에 투영되는가는 예산과정을 둘러싼 정치·행정제도의 모습에 크게 영향을 받게 되는 것이다. 따라서 재정준칙―예산과정―정치·행정제도가 어떻게 상호작용함으로써 재정건전성을 회복할 수 있는지는 정책적·이론적으로 매우 중요한 문제라고 할 것이다.

재정건전화 정책의 추진 방식과 내용에 영향을 미치는 제도적 맥락으로서는 국가의 구조(단방제 국가 대 연방제 국가, 내각책임제 대 대통령제), 정치체제의 특징(합의제 민주주의 대 다수제 민주주의), 정부의 형태(단일정당 정부 대 다수정당 연합 정부), 선거제도(비례대표제 대 소선거구제), 행정부와 의회의 관계 등이 거론되고 있다.

국가의 구조(state structure)는 단방제 국가인가 연방제 국가인가 그리고 내각책임제인가 대통령제인가와 관련된 개념이다. 일반적으로, 연방제 국가에 비해 단방제 국가가 포괄적이고 신속한 재정건전화 정책을 추진할 가능성이 높다. 그리고 삼권분립을 특징으로 하는 대통령제 국가에 있어서는 행정부의 예산안이 의회의 예산과정에서 변경될 가능성이 높고 동시에 의회가 개별 특수이익에 대응할 가능성이 높기 때문에, 재정건전화 정책의 효과성이 높지 않을 가능성이 상대적으로 높다. 반대로, 대통령에게 예산권한이 집중되어 있는 경우에는 선거 주기에 따른 예산운용(electoral budget cycles)이 심화될 가능성도 있다.

정치체제가 다수제 민주주의(majoritarian democracy)인가 합의제 민주주의(consensual democracy)인가는 신속하고 급진적인 정책변화의 가능성에 영향을 미친다. 일반적으로 다수제 민주주의의 경우가 급진적인 재정건전화 정책을 추진할 가능성이 높다. 합의제 민주주의에서도 단일 정당에 의한 정부 구성인가 혹은 정당 연합에 의한 정부 구성인가에 따라 재정건전화 정책의 추진 가능성은 사뭇 다르게 나타난다. von Hagen(2007)과 Hallerberg 등(2009)에 의하면 의사결정권한의 집권화를 수반하는 위임(delegation) 모형의 경우 재무장관의 영향력은 매우 크며, 이 상황에서는 신속한 재정건전화 정책을 추구할 수 있는 가능성이 높아진다. 이와 반대로, 다수의 정당이 연합해서 내각을 구성하는 이른바 계약(contract) 모형의 경우에는 다양한 이해관계의 조정이 우선되어야 하기 때문에, 재정건전화 정책을 추진하기 위해서는 예산과정 참여자간 합의에 기반한 규칙의 제정이 매우 중요하다. 이와 관련해서 특히 주목해야 할 점은 이러한 계약모형 국가의 경우, 재정준칙이 예산과정 참여자들의 자율성을 구속하기 위한 방편으로 효과가 매우 크다는 것이다. 이와는 달리 단일 의사결정자의 영향력이 매우 큰 정치체제에서는 재정준칙 등의 규칙보다는 의사결정자의 정치적 격리성과 자율성이 재정건전화 정책의 성패를 좌우하는 매우 중요한 요인이 된다.

정치체제의 특성이 재정건전화 정책의 내용에도 영향을 미친다. Bruenig와 Busemeyer(2012)에 의하면 다수제 민주주의 하에서는 재정건전화 정책의 정치적 비용을 최소화하기 위해서 정부가 재량지출(discretionary spending)을 보호할 가능성이 대단히 높다고 한다. 왜냐하면 소선거구제에 기반하고 있는 다수제 민주주의 하에서는 예산 삭감의 영향이 특정 지역이나 특정 이익집단에 집중될 가능성이 높기 때문이다. 이와는 달리 비례대표제에 기반하고 있는 합의제 민주주의 하에서는 정당정치가 개별 특수이익에 대해서는 어느 정도 독립성을 유지할 수 있기 때문에, 재량지출을 줄일 가능성이 상대적으로 높다. 따라서 다수제 민주주의에서는 재량지출 대신 보장성지출(entitlement spending)을 줄일 가능성이 상대적으로 높은 반면, 합의제 민주주의에서는 복지지출 대신 재량지출을 줄일 가능성이 상대적으로 높다.

정부형태, 즉 단일정당 정부인가 다수정당 연합 정부인가도 재정정책의 추진에 영향을 미친다. Arimngeon(2012)에 따르면, 경제적 변수, 즉 국가채무와 재정적자의 규모, 자동안정화장치의 규모, 국내시장의 규모, 그리고 재정정책 효과의 다른 나라로의 유출 가능성 등은 국가 간 재정정책의 차이를 설명하는 데 있어 설명력이 매우 제한적이다. 경제적 변수들이 정책의 방향과 범위를 제약하긴 하지만, 궁극적으로 재정정책은 정치적 결정이기 때문에 결국, 단일정당 정부인가 혹은 다수정당 연립 정부인가가 재정정책의 차이를 설명하는 가장 중요한 변수라는 것이다. 특히, Armingeon에 의하면, 연립 정부보다는 단일정당 정부가 확장적 재정정책을 신속하게 활용할 가능성이 높다. 금융 위기 이후 확장적 재정정책을 활용한 국가인 호주, 캐나다, 뉴질랜드, 스페인, 영국, 미국은 모두 단일정당 정부라는 것이다.

그런데 확장적 재정정책이 아니라 재정건전화 정책의 추진에 있어서는 정부형태가 정반대의 영향을 미칠 수도 있다. 대부분의 재정개혁이 정부의 임기를 넘어 수 년간에 걸쳐서 이루어지기 때문에, 단일 정부에 의해 추진된 재정건전화 정책은 정권 교체에 따라 정책기조 자체가 뒤집힐 가능성이 높은 반면, 재정건전화 정책의 수립에 복수의 정당이 참여하는 경우 정권 교체에도 불구하고 재정건전화 정책의 지속가능성이 높다는 것이다(OECD, 2011a: 36).

선거제도 또한 재정건전화 정책의 내용과 추진 방식에 중대한 영향을 미친다. 예를 들어, 소선거구제에 의해 의회를 구성하는 동시에 의회가 상당한 예산 수정권한을 갖고 있는 경우에는 고객정치로 말미암아 특정 지역이나 특정 이익집단에 편익이 집중되는 동시에 비용은 전체적으로 분산되는 이른바 공유자원의 문제(common‒pool resource problem)가 나타날 가능성이 높다(Scartascini & Stein, 2009). 이와는 달리 비례대표제를 택하는 국가의 경우 예산과정 참여자들이 자신들의 결정에 수반되는 비용과 편익에 대해 전체적인 시각을 가질 가능성은 높아지지만, 유권자들에게 재정운용에 대한 직접적인 책임을 질 가능성은 오히려 낮아지는 문제가 있다.

그러나 재정건전화 정책의 내용과 추진 방식에 있어 국가 간 유사점과 차이점을 한두 가지 제도적 요인에만 초점을 맞추어 설명하기는 어렵다. 왜냐하면 특정 제도는 다른 제도와의 상호작용을 통해 정책에 영향을 미치기 때문이다. 그러므로 예산과정의 운용과 그에 따른 예산결과(budget outcomes)를 설명하기 위해서는 다양한 제도적 요인에 초점을 맞추는 동시에 이들 제도 간 상호작용에 주목할 필요가 있다.

4. 정책유산과 재정건전화

각 국에서 나타나는 재정건전화 정책의 특징에 대한 비교연구를 위해서는 역사적 유산에 초점을 맞출 필요가 있다. 우선, 2008년 금융위기 이전의 경제운용 방식에 따라 경제위기의 양상이 다르게 나타나고, 각 국가에서 상이하게 나타난 경제위기의 양상이 다시 재정위기의 양상에도 중대한 영향을 미쳤기 때문이다. 그리고 서로 다르게 나타난 재정위기의 양상에 따라 재정위기의 극복 방식도 국가마다 다르게 나타난다.

이와 동시에 재정건전화 정책의 비교에 있어서는 금융위기 이전에 예산운용과 관련한 어떤 제도적 틀이 마련되어 있었으며, 이러한 제도적 틀에 따라 각 국가마다 재정건전화 정책의 구체적 내용이 어떻게 나타나는지를 분석할 필요가 있다. 사례 분석의 대상으로 삼은 네 국가는 2010년 이후 본격적으로 나타난 재정건전화 정책이 기존 제도의 틀 내에서 추진된 경우와 경제위기가 예산제도를 변화시킨 경우로 나눌 수 있다. 미국과 스웨덴의 경우는 기존에 존재하던 제도적 틀 내에서 재정위기에 대한 극복 방식이 나타난 경우이다. 특히, 스웨덴에서는 1990년대 경제위기를 극복하는 과정에서 도입된 예산제도가 최근 경제위기에 대한 대응의 제도적 틀을 마련해 준 사례라고 할 수 있다. 영국과 독일에서는 경제위기가 예산제도를 변화시킨 경우에 해당한다. 즉, 경제위기가 예산제도를 변화시킴으로써, 새로운 '게임의 규칙' 하에서 위기 극복 노력이 나타난 경우이다. 어쨌건, 이전 시기 존재하던 제도적 틀과 이러한 틀에 의해 형성된 정책유산(policy legacy)이 금융위기 이후 재정위기의 양상과 재정위기의 극복 과정에 대해 중대한 영향을 미치고 있기 때문에, 재정 운용의 역사적 유산에 주목하면서 각 국의 재정건전화 정책을 비교할 필요가 있다.

2010년 이후 본격화된 각국의 재정건전화 정책의 구체적인 내용에 가장 직접적인 영향을 미친 요인은 위기 이전에 '재정건전성의 유지' 여부이다. 경제위기를 극복하기 위해서는 확장적 재정정책이 필요한데, 확장적 재정정책을 펼 수 있는 가장 중요한 경제적 조건이 경제위기 이전의 재정건전성 유지이기 때문이다. 균형재정과 낮은 국가채무를 경험하고 있는 국가의 경우에는 지출확대를 통해 수요를 진작시킴으로써 경제 활성화를 도모할 가능성이 높다는 것이다(Armingeon, 2012: 547).

다시 말해서, 재정흑자 혹은 균형재정을 시현하고 있는 상태에서 경제위기를 맞은 국가의 경우에는 재정적자를 시현하고 있는 국가에 비해 확장적 재정정책을 훨씬 용이하게 사용할 수 있다. 예를 들어, 경제위기 전에 재정흑자를 시현한 스웨덴, 핀란드, 덴마크 등은 안정과 성장에 관한 협약(Stability and Growth Pact)에도 불구하고 확장적 재정정책을 활용할 수 있었지만, 적자재정 상태에 있던 영국, 프랑스, 스페인 등의 경우에는 안정과 성장에 관한 협약이 확장적 재정정책을 사용하는데 걸림돌이 되었던 것이다(Cameron, 2012: 101 - 102).

특히, 북유럽국가의 경우 상당한 규모의 자동안정화장치와 함께 개인소득세를 중심으로 하는 소득탄력적인 세입구조를 유지하고 있었기 때문에 경제위기에 대응할 수 있는 매우 유리한 위치에 있었다고 할 수 있다(Bermeo & Pontusson, 2012: 15 - 19). 다시 말해서, 복지 프로그램 운영을 위한 재원조달을 소득탄력적인 개인소득세와 법인소득세에 의존한 국가의 경우에는 경제위기가 닥쳤을 때 감세정책을 포함하는 확장적 재정정책을 채택할 수 있었던 것이다(Cameron, 2012: 93).

이와 더불어, 효과적인 자동안정화장치가 존재할 경우 적극적인 재정정책(혹은 재정적 자극)의 활용 필요성이 그만큼 줄어든다. 경제가 수축하는 경우 세수입(개인소득세, 법인세, 소비세 수입)은 자동적으로 줄어들고 실업수당 등의 지출은 늘어나게 된다. 반대로, 경제가 팽창하면 세수입은 증가하고 지출은 줄어들게 된다. 따라서 자동안정화장치는 경제가 수축할 경우 세수입을 줄이고 지출을 늘리게 되는 반면, 경제가 팽창할 경우 세수입을 늘리고 지출을 줄이게 되어, 경기역행적인 수단으로서 기능하게 된다. 자동안정화장치의 크기는 세수입과 지출의 상대적 크기와 구성에 의존한다. GDP의 상당 부분이 세입과 지출에 충당되고 세입과 지출이 GDP의 변화에 민감한 경우에는 그렇지 않은 경우에 비해 상대적으로 자동안정화기능이 크게 나타난다 (Cameron, 2012: 103). 스웨덴의 경우 별다른 재정적 자극 없이도 자동안정화장치를 통해 경제회복에 성공한 대표적인 사례이다(Pontusson & Raess, 2012: 19).

Ⅳ. 재정건전화의 정치경제: 사례 분석

1. 미 국

2008년에 시작된 세계적 차원의 금융위기, 경제위기, 그리고 재정위기는 미국발 위기였다. 그러므로 2008년 이후의 경제위기와 재정위기를 이해하기 위해서는 미국 경제와 재정의 위기 양상을 이해할 필요가 있다.

미국의 경제위기는 부채의존 경제의 문제가 현재화된 것이라고 해도 틀린 말이 아니다. 미국은 금융위기 이전인 2001년에 일반정부 재정수지가 GDP 대비 −0.5%, 2007년에는 −3.5%로 상대적으로 양호한 재정 상태를 보이고 있었지만, 이것이 재정건전성을 의미하는 것이 아니었음에 주목할 필요가 있다. 금융위기 직전의 상대적으로 양호한 재정 상태는 경제적 붐(booming economy), 차입 비용의 감소, 그리고 자산가치의 상승이라는 거품 경제 때문에 일시적으로 나타난 현상에 불과했던 것이다. 글로벌 유동성의 공급에 따라 금융위기 이전에 실효이자율(effective interest rate)[2]이 지속적으로 낮아지고 있었기 때문에, 1990년대 중반 이후 정부의 이자지출이 큰 폭으로 감소하고 있었다. 이자지출의 하락 규모는 GDP의 2%를 상회하는 매우 큰 규모였는데, 국가채무비율이 지속적으로 높아지고 있는 상황에서 이는 매우 이례적인 현상이었다(Jonas & Petrova, 2014: 141−43).

경제성장, 차입비용의 하락 그리고 이자지출의 하락과 함께 재정성과에 영향을 미친 요인으로서는 자산 및 부동산 가격의 상승을 들 수 있다. 자산 및 부동산 가격의 상승은 직접적으로는 소득세 및 재산세 수입의 증가를 가져왔고, 간접적으로는 가계의 부를 증가시킴으로써 부가가치세 및 재화와 용역에 대한 세수입의 증가를 가져왔다. 자산 및 주택 가격의 상승에 따른 세수입 증가 규모는 매우 큰 편이었는데, 1990년대 후반 이후 자산가치의 상승으로부터 얻은 세수입의 증가가 GDP의 2%를 상회하는 수준이었다(Jonas & Petrova, 2014: 147−48). 다시 말해서, 글로벌 유동성 증가에 따른 직접적 이자비용의 하락과 자산가치의 상승에 따라 파생된 세수입의 증가가 GDP의 4%를 넘을 정도로, 거품경제가 건전재정으로 연계되는 착시현상이 지속되었던 것이다. 이러한 상황에서 2008년 금융위기에 따른 자산가치의 폭락이 곧 바로 재정위기를 초래할 수밖에 없었던 것이다(Jonas & Petrova, 2014: 147−49).

사실, 자본의 급격한 국제화를 빼놓고서는 미국의 최근 재정위기 현상을 이해할

---

2) 실효이자율이란 국가채무 규모로 나눈 이자비용을 의미한다.

수 없다. 금융위기 이전 미국의 경상수지 적자는 GDP의 6%를 상회하고 있었는데, 이는 역사상 가장 높은 수준이었다. 경상수지 급증의 주원인은 바로 부시 행정부의 재정정책에 있었다. 2001년 이후 국가안보와 의료비 지출 증가에 따른 재정지출의 급증에도 불구하고 감세정책을 유지함으로써 연방정부의 재정적자가 늘어나게 된 것이다. 그런데 이때 중국, 일본, 독일 등의 저축 증가가 부시 행정부로 하여금 재정적자를 메우는 수단이 되었고, 이것이 경상수지 적자의 원인이 된 것이다. 부시 행정부는 지출 증가와 감세 정책이라는 위험한 재정정책을 지속했지만, 금융시장의 글로벌화 덕분에 국내 민간투자에 대한 구축효과 없이 재정적자를 메울 수 있었던 것이다. 그러나 이러한 외국으로부터의 차입이 생산 능력 향상으로 이어진 것이 아니라 연방정부의 재정적자를 메우고 민간 주택과 소비를 위한 부채증가에 사용된 것이 문제였다(Broz, 2013: 94). 부시 행정부의 재정정책이 재정적자와 경상수지 적자라는 쌍둥이 적자의 증가를 초래하였지만, 외국자본이 쌍둥이 적자를 메우면서 자산 가치를 상승시키게 된 것이다.

전통적으로 우파 정당은 재정규율과 균형재정을 중시한다. 이런 측면에서, 부시 행정부의 거시경제정책은 매우 이례적이다. 자본의 글로벌화가 제한적이었던 1980년대 이전에는 우파 정당의 중요 정책방향이 재정규율의 확보였다. 대규모 외국자본의 유입이 없는 한, 재정적자는 국내 투자를 구축하게 되고, 그 결과 우파 정당의 주요 지지층인 기업의 이익을 훼손할 수밖에 없다. 그러나 자본시장의 글로벌화에 따라 국내 이자율의 상승과 이에 따른 구축효과 없이도 재정적자를 늘릴 수 있는 방법이 생겨난 것이다. 그 결과, 우파 정당의 정책방향이 적자재정을 용인하는 쪽으로 바뀌게 된 것이다.

자본이 국제적으로 이동하는 상태에서는 재정적자가 우파 정당에게 정치적 자산이 될 수도 있다. 자본유입을 통해 재정적자를 메우게 되면, 자산가격이 상승하고, 자산가격 상승을 통한 혜택은 주로 우파 정당의 지지층인 주택소유자와 자산소유자들에게 귀속된다. 이에 더하여 주택 소유를 위한 금융적 장애를 제거함으로써 전통적으로 민주당 지지파인 저소득층 유권자들을 경제적으로 보수적으로 만듦으로써 이들을 공화당 지지파로 전환시킬 수 있다. 다시 말해서, 자본의 글로벌화 덕분에 균형재정 유지의 필요성이 약화되었을 뿐만 아니라 자산소유자들에게는 단기적 부의 효과(wealth effects)를 발생시킴으로써, 재정적자가 갖는 정치적 의미가 근본적으로 바뀌게 되었던 것이다(Broz, 2013: 95 – 100).

결국 쌍둥이 적자의 증가, 외국자본의 유입, 자산가치의 상승의 절묘한 결합이 일거에 무너져 내린 것이 바로 2008년의 리먼 브러더스의 파산으로 대표되는 금융의 부실화였으며, 이로부터 세계적 차원의 금융위기와 경제위기가 촉발되었던 것이다. 그리고 경제위기의 심화에 따라 자동안정화 장치가 작동됨과 동시에 경제위기를 극복하는 과정에서 1.1조 달러가 넘는 확장적 재정정책을 활용함으로써 2007년 GDP 대비 3.5%였던 재정적자가 2009년에는 12.7%에 달할 정도로 재정위기가 현재화 되었던 것이다. 이에 따라 국가채무도 50% 포인트 이상 증가하여 2013년에 이르면 GDP 대비 102.68%에 도달하게 된다.

부채의존 경제가 재정위기를 초래하였다면, 미국 사회에서 심화되고 있는 정치·경제적 양극화가 재정건전화를 가로 막는 근본적인 원인이 되고 있다.[3] 재정건전화는 이에 수반되는 부담의 배분을 초래하기 때문에, 본질적으로 정치적인 결정이다. 그러나 정치적 양극화와 이데올로기적 경직성의 심화는 재정건전화를 위한 정치적 합의 자체를 불가능하게 만들고 있다. 다시 말해서, 미국의 경우 주요한 재정 및 예산정책에 대한 정치적 합의의 부재와 함께 분절화된 예산과정은 재정건전화 정책이 일관된 방향으로 진행되는 것을 가로막는 가장 큰 장애물이라고 할 수 있다(IMF, 2014: 97; Poster & Fantone, 2015: 34).

재정준칙은 재정위기를 극복할 정치적 합의 도출이 불가능한 상황에서 정치적 합의를 대체하기 위한 수단으로 등장한 것이다. 즉, 미국의 경우 재정건전화를 위한 사회적 합의의 결과로서 재정준칙이 등장한 것이 아니라, 사회적 합의가 거의 불가능한 상황에서 사회적 합의를 대체할 고육지책으로 등장한 것이 재정준칙인 것이다. 바로 이러한 이유로 최근 몇 가지 재정준칙을 제정했지만, 재정준칙을 제대로 작동시킬 수 있는 '포괄적인 동시에 목표 연도를 정한 재정적 목표(comprehensive time-bound fiscal objectives)'가 존재하지 않고 있는 것이다(IMF, 2014: 101).

이 때문에 미국의 재정건전화 정책은 임시방편적인 조치에 의존할 수밖에 없는 것이 현실이다. 예를 들어, 미국 의회는 2011년의 예산통제법(Budget Control Act)을 통해 예산심의과정에서 책정할 수 있는 재량지출의 상한선(caps)을 다시 도입했다. 예산통제법에 의하면, 2012 회계연도와 2013 회계연도에는 안보 및 비안보 분야에 대해 별도의 상한선이 설정되었지만, 2014년부터 2021년까지는 재량지출 전체에 대해 상한선이 설정되어 있다. 그런데 재정의 지속가능성을 확보할 수 있는 중기적인 차원의 포괄적인 예산적자 감축 계획(medium-term comprehensive deficit reduction

---

3) 미국 사회의 정치·경제적 양극화에 대한 탁월한 분석은 Hacker & Pierson(2010)을 참조할 것.

plan)이 마련되어 있지 않기 때문에, 추가적인 자동삭감(sequester)이 2013년 3월에 적용되었으며, 2023년까지 지속될 예정이다. 자동삭감의 구체적인 내용은 2014-23년 사이에 1.2조 달러의 적자감축을 매년 동일한 규모로 진행하도록 되어 있으며, 절반은 국방지출, 그리고 나머지 절반은 국내 프로그램이 대상이다. 그러나 사회보장, 메디케이드(Medicaid) 등 보장성지출(entitlement programs)은 자동 삭감의 대상이 아니다. 무엇보다도 연방정부 지출의 2/3를 차지하고 있는 의무지출에 대해서는 재정준칙이 적용되지 않기 때문에 세출을 통제하는 데에는 상당한 한계가 있다(IMF, 2014: 99).

그러나 2013년에 제정된 초당적 예산법(Bipartisan Budget Act)은 2014년과 2015년으로 예정된 자동삭감을 유예하는 대신 장기적인 예산개혁을 추진하기로 한 바 있다. 이 법에 따르면 향후 10년 동안 총 3조 달러에 달하는 재정적자를 감축키로 하였는바, 2011년의 예산통제법에 규정한 약 1조 달러의 감축과 함께 향후 10년 동안 4조 달러 이상의 재정적자를 감축토록 한 것이다. 또한 자동삭감이 2016년부터 2024년 사이 다시 적용될 예정이다(OECD, 2015b: 185).

최근 미국의 재정건전화 정책과 관련하여 가장 오해되고 있는 것이 PAYGO 준칙과 자동삭감(sequestration)이다. 미국 의회는 재정적자 통제 수단으로 2010년에 다시 PAYGO 준칙을 도입하였는데, 핵심적인 내용은 지출을 수반하는 법안은 다른 지출 프로그램의 감축이나 새로운 수입원의 창출을 통해서 적자 중립적이어야 한다는 것이다. 그러나 의무지출 제외 등 여러 가지 예외 등으로 인해, PAYGO의 실질적인 효과는 상당히 제한되어 있다(IMF, 2014: 99). 예를 들어, 2011년에 제정된 예산통제법(Budget Control Act)만 하더라도 재정적자의 근본적인 원인인 의무지출은 도외시한 채, 향후 10년 동안 적자감축의 90%를 재량지출에 대한 상한선 설정과 자동삭감을 통해 달성할 계획이었다(Palmer & Penner, 2012: 27-28).

포괄적이고 효과적인 예산제도란 우선순위 설정과 지출 간 상쇄효과(trade-off) 등을 면밀히 검토하는 예산제도를 의미하지만, 미국 예산제도는 이 기능을 제대로 수행하지 못하고 있다(Ryan, 2011: 4). 우선순위 설정과는 상관없이 적자 감축 방안으로 등장한 것이 자동삭감이다. 그런데 자동삭감은 그야말로 모든 예산을 무차별적으로 삭감하겠다는 것이 본래 의도가 아니라, 무차별적인 자동삭감의 위협이 미국 의회로 하여금 우선순위에 입각한 예산감축을 할 수 있도록 강제할 것이라는 믿음에 기초하고 있다(Meyers, 2014: 6).

예외로 뒤범벅이 된 PAYGO 준칙, 고육지책으로서의 자동삭감, 임시방편적인 예산개혁위원회의 운영[4] 등은 미국에서 정상적인 예산과정이 완전히 실패했음을 보여주는 것이다(Rivlin, 2012: 53). Rivlin(2012: 54)이 지적한 대로, 실패한 예산과정은 정치과정의 증상일 뿐 원인은 아니다. 예산운용에 관한 사회적 합의를 거의 불가능하게 만드는 미국의 정치·경제적 양극화와 함께 이러한 양극화된 사회적 이익이 여과장치 없이 그대로 예산과정에 전달되고 있는 것이 미국 예산정치의 현재 모습이자 한계이다. 사회적 이익으로부터 절연된 정치적 격리성과 집권화된 예산결정과정이 존재하지 않는 상태에서는, 재정준칙이 미봉책으로 그칠 뿐 재정건전화로 연결되지 않는다는 점을 미국 사례는 극명하게 보여주고 있는 것이다.

2. 영 국

영국은 금융위기 직전인 2007년에 재정적자가 GDP의 약 3%였지만, 2009년에는 10%를 넘어섰다. 2010년에 집권한 보수당–자유민주당 연립정부는 재정건전성 회복을 최우선의 정책목표로 설정하였고, 강력한 재정건전화 정책을 시행하였다. 2014년 재정적자가 여전히 GDP의 5%를 상회하고 있지만, 영국 정부의 일련의 노력은 재정건전성 확보에 대한 시장의 신뢰를 회복하는 데는 성공한 것으로 평가되고 있다(OECD, 2015b: 180).

정부형태가 재정건전화 정책의 추진에 미치는 영향에 관한 대부분의 논의는 단일 정당 정부가 복수 정당에 의한 연립정부에 비해 훨씬 신속한 의사결정을 할 수 있는 것으로 주장하고 있다. 그러나 2008년 경제위기 이후 영국의 재정건전화 정책 추진 방식은 이러한 기존 논의와는 완전히 배치되는 사례이다. 무엇보다도 2010년의 총선을 앞두고 있는 상황에서 노동당 정부는 뚜렷한 재정건전화 정책을 마련하지 못한 상태였고, 오히려 2010년 5월 총선 이후 연립내각을 구성하게 된 보수당–자유민주당 연립 정부에서 신속하면서도 급진적인 재정건전화 정책을 추진하게 되었다. 특히, 영국에서 향후 3년간의 부처별 지출상한을 정하는 지출검토(Spending Review)가 정상적으로는 2009년에 실시되어야 했지만, 선거를 의식한 노동당 정부에서 2009년에 이를 시행하지 않았기 때문에 새로 집권한 노동당–자유민주당 연립정부로서는 기존 재정정책에 구애됨이 없이 재정건전화 정책을 추진할 수 있었던 것이다(Kickert & Randma–Liiv, 2015: 114–15).

다른 OECD 국가와 비교할 때 영국은 거의 전적으로 지출 측면에서 재정건전화

---

4) 2010년의 the Presidents' Commission on Fiscal Responsibility and Reform (the Simpson Bowles Commission)과 2011년의 the Joint Select Committee (Super Committee) 등이 그 예이다.

가 추진된 대표적인 사례이며, 이른바 효율성 절약(efficiency saving), 즉 운영비 삭감을 통해 지출증가를 억제한 대표적인 사례이다. 그리고 이러한 재정건전화 정책의 주요 기제가 바로 각 부처의 지출 총액에 대해 3년간의 상한을 설정하는 주기적인 지출 검토이다. 이에 더하여 영국 정부는 복지상한선(welfare cap)을 통해 사회복지지출 총액에 대해서도 상한선을 설정하고 있다. 이를 통해 사회복지지출 내에서의 우선순위 설정과 지출 합리화를 도모하고 있는 것이다(OECD, 2015b: 180-81).

또한 영국 정부는 2011년부터 회계연도 말의 이월 허용 제도를 폐지하고 대신 '예산교환(budget exchange)' 제도를 도입하였다. 예산교환 제도란 각 부처가 회계 연도 말 이전에 지출을 포기한 금액을 미리 중앙예산기관에 통보하는 대신, 내년도 예산 배분을 그 만큼 늘리는 제도를 의미한다(OECD, 2015b: 181). 회계연도 말의 이월 허용 제도는 연도말 집중 지출이라는 예산운용의 문제점을 해소하기 위해 도입했던 것으로, 예산집행의 신축성을 확보할 수 있는 방안으로서 OECD를 비롯한 국제기구에서도 예산운용의 모범제도(best practice)로서 다른 국가들에 널리 홍보했던 제도이다. 영국 정부에서 이 제도를 폐지한 근본적인 이유는 대부분의 부처들이 이월한 금액을 다음 회계연도 지출에 바로 사용하지 않고, 지속적으로 축적해 왔기 때문이다. 다시 말해서, 예산운용의 신축성을 확보하기 위해 도입한 예산제도를 각 부처들은 긴급 상황에 대처하거나 다른 정책 목표 실현에 활용할 여유자금으로 축적해왔던 것이다. 그 결과 정부 전체 차원에서는 적자가 발생하고 있지만 각 부처는 여유자금을 축적하고 있는 상황이 발생했던 것이며, 이 문제를 해결하기 위해 일정한 한도 내에서만 당해 연도에 절약한 예산을 차년도에 사용하도록 허용하는 '예산교환' 제도를 도입하게 된 것이다. 2011년 이후 영국정부는 이른바 효율성 절약을 통해 전체 경상경비의 30% 이상을 절감한 것으로 알려져 있는데, 이러한 막대한 경상경비 절약의 이면에는 그 동안 축적된 여유자금의 해소가 있었음에 주목할 필요가 있다.

대부분의 국가에서 재정건전화 정책의 추진 수단으로서 운영비 삭감보다는 프로그램 지출 삭감에 주력한 것이 특징이지만, 예외적으로 영국의 경우에는 프로그램 지출의 삭감보다는 운영비 삭감에 주력한 것이 특징이다(OECD, 2011a: 41). 지출에 대한 통제를 강화하고 행정비용을 절감하기 위해 영국 정부는 2011년 4월부터 경상경비 한도를 공공기관(non-departmental public bodies)까지 포함해서 설정하고 있다. 이를 통해 각 부처가 행정비용을 줄이는 방편으로 공공기관을 설립하는 유인을 줄이는 동시에 정부 전체를 대상으로 비용 절감을 유도하고 있다. 영국정부는 2011년과 2016년 사이에 행정비용을 약 33% 정도 감축하고자 시도하고 있으며, 이 과정에서 공공부문 인력 약 33,000명에 대한 해고 조치가 이루어진 바 있다[5](OECD, 2011b: 45). 그러나 이러한 강력한 재정건전화 조치에도 불구하고 영국 경제와 재정은 여전히 회복되지 못하고 있다.

2010년에 영국 정부는 노동당 정부에서 도입하였던 이른바 황금률(golden rule, 경상예산은 균형을 유지)과 지속가능한 투자 규칙(공공부문의 순부채를 GDP의 40% 이내로 제한)을 폐지하는 대신 두 가지 재정준칙을 새로이 도입하였는데, 이를 통해 2015년까지 구조적 재정수지의 균형 달성, 2015−16년까지 공공부문 순부채의 감소를 규정하였으며, 이 준칙에 대한 준수 여부를 새롭게 설치한 예산책임처(Office for Budget Responsibility; OBR)가 점검하도록 되어 있다(OECD, 2012: 250; IMF, 2014: 93).

보수당−자유민주당 연립정부의 재정개혁 중 눈여겨봐야 할 기구의 설립이 바로 예산책임처의 설립이다. 영국도 스웨덴이나 다른 북유럽 국가처럼 top−down 예산제도를 운영하고 있지만, top−down 예산제도의 중요한 전제조건이라 할 수 있는 경제 예측의 타당성을 검증할 수 있는 장치를 갖추지 못하고 있었다. 이러한 문제를 해결하기 위해 보수−자유민주 연합에서 새롭게 설치한 것이 예산책임처이다.[6] 2010년 5월에 설립된 예산책임처는 예산편성 시에 사용할 독립적인 거시경제예측과 재정예측의 제공, 재정준칙의 준수 여부 감시, 재정의 장기적 지속가능성 평가 등의 임무를 수행하고 있으며, 2013년부터는 정부가 설정한 복지지출 상한선 준수 여부를 모니터링히는 임무를 수행하고 있다(IMF, 2014: 92; OECD, 2015b: 182).

3. 독 일

독일 사례는 이른바 조정시장경제에서 경제위기가 어떤 양상으로 전개되었으며 정부가 어떻게 대응했는지를 보여주는 대표적인 사례이다. 독일의 경우는 거시경제정책과 주택정책 등에서 미국과는 정반대되는 사례이다. 금융위기 이전 1998년부터 2005년까지 집권했던 사회민주당과 녹색당 좌파연립정부는 매우 보수적인 거시경제정책을 추구하면서 복지프로그램을 감축한 바 있으며, 그 결과 저축의 증가와 함께 궁극적으로 경상수지 흑자를 시현할 수 있었다. 이러한 보수적 거시경제정책은 우파성향의 기민당 정부가 들어선 이후에도 지속되었으며, 이러한 이유로 미국이나 영국과 달리 부동산 거품이나 가계부채의 증가현상이 나타나지 않았던 것이다(Broz, 2013: 93).

---

5) 보다 자세한 내용은 HM Treasury 2010, Spending Review 2010을 볼 것.
6) Office of Budget Responsibility 설립에 관해서는 Kickert & Randma−Liiv(2015)를 참조할 것.

2008년의 세계금융위기가 독일경제에도 상당한 영향을 미쳤지만, 경제위기에 대한 독일 정부의 대응 또한 조정시장경제의 특징을 그대로 보여준다. 독일의 경우 숙련노동(skilled labor)에 기반한 기계산업, 장치산업, 자동차산업 등에서 세계적인 경쟁력을 갖고 있을 뿐만 아니라 노사협의체를 통한 노사갈등의 해결이 기본 특징이다. 이로 인해 경제위기의 극복을 위해 미국 등의 자유시장경제에서 일반적으로 나타나는 것처럼 노동시장의 유연성 확보를 통해 산업경쟁력 향상을 추구한 것이 아니라 이와는 정반대되는 노동력 보존(labor hoarding)을 통한 경제회복을 추구했다는 점에 주목할 필요가 있다. 즉, 경제위기에 대한 대응책으로서 독일 정부가 추구한 정책이 바로 기업에 의한 노동력 보존과 자동차 산업에 대한 보조금 지급 정책이었던 것이다(Schelkle, 2012: 131).

2011년 초에 오게 되면 독일 경제가 완연한 회복세를 보이는데, 독일 경제의 빠른 회복은 중국을 중심으로 한 동아시아 경제의 빠른 성장에 따른 기계산업 및 장치산업에 대한 해외 수요 증가에 기인한 바 크다. 특히, 노동력 보존을 통한 숙련 노동력의 유지가 해외에서의 수요 증가에 빠르게 대응할 수 있었던 주요 요인이라고 할 것이다. 이와 동시에 기업들의 노동력 보존에 따른 실업률의 빠른 하락, 실업률 하락에 따른 가계 저축률의 하락과 민간소비의 증가가 경제성장을 견인하였던 것이다(OECD Economic Outlook, 2012).

독일의 기본적인 제도적 특징이라 할 수 있는 조정시장경제가 노동력 보존을 통해 경제위기의 심화를 사전적으로 예방했다면, 독일의 독특한 행정제도가 재정건전화정책의 내용에 중요한 영향을 미친다. 영국과 달리 독일에서는 재정건전화정책이 경상경비 감축이 아니라 주로 프로그램 지출의 감축을 통해 이루어졌다. 그렇지만 경제의 장기적인 성장을 견인할 수 있는 투자적 지출에 해당하는 교육 및 과학기술 그리고 공공투자 예산은 거의 줄이지 않은 것이 또 다른 특징이다(Kickert et al.: 2013).

독일에서 경상경비 감축이 이루어질 수 없었던 이유는 독일 관료제의 특징에 기인한다. 독일의 경우 공무원들의 법적 지위 때문에 공무원들의 해고와 급여삭감이 가능하지 않다. 또한 호봉제에 의한 급여 인상 때문에 급여 동결도 불가능하다. 따라서 독일에서 인건비 절감을 기할 수 있는 방법은 아예 신규채용과 대체인력을 줄이는 것 외에는 없으며(Kickert et al., 2013: 24), 이러한 이유로 영국과는 달리 재정건전화 정책의 추구에 있어서 경상경비 감축이 거의 나타나지 않았던 것이다. 그러나 다른 OECD 국가와 비교할 때, 경제위기를 손쉽게 극복했고 그 결과 재정위기의 양상이 심각하게 나타나지 않았던 만큼, 독일에서의 재정건전화 정책도 상대적으로 매우 약한 상태로 나타났었다.

독일이 추구한 재정건전화 정책의 또 다른 특징은 재정위기에 대한 대응과정에서 새로운 '게임의 규칙'을 만들었고, 이러한 새로운 게임의 규칙 하에서 재정위기에 대한 대응이 나타나고 있다는 점이다. 금융위기 이후 독일에서는 예산규율이 한층 강화되었고 예산과정이 집권화되었다. 독일 정부는 2009년에 채무준칙(debt brake rule)을 헌법에 규정하였는데, 연방정부의 구조적 적자를 GDP의 0.35% 이내로 제한하는 동시에 주정부의 경우에는 적자를 아예 용인하지 않는 규정을 새롭게 만들었다. 이러한 구조적 재정적자에 대한 상한선은 연방정부 수준에서는 2016년부터, 주정부 수준에서는 2020년부터 적용될 예정이다. 또한 연방정부와 주정부의 예산운용을 규칙적으로 모니터링하고 정부 간 재정운용을 조정하기 위하여 2010년에 안정화 위원회(Stabilitätsrat)를 설립한 바 있다(IMF, 2014: 37-39; OECD, 2014).

2011년에는 연방정부 수준에서 top-down 예산제도를 도입하였다. Top-down 예산제도는 새롭게 도입한 채무준칙과 예산과정이 정합성을 갖도록 하는 동시에, 예산배분과정에서 정치적 우선순위를 반영하기 위한 목적으로 도입한 것이다. 매년 3월, 재무부가 지출 총액과 각 부처 예산을 대상으로 다년도 상한선을 설정하고 있으며, 이러한 상한선은 중기재정계획과 연간 예산편성에 대해 구속력을 갖고 있다(IMF, 2014: 40). Top-down 예산제도는 중기재정계획과 결합함으로써 재정정책의 방향에 대한 불확실성을 제거하며, 이를 통해 재정의 지속가능성에 대한 국내외의 신뢰를 제고하는 데 기여하고 있는 것으로 평가되고 있다(OECD, 2014).

4. 스웨덴

스웨덴은 2008년 금융위기 이후 경제위기를 극복하는 과정에서 재정건전성 훼손에 대한 우려 없이 확장적 재정정책을 펼침으로써 경제위기를 손쉽게 극복한 사례인 동시에, 2008년 이후에 예산제도의 개혁을 포함한 재정개혁이 시도되지 않으면서도 재정건전성을 유지한 독특한 사례이다. 세계 금융위기 직전인 2007년에 스웨덴은 GDP 대비 3.3%의 재정흑자를 시현하고 있었으며 이를 기반으로 스웨덴 정부는 이른바 '적극적 안정화정책(active stabilization policy)'을 추진할 수 있었던 것이다(OECD, 2015b: 169).

2008년 이후에 나타난 스웨덴의 재정건전화 정책의 독특성을 이해하기 위해서는 1990년대 초반 스웨덴이 경험했던 경제위기와 이 위기를 극복하는 과정에서 도입한 예산제도의 영향력에 주목할 필요가 있다. 스웨덴은 1990년대 경제위기를 극복하는 과정에서 도입한 예산제도가 최근 경제위기에 대한 제도적 틀을 마련해 주었을 뿐만 아니라 이러한 제도적 틀에 의해 확립된 재정규율 덕분에 경제 활성화를 위한 재정정책을 용이하게 활용할 수 있었던 사례이기 때문이다.

1990년대 경제위기를 극복하는 과정에서 도입한 스웨덴의 재정제도(fiscal framework)는 네 가지 요소로 구성되어 있다. 일반정부부문에 대한 흑자 목표치(surplus target), 중앙정부에 대한 지출상한선(expenditure ceiling)과 top-down 예산제도, 지방정부에 대한 균형예산, 그리고 독립적 재정정책위원회(fiscal policy council)의 설립이 그것이다. 경제위기 직후인 1994년 선거에서 재집권에 성공한 사회민주당 정부는 1996년에 top-down 예산제도를 도입했으며, 이를 뒷받침하기 위해 중앙정부를 대상으로 향후 3년을 대상으로 설정하는 지출상한선 제도를 도입했다. 그리고 1997년에는 일반정부를 대상으로 재정흑자 목표치를 설정하는 제도를 도입했으며, 이를 2001년부터 시행 중이다. 재정흑자 목표치란 경기순환주기(business cycle) 동안 일반정부가 평균 1%의 흑자를 시현하도록 하는 제도이다.[7) 지방정부에 대한 균형예산 유지 요구는 2000년부터 시행 중이다. 2011년의 경우 스웨덴 지방정부의 지출이 총지출의 70.9%를 차지할 만큼 지출의 상당 부분을 차지하고 있기 때문에, 지방정부에 대한 균형예산 유지 요구는 재정건전성 확보 측면에서는 매우 중요한 제도적 장치이다(Jonung, 2013: 10).

이상의 세 가지 재정제도는 1996년부터 2000년 사이에 집권했던 사회민주당 정부에 의해 도입된 것이었지만, 스웨덴 재정제도의 네 번째 요소인 독립적 재정정책위원회는 2007년에 우파연립정부에 의해 도입된 것이다. 재정정책위원회는 재정정책에 대한 모니터링, 정책목표 달성의 평가, 그리고 경제정책의 투명성 확보를 주된 임무로 한다. 그리고 2010년에는 우파연립정부가 지출상한선 설정과 재정흑자 목표치를 의무화하는 법안을 통과시킴으로써 재정제도를 강화하는 조치를 취한 바 있다.

스웨덴의 재정제도 중 재정건전성 유지에 가장 큰 영향을 미치는 제도는 지출상한선이라고 할 수 있다. 경기순환주기라는 다소 모호한 기준을 사용하는 재정흑자 목표치와는 달리, 지출상한선은 단순 명쾌할 뿐만 아니라 이를 통해 중앙예산기관인 재무부가 집권화된 상태에서 실무부처를 통제할 수 있기 때문이다. 무엇보다도 스웨덴의 재정제도는 1990년대의 재정위기에 대한 제도화된 집합적 기억(institutionalized collective memory)을 반영하는 것으로서, 정치적 지향에 관계없이 모든 정당들의 정

---

7) 그러나 경기순환주기를 어떻게 설정할 것인가에 대해서는 명쾌한 규정이 없는 실정이다.

책을 규율하고 있는 것이 특징이다(Jonung, 2013: 19). 다시 말해서, 1990년대 경제위기 이후 재정규율을 확보할 수 있는 재정제도가 도입되어 있었을 뿐만 아니라, 경제위기에 따른 재정위기의 심화라는 집합적 기억이 모든 정파에 존재하고 있기 때문에 재정건전성 유지에 대한 정치적 의지(political commitment)가 스웨덴 모든 정파를 지배하고 있었다고 할 것이다. 그리고 이러한 재정제도와 정치적 의지가 일종의 경로의존으로 작용해서, 재정건전성으로부터의 이탈이 상당한 정치적 비용을 유발할 수밖에 없게 된 것이 스웨덴의 핵심적인 특징이라고 할 수 있다(Boije & Kainelainen, 2011: 335-36).

이러한 재정제도의 틀 안에서 재정운용을 해왔고 그 결과 세계적 경제위기 국면의 초기 단계에서 구조적 흑자를 시현하고 있었기 때문에, 스웨덴 정부가 경제위기에 대해 적절히 대처할 수 있었다고 할 수 있다. 즉, 경제위기 전에 재정건전성을 유지하고 있었기 때문에 경기 부양을 위해 별 어려움 없이 재량지출을 증가시킬 수 있었던 것이다. 또한 공공부문의 크기와 함께 세출과 세입의 규모가 상대적으로 크기 때문에 경제위기 국면에서 자동안정화 장치의 효과가 상대적으로 크게 나타난 것도 스웨덴이 경제위기를 어렵지 않게 극복한 이유이다. 이와 동시에 경제위기의 극복 과정에서 스웨덴 정부의 경제정책은 독일과 마찬가지로 조정시장경제의 특징을 그대로 보여준다. 즉, 경제위기에 대한 대응이 인력 감축을 포함한 구조조정으로 나타난 것이 아니라 오히려 숙련 노동을 유지하기 위한 노동력 보존으로 나타났고, 이를 통해 실업을 사전적으로 예방함으로써 총수요를 유지할 수 있었던 것이다. 특히, 숙련 노동의 유지에 따라 대외경제 환경의 변화가 경기 회복, 나아가 재정건전성의 회복으로 빠르게 전환될 수 있었던 것이 스웨덴의 특징이다(Bergman, 2011: 449).

스웨덴의 경우 매우 이례적인 현상은 2000년에 집권한 중도우파 정당이 1930년대의 중도좌파 정당이 한 것보다 더 확장적인 재정정책을 채택했다는 사실이다. 일반적으로 고용확대에 더욱 관심을 갖는 좌파정당이 확장적 재정정책을 택하는 반면, 우파정당은 세입감축을 상대적으로 강조하는 경향이 있다(Lindvall, 2012: 239-40). 그런데 이러한 일반적인 경향과는 달리 2000년대에 중도우파 정당이 1930년대의 중도좌파 정당보다 더 확장적인 재정정책을 펼 수 있게 된 주요한 요인은 2000년대에 들어서면서 스웨덴의 주요 정당들 간 기본적인 정치경제 제도에 대해서는 암묵적 합의가 이루어졌기 때문이라고 할 수 있다.

스웨덴에서 중도우파연합이 2006년 총선에서 승리할 수 있었던 이유는 이전에 사회민주당이 추구했던 정책들을 대거 수용했기 때문이다. 그리고 1994년부터 2006

년 사이에 집권했던 사회민주당도 이미 중앙으로 정책노선을 상당 수준 이전시킨 상태였다. 무엇보다도 중요한 것은 스웨덴의 주요 정당들이 정부의 역할과 공공부문의 크기에 대해 암묵적인 합의를 이루었다는 사실이다8)(Lindvall, 2012: 244－45).

우파정당과 좌파정당의 정책대안에서 큰 차이가 없어졌기 때문에, 최근 스웨덴 유권자들은 국가를 운영할 수 있는 정당의 '기술적 능력'(technical capacity to rule the country)에 초점을 맞추는 경향이 두드러진다. Lindbom(2014: 202)에 의하면, "정당 선택에 있어서 국가운영의 능력이 가장 중요한 요인이라고 응답한 사람이 2002년에는 31% 이었지만, 2006년에는 42%, 2010년에는 51%로 증가하였다"고 한다.

그렇다면 높은 수준의 복지지출에도 불구하고 재정건전성을 유지하고 있는 스웨덴의 비결은 무엇인가? 제도적 차원에서 볼 때, 정치엘리트의 정치적 격리성에 기초한 집권화된 의사결정체제와 기술관료적 정책결정(Steinmo, 2013: 84－87) 그리고 예산제도와 정치·행정제도의 정합성(Jensen & Davidsen, 2015: 196)이 스웨덴이 유지하고 있는 재정건전성의 주된 요인이라고 할 수 있다.

V. 요약 및 결론

재정건전화는 기본적으로 정부 수입과 지출의 격차를 줄이는 작업이며, 이 과정에서 사회적 부담의 배분을 초래할 수밖에 없는 정치적인 현상이다. 따라서 예산운용을 둘러싼 정치적 갈등을 어떤 방식으로 조정하는가가 재정건전화의 핵심적인 내용이라고 할 수 있다. 그런데 예산을 둘러싼 정치적 갈등의 조정은 제도적 맥락에 크게 영향을 받기 때문에, 재정건전화 정책의 비교 분석에 있어서도 재정위기를 초래한 경제위기의 양상과 정치적 갈등의 모습, 그리고 정치와 경제를 연결하는 제도에 주목할 필요가 있다. <표 3>은 지금까지의 논의를 간략하게 정리해 놓고 있다.

자본주의 다양성 모형에서 볼 때 미국과 영국은 자유시장경제의 대표적인 사례로서, 부채의존 경제가 경제위기를 증폭시킨 주요 원인이었다고 할 수 있다. 반면, 독일과 스웨덴은 조정시장경제의 대표적인 사례로서 고용유지로 경제위기에 대응하였으며 이것이 경제위기의 강도를 낮춘 주요 원인이었다고 할 수 있다.

---

8) GDP 대비 사회지출의 비중은 1980년 이래 거의 일정한 상태이다.

표 3	비교제도분석과 재정건전화: 논의의 종합			
	미국	**영국**	**독일**	**스웨덴**
자본주의 다양성	– 자유시장경제 – 부채의존경제 – 감세정책, 　지출증가	좌동	– 조정시장경제 – 수출의존경제 – 고용유지로 　경제위기에 　대응	좌동
예산제도	– 탑다운 예산제도 – PAYGO 준칙, 　자동삭감 – 임시방편적 　예산개혁	– 지출검토 – (경제위기 후) 　예산책임처의 　설립	– 경제위기 후 　채무준칙과 　탑다운 　예산제도 도입	– 1996년–2007년 　사이의 재정개혁 　(흑자목표치, 　지출상한선과 　탑다운 예산제도, 　지방정부 　균형예산, 독립적 　재정위원회)
정치· 행정제도	– 권력분립과 　양당체제 하에서 　정치적 양극화와 　이데올로기적 　경직성 심화 – 정치적 　격리성과 　집권화된 　예산과정의 미비	– 웨스트민스터 　모형의 전형 – 단일정당 　(노동당)보다는 　보수–자유당 　연립정부에서 　재정건전화 추진	– 공무원 지위에 　대한 법적 　보호로 　경상경비 감축 　불가능	– 합의제 민주주의 – 중도우파와 　중도좌파 　정책방향의 수렴 – 정치적 격리성에 　기초한 집권화된 　의사결정체제 – 예산제도와 정치· 　행정제도의 　정합성
정책유산	– 기존 틀 내에서 　재정건전화 추진 – 경제위기 전 　재정적자	– 새로운 게임의 　규칙 도입 – 경제위기 전 　재정적자	– 새로운 게임의 　규칙 도입 – 경제위기 전 　재정흑자	– 기존 틀 내에서 　재정건전화 추진 – 경제위기 전 　재정흑자

　예산제도라는 측면에서 볼 때, 영국과 독일은 경제위기 이후 재정건전화를 추진하는 과정에서 새로운 예산제도를 도입하거나 기존의 예산제도를 강화한 사례인 반면, 미국과 스웨덴은 탑다운 예산제도, 지출 상한선 등의 예산제도를 구비하고 있던 경우였다. 예산개혁의 포괄성 측면에서 스웨덴이 미국보다는 앞서 있는 상태였다고 할 수 있으나, 미국도 재정건전화를 위한 상당한 제도적 장치를 갖춘 사례에 속한다.

그러나 재정건전성의 유지라는 측면에서 볼 때, 유사한 예산제도라 할지라도 그 효과는 정반대에 가깝다고 할 수 있다. 이러한 차이가 생겨난 이유는 무엇보다도 예산제도와 정치·행정제도의 정합성에서 찾을 수 있다. 미국의 경우 탑다운 예산제도, PAYGO 준칙, 자동 삭감 등의 장치를 갖추고는 있지만, 정치적 양극화와 이데올로기적 경직성 심화 때문에 기존의 예산제도가 예산과정의 정치적 격리성과 집권화를 구현해내지 못하고 있는 것이다. 미국의 사례는 PAYGO나 자동 삭감 등을 포함하는 재정준칙과 예산제도가 정치적 합의나 정치적 결정을 대체할 수 없음을 극명하게 보여주고 있다. 주어진 상황에서 재정건전화를 이룰 수 있는 가장 중요한 요소는 사회적 합의와 정치적 의지이며, 이것이 가능할 때 제도는 긍정적 재정성과를 유도할 수 있지만, 제도 그 자체가 재정성과를 만들어내는 것은 아니라고 할 것이다. 이와는 달리 스웨덴의 경우는 흑자목표치, 지출상한선과 탑다운 예산제도, 지방정부 균형예산, 독립적 재정위원회 등 예산제도의 개혁이 합의제 민주주의 하에서의 중도우파와 중도좌파의 정책방향 수렴에 따라 실질적인 재정건전화 장치로서 기능하고 있는 것이다. 다시 말해서, 스웨덴의 경우 정치적 격리성에 기초한 집권화된 의사결정체제와 예산제도와 정치·행정제도의 정합성이 재정건전성을 유지할 수 있었던 핵심적인 요인이었다고 할 것이다.

국가 간 재정건전화 정책의 내용과 성패에 가장 큰 영향을 미친 요인은 예산제도와 정치·행정제도의 정합성과 함께 세계 금융위기 이전의 재정정책이었다고 할 수 있다. 세계 금융위기 이전에 재정건전성을 유지하고 있었던 국가는 경제위기 극복을 위한 재정적 자극이나 확장적 재정정책을 손쉽게 활용할 수 있었고 이를 통해 재정건전성을 쉽게 회복한 반면, 세계 금융위기 이전에 재정건전성이 위협받고 있었던 국가의 경우에는 적극적인 재정정책을 펼치기도 어려웠고 그 결과 지속적으로 재정건전성의 문제를 노정하고 있다. 결국 본 연구가 시사하는 바는 재정건전성을 유지하기 위해서는 경제호황기에 균형재정 혹은 흑자재정을 유지하고, 경제위기 시에는 적자재정을 활용할 수 있는 경기 역행적(counter-cyclical) 재정정책이 필요하다는 것이다. 그런데, 이러한 경기 역행적 재정정책 기조를 유지하기 위해서는 예산의 결정과정이 사회적 이익의 압력으로부터 격리되어 있는 동시에 집권화되어야 한다는 것이다. 또한 이를 가능하게 하는 예산제도가 정치·행정제도와 정합성을 지녀야 한다. 향후 우리나라의 경우에도 정치적 격리성과 예산과정의 집권화를 유도할 수 있는 제도적 장치의 설계와 이를 위한 사회적 합의과정에 대해 깊은 고민이 있어야 할 것이다.

이 글은 자본주의 다양성 모형, 예산제도, 정치·행정제도, 정책유산에 초점을 맞추어 최근의 재정건전화 사례에 대한 비교제도분석을 시도한 연구이다. 그러나 제도적 요인들 간 동태적 상호작용이 재정건전화 정책의 구체적 내용에 어떻게 영향을 미치는지에 대한 보다 세밀한 분석이 이루어지기 위해서는 사례에 대한 보다 심층적인 분석이 뒤따라야 할 것이다.

참고문헌

류덕현. (2013). 재정준칙의 재정건전화 효과 분석. 「재정학연구」, 6(1): 1 – 26.

이정희. (2012). 스웨덴과 핀란드: 지출제한제도의 시사점. 한국행정학회 재무행정연구회(편). 「재정규율과 재정책임의 이론과 실제」, 73 – 92. 서울: 대영문화사.

인태환. (2012). 미국: 레이건 행정부에서 오바마 행정부까지를 중심으로. 한국행정학회 재무행정연구회(편). 「재정규율과 재정책임의 이론과 실제」, 43 – 72. 서울: 대영문화사.

하연섭. (2011). 「제도분석: 이론과 쟁점」(제2판). 서울: 다산출판사.

_____. (2012). 재정규율의 확보 방안. 한국행정학회 재무행정연구회(편). 「재정규율과 재정책임의 이론과 실제」, 17 – 40. 서울: 대영문화사.

_____. (2014). 「정부예산과 재무행정」(제2판). 서울: 다산출판사.

Alesina, Alberto and Roberto Perotti. (1996). Fiscal Discipline and the Budget Process. *American Economic Review*, 86(2): 401 – 407.

_____. (1999). Budget Deficits and Budget Institutions. in James M. Poterba (ed.), *Fiscal Institutions and Fiscal Performance*, 13 – 36. Chicago: University of Chicago Press.

Armingeon, Klaus. (2012). The Politics of Fiscal Responses to the Crisis of 2008 – 2009. *Governance*, 25(4): 543 – 65.

Bergman, Michael. (2011). Best in Class: Public Finance in Sweden during the Financial Crisis. *Panoeconomicus*, 4: 431 – 53.

Bermeo, Nancy and Jonas Pontusson. (2012). Coping with Crisis: An Introduction. in Nancy Bermeo and Jonas Pontusson (eds.), *Coping with Crisis: Government Reactions to the Great Recession*, 1 – 31. New York: Russell Sage Foundation.

Boije, Robert and Albin Kainelainen. (2011). The Importance of Fiscal Policy Frameworks: Swedish Experience of the Crisis. Paper prepared for the 13th Public Finance Workshop Rules and Institutions for Sound Fiscal Policy after the Crisis, Stockholm: Finansdepartementet.

Breunig, Christian and Mauris R. Busemeyer. (2012). Fiscal Austerity and the Trade−off between Public Investment and Social Spending. *Journal of European Public Policy*, 19(6): 921−38.

Broz, J. Lawrence. (2013). Partisan Financial Cycles. in Miles Kahler and David A. Lake. (eds.), *Politics in the New Hard Times: The Great Recession in Comparative Perspective*, 75−101. Ithaca: Cornell University Press.

Cameron, David. (2012). European Fiscal Responses to the Great Recession. in Nancy Bermeo and Jonas Pontusson (eds.), *Coping with Crisis: Government Reactions to the Great Recession*, 91−129. New York: Russell Sage Foundation.

Cottarelli, Carlo, Philip Gerson, and Abdelhak Senhadji. (2014). Introduction. in Carlo Cottarelli, Philip Gerson, and Abdelhak Senhadji (eds.), *Post−Crisis Fiscal Policy*, 1−11. Cambridge, MA: The MIT Press.

Debrun, Xavier, David Hauner, and Manmohan S. Kumar. (2007). Discretion, Institutions, and Fiscal Discipline. in Manmohan S. Kumar and Teresa Ter−Minassian (eds.), *Promoting Fiscal Discipline*, 9−18. Washington, D.C.: International Monetary Fund.

Hacker, Jacob S. and Paul Pierson. (2010). *Winner−Take−All Politics: How Washington Made the Rich Richer−And Turned Its Back on the Middle Class*. New York: Simon & Schuster.

Hall, Peter A. (2013). The Political Origins of Our Economic Discontents: Contemporary Adjustment Problems in Historical Perspective. in Miles Kahler and David A. Lake. (eds.), *Politics in the New Hard Times: The Great Recession in Comparative Perspective*, 129−49. Ithaca: Cornell University Press.

Hallerberg, Mark. (2004). *Domestic Budgets in a United Europe: Fiscal Governance from the End of Bretton Woods to EMU*. Ithaca: Cornell University Press.

_____, Rolf Rainer Strauch, and Jurgen von Hagen. (2009). *Fiscal Governance in Europe*. New York: Cambridge University Press.

International Monetary Fund. (2014). Budget Institutions in G−20 Countries: Country Evaluations. April 7, 2014.

Jensen, Lotte and Sysser Davidsen. (2015). The Global Financial Crisis in Denmark and Sweden: a Case of Crisis Managment 'Lite'. in John Wanna, Evert A. Lindquist, and Jouke de Vries (eds.), *The Global Financial Crisis and its Budget Impacts in OECD Nations: Fiscal Responses and Future Challenge*, 174−204. Cheltenham: Edward Elgar.

Jonas, Jiri and Iva Petrova. (2014). Fiscal Trends and Fiscal Stress Prior to the Crisis. in Carlo Cottarelli, Philip Gerson, and Abdelhak Senhadji (eds.), *Post−Crisis Fiscal Policy*, 129−59. Cambridge, MA: The MIT Press.

Jonung, Lars. (2013). The Swedish Experience of Fiscal Reform: Lessons for Portugal. Paper prepared for Towards a Comprehensive Reform of Public Governance Conference and Workshop.

Kahler, Miles and David A. Lake (eds.), (2013). *Politics in the New Hard Times: The Great Recession in Comparative Perspective*. Ithaca: Cornell University Press.

Kickert, Walter, Tiina Randma−Liiv, Riin Savi. (2013). Fiscal Consolidation in Europe: A Comparative Analysis. COCOPS Trend Report, European Commission.

Kickert, Walter J. M. and Tiina Randma−Liiv. (2015). *Europe Managing the Crisis: The Politics of Fiscal Consolidation*. London: Routledge.

Kumar, Manmohan S. and Teresa Ter−Minassian. (2007). Fiscal Discipline: Key Issues and Overview. in Manmohan S. Kumar and Teresa Ter−Minassian (eds.), *Promoting Fiscal Discipline*, 1−8. Washington, D.C.: International Monetary Fund.

Lindbom, Anders. (2014). Fiscal Squeeze in Sweden, 1990−1997: The Causes, the Measures, and their Short− and Long−run Effects. in Christopher Hood, David Heald, and Rozana Himaz (eds.), *When the Party's Over: The Politics of Fiscal Squeeze in Perspective*, 185−206. Oxford: Oxford University Press.

Lindvall, Johannes. (2012). Politics and Policies in Two Economic Crises: The Nordic Countries.: in Nancy Bermeo and Jonas Pontusson (eds.), *Coping with Crisis: Government Reactions to the Great Recession*, 233－60. New York: Russell Sage Foundation.

Meyers, Roy T. (2014). The Implosion of the Federal Budget Process: Triggers, Commissions, Cliffs, Sequesters, Debt Ceilings, and Shutdown. *Public Budgeting & Finance*, 34(4): 1－23.

Nikolai, Rita. (2012). Towards Social Investment? Patterns of Public Policy in the OECD World. in Nathalie Morel, Bruno Palier, and Joakim Plame (eds.), *Towards a Social Investment Welfare State? Ideas, Policies and Challenges*, 91－115. Chicago: The Polity Press.

OECD. (2011a). Fiscal Consolidation: The Need for Evidence－Based Decision Making. in *Government at a Glance 2011*. OECD Publishing.

_____. (2011b). *Restoring Public Finances*. Paris: OECD.

_____. (2012). *Restoring Public Finances, 2012 Update*. Paris: OECD.

_____. (2013). *Government at a Glance 2013*. Paris: OECD.

_____. (2014). Budget Review: Germany. *OECD Journal on Budgeting*, 14(2).

_____. (2015a). *Government at a Glance 2015*. Paris: OECD.

_____. (2015b). *The State of Public Finances 2015: Strategies for Budgetary Consolidation and Reform in OECD Countries*. Paris: OECD.

_____. *Economic Outlook*. various issues.

Palmer, John L. and Rudolph G. Penner. (2012). The Hard Road to Fiscal Responsibility. *Public Budgeting & Finance*, 32(3): 4－31,

Pontusson, Jonas and Damian Raess. (2012). How (and Why) Is This Time Different? The Politics of Economic Crisis in Western Europe and the United States. *Annual Review of Political Science*, 15: 13－33.

Posner, Paul and Jón Blöndal. (2012). Democracies and Deficits: Prospects for Fiscal Responsibility in Democratic Nations. *Governance*, 25(1): 11－34.

Rivlin, Alice. (2012). Rescuing the Budget Process. *Public Budgeting & Finance*, 32(3): 53－56.

Roberts, Alasdair. (2010). *The Logic of Discipline: Global Capitalism and the*

Architecture of Government. New York: Oxford University Press.

Ryan, Paul. (2011). The Federal Budget Process: A Brief History of Budgeting in the Nation's Capital. House Budget Committee, December 7.

Scartascini, Carlos and Ernesto Stein. (2009). A New Framework. in Mark Hallerberg, Carlos Scartascini, and Ernesto Stein (eds.), *Who Decides the Budget? A Political Economy Analysis of the Budget Process in Latin America*, 1−21. Inter−American Development Bank.

Schäfer, Armin and Wolfgang Streeck. (2013). Introduction: Politics in the Age of Austerity. in Armin Schäfer and Wolfgang Streeck (eds.), *Politics in the Age of Austerity*, 1−25. Cambridge: Polity Press.

Schelkle, Waltraud. (2012). Policymaking in Hard Times: French and German Responses to the Eurozone Crisis. in Nancy Bermeo and Jonas Pontusson (eds.), *Coping with Crisis: Government Reactions to the Great Recession*, 130−61. New York: Russell Sage Foundation.

Steinmo, Sven. (2013). Governing as an Engineering Problem: The Political Economy of Swedish Success. in Armin Schäfer and Wolfgang Streeck (eds.), *Politics in the Age of Austerity*, 84−107. Cambridge: Polity Press.

Sutherland, D., P. Hoeller, and R. Merola. (2012). Fiscal Consolidation: Part 1. How Much is Needed and How to Reduce Debt to a Prudent Level?. OECD Economics Department Working Papers No. 932.

von Hagen, Jürgen. (2007). Budgeting Institutions for Better Fiscal Performance. in Anwar Shah (ed.), *Budgeting and Budgetary Institutions*, 27−51. Washington, D.C.: The World Bank.

Wildavksy, Aaron. (1961). Political Implications of Budgetary Reform. *Public Administration Review*, 21: 183−90.

Wilson, James Q. (1989). *Bureaucracy: What Government Agencies Do and Why They Do It.* New York: Basic Books.

▶ ▶ ▶**논평**

유승원(경찰대학교 행정학과 교수)

재무행정 분야는 여타 행정학 분야와 조금은 다른 측면이 있다. 재무행정의 연구 대상은 정부예산, 정부회계, 공기업(공공기관)으로 나눌 수 있으며, 이중 정부예산 부문이 핵심이라고 할 수 있다. 그런데 미국을 포함한 외국의 예산제도와 한국의 예산제도가 상이해서 한국 예산제도의 메커니즘에 대한, 단순한 개별 제도가 아니라, 이해가 충분하지 않으면 연구를 진행하기가 어렵다. 이러한 이유로 재무행정 분야의 논문 중 현실을 잘 반영하지 못하여 다소 공허한 논의가 되는 경우도 찾아볼 수 있다. 본 논문의 저자는 한국 예산제도를 체계적으로 충분히 이해한 상태에서 심도 깊은 이론적 논의를 펼치는 국내 최고 그룹의 학자이다.

통상의 재무행정 논문은 제한된 특정 논의 주제에 대해 실증적 인과관계를 밝히는데 집중하는 경우가 많다. 이러한 논문은 연구 방법론을 달리하면 상이한 결과가 도출되고 다른 학자로부터 문제제기를 받는 경우가 존재한다. 반면 저자의 논문은 다양한 논의 주제를 관통할 수 있는 거시적인 담론을 다루고 있다.

저자는 본 논문에서 왜 똑같은 예산제도라 하더라도 어떤 나라는 성공하고 다른 나라는 실패하는지를 분석한다. 보통의 국민부터 정치인까지 공통적으로 관심을 갖는 주제인 재정건전성을 도구로 하여 특히 예산제도와 정치 및 행정 제도와의 정합성을 제도적인 관점에서 연구하였다. 뿐만 아니라, 저자의 논문을 순서에 따라 읽어 가다 보면 현재 한국 재무행정(예산) 분야에서 이슈화되고 있는 다양한 예산제도(top-down, paygo 등)에 대한 기본적인 이해와 함께 재정선진국에서 운용되고 있는 제도까지 접할 수 있다.

재무행정에서 해외사례를 통한 비교 연구는 고난이도의 분석을 요구한다. 재무행정, 특히 예산제도의 경우 외국의 제도는 인터넷과 문헌에서 제공하는 사항만으로는 전체의 맥을 파악하기 힘들기 때문이다. 이러한 사정을 고려할 때 각국 사례에 대한 정확한 사실 확인과 그것을 바탕으로 국가별 비교 연구를 실시하고 시사점을 도출하는 것은 지난한 작업이 될 것이다.

저자는 사실 확인을 바탕으로 체계적인 국가간 비교 연구를 실시하였다. 예산제도에 대해 분석의 실익이 있는 미국, 영국, 독일, 스웨덴을 선정하여 각 국의 경제위기 또는 재정위기의 특징을 분석한 것이다. 또한 네 국가에서 나타난 유사점과 차이점을 제도적 관점에서 설명하고 있다. 가독성과 설득력을 동시에 가지고 있는 학술문헌이다.

최근 개헌 논의가 진행되면서 재무행정과 관련하여 예산 법률주의를 도입하거나 국회 과정에서의 예산 증액시 정부 동의 조항을 수정하여 헌법에 반영하겠다는 논의가 있다. 헌법을 포함한 모든 제도가 그것이 새롭게 도입된다고 자동으로 효과를 내는 것은 아닐 것이다. 재무행정과 관련하여 헌법 개정이 효과를 발휘할지 여부, 효과를 내기 위해서 갖추어야 할 전제조건이 무엇인지를 사전에 충분히 고려해야 할 것이다. 저자의 논문을 응용할 경우 그에 대한 답도 모색할 수 있다고 여겨진다.

저자의 논문은 최근에 발간된 논문으로서 오래된 고전 논문은 아니다. 그러나 재무행정 분야에서 지금처럼 앞으로 계속하여 읽히고 활용될 클래식 논문이다. 재무행정에 관심이 있는 독자라면 저자의 다음 연구물을 함께 참고하기를 권한다.「정부예산과 재무행정」.「제도분석: 이론과 쟁점」.

행정관리의 중점 이동:
간접관리

다시 읽고 싶은
한국행정학 좋은 논문 12선

행정관리의 중점 이동: 간접관리*

이달곤(가천대학교 행정학과 교수)

✑ 프롤로그 ✑

 이 논문은 1988년에 작성된 것이다. 필자가 교수가 되고 나서 한글로 작성한 첫 논문이다. 당시 행정민주화가 논의되고 있었으나 여전히 획일적인 효율지향 행정관리운영에 매달릴 때였다. 논문주제는 1990년대 초반 지방자치제도 도입에 따라 정치민주화 가치를 반영한 행정자율성과 현지적합성의 행정관리 운영변화가 필요하다는 생각에서 출발하였다. 당시 획일적인 경성관리(hard management)는 명령과 통제의 근간을 둔 폐쇄적인 직접관리(direct management) 방식으로 지방자치제도 도입에 따른 중앙, 주민, 민간 등의 외부의 관계 대응이 미흡하다고 판단되었다. 본 논문에서는 직접관리에서 간접관리(indirect management)로의 행정관리방식 변화를 통해 민주행정의 조기 정착과 분권적인 지방자치제도의 효율성과 효과성이 증진될 수 있다는 필자의 생각이 담겨져 있다.

 간접관리는 하버드대학에서 박사 공부할 때 접한 분야로, 행정민주화나 행정관리자의 자율성이 확장되는 과정에서 국가 기관 전체의 행정효율을 담보하기 위해서 강구되어야 할 관리방식이라고 여겨졌다. 전국적으로 권위적이고 획일적인 직접관리 행정체제가 만연한 한국적 상황에서, 향후 확장되어 갈 간접관리의 전환상황, 효율적인 간접관리의 주요수단들, 주요수단들의 이론적 근거 등을 포함한 행정관리 운영설계가 무엇보다도 시급한 연구과제였다. 논문에서는 당시 강력한 지시와 통제로 일사불란하게 운영되던 내무행정을 연

---

* 이 논문은 1988년 『행정논총』, 제26권 제1호, pp. 239-279에 게재된 글을 수정·보완한 것이다.

구대상으로 하고, 지방자치제가 도입될 경우 중앙정부와 다양한 수준의 지방자치단체간의 관계변화에 초점을 맞추어 논의를 전개하였다.

당시 공공부문의 거버넌스(governance)에 관한 심도있는 연구 및 다원주의를 기반으로 하는 행정민주화에 대한 논의가 제한적이었다. 대부분 학자나 실무진들은 직접관리운영방식만으로 내부직원 관리 및 외부기관과 대응 및 관계를 아우르는 효과적인 통제가 가능하다고 생각하였기 때문에 상대적으로 간접관리의 유용성에 대해서 반신반의 하는 분위기를 주도하였다. 일례로 필자가 갈등관리와 협상론(negotiation theory)을 새로운 교과목으로 개설하려고 하였는데, 적지 않은 교수들이 과목의 유용성뿐만 아니라 향후 존속 가능성에 대해서도 소극적이었다. 그만큼 행정학계의 분위기는 보수적이고 좁은 의미의 내부 효율성에 경도된 연구가 주류를 이루었다. 필자는 행정관리에서 우선 직접관리와 간접관리를 구별할 필요가 있다고 판단하였다. 또한, 향후 행정민주화와 다원화가 진행되는 경우 직접관리의 영역이 빠른 속도로 줄어드는 반면 간접관리의 영역이 확장될 것이라는 생각에 이론과 현실이 접목된 주요 간접관리수단과 간접관리가 현실에서 효율적으로 운용되기 위한 기관 간 관계의 연구가 필요하다고 판단하였다. 하지만, 직접관리가 만연한 행정관리방식에서 간접관리로 전환의 논지를 전개하기 위해서는 행정과정에서 권한은 없으나 결과에 대해서 관리자나 행정기관이 책임을 져야 하는 간접관리 상황의 기술도 필수적이었다. 이에, 행정가의 입장에서 수행하는 간접관리를 외부관리(external management)의 한 현상으로 논의를 전개함으로써 현실감 있는 행정관리방식변화를 설명하고자 하였다. 전통행정학에서 논의되었던 공공관리의 3대 기능(목표설정과 전략개발, 기관 내부의 효율적이며 민주적인 관리, 그리고 행정외부 집단과 기관과의 관계설정이나 관계관리) 논의를 통해서 기존의 내부관리 및 외부관리 기능과 간접관리와 개념을 구별하였고, 지방자치제 도입 변화에 따른 실무적인 상황변화에 대한 논의를 구체화하였다. 또한, 간접관리의 주요 수단을 제시하면서 행정민주화과정에서 나타날 것으로 예상되는 외부관리의 측면을 다양하게 예시하면서 논리적 설득을 시도하였다.

구체적으로 논문에서는 간접관리의 구체적인 수단들이 어떤 것이 있으며,

행정과정에서 어떻게 작용하며, 유연한 관리수단들을 통하여 시스템 전체의 효과성을 어떻게 고양할 수 있을 것인가에 대해서 연구내용을 제시하였다. 간접관리의 주요수단으로, 첫째, 모니터링과 평가제도(monitoring and evaluation)를 제시하였다. 두 제도는 직접지시, 과정통제, 즉각 개입 등의 간섭 행정방식이 아닌 객관적 관찰, 과정지원, 성과결과 및 정보의 공유를 통한 성과평가환류체계를 구축하는 선행조건이다. 중앙정부가 다양한 지표를 통하여 지방자치단체의 활동과 성과를 공시하고, 그 결과를 평가하여 보상을 연계하는 행정체제 도입이 시급하였다. 이를 통해서 지방자치제 도입 이후 언론기관, 수많은 시민사회, 지역사회 단체나 기관들의 참여 확대를 통한 참여적 거버넌스를 확립할 수 있는 제도정착의 중요성을 강조하였다.

두 번째, 구체적인 조건을 중심으로 하는 계약제도(contract)를 간접관리 주요수단으로 제시하였다. 공공부문의 계약은 성과지향적인 특징을 지니고 있다. 당시 공공기관과의 계약제도는 갑을관계라는 상하관계를 전제하고 운영되었지만 분권화와 민주화로 시장과 민간기업 영역이 확대되고, 법률적으로 영세계약자를 보호하는 등 수평적이고 효율적인 계약 제도로 개선될 시점이었다. 논문에서는 지방자치단체가 환경변화에 따른 계약 및 운영에 관한 관리에 관한 이론적 근거 및 수평적이고 시장원리에 근거한 계약제도를 통한 효율적 계약성과관리를 강조하였다.

셋째, 협상과 조정(negotiation & coordination)에 대한 행정학의 관심을 유도하였다. 전통적으로 공공행정학에서 조정관리제도에 대한 논의는 주요 쟁점이었다. 하지만 행정의 외부 행위자와의 갈등관리와 정부 기관간의 조정, 협력, 협조, 협상, 중재 등의 필요성에 따른 구체적인 행정관리 방안에 대해서는 간과되었다. 정치사회환경변화에 따라 필자가 연구하던 협상론의 일부를 원용하여 간접관리의 주요 수단으로 제시하였다. 안타깝게도 이러한 기능을 수행하는 특별전문지식의 방법(know-how)은 아직도 걸음마 수준에 머물러 있다.

지자체 도입 이후 중앙정부와 관계를 고려할 때, 지방자치단체의 간접관리는 민주행정과 자치분권 가치를 발현할 수 있는지를 보여주는 중요한 수단이다. 이를 위해서 중앙정부-지방자치단체 관계를 관계관리(relation management)

의 차원에서 논의를 전개하였다. 당시 정치인은 물론이고 정부의 고위직에서도 지방자체단체에 중앙의 여당과 다른 당적을 가진 단체장이 들어서면 변하게 될 정치·행정적 상황에 대해서 우려가 컸다. 지방에서 단체장의 당적과 지방의회 다수의 당적이 다른 경우 발생할 갈등과 부조화에 대해서도 과도한 우려가 다수였다. 과민한 우려와 기대는 중앙정부와 지방간의 건전한 행정과 재정관계에 파탄이 올 것이라는 주장과 연계되어있다. 어떻게 정치적으로 도입되는 자치제를 행정과 재정적인 차원에서 보완하여 건실한 지방민주주의와 효율적인 지방행정을 구현할 것인가에 대한 구체적인 수단이나 방법론에 대해서는 논의가 많았지만, 중앙−지방자치단체의 관계를 행정관리의 실무적 차원까지의 논의로는 확대하지 못했다. 지방자치제도 도입에 따른 두 기관 간 관계는 간접관리 일환으로 실무적 차원의 설명과 처방에 대한 논의가 구체화될 필요가 있었다. 논문에서는 중앙과 지방자치단체와의 관계를 설명하기 위해 관계관리(relation management)라는 개념을 도입하여 민주적이고 수평적인 관계를 제시하였다. 당시는 통제지향의 사회분위기와 행정부의 고유한 권위주의로 인하여 '관계'라고 할 때는 당연히 수직적인 상하관계, 즉 갑과 을의 성격만이 존재하는 것으로 인식되었다. 중앙−지자체 간 관계를 민주적이면서 동시에 효율적으로 관리하여야 할 필요성에 따라, 중앙정부의 역할과 지방자치단체의 역할로 구분하여 방향성을 제안하였다.

논문이 발간된 지 30여 년이 지난 시점에서 회고해보면, 논문에서 제시된 간접관리의 주요수단에 대한 개념풀이와 설명은 당연한 행정관리방식으로 보여질 여지가 크다. 그동안 발간된 행정관리수단 연구논문 숫자만 보더라도 상당히 정교한 개념에 기초한 연구분석이 이루어졌음을 알 수 있다. 그렇다면, 필자의 간접관리 논문이 간접적으로나마 유효성이 입증되었다고 판단할 여지가 있을까? 자문을 해본다. 논문에서 언급한 행정관리의 3대 영역은 중앙행정기관, 지방자치단체, 그리고 각종 공공기관의 평가과정에서 평가의 틀로서 적지 않게 활용된 바 있다. 공공부문의 계약제도의 연구는 아직 상당한 축적이 되지 않고 있지만, 갈등관리와 협상 및 외부관리에 대한 연구는 상당하다는 점을 보면 간접관리 연구는 지속될 가능성이 크다고 기대한다.

그럼에도 안타까운 점은 필자의 중앙정부 행정실무 경험을 토대로 볼 때,

아직도 지시와 통제 위주의 행정권한 행사관행은 주를 이루고 있다는 점이다. 권위주의적이고 수직 통제적인 우리의 행정문화가 반영된 결과로 본다. 행정관리가 문화를 수반하는 행위라면 민주행정의 정착과 분권적인 지방자치제도의 효율성과 효과성을 증진시키는 간접관리로의 전환은 지금도 진행 중이다.

I. 서 언

정치사회 민주화의 진전으로 행정민주화에 대한 논의가 시작된 지도 오래되었다. 아울러 1990년대 초에 실시되는 지방자치제를 앞두고 지방화 시대의 국정관리방식의 변화에 대해서 많은 논의가 있어왔다. 행정민주화는 정보기관이나 검찰 경찰등 권력기관의 합법성과 민주성에 초점이 맞추어져 있지만, 동시에 일반 행정기관의 대민 관계의 재정립에도 중점이 두어진다. 주민이 주인의 위상을 갖게 하고 민원인에 대한 서비스 행정을 강화하는 것이 핵심이다. 아울러 지방자치제의 실시로 종래 중앙정부의 일선기관이 다원적 민주 정치체제로서 변신하는 만큼 그에 부합하는 행정관리 분야의 새로운 철학과 이론이 정립될 필요가 있는 것이다.

이 글은 행정관리의 차원에서 중앙정부와 지방자치단체 간의 관계변화의 이론적 기초를 제공하려는 것이다. 자율과 분권을 구현하면서도 국가행정기구로서의 통합적 연결고리를 유지하기 위해서 필요한 관리방식의 전환에 대해서 대안을 제시하려는 것이다. 그리고 개별 행정기관에서도 행정민주화를 구현하기 위해서는 관리방식의 전환이 필요하다. 종전과 같이 내부업무의 추진에만 치중하여서는 안 될 것이고 언론기관이나 다른 유관기관과의 관계 설정과 유지도 보다 개방적이며 수평적인 협업이 가능한 방식을 모색하여야 할 것이다. 나아가 국민에게 행정서비스를 민주적이며 효율적으로 제공하여야 한다는 관점에서는 공직자의 행태변화는 물론이고 기관운영의 철학과 방식의 일대전환이 필요한 것이다.

이러한 대안적 관리방식으로서 간접관리(indirect management)를 제시하려고 한다. 현재까지 한국의 행정관리의 기반을 이루었던 것이 명령과 통제를 근간으로 하는 직접관리(direct management)라는 점을 확인하고 앞으로는 새로운 관리 패러다임으로서 간접관리방식이 보다 적극적으로 도입되어야 한다는 점과 행정관리의 중점이 직접관리에서 간접관리를 보다 중시하는 방향으로 정부간 관계나 유관기관간의 협업과정에서 구현되어야 한다는 것을 강조하고자 한다.

Ⅱ. 지방자치와 행정관리

지방자치제는 정치적 차원에서 지방의회를 구성하고, 단체장을 민선하여 지방정부의 거버넌스의 구성을 변화시키는 것이다. 나아가 이러한 기관구성에 머물지 않고, 주민의 참여를 증대시키고 지역의 시민사회 영역을 확장하고, 시장과 기업의 영역을 확대시키는 데 필요한 작은 지방정부를 구현하는 것이 분권의 궁극적 목적이다. 동시에 재정 측면에서 지방재정의 자립도를 높이고 지방의 살림을 지방경제력에 기반을 두는 것이 필요하다.

이러한 기본적인 방향이 정립되면서 정부 내부에서는 현재의 수직적 지시와 통제 위주의 중앙과 지방간의 관계에 일대 변화가 불가피하다. 지방단위에서 지방의 정책과 행정을 개혁하여 주민의 복지를 증진시켜야만 지방자치제의 정당성이 입증되기 때문이다. 지방의 자치행정 및 재정관리의 일대 변화가 요구되는 것이다. 특히 중앙정부의 내무부를 비롯한 업무관련부처와 시도와 시군구와의 행정과 재정운영 차원의 성격변화가 절실하고, 광역자치단체와 기초자치단체, 그리고 자치단체간의 관계에서도 적지 않은 변화가 생겨야 진정한 자치행정이 가능해질 것이다. 지방자치제도에서 행정과 재정의 관리방식이란 구체적인 정책이나 제도를 지원하는 활동을 의미하는 좁은 의미의 '관리'를[1] 포함해서, 아래에서 논의될 새로운 관리활동들을 포괄하는 넓은 의미의 관리자, 즉 정치행정가의 활동영역을 의미한다.

좁은 의미의 목표달성 노력을 의미하는 관리에서 추가되어야 할 새로운 활동들이란 종래의 소위 정치·행정일원론의 관점에서 보아온 행정가의 역할과 유사한 기능을 축으로, 정치적 관리(political management)를 포함한 대외적 활동까지 추가한 것이다. 특히 대외적 활동은 지방자치제의 실시로 종래에는 한 행정단위로 인식되었던 모든 지방자치단체가 각각의 행정과 재정운용의 주체가 되는 것이므로 그 범위가 광범위하고 다양하다.

거기에는 다음과 같은 세 가지 영역이 새로이 추가될 수 있다고 본다. 첫째, 시민의 기대나 장래의 욕구변화를 예측하여 설정한 지방자치단체의 운영목표의 설정과

---

1) Savara, J., "Dichotomy and Duality: Reconceptualizing the Relationship Between Policy and Administration in Council−Manager Citier," *Public Administration Review*, Vol. 45, No. 1, (January/February, 1986), pp. 221−232.

정. 둘째, 정치적으로 정당한 권위와 자원을 광범하게 획득하면서 전략적 자원동원을 통하여 설정된 목표를 달성하는 것. 셋째, 목적을 민주적이면서 동시에 효율적으로 달성할 수 있게끔 자치단체의 내부 자원과 정당성을 부여하는 외부의 각종 조직적, 정치적 자원을 조직화하는 일이 필요하다.[2] 여기서 정당성을 부여하는 환경(authorizing environment)에는 지역 주민, 지역사회단체, 언론, 중앙 정치권, 중앙정부, 그리고 나아가 국제기관까지 포함될 것이다.

이 논문에서 관심을 가지는 것은 각급 관리자의 관리방식이고, 지방자치제의 실시로 다원화될 정책·행정 관리주체들 간의 관계(relations)가 포함된다. 예를 들어, 중앙정부의 해당 부처와 광역지방자치단체, 그리고 몇 개의 기초자치단체들이 긴밀한 관계를 이루어야 효과적으로 관리될 수 있는 정책이 있을 수 있고, 또 다른 한 예로는 다수의 인접한 기초자치단체들이 합동으로 협력체를 만들고 상위의 다른 정책관계기관들의 관여를 줄여야만 협업화된 업무가 효과적으로 수행되는 정책영역이 있을 수 있다. 예를 들어서 광역 하수도사업의 경우, 중앙정부가 설정한 정책방향에 기준을 두고 중간의 광역지방자치단체가 그 지역 내 몇 개의 관련 기초자치단체와 더불어 구체적인 시책을 수립하고 효율인 협조체제를 만들어야 효과적이다.[3] 지방자치가 성숙되기 위해서는 과거와 같은 중앙정부 일변도의 상명하달식 지시와 통제를 기초로 하는 관리방식으로는 효과성과 효율성을 달성할 수 없게 될 것이다.

지방자치제의 실시로 지방자치행정은 선출단위라는 정치적 관할구역(political jurisdiction)의 자율성이 보장되어야 한다. 동시에 정책집행의 효율성 또한 손상받아서는 곤란하다는 이중적인 제약을 갖고 있다. 행정민주화 과정에서도 개별 기관의 운영은 민주성과 효율성간의 갈등이 빈번하게 발생할 수 있게 된다. 민주적인 가치가 존중되어야 된다는 규범적 요소가 효율적 관리를 어렵게 만드는 제약으로 받아들여져서는 곤란할 것이다. 이것은 '관리자'가 어떠한 역할을 인지하여야 하고 관리방식을 어떻게 혁신하는가에 따라서 결정될 문제이다. 기본적으로는 종래의 권위주의적 수직적 행정관리 방식에서 보다 수평적인 관계로 관계변화를 시도하여야 할 것이다. 나아

---

2) Moore, M., "A Conception of Public Management," mimeo, John F. Kennedy School of Government, Harvard University, September, 1983.
3) 실제로 상하수도의 경우 어느 정도 넓은 지역을 대상으로 광역행정을 수행하는 것이 경제적으로 효율적임이 이론적으로나 실제적으로 입증되고 있다. 이에 관해서는, Nelson, A and G. Knaap, "A Theoretical and Empirical Argument for Centralized Regional Sewer Planning," *Journal of the American Planning Association*, Vol. 53, No. 4 (Autumn, 1987), pp. 479-486. 및 그 참고문헌들을 참조하기 바람.

가 형식주의에 포장된 관료적 협의방식에서 긴밀하고 창조하는 협조(collaboration)을 통하여 새로운 가치를 만들어내지 않고서는 어려운 과제이다. 지시와 통제 위주에서 지원과 조장, 그리고 진정한 협의로 방향전환이 이루어져야 한다.

공공분야의 관리학이나 전통 행정학의 주요한 분석의 단위(unit of analysis)나 연구의 초점이 주로 정부사업이나 정책이 아니면 개별 조직이나 기관이어서[4] 중앙정부와 지방정부간 관계, 광역지방자치단체와 기초지방자치단체간의 관계, 정부와 반관반민 단체 간의 관계, 그리고 시민사회나 사기업과의 수평적 관계에 관심을 가지지 못한 면이 있다. 정통성을 부여하는 환경이 각기 다른 다양한 정부 조직들 간의 관계나 정부와 민간간의 관계에 착목하여서, 행정 서비스가 제공되는 과정과 거기에 필요한 정부 행동의 일반적 수단(generic tools of government action)에 대한 연구가 필요한 시점이다.

Ⅲ. 전통적 행정학의 관리영역

1. 공공관리의 3대 기능

공공분야에서 일반적 관리(general management)의 기능을 어떻게 보느냐에 관해서는 여러 가지 시각이 있을 수 있으나, 다음에 제시하는 삼각형 관점[5]이 관리문제를 접근하는 데 유용하리라 본다. 그림에서 삼각형의 각 모서리는 유사한 공공관리자의 기능을 특징적으로 모아 놓은 것이다.

맨 위 모서리는 기관의 사명과 목표의 설정, 그리고 설정된 목표를 효과적으로 달성하기 위한 달성전략을 포함하는 기능을 나타내고 있다. 조직이나 지방자치단체의 사명과 전략 영역에서는 조직의 가치, 목적, 목표의 우선순위, 그리고 장기조직운영 계획 등이 포함된다. 조직의 목표는 환경이나 조직의 능력이 어떻게 앞으로 변할 것이라는 예측에 근거를 두고 역동적으로 개념화하여 다른 활동 분석의 준거역할을 할

---

4) Salamon, L., "Rethinking Public Management: Third—Party Government and the Changing Forms of Government Action," Public Policy, Vol. 29, No. 3. (Summer, 1981), pp. 255—275.

5) 이러한 삼각형 시각은 하바드 대학교 케네디 스쿨의 공공정책학과과정의 필수 네 분야 중 한 분야인 정책·행정 관리학 그룹 교수인 Graham Allison, Mark Moore, Gary Oren 등에 의해서 고안·이용되고 있다. 특히 행정가의 과업이나 정책의 사례분석 과정에서는 유용한 분석 틀(frame of analysis)로 활용되고 있다. 학교 프로그램의 목적이 학생들로 하여금 제도나 과정의 '이해'보다는 공공관리자로서의 '능력'을 증진시키는데 있기 때문에, 정책실제의 정치적 관리와 리더십(political management and leadership) 역량까지 관심을 보이는 것이 특징이다.

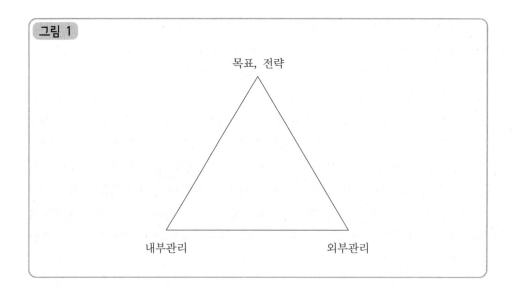

그림 1

목표, 전략

내부관리   외부관리

수 있어야 한다.[6] 물론 변화하는 환경 분석을 통하여 해당조직의 정책결정 능력과 구체적인 목표를 제시하여야 한다.

두 번째 모서리는 내부관리이다. 조직의 내부관리 영역에서는 조직설계, 조직화 및 인력배치계획, 인사관리, 예산운영과 회계, 정보 및 지식관리, 의사소통, 성과관리, 평가와 환류 등이 주요 관심사가 된다. 여기서 조직화란 관리자가 조직의 권한과 책임의 구조를 확립시키고, 활동과 업무의 조정에 관하여 절차를 세우는 것을 뜻한다. 인력배치에 관하여서는 적재를 적소에 배치하되 주요한 자리를 설계하고 운용하는 데 관심을 둘 것이다. 모집, 임용, 훈련, 사기관리, 능력발전, 권한부여, 승진 등의 전통적 인사행정의 제반 기술이 이용되고 있는 분야이다. 예산제도, 회계자료, 근무평가제도, 그리고 공공서비스 품질평가 등을 위한 체제 등이 주축을 이룬다. 성과통제란 다양한 관리 정보체제를 기반으로 업적달성과정을 관리하는 것으로, 관리자가 정책결정을 하고 목표달성도를 측정하는 데 이용된다.

세 번째 모서리는 조직의 외부 기관이나 행위자들과 다양한 관계를 형성하고 이를 발전시키는 활동의 집합이다. 조직과는 성격과 목표가 판이한 조직, 조직의 서비스를 요구하는 고객, 비판과 알권리를 확장하는 언론, 시민 여론, 상위 정부나 정치권 등의 관계를 관리하는 활동이다. 종래 행정의 기능인 POSDCoRB에서는 찾아보기 어

---

6) 이러한 조직목적(목표)의 변동에 대해서는 오석홍, 조직이론(서울: 박영사, 1983), pp. 130-146 참조.

려운 활동이다. 하나의 권한체계 안에 있지만 이질적인 조직단위도 대상으로 포함시킬 수 있을 것이다. 권한과 책무가 독립된 다른 기관, 혹은 정치적으로 외부에서 통제하는 집단이나 기관에 대해서 어떻게 대응하여야 하는가 하는 것이 분권화가 진행되면 중요해진다.

2. 외부관리

여기서 본 논문의 대상인 외부관리에 대해서 약간 나누어서 살펴볼 필요가 있다.

첫째, 동일한 권한체계 안에 있는 상급부서, 업무협조나 경쟁관계에 있는 대등한 서열의 다른 부서, 그리고 하급부서와의 관계에 대해서는 이미 다수의 행정학도들이 관심을 보여 왔다. 하나의 권한체계 안에 있는 단위 조직들을 모아서 하나의 피라미드형 계서제를 행정연구의 주요 분석단위로 삼아왔었다. 계층구조, 통제, 의사전달, 리더십, 내부통제 등이 이러한 내부관리를 효율적으로 하기 위해 연구되었다.

이러한 활동은 지시와 통제(command and control)라는 전통적 수단을 기본으로 하고, 상황에 따라서 보다 유연한 수단을 추가하는 방식으로 연구가 진행되었다. 본질적으로 다른 시각에서 내부 문제를 보지 않았다. 예를 들어 상의하달을 주된 의사전달 기능으로 수용하고, 그것에 대한 역기능이 나타나는 경우 하의상달을 보조적으로 중시하는 식의 견해가 주류를 이루었다. 또한 사기관리라는 것도 권한의 과감한 이양이나 부여라는 방식보다는 상위에서 유인체계를 어떻게 만드는가 하는 것이 주요 관심사가 되어왔다.

둘째, 대상 조직과 관련이 있는 외부의 다른 독립조직과의 관계는 정부 안의 다른 부처, 의회, 사법부, 그리고 이익집단, 민간 기업이나 시장과의 관계는 행정환경을 구성하는 것으로 인식하였다. 그래서 수동적으로 이러한 환경변화에 어떻게 대응하는가 하는 것이 관심사였다. 공공대외관계(public relations)나 외부통제(external control)와 같은 주제가 여기에 속한다. 조금 더 나아간 분야가 정책과 언론과의 관계, 행정참여, 협력생산(co-production) 등과 같은 분야이다. 이러한 분야에 있어서도 행정이 중심이 되어 있었다. 이제부터 정치민주화와 행정의 분권화가 이루어지면, 주기적으로 선거가 이루어지면서 자연히 행정이 시민이나 언론의 주장을 사전에 선거공약이라는 형식으로 수용하는 단계로 나갈 것이며, 주민집단, 비정부기관, 혹은 민간 기업과의 유기적인 협력체제 없이는 행정목표를 효과적으로 달성할 수 없는 영역이 다수 발생할 수 있다는 것을 전제하여야 할 것이다.

Ⅳ. 직접관리와 간접관리

1. 직접관리와 유용성의 한계

전통 행정학은 조직의 내부관리에 연구의 범위를 한정시켰다. 물론 발전행정에서는 목표의 선정과 전략의 강구를 포함시키기는 했지만, 행정은 가치중립의 기계적 효율성이 최고의 관심사였다. 그리고 권한과 책임의 소재를 분명하게 하고 가능하면 이 두 가지를 일치시키는 방향에서 조직과 인사관리를 구현하고자 하였다. 위로부터의 지시와 하부에 대한 통제를 기반으로 조직 내부의 효율성 달성에 필요한 최적의 권한과 책임의 배열(alignment)을 노리는 활동을 직접관리라고 개념화한다.

위에서 언급된 3가지 관리자의 기능 중에서 내부관리의 대부분은 이러한 직접관리의 속성을 지니고 있다. 물론 조직의 내부 민주화와 유연화가 진행되면 직접관리의 성격이 변할 수도 있을 것이다. 전통적 행정학에서 다루는 동일한 권위구조 내의 다른 부서와의 관계에서 생기는 활동도 이 직접관리의 영역에 포함시킬 수 있을 것이다. 목표의 설정 및 전략의 개발 기능도 직접관리적인 성격이 강한 분야이다. 주로 상위의 조직리더들이 중심이 되어서 전개하는 활동이기 때문이기도 하다. 하지만 기술발전이 급속하여 상위직의 능력으로는 한계를 보이거나, 현장상황이 시급하여 실무자가 직접 대응하여야 하는 위기나 안전관리와 같은 분야는 직접적인 지시와 통제와는 다른 각도에서 행정관리를 접근하여야 할 것이다. 직접관리의 유용성이 떨어지는 분야가 조직의 내부관리나 목표설정과 전략의 개발과정에서도 발생할 수 있다.

이러한 한계를 극복하는 것이 간접관리이다. 다른 독립 조직과의 업무협조나 조정, 수평적 의사전달, 집행의 협조체제 구축 등의 영역에서는 지시나 통제보다는 전문영역의 직업윤리(professional ethics), 전문성(expertise), 최신최적기술(BAT: best available technology), 가치창출(synergy) 등과 같은 것이 기준으로 작동하여야 할 것이다. 목표설정에 대해서도 다기화되고 급변하는 경쟁상황의 조직의 경우, 내부구성원들의 창의적인 업무능력향상(enablement), 권한부여(empowerment), 감정이입(empathy) 등이 보다 적합성이 높고 달성효과성이 높은 목표설정에 기여할 수 있다. 더구나 전혀 성격이 다른 조직간의 관계 설정은 민주화의 구현으로 필수불가결한 기능이 될 것이다. 중앙 정치권과 지방자치단체와의 관계, SNS로 대표되는 언론환경의 변화, 활력이 넘치는 비정부기구(NGOs)나 지역사회기반 비정부기구(Community based NGOs) 등과의 관계에서는 행정기구가 권한을 행사하는 관계가 아니다. 하지만 행정목표를 달성하기 위해서는 이들과의 관계에 무거운 책무와 책임을 가지는 관계에 놓이게 된다. 이렇게 권한과 책임의 배열이 부정합관계인 상황이 더 빈번해질 것이다.

2. 간접관리 상황(Indirect Management Situation)

지방자치의 실시와 더불어 행정분야에서 지방자치단체의 자율성을 제고하기 위해서는 중앙정치권과 지방정치권의 민주적, 수평적 관계 형성, 지방자치단체간의 협의, 중간지방자치단체와 기초자치단체들과의 협의, 중앙정부와 지방자치단체들과의 협력, 그리고 계약에 근거한 민간위탁이나 이양 등이 중요해질 것이다. 이러한 관계에서는 거시적인 차원은 물론이고 미시적인 행정관리 차원에서도 권력관계를 배경으로 한 명령과 통제(command and control) 식의 관계 관리는 점점 어려워질 것이고 설사 가능하다고 하더라도 그 효율성이 떨어질 것이다. 민주적이고 수평적인 관계를 지향하면서 상대의 의사결정 권한을 존중하고 다수 당사자들의 다차원적 정책결정과정이 발전하여야 할 것이다. 즉, 다수의사 결정자들 간의 정책결정과정에 활용될 수 있는 협력형(collaborative) 의사결정과 집행을 위한 대안을 마련하는 것이 중요해진다.

간접관리가 요구되는 상황이란 권한과 자원(authority and resources)은 공유되어 있으나 책임(accountability)은 상대적으로 행정기관에 집중되어 있는 경우, 그리고 행정기관이 주인인 동시에 수요자인 시민과의 관계에서 고유한 책임을 회피할 수 없는 경우를 지칭한다. 개별 행정기관의 입장에서 볼 때는 협력이 필요한 다른 공공기관이나 민간 사업자에 대한 권한 행사나 직접통제를 할 수 없지만 사업의 성공을 위한 책임은 그 기관에 전적으로 돌아오는 상황이 대표적인 상황이다. 이러한 상황은 행정의 민주화, 지방자치의 실시로 인한 정부기관의 분산과 분권, 행정서비스 전달과정에 비정부기관이나 민간 사업자의 협력 필요성 등이 제기됨으로써 상시적인 것이 될 수 있다.

이런 상황의 조건은 첫째, 자원과 정보가 공식적인 경계를 넘나드는 조직 간의 활동이고(inter-organizational activity), 둘째, 행정서비스의 전달에 관련된 중간 조직들은 부분적인 책임만을 지고(partially accountable), 셋째, 정책의 목적과 수행방식에 대해서 일부 단위의 조직이나 기관들은 이해관계를 달리할 수도 있고 동시에 상당히 다른 견해를 가질 수 있으며, 마지막으로 그럼에도 불구하고 그러한 정책수행 방식이나 기관간의 관계가 상당기간 존속되리라고 예상하는 것 등이다.[7]

---

7) 이러한 경우에 관해서는 Sebenius. J., "Rough Notes on Indirect Management." mimeo., John F. Kennedy School of Government, Harvard University, 1982

3. 직접관리에서 간접관리로

위에서 살펴 본 바와 같이 관리자의 세 가지 기능 중 하나의 축인 대외적 관리영역에서 간접관리의 필요성을 쉽게 파악할 수 있다. 관리자의 기능 중 한 영역인 대외적 연계(external linkage)[8]는 민주화와 분권화의 심화로 더욱더 강화되어야 할 것이며 많은 관리자들의 새롭고 창의적인 수단들이 개발되어야 할 분야이다. 행정민주화는 조직의 내부에서도 상관과 부하간의 관계에서 '지시와 명령 그리고 통제'의 유효성에 한계를 인식하게 할 것이다.[9] 조직에서 상관이 부하에 의존하고 있는 것도 적지 않다. 구체적인 기술이나 정보는 말할 것도 없고 조직의 성과도 구성원들의 노력에 의해 좌우되는 것이다. 이렇게 볼 때 부하도 상관에 대해서 암묵적 권력을 행사할 수 있는 영역이 있고, 부하가 리더십을 상향적으로 발휘할 수 있는 팔로워십(followership)을 행사할 수 있다. 상관과 부하라는 대응관계는 협상력이 존재하는 동태적 긴장관계일 수 있다.[10]

예를 들어 상수도사업에 30%의 보조금을 지급하면서 중앙정부가 그 사업을 독단으로 관리하려고 해서는 안 될 것이고 또 그렇게 되지도 않을 것이다. 이러한 행정사업에 있어서 직접관리에서 논의하는 단순한 지시와 통제는 사업의 효과를 저해함은 물론 나아가 행정단위간의 민주적인 협조 분위기를 저해하고, 건전한 지방자치행정의 착근을 방해할 것이다. 정치적 차원에서도 이러한 행태는 용납되지 못할 것이다.

민간회사에 의한 쓰레기 수거사업이나 수많은 사업의 입찰에 의한 공사의 추진도 계약이론이 중심이 되고 있다. 계약이란 합의를 기반으로 하고 집행과정에서는 필요한 조치를 사업수행자가 스스로 취하는 방식이다. 전통적 행정관리이론은 한계에 직면한다. 공공업무의 민영화(privatization)와 민간 기업과 계약에 의한 다양한 행정서비스의 전달은 선진국에서는 매우 광범위하고 심도 있게 진행되어서 전통적 행정의 수비영역을 아주 적게 만들면서 작은정부로 변신하고 있다. 미국의 경우 정통 행정학에서 공공의 권력관계라고 받아들여졌던 행정의 영역까지 비정부기구와 민간 기업을

---

8) 노화준, "행정조직에 있어서 관리과학 모형의 실용화를 위한 접근," 행정논총 제18권 제2호, 서울대학교 행정대학원, 1980, p. 194.
9) Fiedler, F., A Theory of Leadership Effectiveness, (New York; McGraw-Hill Co., 1967) and Reddin, W., Managerial Effectiveness, (New York; McGraw-Hill Co., 1970)
10) Lax, D., and J. Sebenius, The Manager as Negotiator: Bargaining for Cooperation and Competitive Gain, (New York: The Free Press, 1986), pp. 314-338.

활용하고 있다.[11]

예를 들어 병원관리에서 간호사들이 규정이나 병원의 정책을 내세워 개별 의사의 요구를 거절할 수도 있고, 의사들의 규정준수여부가 애매한 영역에 속할 때에는 해당 의사가 지시한 일에 문제가 생길 때는 그 책임을 의사가 진다는 묵계를 간호사나 사무직원이 교묘히 확인해가면서 서로 간에 거래가 형성되는 사례가 많이 발견되고 있다. 병원이라는 대규모 전문 조직체가 움직이는 데는 이러한 교호적 관계가 효율성을 낳고 있다.[12]

우리나라의 공공행정에서 효율성 지고의 논리구조는 단선적이고 단기적인 관점에 머물고 있는 경우를 많이 본다. 하지만 민주화의 진행과 다원적 정부구조를 갖게 되는 지방자치제를 실시하는 경우 보다 수평적이고 협의적이며 다면적이고 거시적인 관점에서 효율성이 재개념화될 필요가 있다. 아울러 민주화의 진행으로 다수의 준공공기구나 비정부기구가 행정서비스의 전달에 참여하는 경우 문화가 다르고 기관의 운영지침(SOP: standard operating procedures)이 다른 기관의 적극적인 협조를 구하기 위해서는 행정관리의 원리와 철학에 대한 전환이 필요한 것이다. 중앙정부기관이 모든 것의 우위를 점하면서 그들의 일방적 의사결정 내용을 지시하고 그에 맞게 집행이 이루어지는가를 통제하는 시스템은 적합성을 확보하지 못할 뿐만이 아니고 적절한 수준의 효과성도 발휘할 수 없을 것이다.

이러한 환경변화는 필연적으로 공공관계(PR: public relations)의 변화를 초래할 것이다. 자연히 언론기관의 수가 늘어나고 그들의 영향력이 커지면서 정부는 공직자의 의식을 그대로 반영하는 공보처와 같은 기관의 유지에도 어려움을 겪을 것이다. 언론환경은 컴퓨터를 비롯한 정보통신수단의 획기적인 발전으로 더욱 다원적이며 비판적일 가능성이 높다. 점점 행정국가의 운영방식이 제약을 받는 상황에서 경청하고 협의하며 조정하는 능력을 키우는 것은 시스템 전환의 사전 준비에 해당한다. 공개행정의 필요성을 감안하는 경우 언론과의 관계정립에서 정보공유의 폭을 넓혀가면서 민주적 협의를 만들어가는 행정문화로 나아가야 할 것이다.

민주행정의 실현과정에서는 지역사회조직이나 비정부기구 혹은 사회적 조직으로부터 정부의 정책이 반대에 부딪힐 가능성도 염두에 두어야 할 것이다. 심지어 지방

---

11) 이러한 연구에 관해서는, Kakalik, J. and S. Wildhorn, The Private Police: Security and Danger, (New York: Crane Russak, 1977) 참조. 최근 미국에서는 사기업의 정부와의 계약에 의한 교정산업이 점차 규모가 커지고 지역적으로 확산되고 있다.

12) Strauss A. and et al., "The Hospital and Its Negotiated Order" in W. Zartman, (ed.), The 50% Solution (New Haven; Yale University Press, 1976)

자치단체가 중앙정부의 시책에 대해서 반대하는 경우도 생길 것이다. 이러한 상황은 선진국의 환경운동이나 노동운동의 경우 흔히 관찰되며, 지역이기주의나 님비 (NIMBYs: Not In My Back Yards) 현상이 지방의 반발이다. 사회적 다극화는 단순한 행정효율성을 요청하지 않고 국가사회 전반의 '사회적 효율성'을 요구할 것이다.

이러한 다양한 변화를 전제로 할 때 시급한 것은 행정관리의 방식에 대한 인식의 변화이다. 직접관리의 영역을 줄이고 간접관리의 수단을 조기에 정부의 모든 조직에서 흡수하여 간접관리의 영역을 넓혀가는 것이 필요하다. 특히 간접관리가 필요한 상황을 파악하고 이러한 상황을 수용하는 행정문화의 변용도 필요한 시점이다.

VI. 간접관리의 주요 수단

1. 전문성 기준(professional standards)

간접관리 상황에서도 관련 기관이나 조직에는 공통요소가 존재하는데 그것은 수행하는 사업의 내용에서 비롯된다. 행정업무나 정부사업은 전문가의 영역이므로 이것을 수행하는 데는 직업적인 전문성이 필요하게 되고 그것은 이미 그 분야에서 공인된 기준을 따라야 하는 경우가 많을 것이다. 사회간접자본의 건설과 같은 경우는 물론이고 복지사업이나 각종 지원 사업에도 전문가들의 입장에서 볼 때 어떤 분업이 필요하며 어떤 기준을 만족시켜야 할 것인가를 쉽게 합의할 수 있을 것이다.

전문가들 간에는 공통의 상위가치(value), 규범과 적법성, 행정목적, 성취의 수준 (performance criteria), 효율적인 수행에 필요한 지식과 기술(knowledge and skill) 등이 그 활동의 범위와 요소 그리고 행태로 구분하여 정해져 있는 것이 보통이다. 특히 행태 면에서는 직업윤리(professional ethics)가 존재한다. 그리고 여러 조직이 관여되는 업무에서는 지속적인 협력적 관계의 필요성에 대한 강한 인식이 존재한다. 왜 여러 조직과 기관이 행정주체와 결합하여서 행정서비스를 제공할 수밖에 없는 상황인가를 인식하는 것이 중요한다. 수단적인 문제들 때문에 공익이나 주민의 복리라는 가치를 손상시켜서는 안 된다는 합의가 참여기관들에게 일종의 전문적 영역의 규범이나 전문직업상의 기준(professional standard)으로서 조직의 경계를 넘어서도 유용하게 적용되어야 한다. 이러한 다수 조직 간의 역할분담에 대한 인식이 견고해질 때 관리자가 적극적인 업무수행을 호소할 수 있고 영향력을 행사할 수 있는 근거로서 작용한다.

사업에 종사하는 전문가들이 정책의 가치를 공유하고, 집행에 수반되어야 할 규범을 준수하며, 상호 존중하는 문화의 생성이 간접관리에 핵심적인 역할을 한다. 상위직이 관여하여 지시와 통제를 하기 보다는, 해당문제 전문가들끼리 먼저 문제를 접근하는 구도가 필요하다. 이것으로 전문적, 분권적 업무 추진이 가능해지는 대목이기도 하다. 그들 사이에 갈등이 생기거나 능력에 한계를 느낄 때 외부의 전문가를 초청하거나 상위의 관리자가 관여하는 접근이 가능해진다. 이와 같은 간접관리의 핵심적 요소에 이어서 아래에서는 우리나라의 지방자치행정의 발전에 도움이 되리라고 여겨지는 몇 가지 간접관리 기법을 살펴본다.[13]

2. 모니터링과 조정적 평가(monitoring and evaluation)

모니터링이란 정책의 전개과정을 예의 주시하고 필요한 경우 감시하는 것을 지칭하는 것으로, 권위주의적 행정문화에서 흔히 볼 수 있는 지시와 통제, 그리고 체계

---

[13] 간접관리의 수단에 관하여는 다양한 아이디어가 개발되고 있는데, 이는 주로 미국의 연방제 도하에서나 미국의 공공분야와 민간분야 간의 관계에서 나온 것들로 우리나라의 경우로 바로 이전(transfer) 시키기에는 많은 한계가 있다. 그것은 미국의 경우 연방제 체제에서 수많은 독립적 정부기관들 간의 관계(IGR: Inter-Governmental Relationship)를 존중하면서 어떻게 하면 효율적인 정책집행을 확보하는가 하는 문제이고, 우리나라의 경우는 어떻게 하면 고도로 집권화된 단일국가(unitary government) 체제에서 각급 지방자치단체가 어느 정도의 자율성을 누릴 수 있는 유연한 정책관리방안을 개발하느냐 하는 문제이다.

    연방제 국가의 관리방식은 그 취지가 다르지만 몇 가지 수단들은 우리의 지방자치행정에도 원용될 수 있으리라 본다. 행정 관리학 교수들은 목적 공유, 계약 방식의 활용, 간접통제와 평가, 시행과 법규에 기초한 제재, 조직 변수의 활용, 협상과 중재 등과 같은 방안들이 다수 조직의 협력과정에 효과적으로 활용될 수 있다고 주장한다. 나아가 간접관리자가 다수 조직이 관여된 집행과정의 문제를 진단하여 개선하는 데는 정책의 산물, 정책의 '생산-소비함수', 필수 조직과 취약 조직, 통제와 책임, 그리고 호소할 수 있는 집단과 조직 등을 분석하여 활용할 수 있다고 한다(Sebenius, J., "Rough Notes on Indirect Management", mimeo., Harvard University, 1982, pp. 2-8.).

    Rosenthal은 복잡한 정부 기관 간의 정책과 프로그램을 간접 관리하는 수단들을 제시하고 있다. 그것에는 영향을 미칠 수 있는 영역을 프로그램의 범위 및 내용, 전달, 통제로 구분하고, 첫째 프로그램의 범위와 내용에 관련된 간접관리의 수단으로는 법규, 예산, 표준화 등을 통한 공식적인 규제, 규정의 해석, 보조금 신청 등을 들고, 둘째, 프로그램의 전달과 관련해서는 제안서 요청(RFP: Request For Proposal), 사업제안서, 경비보전 절차, 기술적 원조, 교육훈련 등을 들고 셋째 프로그램의 통제를 위해서는 계획 평가 및 인허가, 계약의 협상, 규제의 해석 및 면제, 감사, 모니터링, 평가, 제재 등을 들고 있다.

    그리고 위에서 언급된 다양한 방법과 수단들보다 월등하게 중요한 것이 운영에 관계되는 인적 자원이라고 한다. 적절한 인사수단에 의한 관리는 정책의 모든 과정에 효과적으로 적용된다고 한다. (Rosenthal, S., "New Directions for Evaluating Intergovernmental Programs," Public Administration Review, Vol. 44, No. 6, (November/December, 1984), p. 474.

적인 보고체계와는 상당히 다른 의미를 갖는 것이다. 지방자치단체의 정책 실시 과정에서 발생하는 문제를 중앙정부가 전부 알 필요는 없지만 중앙정부의 정책과 불가피한 관계에 있는 사안에 대해서는 모니터링을 하지 않을 수 없을 것이다. 중앙정부의 재정이 일부 투입되거나, 일부 위임이나 공동 사무의 경우가 이에 해당할 것이다. 지금 한국의 지방자치단체는 '자치'단체가 아닌 중앙정부의 일선집행기관에 해당한다. 현재와 같은 중앙부처에 의한 정책집행의 직접적 지시와 통제 대신에, 정책성과의 기대치를 제시하고, 관련데이터를 수집하여 기대치와 비교하며, 실제 결과와 기대와의 차이를 분석하여(gap analysis), 집행방식의 수정을 가하는 상호적응과 배움의 과정(learning process)으로 전환하여야 '자치'행정의 영역이 탄생할 수 있는 것이다. 이것은 진화적인 사이클을 갖는 통제(an evolutionary cycle of control)에 해당하는데, 정책과정에 대하여 자료와 데이터를 수집하지만, 그것이 미시적인 통제의 목적이 아니고 개선의 용도로 사용되거나 벤치마킹(bench-marking)의 대상으로 활용되는 것이다.

관련된 시책의 전개과정을 중앙정부가 필요한 경우 주시하여 모니터링하고 시의적절하게 분석하여 필요한 개선책을 공동으로 모색하는 것은 지방자치제의 발전을 위해서는 긴요한 것이다. 중앙정부가 정책의 기본방향을 제시하고 광역지방자치단체가 기본계획을, 그리고 기초지방자치단체가 실시계획을 맡는 방식은 복지제도와 같은 제도의 설계과정에서 체계적으로 보일 수 있다. 하지만 현실적으로 정치적 자치제를 도입하는 경우 과거와 같이 획일적으로 이러한 체제가 그대로 적용되기 어려운 면도 많을 것이다. 그렇다면 기획과정을 거치더라도 현재와 같은 획일적이고 체계적인 체제를 주입하기는 어려우므로, 현실적으로는 해당 정책의 진행과정을 주시하고 법규에 근거한 과정평가(process evaluation)를 통하여 현재 수행 중인 정책의 수정제의 뿐만 아니라 차후의 관련 보조금 등의 운영과 연결시키는 것도 고려해볼 수 있을 것이다.

이러한 중앙정부부처와 지방자치단체 사이에 조성적 평가(formulative evaluation)의 도입이 정착되지 않은 상태에서 현재의 수직적인 관계를 그대로 두고 평가를 도입하게 되면 자치행정의 영역은 확장되지 않을 것이다. 현재는 지방에서 실시되고 있는 시책사업이나 역점사업을 중앙에서 일일이 운영실태 감사, 진도파악, 현장 확인 등과 같은 제도를 운영하고 있다. 이러한 방식은 앞으로 폐기가 불가피할 것이다. 더구나 자치사무가 늘어나면 이러한 제도는 존립근거를 잃을 것이다. 또 광역자치단체가 기초자치단체의 시책에 대해서도 지원이라는 미명하게 일일이 통제하고 있는 것도 불가능해지거나 오히려 비효율성을 배태할 가능성이 높다.14) 현재와 같은 통제지향의 문화 속에서 경직된 권력관계에 기초한 주시를 하게 되면 명령이나 지시와 같은 효과를 갖게 된다. 그 주시의 내용이 직접적 관여가 아니고 앞으로 자율성을 보장하여 조성적인 평가를 활용한다면 정책과정 전체적으로 효율성을 증대시킬 수 있을 것이다. 이러한 관계에서 볼 때 중앙정부와 지방자치단체 그리고 지방자치단체들 간에 공공관리자들의 역할관계를 일종의 '게임(game)'으로 보려는 시각도 앞으로의 연구에 필요하다.15) 각 기관의 이익과 정책 전반의 공익이 차이가 날 수도 있을 것이고, 상위에 있는 기관이라고 해서 반드시 더 강력할 권한을 행사할 수 있는 것도 아닐 것이다.

상위정부가 운영할 평가제도도 직접관리 영역에서 사용되던 정태적이고 포괄적인 정책평가기준인 능률성, 형평성, 합리성, 효율성에 머물러서는 안될 것이다. 간접관리의 영역에서는 독립적인 기관들이 정책의 산출함수에 부분적으로 책임을 지고 기여하게 되므로 다른 유형의 평가기준과 방법이 도입되어야 할 것이다. 다수의 정부단위가 정책주체로서 등장하는 정책영역에서는 과정평가기준(process criteria)이 필요할 것이다. 상당한 정도로 독립성이 인정된 지방자치단체의 정책평가 기준으로는 다음과 같은 방식을 예시적으로 들 수 있다.

첫째, 정책이나 시책이 장기적이고 전국적인 관점에서 보아 일관되게 지속되는 계속성(continuity), 둘째, 상위정책목표와 하위정책목표와 실시계획 간의 일관성(consistency), 셋째, 상위의 정책과 하위의 다수 시책간의 논리적인 정합성과 체계성(systemic), 넷째, 여러 정책 주체들 간에 정책을 조정·협조하는 과정에서 발생하는 불확실성과 위험(uncertainty or risk)을 줄이려는 예측가능성(predictability), 다섯째, 전체적인 정책목적이나 정책수단을 분명히 하고 당사자들 사이에서 구체적으로 이해될 수 있는 명료성(clarification)과 정교성(elaboration) 등의 기준이 활용될 수 있어야 할 것이다.

평가제도를 운영함에 있어서도 직무감찰이나 시책감사와 같은 적발 의도적 접근

---

14) 이러한 감사기능의 전환과 정부단위간의 분담에 대해서는, 노화준, 정책평가론(서울: 법문사, 1986), pp. 501-523 참조. 특히 중앙부처와 독립적일 정책단위인 지방자치단체간의 논의에 대해서는 pp. 519-520 참조.

15) 이러한 연구시각은, Lynn, L., Jr., Managing the Public's Business: The Job of the Government Executive, (New York: Basis Books, Inc., Publishers, 1981); Lynn, L. Jr., "Government Executives as Gamesmen," Policy Analysis and Management, Vol. 1, No 4, (1982), pp. 482-495 참조. 우리나라의 에너지정책과정에서 하부부문끼리의 경쟁과 협상관계를 게임과 같은 시각으로 본 연구는, Lee Dalgon, "'Backward Mapping' Analysis of an Urban Energy Policy," Unpublished Ph.D. Dissertation, Harvard University, 1987, pp. 109-128 and 265-319 참조.

법보다는 정책집행 방법을 바람직한 방향으로 유도하기 위한 상호학습적 방법론이 강구되어야 할 것이다. 어떻게 하면 집행의 권한은 지방자치단체에 남겨두면서도 국가적인 정책목적 달성을 효율적으로 할 수 있는 중앙정부의 역할모델이 제시되어야 할 것이다. 예를 들어 현재의 통제 지향적 관리를 억제하는 비권력적 수단으로는 지방자치단체의 계획과정에 필요한 다양한 데이터와 정책성과기준의 제공, 회계감사의 예외적인 사업에 한정, 행정의 질을 통제 방법 적용, 재정적 상벌이 각종 지방재정조정제도에 반영되게 하는 방법 등이 있을 것이다. 새로운 과정, 제도, 관계형성에 드는 비용을 중앙에서 부담하고 지방자치단체가 창의적이고 혁신적인 시책을 개발하여 시행하는 과정에서 수반되는 정치적, 행정적 위험을 중앙정부에서 많은 부분 부담함으로써 지방자치단체가 개척자 정신(entrepreneurial spirit)을 발휘할 수 있다.

3. 계약제도(contract)

간접관리 상황에서는 다수 정책주체 간에 업무수행 상의 역할분담이 약속이면서 계약이 되는 것이고 민간 기업이나 시민사회단체와의 업무위탁이나 위임에서도 계약은 필수적이다. 계약의 대상이나 항목은 법령에 의해서 명확하게 규정된 경우도 있고, 암묵적 관행일 수도 있다. 다수 관계인이 참여하여 장기간이 소요되는 계약은 그 기초와 체결과정이 용이하지 않다. 특이 정치경제적 상황에 복잡하게 변하는 경우 외부변수의 변화에 유연하게 적응하면서 소기의 목적을 달성하기 위해서는 동태적인 계약제도(dynamic contract system)을 발전시켜야 할 필요가 있다. 계약 내용의 명확성과 준수의 엄정성이 어떤 수준이든 간에 계약의 조건을 잘 관리함으로써 소기의 정책목적을 달성하려는 접근법은 분명히 빈번한 지시와 근거리 통제와 감사보다는 당사자 모두의 자율적인 행동을 보장하면서 공동의 목적을 달성하는 데 보다 적합한 것이다. 정책의 산출이나 최종 효과를 얼마나 정확히 파악하고 계약기간을 통하여 계약조건들의 확실한 충족을 얼마나 유지하느냐가 민주적 관리능력의 한 지표가 될 수 있을 것이다.

이 방법은 대리인 이론(theory of agency)을 원용할 수 있다.[16] 행정주체(principal)와 대리인(agent)은 계약이라는 끈으로 연결되어 있고, 그 끈은 유연하게 서로의 관점

---

16) 이 분야의 대표적인 연구는, Pratt, J., and R. Zeckhauser, Principals and Agents: The Structure of Business, (Cambridge, M.A.: Harvard Business School Press, 1985); Mitnick, B., "Regulation and the Theory of Agency," Policy Studies Journal, Vol. 1. No. 3, (1982), pp. 442−453; Crawford, V. "Dynamic Game and Dynamic Contract Theory," Journal of Conflict Resolution, Vol. 29, No. 2, (June, 1985), pp. 195−224 등을 참조.

과 이익을 보전하면서 동시에 본래의 공통목표를 달성하는 것이 목적이다. 물론 대리인 모형(agent model)이 중앙정부와 지방정부간의 정태적 관계유형과는 다른 것이고[17] 정책과 행정관리 과정에서 나타나는 행태적인 관점을 강조한 것이다. 지방자치단체와 민간기업 간의 관계에서 더 적합하게 원용될 수 있지만, 중앙정부와 지방자치단체 간의 비권력적인 관계를 실증적으로 분석하는데 도움을 줄 것이다.

정책 주체의 입장에서 보면 대리자 혹은 계약에 의한 협조자의 이익함수(interest function), 유인체계(incentive system), 정책수행과정에 나타날 대리인의 행태, 주체와 대리인간에 형성된 위험의 분포(distribution of risks), 정책수행 과정에서 생성되는 정보의 비대칭성(asymmetries of information) 등이 주요한 관심사로 등장하게 된다. 이러한 관점을 이해함으로써 정책주체들은 자신의 자율성과 동기를 보존하면서 유연한 협조체제를 만들어서 결국은 전체의 입장에서 성공적인 정책과정을 만들어 낼 수 있게 할 수 있다.

지방자치제가 실시되면, 정부의 의사결정이 일방적으로, 문제인지 – 정보수집-대안개발 – 재원확인 및 대안평가-결정-집행준비 등으로 흐르지 않는다. 중앙정부 일변도의 정책결정과 행정관리는 지방자치단체의 설립에 따라서 상대방을 만나면서 변화될 것이다. 게다가 지방의 이익을 주장하는 주민과 지역사회단체가 권한을 행사하게 되면 중앙정부는 상대를 제한된 계약 내에서나마 독립적(independent) 의사결정을 할 수 있는 권한(authority)과 능력(capacity)을 가진 존재로 인식하여야 할 것이다.

지방정부의 출현으로 정부 내의 의사결정 주체가 둘 이상의 복수가 되었고 각자의 정책대안들이 다를 수 있기 때문에 상호 특출한 대안(mutually prominent alternative)을 중심으로 합의를 만들어 가는 것이 중요해진다. 또 정책성과의 평가기준도 단순하지 않고 참여 주체에 따라서 달라질 수 있기 때문에 상호간 공동으로 활용할 수 있는 과정평가기준으로 전환되어야 할 것이다. 계약조건의 이행에 문제가 생겼을 때도, 그것의 이행 독려와 제재(enforcement and sanction)가 전통적인 권력적일 수 없다. 당사자에 대한 인사 조치와 같은 수단보다는 계약의 조건 변경, 계약파기, 벌과금 제도의 도입, 차기계약과 연계 등의 비권력적인 유인 – 보상체계의 정교한 도입이 필요해질 것이다.

---

17) Elcock, H. Local Government: Politicians, Professionals and the Public in Local Authorities, (London: Methuen and Co., 1982), pp. 3–6. 저자는 중앙정부와 지방자치단체간의 관계를 권력적, 후견적(guardian model) 관계로 보는 대리인 모형, 동등한 관계를 갖는 동료모형(partnership model), 그리고 중간의 형으로, 일종의 비대등한 권력관계에서 게임의 참가자들 사이에서 일어나는 교환과정(process of exchange)으로 분류하여 본 것이 전통적 견해라고 본다.

위탁기관과 수탁기관의 협력적 관리를 위해서는 운영관리(operation management) 분야가 원용될 수 있을 것 같다. 중앙정부와 지방정부들에 걸친 정책의 기획, 통제, 그리고 서비스의 전달과정을 주요 관심사로 하는 이 분야는 정보관리와 환류(information feedback), 경계구역의 기능, 그리고 궁극적으로 조직 간의 권력배분과 이익귀속 등에 연구의 초점을 맞추고 있다.18) 정보관리 측면에서는, 전국적인 통계정보를 중앙정부의 평가목적으로 활용하겠지만, 지방자치단체에서는 지역특정정보가 운영적 측면에서 의미를 가질 것이다. 이러한 필요성을 상정할 때, 현재와 같이 과도하게 요약된 총량적 정보(aggregated data)보다는 비용이 들더라도 분산되고 개별적인 정보(individual data) 수집체계의 발전과 정보의 축적이 필요할 것이다.

경계구역관리는 조직의 내부관리 기능과 외부환경관리기능을 연결시키는 일이다. 중앙정부 내에서는 정부투자기관과 같은 공공기관의 업무관리를 목적으로 하는 조직이 여기에 속하고, 앞으로 내무부의 경우 대부분의 주요기능이 여기에 속할 것이다. 이러한 경계관리는, 첫째, 어떻게 간접관리의 수단들이 중앙정부와 지방자치단체 간에 걸친 정책들의 성과를 향상시켜 주며, 둘째, 어떻게 다른 '정부'와의 관계에서 경계구역의 역할이 상호 조정되며, 또 정책의 성질, 자원, 기술, 가치 그리고 주민의 요구변화에 따라서 그 관계가 변화, 발전되는가를 파악하고, 셋째, 경계구역의 역할이 지방단위에서의 정책성과와 연계되어야 하고, 평가도 바로 최종 정책성과와 연계되어야 할 것이다. 지방행정과 지역발전, 지방재정 관련 조직이 여기에 해당할 것이다.

중앙과 지방간의 권력 및 이익관계 분포에 있어서 우리나라의 권위주의적인 관료문화와 단일정부체제(unitary government system)라는 헌법적인 규정 때문에 중앙정부의 권력적 위상이 높고, 국가적 관점과 이해를 우선시할 가능성이 상당히 높다. 그것은 자율적이고 독립적인 수준까지 지방자치를 실현시키는데 한계로 작용할 것이다.19) 그러나 앞으로 시간이 흐르면 흐를수록 중앙정부가 제3자적(third party) 혹은 중개자(middlemen)의 역할을 하는 조직과 기관에 광범위하게 의존하여 정책을 집행하게 될 것이므로, 관료적 설득과 간접적 유인(bureaucratic persuasion and indirect inducement)을 제대로 활용할 때 '근본적인' 문제해결이나 성과의 고양을 가능하게 할 것이다. 중앙정부가 역사적으로 형성된, 또는 법규상 인정된 권력의 우위와 정책수행

---

18) Rosenthal, S., "New Directions for Evaluating Intergovernmental Programs," Public Administration Review, Vol. 44 No. 6, (November/December,1984), pp. 470–473.

19) 통합의 필요성에 관하여는, 박동서 한국행정의 미래상(서울: 법문사, 1988), pp. 301–474를 참조.

의 자원을 보유하므로 대(對) 지방자치단체와의 협상에서 우위를 향유할 것 같지만, 중앙정부가 정책을 직접 집행할 하부구조(infrastructure)를 상실할 것이므로 이점이 큰 '약점'이 되고, 역으로 이러한 추세와 구조는 지방자치단체가 이용할 수 있는 권력원이 될 수 있을 것이다.

4. 협상(negotiation)과 조정(coordination)

협상이라는 개념이 정책관리 분야에 도입된 것은 새로운 일이 아니다. 주로 정책집행과정에서 겪게 되는 관련자간의 갈등과 대립을 분석하고 이러한 과정을 정책설계과정에서 사전에 고려하게 하는 방안으로 도입된 것이다. 정책과정이 복잡한 연방제 국가는 물론이고 지방자치의 역사가 길어서 지방정부의 권능이 커진 국가에서는 국정관리의 주요한 접근법으로서 협상과 중재가 중요한 관리차원의 하나로서 받아들여지고 있다.[20]

공공분야의 정책과정관리(management of policy process)에 협상이 도입되겠는가? 아니면 어떠한 분야에서 협상에 의한 접근이 보다 효과적이겠는가? 첫째는 서로 다른 기관의 공유된 권력에 대해서 견제와 균형(check and balance)이 필요한 곳, 둘째는 공유된 권위(shared authority)에 의해서 장기적 관점에서 영향력을 행사해야 할 필요가 있는 영역, 셋째는 자원이 제한된 분야, 그리고 넷째는 공식적 권위(formal

---

20) 협상을 하나의 기술적 요소(negotiation skill or technique)로 보아서, 민간상무영역, 국제적 갈등관리, 개인갈등의 심리적 대응방법으로서 협상과정이나 전략연구로서 등장한 것은 오래된 일이지만, 정부 간 관계관리 방법론의 하나로서 협상이론을 활용하는 것은 최근의 일이다. 그동안의 집적된 연구의 접근법은, 역사맥락(historical and/or contextual), 구조, 전략, 행태, 과정변수(process variable) 등을 중심으로 이루어져왔다. 그리고 모의실험(experimentation or simulation)을 통해서 이론을 검증하고 실무자를 교육시키는 활동이 있어왔다. 최근에는 수학, 심리학, 경제학, 경영학, 국제정치학, 법학 그리고 정책학 등의 분야에서 학제적 연구가 진행되고 있다. 주로 전문대학원에 교육프로그램이 개설되었으며, 연구소가 설립되면서 전문지와 연구논문이 늘어나고 있다. 연구의 시각은 협상당사자의 어느 편에 중점을 두느냐에 따라, 대칭적 기술적 연구와 처방적 연구(symmetrically descriptive/prescriptive research), 비대칭적 기술적 혹은 처방적 연구(asymmetrically descriptive/prescriptive research), 그리고 외부 관찰자의 입장에서 접근하는 기술적 혹은 처방적 연구(externally descriptive/prescriptive research)로 나누어 볼 수 있는데, 이러한 접근법들이 정부 간 간접관리의 연구에 광범위하게 원용될 수 있을 것으로 믿는다. 이 분야의 연구에 관해서는 아래의 책들을 참조하기 바란다. Raiffa, H., The Art and Science of Negotiation, (Cambridge, M.A.: The Belknap Press of Harvard University Press, 1982); Zartman, W., The 50% Solution, (New Haven: Yale University Press, 1976); Susskind, L., L. Bacow, and M. Wheeler, Resolvong Environmental Regulatory Disputes (Cambridge, M.A.: Schenkman Publishing Company, 1983); and Lax, D., and Sebenius, J., The Manager of Intergovernmental Conflict", (New York: The Free Press, 1987).

authority)가 직접적으로 행사되기 어려운 언론기관, 시민사회단체, 국제기구 등과 같은 영역들이 되겠다.

여러 정책주체가 관련된 정책집행인 경우, 강성(경성: 硬性) 집행전략(hard-line enforcement strategy)과 연성 협상전략(negotiating with various policy implementers)이 있을 수 있다. 우월한 지위에 있는 관련자가 강제성을 배경으로 당면한 관료적 갈등(bureaucratic conflict)21)을 관리하려는 접근법은 행정민주화의 진행으로 그 설 자리가 좁아질 것이다. 외견상 약한 지위에 있는 조직이나 관리자가 수용하는 태세를 취하는 경우에도 진정으로 갈등이 해소되지도 않고 정책집행이 원만하게 진행되기도 어렵다. 더구나 정통성이 약한 상황에 있거나 신뢰(credibility)를 확보하지 못한 경우에는 강성 일변도의 관리전략이 한계에 직면할 것은 뻔하다. 지방자치제의 실시로 지방자치단체가 법적 독립성이 보장되어 있고 정치적으로 이질적인 성향을 가지는 경우, 경성전략은 그 정통성을 확보하기 어려울 것이다.

정책관리 주체들 간의 관용과 양보는 대단히 중요한 간접관리의 정신이다. 연성관리(軟性管理)의 하나인 협상이 '상대방에게는 효용이 크지 않으나 자신에게는 효용이 큰 항목이 있는 경우, 그 항목을 상대에게 양보하고, 자신은 상대방에게는 전자보다 작은 효용을 가지나 자신에게 이미 양보한 항목보다 큰 효용을 가지는 항목을 주장하여 얻는 것'인데 생산적이며 창의적인 관계로 발전시킬 수 있는 여지를 만드는 것이다. 간접관리에서 개발하려는 협상의 유형은 합이 영(零)이 되는(zero-sum) 분배적 협상(distributive bargaining)이 아니고 생산적인 통합적 협상(integrative bargaining)이다. 대부분의 협상 당사자가 상호조정을 통하여 각자의 효용을 증대시키는, 즉 통합적 공익을 신장시키는 방안을 모색하는 정부간 관계를 만들어 내는 것이 목적이다.

정책수행과정에서 협상과 조정은 협상이 아닌 다른 행동대안(best alternative to a negotiated agreement)에 비하여 비용이 적게 들고 그 과정이 갈등의 증폭을 유발하지 않고 합의에 따른 정책집행의 성과가 우수할 개연성이 높다. 그럼에도 불구하고 우리나라의 행정문화에서는 실제 협상이 어쩔 수 없이 진행되고 있으며, 그것은 '은밀하게' 진행되고 있기 때문에 공정성이나 공개성과 같은 행정이념과 상치되는 면이 있다. 그리고 협상에 소요되는 거래비용(transaction costs)이 어느 정도인가에 대한 정보도 파악되지 않고 있는 실정이다.

협상을 통해서 효율적인 합의가 이루어지기 위해서는 우선 당사자들의 이해, 주

---

21) Buntz, C., (and B. Radin, "Managing Intergovernmental Conflict" Public Administration Review, Vol. 43, No. 5, (September/October, 1983), pp. 404-407

요 쟁점(issue), 그리고 입장(position) 등이 밝혀져야 하고, 비대칭적인 권력관계 아래서도 당사자 모두에게 특출한 대안(mutually prominent alternative)을 창출하면서 이해관계를 조정하여야 할 것이다. 개별 참여자들은 각기 최저한의 가치(reservation value)를 확보하여야 할 것이고, 공정과 형평의 원리를 존중하면서 국가적 관점에서 가장 효용성이 높은 방향으로 합의의 내용을 조정하여 나가야 할 것이다.

개별기관의 노력만으로 확보할 수 있는 정책성과는 한정되기 때문에, 역할을 달리하는 다수의 기관이 협조체제를 만들어서 정책을 수행하고 행정서비스를 전달하는 상황을 효율적으로 관리하는데 결정적으로 작용하는 개념은 어떻게 시너지를 만들어내는가 하는 점이다. 이것은 일종의 결합이득(joint gain)을 생성하는 문제이다. 결합이득이 생성되는 원천은 어떤 것일까? 첫째는 공유된 능력 즉, 공유된 기술, 생산과정, 지식, 둘째는 상호간에 양보를 통한 교환(trade), 셋째는 규모의 경제이며, 넷째는 당사자들 간에 공유된 전문직업적 윤리, 가치, 열정 등 공유된 이익(shared interests)을 생성하는 요소들이 그 원천일 것이다. 행정관리과정에서 각 기관의 시너지 생성원천을 효과적으로 관리하는 것이 분권화되고 자율적인 국정환경에서 행정학이 관심을 가져야 할 분야라고 본다.

다음으로 조정능력이 통합의 리더십의 핵심요소가 되면서 간접관리의 영역을 확장시킬 수 있다. 우리사회에서 지도자의 역할에 관해서는 많은 연구가 되어 왔지만 통합자(integrator)적 차원에 대한 논의는 부족하다. 통합자는 이견과 이해의 조정과 신뢰를 구축하여 협조체제를 형성해가는 데 효과적으로 리더십을 행사(exercise of leadership)한다. 조정과 중재와 같은 노력이 법률적인 관점에서 연구되고 행정관리분야에서는 연구가 부진하였던 것이 사실이다. 자율적이고 분권적인 지방자치체제를 구축하면서 동시에 진정한 자발성에 기초한 국가적 일체성을 조밀하게 직조하기 위해서는 단순한 지시와 명령 그리고 통제보다는 관용의 정신을 기반으로 배려하고, 협의하며, 조정하고, 유도와 제시를 민주적으로 견인할 수 있는 '중앙'이 필요한 것이다.

이러한 간접관리의 구체적인 수단으로써, 화해와 융화(conciliation), 소통과 커뮤니케이션(communication), 타협(compromise), 적극적 조정(coordination), 그리고 합의를 적극적으로 추진할 수 있는 협력(cooperation)이 거론될 수 있다. 이견을 제기하는 관계자를 적대시하지 않고 열린 마음으로 행정문제를 같이 접근하여야 할 파트너로 보는 시각의 전환이 요구된다. 조직 내부의 소통문제는 곧 제기될 것이며, 지방자치단체의 정당성을 부여하는 외부조직과 소통하는 문제는 지방행정의 정치적 차원으로 연결될 것이다. 그리고 당사자들 간의 이해관계의 협상과 조정은 앞에서 많이 거론되었고, 지방자치를 도입하는 이유 중의 하나도 자율성을 기반으로 하는 견실한 협력체제의 구축이 행정의 효율성을 높인다는 취지이므로 효율적이고 효과지향적인 협력집행체제는 행정의 제1차적 목표로 취급되어야 할 것이다.

직접관리방식이 지시(command)와 통제(control)라는 2C로 대변된다면 위의 간접관리는 5C로 표현할 수 있을 것이다. 지방자치제가 실시되는 경우 중앙과 지방간의 정책집행이나 행정관리 분야에서는 2C에서 5C로 관계기관의 인식을 전환하는 것이 필요할 것이다. 원래 융화(conciliation), 소통(communication), 타협(compromise), 그리고 조정(coordination)을 의미하는 4C는 정치적 관리(political management)를 개념적으로 접근하려는 동기에서 논의된 개념들이다. 하지만 다수의 정책창도자나 집행자가 존재하는 체제(multiple advocacy system)에서는 상황에 부합하게 적용할 수 있는 개념들이라고 볼 수 있다. 특히 집행과정에서 견고한 협력기제(collaboration)을 만드는데는 추진체간의 협력(cooperation)이 필수적이다. 다수의 기관들이 공동으로 업무를 처리함에 있어서 효과적인 의사전달, 융화하려는 기본자세, 갈등을 지시와 명령이라는 관료제적 방식이 아닌 조정과 협상, 그리고 탄력적인 협조체제는 전반적인 효율성을 보장하면서 민주적이고 자율적인 개별기관의 운영을 확보하게 할 것이다.

여기서 다수 주체간의 업무처리과정에서 필요한 조정과 협조에 대해서 약간 대조적인 논의가 필요하다. 조정이란 정책관련자들이 공동의 사업을 집합적으로 수행함에 있어 기존의 의사결정 규정을 이용하거나 새로운 규정을 공동으로 만드는 과정인데 비하여, 협조란 각자의 운영 목적들을 공동으로 달성하기 위하여 상호 독립적이고 자율적인 조직들이 고의로 관계를 유지하는 것이다. 따라서 두 개념 간에는 엄격히 말하면 차이가 난다. 조정은 각 조직들이 처음에 선호하였던 결과보다는 다른 결합목적(joint goal)이나 활동을 강조하는데 비하여, 협조는 주체들이 상호양보는 어느 정도 하지만 기본적으로 각자가 선호했던 목적이나 활동을 계속한다는 점에서 차이가 있다. 조정은 자연히 협조에 비해 자율성에 위협이 되고, 고위 관리자가 관련되며 수직적, 수평적 관계(vertical or horizontal linkages)가 영향을 받고, 약간의 공식화된 규율을 갖는 것이 특징이라고 할 수 있다.[22]

---

22) Mulford, C. and D. Rogers, "Definition and Models," in Rogers, D., and et al., (eds.) Inter organizational Coordination, (Ames, Iowa: The Iowa State University Press, 1982, pp. 9-17). 우리의 경우 조정은 중앙정부와 지방자치단체의 관계형성에, 협조의 경우는 지방자치단체들 간의 경우에 적절한 관계형성에 동원될 수 있는 개념이다.

협조의 경우도 유사하겠지만, 조정의 전략을 세 가지로 나누어 볼 수 있다. 권력이 분산된 경우에 이용되는 상호조정(mutual adjustment), 집권적인 상황에서 이용되는 단체적, 회사 내

또 조정의 다양한 전략에 더하여 크게 유형을 나누어 보는 것도 간접관리의 핵심을 파악하는데 도움이 될 것이다.[23] 첫째, 양보교환(concession exchange)형이 있다, 이것은 하나의 같은 차원의 이슈(single dimensional issue)에서는 서로 평면적으로 단순히 주고받는 양을 산정하여 간단하게 양보를 교환할 수 있다. 문제는 차원이 다른 이슈들(different dimensional issues)이 있는 경우인데, 이 경우에는 각자가 받고 주는 효용을 각기 계산하여 비슷한 효용규모가 되었다고 판단하였을 때 교환을 시도하는 것으로 복잡하고 난해할 수 있다. 둘째, 문제해결논의(problem solving discussion)형으로 첫째 유형에 비하여 결론에 쉽게 도달하지는 않지만 근본적인 갈등의 해소를 가능하게 할 수 있다. 정보를 공유하고 당사자들 모두를 만족시키는 대안을 끊임없이 모색하는 논의로서 브레인스토밍이나 숙의논의방식 등 다양한 방법이 동원된다.

이렇게 보면 위에서 언급한 협상이라는 것도 조정의 한 단계가 될 수 있다. 당사자들이 상호성(reciprocity)을 발휘하여 신뢰구축방법(credibility building measures)의 하위 요소들을 찾아서 시간을 두고 하나씩 구체화하는 데서 신뢰의 문화가 형성될 것이다. 당사자들은 각자의 야심을 신뢰의 영역에 들어갈 때는 줄일 것이고 이때 다른 당사자들도 같은 과정을 경험할 것으로 믿을 때 상호신뢰가 형성된다.

5. 조직의 지원

조직의 경계를 넘어서 정책이 구현되는 경우에 관리자는 정책의 실질적 목표(substantive objective) 뿐만 아니라 과정운영상의 목표(process objectives)에 대해서도 관심을 가져야 한다. 정책의 산출이 어떠한 생산함수(production function)의 모양을 가지는가를 파악하여야 하는데, 그것은 정책의 수립에서 효과의 발생에 이르는 일련의 과정을 분석하고, 각 단계마다 어떤 관련자들이 어떻게 상호작용할 것인가를 분석하는 데서 출발한다. 상호작용의 형태를 파악한 이후에 관리자인 자신의 투입행위를 결정하여야 한다. 생산과정에 놓인 일군의 관계자들은 종종 자신의 분업적 역할에만 관심을 가지고 그것의 상하전후의 맥락을 경시하는 경우가 대부분이다.

공통의 실질적 정책목표와 효과의 내용을 구체화하여 이것에 기여할 수 있는 조직들 간의 정배열(alignment) 문제가 논의되어야 한다. 대부분의 조직들은 자신들의

부 전략(corporate), 그리고 둘 가운데 경우에 활용될 수 있는 제휴(alliance) 등이 있다. 간접관리에서도 이러한 전략을 공공기관들 간의 관계 관리에 이용할 수 있으리라 본다. (이러한 전략들의 초점, 관리자, 형식화의 정도, 자원, 그리고 목표에 대해서는 Rogers, D., and et al. Op, Cit, pp. 18-31 참조.

23) Pruitt, D., Negotiation Behavior, (New York; Academic Press, 1981), p. 91.

일차적 영토 혹은 다른 조직과의 경계(primary or secondary territory) 정도에 관심을 가진다. 하지만 자율적인 다수 조직을 효율적이며 유연하게 작동시키기 위해서는 모든 조직의 관심경계구역인 공적 영토(public territory)에 관심을 모으게 하여야 한다. 갈등을 조절하고 상호의존성을 조종하면서 적절한 연결핀 역할을 한다는 것은 조직의 지원방법으로서 가장 중요한 분야가 된다. 필요한 경우 인력이나 정보의 공유, 그리고 적절한 의사소통체계의 변경과 같은 인지재구조화 노력을 가미하여야 할 것이다.

지방자치제의 실시는 지역 간에 경계개념을 공공이 하는 경향을 유발할 것이다. 그러면 정보의 공유보다는 왜곡과 오해, 인사의 교류보다는 단절, 자방자치단체 운영과정에서 공익에 대한 인지부조화가 강화될 개연성이 높아질 것이다. 단지 공통의 정책목적을 호소하거나, 전문 직업윤리에 호소하는 것만으로는 필요한 수준의 재배열을 하기 어려울 것이다. 이러한 경우에도 비권력적이며 상대가 수용할 수 있는 범위 내에서 구체적인 지원방식을 제도화하는 것이 필요하다. 통제하지 않으면서 정책목표를 실현시키는 외부 조직관리 관리방식은 중심활동에 어떤 조직이 어떻게 기여하는 지를 정확하게 밝히는(targeting)데서 출발한다.[24] 지방자치단체의 고위직의 어느 정도를 국가공무원이 점유하여 연결핀 역할을 할 것이며, 상벌과 평가와 재정지원의 연결구조를 어떻게 하여야 일일이 지시하고 통제하지 않는 상황에서 자율성과 전체성을 동시에 실현시킬 수 있을 것인가는 제도화의 문제로 귀착될 것이다. 이러한 문제의 제도화와 더불어 작금 시작한 중앙정부의 지방정부로의 업무이관작업이 진행되어야 할 것이다.

지방자치단체가 지역의 민간 기업이나 시민사회단체와 협업을 하는 과정에서 계약의 일방을 지원하여야 하는 경우도 빈번하게 발생할 것이다. 지역사회운동을 정책집행과정에 연계시키는 일로서, 공동생산(co-production)과 같은 접근법을 정책관리에 활성화시키는 것이 과제가 될 것이다. 여기서 말하는 협력생산이란 전문서비스 전달자가 수행하는 지방정부의 서비스의 전달에 주민의 직접적인 참여를 확보하여 더 좋은 서비스를 작은 비용으로 전달하는 방법이다. 이미 우리가 채택하고 있는 '자발적' 교통정리, 내 집 앞 쓸기 운동, 쓰레기 분리수거, 등산로 휴지 줍기 등은 주민이 지방정부의 노동력을 상당량 아껴줌으로써 공공서비스의 질과 효율성을 높이고 있는

---

24) Golden, O., "Management Without Control: Federal Managers and Local Service Delivery Under the Comprehensive Employment and Training Act," Unpublished Ph.D. Dissertation, Harvard University, May, 1983, pp. 281-320.

것이다. 이러한 활동에 참여하는 주민이 바로 그 서비스의 소비자이기 때문에 소비자 생산(consumer producer)이 적용되는 유형이다.[25] 이것은 공공서비스라는 것이 주민과 정부의 결합생산(joint product)이라는 인식에서 나오는 것인데, 전통적인 지방정부에의 시민참여(citizen participation)의 수준을 능가하는 유형이다. 전통적인 시민참여는 공동 관리자가 주민에게 할 서비스를 고안하고, 그 전달과정을 전적으로 책임지고 비용과 노동력을 공공기관이 동원하는 유형인데 비하여 공동생산은 의사결정과정에 주민의 요구를 반영하고, 서비스를 생산하는 과정에 참여하여 직접 노동력을 제공하기도 하고, 서비스의 향유도 하면서 공공문제의 해결에 나서는 등 공공조직과 시민의 경계를 넘나드는 유형이다.

공공서비스의 전달에 긍정적인 영향을 주는 이러한 공동생산에 가담하는 주민을 정책에 순응(compliance)하는 대상그룹으로 보는 시각에서 적극적으로 협력하는 공동생산자로 보게 되면, 간접관리의 협상과정, 계약조건 등이 중요해지고 공공조직은 참여하는 조직에 대한 조직적 지원을 아끼지 말아야 한다. 이러한 영역에 들어올 수 있는 서비스의 종류를 적극 개발하고, 주민과 지방정부의 효용을 동시에 증대시키는 전달체계의 정착이 지방자치의 과제중의 하나일 것이다.

Ⅶ. 지방자치제의 실시와 중앙과 지방간의 관계

1. 중앙의 역할: 간접관리자와 자율의 이해자

1) 인식전환

지방자치의 실시는 주민의 일상 사회생활 영역에 변화를 초래하기 이전에 먼저 정부 간 관계에 큰 변화를 불러올 것이다. 지금과 같은 내무부의 지방기구에 불과한 지방행정기관이 광범위한 분야에서 자율 정부의 역할을 수행하면서 정치성을 띤다는 점이다. 아울러 광역지방자치단체도 시도단위의 광역사업을 진행하고, 다른 광역자치단체와 사업을 두고 경쟁하기도 할 것이고 중앙정부의 사업을 유치하기위해 노력하기도 하지만 중앙정부의 시책에 대해서 반대할 개연성도 없지 않다. 아울러 광역적인 사업의 수요를 관련 기초자치단체의 동의 아래에 수행하여야 할 필요성이 많아질 것이다. 현재 이름뿐인 지방자치단체조합과 지방행정협의회 등이 활성화될

---

25) Brudney, J., and R. England, "Toward a Definition of the Coproduction Concept." Public Administration Review, Vol. 43, No. 1, (January/February, 1983), pp. 59−60.

필요성이 분명 높아지겠지만 어느 정도 성사될지는 간접관리의 역량에 달린 문제라고 볼 수 있다.

또한 중앙정부에 의한 수직적인 통제의 완화는 통제받는 자에 의해서 쟁취되거나, 정치적 게임을 통하여 이루어지기도 한다. 일본에서 논의되고 있는 중앙과 지방 간의 '수평적 정치경쟁 모델'에서는 자치단체의 활동이 중앙정부의 정책형성에 충격을 주는 수준까지를 고려하는 활동을 제시하고 있다.[26] 중앙정부와 지방자치단체 간에 정치적인 차원이 빠른 속도로 스며들 것이므로 행정권의 행사에 절제와 관용의 원리가 반영되어야 한다. 미국이나 서독 등지에서 광역행정의 필요에 의해서 간접관리의 여러 수단을 동원하여 국가적인 '통제'를 확보하여 프로그램의 효과성을 높이려는 고도의 행정기술을 발휘하는 것을 참조할 필요가 있다.[27] 정책수행과 행정관리 능력이 상대적으로 낮은 지방정부를 '통제'하면서 그들의 업무영역에 자율성을 보장하기 위해서는 다양한 통계와 행정지표(indicators)를 활용하는 등 보다 객관성을 확보할 수 있는 방안이 마련되어야 할 것이다. 간접관리 체제의 도입으로 직접적인 간섭과 관여가 줄어들어야 하겠지만 지방자치단체에서도 중앙의 협조와 지원을 자연히 수용할 수 있을 정도의 상호신뢰가 형성되어야 할 것이다.

예를 들어 지방의 농공단지개발에 있어서도 중앙과 시·도, 그리고 시·군·구 등의 정책주체들이 그들 간에 기능상의 분업이 필요하다. 기본계획의 수립에서 실시계획의 작성 등은 물론이거니와 상세한 시행계획을 작성하는 과정에서도 경험 있는 중앙공무원이 지식과 기술을 전수하는 협업이 필요할 것이다. 주민중심형의 개발전략이 현실적으로 어렵더라도,[28] 농어촌에 '삶의 행정', '인간화된 행정'을 펴나가기 위해서는 지방자치단체의 고유한 사업실시 능력이 증대되어야 한다. 이러한 능력의 증대는 단기간에 이루어지기 어려우므로 인력지원과 기술지원에 관련된 협업의 모델이 형성되어야 할 것이다. 또 중앙정부가 자치의 영역을 존중하면서 협업에 나서야 할 분야는 적지 않다. 지방에서 수행하기 어려운 특수한 기획, 대규모 사업, 계절성(seasonality)이나 부하문제(peak/off-peak)로 모든 지방에 중앙기관을 둘 수 없는 업무 등도 이러한 예에 속할 것이다.

우리나라에서는 현재 지방자치 단체의 상위직이 국가공무원에 의해서 충원되고

---

26) 이에 관한 자세한 소개는, 김학로, 도시화시대의 지방행정론(서울: 박영사, 1988), pp. 119-129 참조.

27) 미국의 경우, Wright, D., Understanding Intergovernmental Relations, (North Scituate, M.A.: Duxbury, 1978), 서독의 경우 장지호, 서독지방자치론(서울: 대왕사, 1987), 제9장, 제13장 참조.

28) 신윤표, 지방개발행정론(서울: 대왕사, 1984), pp. 312-317.

있는 실정에서 이들의 계속적인 인사교류는 앞으로 많은 갈등의 소지를 안을 것이다. 상위직에 국가공무원이 오는 것을 반길 지방자치단체 직원은 없을 것이다. 특히 공무원 노동조합이 민주화과정에서 다수 설립되면 교류의 폭은 더욱 좁아질 것이다. 이와 관련하여 개정된 지방자치법 제101조의 중간자치단체의 부단체장의 대통령에 의한 임명은 앞으로 단체장의 선거가 실시되면 문제점으로 대두될 것이며, 인사에 의한 지방통제의 잔재로 인식될 소지도 있다.

2) 간접관리 구현을 위한 재정제도

중앙정부가 간접관리의 영역을 용이하게 확장할 수 있는 분야는 중앙정부가 지방에 보조금을 지원하여 사업을 수행할 때나, 계약을 통하여 사업을 의뢰하였을 때에도 발생한다. 계약제도란 문화에 따라서 상하관계를 이루는 경우도 있겠지만 높은 성과를 만들기 위해서는 평등하고 원만한 소통이 전제되어야 한다. 조직 간의 의사전달, 협조의 동기, 보조금을 포함한 재정적 지원 및 조정제도의 신뢰, 공공에서 발생하는 계약의 동태적 연구 등에 관심이 집중될 것이 요구되고 있다. 중앙정부, 특히 내무부의 관리자들이 기존의 상급부서나 상급자의 자세에서 협업을 위한 진정한 동료(co-worker)로 자세변화가 이루어져야 한다. 동료자로 태도가 변한다는 것은 행태연구(behavioral study)의 주요 관심사로서, 구체적으로 기술과 인력의 비권력적 지원자, 그리고 부족한 재정의 보강 역할을 수행하는 과정에서 앞에서 제시된 간접관리의 수단들을 적극 제도화하면서 체화되는 것이다.

간접관리에서 중요시하는 수단인 지방교부세, 양여금, 각종 보조금 등 재정조정제도와 그 수단이 적극 활용되어야 할 것이다. 현재와 같은 일정률의 지방교부세 제도는 신축적인 관리수단으로 이용되는 데 한계가 있다.[29] 특히 보통교부세의 기본취지가 '지방재원의 제도적 보장'이라는 점인데 기계적인 보전은 관리의 수단이 되기는 어렵다. 지방교부세의 제도운영이나 배분방식이 지방자치단체의 재원개발노력을 유도하게끔 설계되어 있지 않을 뿐만 아니라,[30] 일반재원으로 사용되는 데도 현실적으로 운영차원의 제약이 많아 자율성이 침해되고 있다. 교부세를 비롯하여 다른 재정조정제도를 다루는 조직과 인력은 재정제도를 통한 간접관리를 구현할 수 있는 아주 적합한 영역이므로 중점적으로 발전시켜야 할 것이다. 앞으로의 내무부의 기능 변화와 더불어 그 직무가 확대될 것이므로 사전에 인력, 기술, 운영면에서 개선이 요구된다.

---

29) 오연천, 한국지방재정론(서울: 박영사, 1987), pp. 311-316.
30) 이계식, 지방재정조정제도와 재원분배(서울: 한국개발연구원, 1987), pp. 71-72.

각 부처가 운영하고 있는 국고보조금의 지원과 관리는 중앙의 해당부처와 지방자치단체 간에 간접관리의 영역을 넓혀주는 중요한 기능을 하게 될 것이다. 현재와 같은 국고보조금의 편성·운용을 중앙 정부주도와 강력한 지방통제주의를 반영하는 것이다. 그야말로 지방을 중앙 행정의 팔(arms of central administration)로 인식하여 지시와 통제의 선상에서 보조금이 사용되도록 관리하고 있다. 동시에 지방자치단체의 중앙의존주의를 심화시키는 물질적 유인이 되고 있다. 지방자치단체의 창의성과 독창성을 국가전체목적 실현에 연결시키는 방법으로 운영되어야 할 것이다. 최근 지방자치단체에 의한 국고보조금 신청주의는 이런 측면에서의 약간의 제도적 개선을 시도한 것인데, 아직도 보조금을 비용의 일정부분을 중앙정부에서 부담하기에 사업의 총비용을 낮추어주는 것으로 인식하여 시급하지 않은 부분까지 보조금이 활용되고 있다. 국고보조금과 더불어 지방교부세의 경우에도 지방의 의견이 이의신청과 같은 사후제도보다는 사전참여가 보장되도록 운영이 개선되어야 할 것이다.

현재 지나치게 세분화, 영세화, 형식화, 평준화되어 있는 국고보조금 제도를[31] 과감하게 통폐합하여 '보조금의 예산 및 관리에 관한 법률'의 취지를 살려 지방의 자율성을 넓히고 재원의 효율성을 강화하는 방안으로 운영하여야 할 것이다. 보조비율(rate)도 탄력적으로 운영되어서 유인체제(incentive system)로서의 기능을 강화하고 공공재 공급이 보다 시장메커니즘을 흡수할 수 있도록 하여야 할 것이다. 그러한 방법의 하나로서 보조금 지급 산식(formula)을 정교하게 만들고 사전에 지방에서 그 취지를 정확하게 파악하도록 하여야 할 것이다. 현재는 인구, 가구, 공무원 수 등 객관적인 지표에 비중을 두기 때문에 유인체제로서의 기능을 발휘하지 못하고 있는 셈이다. 이러한 공식을 만드는데 고려하여야 할 측면은 지방정책의 우선순위를 결정하는데 유인을 제공하여 지방재정의 효용을 극대화하고 동시에 중앙정부의 편익, 즉 보조금의 기본취지도 실현하도록 설계되어야 할 것이다.[32]

3) 전환비용과 유지비용의 최소화

지방이 단위가 된 자율적인 정치행정체가 되고 간접관리가 행정과 재정운용분야에서 광범위하게 정착하기 위해서는 현재의 경직된 중앙집권체제의 해체와 분권적 자율체제로의 전환이 내실 있게 진행되어야 한다. 이러한 전환비용(transition costs)은

---

31) 정세욱, "국고보조금제도의 개선방안", 지방재정 제1권 제6호, (1982), pp. 34-37.
32) 보조금 지급 산식에 관하여는, Foster, C., Jackman, R., M. Perlman, Local Government Finance in a Unitary State, (London: George Allen and Unwin, 1980), pp. 173-211 참조.

정치권의 권력분권에 대한 저항, 중앙정부 내 국가공무원의 변화에 대한 심리적·행태적 저항 그리고 관리체계를 연성관리로 변화시키는 데서 오리라고 예상하는 경제적, 재정적 낭비를 포함한다. 그리고 현재 시·도 등 지방행정관청에 근무하는 국가공무원들의 행태적 저항도 적지는 않을 것이다. 규범적으로는 관리의 행태 변화가 관리의 질적 고도화를 가능하게 함으로 간접관리로 변화시키고자 하는 것이지만, 거기에는 다소간의 전환비용이 소요되지 않을 수 없다. 오랜 직접관리와 수직적 행정으로 굳어진 행태와 제도를 전환하여 나간다는 것은 고통과 낭비를 수반할 수 있다. 하지만 그 비용은 지방단위에서 수준 높은 행정의 구현을 통해서 궁극적으로는 회수될 수 있다고 믿는다.

그 다음의 고려되어야 할 문제는 새로운 지방자치법의 실시와 새로운 관리방식의 도입으로 형성된 새로운 체제의 유지비용(maintaining costs)이다. 1950년대 9여년의 지방자치 실시기간 동안 네 번의 단체장 선거제도 변경과 여섯 번의 법률개정이 있었다. 이러한 지표는 지방자치제도의 유지에 많은 비용이 소요되었다는 것을 의미한다. 물론 당시의 지방자치제도 도입이 주민의 복지를 증진시키는데 기여하였으므로 위와 같은 제도의 변화는 시행착오의 과정이었다고 주장하여 유지비용의 논리를 약화시킬 수는 있겠으나, 그 뒤 제도가 거꾸로 회귀되어 중앙정부의 지방행정관청으로 회귀한 것은 정치적인 요인을 포함하여 분권적 지방체제의 유지비용이 과다하였다는 것이 원인이 되겠다. 객관적인 평가가 어려운 점이 있겠지만, 당시 중앙집권체제로 역전환(reverse transition)하는 데 사용된 빌미는 비효율성과 부정부패였다. 행정관리의 차원에서는 지방자치단체의 행정미숙도 문제이지만, 전국적으로 분권적 체제를 민주적으로 유지할 수 없는 관리역량의 한계를 보인 것이다. 지방주민의 결여된 자율의식을 고양하면서[33] 동시에 중앙정부가 정치.행정적으로 간접관리체제를 유지시키는 것이 중요한데 적은 비용으로 간접관리체제를 연마하여 나가는 것이 우선적이라고 볼 수 있다. 중앙정부의 정책관리자들이 자율적 지방문제의 처리에 대한 이해를 높이고, 지방 문제란 중앙의 개입이 없으면 해결이 어렵다는 식의 편견으로 권력적 지시를 일삼는 인식과 행태를 유지한다면 앞으로 전개될 지방자치제도의 유지비용도 만만치 않을 것이다.

---

33) 박동서, "지방자치 왜 원점에서 맴돌았나?", 신동아(1986.3), pp. 471−472; 내무부, 지방자치백서 1968, p. 25.

2. 지방의 역할

1) 자율성의 구현

민주주의와 공화주의란 국민이 쟁취하여야 된다는 점은 역사에서 쉽게 확인할수 있다. 지방자치도 지방주민의 자율성이 관건일 것이다. 자신의 의사를 자신이 결정하고, 그것에 기초하여 행동하고 업무를 추진하며, 그 결과에 대해서 자기가 책임을 지겠다는 공유된 의지 없이는 분권적 지방자치체제가 착근하기 어려운 것이다. 그럼에도 불구하고, 우리나라의 정치문화 속에서 중앙이 여건을 만들어 주고 제도를 고안하여, 지방에 구체적인 행동지침을 주어야만 체제의 전환이 가능하다고 주장하는 사람도 있다. 절차적 관점에서는 중앙정치권이나 중앙정부의 선도가 필요한 것이 현실이지만, 국민의 분권에 대한 정치적 요구가 거세었고, 지방행정을 자율적으로 수행할 수 있다는 주민과 지방자치단체 구성원의 목소리가 그 이전부터 존재해왔던 것이다.

하지만 결국 모든 것은 지방주민의 실천적 역량에 달린 문제다. 지방자치의 건전한 성숙과 간접관리의 역량확충을 위해서는 지방의 주민, 공직자, 그리고 앞으로 나타날 지방정치인들의 자율성의 구현에 대한 적극적인 자세가 필수적이다. 지방에 다양한 시민사회단체가 생겨나서 시민사회(civil society)의 역할을 수행하는 것도 필수적인 변화요소이다. 지역단위에서 지방정치인과 지방행정에 대해서 감시하고 비판할수 있는 새로운 시민조직의 형성이 바로 자율의 실천 지표인 것이다. 정치적인 면에서는 중앙정치의 구도변화와 더불어 약간의 변화가 예상되지만 지방의 지도자들이나공무원들은 심각한 고민을 하고 있지 않는 것이 현실이다.

2) 전략적 창도자

어떠한 방향으로 지방의 정책·행정주체들의 변환이 강구되어야 할 것인가? '공공기업가 정신(public entrepreneurship)'을 추구하는 것이 하나의 대안이 될 수 있다. 정책·행정 분야의 기업가란 보다 전략적 정향을 가지고(strategically oriented), 중앙과지방간의 정책기능의 재분산(re-allocation of policy functions between local and central government levels)[34]에 적극적으로 나서는 관리자를 말한다. 이러한 관리자는쇄신적 아이디어와 창도적 자세를 갖추는 것이 필요하다. 구체적으로 다음과 같은 세

---

34) Kao. J., H. Stevenson, Entrepreneurship, Working Paper, Harvard Business School, July 1985.

가지 기능을 제시할 수 있을 것이다.

첫째, 현재의 여건에서 어떤 가능한 방안을 진단(diagnosis)할 수 있어야 한다. 현재 정치·행정 분야에서 '어떤 주체'가 지방자치체제의 전환에 관련되어 있으며, 그들의 과거와 현재의 위상(stands)은 어떠하며, 그리고 그들 간의 상호관계는 어떠한가에 대하여 종합적인 분석을 할 수 있어야 한다. 중앙정치권의 여야 이해관계는 무엇이며, 그들이 지방자치행정의 발전과정에 어떻게 관여할 것인가를 분석하여야 한다. 그리고 지방정치는 과연 어떤 모습일 것이며, 세력은 어떻게 편성될 것이며, 보다 구체적으로는 어떤 정치행위자가 나타나서 어떠한 이념과 자원으로 어떠한 관계를 형성할 것인가에 대한 분석을 포괄한다. 행정적인 관점에서는 중앙정부 중 내무부와의 관계, 각종 특별지방행정기관과의 관계변화, 그리고 광역과 기초와의 관계, 인접한 지방자치단체 등의 관계변화에 대한 전망이 있어야 할 것이다. 주민과의 관계도 물론 중요한 변화를 겪을 것이다. 드디어 지방행정의 주인으로서 주민이 등장하는 시대다. 주민의 행정에 대한 기대변화, 참여의 증대와 욕구의 분출, 갈등의 심화 등에 대한 대비도 필요할 것이다.

둘째, 간접관리의 확산에 기여하는 것이다. 어떤 정책이 수립되어 집행되는 경우 과거와는 달리 다양한 간접관리수단을 활용하여 유지비용을 최소화하고 효과적인 집행을 도모하는 것이 필요하다. 관련자들이 늘어나기 때문에 그리고 상황이 민주 행정을 요청하기 때문에 관련자를 설득하는 것과 어떤 자원을 어떻게 활용할 것인가에 대한 인식의 전환이 필요하다. 최고의 자원은 권위의 원천(source of authority)인 주민의 요구라고 본다. 주민이 지방정치의 흐름에 따라서 분열될 가능성이 높아진다. 따라서 반대집단의 저항을 극소화시키면서 포용할 수 있는 '열린 행정체제의 채비를 갖추어야 할 것이다. 정책의 집행이 종전의 '지시수령'에서 관련자들을 설득시키는 '협조발송과 수령'에 크게 좌우된다는 점을 인식하여, 정보의 공유와 소통, 상호성의 요구(claim of reciprocity), 협조관계의 계속성, 그리고 권한이양(grants of authority)을 시도하여야 하며 그 과정에서 관련기관에게 존경(deference)을 표하는 구체적인 수단을 개발하여야 할 것이다.

셋째, 여러 관리단계에서 자체평가를 적극 활용하여야 할 것이다. 정책의 적절성 여부, 집행상의 문제분석, 그리고 정책의 존속기간 등을 분석하는 단계에서도 사전평가가 실시되어야 한다. 정책의 실시과정에서는 종래의 의사결정구조와 비교하면서 그 분야의 정책결정과정에 일어난 변화, 전략, 관계자의 상호작용, 정책내용의 구체화와 변화 등 과정평가(process evaluation)에 관심을 가져야 할 것이다. 그리고 실시되고 있는 정책과 관련하여 당해 지방자치단체가 갖고 있는 다른 정책의제(policy agenda)를 실현하는 데 있어 자신의 증대된 힘(ability and power)이 무엇이며 이것이 구체적으로 어떻게 이용될 것인지에 대한 평가단계가 되겠다. 일종의 역량평가(competency evaluation)일 수 있다.

이상에서 제안한 것은 지방자치단체에서 발굴되어야 할 공공분야에서의 기업가적 기능을 적시해 본 것이다. 우리나라의 지방공무원의 의식구조와 행태의 현황을 보면,35) 지방자치행정의 창도자로 전환에는 많은 시간이 소요될 것으로 보인다. 우선 위험(risk)을 회피하는 행태와 문화 속에서 기업가정신이란 배양되기가 어렵다. 상당 수준의 위험이 있더라도 결과적인 이득이 크게 돌아와 기대이득(expected return)이 현상고수의 행동대안의 보수보다는 크다고 믿을 때 혁신이 창도하는 것이다. 현재 거론되고 있는 지방의회의 구성과 활동 정도의 지방자치체제의 전환으로는 지방 관료조직이나 단체장에게 창도적 정신을 불어 넣기에는 한계가 있을 것이다. 일본의 경우에도 주민과 지방관료사회의 자치의식에 대한 미성숙으로36) 부족한 지방재정제도와 더불어 3할 자치라는 평가가 존재한다는 점을 상기할 필요가 있다.

지방 외관직(外官職)의 중요성과 어려움에 대해서는 일찍이 정약용이 그의 「목민심서」에서 강조한 바 있다.37) '목민'이란 현대적인 관점에서는 비민주적 주민관계관임이 분명하지만, 그 당시에 지방관의 역할이 절차적인 차원과 실제적 차원에서 중요하게 여겨졌던 것은 오늘날에도 되새겨 봄직하다. 먼저 지방관은 덕망과 위엄이 있어야 된다고 하였다. 이것은 물론 지방의 당시 노련하고 간사한 아전을 감독하는 데 필요한 자질이기도 하지만 그의 애민육조를 보면 지방관의 덕목의 필요성과 실제적 행정의 중요성을 읽을 수 있다. 양고(養考), 자유(慈幼), 진궁(振窮), 관질(寬疾) 등 현재의 복지정책에 해당하는 사업은 현재도 덕망이 부족한 지방의 관리자가 그 본래의 목적을 달성하기란 어려울 것이다. 중앙의 관리자에게도 덕망이라는 요소는 한국적 리더십의 중요한 원천이지만 그래도 중앙정부 관리자는 시민으로부터 멀리 떨어져 있는 경우가 대부분이다.

이어 정약용은 의지와 현명함을 강조하고 있다. 자신의 몸을 단속하는 율기가 치민(治民)의 전제가 되고, 이전(吏典), 호전(戶典), 체전(體典), 병전(兵典), 형전(刑典) 그

---

35) 박동서, "지방공무원의 의식구조와 행태의 변화", 행정논집, 제25권 제2호, 서울대학교 행정대학원(1987. 12.), pp. 3~22.

36) 佐口幹岡(이경희 역), 일본지방자치제도(서울: 문우사, 1987), pp. 145~153.

37) 정약용, 목민심서, 제1장 부임육조, 제2장 율기육조, 제3장 봉공육조, 그리고 제4장 애민육조 등에 잘 나타나 있다.

리고 공전(工典)의 실제정책(policy substance)의 여섯 분야를 다룸에 있어 현명함이란 기술과 지식의 습득과 함께 실천의 덕목을 강조한 것이다. 지나친 비약이 될 수 있으나, '의지'와 '현명함'이란 우리의 관심사와 관련하여서는, 지방자치행정의 요체(要諦)인 자율성을 어떤 의지로 소생시켜서 현장에 부합하는 지방행정을 하는가 하는 점에 닿아 있다고 본다.

Ⅷ. 마무리

행정민주화와 앞으로 전개될 지방자치제도의 도입을 상정하면서 현재의 행정관리방식의 한계를 살펴보고 그 하나의 대안으로서 간접관리방식을 소개하였다. 직접관리에 중점이 주어져 왔던 한국의 국가행정과 지방행정이 어떤 방식으로 변화될 수 있는가에 대해서는 간접관리의 구체적인 방식과 수단을 소개하면서 약간의 방향을 제시하려고 하였다. 특히 중앙정부와 지방의 광역자치단체나 기초자치단체간에 연결되는 업무의 관리에 있어서는 간접관리의 다양한 수법들이 모두 동원될 수도 있을 것이다.

우리의 행정문화가 권위주의적이며 수직 통제적이라는 것은 널리 알려져 있다. 이러한 문화가 팽배한 상황에서 지방자치를 성공시키기 위해서는 문화적 변용이 필요하고 정치적 권력의 작용방식을 변화시키는 것이 시급하다고 볼 수도 있다. 하지만 그 문화와 체제의 근간을 이루는 기본요소인 관리방식이 변환하는 것이 본질적인 변화이며 실질적으로 문화의 변화도 자극할 수 있다는 논리도 또한 가능하다. 경제·사회의 다원화와 시민욕구의 다양화 그리고 민주적 분권의 요망은 결국 중앙정부와 지방자치단체, 지방자치단체 간의 관계, 그리고 지방자치단체와 민간기업과 지역시민사회단체와의 관계도 변화시킬 것이다. 종국적으로는 공공부문의 관(官)과 관(官) 사이의 관계를 변화시킬 것이다. 이러한 변화는 한 방향으로 전개되기보다는 서로 영향을 주고받는 교호작용을 거치지 않을 수 없을 것이다. 그렇다면 간접관리방식을 채택하여 체화하는 것은 민주행정을 조기에 정착시키고, 분권적인 국가경영을 지방자치제도로 구현하면서 동시에 전국적인 행정의 효율성과 효과성을 증진시키는 방안이 될 것으로 기대해 본다.

▶ ▶ ▶ **논평**

김태영(경희대학교 행정학과 교수)

1. 개 요

1987년 헌법 개정을 통하여 향후 몇 년 이내에 지방자치제도가 부활될 것이라는 정해진 미래를 앞두고 관련 분야 많은 연구들이 진행되었다. 본 연구 역시 헌법 개정 이듬해 발간되었는데, 지방행정 일반에 관한 종합연구로서 큰 의의가 있다. 2018년 헌법 개정을 앞두고 또 한 번의 큰 준비를 해야 하는 후학들에게 본 연구는 지방행정 분야뿐만 아니라 행정학 일반 분야에도 반드시 공유되어야 할 고전이다.

1988년에 작성된 본 논문은 지방자치제도의 도입을 몇 해 앞두고 향후 국가와 지방자치단체가 어떻게 협업하여 양질의 행정서비스를 제공할 수 있을까를 진지하게 고민하도록 촉구한다. 당시로서는 국가가 모든 권한을 갖고 중앙과 지방을 공히 직접 관리하여 소위 직접 관리방식으로 조직을 관리하고 행정서비스를 독점 제공하고 있었는데, 이제 지방자치제도가 도입되면 이러한 방식은 어떤 형태로든 큰 변화를 맞이하게 될 것이라는 전제 하에 본 연구는 간접관리 방식으로의 전환을 기대하면서 동시에 이를 촉구한 것으로 평가된다.

2. 주요 내용

1) 개 요

본 연구는 우선 지방자치 실시 전, 중앙정부가 어떤 방식으로 행정서비스를 제공하고 있는지를 살펴보고, 순차적으로 지방자치가 실시될 경우 더 양질의 행정서비스를 제공하기 위하여 조직관리는 어떻게 할 것이며, 중앙정부와 지방정부, 그리고 민간 부문과는 어떤 방식으로 협업하는 것이 적절할지에 관한 통찰과 다양한 정책 수단들에 대하여 소개하고 있다. 내용적으로 보면, 직접관리의 영역과 간접관리의 영역을 구분하고, 이에 해당되는 각종 관리수단들에 대하여 세세히 논의한다. 미세한 변화이지만 직접관리 방식에서 간접관리 방식으로의 전환이 이미 진행되고 있음을 확인하면서 향후 본격적인 지방자치가 실시될 경우, 급격히 간접관리 방식으로의 전환이 예견되기 때문에 그에 부합한 정책수단들을 마련하라는 제언을 추가한다.

또한 지방자치 실시 이후 먼저 중앙정부와 지방자치단체 간 관계에 있어서 변화가 수반될 것이라는 점을 강조하고, 지방자치단체는 일정 부분 자율성을 갖고 단순 위탁사무 처리 수준의 행정서비스 제공 역할을 벗어나 정책적 의지를 갖게 될 것이라는 전망을 내놓는다. 물론 적절한 상황 대처가 전제되어야만 가능한 일이지만, 이때 간접관리방식이 중요한 역할을 하게 될 것으로 전망한다. 간접관리방식이란 중앙정부 관점과 지방자치단체 관점에서 약간의 차이는 보이지만, 전체적으로 행정서비스 제공의 주체라는 점에서 그들 간의 적절한 협력체계의 구축이 중요하다는 것을 의미한다. 지방자치단체 간 협력적 행정서비스 제공, 지방자치단체와 민간 부문 간 협력도 중앙정부와 지방자치단체 간 관계만큼이나 중요한 새로운 상황이 도래하고 있음을 날카롭게 지적하고 있다.

2) 추천 이유

지방자치 연구 전반을 감안하면 본 연구는 우리나라 정부 간 관계 분야의 효시라고 할 수도 있지만, 그보다는 주권자이자 납세자인 국민에게 양질의 행정서비스를 제공해야 하는 책무를 갖고 있는 중앙정부, 지방자치단체, 공공기관, 그리고 이에 간접 관여하는 민간부문이 향후 다가오는 새로운 행정 환경에 지혜롭게 대처할 수 있는 그랜드 구상을 제공하고 있다는 점에서 더 의의가 있다. 거대담론에만 그치지 않고 매우 세세하게 실무가들이 고려해야 할 사안들을 조목조목 제시하고 있다는 점에서 학자들에게뿐만 아니라 당시 일반 행정 정책 실무가들에게도 유용한 연구라고 평가된다.

지방자치제도가 도입되면 우선 국가는 지방에 사무와 권한을 이양하게 되고 지방은 또 민간에 위탁하는 방식으로 중앙, 지방, 민간이 분업하는 방식을 취하게 된다. 사실상 제도 도입 초기에는 중앙정부가 지방정부에게 사무를 위탁하는 방식을 취하며, 지방은 민간에 위탁하는 방식을 취할 수밖에 없다. 본 연구는 이러한 과정에 대해 소개하면서 국가 입장에서 관리의 중요성과 정밀함에 대해서 건의하고 있다. 당초에 국가는 모든 업무와 기관 운영을 직접관리했는데, 이제 간접관리가 불가피할 상황이 조성된 것이다. 연구자는 또한 직접관리의 한계를 지적하고 간접관리 방식을 권유하는데 사실 자연스럽게 간접관리 방식으로 전환될 것이라는 전망을 했다는 점에서 매우 의미 있는 연구다. 오늘날 지방자치제도가 정착되면서 중앙정부와 지방정부 그리고 민간 기업이 서로 정보를 교환하고 협업을 통하여 문제를 해결해 나가는 것을 목격할 수 있는데, 이러한 관점에서 본 연구를 초창기 정부 간 관계 분야 고전이라고 할 수 있다.

정부간관계(IGR)는 특별히 연방국가에서 연방정부와 주정부 간 적절한 업무 분담과 협업에 대하여 관심을 갖는 학문이다. 정부간 관계 연구가 Wright 교수 등에 의하여 보편화되기 시작한 1960년대 미국의 경우 역시 연방정부, 주정부, 그리고 지방정부 간 협업에 주로 관심을 가졌고, 향후 정부간관리(IGM)로 진화하게 되면서 정책전문가의 역할이 중요하게 되었는데, 이는 행정서비스를 제공하는 주체들 간 고도의 분업과 협업이 요구되기 때문이다. 최근 윌슨과 게임(1998)이 제시한 대리인 모형, 권력 의존모형, 지배인 모형을 통해서 들여다 본 정부간관계의 전개 상황이 분업과 협업의 관점에서 본 연구(1988)가 소개하고 있는 내용과 일치한다는 점에 주목할 필요가 있다. 본 연구는 이와 같은 패러다임의 변화를 매우 적절하고 시대를 앞서가며 지적했으며 단순히 지방자치제도 도입 초기의 관심 사항에 대해서만 언급한 것이 아니고, 향후 전개될 상황들에 대해서 선제적으로 언급했다는 점에서 매우 가치가 높다.

말하자면 지방자치 시대를 앞두고 중앙정부, 지방정부, 그리고 민간이 어떻게 협력하고 이를 어떻게 관리해 나가는 것이 바람직할 것인가에 대한 거대담론의 시작이라는 점에서 연구의 가치도 높지만, 동시에 구체적인 관리방식에 대한 세세한 소개와 논의는 학자들에게 향후 어떤 연구를 수행하는 것이 적절할지에 관한 가이드라인까지 제시하고 있다는 점에서 의의가 크다. 또 문제의 원인 및 해결책을 제시하는 과정에서도 소위 말하는 구조 제도적 접근과 행태주의적 접근을 동시에 강조하고 있다. 제도만의 문제가 아니라는 점을 강조하면서 공직자의 인성과 관련된 운영의 문제를 지적하고 있다. 지방자치제도 도입의 효과가 구체화되기 위해서는 제도적 차원의 완성도도 중요하지만 그보다는 우리의 의식을 지배하고 있는 정치행정 문화의 변화가 더 중요할 수도 있다는 점을 꼼꼼히 지적한 점은 본 연구의 또 다른 특징이다.

정리하면 본 연구는 첫째, 국가와 지방자치단체가 수행해야 할 책무와, 서비스 제공방식 등에 관한 포괄적인 제언을 했다. 둘째, 정부간관계(IGR) 관점에서 국가와 지방자치단체 간 관계, 지방자치단체 간 관계, 그리고 공공부문과 민간부문 간 관계에 이르기까지 협업의 범위를 구체적으로 소개하고 각자의 역할에 대한 논의를 제공했다. 셋째, 지방자치시대에 관리방식이 변화될 것을 전제한 후, 각 영역별 구체적인 정책 수단들에 대하여 소개함으로써 향후 지방자치 시대에 부합한 제도 구축과 공직자들의 의식 변화, 직무역량을 강조했다. 넷째, 정치행정문화의 근본적인 변화를 기대함으로써 연구 영역을 넓힌 점도 확인되었다.

3) 최근 상황과의 비교

현재 논의되고 있는 개헌 정국은 30년 전 본 논문이 발간되던 때와 유사한 상황이다. 개헌에 지방분권 관련 내용이 상대적으로 큰 비중으로 차지하고 있으며, 내용역시 매우 파격적으로 평가된다. 새로운 지방자치 시대가 예견되는 시점에 이와 유사한 연구가 수반된다면, 또 하나의 고전으로 자리매김할 수 있을 것으로 본다. 새로운 지방자치 시대를 맞이하여 국가와 지방자치단체는 이제 어떤 방식으로 양질의 공공서비스를 제공해야 할 것인가? 사회적 가치 등에 대한 강조를 통하여 공직경쟁력에 대한 재정의, 그리고 주권자인 국민을 위한 새로운 형태의 정부간관계 예견 등에 대한 연구가 이어져야 할 것으로 보인다. 네트워크 시대에 각 기관들의 협력 시스템, 기술 활용 수준 등에 대한 논의를 통하여 보다 다양하고 유효한 정책수단들에 대한 깊이 있는 연구가 추가되어야 할 것이다.

다만, 30년 전 논문이라는 특성을 감안하더라도 후학들에게 본 논문이 읽히기에는 다소 불편한 측면도 있기는 하다. 예컨대, 하나의 논문에 너무 방대하고 소소한 내용이 담겨 있어서 신세대 독자들에게 산만하게 받아들여질 수 있다. 또한 표현방식이나 논리 전개 등이 실증주의 전통에 함몰된 요즘 연구와 비교하면 다소 간접적이고 추상적이어서 다독을 통해서만 이해의 수준이 증진될 수 있다는 점은 장점이자, 아쉬운 점이기도 하다. 어쨌거나 당시 지방자치제도의 도입이라는 큰 행정환경 변화를 감안하여 행정 정책 일반에 관한 종합의견을 제시했다는 점에서 연구자와 학생들은 반드시 일독해야할 고전으로 평가된다.

4) 향후 연구에 대한 제언

우선 정부간관계(IGR) 분야의 경우, 네트워크 시대, 과학기술 혁명의 시대를 감안하여 이 문제가 단순히 국가와 지방자치단체만의 문제가 아니라 공공서비스를 제공하거나, 수혜를 받는 모든 이해당사자들이 함께 해결해 가는 프로세스라는 점에 착안하여 관련 연구가 수반되어야 할 것으로 기대한다. 라이트 교수의 마지막 모형이 과학기술 시대에 재탄생될 수 있는 연구, 엘코크(1994), 윌슨과 게임(1998)의 업그레이드된 모형에 대한 탐색적 연구 등이 필요한 시점이다. 주민자치, 마을민주주의의 시대가 새로운 헌법과 함께 보편화될 것으로 전망되는 시점에 또 하나의 연구가 기대된다.

행정학 일반 관련하여 조직운영 방식, 각종 직접규제 간접규제, 조세제도 등 다양한 정책수단의 진화에 대한 연구가 수반되어야 할 것이다. 예컨대, 30년 전만 하더라도 규제는 정부의 본질이라고 인식되던 시기였다. 이제 새로운 형태의 자발적 규제, 사회적 약자를 배려하는 규제, 과학기술에 근거한 투명하고 공정한 규제행정 등에 대한 요구가 증대되고 있다. 개헌을 앞둔 시점에 사람 중심 행정 정책에 대한 연구가 추진된다면 또 하나의 연구가 될 것으로 믿는다. 또한 국가, 지방자치단체, 공공기관 간 단순 갈등관리 차원에서의 거버넌스가 아닌, 삶의 질을 제고하고 행복한 공동체로 인도하는 정치의 기술, 세련된 정책 행정이 필요한 새로운 시대에 부합한 연구가 기대된다.

도시재개발이 저소득층의 주거입지에 미치는 영향:
접근성에 대한 형평성을 중심으로

도시재개발이 저소득층의 주거입지에 미치는 영향: 접근성에 대한 형평성을 중심으로[*]

김헌민(이화여자대학교 행정학과 교수)

∽ 프롤로그 ∾

이 논문은 도시행정에서 다루는 중요한 개념에 대해 비판적 논의를 하고 대안적 설명을 제시하며 검증하는 이론적, 실증적 연구이다.

- 논문의 개요 및 주요내용 -

도시구조를 설명하는 가장 핵심적인 이론들 중에서 지대론(rent theory)의 한계를 지적하고 보다 현실에 맞는 대안적 설명을 제시하고 있다는 점에서 학문적 의미가 높다고 본다. Alonso, Mills, Muth 등에 의해 개발되고 발전된 지대론에서는 서양의 도시들을 위주로 소득계층별 주거지의 형성을 설명하면서 계층별 입찰지대함수(bid rent function)에 따라 입지가 결정된다고 본다. 소득수준에 따라 도심에서부터 거리가 증가하는 입지에 대한 선호가 다르기 때문이다. 지대론에 의하면 도심 가까운 입지에 대해서는 소득이 증가할수록 더 낮은 가치를 부여하고, 반면에 도심에서 먼 입지에 대해서는 소득이 증가할수록 더 높은 가치를 부여한다. 이와 같은 소득계층별 입찰지대함수의 차이는 서양의 전형적인 산업도시들에 도심 가까이 슬럼이나 이주민 동네들이 상대적으로 많고 교외로 갈수록 중상류층 거주지가 많은 현상을 설명하고 있다.

---

[*] 이 논문은 1996년 『한국행정학보』, 제30권 제3호, pp. 137-152에 게재된 글을 수정·보완한 것이다.

- 논문의 의의 -

이 논문은 도시행정의 중추적 이론인 지대론의 한계를 지적하면서 현실상 도심 가까운 부지에 대해 저소득층이 고소득층보다 더 높은 입찰 지대를 지불할 능력이 있다고 보는 것은 타당하지 않다는 논리적 반박을 제시하였다. 지대론은 시장기능만 설명함으로써 서양의 도시들에 임대료규제(rent control), 임대료보조금 등 정부정책으로 도심 근처 서민 거주지에 대한 지원책들의 기능을 간과하고 있다. 아울러 이 논문은 지대론은 공식 주택시장만 고려하고 비공식 주택을 외면함으로써 개도국 도시들의 무허가 주택의 존재를 간과하고 있다는 비판적 시각을 제시한다. 이 논문은 이론적 기여뿐만이 아니라 실증적연구로서도 학술적 의미를 지닌다. 재개발사업이 도심근처 저소득층 주거지를 제거하는 결과를 가져온다는 가설을 검증하기 위해 서울시를 대상으로 재개발사업 시행 전과 후의 세입자들 거주지를 비교하였다. 비교분석결과에서 대부분의 세입자들은 재개발사업 시행 이전에 비해서 사업 시행 이후에는 더 먼 곳으로 옮겨간 것을 보여주었다. 이 연구는 재개발사업에 원주민 재입주율이 매우 낮다는 현상을 보여주었으며 재개발사업으로 인해 저소득층이 점점 외곽으로 밀려나가는 현상을 보여 주었다. 이러한 현상에 대해 이 논문은 접근성의 형평성이라는 개념을 내세우며 재개발사업으로 인해 저소득층이 도심의 집적경제에 대한 접근성을 상실하는 것은 형평성에 어긋나는 것으로 정책적 대응이 필요하다고 강조하였다. 이 논문은 지대론에 대한 비판을 제시하며 도시의 소득계층별 거주지의 형성을 보다 현실적인 설명으로 보완함으로써 도시구조에 대한 이해를 증진시키는데 일조하였다고 볼 수 있다. 또한 재개발사업의 효과를 실증분석하여 접근성의 형평성에 대한 정책적 시사점을 도출함으로써 재개발 방식의 변화가 필요하다는 주장을 이미 20년 전부터 하였다. 보다 최근에는 이 논문에서 가정하는 단핵구조를 넘어서 다핵구조 도시에 대한 분석이 적용되고 있고 정책적으로도 예전방식의 재개발의 부작용을 인식하여 원 거주민들의 의사를 반영할 수 있도록 도시재생을 추진하고 있다.

〈요 약〉

도시 저소득층의 생활에 있어서 여러 가지 소득향상의 기회 및 도시시설들이 집중되어 있는 집적경제로의 접근성은 매우 중요한 요소이다. 그러나 접근성이 높은 지역의 주택시장가격은 저소득층의 지불능력을 초과하므로 이들은 주로 비공식부문의 불량주택에서 살고 있다. 도시개발과정에서 이러한 불량주택이 제거됨에 따라 저소득층은 정책적 개입 없이는 접근성이 좋은 곳에서 거주하기 어렵게 될 것이다. 이 논문에서는 재개발사업으로 인하여 저소득층의 주거입지가 어떤 영향을 받는가를 분석한 결과 재개발지역의 저소득층은 대부분 접근성이 더 낮은 지역으로 밀려나는 것으로 나타났다. 따라서 재개발사업은 접근성의 형평성을 위배하고 있는 것으로 판단되어 이를 시정할 수 있는 정책적 대안을 제시해 보았다.

Ⅰ. 서 론

사람들이 도시에 사는 이유 중 하나는 도시에 여러 가지 활동들이 밀집된 집적경제가 형성되어 있어 생산 및 소비활동에 다양한 기회를 제공해 주기 때문일 것이다. 도시 내에 중심지나 부심과 같이 집적 경제의 수준이 높은 곳일수록 고용기회, 공공시설, 정보의 축적, 문화·소비 생활 시설들이 많은 곳이라고 볼 수 있다. 따라서 사람들은 주거지를 선정하는 데 있어서 이러한 기회가 많이 있는 곳으로의 접근성을 고려하게 된다. 특히 도시 저소득층에게는 고용중심지나 그 외의 시설의 집중지로의 접근성이 중요한 주거지 선정요인중의 하나가 될 것이다. 그 이유는 그들에게는 중, 상류층에 비해 과다한 교통비용을 부담하기가 어렵기 때문이다.

그러나, 일반적으로 집적경제수준이 높은 곳일 수록 지가가 높기 때문에 그 부근의 주택의 단위당 시장가격도 높을 것을 예상할 수 있다. 고소득층은 높은 지가를 부담할 수 있는 능력이 있어 시장에서 공급되는 주택을 선택할 수 있지만 저소득층에게는 이러한 능력이 없다. 그렇다면 저소득층은 어떻게 도심에 근접한 지역에 살게 되는가? 여러 가지 도시개발 행위가 일어나면서 저소득층의 주거입지는 어떤 영향을 받는가? 만일 저소득층이 도시개발행위로 인하여 외곽으로 나가게 된다면 어떤 정책적 수단으로 그들의 집적경제로의 접근성을 보장할 수 있는가?

이러한 의문들이 이 연구의 동기가 되었다. 아울러 이 연구는 도시의 저소득층에게 있어서는 고용기회, 공공시설, 정보, 문화, 소비생활 시설들이 집중되어 있는 곳으로의 접근성이 주거입지에 있어서 매우 중요한 조건이라고 보고 도시개발 정책이나 주택정책은 접근성의 형평성을 보장해야 한다는 입장에서 수행되었다.

이 논문은 도시개발정책 중에 도시재개발사업제도에 초점을 두고 재개발사업으로 인하여 도시 저소득층의 주거입지가 어떤 영향을 받는가를 분석하는 것을 목표로 두었다. 먼저 Ⅱ절에서는 도시 저소득층의 주거입지에 대한 이론적 논의에 이어 서울시를 중심으로 우리 나라의 저소득층의 주거입지 경향에 대한 이해를 모색해 본다. 아울러 국내외의 기존연구를 토대로 재개발사업이 저소득층의 주거입지에 미치는 영향에 대한 주장을 논의한다. Ⅲ절에서는 최근의 서울시 재개발사업지역의 세입자를 대상으로 사례지역을 선정하여 이들의 실제 이주지를 파악하고 원거주지와 현거주지의 접급성을 비교하여 어느 정도 재개발지역의 세입자들이 접근성을 상실하였는가를 분석한다. 이 논문의 마지막 부분에서는 재개발로 인하여 저소득층 세입자들이 외곽으로 밀려나는 결과를 감소시키고 접근성의 형평성을 보장할 수 있는 정책적 대안을 논의한다.

Ⅱ. 이론적 배경 및 기존연구의 검토

1. Alonso와 Burgess의 모형

도시발전에 따른 도시내부의 구조적 변화에 대한 이론들은 20세기를 전후하여 서양에서 주로 개발되었다. 도시구조에 대한 이론은 토지이용 형태에 대한 논의와 함께 소득 계층별 주거지 입지에 대해 말해 주고 있다. 여기서는 고전적 이론에 속하는 Alonso와 Burgess의 두시구조 이론에서 저소득층 주거지의 입지에 관한 내용을 추출하여 이들의 모형에서 나타나는 현상을 논의하고, 보다 최근의 변화 추세와 아울러 우리나라의 상황에서 도시 내의 저소득층 주거지에 대한 경향을 어떻게 이해할 수 있는가를 논의하고자 한다.

Alonso와 Burgess에 의하면 저소득층의 주거지는 고소득층에 비해 보다 도심 가까이에 입지한다. 그러나, 그들이 제시하는 이론적 이유는 다르다. 입찰지대곡선이 핵심적인 역할을 하는 Alonso(1964)의 모형에서는 도시의 지대는 도심에서 멀어질수록 낮아지고 이러한 경향은 주로 입지에 따른 교통비용을 반영하기 때문이다. 저소득층이 보다 도심에 가까이 사는 것은 그들의 입찰지대곡선이 고소득층의 것보다 더 가파르게 형성되기 때문이다. 그 이유는 저소득층은 고용 중심지인 도심에서 먼 곳에 살면 교통비용이 많이 소요되어 생활에 어려움을 겪게 되므로 교통비 증가에 보다 민감하다는 것이다. 따라서 저소득층은 지대는 비싸지만 규모는 작은 도심 가까운 곳의 주거지를 선호하게 된다. 반면에 소득 수준이 올라감에 따라 선호하는 주택규모는 커지므로 고소득층은 지대가 상대적으로 낮은 교외지역에 큰 규모의 주택을 마련하는 것이다. 아울러 저소득층에 비해 교통수단의 선택이 보다 다양한 고소득층은 먼 거리를 통근하는 데에 덜 민감한 것이다.

이러한 소득계층별 기회의 차이는 일반적으로 소득이 증가함에 따른 교통비용의 탄력성이 주택규모수요의 탄력성보다 낮기 때문인 것으로 설명될 수 있다(Mills & Hamilton, 1989: 118; Heilbrun, 1987: 130). Alonso와 같이 Muth(1969) 또한 고소득층은 기호적인 이유로 도심에서보다 외곽지역에서 산다고 주장한다.

Burgess(1925)[1]는 저소득층이 보다 도심에 가까이 사는 이유는 도시가 발전하는 방향이 중심에서부터 외곽을 향해 나가기 때문이라고 한다. 즉, 초기에 개발된 도심에는 고소득층도 살았지만 도심의 주택들이 노후화되고 외곽에 새로운 주택이 건설됨에 따라 고소득층이 신형 주택을 찾아 외곽으로 나가게 되고 저소득층은 도심의 오래된 낡은 주택에서 살게 되는 것이다. 따라서 Burgess에 의하면 고소득층이 보다 외곽에 사는 이유는 소득계층에 따른 입지적 기호의 차이 때문이 아니라 고소득층이 선호하는 신형 대규모 주택이 보다 외곽지역에 많이 건설되기 때문이다.

이러한 모형들은 저소득층이 보다 도심에 가까이 살고 있고 중, 상류층은 교외지역에 살고 있는 서양 국가의 많은 도시들의 현실을 설명하고 있으며 단핵 도시구조를 가정하고 있다. 그러나, 최근에는 도시가 다핵화되는 추세에 있고(Gordon, Richardson & Wong, 1986; Heikkila, 1989; Richardson, 1988) 도심이 재개발되어 신형주택이 건설됨에 따라 중, 상류층의 도심 재이주 현상도 나타나 고전적 모형의 설명력이 미약해지고 있다. 즉, 도시권에 부심이 개발됨에 따라 사람들은 주거지 선정에 있어 도심만으로의 통근비용보다는 고용부심으로의 통근비용을 고려하게 되며 주거지도 부심 위주로 형성되게 되어 단핵구조에서의 소득계층별 주거지 형성에 대한 이론의 한계가 부각되었다. 또한 중, 상류층의 도심재이주는 저소득층이 보다 도심에 가까이 살고 중, 상류층이 교외에 사는 예전의 현상을 변화시키고 있다.

---

1) Heilbrun(1987: 131-2)에서 인용

2. 서울시의 소득계층별 주거입지 경향

서울시의 소득계층별 주거입지 경향을 살펴보면 위의 서양국가 도시들을 대상으로 한 이론이나 연구와는 여러 측면에서 차이가 있다. 우선 서울에는 서양국가 도시들과 같이 중, 상류층의 주거지로 특징 지워지는 교외지역이 뚜렷이 형성되어 있지 않다. 또한 1960~70년대를 고려할 때 서울의 도심 가까이에는 판자촌도 있고 중, 상류층의 거주지도 있어 서양국가 도시에 비해 소득계층별 주거지역의 구분이 뚜렷하지 않았다고 볼 수 있다. 따라서 Alonso와 Muth가 주장하듯이 소득계층별 기호의 차이로 인하여, 또는 Burgess의 동심원 구조설과 같이 저소득층이 보다 도심 가까이 살고 중, 상류층이 교외에 사는 현상이 우리의 경우에는 적용되지 않는다고 볼 수 있다.

물론 저소득층도 도심 가까이에 거주하였으나 이것은 저소득층의 입찰지대곡선이 고소득층에 비해 더 가파르거나 소득에 대한 교통비용의 탄력성이 주택 규모의 탄력성보다 낮기 때문이라고 이해하기에는 한계가 있다.[2] 왜냐하면 저소득층이 교통비용에 민감하고 교통수단의 선택이 한정되어 도심을 선호한다 하여도 고소득층보다 도심의 토지에 대해 면적당 더 높은 가격을 지불할 능력이 없기 때문이다.[3] 또한 우리의 경우 주택규모에 대한 규제와 택지확보의 어려움을 고려할 때 서양국가에 비해서 소득이 증가함에 따라 교외지역에 큰 규모의 주택을 선택할 수 있는 경향은 크지 않을 것이다.

그렇다면 저소득층은 어떻게 도심 가까운 곳에 애당초 거주할 수 있게 되었는가? 우리나라의 경우 다른 개발도상국과 같이 도심과 그 부근의 국공유지 등에 무허가 건물들이 무단 점유하는 비공식 부문의 주택지역이 형성되므로써 저소득층은 이러한 무허가 건물에 살면서 도심의 높은 지가를 제대로 지불하지 않고 살 수 있는 것이라

---

2) 미국의 경우도 Wheaton(1977)의 실증적 연구에 의하면 교통비용의 탄력성과 주택비용의 탄력성은 거의 비슷한 수준으로 파악되었다.

3) Alonso는 저소득층의 입찰지대곡선이 더 가파르다고 보아 아래의 (a)와 같이 저소득층이 도심에 보다 가까이 거주하게 된다고 본다. 그러나 설사 저소득층의 입찰지대곡선이 더 가파르다고 가정하여도 아래의 (b)와 같은 경우가 더 현실적이라고 볼 수 있다.

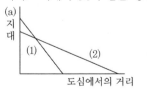

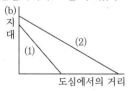

(1) 저소득층의 입찰지대곡선   (2) 고소득층의 입찰지대곡선

고 볼 수 있다. 따라서 도심에 가까이 사는 불량주택지역의 저소득층에게는 시가를 반영하는 입찰지대곡선이 해당되지 않는다고 볼 수 있다. 따라서 Alonso, Muth, Burgess의 이론에서는 언급되지 않은 주택시장의 이원화로 인하여 저소득층 주거지가 도심 가까운 곳에 밀집할 수 있었다고 보는 것이 더욱 타당하다.

그러나 최근에 도시가 발전하는 과정에서 저소득층의 주거지가 도심 가까운 곳에 집중되어 있는 현상은 1960-70년대에 비해 약해지고 있다. 그 이유는 여러 가지로 볼 수 있다. 첫째, 재개발을 비롯한 도시의 노후화된 지역을 대상으로 하는 여러 가지 도시개발 행위로 인하여 저소득층 주택지역이 제거되고 그 자리에 상업용 건물이나 공식 부문의 주택이 건설되면서 저소득층은 높은 시가를 지불하지 않고는 도심 가까운 지역에서 더 이상 머물 수 없게 된 것이다. 둘째, 대도시 억제정책의 일환으로 저소득층의 주요 생산활동 분야인 제조업이 도시에서 외곽지역으로 이전됨에 따라 저소득층의 주거지도 점차 외곽에 자리잡는 현상도 지적할 수 있다. 셋째, 도시가 다핵화됨에 따라 도심과 그 외 지역의 집적경제의 차이가 감소하여 저소득층이나 고소득층이나 도심만을 선호하지 않게 되는 추세를 생각해 볼 수 있다. 넷째, 도시가 외곽으로 향해 발전하면서 외곽지역에 주택공급이 증가하여 누구에게나 주거지 확보가 외곽지역에 더욱 쉬워진 영향도 있을 것이다.

위의 세 번째나 네 번째 이유로 저소득층이(고소득층도 마찬가지로) 외곽으로 나가게 된다면 자발적인 현상으로 볼 수 있고 도시개발정책의 형평성에 그다지 어긋나지 않는 것이라고 볼 수 있다. 첫째와 둘째 이유는 저소득층 주거지의 이전이 강요된 경우라고 볼 수 있다. 특히 재개발 사업은, 저소득층에 대한 정부개입이 거의 부재한 상황에서, 결과적으로 단순히 비공식부문의 주택을 공식부문의 주택시장으로 통합하는 기능을 함으로써 불량주거지역의 지가 및 주택가격을 시장가격으로 상승시킨다. 공식시장의 주택가격을 지불할 능력이 없는 저소득층이 외곽으로 밀려나면서 고용기회, 도시시설, 정보접근 등의 수준이 떨어지는 지역으로 가게 된다면 이들은 도시 집적경제로의 접근성도 상실하고 직주거리가 증가되는 불편함도 함께 겪어야 한다. 저소득층이 도시개발 행위로 인하여 이러한 악영향을 받는다면 도시정책에 있어서 접근성의 형평성이 위배되는 것이라고 볼 수 있다.

위의 논의에서 다음과 같은 가설을 설정해 본다: 비공식부문의 주택에 속하는 무허가건물로 대부분 구성된 불량주택지역의 저소득층은 도시재개발사업으로 인하여 주거환경개선의 보장 없이 집적경제로의 접근성이 낮은 저지가의 외곽지역으로 밀려나게 된다.

위의 가설을 검증하기 위해 우선 도시재개발에 대한 기존 연구들의 결과를 논의한 다음 사례 지역을 선정하여 재개발지역의 저소득층 주민들이 어디로 이주하였으며 실제로 접근성이 낮은 지역으로 이주하였는가를 분석해 본다.

3. 재개발 사업과 저소득층의 주거입지 변화

서양국가에서 도시재개발사업이 본격적으로 실시된 1950년대 이후 재개발사업의 목적 및 효과에 대한 논의는 학계에서나 실무분야에서 활발하게 전개되었다. 실시 초기에는 도시의 합리적인 개발, 노후지역의 재생, 낙후지역의 발전, 도시공간의 효율적인 활용, 불량주택지역의 개선 등 재개발사업의 긍정적인 효과가 강조되었으나 그 이후 재개발사업에 대한 낙관적인 견해가 감소하고 재개발사업으로 인해 초래되는 부작용이 지적되면서 이에 따른 사회문제에 대한 관심이 높아졌다(Abrams, 1966; Bellush & Hausknecht, 1967; Gans, 1966). 그 결과 정부주도 방식의 재개발사업은 점차 사라지고 특히 주거지재개발은 주로 민간개발 방식으로 추진되고 있다.

국내에서도 재개발사업의 추진방식의 변천과 함께 재개발사업의 장단점에 대한 논의를 다룬 연구들을 다수 찾아볼 수 있다(대한주택공사, 1989; 배순석 외, 1991; 여홍구·문천재, 1988; 주종원, 1984; 조은·조옥라, 1992; 황명찬·이태일, 1985). 이러한 연구들은 재개발사업이 실시되는 지역의 원주민 재정착률이 매우 낮다는 것을 공통적으로 지적하고 있다. 배순석 외(1991)에 의하면 원주민의 재정착률은 10%에 불과하다. 재입주율이 저조한 것은 다음과 같은 원인이 작용했기 때문이라고 볼 수 있다.

재개발사업을 통해 주택을 분양받으면 상당한 전매차익을 얻을 수 있으므로 재개발지역은 외지인들의 투기대상이 된다. 따라서 재개발사업 시행 초기부터 전매전대 행위가 활발해져 외지인 소유주 비율이 높아지고 소유주를 포함한 그 지역주민들의 상당수가 교체되는 것이다. 그 결과 재개발지구 내의 주택가격 및 지가가 폭등하는 현상이 나타난다.

예를 들어 사당4-2 재개발지구의 경우 10평 규모의 무허가 주택이 1983년 350만원에서 재개발 조합이 구성되는 시점까지 5배가, 그리고 사업시행인가 시점에서는 4,500만원으로 상승하였다(배순석 외, 1991: 86). 서울의 1986~87년에 준공된 금호1, 가락1, 옥수4, 대림1 재개발 지구의 경우 1977년부터 1985년까지 연평균 지가상승률이 43~69%로 기록되어 같은 시기의 서울시 주거지역 연평균 지가상승률인 20% 보다 월등히 높은 것으로 나타났다(여홍구·문천재, 1988: 30). 이러한 현상은 재개발사업이 그 지역의 비공식주택을 공식주택시장으로 통합시키는 기능을 하는 것을 보여주고 있으며 저렴한 가격의 비공식주택에 살던 재개발지역의 저소득층은 주택가격이 공식시장의 시가 또는 그 이상으로 폭등함에 따라 더 이상 그 지역에 머무를 수 없게 되는 것을 뒷받침해 주고 있다.

사업완료지구들의 평균주택규모는 33평으로(배순석 외, 1991) 재개발지역에 재건립되는 대부분의 주택이 저소득층에게는 부담이 큰 중·대형 규모이어서 분양받은 주택을 처분할 동기가 강하게 작용하고 있다. 그 결과 재개발사업으로 인하여 저소득층을 위한 주택재고가 감소되고 불량주택지구가 저소득층에게 제공되는 긍정적, 자생적 생활환경이 파괴된다(주종원, 1984; 황명찬·이태일, 1995; 장성준, 1984).

위와 같은 재개발사업으로 초래되는 현상들을 고려할 때 재개발지역의 저소득층의 재입주율은 저조할 수밖에 없으며 저소득층 원주민들은 재개발지역에서 밀려나 다른 곳으로 이주하게 되는 것이 불가피하다고 볼 수 있다. 대부분의 기존의 연구들은 재개발지역의 원주민들이 외곽으로 밀려난다고 주장하고 있으나 구체적으로 얼마만큼의 주민들이 어디로 이주해 갔는가를 보여주지 못하고 있다.[4] 특히 원주민들이 이주한 외곽지역은 지리적으로 도심에서 거리가 먼 곳이라는 점 외에 접근성이나 도시생활시설 측면에서 어떤 특성을 지닌 곳인지 파악한 연구는 보기 힘들다. 본 연구에서는 재개발지역의 저소득층의 실제 이주지를 파악하고 이주한 곳의 접근성 정도를 분석함으로써 재개발사업이 저소득층의 주거입지에 미치는 영향을 보다 구체적으로 이해해 본다.

Ⅲ. 사례분석

1. 사례연구방법

이 연구에서는 재개발사업으로 인하여 저소득층 주민들의 주거입지의 접근성이 어떻게 변하는가를 파악하기 위하여 사례분석을 실시하였다. 재개발지역에서 밀려난 사람들의 이주지를 파악하고 접근성 지표를 작성하여 원거주지와 현거주지의 접근성을 비교하였다. 대부분의 경우 현거주지의 접근성이 지표상 더 떨어진다면 저소득층은 재개발로 인하여 도시집적경제로의 접근이 더욱 어려워진 것으로 볼 수 있다.

사례분석에서는 합동재개발방식으로 이루어진 서울시의 주택개량재개발사업지역을 대상으로 하였으며[5] 재개발지역의 저소득층 주민 중에서 주택 소유주보다 훨씬

---

4) 이에 예외적인 연구는 조은·조옥라(1992)를 들 수 있다.
5) 1996. 3. 31. 현재 서울시의 주택개량재개발지구는 273개이며 이 중 합동재개발 방식으로 이루어진 지구는 152개로 67개지구의 44,513가구가 완료되었고 85개 지구의 128,152가구가 시행 중에 있다.

| 표 1 | 사례지구의 주요 재개발 현황 |

지구명		시행 면적	건립가구 (임대 주택)	구역 지정일	사업시행기간		무허가건물(%)		세입자수
					인가	준공			
종로구	창신1-2	38,562	919	73.12.1	87.2.27	93.10.12	329/364	90.1	173
	무악 1	65,292	1,558 (550)	92.11.26	94.10.18	97.10.17 예정	41/884	4.6	532
서대문구	홍은5-2	24,998	390	87.9.14	86.9.20	90.12.3	183/282	64.9	165
	연희 1	14,874	220	73.12.1	90.3.6	93.9.3	84/84	100.0	131
동작구	사당2-2	78,938	1,152	89.10.25	87.4.23	90.12.14	1056/ 1056	100.0	234
	상도 5	23,515	682 (221)	73.12.1	91.3.22	94.3.10	43/149	28.9	202
관악구	신림2-2	26,187	630		88.10.10	93.9.14	337/ 337	100.0	246
							합계		1,683

주: 세입자수는 재개발지구의 세입자세대 명단에서 현거주지가 파악된 세입자세대수임.
자료: 서울시 주택개량과, 각 구청.

더 열악한 상황에 있는 세입자들에 한정하여 이주지를 파악하였다. 사례지역 선정에 있어서는 다음과 같은 기준을 고려하였다: 재개발사업이 많이 일어나고 있는 구, 최근에 준공된 사업지구가 있는 구, 지리적 위치상 서울중심부에 가까운 지역과 다소 먼 지역의 구, 강북과 강남 지역의 구.

이상의 기준을 복합적으로 고려하여 종로구, 서대문구, 동작구와 관악구를 선정하였고 각 구에서 2개 지구를 선정하였다. 완료된 사례와 시행 중인 사례를 비교분석하기 위하여 종로구의 무악1 지구는 시행 중인 사례로 포함시켰으며 사업지구에 임대주택이 건설될 경우 어떠한 영향을 미치는지 파악하기 위하여 임대주택이 건설된 상도5 지구를 선정하였다.6)

불량주택지역을 대상으로 추진하는 주택개량재개발사업은 서울의 중심부 지역에 비교적 많이 시행되고 있어 서울의 저소득층 주거지역은 도심에 가까운 지역에 보다 많이 몰려 있었던 것으로 파악된다.
6) 1989년부터 합동재개발 사업의 세입자 대책으로 공공임대주택 공급정책이 채택되었다. 그러

사례지역의 세입자 세대 명단을 구청의 협조를 통해 구하여 이들의 현거주지를 파악하였고 7개 사례지구의 현거주지가 파악된 세입자세대 수와 각 지구의 주요 사항들은 <표 1>에 나타나 있다. 사례지역의 무허가 건물 비율을 보면 시행 중인 무악1 지구와 상도5 지구를 제외하고는 모두가 50%가 넘고 3개 지구는 100%가 무허가 건물인 것으로 나타났다. 이와 같이 재개발지역에 무허가주택의 비율이 높은 것은 배순석 외(1991)에서도 나타났으며 앞에서 가설한 바와 같이 재개발지역의 주택은 대부분 비공식부문 주택시장에 속하는 것을 보여주고 있다. 불량주택이 밀집된 재개발지역에 사는 저소득층 세입자들은 질적 수준이 낮은 무허가 건물에 삶으로서 같은 지역의 공식 주택가격보다 낮은 가격으로 그 곳에 주거지를 마련할 수 있는 것이다.

2. 재개발지역 세입자의 이주지 분포

재개발지역에 살던 세입자가 어디로 이주하는가를 보기 위하여 현거주지가 파악된 1,683세대의 현거주지를 살펴본 결과 반 이상이(55.0%) 원래 거주하던 구를 떠난 것을 알 수 있었다. 현거주지로 전입한 시점은 대부분 재개발지역의 인가 또는 준공 시점을 전후하여 발생한 것으로 보아 재개발사업으로 인한 이주라고 볼 수 있다. 종로구의 창신1－2의 경우 69.9%가 종로구를 떠났고 홍은5－2와 연희1 재개발지구의 세입자는 39.4%와 52.7%가 서대문구를 떠난 것으로 나타났다. 사당2－2의 경우 61.1%의 세입자가 동작구에서 더 이상 살지 않으며 신림2－2에 살던 세입자의 48%가 관악구를 떠난 것으로 나타났다. 원래 살던 재개발지구의 동일한 구에 현재 남아 있는 세대들도 현주소지를 살펴본 결과 거의 모두가 원래 살던 재개발지구에 재입주하기보다는 구 내의 다른 지역으로 이사한 것을 볼 수 있었다.

재개발사업에 임대주택건설이 포함되어 있는 상도5 지구는 타 지구보다는 낮은 31.2%의 세입자 세대가 원래 살던 동작구에서 전출한 것을 볼 수 있다. 상도5 재개발지구의 세입자 중에서 동작구에 남아있는 사람들의 주소지를 보면 대부분이 상도5 지구의 재건립된 아파트에 살고 있는 것을 볼 수 있었다. 이러한 사실로 미루어 볼 때 아직 완료가 안 된 무악1 지구의 경우 65.2%의 세입자들이 현재 종로구 밖으로 이사한 것을 볼 수 있으나 무악1 재개발은 임대주택건설이 계획되어 있으므로 상도5 지구의 경우와 같이 준공 후에는 상당수가 재입주할 것으로 예상된다. 따라서 재개발

나, 현재 완료된 재개발 지역 중 임대주택이 건설된 곳은 2개 지역뿐이다. 선정된 사례 중 무악1 지구도 임대주택건설이 계획되어 있으나 아직 시행중인 지구이므로 임대주택 공급여부의 영향을 파악할 수 없다.

| 표 2 | 다른 구로 이주한 세대들의 현거주지 분포 |

원거주지		현거주지							
		서울(%)		수도권(%)		수도권외(%)		합계(%)	
종로구	창신1-2	81	66.9	29	24.0	11	9.1	121	100.0
	무악1	255	73.5	82	23.6	10	2.9	347	100.0
서대문구	홍은5-2	35	53.9	20	30.8	10	15.4	65	100.0
	연희1	30	43.5	32	46.4	7	10.1	69	100.0
동작구	사당2-2	83	58.0	47	32.9	13	9.1	143	100.0
	상도5	24	38.1	31	49.2	8	12.7	63	100.0
관악구	신림2-2	57	48.3	52	44.1	9	7.6	118	100.0
합계		565	61.0	293	31.7	68	7.3	926	100.0

사업을 계획하는 데 있어 임대주택공급의 유무가 재개발지역 세입자의 재입주 비율에 크게 영향을 미치는 것을 볼 수 있다. 이러한 현상은 재개발정책상에 중요한 고려사항으로 반영되어야 할 것으로 생각된다.

<표 2>에는 재개발지역의 세입자 중 원래 살던 구를 떠난 926세대의 현거주지 분포를 나타낸다(부록 참조). 이들 중 61.0%는 서울시 내의 다른 구로, 31.7%는 서울시 외의 수도권으로 그리고 7.3%는 수도권 밖으로 이주한 것을 볼 수 있다. 서울시 내의 다른 구로 이주한 세대들의 현거주지 분포를 보면 25개 구 전역에 퍼져 있으며 본 연구의 사례에서는 특히 은평구, 관악구, 동작구로 가장 많이 이주하였고 종로구, 성동구, 강동구로 가장 적게 이주한 것으로 나타났다.

서울시 외의 수도권으로 이주한 세대들은 19개 시와 12개 군으로 이주하였고 수도권의 남쪽이 148세대로 가장 많았으며 서쪽이 72세대, 북쪽이 56세대, 동쪽이 17세대의 순으로 나타났다. 수도권 지역에는 안산시(42세대), 인천시(41세대), 고양시(37세대), 성남시(27세대), 부천시(23세대)의 순으로 이주한 사람이 가장 많은 것으로 보아 서울시 주변의 신도시들이 서울시 밖으로 이주하는 철거민들을 흡수하는데 비교적 큰 역할을 하는 것을 알 수 있다.

각 재개발지구별로 보면 연희1, 상도5, 신림2-2 지구의 경우 서울시 밖으로 이주한 세대의 비율이 서울시 내로 이주한 비율보다 더 높으며 나머지 재개발지구들의 경우 후자가 더 높게 나타났다. 서울시 내에 이주한 세대의 비율이 가장 많은 곳은 종로구의 창신1－2와 무악1 재개발지구이며 서울 시외 수도권으로 이주한 세대의 비율이 가장 많은 곳은 동작구의 상도5 지구, 서대문구의 연희1 지구, 관악구의 신림 2－2 지구이다. 특히 상도5와 연희1 지구의 경우 서울시 외의 수도권으로 이주한 세입자들이 서울시 내로 이주한 세입자들보다 더 많은 것을 볼 수 있다.

<부록>을 보면 알 수 있듯이 종로구 재개발지구의 세입자들은 성북구와 은평구로 가장 많이 이주하였다. 서울시 밖으로 이주한 경우를 제외하면 서대문구에 살던 세입자들은 은평구로, 동작구 재개발지구에서는 관악구로, 관악구의 재개발지구 세입자들은 금천구로 가장 많이 이주하였다. 각 재개발지구에서 서울시 외의 수도권으로 이주한 경우 수도권의 남쪽으로 많이 가는 경향이 있으나 서대문구 재개발지구의 세입자들은 북쪽으로 더 많이 간 것을 볼 수 있다. 따라서 재개발로 인하여 자신이 살던 구를 떠나더라도 가까운 곳으로 이주하는 세대들이 많은 것을 볼 수 있다. 이러한 사실은 원거주지 근처에서 생활의 터전을 유지하려는 경향을 나타낸다고 할 수 있다.

이상에서 보면 대부분의 세입자들은 원거주지에 비해 도심에서 더 먼 곳으로 이주하였다. 원거주지가 비교적 도심에 가까운 구인 경우(종로구, 서대문구) 대다수가 그 보다도 먼 다른 구로 이주하였고 원거주지가 비교적 도심에서 떨어져 있는 구의 경우(동작구, 관악구) 서울시 밖으로 이주한 세대가 많음을 볼 수 있다. 즉, 원거주지와 현거주지의 도심에서부터의 거리를 비교할 때 대부분의 세입자들이 보다 더 먼 지역으로 밀려났다고 볼 수 있으며 이는 도시재개발상 시사하는 점이 크다고 하겠다. 아래에서는 보다 상세한 접근성의 비교를 하여 얼마나 실제로 접근성이 낮은 외곽으로 밀려났는가를 분석해 본다.

3. 원거주지와 현거주지의 접근성 비교

위에서 보았듯이 사례지역의 세입자들은 대부분 원거주지에 비해 서울 도심에서 더 먼 지역으로 이주한 것으로 나타났다. 그러나 과연 원거주지 보다 도심에서 더 먼 곳으로 가게 되면서 집적경제로의 접근성이 낮은 지역으로 가게 되는가를 파악하기 위해서는 접근성의 정도를 비교해 보아야 한다. 단핵도시의 경우 도심으로부터의 거리가 집적경제로의 접근성을 잘 반영한다고 볼 수 있다. 그러나, 서울시와 같이 다핵화된 도시의 경우 단순히 도심으로부터의 지리적 거리로 접근성을 파악하는 데에는 한계가 있다. 그 이유는 다핵도시에는 도심에 뿐만 아니라 부심에도 집적경제수준이 높아 고용기회, 공공시설, 정보, 문화소비생활시설들이 밀집되어 있기 때문이다. 이러한 도심이나 부심의 성격을 띤 지역, 또는 그 인근지역이 집적경제로의 접근성이 높은 지역이라고 볼 수 있다. 따라서 이 연구에서는 세입자들이 이주한 지역의 접근성의 정도를 도심이나 부심을 나타내는 중심성 지표를 통해 파악해 보기로 한다.

　도시의 중심성 지표로는 여러 가지 특성들이 활용될 수 있다. 도시권내의 중심성이 높은 지역을 파악한 McDonald(1987)에 의하면 고용밀도, 고용-인구 비율이 도심의 고용부심(employment sub-center)을 식별하는데 가장 좋은 지표라고 한다. 또한 지대이론에 의하면 서울과 같은 대도시에는 중심성이 높은 도심이나 부심에 가까울수록 지가가 높기 때문에 지가도 중심성을 반영하는 지표로 활용할 수 있다. 이 연구에서는 세입자들이 이주한 각 지역의 접근성 정도를 중심성 지표를 통해 파악하기 위하여 서울시의 구별 지가와 고용밀도를 활용하였다.[7] 재개발지역 세입자들의 원거주지와 현거주지의 중심성 지표를 비교하여 어느 정도 접근성이 낮은 곳으로 가게 되는가를 파악하였다.[8]

표 3　재개발지역을 떠난 세입자세대의 현거주지 특성: 지가

◎ 종로구

<창신1-2>

현거주지의		주거용 지가		합계
		더 낮은 지역	더 높은 지역	
상업용지가	더 낮은 지역	112 (92.6)	0 (0.0)	112 (92.6)
	더 높은 지역	0 (0.0)	9 (7.4)	9 (7.4)
합계		112 (92.6)	9 (7.4)	121 (100.0)

<무악1>

현거주지의		주거용 지가		합계
		더 낮은 지역	더 높은 지역	
상업용지가	더 낮은 지역	112 (92.6)	0 (0.0)	112 (92.6)
	더 높은 지역	0 (0.0)	9 (7.4)	9 (7.4)
합계		112 (92.6)	9 (7.4)	121 (100.0)

---

[7] 고용자수는 서울특별시 「사업체 기초통계조사 보고서」(1994년 기준)를, 지가 자료는 한국감정평가업협회의 「전국 공시지가수준표」(1994. 1. 1. 기준)를 활용하였다. 각 구의 평가지가는 구내의 각 동들의 최고치와 최저치의 평균으로 계산하였다. 서울시 밖으로 이주한 경우는 각 중심성 지표상 더 낮은 곳으로 이주한 것으로 간주하였다.

[8] 구별 단위로 파악하였으므로 같은 구에 남아있는 사람들에게는 전반적으로 접근성의 변화가 없는 것으로 간주한다.

◎ 서대문구

<홍은5-2>

현거주지의		주거용 지가		합계
		더 낮은 지역	더 높은 지역	
상업용지가	더 낮은 지역	46 (70.8)	6 (9.2)	52 (80.0)
	더 높은 지역	0 (0.0)	13 (20.0)	13 (20.0)
합계		46 (70.8)	19 (29.2)	65 (100.0)

<연희1>

현거주지의		주거용 지가		합계
		더 낮은 지역	더 높은 지역	
상업용지가	더 낮은 지역	58 (84.0)	5 (7.3)	63 (91.3)
	더 높은 지역	0 (0.0)	6 (8.7)	6 (8.7)
합계		58 (84.0)	11 (15.9)	69 (100.0)

◎ 동작구

<사당2-2>

현거주지의		주거용 지가		합계
		더 낮은 지역	더 높은 지역	
상업용지가	더 낮은 지역	75 (52.5)	8 (5.6)	83 (58.0)
	더 높은 지역	0 (0.0)	60 (42.0)	60 (42.0)
합계		75 (52.5)	68 (47.6)	143 (100.0)

<상도5>

현거주지의		주거용 지가		합계
		더 낮은 지역	더 높은 지역	
상업용지가	더 낮은 지역	45 (71.4)	1 (1.6)	46 (73.)
	더 높은 지역	0 (0.0)	17 (27.0)	17 (27.0)
합계		45 (71.4)	18 (28.6)	63 (100.0)

◎ 관악구 <신림2-2>

현거주지의		주거용 지가		합계	총합계
		더 낮은 지역	더 높은 지역		
상업용지가	더 낮은 지역	102 (70.8)	6 (9.2)	108 (80.0)	804 (86.8)
	더 높은 지역	0 (0.0)	10 (8.5)	10 (8.5)	122 (13.2)
합계		102 (86.4)	16 (13.6)	118 (100.0)	
총합계		771 (83.3)	155 (16.7)		926 (100.0)

지가수준은 상업용 지가와 주거용 지가로 구분하여 보았는데 상업용 지가 순위는 서울의 25개 구 중에 종로구가 3위, 서대문구가 9위, 동작구가 13위, 관악구가 6위로 나타났다. 주거용 지가 순위는 종로구가 4위, 서대문구가 16위, 동작구가 17위, 관악구가 12위를 나타냈다.

<표 3>을 보면 원래 살던 재개발지역의 구를 떠나 다른 구나 서울시 밖으로 이주한 926세대 중 804세대(86.8%)는 상업용 지가가 더 낮은 곳으로 이주하였고 또한 771세대(83.3%)는 주거용 지가도 더 낮은 곳으로 이주한 것으로 나타났다. 비록 많은 세입자들이 원거주지보다 평균주거용 지가가 더 낮은 곳으로 이주하였으나 이는 그들이 재개발지역에서 살던 때보다 현거주지에서 더 낮은 주택비용을 치른다고 볼 수는 없다. 왜냐하면 재개발지구의 세입자들은 앞에서 보았듯이 대부분 무허가건물에서 살고 있었으며 이러한 비공식주택이 제거됨에 따라 이들은 공식지가상 주거용 지가가 더 낮은 곳으로 가더라도 실제로 부담하는 주택비용은 조은·조옥라(1992)에서 지적하였듯이 더 높을 수 있기 때문이다. 대부분의 세입자들이 원거주지보다 상업용 지가나 주거용 지가가 더 낮은 곳으로 이주하였다는 것은 집적경제로의 접근성이 더 떨어지는 곳으로 이주하였다고 보는 것이 타당하다. 서울시 밖으로 간 경우도 대부분 서울 주변에 남은 것을 고려하면 서울 생활권 내에서 접근성이 떨어지는 주거지로 밀려난 것으로 간주할 수 있다.

사례지구별로 보면 종로구의 완료된 창신1-2 지구와 아직 시행중인 무악1 지구 간에 큰 차이없이 세입자들의 93% 이상이 상업용 지가나 주거용 지가가 더 낮은 곳으로 이주하여 다른 사례지구의 경우보다 그 비율이 가장 높았다. 세입자들이 지가가 더 낮은 곳으로 간 비율이 상대적으로 가장 낮게 나타난 곳은 동작구의 상도5와 사당2-2 재개발지구이다.

고용밀도에 있어서 서울시의 25개 구 중에 종로구가 4위, 서대문구가 14위, 동작구가 15위, 그리고 관악구가 20위로 나타났다. 재개발지구에 살던 세입자들의 원거주지와 현거주지의 고용밀도를 비교해 볼 때 797세대(86%)가 고용밀도가 더 낮은 곳으로 이주한 것을 볼 수 있다(<표 4> 참조). 고용밀도가 더 낮은 곳으로 간 세입자 비율이 가장 높게 나타난 지역은 종로구의 재개발지구들이며 그 다음으로는 서대문구, 동작구, 관악구 순으로 나타났다. 이것은 각 구의 고용밀도 순위를 반영하고 있다.

종로구의 2개 사례지구를 보면 사업완료된 지구나 시행중인 지구나 별 차이 없이 93%~97%의 세입자들이 고용밀도가 더 낮은 지역으로 이주하였다. 또한 동작구의 임대주택 건설이 포함된 상도5 지구와 임대주택 건설계획이 없는 사당2-2 지구

| 표 4 | 재개발지역을 떠난 세입자세대의 현거주지 특성: 고용밀도 |

		원거주지							
		종로구		서대문구		동작구		관악구	합계
		창신1−2	무악1	홍은5−2	연희1	사당2−2	상도5	신림2−2	
현거주지의 고용밀도	더 낮은 곳	112 (92.6)	338 (97.4)	49 (75.4)	61 (88.4)	106 (74.1)	50 (79.4)	81 (68.6)	797 (86.1)
	더 높은 곳	9 (7.4)	9 (2.6)	16 (24.6)	8 (11.6)	37 (25.9)	13 (20.6)	37 (31.4)	129 (13.9)
합계		121 (100.0)	347 (100.0)	65 (100.0)	69 (100.0)	143 (100.0)	63 (100.0)	118 (100.0)	926 (100.0)

간에 큰 차이 없이 동작구를 떠난 세입자의 74%~79%가 고용밀도가 더 낮은 지역으로 이주하였다. 이와 같이 대부분의 세입자들이 고용밀도가 더 낮은 곳으로 이주하였다는 것은 단순히 고용기회가 더 낮을 뿐만 아니라 고용밀도가 중심성 지표가 된다고 볼 때, 집적경제 수준도 낮고 따라서 집적경제로의 접근성도 낮은 지역으로 이주한 것을 말해 주고 있다.

이상과 같이 재개발지구 세입자들의 원거주지와 현거주지의 지가나 고용밀도와 같은 중심성 지표를 비교해 본 결과 대부분 중심성이 더 낮은 곳으로 이주한 것을 볼 수 있었다. 중심성이 상대적으로 높은 지역에 살던 세입자들은 그 보다 중심성이 낮은 지역으로 이주하였고, 중심성이 상대적으로 낮은 지역에 살던 세입자들도 그 보다 한층 더 중심성이 낮은 지역으로 이주하였다. 이와 같이 원거주지의 중심성 정도에 상관없이 대부분 중심성이 더 낮은 곳으로 간 것을 보면 재개발로 인하여 저소득층 세입자들은 집적경제로의 접근성이 떨어지는 외곽지역으로 밀려난다는 본 연구의 가설을 뒷받침해 주고 있다.

IV. 결론: 저소득층의 접근성 확보를 위한 정책적 대안

도시재개발사업은 원래의 취지와는 달리 불량주택에 사는 도시 저소득층의 주거환경을 개선하는 데에는 그다지 효과적이지 못했다고 기존의 연구에서 자주 지적되어 왔다. 그러나 재개발이 실시됨에 따라 저소득층 원주민들은 도시외곽으로 밀려난다는 이들의 주장은 실제로 원주민들은 어디로 가며 어떤 불이익을 받는가를 구체적으로 보여주지 못하였다.

이 논문에서는 도시 저소득층의 생활에 있어서 고용기회, 공공시설, 정보, 문화 및 소비생활시설이 집중되어 있는 집적경제로의 접근성이 매우 중요한 요소라고 보고 재개발사업으로 인하여 사업지역의 저소득층 원주민들이 실제로 어디로, 그리고 어느 정도 접근성이 떨어지는 외곽지역으로 밀려나는가를 분석하였다. 사례지역의 세입자들을 중심으로 분석한 결과 대부분의 경우 도심에서 더 먼 지역일 뿐만 아니라 접근성이 더 낮은 지역으로 밀려나는 것을 뚜렷하게 볼 수 있었다.

이러한 현상은 불량주택지역에서 저렴한 주택비용으로 도심이나 부심 부근의 접근성이 비교적 좋은 지역에 살던 저소득층은 재개발사업이 불량주택을 제거하고 중·상류층의 공식주택으로 전환시킴에 따라 접근성이 매우 낮은 외곽지역으로 밀려난다는 본 연구의 가설을 검증해 주고 있다. 접근성이 보다 낮은 곳으로 가는 것은 고용기회, 도시시설활용, 정보 접근 등에 있어서 더욱 불리한 곳으로 가는 것이며, 따라서 소득향상의 기회나 삶의 질의 저하를 가져온다고 볼 수 있다.

도시 저소득층에게는 양호한 주택의 확보보다는 오히려 주거입지에 있어서 접근성의 확보가 더 중요할 수 있다. 현 재개발사업 제도는 도시정비차원에서는 효과적이라고 할 수 있겠으나, 도시 저소득층의 주거환경개선에는 실질적인 도움을 주지 못할 뿐만이 아니라 이들의 생활에 중요한 접근성을 상당 정도 상실하게 한다는 점에서 형평성에 위배된다고 할 수 있다.

따라서 도시 저소득층의 집적경제로의 접근성이 상실되지 않고 접근성의 형평성을 보장할 수 있는 재개발사업이 되기 위해서는 무엇보다도 재개발사업 지역의 저소득층 원주민들의 재입주율을 높이는 방안이 강구되어야 한다. 그러기 위해서는 재개발지역이 중, 상류층 주거지역으로 전환되는 것을 방지하고 원래의 저소득층 주거지역의 특성을 유지할 수 있도록 집중적으로 저소득층 위주의 주택을 건설해야 한다.

본 연구에서는 이러한 방안으로 다음과 같은 정책적 대안을 제시하고자 한다.

첫째, 재개발지역에 영구임대주택을 확대공급하는 방안을 들 수 있다. 재개발사업으로 인하여 외지로 밀려나가는 사람들은 대부분 세입자들이므로(Goldfield, 1980), 세입자들에 대한 효과적인 대책이 강화되어야 하기 때문이다. 본 연구에서는 임대주택이 공급된 재개발지구의 세입자들이 타 지역으로 이주해 나가는 비율이 임대주택이 공급되지 않은 지구의 경우보다 낮게 나타났다. 따라서 1989년부터 실시된 재개발지역의 영구임대주택공급정책은 세입자들의 재입주율을 높이는데 효과적인 방안이라고 볼 수 있다.

현재 서울시의 완료된 재개발사업지구 중에 임대주택이 공급된 경우는 2건 뿐이지만 아직 시행중인 사업들은 대부분 임대주택 공급계획을 포함하고 있다. 이들 사업이 완료되면 이미 완료된 재개발지구에 비해 저소득층 원주민의 재입주율이 높을 것을 예상할 수 있다. 그러나, 계획된 임대주택의 공급량은 세입자를 모두 수용하기에는 매우 부족한 수준이다. 따라서 임대주택공급을 위한 예산을 증대하고 임대주택 입주자격을 확대하는 등 임대주택공급방안을 강화해야 할 것이다.

둘째, 재개발사업 방식에 있어서는 철거재개발보다 현지개량방식을 확대 실시하는 것이다. 현지개량방식은 불량주택을 개선하면서 철거민 또는 이주민이 대거 발생하는 것을 방지할 수 있다. 그러나 현지개량방식은 임대료를 상승시켜 세입자들에게 불이익을 가져올 수 있으며 주택 소유주에게 뚜렷한 유인책 없이는 효과적인 개량사업을 실시하기 어렵게 된다. 따라서 현지개량을 위한 정부보조금이 충분히 확보되어야 하며 임대료 보조정책을 함께 실시해야 한다. 또 다른 방법은 불량주택지역을 공공주택지역으로 전환하여 공공임대주택을 신축하는 대신 현지개량사업을 통해 양호한 저소득층 주택지역을 형성하는 것이다.

위의 방안들은 재개발지역의 저소득층 원주민들의 재입주율을 높임으로써 이들이 접근성이 낮은 외곽으로 밀려나는 불이익을 방지하는데 효과적이라고 볼 수 있다. 그러나 임대주택공급, 현지개량 및 임대료보조 등의 방안이 제대로 실시되려면 정부의 예산이 투자되어야 하며 이러한 투자재원을 확보하기 위해서는 확고한 정책적 의지가 있어야 한다.

그러나 투자재원확보에 상당한 어려움이 따른다면 오히려 선의의 방치가 세 번째의 방안이 될 수 있다. 즉, 더 이상의 불법주택은 단속하되 합법적인 불량주택은 그대로 두는 것이다. 이러한 선의의 방치는 두 가지 이유에서 타당하다고 볼 수 있다. 그 하나는 불량주택이 중, 상류층의 가치관에서 볼 때에는 제거대상이지만 그 곳에서 사는 저소득층에게는 다양하고 긍정적인 주거기능을 제공하고 있기 때문이다(장성준, 1984; Fried & Gleicher, 1961). 다른 하나는 많은 저소득층은 고용, 교육, 정보, 공공시설 등에 대한 접근성이 낮은 외곽지역의 양호한 주택에 살거나, 접근성이 높은 곳에 저렴한 가격의 노후화된 주택에 사는 것 중에 양자택일을 한다면 후자를 선호할 것이기 때문이다.

위의 대안들이 공통적으로 갖는 근본적인 취지는 현재의 저소득층 주거밀집지역이 중, 상류층 주거지역으로 전환되는 것을 방지하는 것이다. 도시 저소득층에게 접근성의 형평성을 보장할 수 있는 도시개발정책을 실시하기 위해서는 도심이나 부심에 근접하여 저소득층 위주의 주거지를 확보, 유지, 개선하는데 노력을 기울여야 할 것이다.

참고문헌

대한주택공사. (1989). 「도시정비 및 저소득층을 위한 주택개량재개발기법연구」.

배순석·권오현·천현숙. (1991). 「주택재개발 활성화 방안 연구」. 국토개발연구원.

여홍구·문천재. (1988). 주택개량재개발(합동개발)사업의 사례분석. 「주택금융」, 21(1): 25 − 47.

장성준. (1984). 서울시 저소득자 주택의 형태적 특성. 「국토계획」, 19(2): 200 − 216.

주종원. (1984). 서울시 불량주택지구 개선에 관한 연구. 「국토계획」, 19(1): 20 − 35.

조은·조옥라. (1992). 「도시빈민의 삶과 공간: 사당동 재개발지역 현장 연구」. 서울대학교 출판부.

황명찬·이태일. (1985). 주거지 재개발의 정치 경제학. 「국토연구」, 4: 33 − 51.

Abrams, Charles. (1966). Some Blessings of Urban Renewal. In James Q. Wilsn ed., Urban Renewal. Cambridge: MIT Press.

Alonso, William. (1964). Location and Land Use. Cambridge: Harvard University Press.

Bellush, Jewel & Hausknecht, Murray eds. (1967). Urban Renewal: People, Politics, and Planning. New York: Anchor Books.

Fried, Marc & Gleicher, Peggy. (1961). Some Sources of Residential Satisfaction in an Urban Slum. *Journal of the American Institute of Planners*, 27(4): 305 − 315.

Gans, Herbert J. (1966). The Failure of Urban Renewal. In James Q. Wilson ed., Urban Renewal. Cambridge: MIT Press.

Goldfield, D. R. (1980). Private Neighborhood Redevelopment and Displacement. *Urban Affairs Quarterly*, 15(4): 453 − 468.

Gordon, P., Richardson, H. W., & Wong. H. L. (1986). The Distribution of Population and Employment in a Polycentric City: The Case of Los Angeles.

Environment and Planning A, 18: 161－173.

Heikkilla, Eric. et al. (1989). What Happened to the CBD－Distance Gradient?: Land Values in a Policentric City. Environment and Planning A, 21: 221－232.

Heilbrun, James. (1987). Urban Economics and Public Policy. Third Edition. New York: St.Martin's Press.

McDonald, John F. (1987). The Identification of Urban Employment Sub－centers. *Journal of Urban Economic*, 21(2): 242－258.

Mills, Edwin S. & Hamilton, Bruce W. (1989). Urban Economics. Fourth Edition. Glenview: Scott, Foresman and Company.

Muth, Richard F. (1969). Cities and Housing Chicago: University of Chicago Press.

Richardson, H. W. (1988). Monocentric Vs. Polycentric Models: The Future of Urban Economics and Regional Science. *Annals of Regional Science*, 22: 1－12.

Wheaton, William C. (1977). Income and Urban Residence: An Analysis of Consumer Demand for Location. *American Economic Review*, 67: 620－631.

[부록] 재개발지구를 떠난 세입자의 현거주지 분포

(1) 재개발지구: 종로구 창신1-2

(2) 재개발지구: 종로구 무악1

(3) 재개발지구: 서대문구 홍은5-2

(3) 재개발지구: 서대문구 연희1

(5) 재개발지구: 동작구 사당2-2

(2) 재개발지구: 동작구 상도5

(7) 재개발지구: 관악구 신림2-2

원거주지(재개발 지역):

현거주지:
- ● 0.0~2.0%
- ◑ 2.1~5.0%
- ◕ 5.1~9.0%
- ◍ 9.1~15.0%
- ◉ 15.0 이상~

N: 고양시, 동두천시, 의정부시, 양주군, 연천군 파주군, 포천군.
E: 구리시, 남양주시, 하남시, 가평군, 광주군.
S: 과천시, 광명시, 군포시, 성남시, 수원시, 안산시, 안양시, 오산시, 의왕시, 평택시, 안성군, 여주군, 용인군, 이천군, 화성군.
W: 부천시, 시흥시, 인천시, 김포군.

▶ ▶ ▶ **논평**

전희정(성균관대학교 행정학과 교수)

1. 서론

현재 한국의 도시정책에서의 화두는 도시재생이다. 과연 도시를 어떻게 재활성화 시킬 수 있을 것인가에 대하여 도시계획 분야뿐만 아니라 행정학을 포함한 다양한 사회과학 분야에서도 관심이 집중되고 있다. 낡은 것은 모두 허물어 버리고 새것을 짓는 것에 중점을 두었던 개발방식에서 벗어나 낡은 주택을 수리하고, 동네 골목길을 보존하고, 마을을 가꾸며, 지역공동체를 활성화시키려는 노력들이 탄력을 받고 있는 것이다. 도시재생에 대한 관심은 불과 10년 전만 하더라도 학자들과 소수시민들에 의해서만 공유되었으며 도시재발을 통해 낙후된 지역을 전면철거식으로 재개발하는 것이 평범한 도시 '활성화'의 방법이었다. 하지만, 전면철거식 도시재개발은 소득계층의 양극화 및 주거지 분리를 극대화 시키는 결과를 낳아왔다. 재개발 구역에 토지를 소유한 가구들은 새로운 거주지를 제공받아 상승된 부동산 가격으로 개발이익을 즐긴 반면 세입자들의 경우 보다 낙후된 지역으로 비자발적인 이주를 하게 되어 기존에 쌓아왔던 이웃과의 관계가 단절되고 삶의 질이 하락하는 등의 부정적 결과를 가져왔다.

본 논문은 현재와 같이 도시를 보존하고 재생하기보다는 헌 것을 없애고 새것을 짓기에 급급했던 시기의 도시재개발이 저소득층 주거입지에 미치는 영향을 분석한 논문이다. 약 20년이 흘러 헌 것이라도 잘 보존한다면 도시를 활성화 시키는데 중요한 역할을 할 수 있다는 어느 정도의 사회적 합의가 도출된 이 시점에서 본 논문은 지난 세월 동안 도시저소득층의 주거입지 측면에서 형평성이 제고되어 왔는가에 대한 중요한 질문을 던지며 향후 도시개발 방향에 대한 시사점을 주는 중요한 논문이라고 할 수 있다.

2. 해당 논문의 개요 및 주요내용

1) 개요

본 논문은 도시 재개발 사업이 도시 저소득층의 주거입지에 미치는 영향에 관하여 주목한다. 주요 이론적 바탕이 되는 모형은 도시구조에 관한 고전모형인 단핵모형이다. 단핵모형에 따르면 주거입지결정은 지가와 교통비용의 상충관계(trade-off)를 바탕으로 이루어진다. 이에 따라 인구밀도는 접근성이 높은 도시중심부에서 가장 높고 외곽지역으로 갈수록 낮아진다. 단핵모형을 수정한 Muth(1969)는 도시 내 소득계층별 공간분포를 설명하는데, 가구소득이 높아질수록 주거수요와 교통비용이 높아지며, 교통비용에 대한 소득탄력성에 비해 주거수요에 대한 소득탄력성이 높은 가구의 경우 외곽지역에 거주하며, 반대의 경우 도심지역에 거주한다고 하였다. Muth의 모형에 따르면 미국 내 외곽지역의 저렴한 지가와 고속도로의 발달 및 저렴한 휘발유가격으로 인하여 고소득층의 경우 교통비용에 대한 소득탄력성에 비해 주거수요에 대한 소득탄력성이 높으며, 이에 따라 넓은 주택에 거주할 수 있는 외곽지역으로 이주하며 저소득층의 경우 도심지역에 남게 될 것이라고 예측하였다. 이 모형이 모든 도시에 적용 가능한 것은 아니지만, 저소득층은 도심에 거주하고 고소득층은 교외지역에 거주하는 미국의 전반적인 도시구조를 잘 설명한다.

저자는 서구의 도시를 대상으로 개발된 이 모형을 서울에 적용하는데는 무리가 있으며 저소득층의 도심 거주는 도시화 과정 속에서 무허가 건물에 거주하며 도심의 지가를 제대로 지불하지 않는 저소득계층이 존재하는 등의 주택시장 이원화의 결과라고 논의한다. 그렇다면 도시화 과정 속에서 주택수요가 급증하고, 이에 대한 양적인 성장에만 치중하던 90년대 상황을 반영하는 전면철거식 도시재개발사업은 저소득층 주거입지에 어떠한 영향을 미치는가? 저소득층의 경우 주거입지선택이 상위소득계층에 비해 자유롭지 못하며 도시재개발 시 다양한 사회경제적 제약으로 인하여 비자발적인 이주를 하게 되는 경우가 많다. 이러한 관계를 분석하기 위하여 저자는 "저소득계층은 도시재개발 사업으로 인하여 접근성이 낮은 외곽지역으로 이주를 한다"는 가설을 제시한다.

저자가 제시한 가설을 검증하기 위하여 서울시 내 종로구, 서대문구, 동작구, 관악구를 사례지역으로 선정하여 도시재개발 사업 이후 저소득계층의 이주경로를 파악하였다. 먼저, 저소득층으로 분류될 수 있는 세입자가 재개발 지역을 떠나 어느 지역으로 이주하였는가를 분석하였는데, 현거주지가 파악된 가구들의 50% 이상이 기존에 거주하던 '구'를 떠난 것으로 파악됐다. 다음으로, 도시의 중심성을 측정하는 주요 요인인 지가와 고용밀도를 바탕으로 현재 거주하는 '구'의 지가와 고용밀도를 기존 거주지와 비교하였을 때 지가뿐만 아니라 고용밀도가 더 낮은 '구'로 이주한 경향을 발견하였다. 이는 저자가 제시한 가설을 지지하는 결과로 도시재개발 사업으로 인하여 저소득계층이 접근성이 떨어지는 지역으로 이주를 한 것이라고 해석할 수 있다.

2) 추천이유

행정학 분야에서 도시구조 모형이나 주거입지선택에 관한 이론은 낯설게 느껴질 수 있을 것이다. 하지만, 도시행정 및 도시정책 등 도시분야가 행정학에서 차지하는 비중을 고려해 볼 때 주거입지선택 시 고려되는 요인, 소득계층에 따른 주거입지선택으로 인한 도시구조, 도시재개발이 주거입지에 미치는 영향력을 분석한 본 논문은 행정학을 공부하는 후학들에게 유익한 논문이 될 수 있다고 여겨진다. 특히, 도시재개발로 인하여 저소득층이 도심지역에서 벗어난 외곽지역으로 이주하게 되는 원인과 과정에 대한 이론을 개발하고 이를 실제 도시재개발 사업대상지에 적용하여 가설을 경험적으로도 뒷받침하였다는데 본 연구의 학문점 기여점이 있다고 할 수 있다.

또한, 저자는 도시구조에 관한 고전적인 모형인 단핵모형을 복잡한 모형이 아닌 실제상황을 반영하여 쉽고 흥미로운 방식으로 설명하였고, 부가적으로 한국의 상황과 비교하여 유사성과 차별성을 독자들이 이해하기 쉬운 방식으로 설명하였다. 도시구조에 관한 고전적인 모형인 단핵모형은 과거 많은 도시들의 구조를 설명하기도 하였으나, 현재에 와서는 주거비용과 교통비용만이 아닌 학군이나 각종 도시의 어메니티 등도 주거입지선택에 있어 영향을 주는 것으로 밝혀져(Jun and Morrow–Jones 2011; Kim and Morrow–Jones 2005), 본 논문을 읽는 독자들은 어떠한 다른 요인들이 주거입지결정, 특히 저소득층의 주거입지선택에 영향을 미치는가에 대하여 이 논문의 연장선상에서 생각해 볼 수 있을 것이다. 마지막으로, 전면철거식 재개발이 지양되고 도시재생이 더욱 중요한 도시개발 방식으로 채택되고 있는 현재의 시점에서 도시재생사업이 저소득층의 주거입지선택에 어떠한 영향을 미치는지 본 논문의 결과와 비교해 볼 수 있을 것으로 기대된다.

3) 최신 자료 혹은 최근의 상황과의 비교

보다 최근의 논문인 임은선 외(2010)의 논문은 도시개발로 인하여 원거주민의 주거수준이 하락하는 경우가 약 15% 내외로 나타나 소득수준에 관계없이 도시재개발은 여전히 불안정이동을 유발시키는 것으로 파악하고 있다. 하성규(2015)의 논문 또한 뉴타운사업과 같은 대규모 도시재개발이 저소득층을 다른 지역으로 이주시키는 것으로 나타났다. <표 1>에서와 같이 길음뉴타운 개발 후 소형 주택 및 매매가 5억원 이하와 전세가 4억원 이하의 주택이 급격히 감소하여 저소득층이 입주 가능한 주택이 급격히 줄었다는 것을 알 수 있다. 또한 <표 2>와 같이 길음뉴타운 개발 후업체 및 고용자수가 감소하여 뉴타운사업과 같이 대규모의 도시재개발은 2000년대에 들어서도 저소득층이 거주 가능한 주택을 감소시켰을 뿐만 아니라 이들의 일자리 또한 감소시켰음을 알 수 있다.

표 1 서울시 길음뉴타운 사업 전후 주택비율

	개발 전(2002)	개발 후(2006)
건평 60m2 이하 주택비율	63%	30%
매매가 5억원 이하 주택비율	86%	30%
전세가 4억원 이하 주택비율	83%	0%

출처: Ha(2015).

표 2 서울시 길음뉴타운 사업 지역 고용변화

	개발 전(2002)	개발 후(2006)
업체수	1,593	1,145
고용자수	3,224	2,819

출처: Ha(2015).

마지막으로, 주희선 외(2016)의 논문은 서울에 거주하던 저소득층이 점차적으로 서울외곽지역과 경기도지역과 같이 접근성이 떨어지는 지역으로 이주함을 밝혀냈다. 도시재개발 사업의 영향을 분석한 것은 아니지만 서울 내 뉴타운 건설과 같이 저소득층의 주거지를 감소시키는 사업들과 높은 주택가격으로 인하여 저소득층이 비자발적인 주거이동을 하게 된 결과라고 볼 수 있다. 즉, 저자가 20년 전에 검증한 바와 같이 도시재개발 사업을 비롯한 다양한 주택시장 요인들이 도심지역에 거주하던 저소득층을 외곽지역으로 밀어내는 현상이 여전히 지속되고 있음을 알 수 있다.

3. 향후 연구에 대한 제언

본 연구와 관련한 후속연구로서, 우선 시기적 차이를 비교하는 것이다. 과거와 비교할 때 재개발 구역 내 공공임대주택 건설과 같이 세입자의 재정착을 위한 많은 노력이 이루어지고 있다. 본 연구가 20여 년 전 이루어진 것을 감안하여, 도시재개발 사업으로 인한 저소득층의 주거입지 변화를 20년 전과 입지적 차이 및 비자발적 이주 비율 측면에서 비교할 수 있을 것이다. 앞서 논의한 논문들의 경우 최근의 경향을 분석하고 있지만, 과거현황과의 보다 종합적인 비교를 통해 세입자의 재정착을 위한 정부의 노력에 관한 효과성을 분석해 볼 수 있을 것이다. 둘째, 저소득층 주거입지, 도시재개발, 주택여과과정(filtering) 사이에 연결고리를 모색하는 것이다. 주택필터링은 주택이 노후화 되면서 상위계층이 신규주택으로 이주하여, 하위계층이 기존에 상위계층이 거주하던 주택에 거주할 수 있게 되어 저소득계층의 주택소요를 만족시킨다는 이론이다. 하지만, 저소득층은 주택을 관리할 재정적 여력이 없어 한시적으로만 저소득층의 주택소요를 만족시키며, 실제에서는 저소득층의 비율이 타계층에 비해 상대적으로 높기 때문에 저소득층을 위한 충분한 주택이 공급되지 않는다는 비판이 있다(Lowry 1960). 주택여과과정은 신개발에 주로 적용되는 이론으로 도시재개발과 주택여과과정과의 연관성에 대한 이론을 개발하고 저소득층의 주거입지선택에 대한 영향을 검증하는 것 또한 후속연구가 될 수 있을 것이라 기대한다. 마지막으로, 도시재생과 저소득층 주거입지와의 연관성을 분석하는 것이다. 문재인 정부에서는 도시재생사업에 많은 공공자금을 투입할 것을 계획하고 있다. 도시재생으로 인한 도심재활성에 긍정적은 결과를 기대하고 있지만 젠트리피케이션과 같이 도시재생으로 인한 임대료 상승으로 인하여 도시저소득층이 또 한 번 내몰리는 것이 아닌가 하는 우려가 있다. 향후 연구는 도시재생사업이 저소득층의 주거입지에 어떠한 영향을 미치는가를 연구하고 본 연구의 결과와 비교해 볼 수 있을 것이다.

참고문헌

임은선·유재윤·김걸. (2010). 도시정비사업에 따른 원거주민의 이주패턴과 거주행태 변화 분석. 「국토연구」, 66: 115–131.

주희선·박수민·정창무·김상일. (2016). 수도권 저소득 가구의 주거이동 패턴에 관한 연구. 「국토계획」, 51(7): 147–163.

Ha, S. K. (2015). The endogenous dynamics of urban renewal and gentrification in Seoul. *Global Gentrifications: Uneven Development and Displacement*, 165–180.

Jun, H.–J. & H. Morrow–Jones. (2011). Residential density and location decisions: The factors affecting Homeowners' choice of denser neighborhoods. *Housing and Society: Journal of the Housing Education and Research Association*, 38(2): 117−142.

Kim, M. J. & H. A. Morrow−Jones. (2011). Intrametropolitan residential mobility and older inner suburbs: A case study of the Greater Columbus, Ohio, metropolitan area. *Housing Policy Debate*, 21(1): 133−164.

Lowry, I. S. (1960). Filtering and housing standards: A conceptual analysis. *Land Economics*, 36(4): 362−370.

Muth, R. (1969). Cities and Housing. Chicago: University of Chicago Press.

찾아보기

저자 약력

박순애

(현) 서울대학교 행정대학원 교수
(현) 서울대학교 공공성과관리연구센터 소장
공공기관운영위원회 위원
인사혁신추진위원회 민간위원
한국행정학회 연구위원장
University of Michigan 행정학(Planning) 박사

최태현

(현) 서울대학교 행정대학원 부교수
대통령직속 지역발전위원회 전문위원
기획재정부 공공기관경영평가단 평가위원
하와이대학교 행정학과 교수
University of Southern California 행정학 박사

김병준

(현) 국민대학교 행정학과 명예교수
(현) 자유한국당 비상대책위원장
대통령 정책실장
부총리겸 교육인적자원부장관
대통령 정책특별보좌관
Delaware University 정치학 박사

김헌민

(현) 이화여자대학교 행정학과 교수
이화여자대학교 스크랜튼대학 학장
한국정책학회장
대한국토도시계획학회 상임이사
Harvard University 도시계획학 박사

김현구

(현) 성균관대학교 행정학과 명예교수
한국행정학회장
University of Pittsburgh 행정학 박사

김호정

(현) 부산대학교 행정학과 교수
부산대학교 행정학 박사

박재완
(현) 성균관대학교 행정학과 교수
(현) 한반도선진화재단 이사장
한국행정학회, 한국정책학회 각 연구이사
한국행정연구원 연구자문위원장
기획재정부장관
Harvard University 정책학 박사

박천오
(현) 명지대학교 행정학과 교수
명지대학교 사회과학대학장
명지대학교 대학원장
한국행정학회 편집위원장
한국정책학회 편집위원장
한국인사행정학회장
Washington University 정치학 박사

백완기
(현) 고려대학교 명예교수
(현) 대한민국학술원회원
한국행정학회장
Florida State University 행정학 박사

이달곤
(현) 가천대학교 행정학과 교수
세계사격선수권대회 조직위원장
행정안전부장관
제18대 대한민국 국회의원
한국행정학회장
서울대학교 행정대학원장
Harvard University 정책학 박사

이은국
(현) 연세대학교 행정학과 교수
경제·인문사회연구회 이사
University of Chicago 정치학 박사

이종범
(현) 고려대학교 행정학과 명예교수
University of Pennsylvania 정치학 박사

정정길
(현) 서울대학교 행정대학원 명예교수
(현) 미국행정학술원(NAPA) 회원
울산대학교 총장
서울대학교 대학원장
한국학중앙연구원 원장
한국행정학회장
대통령실장
University of Michigan 정치학 박사

하연섭
(현) 연세대학교 행정학과 교수
(현) 연세대학교 행정대학원장
(현) 재정개혁특별위원회 위원
(현) 국회예산정책처 예산정책연구 편집위원장
교육부총리 정책보좌관
Indiana University 정책학 박사

⌐논평⌐

공병천 목포대학교 행정학과 교수
김용철 부산대학교 행정학과 교수
김태영 경희대학교 행정학과 교수
노승용 서울여자대학교 행정학과 교수
박종민 고려대학교 행정학과 교수
성시경 단국대학교 공공관리학과 교수
소영진 대구대학교 도시행정학과 교수
유승원 경찰대학교 행정학과 교수
이시원 경상대학교 행정학과 교수
이창길 세종대학교 행정학과 교수
이환범 영남대학교 행정학과 교수
전희정 성균관대학교 행정학과 교수

다시 읽고 싶은
한국행정학 좋은 논문 12선

초판발행	2018년 11월 30일
엮은이	박순애 외
펴낸이	안종만
편 집	한두희
기획/마케팅	손준호
표지디자인	조아라
제 작	우인도 · 고철민
펴낸곳	(주) **박영사**
	서울특별시 종로구 새문안로3길 36, 1601
	등록 1959. 3. 11. 제300-1959-1호(倫)
전 화	02)733-6771
f a x	02)736-4818
e-mail	pys@pybook.co.kr
homepage	www.pybook.co.kr
ISBN	979-11-303-0603-2 93350

copyright©박순애(공공성과관리연구센터장), 2018, Printed in Korea

* 잘못된 책은 바꿔드립니다. 본서의 무단복제행위를 금합니다.
* 엮은이와 협의하여 인지첩부를 생략합니다.
* 본 저서는 서울대학교 행정대학원 공공성과관리연구센터 연구총서로 발간되었습니다.

정 가   29,000원